소송실무자료

2023년 최신판

어음·수표 실무편람

편저 : 법률연구회

법률정보센터

목 차

제1장 개 요

1. 환어음, 약속어음, 수표의 개념 ·· 1

    가. 환어음 ·· 1

    나. 약속어음 ·· 1

    다. 수표 ·· 1

───────────── 법 령 ─────────────

◆ 수표법
    제3조 (수표자금, 수표계약의 필요) ······························· 1
    제28조 (수표의 일람출급성) ·· 1

    라. 기본적 ·· 2

        (1) 필수적 당사자 ·· 2
        (2) 주채무자 ··· 2

───────────── 법 령 ─────────────

◆ 어음법
    제28조 (인수의 효력) ·· 2
    제78조 (발행인의 책임 및 일람 후 정기출급 어음의 특칙) ········· 2

◆ 수표법
    제32조 (지급위탁의 취소) ·· 2
    제55조 (지급보증의 효력) ·· 2

        (3) 상환의무자 ·· 2

2. 어음·수표금 청구소송의 관할 ··· 3

가. 토지관할상의 특색 (민사소송법 제9조 소정의 지급지 특별재판적) ············ 3

──────────── 법 령 ────────────

◆ 어음법
  제16조 (배서의 자격 수여적 효력 및 어음의 선의취득) ················ 3
  제77조 (환어음에 관한 규정의 준용) ····························· 3
  제79조 (이득상환청구권) ·· 4
◆ 수표법
  제21조 (수표의 선의취득) ······································· 4
  제63조 (이득상환청구권) ·· 4

나. 사물관할 및 심급관할 ·· 4

──────────── 법 령 ────────────

◆ 민사 및 가사소송의 사물관할에 관한 규칙
  제2조 (지방법원 및 그 지원 합의부의 심판범위) ··················· 4

3. 어음·수표소송의 유형 ··· 5

──────────── 법 령 ────────────

◆ 어음법
  제16조 (배서의 자격 수여적 효력 및 어음의 선의취득) ················ 5
  제79조 (이득상환청구권) ·· 5
◆ 수표법
  제21조 (수표의 선의취득) ······································· 5
  제63조 (이득상환청구권) ·· 6

제2장   어음의 발행인에 대한 청구

1. 어음요건의 구비 ·· 7

가. 어음요건 ·· 7

──────────────── 법   령 ────────────────

◆ 어음법
　제76조 (어음 요건의 흠) ·· 7

────────────────────────────────────

(1) 환어음과 약속어음의 어음요건 ·· 7
　　(가) 환어음 ·· 7
　　(나) 약속어음 ·· 8
(2) 수표요건 ·· 8
(3) 발행지가 어음요건인지 여부 ·· 8
　　[판례 1] 약속어음금 ·· 8

나. 만기 ·· 19

(1) 만기(만기일, 지급기일)라 함은 어음금이 지급될 날로 어음에
　　기재된 날을 말한다. ·· 19
　　[판례 2] 약속어음금 ·· 19
　　[판례 3] 약속어음 ·· 21
　　[판례 4] 약속어음금 ·· 24

(2) 만기에는 일람출급, 일람 후 정기출급, 발행일자 후
　　정기출급, 확정일출급, 네 종류가 있다. ······························ 26

──────────────── 법   령 ────────────────

◆ 어음법
　제2조 (어음 요건의 흠) ·· 27
　제33조 (만기의 종류) ·· 27

제76조 (어음 요건의 흠) ·· 27
제77조 (환어음에 관한 규정의 준용) ·· 27

다. 지급지 ··· 27

　[판례 5] 약속어음 ··· 27

─────────────── 법 령 ───────────────

◆ 어음법
　제76조 (어음 요건의 흠) ·· 30
◆ 수표법
　제2조 (수표 요건의 흠) ·· 31

　[판례 6] 약속어음 ··· 31

라. 발행일 ··· 32

　[판례 7] 수표금 ··· 33

마. 지급받을 자 또는 지급받을 자를 지시할 자의 명칭 ································ 35

─────────────── 법 령 ───────────────

◆ 어음법
　제1조 (어음의 요건) ·· 35
　제11조 (당연한 지시증권성) ·· 35
　제75조 (어음의 요건) ·· 35
　제77조 (환어음에 관한 규정의 준용) ·· 35
◆ 수표법
　제5조 (수취인의 지정) ·· 36
◆ 어음법
　제11조 (당연한 지시증권성) ·· 36
　제77조 (환어음에 관한 규정의 준용) ·· 36
◆ 수표법

제14조 (당연한 지시증권성) ·· 37

　　　　[판례 8] 물품대금등 ··· 37

　바. 발행인의 기명날인 또는 서명 ·· 39

　　(1) 자연인의 기명날인 ·· 39
　　　　[판례 9] 약속어음금 ·· 39
　　　　[판례 10] 약속어음금 ·· 41
　　(2) 법인의 기명날인 ·· 42

　사. 제3자방 지급문구 ·· 42

　　　　　　　　　　　　　　　법　　령

◆ 어음법
　　제4조 (제3자방 지급의 기재) ·· 42
　　제77조 (환어음에 관한 규정의 준용) ·· 42

　　　[판례 11] 약속어음금 ·· 43
　　　[판례 12] 대여금 ··· 44
　　　[판례 13] 사기 ··· 49

2. 어음을 발행한 사실의 주장과 증명 ·· 51

　가. 어음의 발행 ·· 51

　　(1) 어음 교부의 필요성 ·· 51
　　　　[판례 14] 증서인도 ··· 51
　　　　[판례 15] 약속어음 ··· 53
　　(2) 주장·증명책임 ··· 54
　　　　[판례 16] 약속어음금 ·· 55

나. 타인을 통하여 하는 어음발행 ··· 61

　(1) 대리방식 ·· 61
　　　[판례 17] 부당이득 ·· 61

────────────── 법 령 ──────────────

◆ 민법
　제125조 (대리권수여의 표시에 의한 표현대리) ································· 63
　제126조 (권한을 넘은 표현대리) ·· 64
　제129조 (대리권소멸후의 표현대리) ··· 64

─────────────────────────────────

　　　[판례 18] 약속어음금 ··· 64
　　　[판례 19] 약속어음금 ··· 69

────────────── 법 령 ──────────────

◆ 민법
　제126조 (권한을 넘은 표현대리) ·· 73
◆ 상법
　제11조 (지배인의 대리권) ·· 74
　제395조 (표현대표이사의 행위와 회사의 책임) ·································· 74

─────────────────────────────────

　　　[판례 20] 약속어음금 ··· 74
　　　[판례 21] 어음금 ··· 78

────────────── 법 령 ──────────────

◆ 상법
　제11조 (지배인의 대리권) ·· 83
　제395조 (표현대표이사의 행위와 회사의 책임) ·································· 83

─────────────────────────────────

　(2) 대행 방식 ·· 83
　　　[판례 22] 약속어음금 ··· 83
　(3) 주장·증명책임 ·· 88

다. 백지어음 ··· 88

──────────── 법 령 ────────────

◆ 어음법
　　제10조 (백지어음) ··· 88
　　제77조 (환어음에 관한 규정의 준용) ··································· 88

────────────────────────────

　　(1) 요건 ··· 89
　　　　[판례 23] 어음금 ··· 89
　　(2) 백지어음의 효력 ··· 91
　　　　[판례 24] 약속어음금 ··· 91
　　　　[판례 25] 약속어음금 ··· 92
　　　　[판례 26] 약속어음금 ··· 94
　　　　[판례 27] 약속어음금 ··· 96

──────────── 법 령 ────────────

◆ 어음법
　　제70조 (시효기간) ··· 98
　　제77조 (환어음에 관한 규정의 준용) ··································· 98
　　제78조 (발행인의 책임 및 일람 후 정기출급 어음의 특칙) ··········· 98

────────────────────────────

　　　　[판례 28] 약속어음금 ··· 98
　　(3) 백지보충권의 소멸시효 ··· 100
　　　　[판례 29] 약속어음금 ··· 100
　　　　[판례 30] 약속어음금 ··· 103
　　　　[판례 31] 부정수표단속법위반 ····································· 108

3. 어음의 적법한 소지인이라는 사실의 주장과 증명 ············ 110

──────────── 법 령 ────────────

◆ 어음법
　　제16조 (배서의 자격 수여적 효력 및 어음의 선의취득) ············· 110

제77조 (환어음에 관한 규정의 준용) ·· 110

가. 배서 ··· 111
  (1) 의의와 방식 ·· 111
    [판례 32] 약속어음금 ··· 111

─────────── 법 령 ───────────

◆ 어음법
  제11조 (당연한 지시증권성) ··· 113
  제77조 (환어음에 관한 규정의 준용) ·································· 113

    [판례 33] 약속어음금 ··· 113

─────────── 법 령 ───────────

◆ 어음법
  제13조 (배서의 방식) ·· 117
  제14조 (배서의 권리 이전적 효력) ····································· 117
  제31조 (보증의 방식) ·· 118
  제77조 (환어음에 관한 규정의 준용) ·································· 118

    [판례 34] 약속어음금 ··· 118
  (2) 배서의 효력 ·· 119
    (가) 권리이전적 효력 ··· 119

─────────── 법 령 ───────────

◆ 어음법
  제14조 (배서의 권리 이전적 효력) ····································· 119
  제77조 (환어음에 관한 규정의 준용) ·································· 119

    (나) 자격수여적 효력 ··· 119

─────────── 법 령 ───────────

◆ 어음법

제16조 (배서의 자격 수여적 효력 및 어음의 선의취득) ·················· 120
제77조 (환어음에 관한 규정의 준용) ···································· 120

───────────────────────────────

(다) 담보적 효력 ·· 120

─────────────── 법 령 ───────────────

◆ 어음법
　제15조 (배서의 담보적 효력) ·· 120
　제20조 (기한 후 배서) ··· 120
　제77조 (환어음에 관한 규정의 준용) ······································ 120

───────────────────────────────

나. 배서의 연속 ··· 121

　(1) 요건 ··· 121
　　(가) 배서의 형식적 유효성 ··· 121
　　　[판례 35] 약속어음금 ·· 121
　　　[판례 36] 약속어음금 ·· 124
　　　[판례 37] 약속어음금 ·· 126
　　(나) 배서의 형식적 연속성 ··· 127
　　　[판례 38] 약속어음금 ·· 127
　　　[판례 39] 약속어음금 ·· 129

다. 배서의 불연속 ··· 131

　[판례 40] 약속어음금 ·· 131

라. 수표의 적법한 소지인 ··· 133

─────────────── 법 령 ───────────────

◆ 수표법
　제14조 (당연한 지시증권성) ··· 133
　제19조 (배서의 자격 수여적 효력) ·· 133
　제20조 (무기명식 수표의 배서) ··· 133

제21조 (수표의 선의취득) ·· 133

마. 어음의 소지 ·· 134

─────────────── 법 령 ───────────────

◇ 어음법
제38조 (지급 제시의 필요) ·· 134
제39조 (상환증권성 및 일부지급) ·· 134
제77조 (환어음에 관한 규정의 준용) ··································· 134

[판례 41] 부당이득금 ·· 135
[판례 42] 어음금 ·· 138

바. 증명 ··· 140

[판례 43] 약속어음금등 ··· 140
(1) 선의취득의 적극적 요건(청구원인 사실) ···················· 142
  [판례 44] 약속어음금 ·· 142
  [판례 45] 약속어음금 ·· 144
(2) 선의취득의 소극적 요건(항변사실) ···························· 146
  [판례 46] 약속어음금 ·· 146
(3) 효과 ·· 149

─────────────── 법 령 ───────────────

◇ 어음법
제16조 (배서의 자격 수여적 효력 및 어음의 선의취득) ········· 149

사. 어음의 재취득 ·· 149

(1) 환배서 ··· 149

────────────── 법 령 ──────────────

◆ 어음법
　제11조 (당연한 지시증권성) ·· 149
　제77조 (환어음에 관한 규정의 준용) ··· 150

　　[판례 47] 어음금 ··· 150
　(2) 어음의 환수 ··· 152

────────────── 법 령 ──────────────

◆ 어음법
　제49조 (재상환청구금액) ··· 152
　제50조 (상환의무자의 권리) ·· 152
　제77조 (환어음에 관한 규정의 준용) ··· 152

4. 어음항변 ·· 152

가. 의의와 분류 ··· 152

────────────── 법 령 ──────────────

◆ 어음법
　제17조 (인적 항변의 절단) ··· 153

나. 물적 항변 ·· 153

────────────── 법 령 ──────────────

◆ 어음법
　제15조 (배서의 담보적 효력) ··· 153
　제39조 (상환증권성 및 일부지급) ·· 153
　제77조 (환어음에 관한 규정의 준용) ··· 153

(1) 강행법규 위반 ··· 154
　　　　[판례 48] 약속어음금 ··· 154
　　　　[판례 49] 약속어음금 ··· 157
　　(2) 어음의 위조·변조 ··· 158
　　　(가) 어음의 위조 ··· 158
　　　　[판례 50] 약속어음금 ··· 159
　　　　[판례 51] 손해배상(기) ·· 163
　　　　[판례 52] 수표금 ·· 169
　　　　[판례 53] 부당이득금반환 ·· 172
　　　(나) 어음의 변조 ··· 173

――――――――――――――― 법 령 ―――――――――――――――

◆ 어음법
　　제69조 (변조와 어음행위자의 책임) ··· 173
　　제77조 (환어음에 관한 규정의 준용) ······································· 173

　　　　[판례 54] 약속어음금 ··· 174
　　　　[판례 55] 보증채무금 ··· 176
　　　　[판례 56] 약속어음금 ··· 178
　　　　[판례 57] 약속어음금 ··· 180

다. 어음법 제17조의 적용을 받는 절단 가능한 항변 ······················ 181

　　(1) 어음법 제17조 ··· 181
　　(2) 인적 항변 절단의 적용범위 ··· 182
　　　　[판례 58] 약속어음금 ··· 182
　　　　[판례 59] 약속어음금 ··· 183
　　　　[판례 60] 어음금 ·· 185
　　(3) 구체적 유형 ·· 189
　　　(가) 원인관계의 부존재·무효·취소·해제 ···························· 189
　　　　[판례 61] 약속어음금 ··· 189
　　　　[판례 62] 약속어음금 ··· 191
　　　(나) 원인채무의 변제 ·· 193
　　　　[판례 63] 약속어음금 ··· 193
　　　(다) 어음행위에 관한 의사표시의 하자 ······························ 195

            [판례 64] 약속어음금 ··· 195
        (라) 어음 외의 특약 ··· 197
            [판례 65] 약속어음금 ··· 197
        (마) 어음을 환수하거나 어음면에 기재하지 않고 한
            어음채무의 지급 ·· 199
            [판례 66] 약속어음금 ··· 199
    (4) 악의의 항변 ·· 200
        [판례 67] 약속어음금반환 ·· 201
        [판례 68] 대여금 ··· 204
        [판례 69] 정리채권확정 ·· 205

라. 어음법 제17조의 적용을 받지 않는 절단 가능한 항변 ················ 208
    (1) 교부흠결의 항변 ··· 208
        [판례 70] 약속어음 ·· 208
    (2) 백지어음 부당보충의 항변 ·· 209

──────────────── 법 령 ────────────────

◆ 어음법
    제10조 (백지어음) ··· 209
    제77조 (환어음에 관한 규정의 준용) ·· 209

────────────────────────────────────

        [판례 71] 약속어음금 ·· 210
        [판례 72] 약속어음금 ·· 213

마. 융통어음의 항변 ·· 216

[판례 73] 약속어음금 ··· 216
[판례 74] 약속어음금 ··· 219
[판례 75] 건물명도등 ··· 221
[판례 76] 약속어음금 ··· 224
[판례 77] 약속어음금 ··· 226
[판례 78] 수표금 ··· 228

제3장 어음의 배서인에 대한 청구

1. 만기 전 상환청구의 요건 ·· 233

─────────────── 법 령 ───────────────

◆ 어음법
　제43조 (상환청구의 실질적 요건) ·· 233

[판례 1] 약속어음금 ··· 233

2. 만기 후 상환청구의 요건 ·· 235

─────────────── 법 령 ───────────────

◆ 어음법
　제43조 (상환청구의 실질적 요건) ·· 235
　제44조 (상환청구의 형식적 요건) ·· 235
　제77조 (환어음에 관한 규정의 준용) ·· 235

[판례 2] 약속어음금 ··· 235

3. 수표의 배서인에 대한 상환청구의 요건 ·· 237

─────────────── 법 령 ───────────────

◆ 수표법
　제39조 (상환청구의 요건) ·· 237

[판례 3] 수표금 ··· 237

제4장 기타 문제

1. 법정이자와 지연손해금의 청구 ·· 241

   가. 법정이자 ·· 241

   (1) 상환청구 ·· 241

   ─────────────── 법 령 ───────────────

   ◆ 어음법
   　제43조 (상환청구의 실질적 요건) ··· 241
   　제48조 (상환청구금액) ·· 241
   　제77조 (환어음에 관한 규정의 준용) ··· 241

   (2) 재상환청구 ·· 242

   ─────────────── 법 령 ───────────────

   ◆ 어음법
   　제49조 (재상환청구금액) ·· 242
   　제77조 (환어음에 관한 규정의 준용) ··· 242

   　[판례 1] 약속어음금 ··· 243
   (3) 주채무자에 대한 어음금청구 ·· 244

   ─────────────── 법 령 ───────────────

   ◆ 어음법
   　제28조 (인수의 효력) ·· 245
   　제48조 (상환청구금액) ·· 245
   　제78조 (발행인의 책임 및 일람 후 정기출급 어음의 특칙) ·············· 245

(4) 이자문구 ··· 245

─────────────── 법 령 ───────────────

◆ 어음법 ·· 245
　제5조 (이자의 약정) ··· 245
　제77조 (환어음에 관한 규정의 준용) ·· 245

나. 지연손해금의 청구 ··· 246

─────────────── 법 령 ───────────────

◆ 민법
　제517조 (증서의 제시와 이행지체) ··· 246
◆ 어음법
　제28조 (인수의 효력) ··· 246
　제48조 (상환청구금액) ··· 247
　제49조 (재상환청구금액) ·· 247
　제78조 (발행인의 책임 및 일람 후 정기출급 어음의 특칙) ························· 247

[판례 2] 약속어음금 ·· 247
[판례 3] 약속어음금 ·· 248

2. 공시최고에 의한 제권판결 ·· 250

가. 어음의 상실에 대한 구제수단 ·· 250

─────────────── 법 령 ───────────────

◆ 민사소송법
　제475조 (공시최고의 적용범위) ·· 250
　제476조 (공시최고절차를 관할하는 법원) ·· 250
　제477조 (공시최고의 신청) ·· 250
　제478조 (공시최고의 허가여부) ·· 250
　제479조 (공시최고의 기재사항) ·· 250

제480조 (공고방법) ·· 251
제481조 (공시최고기간) ··· 251
제482조 (제권판결전의 신고) ·· 251
제483조 (신청인의 불출석과 새 기일의 지정) ···································· 251
제484조 (취하간주) ·· 251
제485조 (신고가 있는 경우) ·· 251
제486조 (신청인의 진술의무) ·· 251
제487조 (제권판결) ·· 251
제488조 (불복신청) ·· 251
제489조 (제권판결의 공고) ·· 251
제490조 (제권판결에 대한 불복소송) ·· 251
제491조 (소제기기간) ·· 252
제492조 (증권의 무효선고를 위한 공시최고) ···································· 252
제493조 (증서에 관한 공시최고신청권자) ·· 252
제494조 (신청사유의 소명) ·· 252
제495조 (신고최고, 실권경고) ·· 252
제496조 (제권판결의 선고) ·· 253
제497조 (제권판결의 효력) ·· 253

나. 어음의 무효선고를 위한 공시최고 ·· 253

──────── 법 령 ────────

◆ 민사소송법
    제476조 (공시최고절차를 관할하는 법원) ··· 253

[판례 4] 제권에대한불복 ·· 253
[판례 5] 손해배상(기) ·· 255

──────── 법 령 ────────

◆ 민사소송법
    제477조 (공시최고의 신청) ··· 258

[판례 6] 약속어음금 ·· 258

─────────── 법 령 ───────────

◆ 민사소송법
　제478조 (공시최고의 허가여부) ··· 260
◆ 민사소송법
　제480조 (공고방법) ·· 261
　제481조 (공시최고기간) ·· 261
　제482조 (제권판결전의 신고) ·· 261

[판례 7] 수표금 ·· 261

다. 공시최고기일의 진행 ·· 263

─────────── 법 령 ───────────

◆ 민사소송법
　제483조 (신청인의 불출석과 새 기일의 지정) ······························ 263
　제486조 (신청인의 진술의무) ·· 263

라. 어음에 대한 제권판결 ·· 263

─────────── 법 령 ───────────

◆ 민사소송법
　제485조 (신고가 있는 경우) ·· 264
　제496조 (제권판결의 선고) ·· 264

[판례 8] 약속어음금 ·· 264
[판례 9] 약속어음금 ·· 266
[판례 10] 제권판결에대한불복 ·· 268

마. 제권판결에 대한 불복의 소 ·· 270

───────────── 법 령 ─────────────

◆ 민사소송법
　제490조 (제권판결에 대한 불복소송) ······················· 271

[판례 11] 제권판결에대한불복의소 ······························ 271

───────────── 법 령 ─────────────

◆ 민사소송법
　제490조 (제권판결에 대한 불복소송) ······················· 274

[판례 12] 제권에대한불복 ··· 274
[판례 13] 제권판결불복 ··· 276
[판례 14] 제권판결에대한불복의소 ································ 279
[판례 15] 약속어음금 ·· 283
[판례 16] 약속어음금 ·· 285

3. 어음 공정증서 ··· 287

가. 의의 및 요건 ·· 287

　(1) 의의 ··· 287

───────────── 법 령 ─────────────

◆ 공증인법
　제56조의2 (어음・수표의 공증 등) ··························· 287

　(2) 요건 ··· 287

───────────── 법 령 ─────────────

◆ 공증인법
　제56조의2 (어음・수표의 공증 등) ··························· 287

20 목 차

　　　[판례 17] 청구이의 ·· 288
　　　[판례 18] 소유권이전등기말소 ··· 290
　　　[판례 19] 소유권이전등기말소 ··· 293

　나. 효력 ··· 295

　　(1) 개요 ··· 295
　　　[판례 20] 집행문부여에대한이의 ·· 295

　　(2) 어음 공정증서상의 어음금채권의 소멸시효 ································ 296

─────────────── 법 령 ───────────────

◇ 어음법
　제70조 (시효기간) ·· 296
　제77조 (환어음에 관한 규정의 준용) ··· 297
　제78조 (발행인의 책임 및 일람 후 정기출급 어음의 특칙) ··········· 297

　　　[판례 21] 제3자이의 ·· 297

4. 원인채권과 관련하여 채무자가 채권자에게 어음을
　교부한 경우의 법률관계 ·· 299

[판례 22] 건물명도등, 소유권이전등기 ··· 299
[판례 23] 수표금 ·· 302
[판례 24] 공사대금 ·· 303
[판례 25] 물품대금등 ·· 309
[판례 26] 매매대금 ·· 314

　가. 원인채권과 어음채권이 병존하는 경우의 법률관계 ······················· 319

　　(1) 채권 행사의 순서 ··· 319
　　　[판례 27] 대여금 ·· 319
　　　[판례 28] 감리비예치보증금 ·· 323
　　　[판례 29] 대여금 ·· 325
　　(2) 원친채권의 행사와 어음의 반환 필요성 유무 ···························· 327

            [판례 30] 매매대금 ·· 327
            [판례 31] 어음금 ·· 333
        (3) 어음채권의 소멸(지급)과 원인채권의 소멸 ························· 338
            [판례 32] 정리채권확정 ·· 338
            [판례 33] 매매대금 ·· 341
            [판례 34] 전부금 ·· 344
        (4) 채무자가 원인채권의 지급을 위하여 제3자 발행의 어음을 교부한
            경우 채권자의 상환청구권 보전 및 어음시효 중단조치 의무 ········· 345
            [판례 35] 대여금 ·· 345
            [판례 36] 어음금 ·· 349
        (5) 어음채권에 기한 청구에 의하여 원인채권의 소멸시효가
            중단되는지 여부 ··· 354
            [판례 37] 대여금 ·· 354
            [판례 38] 대여금 ·· 356
        (6) 채권자가 어음을 소지하고 있는 경우 원인채권의 소멸 인정 여부 ···· 358
            [판례 39] 대여금 ·· 358
            [판례 40] 약속어음금 ··· 361

    다. 원인채권과 관련하여 어음이 수수됨에 있어서 제3자가
        어음행위를 한 경우의 법률관계 ··· 367

        (1) 배서 내지 어음보증을 한 경우 ······································ 367
            [판례 41] 어음보증금 ··· 367
            [판례 42] 대여금등 ·· 370
        (2) 발행을 한 경우 ··· 374
            [판례 43] 대여금 ·· 374

5. 어음·수표의 소멸시효 ··· 376

    가. 어음 ··· 376

법 령

◆ 어음법
    제77조 (환어음에 관한 규정의 준용) ·· 377
    제78조 (발행인의 책임 및 일람 후 정기출급 어음의 특칙) ············· 377

[판례 44] 채무부존재확인 ·· 377

―――――――――――― 법 령 ――――――――――――

◆ 어음법
　제77조 (환어음에 관한 규정의 준용) ··· 379
　제78조 (발행인의 책임 및 일람 후 정기출급 어음의 특칙) ················· 379

[판례 45] 약속어음금 ·· 379
[판례 46] 채무부존재확인 ·· 381

나. 수표 ··· 382

―――――――――――― 법 령 ――――――――――――

◆ 수표법
　제29조 (지급제시기간) ·· 382
　제40조 (거절증서 등의 작성기간) ··· 382
　제00조 (수표에 관한 행위와 휴일) ··· 382

7. 선일자수표와 자기앞수표 ·· 383

가. 선일자수표 ··· 383

―――――――――――― 법 령 ――――――――――――

◆ 수표법
　제28조 (수표의 일람출급성) ·· 383
　제29조 (지급제시기간) ·· 383

[판례 47] 부정수표단속법위반 ·· 383
[판례 48] 보험금 ·· 384

나. 자기앞수표 ··· 387

――――――――――― 법 령 ―――――――――――

◆ 수표법
　제6조 (자기지시수표, 위탁수표, 자기앞수표) ································· 387

8. 이득상환청구권 ··· 387

가. 의의 ··· 387

――――――――――― 법 령 ―――――――――――

◆ 어음법
　제79조 (이득상환청구권) ··· 388
◆ 수표법
　제63조 (이득상환청구권) ··· 388

[판례 49] 약속어음금 ·· 388
[판례 50] 어음금 ··· 390
[판례 51] 가압류이의 ·· 392
[판례 52] 수표금 ··· 396
[판례 53] 공사대금 ·· 397

나. 자기앞수표와 이득상환청구권 ·· 403

(1) 이득상환청구권을 행사할 수 있는 자 ······································· 403
　　[판례 54] 수표금 ·· 403
(2) 이득상환청구권의 발생시기 ·· 404
　　[판례 55] 수표금 ·· 404
(3) 이득의 증명책임 ·· 405
　　[판례 56] 수표금 ·· 405
(4) 이득상환청구권의 양도방법 ·· 407
　　[판례 57] 이득상환금 ·· 407

[판례 58] 수표금 ·· 409
[판례 59] 수표에의한이득상환 ·· 419

9. 사고신고담보권 ·· 421

가. 의의 ·· 421

[판례 60] 예금반환 ·· 421

나. 사고신고담보금 약정의 성질 ·· 423

[판례 61] 어음금 ·· 423

다. 사고신고담보금에 대한 어음소지인의 우선적 지위 ························· 426

[판례 62] 담보금지급 ·· 426

10. 전자어음 ··· 428

가. 외외 ··· 428

─────────── 법 령 ───────────

◆ 전자어음의 발행 및 유통에 관한 법률
　제2조 (정의) ·· 428

나. 전자어음에 관한 특칙 ·· 429

(1) 발행 ·· 429

─────────── 법 령 ───────────

◆ 전자어음의 발행 및 유통에 관한 법률
　제6조 (전자어음의 발행) ··· 429

(2) 배서 ··· 429

──────────── 법 령 ────────────

◆ 전자어음의 발행 및 유통에 관한 법률
　제7조 (전자어음의 배서) ·· 429
　제7조의2 (전자어음의 분할배서) ·· 429

(3) 지급 ··· 430

──────────── 법 령 ────────────

◆ 전자어음의 발행 및 유통에 관한 법률
　제9조 (지급 제시) ·· 430
　제10조 (어음의 소멸) ·· 430

11. 주권 ·· 430

──────────── 법 령 ────────────

◆ 상법
　제336조 (주식의 양도방법) ·· 430

가. 효력발생시기 ·· 431
　[판례 63] 주주권확인등 ·· 431

나. 선의취득 ·· 433

(1) 요건 ··· 433

──────────── 법 령 ────────────

◆ 수표법
　제21조 (수표의 선의취득) ·· 434

◆ 상법
　제359조 (주권의 선의취득) ·· 434

제5장 어음·수표 관련 형사판례

1. 유가증권위조 ·· 435

[판례 1] 유가증권위조, 동행사, 사기 ·· 435
[판례 2] 사기·유가증권위조·유가증권위조행사 ······························· 438
[판례 3] 주거침입절도,유가증권위조,유가증권위조행사 ················· 440
[판례 4] 유가증권위조·위조유가증권행사·사문서위조·위조사문서행사·상습도박
　　　　　(인정된죄명:도박) ·· 441

2. 유가증권변조 ·· 445

[판례 1] 사기·유가증권위조(변경된죄명:유가증권변조)·위조유가증권행사
　　　　　(변경된 죄명:변조유가증권행사) ·· 445
[판례 2] 유가증권변조·변조유가증권행사 ·· 447

3. 사기 ·· 448

[판례 1] 특정경제범죄가중처벌등에관한법률위반(사기·횡령·배임·중재)·사기· 업무상
　　　　　횡령·부정수표단속법위반·상법위반·공정증서원본불실기재· 불실기재공정증서
　　　　　원본행사·뇌물공여·근로기준법위반 ································ 448
[판례 2] 특정경제범죄가중처벌등에관한법률위반(사기)·사기·공문서위조·위조
　　　　　공문서행사·공직선거및선거부정방지법위반 ····················· 453
[판례 3] 사기미수 ·· 459
[판례 4] 특정경제범죄가중처벌등에관한법률위반 사기(인정된 죄명 : 사기) ··············· 461
[판례 5] 업무상배임·사기 ··· 462
[판례 6] 특정경제범죄가중처벌등에관한법률위반(사기),사기,사기미수 ········· 465
[판례 7] 사기 ·· 466

[판례 8] 사기 ··· 467

4. 횡령 ·· 470

[판례 1] 횡령 ··· 470
[판례 2] 횡령 ··· 472

5. 배임 ·· 474

[판례 1] 특정경제범죄가중처벌등에관한법률위반(배임) ······································· 474

6. 문서손괴 ·· 492

[판례 1] 재물손괴 ·· 492

7. 공정증서원본불실기재 및 불실기재공정증서원본행사 ································· 493

[판례 1] 사기미수 · 공정증서원본불실기재 · 불실기재공정증서원본행사 · 사문서변조 ·
　　　　　변조사문서행사 ·· 493

8. 부정수표단속법위반 ·· 496

[판례 1] 부정수표단속법위반 · 사기 ·· 496
[판례 2] 부정수표단속법위반 ··· 502
[판례 3] 부정수표단속법위반 ··· 505
[판례 4] 부정수표단속법위반,사문서위조,업무상배임,특정경제범죄가중처벌등에
　　　　　관한법률위반(업무상배임) ·· 507
[판례 5] 부정수표단속법위반 ··· 510
[판례 6] 부정수표단속법위반 ··· 511
[판례 7] 부정수표단속법위반 ··· 513
[판례 8] 공문서위조 · 위조공문서행사 · 부정수표단속법위반 · 사기
　　　　　(수표 전문법칙 적용 여부 사건) ·· 514
[판례 9] 부정수표단속법위반 · 사기 ·· 517
[판례 10] 부정수표단속법위반 · 무고 ·· 519

제6장 관련 서식

[서식 1] 수표금청구 등의 소 (당좌수표 및 약속어음) ··················· 523
[서식 2] 부동산가압류신청서(약속어음) ··················· 525
[서식 3] 유체동산가압류신청서(약속어음금 청구채권을 원인으로) ··················· 531
[서식 4] 부동산가압류신청서(약속어음금청구채권) ··················· 536
[서식 5] 수표금청구 등의 소(가계수표 및 약속어음) ··················· 541
[서식 6] 전부금청구의 소(집행권원 : 약속어음 공증, 임차보증금반환채권) ··········· 543
[서식 7] 금전소비대차 계약서(어음으로 변제하는 경우) ··················· 545
[서식 8] 증서진부확인의 소(약속어음의 진정여부를 확인하는 소) ··················· 546
[서식 9] 약속어음금청구의 소(발행인 및 배서인2) ··················· 548
[서식 10] 약속어음금청구의 소(발행인 및 배서인3) ··················· 550
[서식 11] 약속어음금청구의 소(배서인) ··················· 552
[서식 12] 약속어음금청구의 소(발행인의 소지인에 대한 인적항변여부) ··················· 554
[서식 13] 약속어음금청구의 소(백시어음) ··················· 556
[서식 14] 대여금 청구의 소(피고 대여금채무 보증목적으로 제3자가
발행한 약속어음 부도) ··················· 559
[서식 15] 준소비대차 계약서(약속어음금채무를 지급목적으로 하는 경우) ············ 561
[서식 16] 공시최고신청서(약속어음) ··················· 563

제1장 개 요

1. 환어음, 약속어음, 수표의 개념

가. 환어음

발행인이 제3자에게 일정한 금액의 지급을 위탁한 유가증권을 말한다.

나. 약속어음

발행인이 자신이 일정한 금액을 지급할 것을 약속한 유가증권을 말한다.

다. 수표

발행인이 제3자에게 일정한 금액의 지급을 위탁한 유가증권으로 지급위탁증권의 일종인데 일람출급이 법률상 강제되어 있고(수표법 제28조 제1항), 은행 만이 지급인이 될 수 있다(수표법 제3조).

──────────── 법 령 ────────────

◆ 수표법
제3조 (수표자금, 수표계약의 필요) 수표는 제시한 때에 발행인이 처분할 수 있는 자금이 있는 은행을 지급인으로 하고, 발행인이 그 자금을 수표에 의하여 처분할 수 있는 명시적 또는 묵시적 계약에 따라서만 발행할 수 있다. 그러나 이 규정을 위반하는 경우에도 수표로서의 효력에 영향을 미치지 아니한다. [전문개정 2010. 3. 31.]

제28조 (수표의 일람출급성) ① 수표는 일람출급(一覽出給)으로 한다. 이에 위반되는 모든 문구는 적지 아니한 것으로 본다.

라. 기본적

(1) 필수적 당사자

환어음과 수표의 필수적 당사자는 발행인, 수취인, 지급인이고, 약속어음의 필수적 당사자는 발행인과 수취인이다.

(2) 주채무자

주채무자란 시효가 완성되지 않는 한 최종적인 지급채무를 부담하는 자를 말한다. 지급인이 인수를 한 때에 비로소 그 인수를 한 지급인이 인수인으로서 어음을 지급할 주채무자가 된다(어음법 제28조 제1항).
약속어음은 발행 단계부터 발행인이 주채무자이다(어음법 제78조 제1항)
수표의 지급보증인은 지급제시기간 내에 지급제시가 도니 경우에 한하여 수표금을 지급할 의무를 진다(수표법 제55조 제1항)

──────────── 법　령 ────────────

◆ 어음법
제28조 (인수의 효력) ① 지급인은 인수를 함으로써 만기에 환어음을 지급할 의무를 부담한다

제78조 (발행인의 책임 및 일람 후 정기출급 어음의 특칙) ① 약속어음의 발행인은 환어음의 인수인과 같은 의무를 부담한다.

◆ 수표법
제32조 (지급위탁의 취소) ① 수표의 지급위탁의 취소는 제시기간이 지난 후에만 그 효력이 생긴다.

제55조 (지급보증의 효력) ① 지급보증을 한 지급인은 제시기간이 지나기 전에 수표가 제시된 경우에만 지급할 의무를 부담한다.

────────────────────────────────

(3) 상환의무자

환어음과 수표의 경우 배서인 외에 발행인도 상환의무자이다.
약속어음의 경우 발행인은 주채무자이다.

2. 어음・수표금 청구소송의 관할

가. 토지관할상의 특색(민사소송법 제9조 소정의 지급지 특별재판적)

민사소송법 제9조 "어음・수표에 관한 소는 지급지의 법원에 제기할 수 있다."고 규정하고 있다.

어음・수표에 관한 소는 어음・수표의 주채무자 내지 상환의무자를 상대로 한 어음금・수표금 청구의 소를 가리키는 것으로서,
(1) 어음・수표법상의 권리에 해당하는 이득상환청구(어음법 제79조, 수표법 제63조)
(2) 악의 또는 중대한 과실로 어음・수표를 취득한 자에 대한 어음반환청구(어음법 제16조 제2항, 제77조 제1항 제1호, 수표법 제21조) 등은 이에 해당되지 않는다.

─────────── 법 령 ───────────

◆ 어음법

제16조 (배서의 자격 수여적 효력 및 어음의 선의취득) ② 어떤 사유로든 환어음의 점유를 잃은 자가 있는 경우에 그 어음의 소지인이 제1항에 따라 그 권리를 증명할 때에는 그 어음을 반환할 의무가 없다. 그러나 소지인이 악의 또는 중대한 과실로 인하여 어음을 취득한 경우에는 그러하지 아니하다. [전문개정 2010. 3. 31.]

제77조 (환어음에 관한 규정의 준용) ① 약속어음에 대하여는 약속어음의 성질에 상반되지 아니하는 한도에서 다음 각 호의 사항에 관한 환어음에 대한 규정을 준용한다.
   1. 배서(제11조부터 제20조까지)
   2. 만기(제33조부터 제37조까지)
   3. 지급(제38조부터 제42조까지)
   4. 지급거절로 인한 상환청구(제43조부터 제50조까지, 제52조부터 제54조까지)
   5. 참가지급(제55조, 제59조부터 제63조까지)
   6. 등본(제67조와 제68조)
   7. 변조(제69조)
   8. 시효(제70조와 제71조)
   9. 휴일, 기간의 계산과 은혜일의 인정 금지(제72조부터 제74조까지)

부　칙 <법률 제1001호, 1962. 1. 20.>
제79조 (이득상환청구권) 환어음 또는 약속어음에서 생긴 권리가 절차의 흠결로 인하여 소멸한 때나 그 소멸시효가 완성한 때라도 소지인은 발행인, 인수인 또는 배서인에 대하여 그가 받은 이익의 한도내에서 상환을 청구할 수 있다.

◆ 수표법
제21조 (수표의 선의취득) 어떤 사유로든 수표의 점유를 잃은 자가 있는 경우에 그 수표의 소지인은 그 수표가 소지인출급식일 때 또는 배서로 양도할 수 있는 수표의 소지인이 제19조에 따라 그 권리를 증명할 때에는 그 수표를 반환할 의무가 없다. 그러나 소지인이 악의 또는 중대한 과실로 인하여 수표를 취득한 경우에는 그러하지 아니하다.
[전문개정 2010. 3. 31.]

부　칙 <법률 제1002호, 1962. 1. 20.>
제63조 (이득상환청구권) 수표에서 생긴 권리가 절차의 흠결로 인하여 소멸한 때나 그 소멸시효가 완성한 때라도 소지인은 발행인, 배서인 또는 지급보증을 한 지급인에 대하여 그가 받은 이익의 한도내에서 상환을 청구할 수 있다.

나. 사물관할 및 심급관할

수표금·약속어음금(주의 : 환어금 사건은 해당 없음) 사건의 경우 소송목적의 값에 상관없이 단독판사가 심판한다(민사 및 가사소송의 사물관할에 관한 규칙 제2조 제1호)

─────── 법 령 ───────

◆ 민사 및 가사소송의 사물관할에 관한 규칙
제2조 (지방법원 및 그 지원 합의부의 심판범위) 지방법원 및 지방법원지원의 합의부는 소송목적의 값이 5억원을 초과하는 민사사건 및 「민사소송 등 인지법」 제2조제4항의 규정에 해당하는 민사사건을 제1심으로 심판한다. 다만, 다음 각호의 1에 해당하는 사건을 제외한다. <개정 2002. 6. 28., 2004. 12. 29., 2015. 1. 28., 2022. 1. 28.>
　　1. 수표금·약속어음금 청구사건

3. 어음·수표소송의 유형

　어음·수표소송은 어음·수표에 관한 소송으로서 어음·수표상의 권리를 행사하기 위하여 제기한 소송을 말한다.
　어음·수표상의 권리란 구체적으로 ① 약속어음 발행인, 환어음 인수인에 대한 어음청구권, 수표의 지급보증인에 대한 수표금청구권, ② 환어음과 수표의 발행인, 약속어음, 환어음 및 수표의 배서인에 대한 어음금·수표금 청구권, ③ 어음·수표의 보증인에 대한 어음금·수표금청구권 등이 있다.
　어음·수표법상의 권리란 어음·수표법에 규정되어 있는 권리로서 어음·수표상의 권리가 아닌 것을 말한다.
　예를 들면, ① 이득상환청구권(어음법 제79조, 수표법 제63조), ② 악의 또는 중대한 과실로 어음·수표를 취득한 자에 대한 어음반환청구권(어음법 제16조 제2항, 제77조 제1항 제1호, 수표법 제21조) 등이 있다.

─────────────── 법　령 ───────────────

◇ **어음법**
제16조 (배서의 자격 수여적 효력 및 어음의 선의취득) ② 어떤 사유로든 환어음의 점유를 잃은 자가 있는 경우에 그 어음의 소지인이 제1항에 따라 그 권리를 증명할 때에는 그 어음을 반환할 의무가 없다. 그러나 소지인이 악의 또는 중대한 과실로 인하여 어음을 취득한 경우에는 그러하지 아니하다. [전문개정 2010. 3. 31.]

부　칙 <법률 제1001호, 1962. 1. 20.>
제79조 (이득상환청구권) 환어음 또는 약속어음에서 생긴 권리가 절차의 흠결로 인하여 소멸한 때나 그 소멸시효가 완성한 때라도 소지인은 발행인, 인수인 또는 배서인에 대하여 그가 받은 이익의 한도내에서 상환을 청구할 수 있다.

◇ **수표법**
제21조 (수표의 선의취득) 어떤 사유로든 수표의 점유를 잃은 자가 있는 경우에 그 수표의 소지인은 그 수표가 소지인출급식일 때 또는 배서로 양도할 수 있는 수표의 소지인이 제19조에 따라 그 권리를 증명할 때에는 그 수표를 반환할 의무가 없다. 그러나 소지인이 악의 또는 중대한 과실로 인하여 수표를 취득한 경우에는 그러하지 아니하다. [전문개정 2010. 3. 31.]

부　칙 <법률 제1002호, 1962. 1. 20.>

제63조 (이득상환청구권) 수표에서 생긴 권리가 절차의 흠결로 인하여 소멸한 때나 그 소멸시효가 완성한 때라도 소지인은 발행인, 배서인 또는 지급보증을 한 지급인에 대하여 그가 받은 이익의 한도내에서 상환을 청구할 수 있다.

제2장 어음의 발행인에 대한 청구

1. 어음요건의 구비

가. 어음요건

어음에 반드시 기재하여야 하는 사항을 어음요건이라 한다.
① 만기의 기재가 없는 경우 일람출급 어음으로 본다(어음법 제76조 단서 제1호)
② 지급지의 기재가 없는 경우 발행지를 지급지 및 발행인의 주소지로 본다(어음법 제76조 단서 제2호)
③ 발행지의 기재가 없는 경우 발행인의 명칭에 부기한 지를 발행지로 본다(어음법 제2조 단서 제3호, 제76조 단서 제3호)

법 령

◆ **어음법**
제76조 (어음 요건의 흠) 제75조 각 호의 사항을 적지 아니한 증권은 약속어음의 효력이 없다. 그러나 다음 각 호의 경우에는 그러하지 아니하다.
  1. 만기가 적혀 있지 아니한 경우: 일람출급의 약속어음으로 본다.
  2. 지급지가 적혀 있지 아니한 경우: 발행지를 지급지 및 발행인의 주소지로 본다.
  3. 발행지가 적혀 있지 아니한 경우: 발행인의 명칭에 부기한 지(地)를 발행지로 본다. [전문개정 2010. 3. 31.]

---

(1) 환어음과 약속어음의 어음요건(어음법 제1조, 제75조)

(가) 환어음

  증권의 본문 중에 그 증권을 작성할 때 환어음임을 표시하는 글자, 조건 없이 일정한 금액을 지급할 것을 위탁하는 뜻, 지급인의 명칭, 만기, 지급지, 지급받을 자 또는 지급받을 자를 지시할 자의 명칭, 발행일, 발행지, 발행인의 기명날인 또는 서명

(나) 약속어음

약속어음임을 표시하는 글자, 조건 없이 일정한 금액을 지급할 것을 약속하는 뜻, 만기, 지급지, 지급받을 자 또는 지급받을 자를 지시할 자의 명칭, 발행일, 발행지, 발행인의 기명날인 또는 서명

(2) 수표요건(수표법 제1조)

증권의 본문 중에 그 증권을 작성할 때 수표임을 표시하는 글자, 조건 없이 일정한 금액을 지급할 것을 위탁하는 뜻, 지급인의 명칭, 지급지, 발행일, 발행지, 발행인의 기명날인 또는 서명

(3) 발행지가 어음요건인지 여부

| 판 례 |

[판례 1] 약속어음금

(대법원 1998. 4. 23. 선고 95다36466 전원합의체 판결)

【판시사항】

[1] 어음면상 발행지의 기재가 없으나 기타 어음면의 기재로 보아 그 어음이 국내에서 어음상 효과를 발행시키기 위해 발행된 것임이 인정되는 경우, 국내어음으로 추단할 수 있는지 여부(적극)
[2] 어음면상 발행지의 기재가 없으나 어음면의 기재 자체로 보아 국내어음으로 인정되는 경우, 그 어음의 효력(유효)

【판결요지】

[1] 국내어음이란 국내에서 발행되고 지급되는 어음을 말하는 것이므로 국내어음인지 여부는 어음면상의 발행지와 지급지가 국내인지 여부에 따라 결정될 것이지만, 어음면상에 발행지의 기재가 없다고 하더라도 그 어음면에 기재된 지급지와 지급장소, 발행인과 수취인, 지급할 어음금액을 표시하는 화폐, 어음문구를 표기한 문자, 어음교환소의 명칭 등에 의하여 그 어음이 국내에서 어음상의 효과를 발생시키기 위하여 발행된 것으로 여겨지는 경우에는 발행지를 백지로 발행한 것인지 여부에 불구하고 국내어음으로 추단할 수 있다.
[2] [다수의견] 어음에 있어서 발행지의 기재는 발행지와 지급지가 국토를 달리하거나 세력(세력)을 달리하는 어음 기타 국제어음에 있어서는 어음행위의 중요한 해석 기준이 되는 것이지만 국내에서 발행되고 지급되는 이른바 국내어음에 있어서는 별다른 의미를 가지지 못하고, 또한 일반의 어음거래에 있어서 발행지가 기재되지 아니한 국내어

음도 어음요건을 갖춘 완전한 어음과 마찬가지로 당사자 간에 발행·양도 등의 유통이 널리 이루어지고 있으며, 어음교환소와 은행 등을 통한 결제 과정에서도 발행지의 기재가 없다는 이유로 지급거절됨이 없이 발행지가 기재된 어음과 마찬가지로 취급되고 있음은 관행에 이른 정도인 점에 비추어 볼 때, 발행지의 기재가 없는 어음의 유통에 관여한 당사자들은 완전한 어음에 의한 것과 같은 유효한 어음행위를 하려고 하였던 것으로 봄이 상당하므로, 어음면의 기재 자체로 보아 국내어음으로 인정되는 경우에 있어서는 그 어음면상 발행지의 기재가 없는 경우라고 할지라도 이를 무효의 어음으로 볼 수는 없다.

[보충의견] 일반적으로 모든 법은 법규정의 본질을 바꾸는 정도의 것이 아닌 한도에서 이를 합리적으로 해석함으로써 뒤쳐진 법률을 앞서가는 사회현상에 적응시키는 일방 입법기관에 대하여 법률의 개정 등을 촉구하는 것은 법원의 임무에 속하는 일이라 할 것이고, 그 뒤쳐진 법규정의 재래적 해석·적용이 부당한 결과를 초래한다는 것을 알면서도 법률 개정이라는 입법기관의 조치가 있을 때까지는 이를 그대로 따를 수밖에 없다고 체념해 버리는 것은 온당치 않은 태도이다. 어음법이 강행법·기술법적 성질을 가지고 있음에 비추어 볼 때 어음법에서 정한 어음요건은 이를 엄격하게 해석함이 원칙일 것이나, 이러한 엄격해석의 요청은 이를 자의로 해석함으로써 어음거래 당사자에게 불이익하게 법률을 적용하는 것을 막자는 데에 있는 것이지 입법취지를 해하지 않는 범위 내에서 합리적으로 해석하는 것까지도 절대적으로 금지하려는 것은 아니다. 따라서 어음면의 기재 자체에 의하여 국내어음으로 인정되는 경우에 단지 발행지의 기재가 없다는 이유로 이를 무효의 어음이라고 보는 것은 지나치게 형식논리에 치우친 해석이라고 하지 않을 수 없을 뿐만 아니라 어음 유효해석의 원칙에 비추어 보더라도 타당한 해석이 아니므로, 국내어음에 한하여는 발행지의 기재가 없다고 하더라도 이를 무효의 어음으로 볼 수 없다고 해석함이 상당하며, 이러한 해석은 국내어음에 한하는 것으로서 국제어음에 있어서는 발행지의 기재가 없으면 그 어음은 무효라는 입장을 견지하고 있으므로 위 해석에 의하더라도 발행지를 어음요건의 하나로 규정하고 있는 어음법의 조항을 완전히 사문화시키는 것은 아니며, 법원의 법률해석권의 범위를 일탈하는 것도 아니다.

[반대의견] 재판할 사항에 대하여 적용할 법규가 있고 그 의미 내용 역시 명확하여 달리 해석할 여지가 없는 경우에는 다른 것을 다르게 취급하여야 한다는 정의의 요청(이른바 목적론적 축소해석의 경우) 또는 합헌적인 해석의 요청(이른바 헌법합치적 해석의 경우)에 의하여, 그 법규의 적용 범위를 예외적으로 제한하여 해석할 필요가 있는 등의 특별한 사정이 없는 한, 설사 명문의 규정이 거래의 관행과 조화되지 아니하는 점이 있다고 하더라도, 법원으로서는 모름지기 국회의 입법 작용에 의한 개정을 기다려야 할 것이지 명문의 효력규정의 적용 범위를 무리하게 벗어나거나 제한하는 해석을 하여서는 아니 될 것인바, 어음법은 발행지의 기재가 없는 어음에 관하여 그 효력이 없다고 명문으로 규정하고 있는 한편, 이 명문의 규정에 관하여는 정의의 요청 또는 합헌적인 해석의 요청에 의하여 그 적용 범위를 예외적으로나마 제한하여 해석할 만한 아무런 특별한 사정이 있다고 할 수 없으므로, 다수의견과 같이 위 어음법의 명문규정이 이른바 '국내어음'에는 적용되지 아니한다고 하는 것은 법원이 어음법에도

없는 단서 조항 즉 '발행지에 관하여 국내어음의 경우에는 그러하지 아니하다.'라는 규정을 신설하는 셈이고, 이는 명문의 규정에 반하는 법형성 내지 법률수정을 도모하는 것으로서 법원의 법률해석권의 범위를 명백하게 일탈한 것이라는 비난을 면하기 어렵다.

【참조조문】

[1] 어음법 제1조, 제75조 [2] 어음법 제1조 제7호, 제2조 제1항, 제75조 제6호, 제76조 제1항

【참조판례】

[2] 대법원 1967. 9. 5. 선고 67다1471 판결(집15-3, 민69)(변경)
대법원 1976. 11. 23. 선고 76다214 판결(공1977, 9626)(변경)
대법원 1979. 8. 14. 선고 79다1189 판결(공1979, 12159)(변경)
대법원 1985. 8. 13. 선고 85다카123 판결(공1985, 1237)(변경)
대법원 1988. 8. 9. 선고 86다카1858 판결(공1988, 1207)(변경)
대법원 1991. 4. 23. 선고 90다카7958 판결(공1991, 1453)(변경)
대법원 1992. 10. 27. 선고 91다24724 판결(공1992, 3237)(변경)
대법원 1995. 9. 15. 선고 95다23071 판결(공1995하, 3398)(변경)

【전 문】

【원고, 피상고인】 원고 (소송대리인 변호사 김진기)
【피고, 상 고 인】 피고 (소송대리인 변호사 윤경현)
【원심판결】 부산지법 1995. 7. 7. 선고 94나15797 판결

【주 문】

상고를 기각한다. 상고비용은 피고의 부담으로 한다.

【이 유】

상고이유를 판단한다.

1. 발행지 미기재의 점에 대하여

　가. 원심 판단의 요지

　　원심판결 이유에 의하면, 원심은, 소외 주식회사 유성경금속이 1993. 7. 15. 이 사건 약속어음 5매 액면 합계 금 220,000,000원을 소외 1에게 발행하고, 위 소외 1은 이를 피고에게 배서·양도하였는데, 피고는 그 중 4매를 원심 공동피고 2에게, 나머지 1매를 원고에게 각 배서·양도하였고, 위 원심 공동피고 2는 다시 위 4매를 원고에게 배서·양도하여 원고가 위 각 어음의 최후소지인으로 발행지 기재를 보충하지 아니한 채 1993. 10. 30. 지급장소에 지급제시하였으나 무거래를 이유로 지급거절이 된 사실을 인정한 다음, 원고가 위 각 어음의 발행지를 보충하지 아니한 채 지급제시하였으므로 그 지급제시는 부적법하여 배서인인 피고에 대한 소구권을 상실하였다는 피고의 주장에 대하여, 약속어음의 발행지 기재가 없더라도 어음면의 기재에 의하여 국내에서 발행, 유통되는 어음임이 명백히 인정되는 경우에는 어음면의 기재에 의하여 발행지를 추단할 수 있는 사정이 엿보이는 한 발행지의 기재가 있는

것으로 해석함이 타당하다고 전제한 후, 이 사건 각 어음의 표면 우측 상단에 '부산'이라고 기재되어 있고, 또한 위 각 어음의 지급지가 양산군이고 그 지급장소도 주식회사 부산은행 양산지점인 점, 위 각 어음의 발행인이 국내회사인 주식회사 유성경금속인 점 등에 비추어 보면 위 각 어음은 발행지의 기재가 있는 것으로 못 볼 바 없다고 할 것이므로, 비록 위 각 어음의 발행지란이 백지인 채로 지급제시되었다 하더라도 그 지급제시는 적법하고, 따라서 원고의 피고에 대한 이 사건 소구권 행사 역시 적법한 지급제시에 의한 것으로 정당하다고 판단하였다.

나. 이 법원의 판단

어음법은 발행지를 어음요건의 하나로 규정하고(제1조 제7호, 제75조 제6호), 발행지를 기재하지 아니한 때에는 그 어음은 효력이 없으나, 다만 발행인의 명칭에 부기한 지가 있는 때에는 그 곳을 발행지로 보며(제2조 제1항, 제4항, 제76조 제1항, 제4항), 지급지의 기재가 없는 때에는 발행지를 지급지로 본다(제2조 제3항, 제76조 제3항)고 규정하고 있다.

그런데 어음의 발행지란 실제로 발행행위를 한 장소가 아니라 어음상의 효과를 발생시킬 것을 의욕하는 장소를 말하는 것으로서, 어음의 발행지에 관련된 어음법 제37조, 제77조 제1항 제2호, 제41조 제4항, 제77조 제1항 제3호, 제76조 제3항 등과 섭외사법의 관련 규정들을 살펴보면, 어음에 있어서 발행지의 기재는 발행지와 지급지가 국토를 달리하거나 세력(세력)을 달리하는 어음 기타 국제어음에 있어서는 어음행위의 중요한 해석 기준이 되는 것이지만, 국내에서 발행되고 지급되는 이른바 국내어음에 있어서는 별다른 의미를 가지지 못한다고 할 것이다.

그리고 국내어음이란 국내에서 발행되고 지급되는 어음을 말하는 것이므로 국내어음인지 여부는 어음면상의 발행지와 지급지가 국내인지 여부에 따라 결정될 것이지만, 어음면상에 발행지의 기재가 없다고 하더라도 그 어음면에 기재된 지급지와 지급장소, 발행인과 수취인, 지급할 어음금액을 표시하는 화폐, 어음문구를 표기한 문자, 어음교환소의 명칭 등에 의하여 그 어음이 국내에서 어음상의 효과를 발생시키기 위하여 발행된 것으로 여겨지는 경우에는 발행지를 백지로 발행한 것인지 여부에 불구하고 국내어음으로 추단할 수 있다고 할 것이다.

한편 일반의 어음거래에 있어서 발행지가 기재되지 아니한 국내어음도 어음요건을 갖춘 완전한 어음과 마찬가지로 당사자 간에 발행·양도 등의 유통이 널리 이루어지고 있으며, 어음교환소와 은행 등을 통한 결제 과정에서도 발행지의 기재가 없다는 이유로 지급거절됨이 없이 발행지가 기재된 어음과 마찬가지로 취급되고 있음은 관행에 이른 정도이고, 나아가 이러한 점에 비추어 보아 발행지의 기재가 없는 어음의 유통에 관여한 당사자들은 완전한 어음에 의한 것과 같은 유효한 어음행위를 하려고 하였던 것으로 봄이 상당하다 할 것이다.

그렇다면 어음면의 기재 자체로 보아 국내어음으로 인정되는 경우에 있어서는, 발행지의 기재는 별다른 의미가 없는 것이고, 발행지의 기재가 없는 어음도 완전한 어음과 마찬가지로 유통·결제되고 있는 거래의 실정 등에 비추어, 그 어음면상 발행지의 기재가 없는 경우라고 할지라도 이를 무효의 어음으로 볼 수는 없다고 할 것이다.

따라서 이와 일부 다른 견해를 취한 대법원 1967. 9. 5. 선고 67다1471 판결, 1976. 11. 23. 선고 76다214 판결, 1979. 8. 14. 선고 79다1189 판결, 1985. 8. 13. 선고 85다카123 판결, 1988. 8. 9. 선고 86다카1858 판결, 1991. 4. 23. 선고 90다카7958 판결, 1992. 10. 27. 선고 91다24724 판결, 1995. 9. 15. 선고 95다23071 판결 및 이와 같은 취지의 판결들은 이를 변경하기로 한다.

이 사건의 경우를 기록에 의하여 살펴보면, 이 사건 각 약속어음은 국내 금융기관인 부산은행이 교부한 용지에 의하여 작성된 것으로, 지급지는 양산군, 지급장소는 부산은행 양산지점으로 되어 있으며, 그 발행인과 수취인은 국내의 법인과 자연인이고, 어음금액은 원화로 표시되어 있으며, 어음문구 등 어음면상의 문자가 국한문 혼용으로 표기되어 있을 뿐만 아니라, 어음 표면 우측 상단에 어음용지를 교부한 은행 점포를 관할하는 어음교환소명으로 '부산'이라 기재되어 있는 점 등에 비추어 볼 때, 이 사건 각 약속어음은 국내에서 발행되고 지급되는 국내어음임이 명백하고, 따라서 그 어음면상 발행지의 기재가 없다고 하여 이를 무효의 어음으로 볼 수 없다고 할 것이므로, 위 각 어음에 대한 지급제시가 비록 발행지의 기재 없이 이루어졌다고 하더라도 이는 적법하게 지급제시된 것이라고 할 것이다.

원심의 판단은 위에서 설시한 법리와는 다른 전제에서 이루어진 것이므로 발행지의 기재가 없는 어음의 효력에 관한 법리를 오해한 위법이 있다고 할 것이나, 이 사건 각 약속어음의 발행지의 기재가 없는 상태로 한 지급제시가 적법하다고 본 결론에 있어서는 정당하다. 이 점을 지적하는 상고이유는 받아들일 수 없다.

2. 변제항변의 점에 대하여

기록에 비추어 살펴보면, 피고가 원고에게 변제조로 교부한 약속어음 2장(원심은 3장으로 인정하였으나 이는 오기로 보인다) 액면 합계 금 32,570,000원이 그 지급기일에 결제되었다는 증거가 없고, 오히려 위 각 어음이 1995. 4. 21. 부도처리된 것으로 인정된다고 하여 피고의 변제항변을 배척한 원심의 조치는 수긍이 가고, 거기에 상고이유로 주장하는 바와 같은 법리오해 등의 위법이 있다고 할 수 없다. 이 점에 관한 상고이유도 받아들일 수 없다.

3. 동시이행항변 내지 상계항변의 점에 관하여

기록에 의하면, 피고는 이 사건 (주소 1 생략)에 관하여 원고가 피고에게 하자를 보수하여 주기로 약정하고도 이를 불이행하였으니 그 채무를 이행할 때까지 원고의 청구에 응할 수 없고, 또 그 하자보수채무의 불이행으로 인한 손해배상채권을 자동채권으로 하여 이 사건 채권과 그 대등액에서 상계한다는 주장을 제출하였음이 분명함에도 불구하고, 원심은 이에 대하여 아무런 판단도 하지 아니하였음을 알 수 있다.

그러나 기록과 관계 증거를 살펴보면, 원고가 피고의 주장과 같은 하자보수의 약정을 하였음을 인정할 증거가 없고, 오히려 위 하자보수비는 이미 서로간에 정산되어 위 빌라의 매매대금에서 감액된 사실이 인정될 뿐이므로, 피고의 위 주장은 받아들일 수 없다고 할 것이어서, 원심이 위 주장에 대한 판단을 하지 아니하였다고 하더라도 이는 판결 결과에 영향이 없다고 할 것이다. 이 점에 관한 상고이유 역시 받아들일 수 없다.

4. 그러므로 상고를 기각하고, 상고비용은 패소자의 부담으로 하기로 하여 주문과 같이 판결하는바, 이 판결에는 제1항 부분 판단에 관하여 대법관 이돈희, 대법관 신성택, 대법

관 이용훈의 다수의견에 대한 보충의견과 대법원장 윤관, 대법관 최종영, 대법관 천경송, 대법관 정귀호, 대법관 김형선, 대법관 이임수의 반대의견이 있는 이외에는 관여 대법관들의 의견이 일치되었다.
5. 대법관 이돈희, 대법관 신성택, 대법관 이용훈의 다수의견에 대한 보충의견은 다음과 같다.

　법률을 해석·적용함에 있어서는 법률규정의 문언의 어의(語義)에 충실하게 해석하여야 함이 원칙임은 말할 것도 없다. 그러나 법률 제정 당시에 입법자가 전혀 예상하지 못하였기 때문에 법률로 규정되지 않았거나 불충분하게 규정된 경우가 있을 수 있고, 이 경우에도 법원은 재판을 하지 않으면 아니 되므로 법원의 법형성적 활동이 개입될 수밖에 없다. 뿐만 아니라 법률에 명문의 규정이 있는 경우에도 시대가 바뀌고 사회가 달라짐에 따라 법과 실제 생활과의 사이에 불가피하게 간격이 생길 수 있으며, 이 때에 만일 명문규정의 엄격한 적용만을 고집한다면 그것은 법적 안정성이 유지될지는 모르나 사회생활의 유동·발전에 대한 적응성을 결여하는 중대한 결함이 생길 수 있으므로 이를 실제 생활에 부합하게 해석할 사회적 필요가 생기게 된다. 이와 같은 경우 법원은 형식적인 자구 해석에 얽매일 것이 아니라 그 법이 구현하고자 하는 입법정신이 무엇인가를 헤아려서 그 입법정신을 실현하는 방향으로 법의 의미를 부여하여야 하며, 그 실현을 위하여 필요한 한도 내에서 명문규정의 의미를 확대해석하거나 또는 축소·제한해석을 함으로써 실질적인 법형성적 기능을 발휘하여야 할 것이다. 일반적으로 모든 법은 법규정의 본질을 바꾸는 정도의 것이 아닌 한도에서 이를 합리적으로 해석함으로써 뒤처진 법률을 앞서가는 사회현상에 적응시키는 일방 입법기관에 대하여 법률의 개정 등을 촉구하는 것은 법원의 임무에 속하는 일이라 할 것이고, 그 뒤처진 법규정의 재래적 해석·적용이 부당한 결과를 초래한다는 것을 알면서도 법률 개정이라는 입법기관의 조치가 있을 때까지는 이를 그대로 따를 수밖에 없다고 체념해 버리는 것은 온당치 않은 태도라고 할 것이다(대법원 1978. 4. 25. 선고 78도246 전원합의체 판결 참조).

　특히 사법(私法)은 국민의 사생활관계를 규율하는 법률이므로, 국민의 사법적 거래의 관행을 뒷받침하여 그 거래를 원활하게 유지하도록 하는 것은 사법의 본래의 영역이며 사명에 속하는 것이다. 국민의 대부분이 명문규정에 별 의미가 없는 것으로 생각하고 그 규정에 맞지 아니한 행위도 유효한 것으로 믿고 그에 따라 행동하는 경우에, 그것이 선량한 풍속 기타 사회질서에 위배되어 무효로 되는 등 특별한 사정이 없다면 법원만이 그 행위를 무효로 보아 국민의 거래행위를 제약할 것은 아니라 할 것이다. 이러한 해석은 금전 지급수단인 어음의 법률관계를 규율하는 어음법에 있어서도 원칙적으로 적용되어야 할 것이다. 어음법이 강행법·기술법적 성질을 가지고 있음에 비추어 볼 때 어음법에서 정한 어음요건은 이를 엄격하게 해석함이 원칙일 것이나, 이러한 엄격해석의 요청은 이를 자의로 해석함으로써 어음거래 당사자에게 불이익하게 법률을 적용하는 것을 막자는 데에 있는 것이지 입법취지를 해하지 않는 범위 내에서 합리적으로 해석하는 것까지도 절대적으로 금지하려는 것은 아니라 할 것이다.

　그런데 어음법에 있어서 발행지의 기재를 어음의 필요적 기재 사항으로 규정하고 있는 이유는, 발행지와 세력(世曆)을 달리하는 지(地)에서 지급할 환어음·약속어음의 경우에 어음의 만기의 날은 지급지의 세력에 의하여 정한 것으로 보고(어음법 제37조, 제77조

제1항 제2호), 어음의 발행국과 지급국이 동명이가(동명이가)를 가진 통화에 의하여 환어음·약속어음의 금액을 정한 때에는 지급지의 통화에 의하여 정한 것으로 추정하도록 규정되어 있으므로(어음법 제41조 제4항, 제77조 제1항 제3호), 발행지의 기재는 만기결정의 세력과 지급통화를 결정하는 표준이 되고, 약속어음에서의 발행지의 기재는 약속어음상에 다른 표시가 없는 때에 지급지와 발행인의 주소지로 의제되는 기능이 있으며(어음법 제76조 제3항), 발행지의 기재는 국제어음법에 있어서 어음행위의 능력·방식·효력 및 환어음의 소지인의 원인채권의 취득 여부 등을 결정함에 있어서 준거법을 결정하는 표준이 되는 기능을 하기 때문이라고 할 것이다(섭외사법 제34조 제2항, 제36조 제2항, 제37조 제2항, 제38조). 따라서 위와 같은 발행지의 기재는 보통 발행지와 지급지가 국토를 달리하거나 세력을 달리하는 어음 기타 국제어음에 있어서는 유용한 기능을 하지만, 국내에서 발행되고 지급되는 이른바 국내어음에 있어서는 세력과 지급통화가 단일하게 통일되어 있어서 발행지의 기재는 별다른 의미를 가지지 못한다고 할 것이고, 이러한 의미에서 발행지는 특정한 행정구역으로 제한하여 기재할 필요가 없으며 널리 '한국'이라는 기재로도 족하고, 나아가 어음면의 기재 자체에서 국내어음임이 분명한 경우에 있어서는 발행지의 기재가 없더라도 발행지가 '한국'으로 기재된 어음과 구별할 필요가 없다 할 것이다. 또한 섭외사법상 준거법을 정하는 표준이 되는 발행지는 어음면상에 기재된 발행지가 아니라 실제로 발행행위를 한 지(지)라고 해석되므로 어음면상의 발행지는 섭외사법상 준거법을 정함에 있어서는 추정력을 가지는 데 불과한 것이다.

그리고 실제 어음거래의 관행을 살펴보면, 다수의견에서 본 바와 같이 일반의 어음거래에 있어 발행지가 기재되지 아니한 국내어음도 어음요건을 갖춘 완선한 어음과 마찬가지로 당사자 간에 발행·양도 등의 유통이 널리 이루어지고 있고, 어음교환소와 은행 등을 통한 결제 과정에서도 발행지의 기재가 없다는 이유로 지급거절됨이 없이 발행지가 기재된 어음과 마찬가지로 취급되고 있으므로, 국내어음에 있어서 발행지의 기재가 없다고 하여도 어음의 유통증권으로서의 실제 기능에 아무런 영향이 없다 할 것이다. 따라서 발행지의 기재가 없는 어음의 유통에 관여한 당사자들은 완전한 어음에 의한 것과 같은 유효한 어음행위를 하려는 의사를 가지고 이에 관여한 것으로 봄이 상당하다 하지 않을 수 없다.

만일 발행지의 기재가 없다는 이유만으로 이러한 어음을 무효로 한다면 이는 어음상의 의무자로 하여금 채무의 이행을 지연하거나 면탈하는 구실을 주게 되어 어음채무자에 의하여 악용될 소지가 많다고 본다. 왜냐하면 실제의 거래에서는 어음을 수수하는 자는 어음상의 권리관계에 별 의미가 없는 발행지의 기재에 대하여는 주의를 기울이지 않는 경우가 많을 뿐만 아니라 발행지의 기재가 없어도 완전한 어음에 의한 것과 같은 유효한 어음행위를 하려는 의사를 가지고 발행지를 보충하지 아니한 채 어음을 수수하는 것이 보통임에도 불구하고, 어음채무자인 발행인이나 배서인이 발행지의 기재만을 누락한 채 어음을 발행·양도한 다음 이를 제대로 인식하지 못한 최종소지인이 지급을 청구하면 어음요건의 흠결을 주장하여 어음채무의 이행을 지연하거나 면탈하고자 할 수도 있기 때문이다.

나아가 현재 세계의 어음법은 크게 제네바통일법계와 영미법계로 나뉘어 있고 우리 나라는 제네바통일법계에 따라 입법을 하였음은 주지의 사실이나, 어음은 원래 금전 지급 및 신용 이용의 수단으로 안출된 기술적인 제도로서 세계적 통일화 경향이 현저하므로 어음의 해석에 있어서는 특히 제네바통일법계와 영미법계 상호의 법규정을 염두에 두고 해석할 필요성이 있다고 할 것이므로, 영미법계에서 제네바통일법계와 상이한 규정을 두고 있는 경우에는 그 의미를 완화하여 해석하여도 좋을 것이다. 그런데 발행지의 기재에 대하여 영미법계에서는 이를 어음요건으로 하지 아니하고 오히려 발행지의 기재가 흠결되어도 어음으로서의 효력에 영향이 없는 것으로 명문규정을 두고 있고, 더구나 1988. 12. 9. 제43차 UN총회에서 채택된 '국제환어음·약속어음에 관한 UN협약'에 있어서는 우리 어음법의 규정과 달리 발행지의 기재를 필요적 기재 사항으로 규정하고 있지도 아니하다. 그렇다면 우리 나라의 경우에 있어서도 어음요건의 해석에 융통성을 두어 국내어음에 한하여 다수의견과 같이 발행지의 기재가 없어도 어음의 효력에 영향이 없는 것으로 해석하여도 무리가 아니라고 생각하는 것이다.

그렇다면, 어음면의 기재 자체에 의하여 국내어음으로 인정되는 경우에 단지 발행지의 기재가 없다는 이유로 이를 무효의 어음이라고 보는 것은 지나치게 형식논리에 치우친 해석이라고 하지 않을 수 없을 뿐만 아니라, 어음 유효해석의 원칙에 비추어 보더라도 타당한 해석이 아니라고 할 것이므로, 국내어음에 한하여는 발행지의 기재가 없다고 하더라도 이를 무효의 어음으로 볼 수 없다고 해석함이 상당하다고 생각한다. 이러한 해석은 국내어음에 한하여 위와 같이 해석하는 것이어서 국제어음에 있어서는 발행지의 기재가 없으면 그 어음은 무효라는 입장을 견지하고 있는 것임이 분명하므로, 위 해석에 의하더라도 발행지를 어음요건의 하나로 규정하고 있는 어음법의 조항을 완전히 사문화시키는 것이 아님은 물론이다.

따라서 다수의견은 국내어음에 있어서 발행지의 기재가 별다른 의미가 없고 발행지의 기재가 없는 어음도 완전한 어음과 마찬가지로 유통·결제되고 있을 뿐더러 어음거래의 당사자들도 발행지의 기재가 없어도 유효한 어음행위를 하려는 의사였다고 보이는 점 등을 비롯한 위에서 본 바와 같은 여러 사정에 비추어 국내어음에 한하여 발행지의 기재가 없다고 할지라도 이를 무효의 어음이라고 볼 수 없다고 해석하는 것이므로, 이러한 해석이 법원의 법률해석권의 범위를 일탈하는 것은 아니라고 생각한다.

6. 대법원장 윤관, 대법관 최종영, 대법관 천경송, 대법관 정귀호, 대법관 김형선, 대법관 이임수의 반대의견은 다음과 같다.

가. 어음법 제1조 제7호와 제75조 제6호는 어음에는 그 요건의 하나로서 발행지를 기재하여야 한다고 규정하고 있는 한편, 같은 법 제2조 및 제76조는 발행지를 기재하지 아니한 증권은 발행인의 명칭에 부기한 지가 없는 한 '어음의 효력이 없다'라고 명문으로 규정하고 있으므로, 발행지와 발행인의 명칭에 부기한 지의 기재가 없는 어음은 그 효력이 없고, 따라서 소지인이 이러한 미완성 어음으로 지급을 위한 제시를 하였다고 하더라도 이는 적법한 지급제시가 될 수 없다고 보아야 할 것이다.

나. 원래 법규의 의미·내용과 적용 범위가 어떠한 것인지를 정하여 선언하는 권한 즉 법률의 해석·적용의 권한은 법원에 있으며, 법원은 법규의 흠결을 이유로 재판을 거부할 수 없으므로 재판할 사항에 대하여 적용할 법규가 없을 경우에는 법률이념에 맞도록 다른 법규를 유추적용하고, 법규가 있다고 하더라도 그 의미 내용이 애

매모호할 경우에는 그 입법취지에 따라 적절한 해석을 함으로써 그 법규의 의미 내용을 확정하는 권한을 가지고 있다고 할 것이다.

그러나, 이 사건의 경우와 같이 법규가 있고 그 의미 내용 역시 명확하여 달리 해석할 여지가 없는 경우에는 다른 것을 다르게 취급하여야 한다는 정의의 요청(이른바 목적론적 축소해석의 경우) 또는 합헌적인 해석의 요청(이른바 헌법합치적 해석의 경우)에 의하여, 그 법규의 적용 범위를 예외적으로 제한하여 해석할 필요가 있는 등의 특별한 사정이 없는 한, 설사 다수의견이 보는 바와 같이, 명문의 규정이 거래의 관행과 조화되지 아니하는 점이 있다고 하더라도, 법원으로서는 모름지기 국회의 입법 작용에 의한 개정을 기다려야 할 것이지 명문의 효력규정의 적용 범위를 무리하게 벗어나거나 제한하는 해석을 하여서는 아니 될 것이다.

앞서 본 바와 같이, 어음법은 발행지의 기재가 없는 어음에 관하여 그 효력이 없다고 명문으로 규정하고 있는 한편, 이 명문의 규정에 관하여는 정의의 요청 또는 합헌적인 해석의 요청에 의하여 그 적용 범위를 예외적으로나마 제한하여 해석할 만한 아무런 특별한 사정이 있다고 할 수 없으므로, 다수의견과 같이 위 어음법의 명문규정이 이른바 '국내어음'에는 적용되지 아니한다고 하는 것은 법원이 어음법에도 없는 단서 조항 즉 '발행지에 관하여 국내어음의 경우에는 그러하지 아니하다.'라는 규정을 신설하는 셈이고, 이는 명문의 규정에 반하는 법형성 내지 법률수정을 도모하는 것으로서 법원의 법률해석권의 범위를 명백하게 일탈한 것이라는 비난을 면하기 어렵다고 할 것이다.

다. 다수의견은 입법정책상의 문제 또는 사실인정의 문제를 법률해석의 문제로 다루고 있다는 비난을 면할 수가 없다.
   (1) 다수의견은 요컨대, 국내어음에 있어서는 발행지의 기재가 별다른 의미가 없고, 발행지의 기재가 없는 어음도 완전한 어음과 마찬가지로 취급되고 있는 것이 관행에 이른 정도이며, 또 그러한 어음의 유통에 관여한 당사자들도 유효한 어음행위를 하려 하였던 것으로 봄이 상당하므로 이러한 어음도 유효하다고 보아야 한다는 것이다.
   (2) 그러나, 발행지를 어음요건으로 할 것인지의 여부는 발행행위의 요식에 관하여 발행인의 기명날인 외에 서명을 허용할 것인지의 여부와 같이 법률로 정할 사항이고(1995. 12. 6. 법률 제5009호 개정된 어음법 참조), 다수의견이 주장하는 바와 같은 '별다른 의미'의 유무에 의하여 좌우할 성질의 것은 아니며, 다수의견이 주장하는 거래관행이나 당사자의 의사는 법률행위 해석의 논거로 될 수 있을지언정 법률행위 등을 규율 대상으로 하는 법규, 그 중에서도 효력규정인 법규의 해석 논거로 삼는다는 것은 법리에 전혀 맞지 아니한다. 특히 위와 같이 어음법이 개정될 때, 사회·경제적 여건의 변화와 국내·외 상거래관행의 추세를 반영한다는 취지에서 어음발행행위의 요식에 관하여 종전의 '기명날인'에서 '기명날인 또는 서명'으로 바꾼 바가 있고, 위 개정 당시 최소한 국내어음에 있어서는 발행지를 어음요건에서 배제하는 어음법의 개정이 이루어져야 한다는 입법론적인 주장이 있었음에도 불구하고, 위 발행지의 요건에 관하여는 개정하지 아니한 채 그대로 둔 점에 비추어 볼 때, 아직 어음요건에서 발행지의 기재를

제외할 만한 사회·경제적 여건의 변화나 국내·외 상거래관행이 있었다고 보지 아니하였기 때문인 것으로 보인다.

그리고, 기록을 살펴보아도 발행지란이 보충되지 아니한 채 지급제시된 어음에 대하여 배서인이 이를 결제하거나 소구책임을 지는 것이 어음거래의 관행에 이른 것이라고 볼 만한 아무런 자료나 근거가 없을 뿐더러 가사 그러한 관행이 있다고 가정하더라도, 이러한 관행이 강행법규인 어음법에 저촉된다면 이를 허용하여서는 아니 될 것이다. 만약 다수의견과 같이 이를 허용한다면 이는 관행에 의하여 강행법규를 개폐하는 결과를 초래하게 되는 것이고, 이는 성문법주의의 법체제하에서는 도저히 용납될 수 없는 것이다.

(3) 그리고 원래, 어음에 있어서 발행지의 기재는 어음 문면상의 발행인의 표시와 더불어 어음금에 대하여 최종적인 지급책임을 지는 발행인이 어느 곳에서 경제활동을 하고 있는 누구인가를 알려주는 역할을 담당하는 것이고, 신용증권인 어음은 기본적으로 그 발행인의 신용에 의하여 평가되는 것이므로, 발행지의 기재는 어음발행 이후에 어음을 취득하거나 이에 대하여 보증, 기타 어음행위를 하려는 사람에게 어음의 출처를 알려주고 그 신용을 가늠하게 하는 중요한 역할을 담당하고 있다고 할 것이며, 특히 국제거래가 활발하여져서 국내에서 발행되고 지급지가 국내인 어음이라도 국내뿐만 아니라 국외에서도 유통될 것이 예상되는 오늘날의 경제상황에 비추어 본다면(외국환관리법 제19조에서는 환어음·약속어음도 당국의 허가 등 일정한 제한 하에서 외국에 수출을 할 수 있도록 규정하고 있다.), 어음 발행지의 기재가 어음행위의 준거법의 표준이 되는 이외에 '별다른 의미'가 없다는 다수의견은 수긍이 가지 아니할 뿐 아니라, 우리 어음법은 다수의견이 말하는 '국내어음'에 중점을 두고 제정되었다고 볼 것인데, 어음발행요건의 발행지는 오히려 국외어음에서 큰 의미가 있고 '국내어음'에는 '별다른 의미'가 없다고 하는 것은 본말을 전도한 것이라고 할 것이다.

라. 다수의견은 우리 어음법의 운용에 대한 국제적인 신뢰를 손상시키고, 어음이 국제적으로 유통되고 있는 경제실정에도 맞지 아니한다.

제네바통일조약이 제정된 이래 오늘에 이르기까지 세계의 어음법·수표법은 크게 제네바통일조약을 채택한 제네바통일법계와 동 조약을 채택하지 아니한 영미법계 등 두 개의 법계로 나뉘어 있는데, 발행지를 어음요건에 포함시킬 것인지의 여부에 관하여 독일·프랑스·스위스·오스트리아·일본 등 제네바통일법계에 속하는 국가에서는 이를 어음요건에 포함시켜 발행지의 기재가 없는 어음은 어음의 효력을 부인하고 있음에 비하여, 미국·영국 등 영미법계에 속하는 국가에서는 이를 어음요건에 포함시키지 아니하고 발행지의 기재가 없는 어음도 어음의 효력을 인정하고 있다. 그리고 우리 어음법이 제네바통일법계에 속하는 것은 국내외적으로 주지의 사실이며, 제네바통일어음법(1930)은 어음요건에 관하여 아무런 유보조항도 두지 아니하고 있다. 그럼에도 불구하고 발행지의 기재가 없는 어음의 효력에 관하여, 오직 우리 나라만이 다수의견과 같이 뚜렷한 법적 근거도 없이 어음을 국내어음과 국제어음으로 구분한 다음, 국내어음의 경우에는 영미법계에 속하는 국가와 마찬가지로 보아 유효라고 하고, 국제어음에 대하여는 제네바통일법계에 속하는 국가와 마찬가지로 보아 무효라고 한다면, 이는 위 두 개의 법계 어디에도 속하지 아니한 우리 나라만의 독자적인 법운용으로서, 어음법·수표법의 세계적 통일화 경향에 역행하는 것이며 국제적인 신뢰를 손상시키는 결과를 초래할 우려가 매우 크다고 할 것이다.

바로 이러한 이유 때문에 독일·프랑스·스위스·오스트리아·일본 등 제네바통일법계에 속하는 국가에서는 제네바통일어음법이 성립된지 67년이 지난 오늘날에 이르기까지 동법에 유보조항이 없는 규정에 관하여는 각국의 국내법을 개정하지 아니하면서 발행지의 기재가 없는 어음을 무효라고 해석하고 있다.

그리고 오늘날 어음은 국내거래뿐만 아니라 국제거래에 있어서도 신용창출의 수단 또는 금전의 지급결제의 수단으로 국제적으로 유통되고 있는바, 다수의견과 같이 어음의 효력에 관하여 국내어음과 국제어음을 달리 취급하는 것은 위와 같은 어음거래의 실정에도 맞지 아니하는 법운용이라고 하지 아니할 수 없다.

다수의견의 보충의견에서는 그 해석의 논거로서, 영미법계에서는 발행지를 어음요건으로 규정하고 있지 아니하고, '국제환어음·국제약속어음에 관한 유엔협약'에서도 발행지를 필요적 기재 사항으로 규정하고 있지 아니한 점을 들고 있으나, 우리 법률보다 우리의 거래실정에 더 맞는 외국법률의 규정이 있다고 하여 우리 법률의 명문의 규정에 반하여 외국법률과 마찬가지로 해석하자는 것은 입법론과 해석론을 혼동한 것이라고 아니할 수 없으며, 위 협약은 그 명칭에서도 알 수 있듯이 국내어음이 아닌 국제어음에만 적용되는 것으로서, 국제어음의 경우에는 발행지가 필요적 기재 사항임을 인정하고 있는 다수의견의 주장과 맞지 아니할 뿐만 아니라, 우리 나라가 위 협약을 비준하지도 아니 하였으므로, 이들을 그 논거로 삼을 수는 없다고 할 것이다.

마. 다수의견은 어음의 절대적 요식증권성을 무시한 견해이다.

어음은 그 유통성을 확보하기 위하여 다른 요식증권과 마찬가지로 그 권리관계를 증권상에 명시하도록 하는 한편, 화물상환증·선하증권 등과 같이 증권의 본질에 반하지 아니하는 한 법정사항을 결하더라도 그 증권이 무효로 되지 아니하는 상대적 요식증권과는 달리, 법정사항 중 하나를 결하더라도 구제를 예정하는 경우를 제외하고는 그 증권 전체가 무효로 되는, 이른바 절대적 요식증권이다(어음법 제2조, 제76조).

앞서 본 바와 같이, 어음법이 어음의 발행지를 어음요건의 하나로 규정하고 있음에도 불구하고(제1조 제7호, 제75조 제6호), 다수의견과 같이 발행지의 기재가 없는 어음을 유효하다고 하는 것은 위와 같은 어음의 절대적 요식증권성에도 반한다고 할 것이다.

그리고 어음의 요식성을 완화하는 어음유효해석의 원칙을 긍정하는 견해를 취한다고 하더라도 이는 무제한으로 적용될 수 없고, 어음의 요식성을 파괴할 위험이 있는 경우에는 지급의 확실성 보장과 유통성 강화라는 어음의 이념에 반하기 때문에 그 적용을 부정하여야 한다는 것이 통설적 견해인바, 어음의 필요적 기재 사항의 하나인 발행지의 기재를 결한 어음을 유효하다고 하는 것은 어음의 요식성을 파괴하는 것이므로 여기에 어음유효해석의 원칙이 적용될 여지는 없다고 할 것이다.

바. 지금까지 대법원은 일관되게 발행지의 기재를 요건으로 하는 명문을 무너뜨리지 아

니하는 한도에서 가능한한 유효하게 해석하려는 견해를 최근까지 유지하여 왔는데, 다수의견이 특별한 상황의 변화도 없이, 갑자기 성문법주의의 법체제하에서 강행법규적 성격의 법규이며 효력규정인 어음요건에 관한 명문규정을 정면으로 거스르는 결론을 끌어 내려는 것은 부당하다고 아니할 수 없으며, 사실인정의 문제를 법률해석의 문제로 보거나 법률해석의 논거가 될 수 없는 관행과 당사자의 의사를 무리하게 끌어들여 발행지의 기재가 없는 어음도 유효하다고 하는 것은 납득할 수가 없다. 법원은 모름지기 헌법과 법률에 의하여 심판하여야 하고 법률에 대하여 심판하여서는 아니 된다.

사. 돌이켜 이 사건에 관하여 살펴건대, 원심이 적법히 확정한 사실관계와 기록에 의하면, 이 사건 약속어음 5장은 모두 그 우측상단에 '부산'이라는 고무인이 찍혀 있을 뿐 발행지란을 백지로 하고 발행인의 명칭에 부기한 지의 기재도 없이 발행·배서양도되다가 그 발행지란이 보충되지 아니한 채 지급제시되었는데, 위 '부산'이라는 표시는 어음교환소명을 지칭하는 것임을 알 수 있다.

사정이 이와 같다면, 그 '부산'이라는 표시는 발행지와는 아무런 관련이 없어 이를 발행지의 기재로는 볼 수 없으므로, 결국 이 사건 각 약속어음은 발행지의 기재가 없는 미완성어음으로 그 지급을 위한 제시가 되었다고 할 것이어서 이를 적법한 지급제시로 볼 수 없고, 따라서 피고는 배서인으로서 소지인인 원고에 대하여 어음법의 명문규정에 따라 그 소구의무를 부담하지 아니한다고 할 것이다.

그럼에도 불구하고, 원심이 위 '부산'이라는 표시를 발행지의 기재로 보아 그 지급제시가 적법하다고 하여 피고에게 그 소구책임이 있다고 판단한 조처는 어음요건에 관한 법리를 오해한 위법을 저지른 것이라고 아니할 수 없으며, 이는 판결에 영향을 미쳤음이 명백하므로 이 점을 지적하는 상고이유의 주장을 받아들여 원심판결을 파기하고 사건을 원심법원에 환송함이 마땅하다고 할 것이다.

대법원장 윤관(재판장) 대법관 최종영 천경송 정귀호 박준서 이돈희 김형선 지창권 신성택(주심) 이용훈 이임수 송진훈 서성

나. 만기

(1) 만기(만기일, 지급기일)라 함은 어음금이 지급될 날로 어음에 기재된 날을 말한다.

| 판 례 |
[판례 2] 약속어음금

(대법원 2000. 4. 25. 선고 98다59682 판결)

【판시사항】

만기의 일자가 발행일보다 앞선 일자로 기재되어 있는 확정일출급 약속어음의 효력(무효)

【판결요지】

어음의 요식증권 내지 문언증권으로서의 성질상 어음요건의 성립 여부는 어음상의 기재만에 의하여 판단하여야 하고, 어음요건의 기재가 그 자체로 불가능한 것이거나 각 어음요건이 서로 명백히 모순되어 함께 존립할 수 없게 되는 경우에는 그와 같은 어음은 무효라고 봄이 상당하고, 한편 약속어음의 발행일은 어음요건의 하나로서 그 기재가 없는 상태에서는 어음상의 권리가 적법하게 성립할 수 없는 것이므로, 확정된 날을 만기로 하는 확정일출급 약속어음의 경우에 있어서 만기의 일자가 발행일보다 앞선 일자로 기재되어 있다면 그 약속어음은 어음요건의 기재가 서로 모순되는 것으로서 무효라고 해석하여야 한다.

【참조조문】

어음법 제75조, 제76조

【참조판례】

대법원 1994. 9. 9. 선고 94다12098, 94다12104 판결(공1994하, 2614)
대법원 1997. 5. 7. 선고 97다4517 판결(공1997상, 1713)

【전 문】

【원고, 상 고 인】 원고
【피고, 피상고인】 피고
【원심판결】 광주지법 1998. 10. 30. 선고 97나4100 판결

【주 문】

상고를 기각한다. 상고비용은 원고의 부담으로 한다.

【이 유】

상고이유를 본다.
1. 약속어음금 청구에 대하여
　어음의 요식증권 내지 문언증권으로서의 성질상 어음요건의 성립 여부는 어음상의 기재만에 의하여 판단하여야 하고, 어음요건의 기재가 그 자체로 불가능한 것이거나 각 어음요건이 서로 명백히 모순되어 함께 존립할 수 없게 되는 경우에는 그와 같은 어음은 무효라고 봄이 상당하고, 한편 약속어음의 발행일은 어음요건의 하나로서 그 기재가 없는 상태에서는 어음상의 권리가 적법하게 성립할 수 없는 것이므로(대법원 1994. 9. 9. 선고 94다12098, 94다12104 판결 참조), 확정된 날을 만기로 하는 확정일출급 약속어음의 경우에 있어서 만기의 일자가 발행일보다 앞선 일자로 기재되어 있다면 그 약속어음은 어음요건의 기재가 서로 모순되는 것으로서 무효라고 해석하여야 할 것이다.
　원심판결 이유에 의하면, 원심은 그 판시 채용 증거에 의하여, 피고가 소외인에게 액면금 30,000,000원, 발행일 1995. 10. 2., 지급기일 1995. 1. 17., 발행지 및 지급지 완도군,

지급장소 주식회사 국민은행 완도지점으로 된 약속어음 1매를 발행하고, 위 소외인은 원고에게 위 어음을 배서양도한 사실, 원고는 이 사건 약속어음의 최후 소지인으로서 위 은행에 지급제시하였으나 지급이 거절된 사실을 인정한 다음, 위 약속어음은 그 지급기일이 발행일 이전의 날이어서 어음요건을 갖추지 못하여 무효이고, 어음요건의 구비는 원칙적으로 어음문면 그 자체에 의하여 판단할 것이지 약속어음 외의 사실을 조사하여 약속어음의 일부의 기재착오를 보충하거나 정정하는 것은 허용되지 않는다고 판단하였는바, 원심의 위와 같은 사실인정 및 판단은 위 법리에 따른 것으로서 정당하고, 거기에 상고이유에서 주장하는 바와 같은 심리미진으로 인한 사실오인이나 약속어음의 형식적 요건에 관한 법리오해의 위법이 있다고 할 수 없다.

한편, 상고이유에서 들고 있는 대법원 1981. 7. 28. 선고 80다1295 판결은, 발행일의 기재가 1978. 2. 30.인 약속어음의 경우에 같은 해 2월 말일을 발행일로 하는 약속어음으로서 유효하다는 것으로서 이 사건에 원용하기에 적절한 선례라고 할 수 없다.

2. 약정금 청구에 대하여

원심판결 이유에 의하면, 원심은 피고는 1995. 10. 15. 원고와의 사이에 이 사건 약속어음금 상당액을 지급하기로 약정하였으므로, 원고에게 약정금으로서 금 30,000,000원 및 이에 대한 지연손해금을 지급할 의무가 있다는 원고의 주장에 대하여 그 판시와 같이 이에 부합하는 증거들은 믿을 수 없고 달리 이를 인정할 증거가 없다고 하여 위 주장을 배척하였는바, 기록에 비추어 살펴보면, 원심의 위와 같은 조치는 정당한 것으로 수긍이 되고, 거기에 상고이유에서 주장하는 바와 같은 채증법칙 위배, 법리오해, 판단유탈 등의 위법이 있다고 할 수 없다.

3. 그러므로 상고를 기각하고, 상고비용은 패소자의 부담으로 하기로 하여 관여 법관의 일치된 의견으로 주문과 같이 판결한다.

대법관 이임수(재판장) 이돈희 송진훈 윤재식(주심)

[판례 3] 약속어음

(대법원 1981. 7. 28. 선고 80다1295 판결)

【판시사항】

가. 발행일의 기재가 1978.2.30인 약속어음의 유효 여부(적극)
나. 처자있는 남성과 동거생활을 하는 여성에 대하여 그 남성의 자녀들의 위자료청구의 가부(소극)

【판결요지】

1. 발행일의 기재가 1978.2.30인 약속어음은 같은 해 2.말일을 발행일로 하는 약속어음으로서 유효하다.
2. 여성이 처자있는 남성과 동거생활을 함으로써 그 자녀들이 일상생활에 있어 부친으로

부터 애정을 품고 그 감호교육을 받을 수 없게 되었다 하여도 그 여성이 악의로써 부친의 자녀에 대한 감호 등을 적극적으로 저지하는 등 특별한 사정이 없는 한 위 여성의 행위는 자녀에 대하여 불법행위를 구성하는 것은 아니라고 할 것이다.

【참조조문】

(1). 어음법 제75조 (2). 민법 제751조

【전 문】

【원고, 상고인 겸 피상고인】 원고
【피고, 상고인 겸 피상고인】 피고 1 외 4인
【피고, 피상고인】 피고 7 외 1인 소송대리인 변호사 강장환
【원심판결】 서울민사지방법원 1980.4.18. 선고 79나697 판결

【주 문】

원심판결 중 원고의 피고 1, 피고 2, 피고 3, 피고 4, 피고 5에 대한 패소부분을 파기하여 이 부분 사건을 서울민사지방법원 합의부에 환송한다.
원고의 피고 6, 피고 7에 대한 상고와 피고 1, 피고 2, 피고 3, 피고 4, 피고 5의 상고를 모두 기각한다. 위 상고 기각부분에 관한 상고 소송비용은 각 상고인의 부담으로 한다.

【이 유】

1. 피고 1, 피고 2, 피고 3, 피고 4, 피고 5 소송대리인의 상고이유에 대한 판단

    가. 제 1 점에 대하여

    이 사건 약속어음의 발행일의 기재가 1978.2.30로 되어 있음은 소론과 같으나 이는 같은 해 2월 말일을 발행일로 하는 약속어음으로서 유효하다고 할 것이다. 왜냐하면 약속어음 외의 사실을 조사하여 약속어음의 일부의 기재착오를 보충하거나 정정하는 것은 약속어음행위가 증권행위이므로 허용되어서는 아니되지만 위와 같은 약속어음의 기재자체를 본인의 합리적인 의사에 따라서 판단한다면 그 달의 말일의 의미로 생각하는 것이 당연하고 이를 약속어음의 요건을 흠결한 무효한 것이라고 생각하는 것은 오히려 교활한 약속어음 채무자에게 지급거절의 구실을 주게 되어 약속어음의 유통성의 강화에 해가 되고 약속어음법의 이념에 반하기 때문이다. 원심이 이와 같은 견해 아래 이 사건 약속어음을 유효한 것으로 인정 판단하였음은 정당하고, 이와 반대의 견해에서 위 약속어음은 요건흠결로 무효라는 논지는 채용할 수 없다.

    나. 제2, 3점에 대하여

    원심판결에 의하면, 원심은 원고가 피고 7의 남편이고 그외 피고들의 아버지인 소외 1과 1972.9. 부터 동거생활을 하다가 1975.10. 위 소외 1에게 처자가 있음을 알았으나 당시 임신중이었기 때문에 망서리다가(같은 해 12.6 딸인 소외 2를 출산하다) 1977.10.경에는 위 동거생활을 단절한 사실, 그 뒤인 1978.2. 말경 위 소외 1은 원고와 그 출생녀인 소외 2의 거주할 수 있는 아파트를 원고로 하여금 구입할 수 있도록 하기 위하여 그 아파트 구입자금의 일부로서 금 8,000,000원을 원고에게 증여하

기로 하고 이 사건 약속어음을 발행한 사실을 인정하고 있는바, 위 인정은 원심판시 거시의 증거관계에 비추어 수긍이 가고, 거기에 채증법칙 위배나 사실혼의 법리와 반사회질서의 행위에 대한 법리를 오해한 위법이 있음을 발견할 수 없으므로 논지는 채용할 수 없다.

다. 제 4 점에 대하여

원심판결에 의하면, 원심은 위 증여자인 소외 1의 재산상태가 증여계약 후 현저히 변경되었고 위 증여계약을 이행하는 경우에는 그 상속인인 피고들의 생계에 중대한 영향을 미치게 되었으므로 민법 제557조에 따라 위 증여계약을 해제한다는 피고들의 주장에 대하여 그 증거가 없다는 이유로 이를 배척하고 있는바, 위 인정은 원심판시 거시의 증거관계에 비추어 수긍이 가고, 거기에 소론과 같은 채증법칙 위배나 민법 제557조의 법리를 오해한 위법도 발견할 수 없으므로 논지도 채용할 수 없다.

2. 원고의 상고이유에 대한 판단

가. 피고 6에 대한 상고이유에 대하여

원심판결에 의하면, 원심은 위 소외 1이 1978.10.24 사망하자 장남인 피고 6은 1979.1.23 위 소외 1의 재산상속인으로서 그 재산상속을 포기할 것을 서울가정법원에 신고하였으며 같은 해 1.29 서울가정법원이 위 재산상속포기 신고를 수리한 사실을 인정하였는바 위 인정은 원심판시 거시의 증거관계에 비추어 수긍이 가고, 거기에 소론과 같은 채증법칙 위배나 석명권불행사의 위법이 있음을 발견할 수 없으므로 논지는 채용할 수 없다.

나. 피고 7에 대한 상고이유에 대하여

처가 있는 남성과 동거생활을 한 여성은 고의 또는 과실이 있는 한 그 남성의 처에 대하여 불법행위를 구성하고 따라서 그로 인하여 처가 입은 정신상의 고통을 위자할 의무가 있다고 할 것인바 원심의 확정한 사실에 의하면 원고는 1975.10. 위 소외 1에게 처인 피고가 있음을 알고서 1977.10. 경까지 동거생활을 하였다는 것이니 원고는 위 피고에게 그로 인한 위자료를 지급할 의무가 있으며 모든 사정을 종합하여 볼 때 그 위자료의 액수는 금 2,000,000원으로 정함이 상당하고, 따라서 위 피고의 위 소외 1의 상속채무는 상계로써 소멸되었다고 인정 판단하고 있는 원심의 조치는 원심판시 거시의 증거관계에 비추어 수긍이 가고, 거기에 소론과 같은 채증법칙위반, 심리미진, 이유모순, 판단유탈의 위법 있음을 발견할 수 없으므로 논지는 채용할 수 없다.

다. 피고 1, 피고 2, 피고 3, 피고 4, 피고 5에 대한 상고이유에 대하여

원심은 원고가 위 소외 1에게 자녀인 위 피고들이 있음을 알고 동거생활을 하였으니 위 피고들은 원고와 위 소외 1의 동거생활로 인하여 상당한 정신적 고통을 당하였으리라는 사실은 경험칙상 인정할 수 있고, 모든 사정을 종합하여 그 위자료의 액수를 각 금 200,000원으로 정함이 상당하다고 판단하고 있다. 그러나 여성이 자녀 있는 남성과 동거생활을 함으로써 그 자녀들이 일상생활에 있어서 부친으로부터 애정을 품고 그 감호교육을 받을 수 없게 되었다 하여도 그 여성이 악의로써 부친의 자녀에 대한 감호 등을 적극적으로 저지하는 등 특단의 사정이 없는 한 위 여성의 행위는 자녀에 대하여 불법행위를 구성하는 것은 아니라고 해석하는 것이 상당하다

할 것이다. 왜냐하면 부친이 그 자녀에 대하여 애정을 품고 감호교육을 행하는 것은 타의 여성과 동거하느냐의 여부에 불구하고 부친 스스로의 의사에 의하여 행하여지는 것이므로 타의 여성과 동거의 결과 자녀가 사실상 부친의 애정감호교육을 받을 수 없어 그로 인하여 불이익을 입었다고 하여도 그것과 여성의 행위와의 간에는 상당인과관계가 없다고 하여야 할 것이기 때문이다. 그렇다면 원심이 특단의 사정의 존재를 인정하지도 아니하면서 위 피고들에게 위자료 청구권이 있다고 단정한 것은 심리미진과 불법행위에 관한 법리오해의 위법을 범하였고, 위 위법은 판결에 영향을 미쳤음이 분명하므로 논지는 이 점에 있어서 이유있다. 따라서 원심판결 중 이 부분은 파기를 면할 수 없고, 위의 특별사정의 존부에 대하여다시 심리를 다하게 하기 위하여 원심에 환송하는 것이 상당하다.

3. 결론

그러므로 원심판결 중 원고의 피고 1, 피고 2, 피고 3, 피고 4, 피고 5에 대한 패소부분을 파기하여 이 부분 사건을 서울민사지방법원 합의부에 환송하고, 원고의 피고 6, 피고 7에 대한 상고와 피고 1, 피고 2, 피고 3, 피고 4, 피고 5의 상고를 모두 기각하며, 위의 상고 기각 부분에 관한 상고 소송비용은 각 상고인의 부담으로 하기로 하여 관여 법관의 일치된 의견으로 주문과 같이 판결한다.

대법관   이회창(재판장) 이일규 이성렬 전상석

[판례 4] 약속어음금

(대법원 1997. 5. 7. 선고 97다4517 판결)

【판시사항】

[1] 불확정한 날을 만기로 정한 어음의 효력(=무효)
[2] 제3자가 채무자를 위하여 약속어음을 발행한 경우, 중첩적 채무인수로 볼 것인지 여부(한정적극)

【판결요지】

[1] 어음의 만기는 확정가능하여야 하므로 어음 자체에 의하여 알 수 있는 날이어야 하고 어음 이외의 사정에 의하여 좌우될 수 있는 불확정한 날을 만기로 정할 수 없는 것인 바, 불확정한 날을 만기로 정한 어음은 무효이다.
[2] 타인의 채무에 관하여 제3자가 채무자를 위하여 약속어음을 발행하여 채권자에게 교부한 경우, 특별한 사정이 없는 한 동일한 채무를 면책적 또는 중첩적으로 인수한 것으로 보아야 한다.

【참조조문】

[1] 어음법 제1조, 제2조, 제33조 [2] 민법 제453조

【참조판례】

[2] 대법원 1985. 11. 26. 선고 84다카2275 판결(공1986, 107)
대법원 1989. 9. 12. 선고 88다카13806 판결(공1989, 1399)

【전 문】

【원고, 상 고 인】 강영식
【피고, 피상고인】 양유승
【원심판결】 서울지법 1996. 12. 6. 선고 95나43838 판결

【주 문】

원심판결을 파기하고, 사건을 서울지방법원 합의부에 환송한다.

【이 유】

상고이유를 본다.
1. 어음의 만기는 확정가능하여야 하므로 어음 자체에 의하여 알 수 있는 날이어야 하고 어음 이외의 사정에 의하여 좌우될 수 있는 불확정한 날을 만기로 정할 수 없다고 할 것이니 불확정한 날을 만기로 정한 어음은 무효라고 할 것이다.
   원심은 소외 우성특수조경 주식회사(이하 소외 회사라 한다)가 원고에게 공사대금조로 발행·교부한 어음이 부도되자 소외 회사의 이사인 피고는 1992. 9. 24. 원고에게 미변제된 부도어음금 35,550,000원을 액면으로 하고, 발행일 1992. 9. 24. 발행지 및 지급지 각 서울, 지급기일 '용마산현장 준공 후'라고 기재한 약속어음을 발행한 사실을 인정한 다음, 약속어음은 유통증권, 문언증권으로서 어음법이 요구하는 만기 등 어음요건의 구비는 원칙적으로 어음문면 그 자체에 의하여 판단할 것이지 원인관계상의 사정을 고려하여서는 아니된다고 할 것이므로 이 사건 어음의 위 지급기일은 부적법하므로 이 사건 어음은 무효라고 판단하고 있는바, 기록을 살펴보면 원심의 이러한 사실인정은 정당하고 그 판단도 위 법리에 따른 것으로 정당하고 거기에 소론 주장과 같은 채증법칙 위배, 사실오인의 위법이 있다고 할 수 없다. 사실관계가 위와 같다면 이 사건 어음은 백지어음이라 할 수 없으므로 이 사건 어음이 백지어음임을 전제로 하는 상고이유의 주장은 이를 받아들일 바 못 된다. 논지는 이유 없다.
2. 원심판결 이유에 의하면, 원심은 피고가 이 사건 약속어음의 발행으로서 소외 회사의 원고에 대한 공사대금 채무를 인수하였다는 원고의 주장에 대하여, 그에 부합하는 증인들의 증언을 배척한 다음 피고가 소외 회사의 이사로서 대표이사인 소외 김호근의 처남인 사실 및 피고가 이 사건 어음을 발행하면서 그 표면에 대금결제시 어음회수 조건이며 소외 회사에서 시공한 전 공사 완공시까지 지불하겠다는 문구를 기재한 사실과 피고가 소외 회사의 어음이 부도난 이후인 1992. 7. 15. 자신 소유의 부동산에 관하여 이 사건 용마산조경공사의 도급인 소외 주식회사 동현건설 명의로 공사하자담보를 목적으로 한 근저당권을 설정하여 준 사실은 인정되지만, 한편 이 사건 어음 표면에는 '단 우성특수조경 발행 어음분의 재발행분'이라는 기재가 되어 있는 사실과 또한 원심 증인 김호근, 김수남(제15차 및 제18차 변론기일)의 각 증언에 변론의 전취지에 의하여 인정되는 위 김호근은 소외 회사의 어음이 부도난 후 도망가 있었으나, 그 동안에도 실질적으로 위 회사의 업무를 관장하였고 또한 곧 업무에 복귀하여 1993. 12. 말까지 소

외 회사의 대표이사직을 계속 수행한 사실을 종합하면, 피고가 이 사건 어음을 발행함으로써 이 사건 어음상의 채무 이외에 이 사건 어음을 발행하게 된 원인인 소외 회사의 부도난 어음금 채무까지도 인수하였다고 보기는 어렵고 달리 원고의 주장을 인정할 증거가 없다고 하여 배척하고 있다.

타인의 채무에 관하여 제3자가 채무자를 위하여 약속어음을 발행하여 채권자에게 교부하였다면 특별한 사정이 없는 한 동일한 채무를 면책적 또는 중첩적으로 인수한 것으로 봄이 상당하다고 할 것이다(당원 1989. 9. 12. 선고 88다카13806 판결 참조).

그러나 원심이 피고의 채무인수 사실을 배척하고 피고가 이 사건 어음을 발행하게 된 특별한 사정을 인정하기 위하여 채택한 증인들도 피고의 매부인 김호근, 그 형인 김수남으로 신빙성이 부족하다고 아니할 수 없고 오히려 피고가 이 사건 어음을 발행하면서 그 표면에 '소외 회사 발행 어음분 재발행이며 대금결제시 어음회수 조건이며 소외 회사에서 시공한 전 공사 완공시까지 지불하겠음'이라고 기재한 문언의 뜻은 당시 원고가 이미 소외 회사발행의 부도된 약속어음을 소지하고 있어 따로이 소외 회사에 대한 약속어음 액면의 확인 또는 약속어음 채무만을 부담하기 위한 별도의 어음발행이 불필요하였던 점에 비추어 이는 피고가 소외 회사의 원고에 대한 공사대금 채무를 인수하되 다만 소외 회사 발행의 부도어음과 상환하여 이를 지급하겠다는 취지로 해석할 여지가 충분하고, 또한 기록에 의하면 소외 회사의 부도 후 피고가 소외 회사의 대표이사인 위 김호근을 대신하여 공사를 시행하였으며, 제1심 이래 피고는 원고의 공사대금 채권이 모두 변제되었다는 취지로 다투고 나왔음을 알 수 있는바, 이러한 사정에 피고가 위 김호근의 처남인 사실 및 소외 회사가 부도가 난 이후에 피고 소유의 부동산에 관하여 소외 동현건설 명의로 공사하자 담보를 위한 근저당권을 설정하여 준 사실 등을 합쳐보면, 피고가 소외 회사의 채무를 면책적 또는 중첩적으로 인수하였다고 볼 수 있음에도 원심이 원고의 위 주장을 배척한 것은 채증법칙을 위배하여 사실을 그릇 인정함으로써 판결에 영향을 미친 위법을 저질렀다 할 것이고 이 점을 지적하는 상고논지는 이유 있다.

그러므로 원심판결을 파기하여 환송하기로 하고 관여 법관들의 일치된 의견으로 주문과 같이 판결한다.

대법관 이돈희(재판장) 최종영(주심) 정귀호 이임수

---

(2) 만기에는 일람출급, 일람 후 정기출급, 발행일자 후 정기출급, 확정일출급, 네 종류가 있다.

(가) 만기 또는 분할 출급의 어음은 무효이다(어음법 제33조 제2항, 제77조 제1항 제2호)

(나) 어음법상 만기의 기재가 없는 경우 일람출급 어음으로 간주된다(어음법 제2조 단서 제1호, 제76조 단서 제1호)

법 령

◆ **어음법**

제2조 (어음 요건의 흠) 제1조 각 호의 사항을 적지 아니한 증권은 환어음의 효력이 없다. 그러나 다음 각 호의 경우에는 그러하지 아니하다.
    1. 만기가 적혀 있지 아니한 경우: 일람출급(一覽出給)의 환어음으로 본다.

제33조 (만기의 종류) ② 제1항 외의 만기 또는 분할 출급의 환어음은 무효로 한다.
[전문개정 2010. 3. 31.]

제76조 (어음 요건의 흠) 제75조 각 호의 사항을 적지 아니한 증권은 약속어음의 효력이 없다. 그러나 다음 각 호의 경우에는 그러하지 아니하다.
    1. 만기가 적혀 있지 아니한 경우: 일람출급의 약속어음으로 본다.

제77조 (환어음에 관한 규정의 준용) ① 약속어음에 대하여는 약속어음의 성질에 상반되지 아니하는 한도에서 다음 각 호의 사항에 관한 환어음에 대한 규정을 준용한다.
    2. 만기(제33조부터 제37조까지)

다. 지급지

(1) 지급지는 어음금이 지급될 일정한 지역을 말한다.

| 판 례 |

[판례 5] 약속어음

(대법원 1981. 12. 8. 선고 80다863 판결)

【판시사항】
가. 합의해제 약정이 강박에 의한 것이 아니라고 한 예
나. 약속어음의 지급지가 '서울'이라고만 기재된 경우의 적부(적극)

【판결요지】

가. 합병해제 약정이 강박에 의한 것이 아니라고 한 예
나. 약속어음의 지급지를 기재함에 있어 원칙적으로 독립된 최소 행정구역을 기재하여야 하나, 서울특별시의 경우는 '서울'이라고 만 기재하면 되고, 반드시 그 구까지를 표시하여야 하는 것이 아니다.

【참조조문】

가. 민법 제110조 나. 어음법 제75조

【전 문】

【원고, 상고인 겸 피상고인】 박영춘 소송대리인 변호사 임채홍
【피고, 피상고인 겸 상고인】 김학봉 소송대리인 변호사 강안희
【원심판결】 서울민사지방법원 1980.3.14. 선고 79나584 판결

【주 문】

원심판결의 피고 패소부분 중 피고에 대하여 금 14,000,000원에 대한 1978.9.2부터 완제일까지 연 6푼의 비율에 의한 금원의 지급을 명한 부분을 파기하고, 이 부분 사건을 서울민사지방법원 합의부에 환송한다.
원고의 상고 및 피고의 그 나머지 상고를 모두 기각한다.
상고기각된 부분의 상고 소송비용은 각 상고인들의 부담으로 한다.

【이 유】

1. 원고 소송대리인의 상고이유(원고 본인이 제출한 상고이유 보충서는 기간 경과 후에 제출되었으므로 위 상고이유를 보충하는 범위 내에서)를 판단한다.
원심판결 이유에 의하면 원심은, 그 거시 증거를 종합하여, 이 사건 액면 금 14,000,000원의 약속어음의 액면란이 발행 후 권한없는 사람에 의하여 금 44,000,000원으로 변조된 사실을 인정하고 있는바, 원심이 위와 같이 인정하기 위하여 거친 증거취사의 과정을 기록에 비추어 검토하여 보니 이는 수긍이 가고, 거기에 소론과 같이 채증법칙을 어겨 사실을 오인한 위법이 없으므로 논지는 이유없다.
2. 피고 소송대리인의 상고이유를 판단한다.
가. 같은 상고이유 제 1 점 및 상고이유 추가보충서에 기재된 내용에 관하여 본다.
원심판결 이유에 의하면 원심은, 그 거시 증거를 종합하여, 원·피고는 그들 사이에 체결된 이 사건 부동산에 대한 매매계약을 1978.8.1 합의해제하면서 피고가 원고에게 금 37,000,000원을 지급하기로 하되 그중 금 24,000,000원은 당일, 나머지 금 13,000,000원은 1개월 후에 그로 인한 손해금 1,000,000원을 합하여(이 금 14,000,000원의 지급을 위하여 위 약속어음이 발행되었다) 각 지급하기로 약정한 사실을 인정하고 나서, 위 약정은 강박에 의한 것이므로 이를 취소한다는 피고의 항변에 대하여는, 위 약정이 원고의 고소에 의하여 피고가 서울 남부경찰서에서 조사받는 과정에서 이루어진 것이고, 피고는 그 수사과정에서 그 의사에 반하여 경찰서보호실에서 하룻밤을 지낸 다음에 위와 같은 합의를 하게 되었고, 그 당시 합의하지 않으면 구속영장을 신청한다는 뜻의 말이 있었던 사실은 인정되나, 그 거시 증거에 의하여

인정되는 원심판결 설시와 같은 제반사정에 비추어 볼때 그러한 사정만으로는 위 약정이 강박에 의하여 이루어진 것이라고 인정하기에는 부족하다고 판시하여 피고의 위 항변을 배척하고 있다. 원심이 채용한 증거를 기록에 비추어 검토하여 보니 이 부분에 관한 원심의 사실인정은 그대로 수긍이 가고, 그러한 사실관계하에서라면 위 약정이 강박에 의하여 이루어진 것이라고 보기 어렵다는 원심의 판단 역시 정당하다고 시인되므로, 거기에 소론과 같이 채증법칙위반, 강박에 관한 법리와 경험칙 위배 또는 이유불비, 이유모순의 위법이 없고, 논지는 이유없다.

나. 같은 상고이유 제3점 중 민법 제103조에 관한 주장부분에 관하여 본다.

기록에 의하면, 논지에서 지적하는 준비서면에 의하여 피고 소송대리인이 원·피고 간의 위 약정이 민법 제103조에 해당하여 무효라는 주장을 하였는데 원심에서 이 점에 관한 명시적인 판단을 하지 아니하였음은 소론과 같다. 그러나, 위 준비서면의 기재에 의하면 당시 피고 소송대리인은 위 약정이 원고의 강요에 의하여 이루어졌다고 주장하면서 동일한 사실에 관하여 이는 민법 제103조에 해당하여 무효이거나 강박에 의한 의사표시로서 이를 취소한다고 그 법률효과만을 다르게 주장하였던 터임이 분명한바, 위에서 본 바와 같이 원심이 그 전제되는 사실 자체를 배척한 이상 이러한 판단속에는 위 민법 제103조에 관한 주장까지도 배척하는 취지가 포함되어 있다고 못볼 바 아니고 판결결과에 아무런 영향도 없으므로 이 부분 논지도 이유없다.

다. 같은 상고이유 제3점 중 나머지 부분과 제4점에 관하여 본다. 기록을 살펴보아도, 피고의 주장가운데 원·피고 간의 위 약정이 민법 제104조에 해당하거나 강요된 행위이어서 무효라는 취지의 주장이 포함되어 있다고는 볼 수 없으므로, 원심이 이점에 관하여 심리, 판단하지 아니하였다고 하여 무슨 잘못이 있다고는 말할 수 없고, 논지에서 지적하는 증인 권영철의 증언내용을 기록에 비추어 검토하여 보니 위 증언으로서도 피고가 주장하는 강박사실을 인정하기에 부족하므로 원심이 이에 관하여 명시적인 증거판단을 하지 아니하였다고 하더라도 이는 판결결과에 아무런 영향이 없으니 이 부분 논지도 이유없다.

라. 같은 상고이유 제 5 점에 관하여 본다.

기록에 의하면, 이 사건 소변경은 원심에서 이루어진 것이고 제1심까지의 청구원인은 약속어음금청구이었음이 분명하므로 이 사건 제1심을 단독판사가 심판한 것이 소송절차 위배라는 논지 역시 받아들일 수 없다.

마. 같은 상고이유 제 2 점에 관하여 본다.

약속어음의 지급지를 기재함에 있어 원칙적으로 독립된 최소 행정구역을 기재하여야 함은 소론과 같으나 서울특별시의 경우는 "서울"이라고만 기재하면 되고 반드시 그 구(구)까지를 표시하여야 하는 것은 아니라고 할 것이므로 이와 다른 견해에서 이 사건 약속어음의 지급지로서 "서울"이라고만 기재한 것은 어음요건을 갖추지 못한 경우에 해당한다는 논지는 받아들일 수 없다. 한편, 원심판결 이유에 의하면, 원심은, 피고가 원고에게 액면 금 14,000,000원, 지급기일 1978.9.1로 된 약속어음을 발행한 사실을 인정하고 나서, 그렇다면 피고는 원고에게 위 약속어음금 및 이에 대하여 원고 청구에 따라 그 지급기일 다음날인 1978.9.2부터 완제일까지 연 6푼의 비율에 의한 어음법상의 지연손해금을 지급할 의무가 있다고 판시하고 있는바, 원심판결 이유를 살펴보아도 원심이 위 약속어음의 지급제시에 관하여는 아무런 사실도 확정하지 않았음이 분명하고 기록상 그 지급제시일을 알아볼 자료도 찾아볼 수 없다. 그러나 어음금채무에 대한 지체책임은 지급제시가 있어야 비로소 발생하는 것이므로 원심이 위와 같은 지체책임을 인정하려면 증거에 의하여 그 지급제시 사실을 확정하지 않고서는 안된다고 할 것인데도 원심이 이에 이르지 아니한 채 막연히 피고에게 위와 같은 지연 손해금 지급의무가 있다고 인정한 조처에는 판결에 이유를 명시하지 않은 위법이 있다 할 것이므로, 이 점을 지적하는 상고 논지는 이유있다.
(만약, 위 약속어음에 대한 지급제시가 그 제시기간 경과후에 되었다면 원심으로서는 원고가 그 어음금에 대한 1978.9.2부터 완제일까지 연 6푼의 비율에 의한 금원의 지급을 구하는 근거가 어음법상의 지연이자만을 구하는 것인지, 아니면 그 원인관계상의 채무에 대한 법정지연손해금의 지급을 구하는 취지까지 포함되어 있는지를 석명, 확정한 다음 이에 관하여 심리, 판단하여야 할 것이다.)
3. 따라서, 원심판결의 피고 패소부분 중 피고에게 금 14,000,000원에 대한 1978.9.2부터 완제일까지 연 6푼의 비율에 의한 금원의 지급을 명한 부분을 파기하여 이 부분 사건을 원심법원에 환송하고, 원고의 상고 및 피고의 나머지 상고를 기각하며, 상고기각된 부분에 대한 상고 소송비용은 각 상고인들의 부담으로 하여 관여법관의 일치된 의견으로 주문과 같이 판결한다.

대법관 이정우(재판장) 강우영 신정철

---

(2) 지급지의 기재가 없는 때에 발행지가 지급지로 간주된다(어음법 제76조 단서 제2호).

─────────── 법 령 ───────────

◆ 어음법
제76조 (어음 요건의 흠) 제75조 각 호의 사항을 적지 아니한 증권은 약속어음의 효력이 없다. 그러나 다음 각 호의 경우에는 그러하지 아니하다.
   2. 지급지가 적혀 있지 아니한 경우: 발행지를 지급지 및 발행인의 주소지로 본다.

---

(3) 수표의 경우 지급인의 명칭에 부기한 지가 없을 때에는 발행지를 각 지급지로 간주한다(수표법 제2조 단서 각 호).

법 령

◇ **수표법**

제2조 (수표 요건의 흠) 제1조 각 호의 사항을 적지 아니한 증권은 수표의 효력이 없다. 그러나 다음 각 호의 경우에는 그러하지 아니하다.
1. 지급지가 적혀 있지 아니한 경우: 지급인의 명칭에 부기(附記)한 지(地)를 지급지로 본다. 지급인의 명칭에 여러 개의 지(地)를 부기한 경우에는 수표의 맨 앞에 적은 지(地)에서 지급할 것으로 한다.
2. 제1호의 기재나 그 밖의 다른 표시가 없는 경우: 발행지에서 지급할 것으로 한다.
3. 발행지가 적혀 있지 아니한 경우: 발행인의 명칭에 부기한 지(地)를 발행지로 본다.
[전문개정 2010. 3. 31.]

| 판 례 |

[판례 6] 약속어음

(대법원 2001. 11. 30. 선고 2000다7387 판결)

【판시사항】

어음면상 지급장소의 기재로써 지급지의 기재를 보충할 수 있는지 여부(한정 적극)

【판결요지】

어음면상 지급지에 관한 특별한 표시가 없다 할지라도 거기에 지급장소의 기재가 있고 그것이 지(지)의 표시를 포함하고 있어 그로부터 지급지에 해당하는 일정 지역이 추지될 수 있는 경우에는 지급지의 기재가 이에 의하여 보충되는 것으로 볼 수 있다.

【참조조문】

어음법 제1조, 제2조

【전 문】

【원고, 상 고 인】 주식회사 삼일상호신용금고 (변경 전 상호 : 주식회사 보성상호신용금고) (소송대리인 법무법인 일월 담당변호사 이상익 외 4인)
【피고, 피상고인】 피고 (소송대리인 변호사 이상도)
【원심판결】 대구지법 1999. 12. 22. 선고 99나1138 판결

【주 문】

원심판결을 파기하고, 사건을 대구지방법원 본원 합의부에 환송한다.

【이 유】

1. 원심은 그 내세운 증거를 종합하여, 당초 이 사건 약속어음은 그 발행지와 지급지가 모두 백지인 상태로 발행되었고, 발행인의 명칭에 부기한 지(지)도 없었는데 위 각 기재 부분이 보충되지 아니한 채 지급제시된 사실을 인정한 다음, 지급제시 당시 이 사건 약속어음에는 국내어음인 경우의 어음법상 필요적 기재사항으로 보아야 할 지급지의 기재가 없었을 뿐 아니라, 발행지 또는 발행인의 명칭에 부기한 지의 기재도 없어 지급지 기재의 흠결을 구제할 방법도 없었던 이상 적법한 지급제시로서의 효력이 인정되지 아니하여 원고는 소구권을 상실하였다고 하여, 이 사건 약속어음의 배서인인 피고에 대하여 약속어음금 청구를 할 수 없다고 판단하였다.
2. 그러나 어음면상 지급지에 관한 특별한 표시가 없다 할지라도 거기에 지급장소의 기재가 있고 그것이 지(지)의 표시를 포함하고 있어 그로부터 지급지에 해당하는 일정 지역이 추지될 수 있는 경우에는 지급지의 기재가 이에 의하여 보충되는 것으로 볼 수 있다고 할 것이다.

   기록에 의하면 이 사건 약속어음에는 지급장소로서 "중소기업은행 ○○지점"이라고 표시되어 있음을 알 수 있는바, 위 지급장소의 기재 중에는 '○○'이라는 지역 이름이 포함되어 있고, 위 기재로부터 ○○ 혹은 ○○이 소재하고 있는 경기 고양시가 지급지에 해당하는 것을 쉽게 알 수 있다고 할 것이므로, 이러한 경우에 약속어음상의 지급지란 자체는 백지라고 할지라도 위 지급장소의 기재에 의하여 지급지가 보충되었다고 봄이 상당하다.

   그럼에도 불구하고, 원심이 이 사건 약속어음에 관하여 지급제시 당시 지급지의 기재가 없었을 뿐 아니라 그 흠결을 구제할 방법도 없었다고 본 것은 어음요건인 지급지에 관한 법리를 오해하여 판결에 영향을 미친 위법이 있다 할 것이고, 이를 지적하는 상고이유의 주장은 이유 있다.
3. 그러므로 원심판결을 파기하고, 사건을 다시 심리·판단하도록 원심법원에 환송하기로 하여 관여 법관의 일치된 의견으로 주문과 같이 판결한다.

   대법관   유지담(재판장) 조무제 강신욱 손지열(주심)

라. 발행일

발행일은 어음이 발행된 날로 어음에 기재된 일자를 말한다.

| 판 례 |

[판례 7] 수표금

(대법원 1990. 12. 21. 선고 90다카28023 판결)

【판시사항】

가. 자기앞수표의 표면의 "자기앞수표"라는 표기 바로 옆에 있는 "1989.4.15."이라는 기재를 발행일의 기재로 볼 수 있는지 여부(적극)
나. 처음 수표거래를 하는 자로부터 액면 합계 8,000,000원의 수표 2장을 교부받음에 있어 수표의 진정여부에 대하여 전화확인 등을 함이 없이 수표 뒷면에 명판만 압날해 받은 경우 수표취득에 중과실이 있다고 본 사례

【판결요지】

가. 수표상 발행일의 기재는 수표요건이므로 그 발행일의 기재가 없으면 요건 흠결의 수표이거나 백지식 수표로 볼 수 밖에 없지만, 수표의 표면의 "자기앞수표"라는 표기 바로 옆에 고딕체로 "1989.4.15."이라고 선명하게 기재되어 있는 경우에는 어음과는 달리 수표상에는 발행일 이외에 다른 날짜가 기재될 수 없는 점에 비추어 위 일자기재를 수표의 발행일의 기재로 보아야 할 것이다.
나. 어음수표를 취득함에 있어서 통상적인 거래기준으로 판단하여 볼 때 양도인이나 그 어음수표 자체에 의하여 양도인의 실질적인 무권리성을 의심하게 할 만한 사정이 있는데도 불구하고 이와 같은 의심할 만한 사정에 대하여 상당하다고 인정될 만한 조사를 하지 아니하고 만연히 양수한 경우에는 중대한 과실이 있다고 하여야 할 것인바, 갑이 수표거래가 처음인 잡화상 을에게 시계를 판매하고 자기앞수표 2장 액면 합계 8,000,000원을 교부받음에 있어 이미 발행은행에 도난신고가 되어 있어 수표의 진정여부에 대하여 전화확인 등 간단한 방법으로 이를 확인할 수 있었음에도 불구하고 이를 하지 않았고 수표 뒷면에 을의 명판만을 압날해 받았는데 을의 사업자등록이 그 다음날 직권말소된 것으로 밝혀진 경우 갑은 위 수표를 취득함에 있어 중대한 과실이 있었다 할 것이다.

【참조조문】

가. 수표법 제1조, 제2조 제1항, 제6조 나. 수표법 제21조

【참조판례】

나. 대법원 1990.11.13. 선고 90다카23394 판결(공1991,86)

【전 문】

【원고, 상 고 인】 원고 소송대리인 변호사 윤정보
【피고, 피상고인】 주식회사 대구은행
【피고보조참가인】 피고보조참가인
【원심판결】 대구지방법원 1990.7.19. 선고 90나699 판결

【주 문】

상고를 기각한다.
상고비용은 원고의 부담으로 한다.

【이 유】

상고이유 제(1)점을 본다.
수표상 발행일의 기재는 수표요건이므로 그 발행일의 기재가 없으면 요건흠결의 수표이거나 백지식 수표로 볼 수 밖에 없음은 소론과 같으나, 이 사건 수표의 표면(갑제1호증의 1)에 의하면 "자기앞수표"라는 표기 바로 옆에 고딕체로 "1989.4.15."이라고 선명하게 기재되어 있어 쉽게 알아볼 수 있고, 어음과는 달리 수표상에는 발행일 이외에 다른 날짜가 기재될 수 없는 점에 비추어, 이 사건 수표의 상단에 표시된 "1989.4.15."을 이 사건 수표의 발행일의 기재로 보아야 할 것인바, 이와 같은 취지에서 원심이 이 사건 자기앞수표는 1989.4.15. 적법하게 발행되었다고 인정한 조치는 정당하고 이 사건 수표는 발행일을 백지로 하여 발행한 백지식 수표라는 논지는 그 이유 없다.

상고이유 제(2)점을 본다.
원심판결 이유에 의하면 원심은, 원고는 1989.4.15. 평소 안면이 있는 사람으로 (상호 생략)상회라는 상호로 잡화상을 경영하는 소외인에게 금 8,158,500원 상당의 시계를 판매하고 그 대금조로 액면 금 7,000,000원인 이 사건 자기앞수표와 액면 금 1,000,000원의 자기앞수표 및 현금 158,500원을 교부받은 사실, 원고는 위 수표들을 교부받을 당시 위 수표들이 진정한 것인지의 여부에 대하여는 별다른 확인절차를 거치지 아니한 채 위 수표들을 교부받은 후 판매한 위 시계들을 위 소외인이 경영하는 잡화상에 갖고 가서 소외인의 종업원으로부터 이 사건 수표의 이면에 소외인의 명판만을 압날해 받은 사실, 원고는 소외인과 수표거래가 처음이고 그 이전에는 소액의 현금거래만 몇 차례 있었던 사실, 피고보조참가인은 이 사건 수표를 피고은행에서 발행받아 나오던 중 도난당하여 그날(이 사건 수표의 발행일인 1989.4.15.) 대구서부경찰서에 도난신고를 하여 놓은 사실을 각 인정하고 나서, 원고는 소외인으로부터 지급제시기간의 마지막 날 이 사건 수표를 교부받았을 뿐만 아니라 위 소외인과는 처음있는 수표거래이고 액면금액 또한 적다고 할 수 없으므로 원고로서는 먼저 이 사건 수표가 진정한 것인지를 발행인 피고은행에 전화를 하는 등으로 확인하여야 하고 만약 이를 확인하였더라면 이 사건 수표가 도난수표라는 사실을 쉽게 알 수 있었을 터인데도 이를 확인하는 조치를 취하지 않았으니 원고는 이 사건 수표를 취득함에 있어서 중대한 과실이 있었다고 판시하였다.

어음수표를 취득함에 있어서 통상적인 거래기준으로 판단하여 볼 때 양도인이나 그 어음수표 자체에 의하여 양도인의 실질적인 무권리성을 의심하게 할만한 사정이 있는데도 불구하고 이와 같은 의심할 만한 사정에 대하여 상당하다고 인정될 만한 조사를 하지 아니하고 만연히 양수한 경우에는 중대한 과실이 있다고 하여야 할 것인바, 원심인정과 같이 위 소외인과의 수표거래가 처음인데다 그간의 거래로 보아서는 큰 액수의 수표이므로 원고로서는 그 수표의 진정여부에 대하여 의심을 하여 보았어야 하고 그 확인방법도 전화확인 등 간단한 방법으로 이를 확인할 수 있었음에도 불구하고 이를 하지 않았으며 더욱 제1심법원의 사실조회 회보내용에 의하면 위 소외인은 1989.4.8. 사업자등록증을 받았으나 사업장을 폐문하고 도주하여 1989.4.26. 사업자등록이 직권말소 되었다는 것인 바, 그렇다면 관계세무공무원이 적어도 이 사건 수표양도일인 1989.4.25. 이전에 사업현장에 나와 조사를 하여 그 폐업을 확인하고 1989.4.26. 직권말소한 것으로 보아야할 것이고 보면 이 사건 수표거래일인 1989.4.25. 오후 5:00경에는 위 소외인은 그의 사업장을 폐문하고 도주한 것으로 되는 데 위 소외인의 사업장의 형편에 관하여 잘 알지도 못하면서 평소 안면만 있는 동인에게 큰 액수의 자기앞 수표를 받고 물건을 판매한 사정을 아울러 고찰하여 보면, 이 사건 수표를 양수함에 있어서 원고에게 중대한 과실이있다고 할 것이다. 논지는 이유 없다.

그러므로 상고를 기각하고 상고비용은 패소자의 부담으로 하여 관여 법관의 일치된 의견으로 주문과 같이 판결한다.

대법관   박우동(재판장) 이재성 윤영철 김용준

마. 지급받을 자 또는 지급받을 자를 지시할 자의 명칭

수취인이라 함은 어음의 발행 당시 어음금을 받을 자로 지정된 자를 말한다.

법 령

◆ **어음법**

제1조 (어음의 요건) 환어음(換어음)에는 다음 각 호의 사항을 적어야 한다.
　　6. 지급받을 자 또는 지급받을 자를 지시할 자의 명칭

제11조 (당연한 지시증권성) ① 환어음은 지시식(指示式)으로 발행하지 아니한 경우에도 배서(背書)에 의하여 양도할 수 있다.

제75조 (어음의 요건) 약속어음에는 다음 각 호의 사항을 적어야 한다.
　　5. 지급받을 자 또는 지급받을 자를 지시할 자의 명칭

제77조 (환어음에 관한 규정의 준용) ① 약속어음에 대하여는 약속어음의 성질에 상반되지 아니하는 한도에서 다음 각 호의 사항에 관한 환어음에 대한 규정을 준용한다.
　　1. 배서(제11조부터 제20조까지)

한편 수표의 경우 유익적 기재사항이다.

수표는 기명식, 지시식은 물론 소지인출급식으로 발행하는 것이 가능하다(수표법 제5조 제1항). 기명식 수표에 '또는 소지인에게'라는 글자를 적었을 때에는 소지인출급식 수표로 본다(수표법 제5조 제2항, 제3항). 수표법 역시 기명식 수표라도 배서에 의하여 양도할 수 있는 것으로 규정하고 있다(수표법 제14조 제1항).

―――――――――――― 법 령 ――――――――――――

◇ **수표법**
제5조 (수취인의 지정) ① 수표는 다음 각 호의 어느 하나의 방식으로 발행할 수 있다.
  1. 기명식(記名式) 또는 지시식(指示式)
  2. 기명식으로 "지시금지"라는 글자 또는 이와 같은 뜻이 있는 문구를 적은 것
  3. 소지인출급식(所持人出給式)
② 기명식 수표에 "또는 소지인에게"라는 글자 또는 이와 같은 뜻이 있는 문구를 적었을 때에는 소지인출급식 수표로 본다.
③ 수취인이 적혀 있지 아니한 수표는 소지인출급식 수표로 본다.
[전문개정 2010. 3. 31.]

―――――――――――――――――――――――――――――

배서금지어음과 배서금지수표는 지명채권의 양도방식으로만, 그리고 그 효력으로써만 양도할 수 있다(어음법 제11조 제2항, 제77조 제1항 제1호, 수표법 제14조 제2항).

―――――――――――― 법 령 ――――――――――――

◇ **어음법**
제11조 (당연한 지시증권성) ② 발행인이 환어음에 "지시 금지"라는 글자 또는 이와 같은 뜻이 있는 문구를 적은 경우에는 그 어음은 지명채권의 양도 방식으로만, 그리고 그 효력으로써만 양도할 수 있다.

제77조 (환어음에 관한 규정의 준용) ① 약속어음에 대하여는 약속어음의 성질에 상반되지 아니하는 한도에서 다음 각 호의 사항에 관한 환어음에 대한 규정을 준용한다.
  1. 배서(제11조부터 제20조까지)

◇ **수표법**

제14조 (당연한 지시증권성) ② 기명식 수표에 "지시금지"라는 글자 또는 이와 같은 뜻이 있는 문구를 적은 경우에는 그 수표는 지명채권의 양도 방식으로만, 그리고 그 효력으로써만 양도할 수 있다.

| 판 례 |

[판례 8] 물품대금등

(대법원 1990. 5. 22. 선고 88다카27676 판결)

【판시사항】

어음의 발행인이 어음용지에 부동문자로 인쇄된 지시문구를 말소하지 아니한 채 지시금지문구를 기재한 경우 지시금지문구가 지시문구에 우선하여 효력을 발생하기 위한 요건

【판결요지】

어음의 발행인이 어음용지에 부동문자로 인쇄된 지시문구를 말소하지 아니한 채 지시금지문구를 기재하였다면 특별한 사정이 없는 한 지시금지문구의 효력이 우선한다고 할 것이지만 이러한 효력이 발생하기 위하여서는 통상인이 어음거래를 함에 있어서 어음면상으로 보아 발행인이 배서를 금지하여 발행한 것임을 알 수 있을 정도로 명료하게 기재되어야 한다고 할 것인바, 약속어음의 발행인이 어음용지 중앙에 부동문자로 인쇄된 지시문구를 삭제함이 없이 약속어음 오른쪽 상단의 아라비아 숫자로 기재된 액면금액의 표시와 지시문구 사이에 그보다 작은 크기의 지시금지라고 새겨진 고무인을 숫자 및 지시문구의 문자와 중복되게 희미하게 압날함으로써 통상인이 어음거래를 함에 있어 보통 기울이는 정도의 주의로는 쉽게 알아보기 어려운 상태로 지시금지문구를 표시하여 어음을 발행한 경우에 있어서 원심이 발행인의 지시금지어음이라는 항변을 배척한 조치에는 지시금지 문언의 기재방법에 관한 법리오해의 위법이 없다.

【참조조문】

어음법 제11조 제2항

【참조판례】

대법원 1987.4.28 선고 86다카2630 판결(공1987,889)

【전 문】

【원고, 피상고인】 영남금속주식회사 소송대리인 변호사 박형래
【피고, 상 고 인】 경북기계공업주식회사 소송대리인 변호사 정기승
【원심판결】 서울고등법원 1988.9.16. 선고 87나3063 판결
【주 문】

상고를 기각한다.
상고비용은 피고의 부담으로 한다.

【이　유】

상고이유를 판단한다.
1. 제1점 및 제2점 중 II항에 관한 부분에 대하여,
　　원심판결 이유에 의하면 원심은, 다툼이 없는 사실과 거시증거를 종합하여 원고 회사는 소외 김인환의 소개로 피고 회사에게 1985.8.21. 금 39,165,207원 상당의 스테인레스 코일 및 강판을, 같은 달 22. 금 10,864,590원 상당의 강판을, 같은 달 30. 금 55,793,628원 상당의 강판을 각 판매하였고 같은 해 9.4. 금 11,572,497원 상당의 강판을 변제기는 1개월 후로 정하여 판매한 사실, 피고 회사는 원고 회사로부터 위 물품대금의 수령권한을 위임받은 위 김인환에게 1985.8.28.에 위 제1, 2차 판매대금의 변제로서 현금 36,009,797원 및 액면 금8,000,000원과 6,020,000원의 약속어음 2장 등 합계 금 50,029,797원 상당을, 같은 해 9.2.에 위 제3차 판매대금의 변제로서 현금 25,363,628원 및 액면 금 30,430,000원의 당좌수표 1장 등 합계 금 55,793,628원 상당을 각 지급한 사실 및 원고 회사는 같은해 9.2. 위 김인환으로부터 원고의 피고에 대한 위 제1,2,3차 판매대금의 일부로서 피고가 1985.8.28. 위 김인환에게 발행한 액면 금 40,000,000원 지급기일 1985.11.30. 지급장소 중소기업은행 화양동지점으로 된 약속어음 1장을 배서양도받아 소외 주식회사 삼미에 이를 배서양도 하였다가 같은 해 11.14. 위 소외회사에 의하여 위 어음이 위 지점에 지급제시 되었으나 무거래를 이유로 지급이 거절되자 이를 환수하여 소지하고 있는 사실을 인정하고 있는바, 원심이 위 사실을 인정함에 거친 증거의 취사과정은 기록에 비추어보면 정당하고 거기에 채증법칙위반으로 인한 사실오인의 위법이 있다 할 수 없으며, 원심이 피고 회사가 위와 같이 대금수령권을 위임받은 위 김인환에게 물품대금으로 지급한 현금 액수와 어음의 내용이 위 김인환이 원고 회사에게 위 물품대금으로 지급한 현금 액수 및 어음의 내용을 다르게 인정하였다는 점만으로는 소론과 같은 이유모순의 위법을 저질렀다할 수 없으므로 논지는 이유없다.
2. 제2점 중 III항에 관한 부분에 대하여,
　　어음의 발행인이 어음용지에 부동문자로 인쇄된 지시문구를 말소하지 아니한 채 지시금지문구를 기재하였다면 특별한 사정이 없는 한 지시금지문구의 효력이 우선한다(당원 1987.4.28. 선고 86다카2630판결 참조)고 함은 소론과같다.
　　그러나 부동문자로 인쇄된 지시문구를 말소하지 아니한 채 기재된 지시금지문구가 지시문구에 우선하여 효력이 발생하기 위하여서는 통상인이 어음거래를 함에 있어서 어음면상으로 보아 발행인이 배서를 금지하여 발행한 것임을 알 수 있을 정도로 명료하게 기재되어야 할 것이다.
　　원심판결 이유에 의하면 원심은, 피고가 1985.8.28. 위 김인환에게 그가 같은 해 9.6.까지 스테인레스원판 25톤을 피고 회사에 납품하지 아니하면 어음금의 지급청구와 어음의 배서양도를 할 수 없다는 특약을 하고 위 액면 금 40,000,000원의 이 사건 약속어음을 발행함에 있어 어음용지 중앙에 부동문자로 인쇄된 지시문구를 삭제함이 없이 위 약속어음 오른쪽상단의 아라비아 숫자로 기재된 액면금액의 표시와 위 지시문구 사이

에 그보다 작은 크기의 지시금지라고 새겨진 고무인을 위 숫자 및 지시문구의 문자와 중복되게 희미하게 압날함으로써 통상인이 어음거래를 함에 있어 보통 기울이는 정도의 주의로는 위 지시금지 문언을 쉽게 알아보기 어려운 상태였으므로 원고도 위 김인환으로부터 위 약속어음 배서양도 받음에 있어 위 지시금지 문언을 간과하였고 이를 간과한 채 위 소외회사에 다시 배서양도한 사실을 인정한 후 원고가 위 약속어음을 취득함에 있어 위와 같이 피고와 위 김인환 사이에 지시금지의 특약이 있는 것을 알면서 이를 배서양수 하였으므로 원고의 이 사건 약속어음지급청구에 응할 수 없다는 피고의 항변을 배척하였는바, 거기에 채증법칙을 위반하였거나 소론과 같은 지시금지 문언의 기재방법에 관한 법리를 오해한 위법이 있다 할 수 없으며, 갑제2호증의 1,2 을제3호증(각 약속어음 사본)에 의하면 원심이 인정한 부분 이외에 위 약속어음의 우측최상단 부위에도 지시금지 문구가 1개 더 압날되어 있는 사실이 인정됨은 피고주장과 같으나 이 지시금지 문구 역시 세로 약 2미리미터, 가로 약 1센치미터의 지극히 작은 크기로서 다른 문자, 숫자와 일부 중복되게 기재되었을 뿐만 아니라 그나마 희미하게 기재되어 통상인의 주의정도로 쉽게 인식되기 어려운 상태에 있는 사실을 인정할 수 있으므로 비록 원심의 판시에 정확성이 결여되었다 하더라도 판결결과에 영향이 있다 할 수 없으므로 논지는 이유없다.
3. 그러므로 상고를 기각하고, 상고비용은 패소자의 부담으로 하기로 하여 관여 법관의 일치된 의견으로 주문과 같이 판결한다.

대법관   배석(재판장) 이회창 김상원 김주한

바. 발행인의 기명날인 또는 서명(이하에서는 '기명날인'만 보기로 한다)

(1) 자연인의 기명날인

발행인의 기명이 반드시 그 본명과 일치되어야 하는 것은 아니다(대법원 1969. 7. 22. 선고 69다742 판결).

인장이라도 압날되어 있으면 된다(대법원 1978. 2. 28. 선고 77다2489 판결).

날인만 있고 기명은 없는 경우 기명날인으로서 무효(대법원 1962. 1. 31. 선고 4294민상200 판결, 대법원 1962. 11. 1. 선고 62다604 판결).

| 판 례 |

[판례 9] 약속어음금

(대법원 1978. 2. 28. 선고 77다2489 판결)

【판시사항】

어음에 기명된 자와 압날된 인영이 다를 경우 어음 요건의 흠결 여부

【판결요지】

어음법상의 기명날인이라는 것은 기명된 자와 여기에 압날된 인영이 반드시 합치됨을 요구한다고 볼 근거는 없으므로 약속어음에 기명이 되고 거기에 어떤 인장이 압날되어 있는 이상 외관상 날인이 전연 없는 경우와는 구별되어야 한다.

【참조조문】

어음법 제75조 제7호, 제1조 제8호

【참조판례】

대법원 1961.8.10. 선고 4393민상714 판결

【전 문】

【원고, 상 고 인】 원고 소송대리인 변호사 옥동령
【피고, 피상고인】 피고
【원 판 결】 서울민사지방법원 1977.12.1. 선고 77나722 판결

【주 문】

원심판결을 파기하고, 사건을 서울민사지방법원 합의부로 환송한다.

【이 유】

원고소송대리인의 상고이유 제1점에 대하여 먼저 판단한다.

원심은, 이 사건 약속어음은 피고의 남편인 소외 1이 피고 명의로 기명을 하고, 날인은 소외 2라는 이름의 도장을 찍어서 소외 3에게 교부한 것임이 그 판시 증거들에 의하여 인정되므로 이 약속어음은 결국 피고의 날인없는 것이 되어 어음으로서의 요건이 흠결된 것이라고 판단하고, 따라서 위 소외 1이 피고명의의 어음을 발행할 수 있는 대리권을 가지고 있었다는 원고의 주장에 대하여는 판단할 필요조차 없이 이 어음이 유효한 것임을 전제로 한 원고의 본소청구는 그 이유없다 하여 이를 배척하고 있다.

그러나 어음의 법정요건의 구비여부는 그 어음면의 문면자체에 의하여 외관적으로 이를 판단하면 족하고, 어음면의 기재가 어떤 객관적인 사실과 일치하지 않더라도 어음으로서의 효력에는 아무런 소장이 없다고 하는 것이 본원의 판례이고(1961.8.10. 선고 4293민상714호 판결참조), 또 어음법상의 기명날인이라는 것은 기명된 자와 여기에 압날된 인영이 반드시 합치됨을 요구한다고 볼 근거는 없는 것이므로 본건에서 원심이 인정한 바와 같이 위 약속어음에 피고의 기명이 되고 거기에 어떤 인장이 압날되어 있는 이상 그 인영이 소외 2로 되어있어 비록 그 기명과 일치되지 않는다 할지라도 이 약속어음의 문면상으로는 기명과 날인이 있는 것이 되어 외관상 날인이 전연 없는 경우와는 구별이 되어야 할 것이다.

그렇다면 원심이 본건 어음에 날인이 없어 어음으로서의 요건이 흠결된 것이라고 판단하였음은 결국 어음의 법정요건의 구비여부에 관하여 어음의 문면자체에 의하여 판단하지

않으므로써 위 본원판례에 위반하였다고 할 것이므로 이점을 논란하는 상고이유를 받아들여 나머지 상고이유에 대하여 판단할 필요없이 원심판결을 파기하고 사건을 원심법원에 환송하기로 하여 관여법관들의 일치한 의견으로 주문과 같이 판결한다.

대법관   유태홍(재판장) 이영섭 김윤행 김용철

[판례 10] 약속어음금

(대법원 1962. 11. 1. 선고 62다604 판결)

【판시사항】

타인이 기명을 하고 배서인이 지장을 한 어음배서 행위의 효력

【판결요지】

배서날인에는 기명무인은 포함되지 않으므로 기명무인으로서 한 어음행위는 무효라 할 것이어서 약속어음에 수차 배서가 될 경우에 시초에만 배서가 기명무인이 되었다면 그 어음에는 본조가 규정한 배서의 연속이 없고 위 무효인 배서이후의 어음취득자는 배서의 연속에 의하여 그 권리를 증명한 자라 할 수 없다.

【참조조문】

어음법 제7조, 제16조, 제82조

【전 문】

【원고, 피상고인】 원고
【피고, 상 고 인】 피고
【원심판결】 서울고등법원 1962. 8. 8. 선고 62나11 판결

【주 문】

원판결을 파기하고
사건을 서울고등법원에 환송 한다.

【이 유】

피고 소송대리인의 상고이유는 뒤에 붙인 상고이유서의 기재와 같다.

원심은 피고가 발행한 본건 약속어음에 있어서 「본건 어음의 맨 처음의 배서인인 소외인의 배서는 피고가 기명하고 소외인이 무인한 것이므로 무효이고 따라서 배서의 연속이 끊어진 것이므로 그 무효인 배서 이후의 어음취득자인 원고는 본건 청구권이 없다」는 피고의 주장에 대하여 소외인의 배서가 피고의 주장과 같이 피고가 대필한것이고 소외인이 무인한 사실을 인정하면서 이로써는 배서의 연속이 끊어진것은 아니고 어음법상 형식적 흠결이 있다고 할수없다는 등의 이유로 피고의 주장을 배척하였음이 판시상 명백하다. 어음법 제82조는 본법에서 서명이라 함은 기명날인을 포함한다고 규정하고 있는바 무인 기타 지장은 그 진부를 육안으로는 식별할 수 없고 특수한 기구와 특별한 기능에 의하지 아

니하면 식별할 수 없으므로 거래상의 유통을 목적으로 하는 어음에 있어서는 기명날인에는 지장을 포함하지 아니한다고 해석함이 타당하며 따라서 기명과 지장으로한 어음 행위는 형식을 갖추지 못한 무효의 것이므로 소외인 명의의 본건 배서는 이와 같이 무효일뿐만 아니라 소외인 명의의 배서가 무효인 이상 같은 이유로 본건 약속어음에는 어음법 제16조가 규정한 배서의 연속이 없고 또 같은 법 제7조가 규정한 경우에 해당하지 아니한다고 아니할 수 없다. 그렇다면 원판결은 어음법 제16조와 제7조의 법리를 오해한 위법이 있으므로 논지는 이유가 있고 따라서 민사소송법 제406조에 의하여 관여법관 전원의 일치한 의견으로 주문과 같이 판결 한다.

대법관 최윤모(재판장) 사광욱 홍순엽 민복기 방순원 나항윤 이영섭

(2) 법인의 기명날인

법인의 기명날인은 어음면상에 법인의 명칭과 대표관계를 표시하고 대표자가 기명날인을 하는 방식에 의하여 이루어져야 한다.

사. 제3자방 지급문구

제3자방이라 함은 지급담당자 또는 지급장소를 말한다.
어음법은 어음은 제3자방에서 지급하는 것으로 할 수 있다(어음법 제4조, 제77조 제2항).

──────── 법 령 ────────

◇ 어음법

제4조 (제3자방 지급의 기재) 환어음은 지급인의 주소지에 있든 다른 지(地)에 있든 관계없이 제3자방(第三者方)에서 지급하는 것으로 할 수 있다. [전문개정 2010. 3. 31.]

제77조 (환어음에 관한 규정의 준용) ② 약속어음에 관하여는 제3자방에서 또는 지급인의 주소지가 아닌 지(地)에서 지급할 환어음에 관한 제4조 및 제27조, 이자의 약정에 관한 제5조, 어음금액의 기재의 차이에 관한 제6조, 어음채무를 부담하게 할 수 없는 기명날인 또는 서명의 효과에 관한 제7조, 대리권한 없는 자 또는 대리권한을 초과한 자의 기명날인 또는 서명의 효과에 관한 제8조, 백지환어음에 관한 제10조를 준용한다.

| 판 례 |

[판례 11] 약속어음금

(대법원 1970. 7. 24. 선고 70다965 판결)

【판시사항】

가. 약속어음금 청구소송에서 그 솟장부본이 피고에게 송달되면 지급제시의 효력이 생긴다.

나. 지급지는 포항시로 되어 있는데 그 지급처소를 서울특별시로 기재하였다 하여 그 약속어음을 무효라 할 수 없다.

【판결요지】

약속어음에서 지급처소를 기재하는 것은 필요적 기재사항이 아니므로 지급지는 포항시로 되어 있는데 그 지급처소를 서울특별시로 기재하였다 하여 그 약속어음을 무효라 할 수 없다.

【참조조문】

어음법 제77조, 어음법 제38조, 어음법 제75조

【전 문】

【원고, 피상고인】 원고
【피고, 상 고 인】 피고
【원심판결】 제1심 서울민사지방, 제2심 서울민사지방법원 1970. 4. 24. 선고, 69나640 판결

【주 문】

이 상고를 기각한다.
상고 비용은 피고의 부담으로 한다.

【이 유】

피고의 상고이유를 본다.

기록에 의하면 피고가 이사건 제1심 법원이 고지한 소송이송신청기각결정에 대하여 즉시항고를 제기한 흔적이 없으므로, 즉시항고를 제기한것임을 전제로 하는 논지는 이유없다. 약속어음금 청구소송에서 그 솟장부본이 피고에게 송달되면 이때에 소지인이 그 약속어음을 발행인에게 지급을 위하여 제시한 것이라고 볼 수 있다. 그리고 약속어음에서 지급처소를 기재하는 것은 필요적 기재사항이 아니므로 설사 이 사건의 약속어음처럼 지급지가 포항시로 되어 있는데, 그 지급처소를 서울특별시로 기재하였다 하여 이 약속어음의 효력이 무효라고 일컬을 수는 없다. 원심이 적법하게 확정한 사실에 의하면 이사건 어음을 배서받은 원고가 그 당시에 이것이 원인관계없이 발행된 어음인 사실을 알고 있었다고 볼만한 사실은 인정되지 아니한다라 하였는데 기록을 정사하면 그러한 원심의 사실인정은 정당하고, 여기에는 논지가 공격하는 바와같은 채증상의 위법사유가 없다. 원심이 피고의 기일연기신청을 허가하지 아니하였다하여 위법일것도 없다.

원심이나 이사건 제1심이 심리재판한 이사건 청구는 약속어음금 청구사건이므로 이것을 제1심의 단독판사가 심리판결하였다하여 위법일것은 없다(법원조직법 제29조 제1항 제2호 단항 참조). 그렇다면 이 상고는 그 이유없으므로 기각하고, 상고비용은 패소자의 부담으로 한다.
이 판결에는 관여법관들의 견해가 일치되다.

대법원판사 주재황(재판장) 양회경 이영섭 민문기

[판례 12] 대여금

(변경대법원 1988. 8. 9. 선고 86다카1858 판결)

변경 : 대법원 1998.4.23. 선고 95다36466 전원합의체 판결에 의하여 변경

【판시사항】

가. 발행지가 보충되지 않은 미완성어음으로 한 지급제시의 효력
나. 어음에 제3자방 지급문구가 기재되어 있을 때의 지급제시방법
다. 약속어음소지인은 그 어음보증인에게 지급을 위한 제시 없이도 어음금청구권을 행사할 수 있는지 여부(적극)
라. 어음보증인은 피보증인의 인적항변으로 어음소지인에게 대항할 수 있는지 여부(소극)
마. 장래의 채무를 담보하기 위하여 발행된 어음의 원인관계상의 채무가 존속하지 않기로 확정된 경우의 어음보증인의 책임
바. 대표이사가 개인적이익을 위하여 그 권한을 행사하고 상대방이 악의인 경우 그 행위의 회사에 대한 효력
사. 단기금융업법 제11조에 위반한 자금운용의 사법상의 효력
아. 정리회사의 관리인의 지위 및 정리회사재산의 관리처분권자
자. 회사정리채권자 및 관리인의 상계권의 인정여부

【판결요지】

가. 약속어음의 발행지는 어음요건의 하나이므로 그 기재가 없는 상태에서는 아무리 보충권이 수취인 내지 소지인에게 주어졌다 하더라도 완성된 어음으로서의 효력이 없는 것이어서 어음상의 권리자에 의한 완성행위(백지어음의 보충권행사)없이는 어음상의 권리가 적법하게 성립할 수 없고 따라서 이러한 미완성어음으로 지급을 위한 제시를 하였다하여도 적법한 지급제시가 될 수 없다.
나. 어음에 제3자방 지급문구가 기재되어 있을 때 그것이 지급담당자를 기재한 것이라면 지급을 위한 제시는 지급담당자의 영업소 또는 주소에서 지급담당자에게 하여야 한다.
다. 약속어음의 발행인은 어음금을 절대적으로 지급할 의무를 부담하는 것이므로 어음소지인이 발행인에 대하여 지급을 위한 제시를 하지 아니하였다 해도 발행인에게 어음금액을 청구할 수 있는 것이며 발행인을 위한 어음보증인은 보증된 자와 동일한 책임을 지는 것이므로 이러한 어음보증인에게도 소지인은 지급을 위한 제시 없이도 어음

금청구권을 행사할 수 있다.
라. 어음발행의 원인채무가 성립하지 아니하였거나 소멸하였다는 사유는 그 어음발행인이 직접의 상대방 또는 악의의 취득자에 대하여서만 대항할 수 있는 이른바 인적항변사유로서 어음보증의 경우 어음보증인은 피보증인의 이러한 인적항변사유를 가지고 어음소지인에게 대항할 수 없다.
마. 장래의 채무를 담보하기 위하여 발행된 어음에 발행인을 위하여 어음보증이 되어 있는 약속어음을 수취한 사람은 어음을 발행한 원인관계상의 채무가 존속하지 않기로 확정된 때에는 특별한 사정이 없는 한 그때부터는 어음발행인에 대해서 뿐만아니라 어음보증인에 대해서도 어음상의 권리를 행사할 실질적인 이유가 없어졌다 할 것이므로 어음이 자기수중에 있음을 기화로 하여 어음보증인으로부터 어음금을 받으려고 하는 것은 신의성실의 원칙에 비추어 부당한 것으로서 권리의 남용이라 할 것이고, 어음보증인은 수취인에 대하여 어음금의 지급을 거절할 수 있다고 할 것이니, 위 수취인으로부터 배서양도를 받은 어음소지인이 어음법 제17조 단서의 요건에 해당되는 때에는 어음보증인은 그러한 악의의 소지인에 대하여서도 권리남용의 항변으로 대항할 수 있다.
바. 대표이사의 행위가 대표권한의 범위내의 행위라 하더라도 회사의 이익 때문이 아니고 자기 또는 제3자의 개인적인 이익을 도모할 목적으로 그 권한을 행사한 경우에 상대방이 대표이사의 진의를 알았거나 알 수 있었을 때에는 회사에 대하여 무효가 된다.
사. 단기금융업법 제11조의 규정은 단속규정이고 이를 위반하여 자금의 운용이 이루어졌다 하더라도 사법상의 효력에는 아무런 영향이 없다.
아. 정리회사의 관리인은 정리회사의 기관이거나 그 대표자가 아니고 정리회사와 그 채권자 및 주주로 구성되는 소위 이해관계인단체의 관리자로서 일종의 공적수탁자라고 할 것이므로 정리회사는 관리인에 의하지 아니하고는 재산의 관리처분을 할 수 없다.
자. 회사정리법은 제162조 소정의 요건이 구비되고 같은 법 제163조에 의하여 금지된 것이 아닌 한 정리채권자의 상계권을 인정하고는 있으나(이 경우에도 상계권행사는 관리인에게 해야 한다), 한편 관리인측에서의 상계는 정리채권은 정리절차에 의하지 아니하면 소멸시킬 수 없다는 같은 법 제112조의 규정에 따라 원칙적으로 허용되지 아니하고 다만 법원의 허가가있는 경우에 그 범위내에서만 가능하다.

【참조조문】

가. 어음법 제10조, 제38조 제1항 나. 어음법 제4조, 제38조 제1항, 다. 어음법 제78조 라. 어음법 제17조, 제32조, 마. 어음법 제17조, 제32조 바. 상법 제389조 사. 단기금융업법 제11조 아. 회사정리법 제53조 자. 회사정리법 제112조, 제162조

【참조판례】

다. 대법원 1981.4.14. 선고 80다2695 판결
사. 대법원 987.12.8. 선고 86다카1230 판결
아. 대법원 1974.6.25. 선고 73다692 판결

【전 문】

【원고(피상고인)】 제일생명보험주식회사

【피고(상고인)】 경일투자금융주식회사 소송대리인 변호사 안종혁, 심훈종, 송영욱, 이유경, 석진강, 진중한
【원심판결】 서울고등법원 1986.7.24. 선고 85나1844 판결

【주 문】

상고를 기각한다.
상고 소송비용은 피고의 부담으로 한다.

【이 유】

1. 상고이유 제1점에 대하여,

 약속어음의 발행지가 어음요건의 하나이므로 그 기재가 없는 상태에서는 아무리 보충권이 수취인 내지 소지인에게 주어졌다 하더라도 완성된 어음으로서의 효력이 없는 것이어서 어음상의 권리자에 의한 완성행위(백지어음의 보충권행사)없이는 어음상의 권리가 적법하게 성립될 수 없고 따라서 이러한 미완성어음으로 지급을 위한 제시를 하였다 하여도 적법한 지급제시가 될 수 없다는 것과 어음에 제3자방 지급문구가 기재되어 있을 때 그것이 지급담당자를 기재한 것일 때에는 지급을 위한 제시는 지급담당자의 영업소 또는 주소에서 지급담당자에게 하여야 하는 것이고 일반적으로 지급장소로서 "○○은행 ○○지점"이라는 기재는 당해지점을 지급담당자로 한 것이라고 해석해야 한다는것 등은 소론과 같다.

 한편 약속어음의 발행인은 어음금을 절대적으로 지급할 의무를 부담하는 것이므로 어음소지인이 발행인에 대하여 지급을 위한 제시를 하지 아니하였다해도 발행인에게 어음금액을 청구할 수 있는 것이며(당원 1981.4.14. 선고 80다2695 판결 참조) 발행인을 위한 어음보증인은 보증된 자와 동일한 책임을 지는 것이므로(어음법 제77조 제3항, 어음법 제32조 제1항) 이러한 어음보증인에게도 소지인은 지급을 위한 제시없이도 어음금청구권을 행사할 수 있는 것이다.

 원심이 그 설시 목록 제4기재 약속어음을 소지인인 원고가 발행지란을 보충하지 아니한 채 만기전인 설시일자에 그 지급장소에 제시하였다가 만기후인 설시일자에 제1심 제11차 변론기일에서 발행지를 대구직할시로 기재 보충하여 이를 발행인을 위한 보증인인 피고에게 제시한 사실을 인정한 다음 피고는 어음보증인으로서 원고로부터 이 어음을 교부받음과 동시에 원고에게 그 어음금을 지급할 의무가 있다고 판단한 것은 위에서 본 법리에 비추어 옳고 약속어음의 발행인이나 그를 위하여 어음보증을 한 사람도 상환의무자에 포함되는 것임을 전제로 펴는 소론은 당치 않으므로 받아들일 수 없다.

2. 상고이유 제2점에 대하여,

 원판결은 그 이유 설명에서 피고는 원고가 1983.8.22. 별지목록 제1,2,3기재 각 약속어음(이 가운데 제1, 2목록 어음은 발행인이 소외 1 제3목록 어음은 발행인이 주식회사 광명주택으로 되어 있고 수취인은 모두 원고이며 피고는 각 발행인을 위한 어음보증인이다)을 담보로 위 소외 1에게 그 개인명의로 금 1,000,000,000원 위 광명주택 명의로 금 1,000,000,000원, 합계금 2,000,000,000원을 대여하여 주기로 약정하였으나 실제로는 금 1,000,000,000원을 지급하였을 뿐 그 나머지 금 1,000,000,000원은 이를 지급하지 안한

채 위 소외 1이나 광명주택의 승낙없이 원고와 위 광명그룹 소속 각 기업체 사이의 종업원 퇴직적립보험계약에 따른 보험료(그 액수도 금1,000,000,000원이 되지 아니한다) 명목으로 보관하고 있다가 1983.11. 위 광명그룹 소속회사 등이 부도를 내자 위 금 1,000,000,000원에 대한 금전소비대차계약을 해제하고 이를 회수하였으므로 위 금 1,000,000,000원의 범위내에서는 피고의 어음보증책임이 없다고 주장하나 어음발행의 원인채무가 성립하지 아니하였거나 소멸하였다는 사유는 그 어음발행인이 직접의 상대방 또는 악의의 취득자에 대하여서만 대항할 수 있는 이른바 인적항변사유로서 어음보증의 경우 어음보증인은 피보증인의 이러한 인적항변사유를 가지고 어음소지인에게 대항할 수 없는 것일 뿐만 아니라 원고가 피고의 주장과 같이 위 소외 1 또는 광명주택에게 대여하기로 약정한 금원의 전부 또는 일부의 지급을 유보하였거나 위 소외 1 등의 승낙없이 이를 위 광명그룹 소속 각 기업체가 부담할 보험료의 지급에 충당하였다는 점, 또는 원고가 위 소외 1 등과의 금전소비대차계약을 해제하고 그 대여금채권을 회수하였다는 점에 관하여는 이에 부합하는 취지의 설시증거 부분은 믿지아니하고 달리 이를 인정할 자료가 없으므로 피고의 주장은 이유가 없다고 설시하고 있다.

그러나 장래의 채부를 담보하기 위하여 발행된 어음에 발행인을 위하여 어음보증이 되어 있는 약속어음을 수취한 사람은 어음을 발행한 원인관계상의 채무가 존속되지 않기로 확정된 때에는 특별한 사정이 없는 한 그때부터는 어음발행인에 대해서 뿐만 아니라 어음보증인에 대해서도 어음상의 권리를 행사할 실질적인 이유가 없어졌다 할 것이므로 어음이 자기수중에 있음을 기화로 하여 어음보증인으로부터 어음금을 받으려고 하는 것은 신의성실의 원칙에 비추어 부당한 것으로서 권리의 남용이라 할 것이고 어음보증인은 수취인에 대하여 어음금의 지급을 거절할 수 있다고 보는 것이 옳다 할 것이고 위 수취인으로부터 배서양도를 받은 어음소지인이 어음법 제17조 단서의 요건에 해당되는 때에는 어음보증인은 그러한 악의의 소지인에 대하여 권리남용의 항변으로 대항할 수 있다 할 것이므로 이러한 점등을 고려함이 없이 어음보증인의 어음채무는 피보증인의 어음채무와는 별개 독립의 존재라는 것만을 염두에 둔 원심의 위에서 본바와 같은 판단은 옳지 못한것이라 하겠으나 기록에 의하여 원심이 피고 주장의 위에서 본 사실관계를 인정하지 아니한 판단만은 소론의 증거관계를 고려에 넣어서 검토해 보아도 옳다고 수긍이 되므로 결국 원심의 위와 같은 법리오해는 판결에 영향을 미친 법령위반이라 볼 수 없어 이 점에 관한 논지는 이유없다.

3. 상고이유 제3점에 대하여,

일반적으로 주식회사 대표이사의 대표권한의 범위는 회사의 권리능력의 범위와 일치되는 것이다.

그러나 회사는 정관, 이사회의 결의 등의 내부적 절차 또는 내규 등에 의하여 이러한 대표권한에 대하여 내부적인 제한을 가할 수가 있는 것이고 이렇게 대표권한에 내부적인 제한이 가해진 경우에는 그 대표이사는 제한범위내에서만 대표권한이 있는데 불과하게 되는 것이지만 그렇더라도 그 대표권한의 범위를 벗어난 행위 다시 말하면 대표권의 제한 위반행위라 하더라도 그것이 회사의 권리능력의 범위내에 속한 행위이기만 하다면 대표권의 제한을 알지못하는 제3자는 그 행위를 회사의 대표행위라고 믿는 것이 당연하고 이러한 신뢰는 보호되어야 하는 것이므로 우리 상법이 대표권의 제한은 이로써 선의의 제3자에 대항할 수 없다고 규정하고 있는 것(제389조, 제209조)은 이러한 취지라 할 것이며, 따라서 대표권에 제한이 가해지고 있는 경우에 당해 대표이사의 그러한 구체적인 대표권한의 범위를 알고 있으면서도 그 범위를 벗어난 행위에 대하여 상대방이 된 악의의 제3자를 보호해야 할 필요성은 없는 것이므로 회사는 그의 악의를 입증하여 그 행위의 효력을 부인할 수 있는 것은 당연하다.

그리고 대표이사의 행위가 대표권한의 범위내의 행위라 하더라도 회사의 이익 때문이 아니고 자기 또는 제3자의 개인적인 이익을 도모할 목적으로 그 권한을 행사한 경우에 상대방이 대표이사의 진의를 알았거나 알 수 있었을 때에는 회사에 대하여 무효가 되는 것이다.

원심이 소론과 같은 사실심에서의 주장에 대하여 판단한 설시내용을 보면 그 표현이 미흡하고 부적절한 감이 없지 아니하나 그 설시이유를 전개하는 가운데 인용한 증거들을 기록에 비추어 검토해 보면 원고가 위에서 본 대표권제한 또는 남용사실을 알고 있었거나 알 수 있었다는 점에 대한 증거가 없다는 취지로 판시한 것으로 보지 못할바 아니고 또한 소론 중 과실의 점에 관해서는 심리판단해야 할 것이 아니라 할 것이므로 이 점에 관한 소론들도 받아들일 것이 되지 못한다.

4. 상고이유 제4점에 대하여,

단기금융업법 제11조의 규정은 단속규정이고 이를 위반하여 자금의 운용이 이루어졌다 하더라도 사법상의 효력에는 아무런 영향이 없다 할 것이다 (당원 1987.12.8. 선고 86다카1230 판결 참조). 같은 취지의 원심판단은 옳고 반대되는 소론은 독자적 견해로서 받아들일 바 못된다.

5. 상고이유 제5점에 대하여,

(1) 원심이 적법하게 확정하고 있는 바와 같이 광명그룹 소속 기업체인 주식회사 광명산업이나 주식회사 광명상호신용금고가 원고와의 사이에 체결한 종업원퇴직적립보험계약에 따라 그 회사들이 원고에게 납입할 보험료를 주식회사 광명건설이 원고로부터 빌린 돈으로 충당지급하였다면 위 주식회사 광명건설은 위 두 회사에 대하여 충당지급한 보험료상당금원의 지급을 구할 채권을 가지고 있다 할 것이고 피고가 주식회사 광명건설이 발행한 어음보증인으로서 보증책임을 부담하게 되는 경우에는 피고는 위 회사에 대하여 어음보증인으로서의 구상권을 갖게 되고 한편 주식회사 광명산업이나 주식회사 광명상호신용금고가 원고에 대하여 피고 주장과 같은 채권을 가지고 있다고 한다면 피고는 채무자가 무자력하여 일반재산의 감소를 방지할 필요가 있는 경우에 위 주식회사 광명건설과 주식회사 광명산업 및 광명상호신용금고를 순차 대위하여 원고에 대한 주식회사 광명산업 및 주식회사 광명상호신용금고의 채권을 대위 행사할 수 있다 할 것이므로 피고의 채권자 대위권행사로서의 상계권 주장을 원심이 그 설시와 같은 이유로 배척한 것은 잘못이라 할 것이나 다음 (2)에서 보는 바와 같이 주식회사 광명건설은 이미 주식회사 광명산업 또는 광명상호신용금고에 대한 권리행사를 할 수 없게 되어버렸으므로 원심이 피고의 상계항변을 배척한 조처는 결과적으로 옳다.

(2) 원심이 확정한 바에 의하면, 이 사건 어음보증의 피보증인들인 주식회사 광명주택과 광명건설에 대하여 1985.2월경 회사 정리절차가 개시되었다는 바, 이와 같이 회

사정리법에 의한 정리절차개시결정이 있은 때에는 회사사업의 경영과 재산의 관리 및 처분을 하는 권리는 관리인에게 전속하는 것이고(같은 법 제53조 제1항) 정리회사의 관리인은 정리회사의 기관이거나 그 대표자가 아니고 정리회사와 그 채권자 및 주주로 구성되는 소위 이해관계인단체의 관리자로서 일종의 공적수탁자라고 할 것(당원 1974.6.25. 선고 73다692 판결 참조)이므로 정리회사는 관리인에 의하지 아니하고는 재산의 관리처분을 할 수 없는 것이다.

그리고 회사정리절차가 개시된 경우에 정리채권에 관하여는 원칙으로 정리절차에 의하지 아니하고 변제받거나 기타 이를 소멸하게 할 행위(면제를 제외한다)를 하지 못하게 되어 있는 바(같은 법 제112조 본문) 이와 같이 정리채권자는 정리절차에 의하지 않으면 변제를 받을 수 없음에도 불구하고 회사에 대하여 부담하는 자기의 채무는 완전히 변제하지 않으면 안되는 것도 형평의 견지에 타당하지 않으므로 회사정리법은 제162조 소정의 요건이 구비되고 같은 법 제163조에 의하여 금지된 것이 아닌 한 정리채권자의 상계권을 인정하고는 있으나 이 경우에도 상계권행사는 관리인에게 해야 하는 것이다.

한편 관리인측에서의 상계는 위에서 본 바와 같이 정리채권은 정리절차에 의하지 않으면 소멸시킬 수 없다는 같은 법 제112조의 규정에 따라 원칙적으로 허용되지 아니하고 다만 법원에 의한 허가가 있는 경우에 그 범위내에서만 가능하다 할 것이다.

원심이 이 사건 어음의 피보증인들 중 주식회사 광명주택과 같은 광명건설의 채권을 자동채권으로 하는 피고의 상계항변을 배척함에 있어 편 이유설명이 다소 미흡한 점이 없지 아니하나 위에서 본 상계권행사의 요건과 그 행사권자에 관한 적법조건이 구비되지 못한 것임이 소론의 피고주장 자체에 의하여 분명한 이상 소를 상계항변은 받아들여질 수 없는 것이므로 원심판단은 결국 정당하다.

(3) 원심이 소외 1 경영의 광명임업사 영온천 및 광명개발과 원고회사와 사이에 체결된 피고주장의 보험계약이 해약 기타의 사유로 종료되었다고 볼 자료가 없고 위 각 보험계약에 있어 보험계약을 해지하려면 피보험자의 동의를 얻어야 하는데 그 계약해지에 관한 피보험자의 동의가 있었다고 볼 자료도 없다는 이유로 그 부분에 관한 피고의 상계항변을 배척한 것은 옳고 여기에는 아무런 잘못도 있다 할 수 없으며 원심이 사족적으로 부가한 가정적 판단을 지적하여 심리미진을 주장하는 소론은 받아들일 수 없다.

6. 이리하여 논지는 모두 이유없으므로 이 상고를 기각하기고 관여법관의 의견이 일치되어 주문과 같이 판결한다.

대법관 김주한(재판장) 박우동 배석

[판례 13] 사기

(대법원 1983. 10. 11. 선고 83도1799 판결)

【판시사항】

가. 기망의 의사로 약속어음을 발행한 경우에 있어서 피기망자
나. 발행인이 은행도 약속어음에 대하여 허위의 피사취계를 제출한 경우에 있어서 은행에 대한 기망행위의 성부

【판결요지】

가. 피고인이 어음을 발행함에 있어서 당초부터 피사취계를 제출하여 어음금의 지급을 면할 의사를 가졌으면서도 이를 숨기고 정상적으로 지급될 어음인 것처럼 가장하였다면 어음을 발행함으로써 수취인이나 그 이후의 소지인을 기망한 것이다.
나. 은행을 지급장소로 한 약속어음에 있어서 피사취계의 제출은 발행인이 은행에 대하여 지급위탁을 취소하는 의사표시에 불과하므로 이에 따라 은행은 제시된 어음금의 지급을 거절하여야 하고 은행이 그 지급위탁 취소사유로 되어 있는 사취사실이 진실인가의 여부를 판단하여 지급위탁의 취소를 거절할 수는 없는 것이므로 발행인이 어음이 사취된 것처럼 가장하여 피사취계를 제출한 경우라 하더라도 그 피사취계의 제출로써 은행을 기망하여 어음금 지급에 관한 재산적 처분행위를 하게 한 것이라고 볼 수 없다.

【참조조문】

가. 형법 제347조 나. 제347조, 어음법 제43조, 수표법 제32조

【전 문】

【피 고 인】 피고인
【상 고 인】 검사
【원심판결】 광주지방법원 1983.5.6 선고 83노157 판결

【주 문】

상고를 기각한다.

【이 유】

검사의 상고이유를 본다.

1. 사기죄에 관한 이 사건 공소사실은 피고인이 공소외 1에게 신발대금으로 피고인 명의의 액면 3,000,000원, 지급기일 1981.6.18 지급장소 한일은행 ○○지점으로 된 약속어음 1매를 발행한 뒤 지급기일에 이르러 위 은행에 피사취계를 제출하여 최종소지인인 공소외 2가 지급기일에 위 어음을 제시하였으나 지급거절되게 함으로써 위 어음금액 상당의 지급을 면하고 동액 상당의 재산상 이익을 취득한 것이라고 함에 있는바, 위 공소사실기재자체로는 피기망자가 누구인지 명시되어 있지 않으나 그 요지는 피고인이 당초부터 피사취계를 제출하여 어음금 지급을 면할 의사를 가졌으면서도 이를 숨기고 정상적으로 지급될 어음인 것처럼 가장하여 이 사건 어음을 발행함으로써 수취인이나 그 후의 소지인을 기망하였다는 취지로 해석된다.

그러나 원심이 적법하게 확정된 사실에 의하면 피고인은 공소외 1에게 주문한 신발대금조로 위 어음을 발행한 것인데 위 공소외 1은 위 어음 지급기일까지 그 신발대금중 200,000원 상당의 물품만 공급하였음은 나머지 물품을 납품하지 아니하므로 피고인은

부득이 위 공소외 1측에 미리 통보하고 어음금지급을 위탁한 은행에 피사취계를 제출하였다는 것이므로, 피고인이 위 어음발행 당초부터 그 수취인이나 그 후의 소지인을 기망하여 어음금의 지급을 면할 의사가 있었다고 볼 수는 없음이 분명하니 결국 범죄의 증명이 없음에 귀착된다고 할 것이다.

또 위 공소사실의 요지가 피고인이 위 어음을 사취한 일이 없음에도 불구하고 사취된 것처럼 가장하여 피사취계를 제출함으로써 어음금의 지급위탁을 받은 은행을 기망하였다는 취지라고 본다고 하더라도 위 어음과 같은 은행을 지급장소로 한 약속어음에 있어서 피사취계의 제출은 발행인이 은행에 대하여 지급위탁을 취소하는 의사표시에 불과하므로 이에 따라 은행은 제시된 어음금의 지급을 거절하여야 하고 은행이 그 지급위탁취소사유로 되어 있는 사취사실이 진실인가의 여부를 판단하여 지급위탁의 취소를 거부할 수는 없다고 할 것이니, 피고인이 피사취계의 제출로서 은행을 기망하여 어음금 지급에 관한 재산적 처분행위를 하게 한 것이라고 볼 수도 없음이 분명하다.

3. 결국 이 사건 사기죄의 공소사실에 대하여 무죄를 선고한 원심의 결론은 정당하고 원심판결에 어음법의 법리오해 내지 채증법칙 위반의 위법이 있다는 논지는 이유없다.

그러므로 상고를 기각하기로 하여 관여법관의 일치된 의견으로 주문과 같이 판결한다.

대법관 이성렬(재판장) 이일규 전상석 이회창

2. 어음을 발행한 사실의 주장과 증명

가. 어음의 발행

(1) 어음 교부의 필요성

어음발행의 성립요건으로서 어음의 작성(어음요건의 기재+기명날인)

| 판 례 |

[판례 14] 증서인도

(대법원 1989. 10. 24. 선고 88다카24776 판결)

【판시사항】

어음공정증서 작성을 위하여 공증인에게 어음을 접수시킨 경우 그 어음의 발행간주 여부(적극)

【판결요지】

간이절차에 의한 민사분쟁사건처리특례법과 공증인법에 의하여 변호사들이나 공증인이 공증인법 제56조의2 제1항 소정의 공정증서를 작성하기 위하여 같은법조 제2항 소정의 자로부터 촉탁을 받아 어음을 접수한 경우에는 비록 그 어음발행인이 작성된 어음을 수취인에게 교부하지 않았더라도 그 접수시에 공증인이 수취인의 기관으로서 교부받은 것으로 보는 것이 옳으므로 그 어음은 발행된 것으로 보아야 한다.

【참조조문】

어음법 제1조, 제75조, 공증인법 제56조의2, 간이절차에의한민사분쟁사건처리특례법 제11조

【전 문】

【원고, 상 고 인】 원고 소송대리인 변호사 황선당
【피고, 피상고인】 피고
【원 판 결】 서울고등법원 1988.9.31. 선고 87나912 판결

【주 문】

상고를 기각한다.
상고소송비용은 원고의 부담으로 한다.

【이 유】

상고이유에 대하여,

(1) 약속어음의 작성자가 어음요건을 갖추어 유통시킬 의사로 그 어음에 자기의 이름을 서명날인하여 상대방에게 교부하는 단독행위를 발행이라 일컫는 것이므로 일상의 용어에 있어 사람들이 발행이라는 표현을 쓴다 하여도 위에서 본바와 같은 의미로 쓴 것이 아닌 경우에는 어음법상의 발행으로 볼 것이 아니다.

소론이 지적하는 사실변론과정에서의 피고의 답변에 위와 같은 용어를 사용한 예들이 없지 아니하나 그 전후의 사정을 살펴보면 피고의 진정한 의도는 작성이라는 의미로 사용하고 있음을 어렵지 않게 알 수 있어 이 점에 관한 소론은 채용될 수 없다.

(2) 간이절차에의한민사분쟁사건처리특례법과 공증인법에 의하여 변호사들이나 공증인이 공증인법 제56조의 2 제1항 소정의 공정증서를 작성하기 위하여 같은 법조 제2항 소정의 자로부터 촉탁을 받아 어음을 접수한 경우에는 비록 그 어음발행인이 작성된 어음을 수취인에게 교부하지 않았다 하더라도 그 어음의 수취인과 함께 촉탁했을 때에는 그 접수시에 위에서 본 공증인이 수취인의 기관으로서 교부받은 것으로 보는 것이 옳으므로 원심이 위와 같은 경우에 해당하는 이 사건에 있어서 그 설시 (다)약속어음을 아직 발행되지 않은 어음이라고 판단한 것은 잘못이라 하겠으나 위 (다)어음의 작성경위에 관한 그 설시의 사실관계에 관한 증거의 취사와 인정은 옳고 이 점은 바로 피고주장의 당해 약속어음 발행의 원인관계에 관한 항변내용사실로 여겨지며 이에 의하면 피고로서는 당해 약속어음의 수취인인 원고에게 그 어음금을 지급할 의무는 없다 할 것이어서 결국 원심의 위와 같은 잘못은 원판결의 결과에는 영향이 없으므로 이에 관계된 소론들도 채용될 수 없다.

(3) 원심이 설시 (나) 어음금 채무가 소멸되었다고 판단한 것은 그에 관한 이유설시를 관계증거들에 비추어 볼 때 상당하다고 수긍이 되고 여기에 소론과 같은 위법들이 있다고 볼 수 없다.

이에 논지는 모두 이유없어 이 상고를 기각하기로 관여법관의 의견이 일치되어 주문과 같이 판결한다.

대법관 김주한(재판장) 이회창 배석 김상원

[판례 15] 약속어음

(대법원 1999. 11. 26. 선고 99다34307 판결)

【판시사항】

어음상에 발행인으로 기명날인한 후 그 어음이 도난·분실 등으로 인하여 유통된 경우, 어음작성자가 소지인에 대하여 어음상의 채무를 부담하는지 여부(한정 적극)

【판결요지】

어음을 유통시킬 의사로 어음상에 발행인으로 기명날인하여 외관을 갖춘 어음을 작성한 자는 그 어음이 도난·분실 등으로 인하여 그의 의사에 의하지 아니하고 유통되었다고 하더라도, 배서가 연속되어 있는 그 어음을 외관을 신뢰하고 취득한 소지인에 대하여는 그 소지인이 악의 내지 중과실에 의하여 그 어음을 취득하였음을 주장·입증하지 아니하는 한 발행인으로서의 어음상의 채무를 부담한다.

【참조조문】

어음법 제7조, 제9조, 제16조

【참조판례】

대법원 1989. 10. 24. 선고 88다카24776 판결(공1989, 1755)

【전 문】

【원고, 피상고인】 주식회사 한국외환은행 (소송대리인 변호사 정덕관)

【피고, 상 고 인】 피고

【원심판결】 창원지법 1999. 5. 28. 선고 98나9841 판결

【주 문】

상고를 기각한다. 상고비용은 피고의 부담으로 한다.

【이 유】

상고이유를 판단한다.

1. 어음의 교부흠결의 점에 대하여

어음을 유통시킬 의사로 어음상에 발행인으로 기명날인하여 외관을 갖춘 어음을 작성한 자는 그 어음이 도난·분실 등으로 인하여 그의 의사에 의하지 아니하고 유통되었다고 하더라도, 배서가 연속되어 있는 그 어음을 외관을 신뢰하고 취득한 소지인에 대하여는 그 소지인이 악의 내지 중과실에 의하여 그 어음을 취득하였음을 주장·입증하지 아니하는 한 발행인으로서의 어음상의 채무를 부담한다고 할 것이다.

그런데 원심판결 이유와 기록에 의하면, 피고는 물품대금의 지급에 사용할 목적으로 이 사건 약속어음에 금액은 백지로 하여 발행인으로서 서명날인하여 두었음을 인정하고 있고, 한편 원고는 그 후 백지가 보충되어 완성된 이 사건 약속어음을 소외인으로부터 할인취득하였음을 알 수 있으므로, 원고가 이 사건 약속어음을 취득함에 있어서 악의 또는 중과실이 있음을 피고가 주장·입증하지 아니하는 한, 이 사건 약속어음을 유통시킬 목적으로 작성하여 발행인으로 기명날인한 피고는 이 사건 어음의 적법한 소지인인 원고에 대하여 발행인으로서의 어음상의 채무를 부담한다고 보아야 할 것이다.

같은 취지의 원심판결은 정당하고, 거기에 어음의 교부를 흠결한 경우 어음채무의 발행 여부에 관한 법리를 오해한 위법이 없다. 이 부분 상고이유는 받아들일 수 없다.

2. 채증법칙 위배, 심리미진 등의 점에 대하여

원심판결 이유를 기록에 비추어 살펴보면, 원심이 원고가 악의 또는 중과실로 이 사건 약속어음을 취득하였다는 점을 인정할 증거가 없다고 하여 이 점에 관한 피고의 주장을 배척한 조치는 수긍이 가고, 거기에 채증법칙을 위배하였거나 심리를 다하지 아니한 위법이 없다. 이 부분 상고이유도 받아들일 수 없다.

3. 그러므로 상고를 기각하고, 상고비용은 상고인인 피고의 부담으로 하기로 관여 법관의 의견이 일치되어 주문과 같이 판결한다.

대법관 이용우(재판장) 김형선 이용훈(주심) 조무제

---

(2) 주장·증명책임

판례에 따르면 어음의 발행은 어음을 작성하여 이를 상대방에게 교부하는 행위를 말하는 것이다.

원고가 어음의 교부 사실까지 주장·증명하여야 하는 것은 아니고, 피고가 교부흠결 사실을 항변사실로 주장·증명하여야 한다.

실무상으로는 청구원인 사실로 「피고가 어음을 발행하였다」라고 적시하는 것이 보통이다.

어음은 처분문서에 해당하므로 서증으로 제출된 경우 특별한 사정이 없는 한 어음의 작성 사실은 인정된다.

피고가 어음의 작성 사실을 다툴 경우 원고는 피고의 기명날인이 진정한 것임을 증명하여야 한다.

| 판 례 |

[판례 16] 약속어음금

(대법원 1993. 8. 24. 선고 93다4151 전원합의체 판결)

【판시사항】

가. 어음상의 어음채무자가 자신의 기명날인이 위조되었음을 주장하는 경우 그 기명날인의 진정 여부에 대한 입증책임의 소재
나. 인영을 인정한 문서에 대한 진정성립의 추정이 깨어지는 경우

【판결요지】

가. [다수의견] 어음에 어음채무자로 기재되어 있는 사람이 자신의 기명날인이 위조된 것이라고 주장하는 경우에는 그 사람에 대하여 어음채무의 이행을 청구하는 어음의 소지인이 그 기명날인이 진정한 것임을 증명하지 않으면 안된다.
[별개의견] 어음의 배서가 형식적으로 연속되어 있으면 그 소지인은 정당한 권리자로 추정되므로 배서가 위조된 경우 이를 주장하는 사람이 그 위조사실을 입증하여야 한다.
나. 피고 명의의 배서란에 찍힌 피고 명의의 인영이 피고의 인장에 의한 것임을 피고가 인정하고 있다면 그 배서부분이 진정한 것으로 추정되지만, 그 인영이 작성명의인인 피고 이외의 사람이 날인한 것으로 밝혀질 때에는 위와 같은 추정은 깨어지는 것이므로, 이와 같은 경우에는 어음을 증거로 제출한 원고가 작성명의인인 피고로부터 날인을 할 권한을 위임받은 사람이 날인을 한 사실까지 입증하여야만 그 배서부분이 진정한 것임이 증명된다.

【참조조문】

가. 어음법 제16조 제1항 나. 민사소송법 제329조

【참조판례】

가. 대법원 1971.5.24. 선고 71다570 판결(집19②민60)(변경)
1987.7.7. 선고 86다카2154 판결(공1987,1296)(변경)
나. 대법원 1986.9.23. 선고 86다카915 판결(공1993,1449)
1989.4.25. 선고 88다카6815 판결(공1989,811)
1990.4.24. 선고 89다카21569 판결(공1990,1137)

【전 문】

【원고, 피상고인】 원고
【피고, 상 고 인】 피고 소송대리인 변호사 최상은
【원심판결】 부산지방법원 1992.12.11. 선고 92나9187 판결

【주 문】

원심판결을 파기한다.

사건을 부산지방법원 본원합의부에 환송한다.

【이 유】

피고소송대리인의 상고이유에 대하여 판단한다.

1. 원심은, 피고가 발행인이 작성한 부분의 진정성립은 인정하면서 자신이 배서한 것으로 기재되어 있는 부분에 찍힌 자신 명의의 인영이 자신의 인장에 의한 것이기는 하지만 자신의 인장을 보관하고 있던 소외 1이 자신의 동의없이 날인한 것이라고 주장하고 있는 갑제1호증의1,2(약속어음의 앞뒷면)에 관하여, 피고의 위 주장에 부합하는 제1심증인 소외 1의 증언은 믿지 아니하고 달리 이를 인정할 만한 증거가 없으므로 위 서증이 진정한 것으로 추정된다는 전제에서, 위 서증의 기재와 변론의 전취지를 종합하여, 소외 한미건산주식회사가 1992.1.20. 소외 2에게 액면 금 20,000,000원, 만기 1992.4.20. 발행지 및 지급지 서울특별시, 지급장소 한국주택은행 갈월동지점으로 된 약속어음 1통을 발행하고, 위 소외 2는 소외 3에게, 위 소외 3은 소외 4에게, 위 소외 4는 피고에게, 피고는 다시 원고에게 각 지급거절증서의 작성을 면제하여 위 어음을 순차 배서양도한 사실을 인정한 다음, 피고명의의 배서는 위조된 것이어서 피고에게는 배서인으로서의 책임이 없다는 피고의 주장에 대하여 다시 판단하기를, 약속어음의 배서가 위와 같이 형식적으로 연속되어 있으면 그 소지인은 정당한 권리자로 추정되므로, 배서가 피고의 주장과 같이 위조된 것이라고 하더라도 이를 주장하는 사람이 그와 같은 사실 및 소지인이 고의 또는 중대한 과실로 어음을 취득한 사실을 주장 입증하여야 할 것인바, 원고가 피고의 주장과 같은 사정을 알고 이 사건 어음을 취득하였다거나 이를 알지 못하였음에 중대한 과실이 있었다는 점에 관하여 아무런 주장 입증이 없으므로, 피고의 위 주장은 이유가 없고, 따라서 피고는 위 어음의 배서인으로서 원고에게 위 어음금을 지급할 의무가 있다고 판단하였다.

2. 민사소송에서의 입증책임의 분배에 관한 일반 원칙에 따르면 권리를 주장하는 자가 권리발생의 요건사실을 주장 입증하여야 하는 것이므로, 어음의 소지인이 어음채무자에 대하여 어음상의 청구권을 행사하는 경우에도 어음채무발생의 근거가 되는 요건사실, 즉 그 어음채무자가 어음행위를 하였다는 점은 어음소지인이 주장 입증하여야 된다고 볼 것이다. 배서의 자격수여적 효력에 관하여 규정한 어음법 제16조 제1항은 어음상의 청구권이 적법하게 발생한 것을 전제로 그 권리의 귀속을 추정하는 규정일 뿐, 그 권리의 발생 자체를 추정하는 규정은 아니라고 해석되므로, 위 법조항에 규정된 "적법한 소지인으로 추정한다"는 취지는 피위조자를 제외한 어음채무자에 대하여 어음상의 청구권을 행사할 수 있는 권리자로 추정된다는 뜻에 지나지 아니하고, 더 나아가 자신의 기명날인이 위조된 것임을 주장하는 사람에 대하여까지도 어음채무의 발생을 추정하는 것은 아니라고 할 것이다. 그렇다면 어음에 어음채무자로 기재되어 있는 사람이 자신의 기명날인이 위조된 것이라고 주장하는 경우에는 그 사람에 대하여 어음채무의 이행을 청구하는 어음의 소지인이 그 기명날인이 진정한 것임을 증명하지 않으면 안된다고 볼

수밖에 없다.

종전에 당원이 판시한 의견 중 이와 견해를 달리하여 자신의 배서가 위조되었음을 주장하는 사람이 그 위조사실 및 소지인이 선의취득을 하지 아니한 사실을 입증하여야만 배서인으로서의 책임을 면할 수 있는 것이라고 해석한 의견(1971.5.24. 선고 71다570 판결; 1987.7.7. 선고 86다카2154 판결 등)은 변경하기로 한다.

3. 그럼에도 불구하고, 원심은 피고명의의 배서가 위조된 것이어서 피고에게는 배서인으로서의 책임이 없다는 피고의 주장에 대하여 판단함에 있어서, 어음배서의 위조사실에 관한 입증책임의 법리를 오해한 나머지 피고 명의의 배서가 위조된 것이라고 하더라도 이를 주장하는 피고가 그와 같은 사실 및 소지인인 원고가 악의 또는 중대한 과실로 인하여 이 사건 어음을 취득한 사실을 입증하여야 할 터인데, 원고가 악의 또는 중대한 과실로 이 사건 어음을 취득하였다는 점에 관하여 피고가 아무런 주장 입증도 하지 않고 있으므로 피고의 위 주장은 이유가 없는 것이라고 판단하였는바, 물론 원심이 갑 제1호증의 1,2(이 사건 약속어음)가 진정한 것으로 추정된다고 본 것이 정당한 것으로 판단된다면, 원심이 위와 같이 법리를 오해한 위법은 판결에 영향을 미칠 것이 못된다고 보아야 할 것이다.

그러나 피고 명의의 배서란에 찍힌 피고 명의의 인영이 피고의 인장에 의한 것임을 피고가 인정하고 있으므로 그 배서부분이 진정한 것으로 추정되기는 하지만, 그 인영이 작성명의인인 피고 이외의 사람이 날인한 것으로 밝혀질 때에는 위와 같은 추정은 깨어지는 것이므로, 이와 같은 경우에는 이 사건 어음을 증거로 제출한 원고가 작성명의인인 피고로부터 날인을 할 권한을 위임받은 사람이 날인을 한 사실까지 입증하여야만 그 배서부분이 진정한 것임이 증명되는 것인바(당원 1989.4.25. 선고 88다카6815 판결; 1990.4.24. 선고 89다카21569 판결 등 참조), 기록에 의하면 피고 명의의 배서란에 찍힌 피고 명의의 인영이 피고가 날인한 것이 아니라 위 소외 1이 날인한 것임은 원고도 스스로 인정하고 있는 바이므로(원고소송대리인이 원심의 제3차 변론기일에서 진술한 1992.9.3.자 준비서면), 위 소외 1에게 피고를 대리하여 피고의 명의로 배서를 할 권한이 있었음이 증명되어야만 갑 제1호증의2의 피고명의 배서부분이 진정한 것임을 인정할 수 있을 터인데, 이 점을 인정할 만한 증거를 기록에서 찾아볼 수 없음에도 불구하고, 원심은 피고명의의 배서란에 찍힌 피고명의의 인영이 위 소외 1이 피고의 동의없이 날인한 것이라는 제1심증인 소외 1의 증언은 믿을 수 없고 그밖에 달리 이를 인정할 증거가 없다는 이유로, 피고명의의 배서부분이 진정한 것으로 추정하였으니, 원심판결에는 피고명의의 인영이 피고가 날인한 것이 아님을 자인하고 있는 원고소송대리인의 진술을 간과하였거나 사문서의 진정의 추정에 관한 법리를 오해한 위법이 있다고 하지 않을 수 없으므로, 결국 원심이 저지른 위와 같은 위법들은 판결에 영향을 미친 것임이 분명하고, 이 점을 지적하는 논지는 이유가 있다.

4. 또 갑 제1호증의2의 피고 명의의 배서란을 자세히 살펴 보아도 지급거절증서의 작성을 면제하는 문구가 기재되어 있는 것을 찾아볼 수 없을 뿐만 아니라 이 점을 인정할 다른 증거도 없으므로, 피고가 지급거절증서의 작성을 면제하고 위 어음을 배서양도한 사실을 인정한 원심판결에는 채증법칙을 위반한 위법도 있다고 할 것이고, 이와 같은 위법은 판결에 영향을 미친 것임이 분명하므로, 이 점을 지적하는 논지도 이유가 있다.

5. 그러므로 나머지 상고이유에 대하여는 판단하지 아니한 채 원심판결을 파기하고 다시 심리판단하게 하기 위하여 사건을 원심법원에 환송하기로 대법관 박우동, 대법관 김상원, 대법관 김석수의 별개의견이 있는 외에는 관여 법관의 의견이 일치되어 주문과 같이 판결한다.

　　　　대법관 박우동, 대법관 김상원, 대법관 김석수의 별개의견은 다음과 같다.

1. 다수의견은 어음법 제16조 제1항에 규정된 "적법한 소지인으로 추정한다"는 취지에 대하여 이는 피위조자를 제외한 어음채무자에 대하여 어음상의 청구권을 행사할 수 있는 권리자로 추정된다는 뜻에 지나지 아니하고, 나아가 자신의 기명날인이 위조된 것임을 주장하는 사람에 대하여까지도 어음채무의 발생을 추정하는 것은 아니라 할 것이므로, 어음에 어음채무자로 기재되어 있는 사람이 자신의 기명날인이 위조된 것이라고 주장하는 경우 그 사람에 대하여 어음채무의 이행을 청구하는 어음의 소지인이 그 기명날인이 진정한 것임을 증명하여야 한다는 취지인 것으로 이해된다.
그러나 이러한 견해는 합리적 근거없이 어음법 제16조 제1항을 제한해석함으로써 배서의 연속이라는 외형적 사실에 의하여 어음의 유통성을 보장하려는 어음법 제16조 제1항의 규정취지를 반감시키는 것으로 생각되어 찬성할 수 없다.
즉 어음법 제16조 제1항은 어음의 점유자가 배서의 연속에 의하여 그 권리를 증명하는 때에는 이를 적법한 소지인으로 추정한다고 규정하고 있을 뿐이므로, 이는 모든 어음채무자에 대하여 어음상의 청구권을 행사할 수 있는 권리자로 추정된다는 취지로 해석하여야지 다수의견과 같이 피위조자를 제외한 어음채무자에 대하여만 위와 같이 추정되는 것이라고 제한적으로 해석할 수는 없다고 생각한다.
그리고 일반적으로 적법한 권리자의 추정은 의무발생의 추정을 전제로 이를 포함하고 있는 것으로 보아야 그 추정의 진정한 의미가 있는 것이므로 피위조자를 포함한 어음채무자에 대하여 어음상의 청구권을 행사할 수 있는 권리자로 추정된다는 것은 그 어음채무자의 어음채무의 발생을 전제로 어음채무 발생에 대한 추정을 포함하고 있는 것으로 해석할 수 있을 것이며, 이와 같은 해석이 배서의 연속이라는 외형적 사실에 의하여 어음의 유통성을 보장하려는 어음법 제16조 제1항의 규정취지에도 부합하는 것이다.
민사소송에서의 입증책임 분배에 관한 일반 원칙에 따르면 권리를 주장하는 자가 권리발생의 요건사실을 주장, 입증하여야 한다는 점에 대하여는 이론이 있을 수 없으나, 한편 입증책임 분배에 있어서는 공평의 요청과 정책적 고려가 함께 지도원리로 작용하는 것으로서 입법자가 권리의 행사를 가급적 쉽게 할 수 있도록 하거나 분쟁의 신속간명한 처리를 꾀하려고 하는 등의 정책적 고려에 의하여 권리발생의 요건사실에 관하여 입증책임의 전환을 규정한 예를 흔히 찾을 수 있으며, 책임무능력자에 대한 감독의무자의 감독의무 해태, 사용자의 피용자에 대한 선임 및 사무감독의무 해태, 공작물 점유자의 손해방지에 필요한 주의의무 해태, 동물점유자의 주의의무 해태 등에 관하여 피고에게 면책사유의 입증책임을 부담시킴으로써(민법 제755조, 제756조, 제758조, 제759조) 손해배상의 청구를 손쉽게 할 수 있도록 하고 있는 것 등이 이러한 범주에 속하는 것이다.

이와 같은 견지에서 볼 때, 어음의 점유자가 배서의 연속에 의하여 그 권리를 증명하는 때에는 이를 적법한 소지인으로 추정한다고 한 어음법 제16조 제1항의 규정은, 배서가 연속된 어음소지인의 어음상 권리행사를 손쉽게 할 수 있게 함으로써 어음의 생명인 유통성을 보장하려는 정책적 고려에서, 어음의 소지 및 배서의 연속이라는 외형적 사실을 바탕으로 하여 어음소지인의 적법한 권리취득 및 그 전제가 되는 어음채무의 발생 즉 어음채무자의 기명날인의 진정을 추정함으로써 어음권리자의 권리발생의 요건사실에 대하여 입증책임의 전환을 규정한 것으로 보는 것이 위 어음법 규정의 진정한 취지에 부합하는 해석이라고 생각한다.

2. 이와 같은 해석에 대하여는 어음행위를 전혀 하지 않은 피위조자에게 자신의 기명날인이 위조되었다는 점에 대한 입증책임을 부담시키는 것이 너무 가혹하다는 지적이 있을 수 있으므로 이 점에 대하여 간략히 살펴본다.

어음의 위조는 그 위조의 태양에 따라서 인장 자체를 새로 각인하여 위조하는 경우와 피위조자가 사용하는 인장을 도용하는 경우로 나누어 볼 수 있을 것이다.

그런데 피위조자가 사용하는 인장이 도용된 경우 즉 어음면상의 인영이 피위조자의 인장에 의하여 현출된 경우에는 특단의 사정이 없는 한 그 인영의 성립 즉 날인행위가 본인의 의사에 기하여 진정하게 이루어진 것으로 추정되고, 일단 인영의 진정성립이 추정되면 민사소송법 제329조의 규정에 의하여 그 문서 전체의 진정성립까지 추정되어(당원 1986.2.11. 선고 85다카1009 판결; 1987.7.7. 선고 86다카2575 판결 참조), 그 인영이 도용된 것이라고 주장하는 자는 그 도용사실을 입증하여야 하고 이를 입증하는 증거의 증명력은 개연성만으로는 부족하다 할 것이므로(당원 1987.12.22. 선고 87다카707 판결 참조), 위와 같은 경우에는 다수의견에 의하더라도 기명날인이 도용된 것이라고 주장하는 피위조자가 도용사실을 입증하여야 할 것이니 이 점에서는 별개의견과 실질상 별다른 차이가 없을 것으로 보인다.

그러므로 다수의견과 별개의견은 인장 자체를 새로 각인하여 위조한 경우에 실질상 차이가 있게 되는데, 이와 같은 경우 어음소지인과 피위조자의 입증의 난이도, 즉 피위조자로서는 자신이 사용하는 인장, 자신이 기명날인한 진정한 어음, 거래은행에 계출한 인감 등의 입증자료가 자신의 활동영역 범위 내에 속하여 비교적 손쉽게 위조사실을 증명할 수 있는 반면, 어음소지인으로서는 위와 같은 입증자료를 입수하지 못하여 위조사실의 증명이 불가능할 경우가 많을 것이라는 점을 감안하여 볼 때, 유통성의 보장이라는 어음의 특성상 어음의 소지 및 배서의 연속이라는 외형적 사실에 기초하여 어음채무자의 기명날인의 진정을 추정하는 것이 피위조자에게 지나치게 가혹하여 공평을 잃은 것으로 생각되지 않는다.

이상의 이유로 어음의 배서가 형식적으로 연속되어 있으면 그 소지인은 정당한 권리자로 추정되므로 배서가 위조된 경우에도 이를 주장하는 사람이 그 위조사실을 입증하여야 한다고 해석한 당원 1971.5.24. 선고 71다570 판결; 1987.7.7. 선고 86다카2154 판결의 견해를 변경하려는 다수의견에 찬성할 수 없고 위 각 판결의 견해는 유지되어야 한다고 생각한다.

다만 위 86다카2154 판결은 그 판결이유에서 배서의 위조를 주장하는 사람이 그 위조사실 및 소지인이 선의취득을 하지 아니한 사실을 입증하여야 한다고 판시하여 피위조자가 위조사실을 입증한 경우에도 소지인이 선의취득을 하지 아니한 사실까지 입증하여야 어음상 책임을 면할 수 있다는 취지로 해석될 소지가 있는바, 위 판결이 그와 같은 취지라면 그와 같은 견해는 변경되어야 할 것이다. 어음위조의 항변은 이른바 물적항변으로서 피위조자는 어음금 청구자가 누구이든 모든 사람에게 대항할 수 있는 것이므로, 위조사실이 입증되면, 사용자책임, 표현책임 등이 문제될 경우가 있음은 별론으로 하고, 피위조자는 어음상 책임을 면하는 것이며 여기에 소지인의 선의취득 여부가 운위될 여지는 없는 것이기 때문이다(위 86다카2154 판결은 소지인의 선의취득 여부가 문제된 사안이 아니므로 피위조자가 위조사실을 입증한 경우에도 소지인이 선의취득을 하지 아니한 사실까지 입증하여야 어음상 책임을 면할 수 있다는 취지는 아니고, 위조사실 및 선의취득사실에 대한 일반적인 입증책임의 소재를 판시한 것에 불과하다고 보인다).

3. 돌이켜 이 사건을 보면, 이 사건 약속어음의 배서가 형식적으로 연속되어 있으므로 그 소지인인 원고는 정당한 권리자로 추정되고 피고 명의의 배서부분이 진정한 것으로 추정되기는 하지만, 그 인영이 작성명의인인 피고 이외의 사람이 날인한 것으로 밝혀진 때에는 위와 같은 추정의 적용은 배제되고 어음소지인인 원고가 작성명의인인 피고로부터 날인을 할 권한을 위임받은 사람이 날인을 한 사실을 입증할 필요가 있다고 할 것인바, 기록에 의하면 피고 명의의 배서란에 찍힌 피고 명의의 인영이 피고가 날인한 것이 아니라 소외 1이 날인한 것임은 원고가 스스로 인정하고 있고, 기록상 위 소외 1이 피고를 대리하여 피고의 명의로 배서를 한 권한이 있었다는 사실을 인정할 만한 증거를 찾아볼 수 없음에도 불구하고 원심은 피고 명의의 배서부분이 진정한 것으로 추정하였으므로 원심판결에는 피고 명의의 인영이 피고가 날인한 것이 아님을 자인하고 있는 원고소송대리인의 진술을 간과하였거나 채증법칙 위배의 위법이 있다고 하지 않을 수 없고 위와 같은 위법은 판결결과에 영향을 미친 것임이 분명하다.

뿐만 아니라 원심은 피고 명의의 배서는 위조된 것이므로 원고의 청구에 응할 수 없다는 피고의 주장에 대하여, 피고 명의의 배서가 위조된 것이라 하더라도 이를 주장하는 사람이 그와 같은 사실 및 소지인이 고의 또는 중대한 과실로 취득한 사실을 주장 입증하여야 할 것인데, 원고가 피고의 주장과 같은 사정을 알고 이 사건 어음을 취득하였다거나 이를 알지 못하였음에 중대한 과실이 있었다는 점에 관하여 아무런 주장 입증이 없다는 이유로 피고의 위 주장을 배척하였는바, 원심의 위와 같은 판단에는 어음위조항변의 성질에 관한 법리를 오해한 위법이 있다고 하지 않을 수 없다. 원심판결은 위와 같은 이유로 파기되어야 할 것이다.

대법관   김덕주(재판장) 최재호 박우동 김상원 배만운 김주한 김용준(주심) 김석수
박만호 최종영 천경송

나. 타인을 통하여 하는 어음발행

어음의 발행은 본인이 직접 하지 않고 타인을 통하여 할 수도 있다.

(1) 대리방식

대리방식에 의한 어음행위의 형식적 요건
① 본인의 표시, ② 대리관계의 표시, ③ 대리인의 기명날인 또는 서명이고, 실질적 요건은 대리권의 존재이다.

| 판 례 |

[판례 17] 부당이득

(대법원 1994. 8. 12. 선고 94다14186 판결)

【판시사항】

본인이 무권대리인의 어음교환행위를 추인한 경우 무권대리인이 어음교환을 위하여 한 배서행위도 추인한 것으로 해석할 것인지 여부02. 타인 발행의 어음으로 상호 대가적 어음교환을 한 자는 그 어음금에 관하여 민법상 지급보증을 한 것이라고 본 사례

【판결요지】

가. 어음교환행위가 주로 갑 회사에 대한 자금융통을 위하여 행하여진 것으로서 을 회사의 직원인 병이 어음을 교환함에 있어 갑 회사가 을 회사의 대외적 신용을 이용하여 그 어음을 용이하게 할인할 수 있도록 하기 위하여 권한 없이 을 회사 명의의 배서를 한 것이라면 그 배서행위는 실질적으로는 어음교환의 한 과정에 불과한 것이므로, 을 회사가 무권대리인인 병의 어음교환행위를 추인하였다면 거기에는 다른 특별한 사정이 없는 한 병이 어음교환을 위하여 한 배서행위도 추인하여 그 배서를 유효한 것으로 하겠다는 의사도 포함된 것으로 해석함이 상당하다.
나. 갑 회사가 발행하여 을 회사에 교부한 약속어음과 을 회사가 갑 회사에게 교부한 정 회사 발행의 약속어음이 서로 대가관계에 있는 것으로서 어음교환이 행하여진 경우 그 원인관계에 비추어 볼 때 갑 을 회사 사이에 각자 상대방에게 교부한 어음에 대하여 지급기일에 그 지급을 담보하기로 하는 어음금 지급보증의 특약이 있었다고 봄이 상당하다고 한 원심판결을 어음법상의 어음보증이 아니라 민법상의 보증으로 본 것으로 해석하여 수긍한 사례.

【참조조문】

가. 민법 제130조, 어음법 제8조, 제11조 나. 민법 제428조, 어음법 제30조

【전 문】

【원고, 피상고인】 케이제이산업 주식회사 소송대리인 변호사 김정수
【피고, 상 고 인】 고합상사 주식회사 소송대리인 변호사 이보환
【원심판결】 서울고등법원 1994.1.27. 선고 93나23055 판결

【주 문】

상고를 기각한다.
상고비용은 피고의 부담으로 한다.

【이 유】

상고이유를 본다.
1. 상고이유 제1점에 대하여
　원심은 그 판시사실에 비추어 볼 때 원심판시 별지 1 기재 2, 3, 4번 약속어음의 발행지는 모두 서울특별시라고 봄이 상당하다고 하여 위 각 약속어음은 어음요건을 모두 갖춘 어음이라고 판시하였는바, 원심의 위와 같은 판단은 수긍이 가고 거기에 소론과 같이 어음법상의 필요적 기재사항에 관한 법리를 오해한 위법이 있다고 할 수 없으므로 논지는 이유 없다.
2. 상고이유 제2점에 대하여
　원심은, 위 각 약속어음 중 2, 3번 어음의 경우에는 피고 회사 명의의 배서가 적법하게 이루어진 것은 아니나 피고 회사가 제1심 제7차 변론기일에 피고 회사의 수입부차장인 소외 1이 한 위 각 어음과 원고 회사가 발행한 각 액면금액이 동일한 어음과의 교환행위를 추인하였으므로 위 각 배서는 피고 회사의 배서로서 효력이 있다고 판시하고 있는바, 위 어음교환행위는 주로 원고 회사에 대한 자금융통을 위하여 행하여진 것으로서 위 소외 1이 위 어음을 교환함에 있어 원고 회사가 피고 회사의 대외적 신용을 이용하여 그 어음들을 용이하게 할인할 수 있도록 하기 위하여 피고 회사 명의의 배서를 한 것으로 보이므로 그 배서행위는 실질적으로는 어음교환의 한 과정에 불과한 것이라고 할 것이다. 따라서, 피고 회사가 무권대리인인 위 소외 1의 위 각 어음교환행위를 추인하였다면 거기에는 다른 특별한 사정이 없는 한 동인이 어음교환을 위하여 한 배서행위도 추인하여 그 배서를 유효한 것으로 하겠다는 의사도 포함된 것으로 해석함이 상당하다고 할 것인바, 이와 같은 취지로 본 원심의 판시는 정당한 것으로 보여지고 거기에 소론과 같이 석명권행사를 게을리함으로써 의사표시의 해석을 잘못한 위법이 있다고 할 수 없으므로 논지는 이유 없다.
3. 상고이유 제3점에 대하여
　원심판결 이유에 의하면, 원심은 그 판시사실을 인정한 다음, 원·피고 회사 사이에 그 동안 150억 원 상당의 어음거래가 있었고 이 사건과 같은 어음교환 거래도 2, 3회 있었으나 모두 문제 없이 결제된 점, 이 사건에서 원고 회사가 발행하여 피고 회사에 교부한 원심판시 별지 2 기재 4장의 약속어음(별지 1의 1번 어음의 액면금은 금 102,460,355원이고 별지 2의 1번 어음의 액면금은 금 102,460,333원으로 그 차이를 무시하여도 될 정도이고 나머지 별지 1의 2 내지 4번 어음과 별지 2의 2 내지 4의 각 해당번호의 약속어음의 액면과 동일하고, 지급일은 4장 모두 각 해당어음끼리 동일하다)과 소외 회사

가 발행하여 피고 회사가 원고 회사에게 교부한 별지 1 기재 약속어음 4장은 서로 대가관계에 있는 것으로서 원고 회사가 발행한 어음은 모두 결제되어 피고 회사는 위 어음금 상당의 이득을 취한 점, 소외 회사 발행의 위 약속어음이 부도된 뒤 피고 회사의 원고 회사 담당자인 위 소외 1이나 관리담당이사인 소외 2, 영업관리부 차장인 소외 3이 모두 부도가 난 소외 회사 발행의 위 약속어음금에 대하여 피고 회사가 소외 회사에 대하여 가지고 있는 담보물을 처분하여 이를 변상할 것을 약정한 점 등에 비추어 보면, 이 사건에서와 같이 상호 대가관계에 있는 어음교환의 경우에는 상대방에게 교부된 어음에 대하여 지급기일에 그 지급을 담보하기로 하는 어음금지급보증의 특약이 있었다고 봄이 상당하다고 하여 결국 피고 회사는 원고 회사에게 별지 1 기재 1번의 약속어음 액면금 102,460,355원도 지급할 의무가 있다고 판시하였다.

원심이 인정한 사실관계에 비추어 보면 위와 같은 원심의 판단은 정당한 것으로 보여지고 거기에 소론과 같은 어음금 지급보증에 관한 법리를 오해한 위법이 있다고 할 수 없고, 또한 위 판시취지는 그 판시와 같은 어음교환이 행하여진 경우에는 그 원인관계에 비추어 볼 때 각자 상대방에게 교부한 어음에 대하여 지급기일에 그 지급을 담보하기로 하는 보증특약이 있었다고 봄이 상당하다는 것으로서 어음법상의 어음보증으로 본 것이 아니라 민법상의 보증으로 본 것이라고 해석되는바, 논지가 원심이 어음법상의 보증을 인정한 것이라는 전제하에 어음보증의 요건을 갖추지 못하였다고 비난하는 취지까지 포함된 것이라면 이는 원심판결의 취지를 오해한 것이라고 할 것이므로 논지는 모두 이유 없다.

4. 그러므로, 상고를 기각하고 상고비용은 패소자의 부담으로 하기로 하여 관여 법관의 일치된 의견으로 주문과 같이 판결한다.

대법관　안용득(재판장) 천경송 지창권 신성택(주심)

민법 제125조, 제126조, 제129조 소정의 표현대리 요건이 구비된 경우라면 본인이 어음상의 책임을 지게 된다.

──────────────── 법 령 ────────────────

◇ 민법
제125조 (대리권수여의 표시에 의한 표현대리) 제삼자에 대하여 타인에게 대리권을 수여함을 표시한 자는 그 대리권의 범위 내에서 행한 그 타인과 그 제삼자간의 법률행위에 대하여 책임이 있다. 그러나 제삼자가 대리권없음을 알았거나 알 수 있었을 때에는 그러하지 아니하다.

제126조 (권한을 넘은 표현대리) 대리인이 그 권한외의 법률행위를 한 경우에 제삼자가 그 권한이 있다고 믿을 만한 정당한 이유가 있는 때에는 본인은 그 행위에 대하여 책임이 있다.

제129조 (대리권소멸후의 표현대리) 대리권의 소멸은 선의의 제삼자에게 대항하지 못한다. 그러나 제삼자가 과실로 인하여 그 사실을 알지 못한 때에는 그러하지 아니하다.

| 판 례 |

[판례 18] 약속어음금

(대법원 2000. 3. 23. 선고 99다50385 판결)

【판시사항】

[1] 민법상 표현대리 규정이 어음행위의 위조에 관하여 유추적용되기 위한 요건
[2] 채무자가 물상보증인으로부터 근저당권설정에 관한 대리권만을 위임받은 후 그의 승낙 없이 채무 전액에 대한 연대보증의 취지로 채권자에게 물상보증인 명의의 약속어음을 발행해 준 경우, 채권자가 채무자에게 위와 같은 어음행위를 할 수 있는 권한이 있다고 믿을 만한 정당한 사유가 없다고 한 사례

【판결요지】

[1] 다른 사람이 본인을 위하여 한다는 대리문구를 어음 상에 기재하지 않고 직접 본인 명의로 기명날인을 하여 어음행위를 하는 이른바 기관 방식 또는 서명대리 방식의 어음행위가 권한 없는 자에 의하여 행하여졌다면 이는 어음행위의 무권대리가 아니라 어음의 위조에 해당하는 것이기는 하나, 그 경우에도 제3자가 어음행위를 실제로 한 자에게 그와 같은 어음행위를 할 수 있는 권한이 있다고 믿을 만한 사유가 있고, 본인에게 책임을 질 만한 사유가 있는 때에는 대리방식에 의한 어음행위의 경우와 마찬가지로 민법상의 표현대리 규정을 유추적용하여 본인에게 그 책임을 물을 수 있다.
[2] 채무자가 물상보증인으로부터 근저당권설정에 관한 대리권만을 위임받은 후 그의 승낙 없이 채무 전액에 대한 연대보증의 취지로 채권자에게 물상보증인 명의의 약속어음을 발행해 준 경우, 채권자가 채무자에게 위와 같은 어음행위를 할 수 있는 권한이 있다고 믿을 만한 정당한 사유가 없다고 한 사례.

【참조조문】

[1] 민법 제126조[2] 민법 제126조

【참조판례】

[1] 대법원 1969. 9. 30. 선고 69다964 판결(집17-3, 민141)

대법원 1971. 5. 24. 선고 71다471 판결
대법원 1994. 5. 27. 선고 93다21521 판결(공1994하, 1814)
대법원 1994. 5. 27. 선고 93다21521 판결(공1994하, 1814)
대법원 1999. 1. 29. 선고 98다27470 판결(공1999상, 366)
대법원 2000. 2. 11. 선고 99다47525 판결(공2000상, 667)

【전 문】

【원고, 피상고인】 원고
【피고, 상 고 인】 피고 (소송대리인 변호사 신경훈)
【원심판결】 서울지법 1999. 7. 16. 선고 99나10423 판결

【주 문】

원심판결을 파기한다. 사건을 서울지방법원 본원 합의부에 환송한다.

【이 유】

상고이유를 판단한다.

1. 가. 원심판결 이유와 원심이 인용하고 있는 제1심판결 이유에 의하면, 원심은 그 판결에서 채용하고 있는 증거들을 종합하여 다음과 같은 사실을 인정하고 있다.

원고는 1996년경 자신 소유의 부동산에 가처분등기가 경료되어 있는 사실을 모르고 이를 매도하였다가 그 매수인으로부터 형사고소를 당할 위험에 처하게 되자 소외 1을 찾아가 법률상담을 하였는데, 소외 1은 이를 틈타 자신이 원고의 민·형사 문제를 처리하여 준다는 명목으로 원고로부터 금 1억 3백만 원을 교부받아 갔다.

이에 원고는 1997년 4월경 소외 1을 변호사법위반죄로 고소하였는데, 그러자 소외 1은 같은 달 30일경 자신의 잘못을 시인하고 원고에게 자신이 편취한 돈에다 이자를 더하여 금 1억 1천만 원을 돌려주겠다고 제의하였다. 그런데 소외 1에게는 별 재산이 없어 구체적인 합의가 이루어지지 않게 되자 소외 1은 자신의 지인인 소외 ○○○를 불러 그를 보증인으로 세우려 하였으나 ○○○ 또한 충분한 재산이 없어 합의가 어려워졌고, 이에 소외 1은 자신의 손위 동서인 피고를 불렀는바, 그 자리에서 피고는 원고에게 소외 1의 원고에 대한 금 1억 1천만 원의 반환채무를 ○○○와 연대보증하겠다고 약속하면서 그에 대한 담보로 피고 소유 주택 및 그 대지에 근저당권을 설정해주기로 하였다.

피고는 위 약정에 따른 근저당권설정에 필요한 서류를 다음날 작성하여 주기로 하고 소외 1에게 그 근저당설정에 관한 대리권을 위임하였는데, 소외 1은 다음날인 1997. 5. 1. 법무사사무실에서 피고를 대리하여 법무사에게 피고 소유의 원심판결 첨부 별지 목록 기재 부동산(이하 '이 사건 부동산'이라 한다)에 관하여 근저당권설정등기 신청을 위임하면서, 원고가 추후 있을지도 모를 경매신청에 대비하여 담보제공자들 명의의 약속어음의 발행을 요구하자 약속어음의 발행에 관한 피고의 승낙이 없었음에도 불구하고 발행일 1997. 5. 1., 발행인 피고, ○○○ 및 △△△(○○○의 처), 액면금 1억 1천만 원, 지급기일 1997. 10. 31., 지급장소, 발행지 및 지급지 각 서울특별시, 수취인 원고로 된 약속어음의 피고의 이름 옆에 근저당권설정을

위하여 피고가 맡긴 인장을 함부로 날인하여 주었다.

나. 원심은 위 인정 사실을 기초로 다음과 같이 판단하여 원고의 이 사건 약속어음금 청구를 인용한 제1심판결을 그대로 유지하고 있다.

즉, 이 사건 약속어음 중 피고 명의 부분은 소외 1이 피고의 승낙을 받지 아니한 채 근저당권설정을 위하여 피고가 맡긴 인장을 이용하여 함부로 위조한 것이기는 하나, 피고가 1997. 4. 30. 원고에게 소외 1의 원고에 대한 금 1억 1천만 원의 반환채무를 ○○○와 연대하여 보증하겠다고 약속하면서 그에 대한 담보로 피고 소유 주택 및 그 대지에 근저당권을 설정해주기로 한 바 있고, 그 후 실제로 근저당권을 설정함에 있어 소외 1이 자신의 원고에 대한 채무를 피고가 보증한다는 의미로 피고를 대리하여 이 사건 약속어음을 발행하였으니, 원고가 소외 1에게 피고 명의의 어음을 기명날인 대행의 방법으로 발행할 권한이 있다고 믿은 데 대하여 정당한 사유가 있다고 보아야 할 것이고, 이 점은 원고가 피고에게 소외 1의 약속어음 발행 권한 유무에 관하여 확인하지 않았다고 하더라도 마찬가지라 할 것이어서, 피고는 민법 제126조 소정의 표현대리 법리의 유추적용에 따라 위 약속어음의 발행인으로서의 책임이 있다는 것이다.

2. 다른 사람이 본인을 위하여 한다는 대리문구를 어음 상에 기재하지 않고 직접 본인 명의로 기명날인을 하여 어음행위를 하는 이른바 기관 방식 또는 서명대리 방식의 어음행위가 권한 없는 자에 의하여 행하여졌다면 이는 어음행위의 무권대리가 아니라 어음의 위조에 해당하는 것이기는 하나, 그 경우에도 제3자가 어음행위를 실제로 한 자에게 그와 같은 어음행위를 할 수 있는 권한이 있다고 믿을 만한 사유가 있고, 본인에게 책임을 질 만한 사유가 있는 때에는 대리방식에 의한 어음행위의 경우와 마찬가지로 민법상의 표현대리 규정을 유추적용하여 본인에게 그 책임을 물을 수 있다 할 것이므로(대법원 1969. 9. 30. 선고 69다964 판결, 1971. 5. 24. 선고 71다471 판결, 1999. 1. 29. 선고 98다27470 판결 등 참조), 원심이 약속어음의 위조에도 표현대리에 관한 민법 제126조의 규정이 유추적용될 수 있다는 취지로 판단한 것은 수긍이 가고, 거기에 상고이유에서 지적하는 바와 같은 법리오해의 위법이 있다고 할 수 없다.

그러나 원심이 피고가 소외 1의 원고에 대한 금 1억 1천만 원의 반환채무를 ○○○와 연대하여 보증하였다고 인정하고 나아가 그 인정 사실을 토대로 원고가 소외 1에게 피고 명의의 어음을 기명날인 대행의 방법으로 발행할 권한이 있다고 믿은 데 대하여 정당한 사유가 있다고 판단하여 피고의 표현대리책임을 인정한 조치는 다음과 같은 점에 비추어 수긍하기 어렵다.

즉, 원심판결 이유와 원심이 인용하고 있는 제1심판결 이유에 의하면, 원심은 갑 제7호증의 기재와 제1심 증인 □□□, ◇◇◇, ☆☆☆의 각 증언을 증거로 삼아 피고의 연대보증 사실을 인정하면서 그에 배치되는 소외 1의 수사기관에서의 진술을 기재한 을 제6호증의 기재와 소외 1의 처인 원심 증인 소외 2의 증언, 제1심 증인 ○○○의 증언 등을 믿기 어렵다며 배척하고 있음을 알 수 있다.

그러나 갑 제7호증(기록 78면)은 이 사건 약속어음을 발행하면서 어음용지책에서 어음용지를 떼어내고 남은 나머지 부분으로서, 거기에는 이 사건 약속어음의 발행일, 지급기일, 발행인과 함께 이 사건 약속어음이 원·피고 사이의 채권채무관계로 발행되었다는 취지가 기재되어 있기는 하나, 그 기재가 피고의 의사에 따라 이루어진 것이라고 볼 자료가 없는 이상 그 기재를 가지고 피고의 연대보증 사실을 입증할 증거로 삼을 수는 없다.

한편, 제1심 증인 ◇◇◇의 증언은 원고의 심부름으로 피고로부터 근저당권설정에 필요한 인감도장 등을 건네받아 소외 1에게 전달한 경위 및 소외 1이 이 사건 어음을 작성하게 된 경위 등에 관한 것으로서, 그 취지는 그와 같은 경위에 비추어 보아 피고의 연대보증 사실이 충분히 인정된다는 취지일 뿐 피고가 소외 1의 원고에 대한 금 1억 1천만 원의 채무 전액을 연대보증하기로 합의한 사실을 직접 듣고 보아 안다는 취지는 아니므로 그의 증언 내용 또한 피고의 연대보증 사실을 인정할 증거는 되지 못한다. ◇◇◇은 피고가 인감도장을 건네주면서 "전체 금액이 금 1억 1천만 원이고, 이 집이 금 2억 정도 되는 집이니까 이것이면 충분할 것이다."고 하였다고 증언하고 있는바(기록 91면), 피고가 그와 같이 말한 것이 사실이라 하더라도 그것은 단지 피고가 자신 소유의 주택 및 대지인 이 사건 부동산을 담보로 제공하면서 그 담보가치를 부풀려 말한 것으로 보일 뿐, 그것을 가지고 이 사건 부동산의 담보가치가 소외 1의 채무액에 미달할 때에는 이 사건 부동산으로 부담하는 물적 책임과는 별도로 담보가치를 넘는 채무액에 대하여 연대보증책임까지 지겠다는 취지로 이해할 수는 없는 것이다.

다만, 제1심 증인 □□□과 ☆☆☆은 1997. 4. 30. 소외 1의 집에서 피고, ○○○, ○○○의 처등 3인이 소외 1의 원고에 대한 금 1억 1천만 원의 채무 전액을 연대보증하기로 합의하였으며(□□□의 증언, 기록 86면), 당시 피고는 "이것(이 사건 부동산을 지칭함) 하나만 해도 금 1억 1천만 원에 대한 보증이 충분하다. 나머지를 다 해주겠다."며 채무 전액에 대한 연대보증의사를 분명히 하였다(☆☆☆의 증언, 기록 143면)는 취지로 증언하고 있기는 하나, 동인들은 원고의 매부 또는 사위로서 그 신분관계에 비추어 그 증언 내용을 곧이 곧대로 믿기도 어려울 뿐 아니라, 특히 □□□은 위와 같은 취지로 증언하면서도 제1심 재판장의 보충신문에서 당시 피고가 "나는 집밖에 가진 것이 없으니 집을 설정해서라도 해결하자."고 하였다며 피고가 이 사건 부동산에 대한 담보가치 범위 내에서 물적 유한책임만을 지겠다는 의사를 표명하였다는 취지로 이해될 수 있는 답변을 하기도 하였으므로(기록 87면) 동인의 증언은 서로 모순되는 내용을 포함하고 있는 것이어서 이 점에서도 선뜻 믿기 어려운 것이다.

그리고 만약 피고가 위 증인들의 증언대로 물상보증 외에 소외 1의 피고에 대한 금 1억 1천만 원의 채무 전액에 대하여 연대보증까지 하기로 한 것이 사실이라면, 그 이례성에 비추어 그에 관한 문서의 작성이 당연히 논의되었을 법한 데도, 그 작성에 관하여 어떠한 논의가 있었음을 인정할 자료가 전혀 없으니(원심 인정 사실에 의하더라도 당시 피고는 근저당권설정 서류만을 다음날 작성하여 주기로 하였을 뿐이라는 것이다.), 이 점 또한 위 증언의 신빙성을 의심케 하는 유력한 자료가 된다 할 것이다.

이와 같이 원심이 피고의 연대보증 사실을 인정하기 위하여 채택한 증거들은 모두 요증사실과 직접 관련이 없거나 믿기 어려운 것인 반면, 위 소외 1 부부의 진술 내용은 "위 1997. 4. 30.의 합의 당시 피고가 원고에게 자신 소유의 이 사건 부동산의 담보가치가 소외 1의 원고에 대한 채무 전액에 미치지 못한다는 사실을 밝히면서 그 담보가치 범위 내인 금 6천만 원을 한도로 물적 유한 책임만을 지겠다는 의사를 표명하였다."는 취지로서(기록 157, 158, 202면), 그 중 소외 1의 진술은 자신에게 약속어음 위조에 대한 형사책임을 지우기 위한 수사절차에서 스스로 자신의 책임을 시인하면서 한 진술이어서 특히 신빙성이 있을 뿐만 아니라(동인은 자신에 대한 형사공판절차에서 위 진술이 유죄의 증거로 채택되어 징역 6월의 실형을 선고받았다. 기록 187면), 동인들의 진술은 피고가 채권최고액 금 6천만 원, ○○○와 그의 처 △△△이 각 채권최고액 금 3천만 원씩의 물상보증을 한 실제 상황과도 부합되는 것이어서 특별한 사정이 없는 한 이를 쉽사리 배척할 수 없다 할 것이다.

한편, 이 사건 약속어음의 공동발행인이자 위 1997. 4. 30.의 합의 당시에 직접 입회한 바 있는 제1심 증인 ○○○는 '근저당설정을 위하여 법무사 사무실에 갈 때는 설정만 하는 것으로 알고 갔다가 거기에서 비로소 약속어음 작성 문제가 나와 이 사건 약속어음을 발행하게 되었으며, 당시 자신은 피고와 자신이 각자 금 1억 1천만 원의 액면금액 전액에 대하여 전부 책임을 지는 것이 아니라 각 반씩 분할하여 책임지는 것으로 알고 약속어음에 도장을 날인해준 것'이라고 증언하고 있는바(기록 114, 115면), 만약 이 사건에서 피고의 책임이 부정된다면 ○○○는 자신이 이 사건 약속어음금 전액을 변제하더라도 피고에게 구상할 수 없게 되므로 피고의 연대보증 사실을 부정하는 취지의 ○○○의 위와 같은 증언은 자신에게 불리한 증언을 스스로 한 경우에 해당하고, 따라서 위 증언 또한 그 신빙성을 쉽사리 부정하기는 어려울 것으로 보인다.

사정이 이와 같다면 원심이 인정한 바대로 피고가 물상보증 외에 소외 1의 원고에 대한 채무 전액에 대한 연대보증까지 하였다고 볼 수는 도저히 없고, 오히려 피고로서는 이 사건 부동산의 담보가치 범위 내에서 물적 유한책임만을 부담하기로 하였다고 봄이 상당하다 할 것이고, 그렇다면 위 합의의 직접 당사자로서 합의의 내용을 누구보다도 잘 알고 있을 원고가 물상보증만을 하기로 한 당초의 합의와 달리 금 1억 1천만 원 전액에 대한 채무부담을 의미하는 소외 1의 이 사건 어음행위에 접하였다면, 원고로서는 그것이 권한 없는 행위라는 점을 알았거나, 설사 몰랐다 하더라도 적어도 피고에게 이 사건 어음행위에 대한 권한을 수여한 바 있는지 확인해 보지 않은 데 대한 과실은 있다고 할 것이니, 소외 1의 이 사건 어음행위는 '어음행위를 실제로 한 자에게 그와 같은 어음행위를 할 수 있는 권한이 있다고 믿을 만한 정당한 사유가 있는 경우'에 해당하지 아니하여 표현대리의 규정이 유추적용될 수 없다고 할 것이다.

그럼에도 불구하고, 원심은 신빙성 있는 위 소외 1 부부와 ○○○의 진술을 아무런 합리적인 이유도 설시하지 않은 채 함부로 배척하고, 오히려 신빙성이 의심스러운 그 채용의 증거들만을 섣불리 믿어 피고가 소외 1의 원고에 대한 금 1억 1천만 원의 반환채무를 ○○○와 연대하여 보증하였다고 사실을 그릇 인정한 끝에, 원고가 소외 1에게 피고 명의의 어음을 기명날인 대행의 방법으로 발행할 권한이 있다고 믿은 데 대하여 정당한 사유가 있다고 판단하여 피고의 표현대리책임을 인정하고 말았으니, 원심은 채증법칙에 위배하여 판결 결과에 영향을 미친 위법을 저질렀다고 아니할 수 없다. 상고이유 중 이와 같은 취지로 지적하는 부분은 이유 있다.

3. 그러므로 원심판결을 파기하고, 사건을 다시 심리·판단케 하기 위하여 원심법원에 환송하기로 관여 법관의 의견이 일치되어 주문과 같이 판결한다.

대법관   이용우(재판장) 김형선 이용훈(주심) 조무제

[판례 19] 약속어음금

(대법원 1999. 12. 24. 선고 99다13201 판결)

【판시사항】

[1] 어음의 배서행위의 위조에 관하여 민법상의 표현대리에 관한 규정의 적용을 주장할 수 있는 자(=당해 배서의 피배서인) 및 어음의 제3취득자가 피위조자에 대하여 어음상의 권리를 행사하기 위한 요건
[2] 갑이 을 명의의 배서를 위조한 후 갑 자신의 명의로 배서를 하여 병에게 교부한 경우, 병은 을 명의 배서의 직접 상대방이 아니고 제3취득자에 불과하므로 을에 대하여 직접 그 명의의 배서에 대한 표현대리 책임을 물을 수 없다고 한 사례

【판결요지】

[1] 어음행위의 위조에 관하여도 민법상의 표현대리에 관한 규정이 적용 또는 유추적용되고, 다만 이 때 그 규정의 적용을 주장할 수 있는 자는 어음행위의 직접 상대방에 한한다고 할 것이며, 약속어음의 배서행위의 직접 상대방은 당해 배서의 피배서인만을 가리키고 그 피배서인으로부터 다시 어음을 취득한 자는 위 배서행위의 직접 상대방이 아니라 제3취득자에 해당하며, 어음의 제3취득자는 어음행위의 직접 상대방에게 표현대리가 인정되는 경우에 이를 원용하여 피위조자에 대하여 자신의 어음상의 권리를 행사할 수가 있을 뿐이다.
[2] 갑이 을 명의의 배서를 위조한 후 갑 자신의 명의로 배서를 하여 병에게 교부한 경우, 을 명의의 배서의 직접 상대방은 어디까지나 그 피배서인인 갑이고 병은 갑으로부터 다시 배서양도받아 취득한 자로서 을 명의의 배서에 대하여는 제3취득자에 해당하므로, 병이 을에 대하여 직접 을 명의의 배서에 대한 표현대리 책임을 물을 수 없다고 한 사례.

【참조조문】

[1] 민법 제126조, 어음법 제7조 [2] 민법 제126조, 어음법 제7조

【참조판례】

[1] 대법원 1986. 9. 9. 선고 84다카2310 판결(공1986, 1369)
대법원 1991. 6. 11. 선고 91다3994 판결(공1991, 1906)
대법원 1994. 5. 27. 선고 93다21521 판결(공1994하, 1814)
대법원 1997. 11. 28. 선고 96다21751 판결(공1998상, 34)
대법원 1999. 1. 29. 선고 98다27470 판결(공1999상, 366)

【전 문】

【원고, 상 고 인】 주식회사 동아상호신용금고 (소송대리인 변호사 김형수)

【피고, 피상고인】 대아알미늄 주식회사
【원심판결】 대구지법 1999. 2. 3. 선고 98나2233 판결

【주 문】

상고를 기각한다. 상고비용은 원고의 부담으로 한다.

【이 유】

상고이유를 판단한다.
1. 주위적 청구에 관하여
    가. 원심이, 원심 판시 별지 약속어음 목록 기재 각 약속어음(이하 그 순번에 따라 이 사건 제1어음 내지 이 사건 제4어음이라고 한다.)상의 피고 명의의 각 배서가 제1심 공동피고 회사의 대표이사인 소외 1에 의하여 위조되었다고 인정함에 있어 거친 증거의 취사 과정과 판단을 기록에 비추어 검토하여 본즉, 옳다고 여겨지고, 거기에 상고이유의 주장과 같은 채증법칙 위배로 인한 사실오인의 위법이 있다고 할 수 없다. 상고이유의 주장은 필경 원심의 전권에 속하는 증거의 취사판단과 사실의 인정을 비난하거나 원심이 인정한 사실과 상치되는 사실을 전제로 원심의 판단을 부당하게 흠잡는 것에 지나지 아니하여 받아들일 수 없다.
    나. 어음행위의 위조에 관하여도 민법상의 표현대리에 관한 규정이 적용 또는 유추적용되고, 다만 이 때 그 규정의 적용을 주장할 수 있는 자는 어음행위의 직접 상대방에 한한다고 할 것이며, 약속어음의 배서행위의 직접 상대방은 당해 배서의 피배서인만을 가리키고 그 피배서인으로부터 다시 어음을 취득한 자는 위 배서행위의 직접 상대방이 아니라 제3취득자에 해당하며, 어음의 제3취득자는 어음행위의 직접 상대방에게 표현대리가 인정되는 경우에 이를 원용하여 피위조자에 대하여 자신의 어음상의 권리를 행사할 수가 있을 뿐이다(대법원 1986. 9. 9. 선고 84다카2310 판결, 1991. 6. 11. 선고 91다3994 판결, 1994. 5. 27. 선고 93다21521 판결, 1999. 1. 29. 선고 98다27470 판결 등 참조).
    원심이 적법하게 확정한 사실관계에 의하면, 제1심 공동피고 회사의 대표이사인 소외 1이 이 사건 각 약속어음의 배서인란에 피고의 배서를 위조한 다음 다시 제1심 공동피고 회사의 명의로 배서를 하여 원고에게 교부하였다는 것인바, 사실관계가 그와 같다면 피고 명의의 배서의 직접 상대방은 어디까지나 그 피배서인인 제1심 공동피고회사이고 원고는 제1심 공동피고 회사로부터 다시 배서양도받아 취득한 자로서 피고 명의의 배서에 대하여는 제3취득자에 해당하므로, 원고가 피고에 대하여 직접 피고 명의의 배서에 대한 표현대리 책임을 물을 수는 없고 그 직접 상대방인 제1심 공동피고 회사에게 표현대리가 인정되는 경우에 이를 원용할 수 있을 뿐이라고 할 것인데, 피고 명의의 배서를 위조한 제1심 공동피고 회사에게 민법 제126조 소정의 표현대리가 성립할 수 없음은 자명하다.
    원심판결 이유에 의하면 원심은, 무권대리인인 제1심 공동피고 회사에게 피고를 대리할 기본대리권이 있는지 여부에 관하여 아무런 주장·입증이 없을 뿐 아니라 원고에게 제1심 공동피고 회사가 그 권한을 넘어 피고 명의의 배서행위를 함에 있어 그

대리권이 있다고 믿은 데 정당한 사유가 있다고 인정되지 아니한다는 이유를 들어 원고의 표현대리 주장을 배척하였는바, 원심의 위와 같은 판단은 원고가 피고 명의의 배서의 직접 상대방이라는 전제에 선 것이므로 그 이유에 있어서는 타당하다고 할 수 없으나, 원고의 표현대리 주장을 배척한 것은 결론에 있어서 정당하고, 거기에 상고이유의 주장과 같은 표현대리에 관한 법리를 오해한 위법이 있다고 할 수 없다.

다. 원심판결의 이유를 기록에 비추어 살펴본즉, 원심이 이 사건 제2어음과 제3어음의 할인 당시 피고의 직원인 서동석이 원고의 직원에게 그 어음상의 피고 명의의 각 배서가 진정한 것인지 제대로 확인하지 아니한 채 위 각 배서가 위조된 것인지 알지 못한 상태에서 진정한 것이라고 답변하였다고 인정하고, 그러한 답변 사실만으로는 제1심 공동피고 회사가 피고 명의의 위 각 배서행위를 한 데 대하여 피고가 추인하였다고 볼 수는 없다고 판단한 조치는 옳다고 여겨지고, 거기에 상고이유 주장과 같은 어음행위의 추인에 관한 법리를 오해한 위법이 있다고 할 수 없다.

2. 예비적 청구에 관하여

가. 원심판결 이유를 기록에 비추어 살펴본즉, 원심이 이 사건 제1어음과 제4어음에 관하여 피고 직원 서동석에게 불법행위 책임이 있음을 전제로 그 사용자인 피고에게 손해배상을 구하는 원고의 청구를 배척한 조치는 옳다고 여겨지고, 거기에 상고이유 주장과 같은 채증법칙 위배로 인한 사실오인의 위법이나 공동불법행위에 관한 판단유탈 및 법리오해의 위법이 있다고 할 수 없다.

나. 원심판결 이유에 의하면 원심은, 그 내세운 증거들을 종합하여, 소외 1은 제1심 공동피고 회사가 거래처로부터 취득한 이 사건 제2어음과 제3어음의 각 배서인란에 미리 조각하여 가지고 있던 피고의 명판과 대표이사의 직인을 날인하는 방법으로 피고의 배서를 위조한 후 다시 제1심 공동피고 회사의 명의로 배서를 하여 원고로부터 1995. 12. 5. 이 사건 제2어음을 할인받고 같은 달 26. 이 사건 제3어음을 할인받은 사실, 원고가 위와 같이 제1심 공동피고 회사에게 어음을 할인하여 줌에 있어 소외 1에게 피고의 사용인감계의 제출을 요구하자 소외 1은 제1심 공동피고 회사가 피고의 명의로 공사수급을 받기 위하여 공사지명원 제출에 사용한다는 명목으로 피고로부터 미리 받아 보관하고 있던 피고 명의의 사용인감계의 좌측 상단에 날인되어 있는 진정한 인감 옆에 난을 하나 더 만들어 미리 조각한 피고의 대표이사 직인을 찍어 이를 변조한 다음 피고의 법인인감증명서와 함께 원고에게 제출하였고, 이에 원고는 이 사건 제2어음과 제3어음상에 각 날인된 피고의 명판과 직인이 소외 1이 제출한 변조된 사용인감계상의 명판 및 직인과 대조한 다음 원고의 담당자인 소외 이종섭이 피고의 사무실로 전화하여 이 사건 제2어음과 제3어음상의 피고 명의의 배서가 진정한 것인지를 문의하자 피고의 직원인 서동석은 위 각 배서가 진정한 것인지 제대로 확인하지 아니한 채 위 각 배서가 위조된 것인지 알지 못한 상태에서 진정한 것이라고 답변하였고, 이에 이종섭은 서동석의 말을 믿고 이 사건 제2어음과 제3어음을 각 할인하여 준 사실, 서동석은 피고의 총무과장으로서 피고의 어음발행, 할인 등의 경리업무를 맡고 있는 사실을 인정하고, 이러한 인정 사실을 토대로 피고의 직원인 서동석이 이 사건 제2어음과 제3어음의 할인 당시 원고의 직원

에게 위와 같이 위 각 배서가 위조된 것인지 여부를 확인하지 아니한 채 진정한 것이라고 답변한 행위는 그의 업무 내용에 비추어 외형상 그 업무범위 내의 행위로서 업무상 과실로 인하여 허위의 사실을 고지하여 상대방을 착오에 빠뜨린 불법행위에 해당하고 원고가 소외 1이 위조한 피고 명의의 배서를 진정한 배서로 잘못 알고 할인하여 줌으로써 입게 된 손해발생의 원인이 되었다고 판단하여 피용자인 서동석의 불법행위로 인한 사용자인 피고의 손해배상책임의 발생을 인정한 다음, 원고로서도 이미 피고와 어음할인 등의 거래를 하여 왔으므로 어음행위에 있어서 피고가 사용하는 진정한 직인 등을 쉽게 확인할 수 있었다고 할 것인데, 소외 1이 앞서 본 바와 같이 피고의 명의로 변조된 사용인감계를 제출할 당시 그 곳에 날인된 피고의 직인과 피고가 평소 어음행위에 사용하는 진정한 직인이 상이할 뿐 아니라 소외 1이 제출한 피고의 사용인감계가 일반적인 사용인감계의 양식보다 사용인감을 날인하는 난이 더 많게 작성되어 있어 조금만 세심한 주의를 기울였다면 그 사용인감계의 변조 여부를 확인할 수 있었다고 할 것임에도 이에 이르지 아니한 잘못이 있고, 원고의 이러한 과실은 소외 1이 피고 명의의 배서를 위조하여 원고로부터 쉽게 이 사건 제2어음 및 이 사건 제3어음을 할인받을 수 있도록 하는 한 원인이 되었다고 하여 그 과실비율을 전체의 20%로 보고 피고의 책임을 나머지 80%로 제한하였다.

기록에 의하면, 제1심 공동피고 회사가 원고에게 피고 명의의 위 사용인감계(갑 제3호증의 2)를 제출할 당시 그 좌측 상단에 날인되어 있는 인감(인감 ①)은 등기소에 신고가 된 법인인감으로서 법인인감증명서(갑 제3호증의 1)가 첨부되어 그 진정성이 담보되지만, 소외 1이 그 옆에 난을 하나 더 만들어 미리 조각한 피고의 대표이사 직인을 찍는 방법으로 변조한 것으로 밝혀진 인감(인감 ②)은 위 사용인감계 자체의 방식과 내용만으로는 그 진정성을 담보할 수 없는 사실, 그럼에도 원고는 위 사용인감계를 피고가 아닌 제1심 공동피고 회사로부터 제출받고도 피고측에게 위 사용인감계의 교부 사실 및 진위 여부에 대하여 확인하지 아니한 사실, 또한 원고는 제1심 공동피고 회사로부터 위 사용인감계를 제출받기 이전인 1995. 8. 16.부터 피고와 약속어음 할인거래를 하여 왔는데 처음 약속어음 거래를 시작할 때 피고로부터 직접 사용인감계를 제출받아 두었다는 것으로(기록 618면 참조), 원고가 같은 달 21. 피고로부터 약속어음 5장(갑 제22호증 내지 26호증)을 직접 배서양도받고 어음할인을 하여 주고, 같은 해 11. 15. 제1심 공동피고 회사로부터 제1심 공동피고 회사가 피고로부터 배서양도받아 취득한 약속어음 3장(갑 제41호증 내지 43호증 ; 이에 대하여는 피고가 성립을 인정하고 있다)을 배서양도받고 어음할인을 하여 주는 거래를 하였는데, 위 각 어음상의 피고 명의의 배서에 날인된 진정한 인감이 위 사용인감계에 날인된 인감 ②와 상이한 사실을 알아볼 수 있는바, 사실관계가 그와 같다면 원고가 이미 피고로부터 직접 진정한 사용인감계를 제출받고 어음할인거래를 하여 오고 있던 터에 그 제출된 인감 명의인 본인이 아닌 제1심 공동피고 회사로부터 위와 같이 피고가 평소 어음행위에 사용하는 진정한 인감과 상이한 인감이 날인된 사용인감계와 약속어음을 제출받은 이상 원고로서는 본인인 피고에게 그와 같은 인감계를 제출하는 경위를 확인하는 등 좀더 세심한 주의를 기울였다면 사용인감계의 변조와 피고 명의의 배서의 위조 사실을 확인할 수 있었을 것인데 이에 이르지 못한 과실이 있다고 아니할 수 없으므로, 상고이유로 주장하는 바와 같이 원고의 직원이 이 사건 제2어음과 제3어음을 각 할인하기에 앞서 위 각 어음상의 피고 명판 및 대표이사 직인과 위 사용인감계상의 명판 및 직인을 대조하여 진위 여부를 검토하였고, 위 사용인감계와 위 각 어음상에 찍힌 피고 명의의 명판이 매우 정교하게 위조되어 육안으로는 그 구별이 쉽지 아니하며, 피고의 총무과장으로서 피고의 어음발행, 할인 등의 경리업무를 맡고 있는 서동석에게 그 각 어음상의 피고 명의의 배서가 진정한 것인지를 문의하여 서동석으로부터 진정한 것이라는 답변을 들었다고 하더라도, 원고가 금융기관으로서 어음할인거래에 있어서 필요한 신의칙상의 주의의무를 다하였다고 보기 어렵다고 할 것이고, 기록에 의하여 인정되는 이 사건 당시의 제반 사정에 비추어 볼 때 원심이 원고의 과실비율을 20%로 평가한 것이 형평의 원칙에 비추어 현저히 불합리하다고 인정되지 아니하므로, 원심판결에 상고이유의 주장과 같은 과실상계에 관한 법리를 오해한 위법이 있다고 할 수 없다.

3. 그러므로 상고를 기각하고 상고비용은 패소자인 원고의 부담으로 하기로 관여 법관들의 의견이 일치되어 주문과 같이 판결한다.

대법관 조무제(재판장) 김형선(주심) 이용훈 이용우

이러한 판례와 달리 통설은 민법 제126조의 제3자의 범위에 어음의 제3취득자를 포함시키고 있다.

─────────── **법 령** ───────────

◆ **민법**
제126조 (권한을 넘은 표현대리) 대리인이 그 권한외의 법률행위를 한 경우에 제삼자가 그 권한이 있다고 믿을 만한 정당한 이유가 있는 때에는 본인은 그 행위에 대하여 책임이 있다.

판례는 상법 제11조 제3항, 제395조의 표현책임이 적용되는 제3자의 범위에는 어음의 제3취득자를 포함시키고 있다.

─── 법 령 ───

◆ 상법

제11조 (지배인의 대리권) ③ 지배인의 대리권에 대한 제한은 선의의 제3자에게 대항하지 못한다.

제395조 (표현대표이사의 행위와 회사의 책임) 사장, 부사장, 전무, 상무 기타 회사를 대표할 권한이 있는 것으로 인정될 만한 명칭을 사용한 이사의 행위에 대하여는 그 이사가 회사를 대표할 권한이 없는 경우에도 회사는 선의의 제삼자에 대하여 그 책임을 진다.

지배인이 내부적인 대리권 제한 규정에 위배하여 어음행위를 한 경우
① 상법 제11조 제3항에 따라 이러한 대리권의 제한에 대항할 수 있는 제3자의 범위

| 판 례 |

[판례 20] 약속어음금

(대법원 1997. 8. 26. 선고 96다30753 판결)

【판시사항】

[1] 지배인의 행위가 영업주의 영업에 관한 것인지의 판단 방법
[2] 영업주가 지배인의 대리권 제한 사실을 들어 대항할 수 있는 제3자의 범위와 제3자의 악의·중과실에 대한 주장·입증책임
[3] 지배인이 내부적인 대리권 제한 규정에 위배하여 어음행위를 한 경우, 이러한 대리권 제한에 대항할 수 있는 제3자의 범위
[4] 동일인에 대한 일정액을 넘는 대출 등을 금하고 있는 구 상호신용금고법 제12조에 위반한 대출의 사법상 효력(유효)

【판결요지】

[1] 지배인은 영업주에 갈음하여 그 영업에 관한 재판상 또는 재판 외의 모든 행위를 할 수 있고, 지배인의 대리권에 대한 제한은 선의의 제3자에게 대항하지 못하며, 여기서 지배인의 어떤 행위가 영업주의 영업에 관한 것인가의 여부는 지배인의 행위 당시의 주관적인 의사와는 관계없이 그 행위의 객관적 성질에 따라 추상적으로 판단되어야 한다.
[2] 지배인의 어떤 행위가 그 객관적 성질에 비추어 영업주의 영업에 관한 행위로 판단되는 경우에 지배인이 영업주가 정한 대리권에 관한 제한 규정에 위반하여 한 행위에

대하여는 제3자가 위 대리권의 제한 사실을 알고 있었던 경우뿐만 아니라 알지 못한 데에 중대한 과실이 있는 경우에도 영업주는 그러한 사유를 들어 상대방에게 대항할 수 있고, 이러한 제3자의 악의 또는 중대한 과실에 대한 주장·입증책임은 영업주가 부담한다.

[3] 지배인이 내부적인 대리권 제한 규정에 위배하여 어음행위를 한 경우, 이러한 대리권의 제한에 대항할 수 있는 제3자의 범위에는 그 지배인으로부터 직접 어음을 취득한 상대방뿐만 아니라 그로부터 어음을 다시 배서양도받은 제3취득자도 포함된다.

[4] 동일인에 대한 일정액을 넘는 대출 등을 원칙적으로 금하고 있는 구 상호신용금고법 (1995. 1. 5. 법률 제4867호로 개정되기 전의 것) 제12조의 규정 취지는 원래 영리법인인 상호신용금고의 대출업무 등은 그 회사의 자율에 맡기는 것이 원칙이겠지만 그가 갖는 자금중개기능에 따른 공공성 때문에 특정인에 대한 과대한 편중여신을 규제함으로써 보다 많은 사람에게 여신의 기회를 주고자 함에 있으므로, 이 규정은 이른바 단속규정으로 볼 것이고, 따라서 그 한도를 넘어 대출 등이 이루어졌다고 하더라도 사법상의 효력에는 아무런 영향이 없다.

【참조조문】

[1] 상법 제11조 제1항[2] 상법 제11조 제3항[3] 상법 제11조 제3항[4] 구 상호신용금고법 (1995. 1. 5. 법률 제4867호로 개정되기 전의 것) 제12조

【참조판례】

[1][2] 대법원 1987. 3. 24. 선고 86다카2073 판결(공1987, 723)
[4] 대법원 1987. 12. 22. 선고 87다카1458 판결(공1988, 336)
대법원 1995. 1. 12. 선고 94다21320 판결(공1995상, 873)
대법원 1996. 8. 23. 선고 96다18076 판결(공1996하, 2847)

【전 문】

【원고, 피상고인】 주식회사 삼보상호신용금고 (소송대리인 변호사 강현중)
【피고, 상 고 인】 주식회사 동화은행 (소송대리인 법무법인 세종 담당변호사 이종남 외 11인)
【원심판결】 서울지법 1996. 7. 5. 선고 95나13721 판결

【주 문】

상고를 기각한다. 상고비용은 피고의 부담으로 한다.

【이 유】

상고이유를 본다.
제1점에 관하여
지배인은 영업주에 갈음하여 그 영업에 관한 재판상 또는 재판 외의 모든 행위를 할 수 있고, 지배인의 대리권에 대한 제한은 선의의 제3자에게 대항하지 못한다고 할 것인데(상법 제11조 제1항, 제3항), 여기서 지배인의 어떤 행위가 영업주의 영업에 관한 것인가의

여부는 지배인의 행위 당시의 주관적인 의사와는 관계없이 그 행위의 객관적 성질에 따라 추상적으로 판단되어야 할 것이다 (대법원 1987. 3. 24. 선고 86다카2073 판결 참조).
피고 은행 삼성출장소의 소장인 소외 1은 피고 은행의 지배인으로서 위 출장소의 영업에 관한 포괄적인 대리권을 가진다고 할 것이므로 비록 피고 은행의 규정에 의하여 이 사건과 같은 융통어음의 배서가 금지되고 있다고 하더라도 이는 피고 은행이 내부적으로 정한 지배인의 대리권에 대한 제한이라고 볼 것인바, 원고가 이 사건 어음을 취득하면서 위 대리권 제한 사실을 알았다는 점에 대하여 입증이 없는 한, 피고 은행은 원고에게 배서인으로서의 소구책임을 진다는 취지의 원심 판단은 정당하고 거기에 소론과 같은 위법이 있다고 할 수 없다. 논지는 이유 없다.
제2, 3, 7점에 관하여
원심은 원고가 이 사건 어음을 취득할 당시 위 소외 1이 지배인의 대리권의 제한을 위반하여 이 사건 어음에 배서한 사실을 알고 있었으므로, 위 대리권의 제한으로 원고에 대항할 수 있다는 피고의 주장에 대하여, 원고의 전무이사인 소외 2는 1993. 11. 3. 15:00경 피고 은행의 신탁증권부장인 소외 3에게 전화를 걸어 피고 은행이 이 사건 어음에 배서를 하였는지에 관하여 문의한 사실을 인정할 수 있으나, 한편 원고가 같은 날 13:00경 이 사건 어음을 담보로 한 대출을 요청받고는 위 소외 1에게 이 사건 어음에 배서를 하였음을 확인하고 같은 날 15:00 이전에 대출절차를 모두 마친 사실, 위 소외 2가 위 소외 3에게 전화를 걸어 일상적인 이야기 도중에 이 사건 어음에 관하여 위와 같이 문의하게 된 것일 뿐 위 소외 3으로부터 그에 관한 명확한 답변을 듣지 못한 채 퇴근한 사실 및 원고는 이 사건 어음을 담보로 소외 4에게 대출을 함에 있어 이 사건 어음 이외에는 달리 실효성 있는 담보를 취득하지 아니한 사실에 융통어음의 할인을 금하는 한국은행의 금융기관여신운용세칙은 원고에 대하여 적용되지 아니하고 오히려 원고는 융통어음을 할인할 수 있도록 되어 있는 사정까지를 종합하면, 원고가 이 사건 어음을 취득할 당시 위 소외 1에게 이 사건 어음에 배서할 권한이 없음을 알았다고 인정하기에 곤란하고 달리 이를 인정할 증거가 없으므로, 피고의 위 주장은 이유 없다고 판단하고 있다.
기록에 의하여 살펴보면 원심의 이러한 인정·판단은 정당하고 거기에 소론과 같은 위법이 있다고 할 수 없다. 논지는 모두 이유 없다.
제4, 5점에 관하여
지배인의 어떤 행위가 그 객관적 성질에 비추어 영업주의 영업에 관한 행위로 판단되는 경우에 지배인이 영업주가 정한 대리권에 관한 제한 규정에 위반하여 한 행위에 대하여는 제3자가 위 대리권의 제한 사실을 알고 있었던 경우뿐만 아니라 알지 못한 데에 중대한 과실이 있는 경우에도 영업주는 그러한 사유를 들어 상대방에게 대항할 수 있다고 할 것이고, 이러한 제3자의 악의 또는 중대한 과실에 대한 주장·입증책임은 영업주가 부담한다고 할 것이다. 소론과 같이 원심이 원고에게 이 사건 지배인의 대리권 제한을 알지 못한 중대한 과실이 있다는 피고의 주장에 대하여 판단을 유탈하였다고 하더라도, 기록상 원고에게 중대한 과실이 있었다고 인정할 증거가 없으므로, 위 판단유탈의 사유는 파기사유가 되는 위법이라고 할 수 없다.
한편 지배인이 내부적인 대리권 제한 규정에 위배하여 어음행위를 한 경우, 이러한 대리권의 제한에 대항할 수 있는 제3자의 범위에는 그 지배인으로부터 직접 어음을 취득한 상대방뿐만 아니라 그로부터 어음을 다시 배서양도받은 제3취득자도 포함된다고 할 것이므로, 원심이 위 소외 4를 통하여 이 사건 어음을 전득한 원고의 입장에서 이 사건 지배인의 대리권의 제한을 알았는지 여부를 판단한 것은 정당하다. 논지는 모두 이유 없다.

제6점에 관하여

동일인에 대한 일정액을 넘는 대출 등을 원칙적으로 금하고 있는 구 상호신용금고법(1995. 1. 5. 법 제4867호로 개정되기 전의 것) 제12조의 규정 취지는 원래 영리법인인 상호신용금고의 대출업무 등은 그 회사의 자율에 맡기는 것이 원칙이겠지만 그가 갖는 자금중개기능에 따른 공공성 때문에 특정인에 대한 과대한 편중여신을 규제함으로써 보다 많은 사람에게 여신의 기회를 주고자 함에 있다고 할 것이므로, 이 규정은 이른바 단속규정으로 볼 것이고, 따라서 그 한도를 넘어 대출 등이 이루어졌다고 하더라도 사법상의 효력에는 아무런 영향이 없다 고 할 것이다(대법원 1987. 12. 22. 선고 87다카1458 판결, 1995. 1. 12. 선고 94다21320 판결, 1996. 8. 23. 선고 96다18076 판결 참조). 원심이 같은 취지에서 위 규정에 위반되는 이 사건 대출이라도 사법상 유효하다고 판시한 것은 정당하고 거기에 소론과 같은 법리오해, 경험칙 위배 등의 위법이 있다고 할 수 없다. 이 사건 대출행위가 신의칙 위배, 반사회질서적 행위로서 무효라는 소론 주장은 독자적인 견해에 불과하다. 논지는 모두 이유 없다.

제8점에 관하여

원고가 소외 4와 공모하여 소외 1을 기망하여 이 사건 어음에 배서하게 한 후 이를 취득하였거나 위 소외 1이 기망당하여 이 사건 어음에 배서한 사실을 알고서도 피고를 해할 의사로 이 사건 어음을 취득하였다는 피고의 주장에 대하여, 이를 인정할 증거가 없다는 이유로 피고의 위 주장을 배척한 원심은 정당하고 거기에 소론과 같은 법리오해의 위법이 있다고 할 수 없다.

그리고 피융통자가 발행한 어음에 피융통자의 자금융통을 위하여 배서한 자는 그 어음을 양수한 제3자에 대하여는 달리 특별한 사정이 없는 한, 그 제3자의 선의, 악의를 묻지 아니하고 융통의 목적으로 대가 없이 배서한 어음이었다는 항변으로 대항할 수 없다고 할 것인바, 같은 취지의 원심 판단도 정당하고 거기에 소론가 같은 위법이 있다고 할 수 없다. 논지는 모두 이유 없다.

그러므로 상고를 기각하고 상고비용은 패소자의 부담으로 하기로 하여 관여 법관들의 일치된 의견으로 주문과 같이 판결한다.

대법관 이돈희(재판장) 최종영(주심) 정귀호 이임수

---

② 회사를 대표할 권한이 없는 표현대표이사가 다른 대표이사의 명칭을 사용하여 어음행위를 한 경우, 회사가 상법 제395조에 의하여 책임을 지는 선의의 제3자의 범위

| 판 례 |

[판례 21] 어음금

(대법원 2003. 9. 26. 선고 2002다65073 판결)

【판시사항】

[1] 표현대표이사가 다른 대표이사의 명칭을 사용하여 어음행위를 한 경우, 회사가 책임을 지는 제3자의 범위

[2] 제3자가 표현대표이사에게 회사를 대표할 권한이 있다고 믿은 데 중과실이 있는 경우, 회사의 제3자에 대한 책임 유무(소극)와 중과실의 의미

【판결요지】

[1] 회사를 대표할 권한이 없는 표현대표이사가 다른 대표이사의 명칭을 사용하여 어음행위를 한 경우, 회사가 책임을 지는 선의의 제3자의 범위에는 표현대표이사로부터 직접 어음을 취득한 상대방뿐만 아니라, 그로부터 어음을 다시 배서양도받은 제3취득자도 포함된다.

[2] 상법 제395조가 규정하는 표현대표이사의 행위로 인한 주식회사의 책임이 성립하기 위하여 제3자의 선의 이외에 무과실까지도 필요로 하는 것은 아니지만, 그 규정의 취지는 회사의 대표이사가 아닌 이사가 외관상 회사의 대표권이 있는 것으로 인정될 만한 명칭을 사용하여 거래행위를 하고, 이러한 외관이 생겨난 데에 관하여 회사에 귀책사유가 있는 경우에 그 외관을 믿은 선의의 제3자를 보호함으로써 상기래의 신뢰와 안전을 도모하려는 데에 있다 할 것인바, 그와 같은 제3자의 신뢰는 보호할 만한 가치가 있는 정당한 것이어야 할 것이므로, 설령 제3자가 회사의 대표이사가 아닌 이사에게 그 거래행위를 함에 있어 회사를 대표할 권한이 있다고 믿었다 할지라도 그와 같이 믿음에 있어서 중대한 과실이 있는 경우에는 회사는 그 제3자에 대하여는 책임을 지지 아니하고, 여기서 제3자의 중대한 과실이라 함은 제3자가 조금만 주의를 기울였더라면 표현대표이사의 행위가 대표권에 기한 것이 아니라는 사정을 알 수 있었음에도 만연히 이를 대표권에 기한 행위라고 믿음으로써 거래통념상 요구되는 주의의무에 현저히 위반하는 것으로서, 공평의 관점에서 제3자를 구태여 보호할 필요가 없다고 봄이 상당하다고 인정되는 상태를 말한다.

【참조조문】

[1] 상법 제395조[2] 상법 제395조

【참조판례】

[1] 대법원 1997. 8. 26. 선고 96다36753 판결(공1997하, 2818) /[2] 대법원 1973. 2. 28. 선고 72다1907 판결(집21-1, 민111)
대법원 1988. 10. 11. 선고 86다카2936 판결(공1988, 1396)
대법원 1999. 11. 12. 선고 99다19797 판결(공1999하, 2483)

대법원 2003. 7. 22. 선고 2002다40432 판결(공2003하, 1765)

【전 문】

【원고,상고인겸피상고인】 주식회사 신한은행(신한은행) (소송대리인 법무법인 태평양 담당변호사 이종욱 외 3인)

【피고,피상고인겸상고인】 피고 주식회사 (소송대리인 법무법인 광장 담당변호사 유경희 외 1인)

【원심판결】 서울고법 2002. 10. 24. 선고 2001나73277 판결

【주 문】

원심판결을 파기하고, 사건을 서울고등법원에 환송한다.

【이 유】

1. 원심의 판단

  가. 원심이 인정한 사실

  (1) 피고 회사의 전무이사인 소외 1은 1998. 5. 1.부터 1998. 12. 9.까지는 기획조정실장으로, 1998. 12. 10.부터 1999. 11. 30.까지는 사업총괄부문장으로, 1999. 12. 1.부터 2000. 1. 30.까지는 인터넷사업부문장으로 각 근무하였다.

  (2) 소외 1은 1998. 11.경 소외 2와 함께 피고 회사의 예금을 담보로 대출을 받아 공사가 중단된 주식회사 영아트개발의 골프장 부지를 낙찰받아 전매하여 이익금을 나누기로 하고, 소외 2가 1999. 1.경 소외 3 주식회사를 설립하여 그 명의로 1999. 1. 27. 위 골프장 부지를 198억 원 가량에 낙찰받았다.

  (3) 소외 2가 소외 1에게 원고 은행의 ○○기업금융지점에 30억 원을 예금할 것을 요청하자, 당시 사업총괄부문장이었던 소외 1은 피고 회사의 재경본부장 소외 4에게 부탁하고, 소외 4는 자금부장 소외 5에게 예금하도록 하여 1999. 2. 26. 피고 회사의 자금 30억 원을 위 지점에 정기예금으로 입금하였다.

  (4) 소외 2는 위 지점장 소외 6에게 위 예금을 담보로 소외 2가 운영하는 소외 7 주식회사에 기업운전자금 27억 원을 대출해 줄 것을 요청하였다.

  (5) 위 지점의 과장 소외 8이 소외 6의 지시에 따라 소외 2와 함께 1999. 2. 26. 피고 회사 본사 건물 내 소외 1의 사무실을 방문하자, 소외 1은 위 예금에 관하여 소외 7 주식회사의 대출금을 피담보채무로 하는 담보한도액 30억 원의 근질권설정계약서에 대표이사 소외 9로 된 법인명판과 법인인감을 날인하고 피고 회사의 인감증명서 등 담보제공서류를 교부하였고, 이에 따라 소외 7 주식회사에 상환기일을 1999. 5. 27.로 하는 27억 원의 대출이 이루어졌다.

  (6) 그 후 원고 은행과 소외 1, 소외 2 등은 위와 같은 방법으로 여러 차례에 걸친 예금, 대출, 상환 및 변제기한 연장 등의 거래를 통하여 1999. 12. 29. 현재 거래금액이 총 대출액 286억 원, 총 예금액 303억 원에 이르렀다.

  (7) 한편, 소외 1과 소외 2는 피고 회사의 연말정산을 앞두고 위 대출금을 상환하지 않으면 불법대출사실이 발각될 위험에 처하자, 피고 회사 명의의 약속어음을 발행한 후 이를 원고 은행으로부터 할인받아 위 대출금의 일부 변제에 사용하기

로 하여, 소외 1이 피고 회사의 재경본부장 소외 4에게 연말자금융통에 필요하다고 말하여 피고 회사의 어음발행용 명판 및 당좌인감을 교부받은 뒤, 소외 1과 소외 2는 1999. 12. 29. 소외 7 주식회사 사무실에서 주식회사 한국외환은행에 당좌계정이 있던 소외 10 주식회사의 어음용지를 사용하여 각 발행인이 피고 회사로 된 이 사건 약속어음 3장[액면이 30억 원이고 수취인이 주식회사 맥스앤드컴(이하 '맥스앤드컴'이라 한다)으로 된 제1어음, 액면이 27억 원이며 수취인이 주식회사 한국뉴턴(이하 '한국뉴턴'이라 한다)으로 된 제2어음, 액면이 29억 원이고 수취인이 한국씨텍 주식회사(이하 '한국씨텍'이라 한다)로 된 제3어음]을 권한 없이 발행하였다.

(8) 원고 은행의 위 지점은, (가) 1999. 12. 29. 오전 한국뉴턴이 소외 3 주식회사의 직원인 소외 11을 통하여 제2어음의 할인을 의뢰하자, 원고 은행 본점 △△ 1부에 신고되어 있던 피고 회사의 명판 및 당좌인감과 제2어음에 날인된 피고 회사의 명판과 당좌인감이 동일함을 확인한 후, 연 6.75%의 비율에 의한 할인이자를 공제한 26억 57,539,727원을 한국뉴턴의 계좌에 입금하였고, (나) 같은 날 오후 맥스앤드컴이 제1어음의 할인을 의뢰하자, 위와 같은 확인절차를 거친 뒤 할인이자를 공제한 29억 47,068,494원을 맥스앤드컴의 계좌에 입금하였으며, (다) 1999. 12. 30. 오전 한국씨텍으로부터 다시 배서양도받은 소외 3 주식회사가 제3어음의 할인을 의뢰하자, 위와 같은 확인절차를 거친 후 할인이자를 공제한 28억 50,501,370원을 소외 3 주식회사의 계좌에 입금하였다.

(9) 원고 은행은 위 각 약속어음의 지급기일 전인 2000. 2. 11. 지급장소에서 지급제시하였으나 무거래를 이유로 모두 지급거절되었다.

나. 주위적 청구에 대한 원심의 판단

원심은, 소외 1이 피고 회사를 대표하여 이 사건 약속어음을 발행할 권한이 있었으므로 피고 회사는 어음발행인으로서의 책임이 있고, 그렇지 않다 하더라도 피고 회사는 표현대표이사 또는 표현대리의 법리에 따른 책임이 있다고 주장하면서 이 사건 약속어음금의 지급을 구하는 원고의 주위적 청구에 대하여, 이 사건 약속어음은 피고 회사 명의로 어음을 발행할 권한이 없는 소외 1과 소외 2가 위조한 것이어서 피고 회사에게 어음발행인으로서의 책임을 물을 수 없고, 원고 은행이 소외 1에게 피고 회사를 대표하여 어음을 발행할 권한이 있다고 믿은 데 대하여 중대한 과실이 있어 표현대표이사의 책임도 물을 수 없으며(원심은 원고 은행에 중대한 과실이 있다고 인정하는 근거를 명시적으로 판시하고 있지 않으나, 원심판결 이유의 문맥 및 전후 내용에 비추어 볼 때, 원심이 사용자책임에 관한 예비적 청구를 판단하면서 원고 은행의 과실로 들고 있는 사정들을 그 근거로 삼고 있는 것으로 보인다), 권한을 넘은 표현대리에 관한 민법 제126조의 규정에서 제3자라 함은 당해 표현대리행위의 직접 상대방이 된 자만을 지칭하는 것이고, 이는 위 규정을 어음행위에 적용 또는 유추적용할 경우에 있어서도 마찬가지로 보아야 할 것인데, 무권대리인인 소외 1의 어음행위의 직접 거래 상대방은 원고 은행이 아닌 한국뉴턴, 맥스앤드컴 및 한국시텍이라 할 것이고, 원고 은행은 그들로부터 다시 어음을 배서양도받아 취득한 제3취득자에 해당하므로 표현대리의 책임 역시 물을 수 없다고 판단하여, 원고의 주위적 청구를 기각하였다.
다. 예비적 청구에 대한 원심의 판단
　　원심은 나아가, 그 판시와 같은 이유로 피고 회사는 소외 1의 사용자로서 소외 1의 불법행위로 인하여 원고 은행이 입게 된 손해를 배상할 책임이 있다고 판단하면서, 원고 은행에도 (1) 액면이 거액인 이 사건 약속어음 3장을 연속해서 할인하여 주면서 이미 286억 원을 대출받은 소외 1로부터 오로지 대출금을 회수하기 위한 목적으로 소외 1만을 믿은 채 피고 회사의 어음거래 담당부서에 어음의 진정 여부를 확인하지 아니한 채, 소외 10 주식회사의 어음용지를 사용하여 위조한 약속어음 3장을 만연히 할인하여 주었고, (2) 약속어음의 수취인으로 되어 있는 한국뉴턴, 맥스애드컴, 한국시텍이 어떠한 회사인지, 피고 회사와 거래가 있는 회사인지의 여부를 전혀 확인하지 아니한 채 할인하여 주었으며, (3) 피고 회사와는 사업목적이나 사업규모 등에 비추어 업무관련성이 없다고 보이는 업체인 소외 7 주식회사에 대하여 이 사건 약속어음 할인 전에 이루어진 대규모 대출시에 피고 회사가 자신의 예금을 담보로 제공한다는 것은 이례적이고, 소외 1과 소외 2가 피고 회사의 이사회승인을 피하기 위하여 원고 은행으로부터 104억 원을 95억 원과 9억 원으로 나누어 대출받았던 적이 있는 점 등에 비추어 소외 1의 대리권한을 의심할 만한 사정이 두드러졌음에도 불구하고 원고 은행이 아무런 조사를 하지 않은 채 거래를 하다가 위 대출금이 해결되지 아니한 상태에서 다시 86억 원에 달하는 이 사건 약속어음 3장을 만연히 할인하여 준 과실이 있다고 인정한 다음, 원고 은행의 과실비율을 40%로 판단하여 원고의 예비적 청구를 일부 인용하였다.
2. 이 법원의 판단
　가. 먼저, 기록에 비추어 살펴보면, 원심이 이 사건 약속어음 3장은 소외 1이 권한 없이 위조한 것이라고 인정한 것은 옳고, 거기에 채증법칙을 어겨 사실을 잘못 인정한 위법이 없다.
　나. 그러나 표현대표이사 책임에 관한 원심의 판단은 다음과 같은 이유에서 수긍할 수 없다.
　　상법 제395조는 표현대표이사가 자기의 명칭을 사용하여 법률행위를 한 경우는 물론이고, 자기의 명칭을 사용하지 아니하고 다른 대표이사의 명칭을 사용하여 행위를 한 경우에도 유추적용되며(대법원 1979. 2. 13. 선고 77다2436 판결, 1988. 10. 25. 선고 86다카1228 판결, 1998. 3. 27. 선고 97다34709 판결, 2003. 7. 22. 선고 2002다40432 판결 등 참조), 회사를 대표할 권한이 없는 표현대표이사가 다른 대표이사의 명칭을 사용하여 어음행위를 한 경우, 회사가 책임을 지는 선의의 제3자의 범위에는 표현대표이사로부터 직접 어음을 취득한 상대방뿐만 아니라, 그로부터 어음을 다시 배서양도받은 제3취득자도 포함된다고 봄이 상당하다(대법원 1997. 8. 26. 선고 96다36753 판결 참조).
　　그리고 상법 제395조가 규정하는 표현대표이사의 행위로 인한 주식회사의 책임이 성립하기 위하여 제3자의 선의 이외에 무과실까지도 필요로 하는 것은 아니지만, 그 규정의 취지는 회사의 대표이사가 아닌 이사가 외관상 회사의 대표권이 있는 것으로 인정될 만한 명칭을 사용하여 거래행위를 하고, 이러한 외관이 생겨난 데에 관하여 회사에 귀책사유가 있는 경우에 그 외관을 믿은 선의의 제3자를 보호함으로써 상거래의 신뢰와 안전을 도모하려는 데에 있다 할 것인바, 그와 같은 제3자의 신뢰는 보호할 만한 가치가 있는 정당한 것이어야 할 것이므로, 설령 제3자가 회사의 대표이사가 아닌 이사에게 그 거래행위를 함에 있어 회사를 대표할 권한이 있다고 믿었다 할지라도 그와 같이 믿음에 있어서 중대한 과실이 있는 경우에는 회사는 그 제3자에 대하여는 책임을 지지 아니하고 (대법원 1999. 11. 12. 선고 99다19797 판결 참조), 여기서 제3자의 중대한 과실이라 함은 제3자가 조금만 주의를 기울였더라면 표현대표이사의 행위가 대표권에 기한 것이 아니라는 사정을 알 수 있었음에도 만연히 이를 대표권에 기한 행위라고 믿음으로써 거래통념상 요구되는 주의의무에 현저히 위반하는 것으로서, 공평의 관점에서 제3자를 구태여 보호할 필요가 없다고 봄이 상당하다고 인정되는 상태를 말한다(대법원 2003. 7. 22. 선고 2002다40432 판결 참조).

원심이 확정한 사실관계에 의하면, 피고 회사의 전무이사인 소외 1은 피고 회사의 대표이사를 대행하여 위 각 근질권설정계약서에 피고 회사 대표이사 명의의 법인명판과 법인인감을 날인한 후 피고 회사의 인감증명서 등 담보제공서류를 교부하여 근질권설정계약을 체결하는 한편, 원고 은행 본점 △△부에 신고되어 있는 어음발행용 명판과 당좌인감을 사용하여 피고 회사의 대표이사를 대행하여 이 사건 약속어음 3장을 발행하였다는 것이고, 소외 1이 피고 회사의 대표이사가 아니라는 사실은 원고 은행의 지점장도 이미 알고 있었다고 보아야 할 것이므로, 제3자인 원고 은행의 선의나 중과실은 소외 1의 대표권 존부에 대한 것이 아니라 대표이사를 대행하여 약속어음을 발행할 권한이 있느냐에 대한 것이라고 보아야 할 것인바, 이 점에서 우선 원심이 소외 1에게 피고 회사를 대표하여 이 사건 약속어음을 발행할 권한이 있다고 믿은 데 대하여 중대한 과실이 있다고만 판단한 것은 잘못이라 할 것이고, 나아가 원심이 확정한 사실 및 기록에 나타나는 피고 회사의 규모 및 조직체계, 피고 회사의 제2인자 내지 제3인자로서 피고 회사의 법인인감과 명판을 수시로 사용하면서 대표이사의 서명까지 대행하였던 소외 1의 지위, 피고 회사의 재경본부장과 자금팀 부장 및 대리 등이 함께 참석하여 계약서 작성에 관여하는 등 공개적으로 이루어진 근질권설정계약 체결의 상황, 피고 회사가 원고 은행에 소외 7 주식회사를 위하여 담보로 제공한 예금의 총액수 및 담보제공의 횟수, 이 사건 약속어음상의 피고 회사의 명판 및 인감에 대한 원고 은행이 확인한 내용 및 그 결과, 이 사건 약속어음의 할인 당시 할인의뢰인들이 원고 은행에 제출한 서류의 내용 등을 종합하여 볼 때, 원심이 판시한 사정만으로는 원고 은행이 소외 1에게 이 사건 약속어음의 발행에 관하여 피고 회사 대표이사의 대표권을 대행할 권한이 있다고 믿은 데에 중대한 과실이 있다고 보기는 어렵다.

그럼에도 불구하고, 원심이 원고 은행에 중대한 과실이 있다고 보아 피고 회사는 표현대표이사 책임이 없다고 판단하였으니, 원심판결에는 표현대표이사 책임에 있어 제3자의 중대한 과실에 대한 판단 기준 및 그 적용에 관한 법리를 오해한 위법이 있다 할 것이고, 이러한 원심의 위법은 판결에 영향을 미쳤음이 분명하다.

3. 결 론

그러므로 주위적 청구에 관한 원고의 상고를 받아들이는 이상, 주위적 청구에 관한 원고의 나머지 상고이유와 예비적 청구에 관한 원고 및 피고의 상고이유에 대해서는 더 나아가 살펴볼 필요가 없으므로 그 판단을 생략한 채 원심판결을 파기하고, 사건을 다시 심리·판단하게 하기 위하여 원심법원에 환송하기로 하여 관여 법관의 일치된 의견으로 주문과 같이 판결한다.

대법관 윤재식(재판장) 변재승 강신욱 고현철(주심)

③ 판례는 어음행위의 직접 상대방이 악의 내지 중과실이라 하더라도 어음의 제3취득자가 선의·무중과실이면 상법 제11조 제3항, 제395조의 표현책임이 성립한다.

어음행위의 직접 상대방이 선의·무중과실이라 하더라도 어음의 제3취득자가 악의 내지 중과실이면 상법 제11조 제3항, 제395조의 표현책임이 성립하지 않는다.

──────────────── 법 령 ────────────────

◆ 상법

제11조 (지배인의 대리권) ③ 지배인의 대리권에 대한 제한은 선의의 제3자에게 대항하지 못한다.

제395조 (표현대표이사의 행위와 회사의 책임) 사장, 부사장, 전무, 상무 기타 회사를 대표할 권한이 있는 것으로 인정될 만한 명칭을 사용한 이사의 행위에 대하여는 그 이사가 회사를 대표할 권한이 없는 경우에도 회사는 선의의 제삼자에 대하여 그 책임을 진다.

(2) 대행 방식

| 판 례 |

[판례 22] 약속어음금

(대법원 1999. 10. 8. 선고 99다30367 판결)

【판시사항】

[1] 민법 제756조 소정의 사용자책임의 요건인 '사무집행에 관하여'의 의미 및 면책요건인 '피해자의 중대한 과실'의 의미
[2] 법인의 대리인이 법인 명의로 어음상 배서를 함에 있어 대리인의 기명이 누락된 경우, 배서의 효력(무효)
[3] 피용자가 사용자 명의로 어음배서를 위조함으로 인하여 손해를 입은 자가 사용자책임을 묻는 경우, 그 배서가 대리인의 기명이 누락되어 무효라는 사정만으로 사무집행 관련성이 부정되거나 피해자의 악의 또는 중과실이 인정되는지 여부(소극)

【판결요지】

[1] 민법 제756조에 규정된 사용자책임의 요건인 '사무집행에 관하여'라는 뜻은 피용자의 불법행위가 외형상 객관적으로 사용자의 사업활동 내지 사무집행행위 또는 그와 관련된 것이라고 보여질 때에는 행위자의 주관적 사정을 고려함이 없이 이를 사무집행에 관하여 한 행위로 본다는 것이고, 외형상 객관적으로 사용자의 사무집행에 관련된 것인지의 여부는 피용자의 본래 직무와 불법행위와의 관련 정도 및 사용자에게 손해발생에 대한 위험 창출과 방지조치 결여의 책임이 어느 정도 있는지를 고려하여 판단하여야 하는 것이며, 피용자의 불법행위가 외관상 사무집행의 범위 내에 속하는 것으로 보이는 경우에 있어서도 피용자의 행위가 사용자나 사용자에 갈음하여 그 사무를 감독하는 자의 사무집행행위에 해당하지 아니함을 피해자 자신이 알았거나 중대한 과실로 인하여 알지 못한 경우에는 사용자책임을 물을 수 없다고 할 것인데, 이 경우 중대한 과실이라 함은 거래의 상대방이 조금만 주의를 기울였더라면 피용자의 행위가 그 직무권한 내에서 적법하게 행하여진 것이 아니라는 사정을 알 수 있었음에도 만연히 이를 직무권한 내의 행위라고 믿음으로써 일반인에게 요구되는 주의의무에 현저히 위반하는 것으로 거의 고의에 가까운 정도의 주의를 결여하고, 공평의 관점에서 상대방을 구태여 보호할 필요가 없다고 봄이 상당하다고 인정되는 상태를 말한다.
[2] 법인의 어음행위는 어음행위의 서면성·문언성에 비추어 법인의 대표자 또는 대리인이 그 법인의 대표자 또는 대리권자임을 어음면상에 표시하고 기명날인하는 대리방식에 의하던가, 법인의 대표자로부터 대리권을 수여받고 직접 법인의 대표자 명의로 서명할 수 있는 권한이 주어져 있는 자의 대행방식에 의하여 이루어져야 할 것이므로, 법인의 대리인이 법인 명의의 배서를 함에 있어 행위자인 대리인의 기명이 누락된 경우에는 그 요건을 갖추지 못한 무효의 배서라고 하여야 한다.
[3] 어음상 사용자 명의의 배서가 피용자에 의하여 위조된 경우에 피용자의 배서위조행위로 인하여 손해를 입은 자가 사용자를 상대로 민법 제756조에 의한 손해배상을 청구하는 경우에, 사용자가 부담하게 되는 책임은 어음상의 책임이 아니라 민법상의 불법행위책임으로서 그 책임의 요건과 범위가 어음상의 그것과 일치하는 것이 아니므로, 피용자의 불법행위로 인한 사용자책임을 물음에 있어 피용자에 의하여 위조된 배서가 행위자인 대리인의 기명이 누락되어 어음행위로서의 효력이 없다는 사정만으로 피용자의 불법행위가 외형상 객관적으로 사용자의 사업활동 내지 사무집행행위 또는 그와

관련된 것이 아니라고 할 수는 없고, 그와 같이 배서에 대리인의 기명이 누락되었다고 하여 그것이 외형상 명의자의 배서가 아니고 권한 없는 자에 의하여 이루어졌음이 명백한 경우에 해당하여 피용자의 행위가 사용자나 사용자에 갈음하여 그 사무를 감독하는 자의 사무집행행위에 해당하지 아니함을 피해자 자신이 알았거나 중대한 과실로 알지 못한 경우에 해당한다고 할 수 없다.

【참조조문】

[1] 민법 제756조[2] 어음법 제16조, 제77조 제1항[3] 민법 제756조

【참조판례】

[1] 대법원 1998. 7. 24. 선고 97다49978 판결(공1998하, 2203)
대법원 1998. 10. 27. 선고 97다47989 판결(공1998하, 2747)
대법원 1999. 1. 26. 선고 98다39930 판결(공1999상, 355)
[2] 대법원 1999. 3. 9. 선고 97다7745 판결(공1999상, 623)

【전 문】

【원고, 피상고인】 원고 (소송대리인 법무법인 한백 담당변호사 여상규)
【피고, 상 고 인】 주식회사 한미은행 (소송대리인 법무법인 한미 담당변호사 유경희 외 3인)
【원심판결】 서울지법 1999. 4. 29. 선고 98나31263 판결

【주 문】

상고를 기각한다. 상고비용은 피고의 부담으로 한다.

【이 유】

상고이유를 판단한다.

1. 원심판결의 요지

가. 원심은, 그 내세운 증거에 의하여 다음과 같은 사실을 인정하였다.

(1) 소외 1 주식회사(대표이사 소외 2, 이하 소외 1 회사라 한다)는 1995. 12.경 금액 130,000,000원, 지급지 서울특별시, 지급장소 한미은행 ○○○지점, 지급기일 1996. 2. 15., 발행일 및 수취인 등이 백지로 된 약속어음 1장(이하 이 사건 약속어음이라 한다)을 발행한 다음, 자금조달을 위하여 원고에게 이 사건 약속어음의 할인을 의뢰하였고, 원고는 이 사건 약속어음의 지급을 확실히 담보할 수 있는 보증인의 배서를 받아 올 것을 요구하였다.

(2) 이에 소외 2는 1995. 12. 초순경 평소 소외 1 회사와의 거래를 담당하여 왔던 피고 ○○○지점 차장인 소외 3을 찾아가, 그에게 소외 1 회사가 지금 자금난에 빠져 있으므로 이 사건 약속어음에 피고 명의의 배서를 하여 줌으로써 소외 1 회사가 돈을 차용하는 데 신용을 높여 달라고 부탁하였고, 소외 3은 피고의 거래처인 소외 1 회사의 부도를 막아 주기 위하여 임의로 위 ○○○지점의 창구 직원이 보관·사용하는 고무인과 약인을 이 사건 약속어음의 이면에 압날하여

소외 2에게 교부하였다.

(3) 원고는 소외 2로부터 이 사건 약속어음을 건네받은 다음 소외 3과의 전화통화를 통하여 위 배서의 진정함을 확인한 후, 소외 2에게 이 사건 약속어음의 할인금으로 금 119,600,000원을 지급하였다.

(4) 그 후 소외 1 회사는 1996. 1. 18.경 부도가 났고, 원고는 이 사건 약속어음의 만기 전에 지급장소에 지급제시하였으나 지급거절되었다.

(5) 소외 3은 1993. 7.경부터 피고 ○○○지점에서 여신대상 기업의 재무상태나 사업성 여부를 검토하는 등 여신심사 및 품의·사후관리 업무를 담당하는 '심사역'으로 근무하여 왔다. 그런데 피고에게 있어서 위 '심사역'은 일반적으로 당해 지점의 '차장'으로 불리우는 직책으로서 그 지점의 내부적인 업무만을 처리할 뿐 대외적으로 피고를 대리하여 대출 실행이나 수신업무를 할 수 있는 권한은 없고, '영업통할 책임자'라는 직책을 따로 두어 위 영업통할 책임자에게 심사역의 업무를 제외한 제반 업무를 통할하고 소속 직원을 지휘·감독하도록 하며, 당해 지점의 대출 실행이나 수신업무를 담당하도록 하고 있다.

나. 원심의 판단

원심은, 위 인정 사실과 피고가 다른 은행들과 달리 '심사역'과 '업무통할 책임자'로 나누어 업무를 분담하고 있다는 사실은 금융기관 종사자가 아닌 일반인들에게는 생소한 것이어서 쉽사리 그 직무권한의 내용 및 범위·차이점 등을 알 수 없는 점, 소외 3의 직급은 '대출담당 차장'이어서 일반인들로서는 동인이 은행 지점장을 대리하여 대출·보증·어음행위 등의 대외적 법률행위를 할 수 있는 권한이 있는 자로 생각할 수 있는 여지가 있는 점, 소외 3은 앞서 본 바와 같이 자신이 사후관리를 담당하고 있던 소외 1 회사의 대표이사인 소외 2로부터 이 사건 약속어음에 피고의 배서를 하여 신용을 높여 달라는 부탁을 받고 소외 1 회사의 부도를 막기 위하여 위와 같이 배서위조행위를 한 점 등을 종합하여 보면, 소외 3의 위 배서위조행위는 외형상 객관적으로 그의 사무집행행위 또는 그와 밀접하게 관련된 것이라고 봄이 상당하므로, 소외 3의 사용자인 피고는 소외 3의 위와 같은 배서위조행위로 인하여 원고가 입은 손해를 배상할 책임이 있다고 판단하였다.

2. 판 단

가. 제1, 2점에 대하여

민법 제756조에 규정된 사용자책임의 요건인 '사무집행에 관하여'라는 뜻은 피용자의 불법행위가 외형상 객관적으로 사용자의 사업활동 내지 사무집행행위 또는 그와 관련된 것이라고 보여질 때에는 행위자의 주관적 사정을 고려함이 없이 이를 사무집행에 관하여 한 행위로 본다는 것이고, 외형상 객관적으로 사용자의 사무집행에 관련된 것인지의 여부는 피용자의 본래 직무와 불법행위와의 관련 정도 및 사용자에게 손해발생에 대한 위험 창출과 방지조치 결여의 책임이 어느 정도 있는지를 고려하여 판단하여야 하는 것이며, 피용자의 불법행위가 외관상 사무집행의 범위 내에 속하는 것으로 보이는 경우에 있어서도 피용자의 행위가 사용자나 사용자에 갈음하여 그 사무를 감독하는 자의 사무집행행위에 해당하지 아니함을 피해자 자신이 알았거나 중대한 과실로 인하여 알지 못한 경우에는 사용자책임을 물을 수 없다고 할 것인데, 이 경우 중대한 과실이라 함은 거래의 상대방이 조금만 주의를 기울였더라면 피용자의 행위가 그 직무권한 내에서 적법하게 행하여진 것이 아니라는 사정을 알 수 있었음에도 만연히 이를 직무권한 내의 행위라고 믿음으로써 일반인에게 요구되는 주의의무에 현저히 위반하는 것으로 거의 고의에 가까운 정도의 주의를 결여하고, 공평의 관점에서 상대방을 구태여 보호할 필요가 없다고 봄이 상당하다고 인정되는 상태를 말한다고 할 것이다(대법원 1999. 1. 26. 선고 98다39930 판결 참조).

그리고 법인의 어음행위는 어음행위의 서면성·문언성에 비추어 법인의 대표자 또는 대리인이 그 법인의 대표자 또는 대리권자임을 어음면상에 표시하고 기명날인하는 대리방식에 의하던가, 법인의 대표자로부터 대리권을 수여받고 직접 법인의 대표자 명의로 서명할 수 있는 권한이 주어져 있는 자의 대행방식에 의하여 이루어져야 할 것이므로, 법인의 대리인이 법인 명의의 배서를 함에 있어 행위자인 대리인의 기명이 누락된 경우에는 그 요건을 갖추지 못한 무효의 배서라고 할 것이지만(대법원 1999. 3. 9. 선고 97다7745 판결 참조), 어음상 사용자 명의의 배서가 피용자에 의하여 위조된 경우에 피용자의 배서위조행위로 인하여 손해를 입은 자가 사용자를 상대로 민법 제756조에 의한 손해배상을 청구하는 경우에, 사용자가 부담하게 되는 책임은 어음상의 책임이 아니라 민법상의 불법행위책임으로서 그 책임의 요건과 범위가 어음상의 그것과 일치하는 것이 아니므로, 피용자의 불법행위로 인한 사용자 책임을 물음에 있어 피용자에 의하여 위조된 배서가 행위자인 대리인의 기명이 누락되어 어음행위로서의 효력이 없다는 사정만으로 피용자의 불법행위가 외형상 객관적으로 사용자의 사업활동 내지 사무집행행위 또는 그와 관련된 것이 아니라고 할 수는 없다고 할 것이다. 위와 같이 배서에 대리인의 기명이 누락되었다고 하여 그것이 외형상 명의자의 배서가 아니고 권한 없는 자에 의하여 이루어졌음이 명백한 경우에 해당하여 피용자의 행위가 사용자나 사용자에 갈음하여 그 사무를 감독하는 자의 사무집행행위에 해당하지 아니함을 피해자 자신이 알았거나 중대한 과실로 알지 못한 경우에 해당한다고 할 수 없다고 할 것이다.

이 사건의 경우 소외 3의 이 사건 어음에 대한 배서는 행위자인 대리인의 기명이 누락되어 그 요건을 갖추지 못한 무효의 배서라고 할 것이지만, 그러한 사정만으로 소외 3의 이 사건 어음에 대한 배서위조행위가 외형상 객관적으로 사용자인 피고의 사무집행에 관련된 것이 아니라거나 원고가 이 사건 약속어음을 취득함에 있어 악의 또는 중대한 과실이 있었다고 볼 수 없다고 할 것이고, 여기에다가 피고가 주장하는 사정들, 즉 원고의 직업이 이른바 사채업이라는 점 및 소외 2의 개인 배서를 받아 두지 아니하였다는 점 등을 보태어 보더라도 마찬가지라고 할 것이다.

그러므로 원심판결에 상고이유 주장과 같은 사용자책임에 관한 법리오해의 위법이 있다고 할 수 없다.

나. 제3점에 대하여

기록에 비추어 살펴보면 원심이, 원고가 소외 2로부터 이 사건 약속어음을 건네받은 다음 소외 3과의 전화통화를 통하여 위 배서의 진정함을 확인하였다고 인정한 것은 옳다고 여겨지고, 거기에 상고이유의 주장과 같은 채증법칙 위배로 인한 사실오인의 위법이 있다고 할 수 없다.
다. 제4점에 대하여
불법행위로 인한 손해배상 사건에 있어 과실상계에 관하여 그 비율을 정하는 것은 그것이 형평의 원칙에 비추어 불합리하다고 인정되지 아니하는 한 사실심의 전권사항에 속하는 것인바(대법원 1995. 7. 25. 선고 95다17267 판결 참조), 기록에 의하여 인정되는 이 사건 당시의 제반 사정에 비추어 볼 때, 원심이 원고의 과실비율을 40%로 평가한 것이 형평의 원칙에 비추어 현저히 불합리하다고 인정되지 아니하므로 거기에 상고이유의 주장과 같은 책임제한 및 과실상계에 관한 법리오해의 위법이 있다고 할 수 없다.
3. 그러므로 상고를 기각하고 상고비용은 패소자인 피고의 부담으로 하기로 관여 법관들의 의견이 일치되어 주문과 같이 판결한다.

대법관　이용훈(재판장) 김형선(주심) 조무제

---

(3) 주장·증명책임

피고가 무권대리의 항변을 할 경우, 원고는 대리권의 존재를 주장·증명하거나, 표현대리 또는 무권대리행위의 추인을 주장하면서 그 증명을 하여야 할 것이다.

다. 백지어음

백지어음이란 '미완성으로 발행한 어음'(어음법 제10조, 제77조 제2항) 소지인으로 하여금 보충시킬 의사로 일부러 이를 기재하지 않은 어음을 말한다.

--- 법 령 ---

◆ 어음법

제10조 (백지어음) 미완성으로 발행한 환어음에 미리 합의한 사항과 다른 내용을 보충한 경우에는 그 합의의 위반을 이유로 소지인에게 대항하지 못한다. 그러나 소지인이 악의 또는 중대한 과실로 인하여 환어음을 취득한 경우에는 그러하지 아니하다. [전문개정 2010. 3. 31.]

제77조 (환어음에 관한 규정의 준용) ② 약속어음에 관하여는 제3자방에서 또는 지급인의 주소지가 아닌 지(地)에서 지급할 환어음에 관한 제4조 및 제27조, 이자의 약정에 관한

제5조, 어음금액의 기재의 차이에 관한 제6조, 어음채무를 부담하게 할 수 없는 기명날인 또는 서명의 효과에 관한 제7조, 대리권한 없는 자 또는 대리권한을 초과한 자의 기명날인 또는 서명의 효과에 관한 제8조, 백지환어음에 관한 제10조를 준용한다.

(1) 요건

① 기명날인
② 기명날인을 제외한 어음요건의 전부 또는 일부의 흠결
③ 백지보충권의 존재

| 판 례 |

[판례 23] 어음금

(대법원 2001. 4. 24. 선고 2001다6718 판결)

【판시사항】

백지어음의 보충권 수여에 관한 입증책임(=발행인)

【판결요지】

백지약속어음의 경우 발행인이 수취인 또는 그 소지인으로 하여금 백지부분을 보충케 하려는 보충권을 줄 의사로서 발행하였는지의 여부에 관하여는 발행인에게 보충권을 줄 의사로 발행한 것이 아니라는 점, 즉 백지어음이 아니고 불완전어음으로서 무효라는 점에 관한 입증책임이 있다.

【참조조문】

어음법 제10조, 제77조 제2항

【참조판례】

대법원 1967. 2. 28. 선고 66다2351 판결(공보불게재)
대법원 1984. 5. 22. 선고 83다카1585 판결(공1984, 1117)

【전 문】

【원고, 피상고인】 원고 (소송대리인 변호사 이정우)
【피고, 상 고 인】 피고 1 외 1인 (소송대리인 법무법인 한맥 담당변호사 박종관)
【원심판결】 서울지법 2000. 12. 22. 선고 2000나43870 판결

【주 문】

상고를 모두 기각한다. 상고비용은 피고들의 부담으로 한다.

【이 유】

상고이유를 판단한다.

1. 제1, 2점에 대하여

원심판결 이유에 의하면, 원심은 피고들이 '원고의 강박 내지 사기로 인하여 이 사건 약속어음을 발행한 것이고, 그렇지 않다고 하더라도 원고가 소외 1을 형사고소하지 않을 것을 조건으로 하여 이 사건 약속어음을 발행하였는데 원고가 이에 위배하여 소외 1을 사기죄로 고소함으로써 해제조건이 성취되어 그 효력을 잃게 되었다'는 피고들 주장에 부합하는 판시 증거들을 믿지 아니하고 달리 이를 인정할 증거가 없다 하여 배척하였는바, 관련 증거를 기록에 비추어 살펴보면 원심의 위와 같은 조치는 수긍할 수 있고 거기에 채증법칙을 위배하거나 사기·강박 및 해제조건의 성취에 관한 법리오해의 위법이 있음을 찾아볼 수 없다.

2. 제3점에 대하여

백지약속어음의 경우 발행인이 수취인 또는 그 소지인으로 하여금 백지부분을 보충케 하려는 보충권을 줄 의사로서 발행하였는지의 여부에 관하여는 발행인에게 보충권을 줄 의사로 발행한 것이 아니라는 점, 즉 백지어음이 아니고 불완전어음으로서 무효라는 점에 관한 입증책임이 있다고 할 것이다(대법원 1984. 5. 22. 선고 83다카1585 판결 참조). 원심판결 이유에 의하면, 원심은 이 사건 약속어음을 발행할 당시 '피고들은 장차 어음금 상당액을 벌어서 이를 지급하기로 하고 그 발행일과 지급기일을 기재하지 않았던 것이므로 이 사건 약속어음의 지급기일은 아직 도래하지 아니하였다'는 피고들의 주장을 인정할 증거가 없다 하여 이를 배척하고, 피고들이 원고에게 액면금을 제외한 나머지 기재사항을 백지로 하여 이 사건 약속어음을 발행 교부한 이상 원고에게 그 백지부분의 보충에 관한 권한도 수여하였다고 봄이 상당하다고 판단하였는바, 기록에 비추어 살펴보면 원심의 위와 같은 판단은 수긍할 수 있고, 거기에 채증법칙을 위배하거나 약속어음의 지급기일 또는 보충권의 수여에 관한 법리를 오해한 위법이 있다 할 수 없다.

3. 제4점에 대하여

원심은, 이 사건 약속어음의 원인채무인 소외 1의 원고에 대한 잔존 차용금 채무가 금 9,300만 원에 불과하다는 피고들의 주장을 배척하고, 오히려 그 채용증거들에 의하여 원고가 소외 1에게 판시와 같이 합계 금 1억 4,800만 원을 대여하였는데 피고 2가 1998. 5. 2. 정산한 결과 차용금 총액을 소외 2의 자금으로 대여한 금 3,000만 원을 제외한 금 1억 2,500만 원으로 확인하였다가 그 후 1998년 5월 하순경 피고들과 소외 1은 원고에 대한 차용금 채무를 소외 2 관련 차용금 3,000만 원 중 미변제된 금원 및 차용금 총액에 대한 이자 등을 포함하여 금 1억 5,000만 원으로 확정하고 피고들이 이를 중첩적으로 인수하면서 그 지급을 담보하기 위하여 이 사건 약속어음을 발행한 사실을 인정하고 있는바, 관련 증거를 기록에 비추어 살펴보면, 원심의 위와 같은 사실인정 및 판단은 수긍할 수 있고, 거기에 채증법칙을 위배한 사실오인의 위법이 있음을 찾아볼 수 없다.

그리고 기록에 의하면, 원고가 소외 1로부터 여러 번에 걸쳐 도합 금 3,774만 원을 변제받은 사실은 알 수 있으나 위 1998년 5월 하순 위 금액까지 포함하여 정산한 결과 위 소외 1의 채무를 금 1억 5,000만 원으로 확정하고 그 후 피고들이 이 사건 약속어음을 발행한 사실도 알 수 있으므로 원심의 위와 같은 판단에는 위 금 3,774만 원에 대한 변제 내지 공제항변까지도 포함하여 판단된 것으로 보아야 할 것이므로 원심판결에는 판결 결과에 영향을 미친 판단유탈의 위법이 있다고 할 수 없다.

4. 그러므로 상고를 모두 기각하고, 상고비용은 패소자인 피고들의 부담으로 하기로 관여 법관의 의견이 일치되어 주문과 같이 판결한다.

대법관　이용우(재판장) 조무제 강신욱 이강국(주심)

---

(2) 백지어음의 효력

| 판 례 |

[판례 24] 약속어음금

(대법원 1986. 9. 9. 선고 85다카2011 판결)

【판시사항】

어음요건의 일부가 기재되지 않은채 지급제시되어 지급거절된 경우, 소구권의 보전 여부

【판결요지】

약속어음의 소지인이 피소구권자에 대한 소구권을 행사하기 위하여는 어음법 제75조 소정의 법정기재사항이 기재된 약속어음에 의하여 적법한 지급제시를 한 것을 요하고 위 법정기재사항의 일부라도 기재되지 아니한 약속어음에 의하여 한 지급제시는 어음법 제76조의 규정에 의하여 구제되지 않는 한 적법한 지급제시로서의 효력이 없는 것이므로 그와 같은 경우에는 피소구권자에 대한 소구권을 상실한다.

【참조조문】

어음법 제43조, 제75조

【참조판례】

대법원 1976.11.23 선고 76다214 판결
1985.8.13 선고 85다카123 판결

【전 문】

【원고, 상 고 인】 원고 소송대리인 변호사 장현태
【피고, 피상고인】 주식회사 보배 소송대리인 변호사 전정구 외 1인

【원심판결】 서울민사지방법원 1985.8.20 선고 85나666 판결

【주 문】

상고를 기각한다.
상고 소송비용은 원고의 부담으로 한다.

【이 유】

원고 소송대리인의 상고이유를 판단한다.
약속어음의 소지인이 피소구권자에 대한 소구권을 행사하기 위하여는 어음법 제75조 소정의 법정기재 사항이 기재된 약속어음에 의하여 적법한 지급제시를 한 것을 요하고, 위 법정기재 사항의 일부라도 기재되지 아니한 약속어음에 의하여 한 지급제시는 어음법 제76조의 규정에 의하여 구제되지 않는 한 적법한 지급제시로서의 효력이 없는 것이므로 그와 같은 경우에는 피소구권자에 대한 소구권을 상실하는 것이라고 보아야 할 것이다 (당원 1976.11.23 선고 76다214 판결; 1985.8.13 선고 85다카123 판결 참조).
기록에 의하면 이 사건 약속어음은 수취인을 기재하지 아니한채 발행된 후 그 최후소지인인 원고가 이를 보충함이 없이 지급제시하여 지급거절 되었으며 법정제시기간이 경과된 뒤임이 명백한 원심에 이르러서야 비로소 위 수취인이 보충기재된 사실을 알 수 있으니 위 지급제시는 적법한 제시라고 할 수 없고 동 어음의 배서인인 피고는 그에 대한 소구책임이 없다 할 것이므로 이런 취지로 한 원심판결의 판단은 정당하고, 견해를 달리하여 수취인란의 보충없이 지급제시를 하더라도 소구권을 상실하게 되는 것은 아니고, 약속어음금의 재판상 청구는 소구권상실에 대한 시효중단의 효력이 있으며, 사실심 변론종결 당시까지만 이를 보충기재하면 소구권을 행사할 수 있는 것으로 보아야 한다는 논지는 이유없고, 또 소론이 내세우는 당원 판례(1962.1.31 선고 4294민상110, 111 판결)는 사안을 달리한 것으로서 이 사건에 적절한 선례가 될 수 없다.
그러므로 상고를 기각하고, 상고 소송비용은 패소자의 부담으로 하기로 관여법관의 일치된 의견으로 주문과 같이 판결한다.

대법관 김형기(재판장) 정기승 김달식 박우동

[판례 25] 약속어음금

(대법원 1992. 3. 10. 선고 91다28313 판결)

【판시사항】

수취인란이 기재되지 않은 어음을 지급제시한 경우 발행인이 이행지체에 빠지는지 여부(소극)

【판결요지】

수취인은 어음요건의 하나로서 그 기재를 결한 어음은 완성된 어음으로서의 효력이 없어 어음상의 권리가 적법하게 성립되지 않으므로, 이러한 미완성어음으로 지급제시를 하였다

고 하여도 적법한 지급제시의 효력이 없어 발행인을 이행지체에 빠뜨릴 수 없다.

【참조조문】

어음법 제10조, 제38조 제1항, 제77조

【참조판례】

대법원 1970.3.10. 선고 69다2184 판결(집18①민221)
1971.1.26. 선고 70다602 판결
1988.8.9. 선고 86다카1858 판결(공1988,1207)

【전 문】

【원고, 피상고인】 원고 소송대리인 변호사 김재중
【피고, 상 고 인】 광문종합건설 주식회사 소송대리인 변호사 이명희
【원심판결】 청주지방법원 1991.7.11. 선고 90나2056 판결

【주 문】

원심판결 중 이자 및 지연손해금에 관한 피고 패소부분을 파기하고 이 부분 사건을 청주지방법원 합의부에 환송한다.

피고의 나머지 상고를 기각하고 이 상고기각 부분에 관한 상고비용은 피고의 부담으로 한다.

【이 유】

피고 소송대리인의 상고이유를 본다.

1. 원심판결 이유에 의하면, 원심은 피고가 이 사건 각 약속어음은 피고 회사의 대표이사인 소외 1이 자신의 원고에 대한 정산채무의 변제를 위하여 원고에게 배서양도한 것이나 그 후 위 채무가 모두 소멸되었으므로 이 사건 각 어음의 원인채무는 소멸한 것이라고 주장한 데에 대하여, 소론 각 증거를 믿을 수 없거나 위 주장을 인정할 만한 증거가 되지 못하고 달리 위 주장을 인정할 만한 증거가 없다 하여 이를 배척하였다.

기록에 의하여 소론 각 증거 내용을 살펴보면 위 피고 주장을 뒷받침하는 핵심적 증거라고 할 수 있는 1심증인 소외 2의 진술은 이 사건 각 약속어음 발행에 관한 것은 위 소외 1로부터 들어서 안다는 취지여서 원심이 그 신빙성을 배척한 조치를 나무랄 수 없고, 또 을 제4호증은 그 기재내용에 의하면 "9일 어음, 10일 어음"에 관한 것이어서 이 사건 각 어음과 관련이 없음이 분명하므로 원심이 위 피고 주장을 인정하기에 부족하다고 판단한 것에 수긍이 가며, 그 밖의 소론 각 증거를 배척한 원심조치도 정당하여 소론과 같이 채증법칙 위반이나 심리미진으로 판결에 영향을 미친 위법이 없다.

소론은 원심이 그 판결 이유의 전단에서 피고가 이 사건 각 어음을 소외 1의 배서를 받아 원고에게 발행 교부한 사실을 인정하고서도 발행인인 피고가 수취인인 원고에게 인적항변으로 대항할 수 없다고 판단한 것은 법리오해이거나 이유모순이라는 것이나, 위 판단부분은 위에서 본 바와 같이 피고의 원인채무소멸항변에 대하여 증거가 없음을 이유로 배척한 다음 이에 덧붙여한 판단이므로 이 부가적 판단부분에 소론 지적과 같은 잘못이 있다고 하여도 판결결론에 영향이 없는 것이다.

그 밖에 소론은 이 사건 각 약속어음 중 액면 10,000,000원의 어음은 기한 후 배서에 의하여 원고가 취득한 것이므로 피고는 배서인인 위 소외 1에게 대항할 수 있는 모든 사유를 가지고 피배서인인 원고에게 대항할 수 있는데 위 어음은 피고 회사의 대표이 사인 소외 1이 자기 채무의 변제를 위하여 피고 회사와 원인관계없이 임의로 발행한 융통어음으로서 피고는 위 소외 1에게 아무런 채무가 없다고 주장하나, 기록에 의하면 위와 같은 주장은 사실심 변론종결시까지 주장한 바 없는 새로운 주장이므로 받아들일 수 없다.
2. 원심판결 이유에 의하면, 원심은 원고가 이 사건 각 약속어음을 그 지급제시기간 내에 피고에게 지급제시하였으나 각기 지급을 받지 못한 사실을 인정한 다음, 피고는 원고에 게 위 약속어음금 액면금에 대하여 위 각 약속어음만기 이후부터 이 사건 소장부본 송 달일까지는 어음법이 정하는 연 6푼의, 그 다음날부터 완제일까지는 소송촉진등에관한 특례법이 정하는 연 2할 5푼의 각 비율에 의한 지연손해금을 지급할 의무가 있다고 판 단하였다.

그러나 기록에 의하여 갑 제1, 2호증을 살펴보면 1심 제2차 변론기일인 1990.6.27. 당시 까지도 위 각 약속어음은 수취인란이 백지로 된 미완성어음이었던 사실을 알 수 있고, 달리 기록을 살펴보아도 원고가 피고에게 수취인란이 기재된 완성된 약속어음을 지급 제시하였다고 인정할 자료를 찾아 볼 수 없는바(기록 34, 35정에는 완성된 약속어음이 편철되어 있으나 원고가 이를 증거로 제출하였거나 피고에게 지급제시하였다고 인정할 자료가 없다), 수취인은 어음요건의 하나로서 그 기재를 결한 어음은 완성된 어음으로 서의 효력이 없어 어음상의 권리가 적법하게 성립되지 않으므로, 이러한 미완성어음으 로 지급제시를 하였다고 하여도 적법한 지급제시의 효력이 없이 발행인을 이행지체에 빠뜨릴 수 없는 것이다.

원심이 위와 같은 점을 간과한 채 만연히 피고가 원고에게 만기일 이후의 어음법상의 이자 및 지연손해금을 지급할 의무가 있다고 판단하고 말았음은 심리미진 내지 어음채 무의 이행지체에 관한 법리를 오해하여 판결에 영향을 미친 위법을 저지른 것이므로, 이 점을 지적하는 논지는 이유 있다.
3. 그러므로 원심판결 중 이자 및 지연손해금에 관한 피고 패소부분을 파기환송하고 나머 지 상고를 기각하며, 이 상고기각 부분에 관한 상고비용은 패소자의 부담으로 하여 관 여 법관의 일치된 의견으로 주문과 같이 판결한다.

대법관　배만운(재판장) 이회창 이재성 김석수

[판례 26] 약속어음금

(대법원 1993. 12. 7. 선고 93다25165 판결)

【판시사항】

발행인에 대한 약속어음금청구사건에서 수취인란 등이 보충되지 않았다는 이유로 원고 청 구를 기각한 원심판결에 석명의무를 다하지 아니한 위법이 있다고 한 사례

【판결요지】

발행인에 대한 약속어음금청구사건에서 수취인란 등이 보충되지 않았다는 이유로 원고 청구를 기각한 원심판결에 석명의무를 다하지 아니한 위법이 있다고 한 사례.

【참조조문】

민사소송법 제126조 제1항, 제126조 제4항

【전 문】

【원고, 상 고 인】 원고
【피고, 피상고인】 피고
【원심판결】 대전지방법원 1993.4.14. 선고 92나7007 판결

【주 문】

원심판결을 파기하여, 사건을 대전지방법원 합의부로 환송한다.

【이 유】

상고이유를 판단한다.

1. 원심판결 이유에 의하면, 원심은 피고가 1992.1월 초순경 소외인에게 액면금 2,000,000원, 지급기일 1992.5.31., 지급장소 주식회사 충청은행 부여지점, 수취인, 발행일, 지급지, 발행지 각 백지로 된 약속어음 1장과 액면금 5,000,000원, 지급기일 1992.6.16., 지급장소 위 같은 곳, 수취인, 발행일, 지급지, 발행지 각 백지로 된 약속어음 1장을 발행한 사실을 확정한 다음, 위 어음의 최종소지인이라는 원고의 어음금청구에 대하여, 위 약속어음 앞면 (갑 제1, 2호증의 각 1)의 기재에 의하면 그 후 위 어음들의 발행일이 각 1992.5.1.로 보충기재되어 있는 사실은 인정할 수 있으나, 나머지 수취인 및 발행지란이 원심변론종결일까지 보충기재되었다는 주장과 입증이 없으므로 위 백지어음은 아직 어음으로서의 효력이 없다는 이유로 원고의 청구를 배척하고 있다.

2. 그런데 기록에 의하면, 이 사건 제1심 제2차 변론기일에 피고는 원고의 청구에 대하여 이 사건 약속어음을 발행하기는 하였으나 수취인란 등을 백지로 하여 발행하였다고 답변하였고, 이에 대하여 원고는 위 백지어음에 발행일자를 보충하였다고만 진술하고 수취인란 등을 보충하였다는 주장과 입증까지는 하지 않았는데, 제3차 변론기일에 피고가 인적항변을 제출하자 제1심 법원은 그 이후부터 이 점에 관하여서만 변론을 하게 한 끝에 피고의 인적항변을 배척하고 원고 승소의 판결을 선고하였고, 이에 대하여 피고가 항소를 제기하자 원심 또한 수취인란 등의 보충여부에 대하여는 아무런 석명이나 변론을 거침이 없이 피고의 인적항변에 관련된 당사자의 준비서면이나 답변서만을 진술하게 하고 변론을 종결한 후 그 판시와 같이 수취인란 등이 보충되지 아니하였다는 이유를 들어 제1심 판결을 취소하고 원고의 청구를 기각하였음을 알 수 있다.

이와 같은 소송수행과정이나 심리과정에 비추어 볼 때 원심이 수취인란 등의 보충 여부를 재판의 기초로 삼기 위하여는 원고가 이 점에 관하여 변론을 하지 않는 진의가 무엇인지 밝혀보고 원고로 하여금 이 점에 관하여 변론을 할 기회를 주었어야 함에도

불구하고 이에 이르지 아니한 채 이 점을 재판의 기초로 삼아 판시와 같이 판단하였음은 석명의무를 다하지 아니하여 심리를 제대로 하지 아니한 것이라 할 것이고, 이는 판결과에 영향을 미쳤음이 분명하다. 논지는 이유 있다.

3. 그러므로 원심판결을 파기하고 사건을 다시 심리판단하게 하기 위하여 원심법원에 환송하기로 하여 관여 법관의 일치된 의견으로 주문과 같이 판결한다.

대법관 김주한(재판장) 배만운 김석수 정귀호(주심)

[판례 27] 약속어음금

(대법원 2008. 11. 27. 선고 2008다59230 판결)

【판시사항】

백지어음 소지인이 어음금 청구소송의 사실심 변론종결일까지 백지 부분을 보충하지 않아 패소판결을 받고 그 판결이 확정된 경우, 백지보충권을 행사하여 완성한 어음에 기하여 전소의 피고를 상대로 다시 동일한 어음금을 청구할 수 있는지 여부(소극)

【판결요지】

약속어음의 소지인이 어음요건의 일부를 흠결한 이른바 백지어음에 기하여 어음금 청구소송(이하 '전소'라고 한다)을 제기하였다가 위 어음요건의 흠결을 이유로 청구기각의 판결을 받고 위 판결이 확정된 후 위 백지 부분을 보충하여 완성한 어음에 기하여 다시 전소의 피고에 대하여 어음금 청구소송(이하 '후소'라고 한다)을 제기한 경우에는, 원고가 전소에서 어음요건의 일부를 오해하거나 그 흠결을 알지 못했다고 하더라도, 전소와 후소는 동일한 권리 또는 법률관계의 존부를 목적으로 하는 것이어서 그 소송물은 동일한 것이라고 보아야 한다. 그리고 확정판결의 기판력은 동일한 당사자 사이의 소송에 있어서 변론종결 전에 당사자가 주장하였거나 주장할 수 있었던 모든 공격 및 방어방법에 미치는 것이므로, 약속어음의 소지인이 전소의 사실심 변론종결일까지 백지보충권을 행사하여 어음금의 지급을 청구할 수 있었음에도 위 변론종결일까지 백지 부분을 보충하지 않아 이를 이유로 패소판결을 받고 그 판결이 확정된 후에 백지보충권을 행사하여 어음이 완성된 것을 이유로 전소 피고를 상대로 다시 동일한 어음금을 청구하는 경우에는, 위 백지보충권 행사의 주장은 특별한 사정이 없는 한 전소판결의 기판력에 의하여 차단되어 허용되지 않는다.

【참조조문】

민사소송법 제146조, 제216조 제1항, 어음법 제10조, 제75조, 제77조 제2항

【참조판례】

대법원 1992. 10. 27. 선고 91다24847, 24854 판결(공1992, 3238)

【전 문】

【원고, 상 고 인】 원고 주식회사 (소송대리인 법무법인 광명이십일 담당변호사 이환권외 1인)
【피고, 피상고인】 피고 주식회사
【원심판결】 인천지법 2008. 7. 11. 선고 2007나17192 판결

【주 문】

상고를 기각한다. 상고비용은 원고가 부담한다.

【이 유】

상고이유를 판단한다.

약속어음의 소지인이 어음요건의 일부를 흠결한 이른바 백지어음에 기하여 어음금 청구소송(이하 '전소'라고 한다)을 제기하였다가 위 어음요건의 흠결을 이유로 청구기각의 판결을 받고 위 판결이 확정된 후 위 백지 부분을 보충하여 완성된 어음에 기하여 다시 전소의 피고에 대하여 어음금 청구소송(이하 '후소'라고 한다)을 제기한 경우에는, 원고가 전소에서 어음요건의 일부를 오해하거나 그 흠결을 알지 못했다고 하더라도, 전소와 후소는 동일한 권리 또는 법률관계의 존부를 목적으로 하는 것이어서 그 소송물은 동일한 것이라고 보아야 할 것이다. 그리고 확정판결의 기판력은 동일한 당사자 사이의 소송에 있어서 변론종결 전에 당사자가 주장하였거나 주장할 수 있었던 모든 공격 및 방어방법에 미치는 것이므로(대법원 1992. 10. 27. 선고 91다24847, 24854(병합) 판결 등 참조}, 약속어음의 소지인이 전소의 사실심 변론종결일까지 백지보충권을 행사하여 어음금의 지급을 청구할 수 있었음에도 위 변론종결일까지 백지 부분을 보충하지 않아 이를 이유로 패소판결을 받고 그 판결이 확정된 후에 백지보충권을 행사하여 어음이 완성된 것을 이유로 전소 피고를 상대로 다시 동일한 어음금을 청구하는 경우에는, 위 백지보충권 행사의 주장은 특별한 사정이 없는 한 전소판결의 기판력에 의하여 차단되어 허용되지 않는다고 할 것이다.

같은 취지의 원심판결은 정당하고, 거기에 상고이유에서 주장하는 바와 같은 기판력의 시적 범위 또는 백지보충권의 법적 성질에 관한 판례 위반, 어음법 제1조에 관한 법리오해, 소송물의 동일성에 관한 법리오해 등의 위법이 없다.

그러므로 상고를 기각하고, 상고비용은 패소자가 부담하기로 하여 관여 대법관의 일치된 의견으로 주문과 같이 판결한다.

대법관 박시환(재판장) 양승태 박일환 김능환(주심)

어음법 제77조 제1항 제8호, 제70조 제1항, 제78조 제1항은 어음의 발행인에 대한 어음상의 청구권은 만기의 날부터 3년간 행사하지 아니하면 소멸시효가 완성된다고 규정하고 있다.

───── 법 령 ─────

◆ 어음법

제70조 (시효기간) ① 인수인에 대한 환어음상의 청구권은 만기일부터 3년간 행사하지 아니하면 소멸시효가 완성된다.

제77조 (환어음에 관한 규정의 준용) ① 약속어음에 대하여는 약속어음의 성질에 상반되지 아니하는 한도에서 다음 각 호의 사항에 관한 환어음에 대한 규정을 준용한다.
    1. 배서(제11조부터 제20조까지)
    2. 만기(제33조부터 제37조까지)
    3. 지급(제38조부터 제42조까지)
    4. 지급거절로 인한 상환청구(제43조부터 제50조까지, 제52조부터 제54조까지)
    5. 참가지급(제55조, 제59조부터 제63조까지)
    6. 등본(제67조와 제68조)
    7. 변조(제69조)
    8. 시효(제70조와 제71조)
    9. 휴일, 기간의 계산과 은혜일의 인정 금지(제72조부터 제74조까지)

제78조 (발행인의 책임 및 일람 후 정기출급 어음의 특칙) ① 약속어음의 발행인은 환어음의 인수인과 같은 의무를 부담한다.

───────────────

| 판 례 | ─────

[판례 28] 약속어음금

(대법원 1994. 11. 18. 선고 94다23098 판결)

【판시사항】

가. 수취인 백지의 어음이 인도에 의하여 양도될 수 있는지 여부
나. '가'항 어음의 최종 소지인이 수취인을 자기로 보충한 경우, 발행인으로부터 인적 항변의 대항을 받는지 여부

【판결요지】

가. 수취인이 백지인 채로 발행된 어음은 인도에 의하여 어음법적으로 유효하게 양도될 수 있다.
나. '가'항의 어음이 인도에 의하여 양도된 경우 어음법 제17조가 적용되는 것이므로, 어음이 전전양도된 후 그 어음을 인도받은 최종 소지인이 수취인으로서 자기를 보충하였다고 하더라도 그 소지인이 발행인을 해할 것을 알고 취득한 경우가 아니면, 어음문면

상의 기재와는 관계없이, 발행인으로부터 원인관계상의 항변 등 인적 항변의 대항을 받지 아니한다.

【참조조문】

가. 어음법 제77조 가. 어음법 제11조 나. 어음법 제17조

【전 문】

【원고, 피상고인】 주식회사 금양기업
【피고, 상 고 인】 주식회사 코리아다이아몬드 소송대리인 변호사 박용근
【원심판결】 서울민사지방법원 1994.4.7. 선고 93나21124 판결

【주 문】

상고를 기각한다. 상고비용은 피고의 부담으로 한다.

【이 유】

피고 소송대리인의 상고이유에 대하여 판단한다.
제1점에 대하여.
기록을 살펴보면 이 사건 약속어음 수취인란의 판시 기재는 원고 회사를 표시하는 것이라고 본 원심판단은 정당하고 이와 다른 견해를 내세워서 원심판결을 비난하는 논지는 받아들일 수 없다.
제2점에 대하여
수취인이 백지인 채로 발행된 어음은 인도에 의하여 어음법적으로 유효하게 양도될 수 있고 위와 같은 어음이 인도에 의하여 양도된 경우 어음법 제17조가 적용되는 것이므로, 어음이 전전양도된 후 그 어음을 인도받은 최종 소지인이 수취인으로서 자기를 보충하였다고 하더라도 그 소지인이 발행인을 해할 것을 알고 취득한 경우가 아니면, 어음문면상의 기재와는 관계없이, 발행인으로부터 원인관계상의 항변 등 인적 항변의 대항을 받지 아니한다고 할 것이다.
원심이 적법하게 인정한 바와 같이 피고가 소외 1에게 수취인이 백지로 된 이 사건 약속어음을 발행하고 원고가 위 어음을 인도에 의하여 전전취득하였다면, 원고가 피고를 해할 것을 알고 위 어음을 취득하였다는 사실이 인정되지 않는 이 사건에 있어서, 원고가 위 어음에 자신을 수취인으로 기재하였다고 하더라도, 피고는 위 소외 1에게 주장할 수 있는 사유로 원고에게 대항할 수는 없다고 할 것이므로, 그 이유설시는 미흡하지만 위와 같은 결론의 원심판단은 정당하고 거기에 판결에 영향을 미친 소론과 같은 법리오해 등의 위법이 있다고 할 수 없다. 논지도 이유 없다.
그러므로 상고를 기각하고 상고비용은 패소자의 부담으로 하여 관여 법관의 일치된 의견으로 주문과 같이 판결한다.

대법관 지창권(재판장) 천경송(주심) 안용득 신성택

(3) 백지보충권의 소멸시효

만기가 기재된 백지어음의 경우 백지보충권은 어음상의 청구권과 별개로 독립하여 시효에 의하여 소멸하지는 않고 어음상의 청구권이 존속하는 한 이를 행사할 수 있다(대법원 2010. 5. 20. 선고 2009다48312 판결)

| 판 례 |

[판례 29] 약속어음금

(대법원 2010. 5. 20. 선고 2009다48312 전원합의체 판결)

【판시사항】

[1] 만기가 기재된 백지 약속어음의 소지인이 그 백지 부분을 보충하지 않고 어음금을 청구한 경우 소멸시효 중단의 효력이 있는지 여부(적극) 및 이 경우 백지 보충권은 어음상의 청구권이 시효중단에 의하여 소멸하지 않고 존속하는 한 행사할 수 있는 것인지 여부(적극)
[2] 지급지 및 지급을 받을 자 부분이 백지로 된 약속어음의 소지인이 그 지급기일로부터 3년이 경과한 후에야 위 백지 부분을 보충하여 발행인에게 지급제시를 하였으나 그 소지인이 위 약속어음의 지급기일로부터 3년의 소멸시효기간이 완성되기 전에 그 어음금을 청구하는 소를 제기한 이상 이로써 위 약속어음상의 청구권에 대한 소멸시효는 중단되었다고 한 사례

【판결요지】

[1] 만기는 기재되어 있으나 지급지, 지급을 받을 자 등과 같은 어음요건이 백지인 약속어음의 소지인이 그 백지 부분을 보충하지 않은 상태에서 어음금을 청구하는 것은 어음상의 청구권에 관하여 잠자는 자가 아님을 객관적으로 표명한 것이고 그 청구로써 어음상의 청구권에 관한 소멸시효는 중단된다. 이 경우 백지에 대한 보충권은 그 행사에 의하여 어음상의 청구권을 완성시키는 것에 불과하여 그 보충권이 어음상의 청구권과 별개로 독립하여 시효에 의하여 소멸한다고 볼 것은 아니므로 어음상의 청구권이 시효중단에 의하여 소멸하지 않고 존속하고 있는 한 이를 행사할 수 있다.
[2] 지급지 및 지급을 받을 자 부분이 백지로 된 약속어음의 소지인이 그 지급기일로부터 3년이 경과한 후에야 위 백지 부분을 보충하여 발행인에게 지급제시를 하였으나 그 소지인이 위 약속어음의 지급기일로부터 3년의 소멸시효기간이 완성되기 전에 그 어음금을 청구하는 소를 제기한 이상 이로써 위 약속어음상의 청구권에 대한 소멸시효는 중단되었다고 한 사례.

【참조조문】

[1] 어음법 제10조, 제70조 제1항, 제71조, 제77조 제1항 제8호, 제78조 제1항 [2] 어음법 제10조, 제70조 제1항, 제71조, 제77조 제1항 제8호, 제78조 제1항

【참조판례】

[1] 대법원 1962. 1. 31. 선고 4294민상110, 111 판결(집10-1, 민66)
대법원 1962. 12. 20. 선고 62다680 판결(변경)

【전 문】

【원고, 피상고인】 주식회사 에이치케이상호저축은행 (소송대리인 법무법인 민주 담당변호사 윤재식외 4인)

【피고, 상 고 인】 주식회사 초록뱀미디어 (소송대리인 법무법인 리안 담당변호사 박영욱 외 3인)

【원심판결】 서울고법 2009. 5. 21. 선고 2008나86937 판결

【주 문】

상고를 기각한다. 상고비용은 피고가 부담한다.

【이 유】

상고이유(상고이유서 제출기간 경과 후에 제출된 상고이유보충서의 기재는 이를 보충하는 범위 안에서)를 판단한다.

1. 백지 약속어음(이하 '백지어음'이라고 한다)은 백지에 대한 보충권과 백지보충을 조건으로 한 어음상의 청구권을 표창하는 유가증권으로서(대법원 1998. 9. 4. 선고 97다57573 판결 등 참조), 후일 어음요건이 보충되어야 비로소 완전한 어음이 되고 그 보충이 있기까지는 미완성어음에 지나지 아니한다. 그렇지만 어음법 제77조 제1항 제8호, 제70조 제1항, 제78조 제1항은 약속어음의 발행인에 대한 어음상의 청구권은 만기의 날로부터 3년간 행사하지 아니하면 소멸시효가 완성된다고 규정하고 있으므로, 만기가 기재된 백지어음은 일반적인 조건부 권리와는 달리 그 백지 부분이 보충되지 않은 미완성어음인 상태에서도 만기의 날로부터 어음상의 청구권에 대하여 소멸시효가 진행한다. 따라서 만기는 기재되어 있으나 지급지, 지급을 받을 자 등과 같은 어음요건이 백지인 약속어음의 소지인은 그 백지 부분을 보충하지 않은 상태에서 시효가 진행함에 대응하여 발행인을 상대로 어음상의 청구권에 대한 시효진행을 중단시킬 수 있는 조치를 취할 수 있다고 봄이 상당하다.

또한 백지어음상의 백지보충을 조건으로 하는 어음상의 청구권은 그 소지인이 언제라도 백지 부분을 보충하기만 하면 어음이 완성되어 완전한 어음상의 청구권으로 성립하게 되고, 백지 부분을 보충하지 않은 상태의 어음금청구라도 그 백지어음의 발행인이 어음금채무를 승인하고 어음금을 지급하여 어음에 관한 법률관계를 소멸시키는 것도 얼마든지 가능하므로, 백지어음의 소지인이 어음요건의 일부를 오해하거나 그 흠결을 알지 못하는 등의 사유로 백지 부분을 보충하지 아니한 채 어음금을 청구하더라도, 이는 완성될 어음에 기한 어음금청구와 동일한 경제적 급부를 목적으로 하는 실질적으로 동일한 법률관계에 관한 청구로서 어음상의 청구권을 실현하기 위한 수단이라고 봄이 상당하다.

그렇다면 만기는 기재되어 있으나 지급지, 지급을 받을 자 등과 같은 어음요건이 백지

인 약속어음의 소지인이 그 백지 부분을 보충하지 않은 상태에서 어음금을 청구하는 것은 어음상의 청구권에 관하여 잠자는 자가 아님을 객관적으로 표명한 것이라고 할 수 있고 그 청구로써 어음상의 청구권에 관한 소멸시효는 중단된다고 할 것이다(대법원 1962. 1. 31. 4294민상 110,111 판결 참조). 이 경우 백지에 대한 보충권은 그 행사에 의하여 어음상의 청구권을 완성시키는 것에 불과하여 그 보충권이 어음상의 청구권과 별개로 독립하여 시효에 의하여 소멸한다고 볼 것은 아니므로 어음상의 청구권이 시효중단에 의하여 소멸하지 않고 존속하고 있는 한 이를 행사할 수 있다(위 대법원판결 참조).

이와 달리 지급을 받을 자 부분이 백지로 된 약속어음의 소지인은 그 백지 부분을 보충하지 않은 상태에서는 어음상의 청구권을 행사할 수 없으므로, 그 백지어음 소지인의 권리행사에 의한 소멸시효 중단의 효과는 전혀 생길 여지가 없다는 취지로 판단한 대법원 1962. 12. 20. 선고 62다680 판결은 이 판결에 배치되는 범위 내에서 이를 변경한다.

2. 원심판결 이유를 앞에서 본 법리에 비추어 살펴보면, 원심이 원고가 지급지 및 지급을 받을 자 부분이 각 백지로 된 액면 490,000,000원의 약속어음을 소지하고 있다가 그 지급기일인 2004. 10. 1.로부터 3년이 경과한 2008. 6. 23.경에 이르러 위 각 백지 부분을 보충하여 2008. 7. 8.경 발행인인 피고에게 지급제시를 하였으나, 원고가 위 약속어음의 지급기일로부터 3년의 소멸시효기간이 완성되기 전인 2007. 9. 7. 그 어음금을 청구하는 이 사건 소를 제기한 이상, 이로써 위 약속어음상의 청구권의 소멸시효는 중단되었다는 취지로 판단한 것은 정당하고, 거기에 상고이유에서 주장하는 바와 같이 백지어음 소지인의 어음금청구에 의한 소멸시효 중단에 관한 법리 등을 오해한 위법이 없다.

3. 그러므로 상고를 기각하고 상고비용은 패소자가 부담하기로 하여 관여 법관의 일치된 의견으로 주문과 같이 판결한다.

대법원장 이용훈(재판장) 대법관 김영란 양승태 박시환 김지형 이홍훈 김능환 전수안 안대희 차한성(주심) 양창수 신영철 민일영

백지어음의 보충권 행사에 의하여 생기는 채권은 어음금 채권이며 발행인에 대한 어음금채권은 만기의 날부터 3년간 행사하지 아니하면 소멸시효가 완성된다.

만기가 백지인 백지어음의 백지보충권의 소멸시효기간은 백지보충권을 행사할 수 있는 때부터 3년으로 보아야 한다(대법원 2003. 5. 30. 선고 2003다16214 판결)

| 판 례 |
[판례 30] 약속어음금

(대법원 2003. 5. 30. 선고 2003다16214 판결)

【판시사항】

[1] 만기가 백지인 약속어음의 백지보충권의 소멸시효의 기산점 및 소멸시효기간
[2] 만기 이외의 어음요건이 백지인 약속어음의 백지보충권의 소멸시효의 기산점

【판결요지】

[1] 만기를 백지로 한 약속어음을 발행한 경우, 그 보충권의 소멸시효는 다른 특별한 사정이 없는 한 그 어음발행의 원인관계에 비추어 어음상의 권리를 행사하는 것이 법률적으로 가능하게 된 때부터 진행하고, 백지약속어음의 보충권 행사에 의하여 생기는 채권은 어음금 채권이며 어음법 제77조 제1항 제8호, 제70조 제1항, 제78조 제1항에 의하면 약속어음의 발행인에 대한 어음금 채권은 만기의 날로부터 3년간 행사하지 아니하면 소멸시효가 완성되는 점 등을 고려하면, 만기를 백지로 하여 발행된 약속어음의 백지보충권의 소멸시효기간은 백지보충권을 행사할 수 있는 때로부터 3년으로 보아야 한다.
[2] 만기 이외의 어음요건이 백지인 경우 그 백지보충권을 행사할 수 있는 시기는 다른 특별한 사정이 없는 한 만기를 기준으로 한다.

【참조조문】

[1] 어음법 제10조, 제70조 제1항, 제77조 제1항, 제78조 제1항[2] 어음법 제10조, 제70조, 제77조 제1항, 제78조 제1항

【참조판례】

[1] 대법원 1997. 5. 28. 선고 96다25050 판결(공1997하, 1976)
대법원 2001. 10. 23. 선고 99다64018 판결(공2001하, 2523)
대법원 2002. 2. 22. 선고 2001다71507 판결(공2002상, 759)

【전 문】

【원고, 상 고 인】 원고 (소송대리인 법무법인 율촌 담당변호사 신성택)
【피고, 피상고인】 피고 (소송대리인 법무법인 겨레 담당변호사 최재호)
【원심판결】 서울고법 2003. 1. 29. 선고 2002나19508 판결

【주 문】

원심판결 중 예비적 청구 부분을 파기하고, 이 부분 사건을 서울고등법원으로 환송한다. 원고의 나머지 상고를 기각한다.

【이 유】

상고이유를 본다.
1. 주위적 청구에 관한 판단

지급기일을 공란으로 하여 약속어음을 발행하였거나 또는 사후에 지급기일을 당사자의 합의로 삭제한 경우에는 특별한 사정이 없는 한 그 어음은 일람출급의 어음으로 볼 것이 아니라 백지어음으로 보아야 할 것이고 이와 같은 백지어음을 교부하여 이를 보관시킨 때에는 후일 그 소지인으로 하여금 임의로 그 지급기일의 기재를 보충시킬 의사로서 교부·보관시킨 것이라고 추정할 것이다(대법원 1976. 3. 9. 선고 75다984 판결 참조). 그리고 이처럼 만기를 백지로 한 약속어음을 발행한 경우, 그 보충권의 소멸시효는 다른 특별한 사정이 없는 한 그 어음발행의 원인관계에 비추어 어음상의 권리를 행사하는 것이 법률적으로 가능하게 된 때부터 진행하고(대법원 1997. 5. 28. 선고 96다25050 판결, 대법원 2001. 10. 23. 선고 99다64018 판결 등 참조), 백지약속어음의 보충권 행사에 의하여 생기는 채권은 어음금 채권이며 어음법 제77조 제1항 제8호, 제70조 제1항, 제78조 제1항에 의하면 약속어음의 발행인에 대한 어음금 채권은 만기의 날로부터 3년간 행사하지 아니하면 소멸시효가 완성되는 점 등을 고려하면, 만기를 백지로 하여 발행된 약속어음의 백지보충권의 소멸시효기간은 백지보충권을 행사할 수 있는 때로부터 3년으로 봄이 상당하고(다만, 만기 이외의 어음요건이 백지인 경우 그 백지보충권을 행사할 수 있는 시기는 다른 특별한 사정이 없는 한 만기를 기준으로 할 것이다) , 당사자 사이에 백지를 보충할 수 있는 시기에 관하여 명시적 또는 묵시적 합의가 있는 경우에는 그 합의된 시기부터 백지보충권의 소멸시효가 진행된다고 볼 것이다.

원심판결 이유에 의하면, 원심은 원고의 이 사건 주위적 청구에 대하여, 그 채용 증거를 종합하여, 피고는 원고에게 1993. 1. 26. 액면금 1억 원, 지급일 1993. 7. 30. 지급지 및 발행지 각 인천시, 지급장소 경기은행 주안지점으로 된 약속어음 1매를, 1993. 4. 29. 액면금 1억 원, 지급일 1993. 12. 30. 지급지 및 발행지 각 인천시, 지급장소 경기은행 주안지점으로 된 약속어음 1매를 각 발행·교부한 사실(이하 위 두매의 어음들을 '이 사건 어음'이라고 한다), 그 후 피고는 1993. 8. 18. 뇌물공여죄로 입건되어 구속된 일이 있었는데, 피고가 구속 중이던 같은 달 하순경 처인 소외 1을 통하여 원고에게 위 각 어음을 은행에 지급제시하면 피고가 발행한 거액의 수표가 부도날 우려가 있으니 지급제시를 유예해 달라고 부탁하였고, 원고는 이에 응하면서 위 소외 1에게 위 각 어음상의 지급일을 변경하여 달라고 요청한 사실, 이에 소외 1은 위 각 어음의 지급일란에 두 줄의 횡선을 긋고 그 위에 피고의 인장을 날인하여 준 사실, 원고는 2000. 4.경 위 각 어음의 지급일을 2000. 4. 4.로 기재하여 지급제시하였으나 무거래로 지급거절된 사실 등을 인정한 다음, 위 인정 사실에 의하면, 피고는 다른 특별한 사정이 없는 한 원고에게 이 사건 어음금 2억 원을 지급할 의무가 있다고 판단한 다음, 원·피고 사이의 합의에 의하여 당초의 지급일이 삭제되었다 하더라도 원고의 위 지급일 보충은 보충권에 대한 소멸시효가 완성된 후에 이루어진 것이므로 이 사건 어음금청구권도 시효로 소멸하였다는 피고의 항변에 대하여, 위 인정 사실에 의하면, 피고가 자신의 구속을 이유로 원고에게 위 각 약속어음의 지급유예를 부탁한 다음 지급일란을 삭제하였다면 당시 원고와 피고 사이에는 피고가 구속에서 풀려난 후에 지급일을 보충하여 어음의 지급제시를 하여달라는 묵시적 합의가 있었다고 보아, 위 백지어음 보충권은 피고가 석방된 날인 1994. 1. 26.로부터 시효가 진행되어 그 시점으로부터 3년이 경과한 1997. 1. 26.에 시효로 소멸되었다 할 것이라는 이유로, 피고의 위 항변을 인용하는 한편, 피고가 위 석방 후 원고를 만날 때마다 위 각 어음금을 변제하겠다고 약속하였을 뿐 아니라 1999. 10. 30.경에는 원고의 사무실에 찾아와 곧 어음금을 변제하겠으니 조금만 더 기다려 달라고까지 하였으므로, 위 각 어음금청구권의 소멸시효는 피고의 승인으로 인하여 중단되었거나 피고가 그 시효이익을 포기한 것이라는 원고의 재항변에 대하여, 이를 인정할 증거가 없다는 이유로, 원고의 위 재항변을 배척함으로써, 결국 원고의 이 사건 주위적 청구를 기각하였다.

원심판결을 기록과 대조하여 살펴보면, 만기가 백지로 된 어음의 백지보충권의 소멸시효에 관한 위 법리를 전제로 한 원심의 위와 같은 사실인정과 판단은 수긍이 가고, 거기에 주장과 같은 백지보충권의 소멸시효기간에 관한 법리오해, 채증법칙 위배로 인한 사실오인, 심리미진, 석명권 불행사 등의 위법이 없다.

2. 예비적 청구에 관한 판단

가. 원심의 판단

원심판결 이유에 의하면, 원심은, 피고는 1990.경 원고로부터 3억 원을 차용하면서 원고에게 인천 서구 (주소 생략) 소재 상가 240평을 대물변제하기로 하였음에도 이에 반하여 이를 한국주택 주식회사 등에 임의 처분한 것에 대한 원고의 항의를 받고 원고에게 차용금 3억 원을 변제하면서 대물변제약정위반에 대한 손해배상조로 3억 원을 지급하겠다고 약정하면서 그 담보조로 이 사건 어음 2매를 포함한 액면 1억 원으로 된 약속어음 3장을 발행·교부하였다가 그 후 1억 원만을 변제하고 약속어음 1장을 회수해 간 사실이 있으므로 피고는 원고에게 위 약정에 따른 손해배상금 3억 원 중 미변제된 2억 원을 지급할 의무가 있다고 하는 원고의 이 사건 예비적 청구에 대하여, 원고의 위 주장사실에 부합하는 듯한 원심 증인 소외 2의 증언 및 갑 제4호증의 3, 8의 각 일부 기재와 일부 원고본인신문 결과는 믿기 어렵고, 갑 제1, 2호증의 각 1, 2, 갑 제5호증의 1 내지 7, 갑 제6호증의 1 내지 3, 갑 제10호증의 각 기재만으로는 원고의 위 주장사실을 인정하기에 부족하며, 달리 이를 인정할 증거가 없다는 이유로, 결국 원고의 위 예비적 청구도 배척하였다.

나. 이 법원의 판단

그러나 원심의 위와 같은 사실인정과 판단은 다음과 같은 이유로 수긍할 수 없다. 채무자가 채무의 이행확보를 위하여 채권자에게 약속어음을 교부한 경우에는 채무를 이행함에 있어 그 약속어음을 반환받는 것이 상례이고 채무를 이행하고도 그 약속어음의 반환을 받지 않는다는 것은 극히 이례에 속하는 일이므로, 그 약속어음을 채권자가 소지하고 있다면 채무이행을 하고도 반환하지 않은 데에 대한 수긍할 만한 설명이 없는 한 아직도 채무이행은 안된 것으로 봄이 타당하다고 할 것인바(대법원 1985. 7. 9. 선고 85다카297 판결, 1992. 6. 23. 선고 92다886 판결 등 참조), 원심이나 피고가 인정하고 있는 바에 의하더라도 피고가 원고에 대한 어떤 금전채무의 지급을 위하여 원고에게 이 사건 어음을 발행한 바 있었고 원고가 여전히 이 사건 어음을 계속 소지하고 있음이 명백한 이 사건에 있어서, 다른 특별한 사정이 없는 한 그 원인관계상 채권채무관계가 존속한다고 일단 볼 수 있다고 할 것인데, 원고가 주장하는 내용의 약정 손해배상채무를 부담한 바가 없었다거나 또는 변제를 통하여 어떤 원인관계상 금전채무를 모두 소멸시켰다고 다투는 피고로서는 원고가 이 사건 어음을 소지하고 있음에도 불구하고 그 원인관계상 채무가 존속하지 아니하는 점에 관하여 수긍할 만한 설명을 할 필요가 있다고 할 것이다.

그런데 기록에 의하면, 피고는 원고의 이 사건 예비적 청구에 대하여, ① 이 사건 제1심에서 제출한 최초의 답변서와 원고를 상대로 유가증권위조죄 등으로 고소한 관련 형사사건의 고소장에서는 피고가 원고로부터 2억 원을 차용하고 그 지급을 위하여 이 사건 어음을 발행한 사실을 인정하면서도 위 2억 원을 1993. 7.경까지 모두 7회에 걸쳐 분할하여 변제하였고, 다만 위 변제 당시 피고는 원고가 이 사건 어음을 분실하였다는 말을 믿고 어음을 반환받지 못하고 있었는데 원고가 이 사건 어음을 계속 소지하고 있음을 기화로 피고의 인장을 도용하여 이 사건 어음의 지급기일을 함부로 변조한 다음 이 사건 소를 제기하기에 이른 것이라고 주장하였다가, ② 위 관련 형사사건에서의 인영감정 결과 이 사건 어음의 지급기일이 정정되는 과정에서 날인된 피고의 인영과 발행인인 피고의 이름 옆에 날인된 피고 명의의 진정한 인영이 동일한 것으로 판명됨으로써 결과적으로 지급기일 정정 부분에 관한 피고의 위조주장이 상당 부분 근거가 없게 된데다가, 오히려 이 사건 어음의 지급기일이 1993. 8. 말경 피고측의 요청에 따라 정당하게 정정된 것이라는 원고의 주장이 점차 설득력이 있는 것으로 드러나게 되자(결국, 피고측은 원고에 대한 사기 부분에 대한 고소를 취소하기에 이르렀고, 원고는 관련 형사사건에서 무혐의처분을 받은 바 있다), 피고는 1993. 1. 26.자 및 같은 해 4. 29.자에 원고에게 이 사건 어음을 발행한 것은 사실이나, 2억 원만을 이 사건 어음발행 당일 차용하였다는 당초 고소장에서의 주장을 번복하여 그 각 발행 당일 원고로부터 금원을 차용한 것은 아니고 과거 원고와의 금전거래과정에서 발생한 미변제금 3억 원에 대한 담보용으로 이 사건 어음을 발행한 것이라고 진술하여 원인관계와 관련하여 상당 정도 원고의 주장에 접근하는 주장을 일시적으로 한 바 있었고, 다만 그 변제주장의 기본 취지만은 계속 고수하여 이 3억 원 중 1억 원은 1993. 8. 16.경 구속될 때까지 피고가 스스로 변제하였으며 나머지 2억 원은 그 이후 자신의 동생인 소외 3이 피고를 대신하여 모두 변제하였다고 주장하였으나, 여전히 구체적인 변제경위에 관하여 별다른 진술을 하지는 못하고 있음은 물론이고 1993. 7.경까지 기존채무를 모두 변제하였다는 변제시기에 관한 종전 주장 또한 번복하였고, ③ 피고의 고소를 대리한 소외 3 역시 피고와 마찬가지의 막연한 변제주장을 하면서도 형인 피고가 원고와 너무 잘 아는 처지라 원고에게 그 변제시에 영수증을 받거나 어음반환을 요구한 바도 없다고 진술하고 있으며, ④ 또 피고는 그 이후의 검찰조사에서는, 피고가 1986. 6.경부터 운영하던 건축사사무실의 운영경비 명목으로 수시로 금전을 차용하는 거래를 해 왔는데 항상 2억 원 정도의 잔존채무가 남아 있는 상태에서 견질용으로 어음을 맡겨 놓고 지급일자가 지나면 새로운 어음으로 대체하는 과정에서 이 사건 어음이 발행된 것이라고 진술하여 다시 종전 주장을 번복하였고, 종전에 피고가 위 심곡동 토지를 매입하여 사업을 추진하는 일이 문제로 되어 처벌받은 형사사건의 조사과정에서 피고는 그 토지의 매입자금 중 일부를 원고로부터 차용한 일이 있었음을 시인한 바 있었음에도(이 점에서 원고의 이 사건 예비적 청구의 주장사실과 부합한다.) 이 사건과 관련된 형사사건에서 이를 부인하는 이유가 무엇인가라는 추궁에 대하여 합당한 해명도 하지 못하고 있는데다가, ⑤ 한편, 피고는 2001. 9. 24.자 제1심 준비서면에서 피고가 피고의 원고에 대한 기존채무의 담보조로 이 사건 어음을 발행한 사실은 인정하면서도 다만 그 원인관계가 무엇인지는 명시적으로 언급하지 아니한 채 피고가 1993. 8. 18. 구속되고 난 이후 지급기일을 연장받은 다음 원고에게 어음금을 모두 변제하였다고 주장한 데 이어 소멸시효 완성, 불공정한 법률행위, 손해배상액 예정에 관한 감액 항변을 하였음도 알 수 있으므로, 피고의 주장 자체에 의하더라도 이 사건 어음에 관한 지급기일 연장시점인 1993. 8. 18.경까지는 이 사건 원인관계상 채무가 여전히 존속하고 있었음을 시인하고 있는 것으로 볼 수 있을 것이다. 위에서 본 바와 같이, 이 사건 및 관련 형사사건을 통하여 한 피고의 주장 자체에 의하더라도 그러한 어음이 발행된 원인관계상으로도 피고가 원고에 대하여 일정한 금전채무를 부담하고 있었음을 시인하고 있는 취지였음이 분명하다는 점, 특히 피고의 변제와 관련된 주장에 일관성도 없을 뿐만 아니라 그 변제에도 불구하고 이 사건 어음 미회수의 이유에 관하여 납득할 만한 설명을 하거나 이를 뒷받침할 만한 아무런 증빙도 제시하지 못하고 있는 점, 나아가 피고의 관련 형사사건에서 채무 완제를 전제로 한 이 사건 약속어음의 지급기일이 원고에 의하여 변조되었다는 주장 역시 사실이 아님도 판명된 점 등 기록에서 나타나는 제반 사정을 두루 고려해 볼 때, 비록 원고가 이 사건 예비적 청구와 관련하여 손해배상약정에 관한 처분문서 등 직접적인 객관적 증빙을 제시하지 못한다고 하더라도, 원고의 이 사건 예비적 청구원인에 관한 일관성 있는 주장과 이에 부합하는 증거들을 피고의 주장만으로 가벼이 배척할 것은 아니라고 할 것이다.

다. 소 결

그럼에도 불구하고, 아무런 합리적인 이유를 설시함도 없이 원고의 이 사건 예비적 청구에 관한 주장에 부합하는 증거들 일체를 배척하여 원고의 이 사건 예비적 청구를 기각한 원심의 사실인정과 판단에는 판결 결과에 영향을 미친 채증법칙 위배로 인한 사실오인의 위법이 있다고 할 것이므로, 이 점을 지적하는 상고이유의 주장은 이유 있다.

3. 결 론

그러므로 원심판결 중 예비적 청구 부분을 파기하고, 이 부분 사건을 다시 심리·판단하게 하기 위하여 원심법원으로 환송하고, 원고의 나머지 상고를 기각하기로 하여 관여 법관의 일치된 의견으로 주문과 같이 판결한다.

대법관   조무제(재판장) 유지담 이규홍(주심) 손지열

[판례 31] 부정수표단속법위반

(대법원 2002. 1. 11. 선고 2001도206 판결)

【판시사항】

[1] 발행일이 백지인 수표의 백지보충권의 소멸시효 기산점 및 소멸시효기간
[2] 백지보충권의 소멸시효가 완성된 후 수표상의 백지부분이 보충되어 지급제시되었으나 지급거절된 경우, 부정수표단속법위반죄의 죄책을 물을 수 있는지 여부(소극)

【판결요지】

[1] 발행일을 백지로 하여 발행된 수표의 백지보충권의 소멸시효는 다른 특별한 사정이 없는 한 그 수표발행의 원인관계에 비추어 발행 당사자 사이에 수표상의 권리행사가 법률적으로 가능하게 된 때부터 진행한다고 보아야 할 것인바, 백지수표의 보충권 행사에 의하여 생기는 채권은 수표금 채권이고, 수표법 제51조에 의하여 수표의 발행인에 대한 소구권은 제시기간 경과 후 6개월간 행사하지 아니하면 소멸시효가 완성되는 점 등을 고려하면, 발행일을 백지로 하여 발행된 수표의 백지보충권의 소멸시효기간은 백지보충권을 행사할 수 있는 때로부터 6개월로 봄이 상당하다.
[2] 백지보충권의 소멸시효가 완성된 다음 수표상의 백지부분을 보충하였다고 하더라도 이는 적법한 보충이라고 할 수 없으므로, 소멸시효기간이 완성된 후 백지수표의 백지부분이 보충되어 지급제시되었다면, 그 수표가 예금부족 또는 거래정지처분 등의 사유로 지급거절되었다고 하더라도, 이에 대하여는 부정수표단속법위반죄의 죄책을 물을 수 없다.

【참조조문】

[1] 수표법 제13조, 제51조[2] 수표법 제13조, 제51조, 부정수표단속법 제2조 제2항

【참조판례】

[1] 대법원 1997. 5. 28. 선고 96다25050 판결(공1997하, 1976)
대법원 2001. 10. 23. 선고 99다64018 판결(공2001하, 2523) /[2] 대법원 2001. 11. 27. 선고 2001도3184 판결(공보불게재)
대법원 2001. 11. 27. 선고 2001도3207 판결(공보불게재)

【전 문】

【피고인】 피고인
【상고인】 검사
【원심판결】 서울지법 2000. 12. 27. 선고 2000노4890 판결

【주 문】

상고를 기각한다.

【이 유】

상고이유를 본다.

원심판결 이유에 의하면, 원심은 그 판시와 같이 발행일이 백지인 이 사건 당좌수표가 발행된 경위와 그 소지인인 공소외인에 의하여 발행일이 '1996. 6. 20.'로 보충되었다가 다시 '1998. 8. 20.'로 가필 정정된 후 1997. 12. 26. 지급제시된 경위 등을 인정한 다음, 그 인정 사실에 터잡아 공소외인은 1996. 6. 20.경 이 사건 수표의 발행일자를 '1996. 6. 20.'로 기재함으로써 피고인으로부터 수여받은 보충권을 행사하였고, 이로써 미완성 상태에 있던 백지수표는 완성되었다고 보아야 할 것인바, 그 후 공소외인이 이 사건 수표를 지급제시하거나 유통시키지 않고 그대로 소지하고 있었다고 하더라도, 위와 같이 일단 발행일자가 기재되어 완성된 수표로 된 후 그 상태로 1년 6개월이 지나서 발행일자를 '1998. 8. 20.'로 정정하는 것까지 당초 수여한 보충권의 범위 내에 있는 것이라고 할 수는 없으므로, 이는 발행일의 변개에 해당하고, 피고인이 이와 같이 발행일을 변개하는 데 동의하였다고 볼 증거가 없으므로, 변개된 발행일에 따라 이 사건 당좌수표에 대한 지급담보책임을 진다고 할 수 없으며, 변개 전의 발행일인 1996. 6. 20.을 기준으로 하여 그 지급제시기간이 지난 1997. 12. 26.에야 지급제시된 이상 이 사건 공소사실은 범죄의 증명이 없는 경우에 해당한다고 판단하였다.

발행일을 백지로 하여 발행된 수표의 백지보충권의 소멸시효는 다른 특별한 사정이 없는 한 그 수표발행의 원인관계에 비추어 발행 당사자 사이에 수표상의 권리행사가 법률적으로 가능하게 된 때부터 진행한다고 보아야 할 것인바(대법원 1997. 5. 28. 선고 96다25050 판결 참조), 백지수표의 보충권 행사에 의하여 생기는 채권은 수표금 채권이고, 수표법 제51조에 의하여 수표의 발행인에 대한 소구권은 제시기간 경과 후 6개월간 행사하지 아니하면 소멸시효가 완성되는 점 등을 고려하면, 발행일을 백지로 하여 발행된 수표의 백지보충권의 소멸시효기간은 백지보충권을 행사할 수 있는 때로부터 6개월로 봄이 상당하다(대법원 2001. 10. 23. 선고 99다64018 판결 참조). 따라서 백지보충권의 소멸시효가 완성된 다음 수표상의 백지부분을 보충하였다고 하더라도 이는 적법한 보충이라고 할 수 없으므로, 소멸시효기간이 완성된 후 백지수표의 백지부분이 보충되어 지급제시되었다면, 그 수표가 예금부족 또는 거래정지처분 등의 사유로 지급거절되었다고 하더라도, 이에 대하여는 부정수표단속법위반죄의 죄책을 물을 수 없다(대법원 2001. 11. 27. 선고 2001도3184 판결, 같은 날 선고 2001도3207 판결 등 참조).

기록에 의하면, 피고인은 1995. 10. 20.경 공소외인에게 액면 4,000만 원으로 된 이 사건 당좌수표를 발행 교부하여 월 3%의 선이자 120만 원을 공제한 3,880만 원을 할인받으면서 수표금을 1개월 후까지 갚지 않으면 발행일을 보충하여 지급제시하라고 하였는데, 피고인이 수표금을 갚지 아니하였는데도 공소외인은 바로 발행일을 보충하지 않고 있다가 그로부터 7개월 뒤인 1996. 6. 20.경 발행일란에 '1996. 6. 20.'이라고 보충기재하고도 지급제시는 하지 않고 그대로 소지하다가 다시 1년 6개월이 지난 1997. 12. 26. 수표상의 발행일란에 기존의 '1996. 6. 20.'의 '6'자를 '8'자로 가필하는 방법으로 '1998. 8. 20.'로 정정하여 그 날 지급제시하였으나 무거래로 지급거절되었음을 알 수 있다.

이러한 사실관계에 의하면, 공소외인으로서는 피고인이 이 사건 수표를 할인하고 나서 1개월이 지난 1995. 11. 20. 이후에는 이 사건 수표에 관한 백지보충권을 행사할 수 있었던 것으로 보이는바, 공소외인은 그로부터 6개월이 경과한 뒤에 백지부분을 보충하였으므로,

피고인이 공소외인에게 새로이 그 보충권을 수여하였다는 등의 다른 사정이 없는 한 이는 백지보충권의 소멸시효가 완성된 후에 백지부분을 보충한 것으로서 적법한 보충이 될 수 없고, 따라서 피고인에게 부정수표단속법위반의 죄책을 물을 수도 없다.
그렇다면 원심의 판단은 앞서 본 법리를 감안하지 않은 것으로 그 이유 설시가 적절치 않지만, 적법한 지급제시가 없다는 이유로 무죄로 판단한 결론은 정당하고, 거기에 발행일이 백지인 수표의 백지보충권 행사에 관한 법리를 오해한 위법이 있다고 볼 수 없다.
이 점을 다투는 상고이유는 받아들이지 아니한다.
그러므로 상고를 기각하기로 하여 관여 법관의 일치된 의견으로 주문과 같이 판결한다.

대법관   윤재식(재판장) 송진훈(주심) 변재승 이규홍

3. 어음의 적법한 소지인이라는 사실의 주장과 증명

어음소지인인 원고가 어음의 발행인인 피고를 상대로 어음금 청구소송을 제기할 경우 원고는 자신이 어음의 적법한 소지인이라는 사실을 청구원인사실로 주장·증명하여야 한다.

어음법이 "어음의 점유자가 배서의 연속에 의하여 그 권리를 증명할 때에는 그를 적법한 소지인으로 추정한다."는 법률상의 권리추정 규정을 두고 있다(어음법 제16조 제1항, 제77조 제1항 제1호).

── 법 령 ──

◆ 어음법
제16조 (배서의 자격 수여적 효력 및 어음의 선의취득) ① 환어음의 점유자가 배서의 연속에 의하여 그 권리를 증명할 때에는 그를 적법한 소지인으로 추정(推定)한다. 최후의 배서가 백지식인 경우에도 같다. 말소한 배서는 배서의 연속에 관하여는 배서를 하지 아니한 것으로 본다. 백지식 배서의 다음에 다른 배서가 있는 경우에는 그 배서를 한 자는 백지식 배서에 의하여 어음을 취득한 것으로 본다.

제77조 (환어음에 관한 규정의 준용) ① 약속어음에 대하여는 약속어음의 성질에 상반되지 아니하는 한도에서 다음 각 호의 사항에 관한 환어음에 대한 규정을 준용한다.
    1. 배서(제11조부터 제20조까지)

가. 배서

(1) 의의와 방식

배서는 어음의 유통을 조장하기 위하여 어음법이 특별히 인정한 간이한 양도방법을 말한다(대법원 1996. 4. 26. 선고 94다9764 판결).

| 판 례 |

[판례 32] 약속어음금

(대법원 1996. 4. 26. 선고 94다9764 판결)

【판시사항】

배서의 연속이 흠결된 어음상 권리의 양도방법 및 그 대항요건에 대한 심리미진을 이유로 원심판결을 파기한 사례

【판결요지】

배서의 연속이 흠결된 어음의 소지인이 어음상 권리를 실질적으로 양수하였음을 인정하여 그 권리행사를 인용한 원심판결을, 단순한 교부만에 의한 양도를 인정하였거나 혹은 어음채무자에 대한 대항요건이 갖추어졌는지 여부를 심리하지 아니한 채 지명채권 양도방식에 의한 양도가 이루어졌다고 인정한 잘못이 있다는 이유로 파기한 사례.

【참조조문】

어음법 제12조 제3항, 제16조, 제77조 제1항 제1호, 민법 제450조 제1항

【참조판례】

대법원 1989. 10. 24. 선고 88다카20774 판결(공1989, 1571)
대법원 1995. 9. 15. 선고 95다7024 판결(공1995하, 3391)
대법원 1995. 9. 29. 선고 94다58377 판결(공1995하, 3605)

【전 문】

【원고, 피상고인】 원고
【피고, 상 고 인】 피고
【원심판결】 서울민사지법 1993. 12. 23. 선고 93나31947 판결

【주 문】

원심판결을 파기하고 사건을 서울지방법원 합의부에 환송한다.

【이 유】

상고이유를 본다.

제1점에 대하여

원심판결을 기록에 대조 검토하여 보면 소외 1이 소외 2로부터 이 사건 어음을 교부받으면서 그 할인대금조로 그 판시의 금원을 지급하였다는 원심의 사실인정은 정당한 것으로 수긍이 가고 거기에 채증법칙 위배로 인한 사실오인의 위법이 있음을 발견할 수 없다. 논지는 이유 없다.

제2점에 대하여

원심판결 이유에 의하면, 원심은 피고가 소외 3에게 액면금, 만기, 수취인 난을 각 백지로 한 이 사건 약속어음 1매를 발행하고, 소외 3은 이를 동업관계에 있던 소외 2에게 백지보충권과 할인권한을 부여하고 교부하여, 소외 2가 이 사건 어음의 액면금과 만기를 기재하고 수취인란도 자신의 명의로 보충한 다음 이를 소외 1로부터 할인받으면서 그 제1배서인란에 날인 없이 서명만 하여 교부하였는데, 소외 1은 그 후 이를 원고에게 배서양도하여 원고가 이 사건 어음의 최종 소지인이 된 사실을 인정한 다음, 소외 2가 한 위 배서는 그 날인이 누락되어 무효이므로 배서의 연속은 형식적으로 흠결되었다 할 것이나 소외 1은 소외 2에게 어음 할인금을 지급하고 이 사건 어음을 교부받음으로써 이 사건 어음상의 권리를 실질적으로 양수받았다 할 것이므로 소외 1로부터 이 사건 어음을 배서양도받은 원고는 이 사건 어음의 적법한 소지인이라고 판단하였다.

배서의 연속에 흠결이 있는 경우 소지인이 실질적인 권리이전 사실을 증명하면 어음상의 권리를 행사할 수 있음은 원심이 인정한 바와 같으나, 원심의 위 판단은 우선 소외 2와 소외 1 간에 이 사건 어음의 교부만으로써 어음상의 권리 양도가 이루어졌다고 인정하는 취지인지 아니면 위 양인 사이에 지명채권 양도방식에 의한 어음상의 권리 이전이 이루어졌다는 취지인지가 불분명하다. 만약에 원심의 취지가 이 사건 어음의 단순 교부만으로 어음상의 권리 양도가 이루어졌다는 것이라면 이는 교부(인도)만으로써 어음상의 권리를 이전할 수 있는 경우를 수취인란이 백지로 된 어음과 기명식 혹은 지시식으로 발행되었으나 최후의 배서가 소지인출급식 또는 백지식으로 배서된 어음에 한정하고 있는 어음법의 규정(제12조 제3항, 제14조 제2항 제3호, 제77조 제1항 제1호)에 반하여 수취인이 기명식으로 되어 있는 어음까지도 단지 교부만으로 양도할 수 있다고 인정하는 것이어서 부당하다.

그리고 원심의 취지를 이 사건 어음이 지명채권 양도방식에 의하여 양도되었다고 인정한 것으로 이해한다 하더라도 약속어음상의 권리를 지명채권 양도방식에 따라 양도함에 있어서는 민법 제450조 제1항 소정의 대항요건을 갖추지 아니하면 어음채무자에게 대항할 수 없는 것 인바(당원 1989. 10. 24. 선고 88다카20774 판결 참조), 만약 이를 요하지 아니한다고 하면 결국 어음의 교부만에 의한 권리 양도를 인정하는 결과가 되어 어음의 간이양도에 관한 어음법의 명문 규정에도 반할 뿐더러 이 사건에서 수취인 소외 2의 배서가 날인이 없어 무효라고 본 원래의 취지는 전혀 몰각되어 간이양도 방법으로서의 배서제도가 최소한으로 갖출 것을 요구하는 형식적 요건도 갖추지 못한 자에 대하여 오히려 그보다 더 간편한 방법으로의 이전을 용인하게 되는 결과가 되고 말 것이다.

그러므로 원심으로서는 소외 1이 이 사건 어음상의 권리를 양수함에 있어 어음채무자인 피고에 대하여 대항요건을 갖추었는지 여부를 심리하였어야 함에도 불구하고 이를 이행하지 아니한 채 곧바로 소외 1에 대하여 어음채무자에게 대항할 수 있는 실질적인 권리의 이전이 있었다고 인정하였으니 원심판결에는 배서의 불연속에 관한 법리를 오해한 위법이 있다는 지적을 면할 수 없을 것이다.

따라서 원심판결에는 이 사건 어음에 대하여 교부만에 의한 양도를 인정하였거나 혹은 채무자에 대한 대항요건이 갖추어졌는지 여부를 심리하지 아니한 채 지명채권 양도방식에 의한 양도가 이루어졌다고 인정한 것이어서 배서 연속의 흠결에 관한 법리를 오해한 위법이 있다. 논지는 이유 있다.

그러므로 원심판결을 파기하고 사건을 다시 심리하도록 원심법원에 환송하기로 하여 관여 법관의 일치된 의견으로 주문과 같이 판결한다.

대법관 이용훈(재판장) 박만호 박준서(주심) 김형선

한편 어음법은 배서금지어음의 경우 지명채권의 양도방식에 의하여 이를 양도할 수 있다고 규정하고 있다(어음법 제11조 제2항, 제77조 제1항 제1호).

──────────── 법 령 ────────────

◆ 어음법

제11조 (당연한 지시증권성) ② 발행인이 환어음에 "지시 금지"라는 글자 또는 이와 같은 뜻이 있는 문구를 적은 경우에는 그 어음은 지명채권의 양도 방식으로만, 그리고 그 효력으로써만 양도할 수 있다.

제77조 (환어음에 관한 규정의 준용) ① 약속어음에 대하여는 약속어음의 성질에 상반되지 아니하는 한도에서 다음 각 호의 사항에 관한 환어음에 대한 규정을 준용한다.
    1. 배서(제11조부터 제20조까지)

| 판 례 |────────────

[판례 33] 약속어음금

(대법원 1989. 10. 24. 선고 88다카20774 판결)

【판시사항】

가. 배서금지어음의 양도방법

나. 배서금지어음의 양수인이 어음보증인의 동의없이 수취인 명의를 변경기재하였으나 대항요건을 갖춘 경우 어음보증인의 양수인에 대한 책임유무(적극)

다. 배서금지문언에 지명채권양도의 방법에 의한 양도를 금지하는 특약이 포함되어 있는지 여부(소극)
라. 지명채권양도 방식에 의한 약속어음 양도에 있어 주채무자인 발행인 외에 어음보증인에 대하여도 별도의 대항요건을 갖추어야 하는지 여부(소극)

【판결요지】

가. 배서금지의 문언을 기재한 약속어음은 양도성 자체까지 없어지는 것이 아니고 지명채권의 양도에 관한 방식에 따라서, 그리고 그 효력으로써 이를 양도할 수 있는 것인데 이 경우에는 민법 제450조의 대항요건(통지 또는 승낙)을 구비하는 외에 약속어음을 인도(교부)하여야 하고 지급을 위하여서는 어음을 제시하여야 하며 또 어음금을 지급할 때에는 이를 환수하게 되는 것이다.
나. 배서금지어음상의 권리를 양도함에 있어 어음보증인의 동의를 얻지 않고 수취인 명의를 변경 기재하였다면 어음보증인에 대한 관계에 있어서는 어음의 변조에 해당하고 그 어음보증인은 변경 기재된 수취인에 대하여 어음보증의 책임은 없는 것이나 그 변경 기재된 수취인이 어음상의 권리를 지명채권양도의 방법으로 양수하여 대항요건을 갖춘 경우에는 보증채무의 수반성에 따라 보증채무를 지게 된다.
다. 약속어음의 배서금지는 양도성 자체를 박탈하는 것은 아니므로 다른 의사표시 없이 배서금지의 문언을 기재한 사실만 가지고서 당연히 그 어음상의 권리를 지명채권양도의 방법으로 양도하는 것을 금지하는 특약이 포함되어 있다고 보아야 하는 것은 아니다.
라. 약속어음상의 권리를 지명채권의 양도에 관한 방식에 따라서 양도함에 있어서는 민법 제450조 제1항 소정의 대항요건을 갖추지 아니하면 어음채무자에게 대항할 수 없다고 할 것이나 주채무자인 발행인에 대하여 그 대항 요건을 갖추었으면 보증인에 대하여 별도의 대항요건(통지, 승낙)을 갖추지 아니하였어도 주된 채권양도의 효력으로써 보증인에 대하여 이를 주장할 수 있다.

【참조조문】

가.나.다.라. 어음법 제77조, 제11조 제2항, 민법 제450조 제1항 나. 어음법 제32조 제1항 나. 제69조

【참조판례】

라. 대법원 1976.4.13. 선고 75다1100 판결

【전 문】

【원고, 피상고인】 럭키소재주식회사 소송대리인 법무법인 한미합동법률사무소 담당변호사 유경희 외 3인
【피고, 상 고 인】 신용보증기금 소송대리인 변호사 이건호
【원심판결】 서울민사지방법원 1988.6.14. 선고 88나201 판결

【주 문】

상고를 기각한다.

상고비용은 피고의 부담으로 한다.

【이 유】

상고이유를 본다.

제1점에 대하여,

배서금지의 문언을 기재한 약속어음은 어음법상의 배서의 방법에 의하여서는 양도할 수는 없는 것이나 배서금지어음이라도 양도성 그 자체까지 없어지는 것은 아니므로 어음법 제77조 제2항, 제11조 제2항에 의하여 지명채권의 양도에 관한 방식에 따라서 그리고 그 효력으로써는 이를 양도할 수 있는 것이고 이 경우에는 민법 제450조의 대항요건(통지 또는 승낙)을 구비하는 외에 약속어음을 인도(교부)하여야 하고 지급을 위하여서는 어음을 제시하여야 하며 또 어음금을 지급할 때에는 이를 환수하게 되는 것이므로 증권과 분리시켜 양도하는 불합리한 결과는 생기지 아니한다고 할 것이다.

그리고 이와 같이 배서금지어음의 어음상의 권리를 양도함에 있어 어음보증인의 동의를 얻지 않고 약속어음의 수취인 명의를 변경 기재하였다면 어음보증인에 대한 관계에 있어서는 어음의 변조에 해당하고 그 어음보증인은 변경 기재된 수취인에 대하여는 어음보증의 책임은 없는 것이나 그 변경기재된 수취인이 어음상의 권리를 지명채권양도의 방법으로 양수하여 대항요건을 갖춘 경우에는 보증채무의 수반성에 따라 어음상의 권리의 양수인(변경기재후의 수치인)에 대하여 보증채무를 지게 되는 것이라고 보아야 할 것이다. 따라서 논지는 이유없다.

제2점에 대하여,

약속어음의 배서금지는 발행인의 수취인에 대한 항변의 유보를 원하거나 배서가 계속되어 상환금액이 증대되는 것을 방지하기 위하여 이용된 제도인 것이지 양도성 자체를 박탈하는 것은 아닌 것이므로 다른 의사표시없이 배서금지의 문언을 기재한 사실만 가지고서 당연히 그 어음상의 권리를 지명채권 양도의 방법으로 양도하는 것을 금지하는 특약이 포함되어 있는 것이라고 보아야 하는 것은 아니라고 할 것이다. 따라서 논지도 이유없다.

제3점에 대하여,

약속어음의 어음상의 권리를 지명채권의 양도에 관한 방식에 따라서 양도함에 있어서는 민법 제450조 제1항에 소정의 대항요건을 갖추지 아니하면 어음채무자에게 대항할 수 없다고 할 것이나 주채무자인 약속어음의 발행인에 대하여 그 대항요건을 갖추었으면 보증인에 대하여 별도의 대항요건(통지, 승낙)을 갖추지 아니하였어도 주된 채권양도의 효력으로써 보증인에 대하여 이를 주장할 수 있다고 할 것이다 (당원 1976.4.13.선고 75다1100 판결 참조).

그런데 원심이 확정한 사실에 의하면, 이 사건 약속어음의 수취인인 소외 대성메탄올은 그 어음상의 권리를 원고에게 양도하고 발행인인 소외 신풍통상은 이를 승낙하여 어음의 수취인란을 원고로 변경기재한 뒤 원고에게 이를 교부하였다는 것인 바, 사실관계가 그와 같다면 위 약속어음의 어음상의 권리의 양도에 대하여 채무자가 이를 승낙한 것이라고 보아야 할 것이므로 이 사건 약속어음의 어음상의 권리의 양도에 관하여는 그 대항요건이 구비되었다 할 것이고 양수인인 원고는 보증인인 피고에게 이를 주장할 수 있다고 할 것이다. 논지도 이유없다.

제4점에 대하여,

원심판결 이유에 의하면, 원심은 피고가 이 사건 약속어음의 어음보증을 한 원인은 소외 신풍통상이 소외 대성메탄올로부터 메탄올을 계속적으로 공급받아 부담하게 될 대금 채무를 담보하기 위한 것이었으므로 원고가 그후 소외 대성메탄올로부터 소외 신풍통상에게 메탄올을 계속적으로 공급하는 거래를 할 지위를 인수하면서 위 소외회사들과의 사이에 이 사건약속어음을 원고의 대금채권에 대한 담보로 전용하기로 하고 그 어음의 수취인란을 원고로 변경기재하였다 하더라도 그 어음보증인인 피고의 승낙이 없는 한 그 어음보증 채무를 소외 신풍통상의 원고에 대한 대금채무의 담보로 할 수 없다는 피고의 주장에 대하여 소외 신풍통상은 1984.6.1. 소외 대성메탄올과의 사이에 메탄올공급계약을 체결하고 메탄올을 계속적으로 공급받아 오던중 피고에게 소외 신풍통상이 위 메탄올 거래로 부담하게 될 대금채무를 담보할 목적으로 소외 대성메탄올에게 발행할 어음상의 채무에 관하여 보증하여 줄 것을 신청하고, 피고는 그 신청을 받아들여 소외 신풍통상이 위 메탄올 거래로 하여 소외 대성메탄올에 대하여 1987.3.27.까지 사이에 부담하게 될 대금채무를 금 80,000,000원을 한도로 담보하기 위하여 이 사건 어음보증을 한 사실과 소외 대성메탄올은 위 물품공급계약에 따라 소외 신풍통상에게 메탄올을 계속적으로 공급하던 중 1986.6.30. 원고에게 영업을 양도하고 소외 신풍통상과의 위 물품공급 계약상의 지위, 그 거래로 이미 발생한 대금채권 및 메탄올공급채무와 위 어음상의 권리 등을 양도하였으며 소외 신풍통상은 이에 동의하였고 원고는 이를 인수하여(이때에 메탄올 잔대금채권은 금 38,788,949 원이었다는 것이다). 위 물품공급계약에 따라 위 담보한도액 범위내에서 계속적으로 메탄올을 공급하여 피고가 한 위 담보의 기한인 1987.3.27. 현재 소외 신풍통상이 부담하게 된 메탄올 잔대금은 위 영업양수이 전후분을 포함하여 금 47,893,000원에 이르게 된 사실이 인정되고 위와 같은 메탄올공급계약 및 그 담보에 있어서 중요한 사항은 공급대상물, 공급기간 및 거래한도액으로 보일뿐 공급자가 누구인가에 따라 피고의 위 메탄올대금채무 담보목적이나 의사에 영향을 줄만한 사정이 엿보이지는 아니하므로 위 메탄올공급계약상의 지위를 양수한 원고가 위 담보기간 동안에 소외 대성메탄올에 이어 소외 신풍통상에게 위 메탄올 공급계약에 따라 메탄올을 공급하고 그 잔대금이 담보한도액 이내인 금 47,893,000원에 이른 이상 위 어음보증인인 피고로서는 원고에게 위 어음금의 지급을 거절할 수는 없다는 이유로 피고의 위 주장을 배척하였는 바, 일건 기록에 비추어 보면 원심의 사실인정은 수긍이 된다.

그리고 사실관계가 그와 같다면 그리고 피고는 신용보증기금법에 의하여 설립된 법인으로서 담보능력이 미약한 기업의 채무를 보증하여 기업의 자금유통을 원활히 함으로써 균형있는 국민경제의 발전에 기여함을 그 목적으로 하는 공익적 성격을 가지는 점(신용보증기금법 제1조 이하)과 어음의 배서금지는 수취인에 대한 항변을 유보하는데 의의가 있고 배서금지의 어음도 별도의 특약이 없으면 자유롭게 양도할 수 있는 것인 점(상고이유 제1,2,3점에 대한 판단참조) 등에 비추어 보면 피고가 소외 신풍통상을 위하여 어음보증을 한 것은 별도의 의사표시가 있었다는 주장, 입증이 없는 이 사건의 경우 반드시 소외 대성메탄올만이 계속 공급자(채권자)가 되어야 하는 것으로 제한하고 그 계속적 공급계약상의 지위의 양도나 인수, 이 공급계약에 터잡아 장래 확정될 메탄올 대금채권의 양도를 금지하고 한 것이라기 보다 는 소외 신풍통상이 메탄올을 구입하는데 장래(1987.3.27.까지)

부담하게 될 대금채무를 일정한 한도(금 80,000,000원)로 근보증하여 그 금액범위내에서의 소외 신풍통상이 메탄올 구입을 원활이 하고저 하는 목적에서 한 것으로서(그러므로 메탄올 공급자가 누구이냐가 반드시 중요한 의미가 있었던 것은 아니라고 본다) 이 사건에 있어서와 같이 공급자인 소외 대성메탄올이 영업을 양도하고 이에 수반하여 원고가 위 대성메탄올의 소외 신풍통상과의 물품공급계약의 계약상의 지위를 인수하는 경우에 있어서는 그 양수인(새로운 공급자)을 위하여서도 신용보증을 하는 의사가 포함되어 있는 것이라고 보는 것이 타당하다고 할 것이므로 원심의 판단은 정당하다고 할 것이다.

그러므로 이 사건의 경우 피고가 기본계약상의 채권자의 변동을 이유로 근보증으로서의 신용보증관계의 종료를 주장할 수 있고 또 그렇게 한 경우라면 몰라도 그렇지 아니하는 한 피고는 원고에 대한 관계에 있어서도 당초의 약정된 시기 (1987.3.27.)까지 신용보증책임을 져야 할 것이며 다만 피고가 원래의 채권자인 소외 대성메탄올에 대하여 어떠한 항변권을 가지고 있다면 이를 원고에게 행사하면 될 것이다.

따라서 반대의 입장에서 원심판결을 비난하는 논지는 이유없다. 이에 상고를 기각하고, 상고비용은 패소자의 부담으로 하여 관여법관의 일치된 의견으로 주문과 같이 판결한다.

대법관　김덕주(재판장) 윤관 배만운 안우만

배서는 어음 자체 또는 이와 결합한 보충지에 하여야 하고 배서인이 기명날인 하여야 한다(어음법 제13조 제1항, 제77조 제1항 제1호).

어음의 앞면에 발행인 이외의 자의 단순한 기명날인이 있는 경우에는 보증을 한 것으로 보기 때문에(어음법 제31조 제3항, 제77조 제3항), 어음의 앞면에 배서를 하는 경우에는 반드시 배서임을 명시하여야 한다.

――――――― 법　령 ―――――――

◆ 어음법

제13조 (배서의 방식) ① 배서는 환어음이나 이에 결합한 보충지[보전]에 적고 배서인이 기명날인하거나 서명하여야 한다.

제14조 (배서의 권리 이전적 효력) ② 배서가 백지식인 경우에 소지인은 다음 각 호의 행위를 할 수 있다.
　1. 자기의 명칭 또는 타인의 명칭으로 백지(白地)를 보충하는 행위
　2. 백지식으로 또는 타인을 표시하여 다시 어음에 배서하는 행위
　3. 백지를 보충하지 아니하고 또 배서도 하지 아니하고 어음을 교부만으로 제3자에게 양도하는 행위

제31조 (보증의 방식) ③ 환어음의 앞면에 단순한 기명날인 또는 서명이 있는 경우에는 보증을 한 것으로 본다. 그러나 지급인 또는 발행인의 기명날인 또는 서명의 경우에는 그러하지 아니하다.

제77조 (환어음에 관한 규정의 준용) ① 약속어음에 대하여는 약속어음의 성질에 상반되지 아니하는 한도에서 다음 각 호의 사항에 관한 환어음에 대한 규정을 준용한다.
   1. 배서(제11조부터 제20조까지)
  ③ 약속어음에 관하여는 보증에 관한 제30조부터 제32조까지의 규정을 준용한다. 제31조제4항의 경우에 누구를 위하여 보증한 것임을 표시하지 아니하였으면 약속어음의 발행인을 위하여 보증한 것으로 본다.

| 판 례 |

[판례 34] 약속어음금

(대법원 1968. 12. 24. 선고 68다2050 판결)

【판시사항】

약속어음을 배서하면서 피배서인을 백지로 한 경우 약속어음 발행인에 대한 그 어음금청구의 적법여부

【판결요지】

약속어음을 배서하면서 피배서인을 백지로 한 경우에 그 어음의 소지인이 어음상의 권리를 행사하려면 반드시 자기를 피배서인으로 기재할 필요는 없고 이를 보충하지 아니한 채로 청구한다 할지라도 적법하다.

【참조조문】

어음법 제77조, 어음법 제13조, 어음법 제16조

【전 문】

【원고, 피상고인】 원고 (소송대리인 변호사 김준원)
【피고, 상 고 인】 피고
【원 판 결】 서울고등법원 1968. 9. 26. 선고: 68나274 판결

【주 문】

이 상고를 기각한다.
상고 비용은 피고의 부담으로 한다.

【이 유】

피고의 상고이유를 본다.

약속어음을 배서하면서 피배서인을 백지로한 경우에 이 어음의 소지인이 이 어음상의 권리를 행사하려면 반드시 자기를 피배서인으로 기재할 필요는 없다. 따라서 이 사건에서 원고가 이른바 백지식으로 소외인으로부터 배서를 받고, 자기 이름을 보충하지 아니한채로 이 사건의 어음상의 청구를 발행인인 피고에게 대하여 청구한다 할 지라도 적법하다할 것이다. 이러한 취지로 판시한 원심판결은 정당하고, 여기에는 백지어음보충의 효력에 관한 법리를 오해한 위법 사유가 없다.

논지는 이와는 다른 입장에서 원판결을 비난하는 것이므로 채용할 수 없다. 그렇다면 이 상고는 그 이유 없는 것이 되므로 기각하기로 하고, 상고 비용은 패소자의 부담으로 한다. 이 판결에는 관여 법관들의 견해가 일치되다.

대법원판사 양회경(재판장) 홍순엽 이영섭 주재황

---

(2) 배서의 효력

(가) 권리이전적 효력

어음상의 권리가 피배서인에게 이전되는 효력을 말한다(어음법 제14조 제1항, 제77조 제1항 제1호).

법 령

◆ 어음법

제14조 (배서의 권리 이전적 효력) ① 배서는 환어음으로부터 생기는 모든 권리를 이전(移轉)한다.

제77조 (환어음에 관한 규정의 준용) ① 약속어음에 대하여는 약속어음의 성질에 상반되지 아니하는 한도에서 다음 각 호의 사항에 관한 환어음에 대한 규정을 준용한다.
   1. 배서(제11조부터 제20조까지)

(나) 자격수여적 효력

배서가 연속되어 있는 어음의 소지인이 어음상의 권리자로 추정되는 효력을 말한다(어음법 제16조 제1항, 제77조 제1항 제1호).

--- 법 령 ---

◆ 어음법

제16조 (배서의 자격 수여적 효력 및 어음의 선의취득) ① 환어음의 점유자가 배서의 연속에 의하여 그 권리를 증명할 때에는 그를 적법한 소지인으로 추정(推定)한다. 최후의 배서가 백지식인 경우에도 같다. 말소한 배서는 배서의 연속에 관하여는 배서를 하지 아니한 것으로 본다. 백지식 배서의 다음에 다른 배서가 있는 경우에는 그 배서를 한 자는 백지식 배서에 의하여 어음을 취득한 것으로 본다.

제77조 (환어음에 관한 규정의 준용) ① 약속어음에 대하여는 약속어음의 성질에 상반되지 아니하는 한도에서 다음 각 호의 사항에 관한 환어음에 대한 규정을 준용한다.
   1. 배서(제11조부터 제20조까지)

(다) 담보적 효력

배서인이 피배서인과 그 후자 전원에 대하여, 환어음의 경우 어음의 인수와 지급을, 약속어음의 경우 어음의 지급을 담보하는 효력을 말한다(어음법 제15조 제1항, 제77조 제1항 제1호)
기한후배서(어음법 제20조, 제77조 제1항 제1호)와 추심위임배서(어음법 제18조, 제77조 제1항 제1호)의 경우에는 배서인이 담보책임을지지 않는다.

--- 법 령 ---

◆ 어음법

제15조 (배서의 담보적 효력) ① 배서인은 반대의 문구가 없으면 인수와 지급을 담보한다.

제20조 (기한 후 배서) ① 만기 후의 배서는 만기 전의 배서와 같은 효력이 있다. 그러나 지급거절증서가 작성된 후에 한 배서 또는 지급거절증서 작성기간이 지난 후에 한 배서는 지명채권 양도의 효력만 있다.
② 날짜를 적지 아니한 배서는 지급거절증서 작성기간이 지나기 전에 한 것으로 추정한다. [전문개정 2010. 3. 31.]

제77조 (환어음에 관한 규정의 준용) ① 약속어음에 대하여는 약속어음의 성질에 상반되

지 아니하는 한도에서 다음 각 호의 사항에 관한 환어음에 대한 규정을 준용한다.
　　1. 배서(제11조부터 제20조까지)

나. 배서의 연속

어음상 배서가 끊이지 않고 연속되어 있는 것을 말한다. 그러므로 배서의 연속이 인정되려면, ① 제1배서의 배서인은 수취인이어야 하고, ② 제2배서 이후의 배서에 있어서는 직전 배서의 피배서인이 직후 배서의 배서인이어야 하고, ③ 최후의 배서가 백지식 배서가 아닌 경우 어음소지인은 최후 배서의 피배서인이어야 하며, 최후의 배서가 백지식인 경우 어음을 소지하고 있기만 하면 된다.

(1) 요건

(가) 배서의 형식적 유효성

| 판 례 |

[판례 35] 약속어음금

(대법원 1999. 3. 9. 선고 97다7745 판결)

【판시사항】

[1] 어음상 권리 이전의 요건으로서의 배서 연속의 의미
[2] 법인의 어음행위 방식
[3] 은행 지점장이 수취인이 은행인 약속어음의 배서인란에 지점의 명판을 찍고 기명을 생략한 채 자신의 사인(사인)을 날인한 경우, 유효한 배서로 볼 수 있는지 여부(소극)

【판결요지】

[1] 어음의 배서 연속은 형식상 존재함으로써 족하고 또 형식상 존재함을 요한다 할 것이므로, 그 배서가 배서의 요건을 모두 갖춘 유효한 배서이어야만 그 어음상의 권리는 적법하게 이전되는 것이며, 그 배서가 배서의 요건을 갖추지 못한 경우에는 그 어음상의 권리는 적법하게 이전될 수 없다.
[2] 법인의 어음행위는 어음행위의 서면성·문언성에 비추어 법인의 대표자 또는 대리인이 그 법인의 대표자 또는 대리권자임을 어음면상에 표시하고 기명날인하는 대리방식에 의하던가, 법인의 대표자로부터 대리권을 수여받고 직접 법인의 대표자 명의로 서명할 수 있는 권한이 주어져 있는 자의 대행방식에 의하여 이루어져야 한다.
[3] 은행 지점장이 수취인이 은행인 약속어음의 배서인란에 지점의 주소와 지점 명칭이

새겨진 명판을 찍고 기명을 생략한 채 자신의 사인(사인)을 날인하는 방법으로 배서한 경우, 그 배서는 행위자인 대리인의 기명이 누락되어 그 요건을 갖추지 못한 무효의 배서이므로 배서의 연속에 흠결이 있다 할 것이다.

【참조조문】

[1] 어음법 제16조, 제77조 제1항[2] 어음법 제16조, 제77조 제1항[3] 어음법 제16조, 제77조 제1항

【참조판례】

[1] 대법원 1995. 6. 9. 선고 94다33156 판결(공1995하, 2375)
대법원 1996. 12. 20. 선고 96다43393 판결(공1997상, 378)
[2] 대법원 1987. 4. 14. 선고 85다카1189 판결(공1987, 775)
[3] 대법원 1973. 12. 26. 선고 73다1436 판결(집21-3, 민243)
대법원 1984. 4. 10. 선고 83다카316 판결(공1984, 881)

【전 문】

【원고, 상 고 인】 원고 (소송대리인 변호사 김덕주 외 1인)
【피고, 피상고인】 롯데쇼핑 주식회사 (소송대리인 변호사 정경철)
【피고보조참가인】 피고보조참가인 은행 (소송대리인 변호사 장수길 외 4인)
【원심판결】 서울고법 1996. 12. 24. 선고 95나32893 판결

【주 문】

상고를 기각한다. 상고비용은 원고의 부담으로 한다.

【이 유】

상고이유를 판단한다.

1. 원심판결의 요지

  가. 원심은 그 증거에 의하여 다음의 사실을 인정하였다.
  (1) 피고는 1992. 10. 30. 참가인 은행의 지점으로부터 금 300억 원의 대출을 받으면서 그 채무를 담보하기 위하여, 각 발행일 1992. 10. 30. 발행지 서울, 지급장소 주식회사 조흥은행 반도지점, 지급기일 1993. 1. 28. 수취인 참가인 은행으로 된 액면금 100억 원권 약속어음 2매[그 중 어음번호 : 어음번호 1 생략 어음을 이 사건 제2어음이라 한다]와 액면금 50억 원권 약속어음 2매[그 중 어음번호 : 어음번호 2 생략 어음을 이 사건 제1어음이라 한다]를 발행하여, 각기 부산투자금융 주식회사의 어음보증을 받아 지점에 교부하였고, 지점은 각 그 표지에 파란색 스탬프로 횡선을 긋고, 담당자들의 결제인을 날인하여 금고에 보관하였다.
  (2) 당시 지점장 소외1은 인천투자금융 주식회사 등에 매도한 양도성예금증서(C.D : Certificate of Deposit, 이하 씨디라고 한다)의 실물을 교부하지 아니하고 보관하고 있음을 이용하여 원고가 알선한 주식회사 대신증권에 이를 이중으로 매도한 후, 그 대금을 개인적으로 유용하는 등으로 변칙적인 거래를 하여 오다가,

만기에 이른 씨디 대금의 지급을 위하여 심한 자금압박을 받게 되자, 그 자금을 마련하기 위하여 평소 거래하던 희성철강 주식회사 등으로부터 빌린 약속어음을 원고에게 할인하는 한편, 1992. 11. 3. 지점의 당좌업무담당 직원 김영표에게 "롯데쇼핑에서 어음을 보여 달라고 하니 이를 가져가서 사본을 만들어 준 후 가지고 오겠다."라고 하며 이 사건 제1, 2어음 등 4매를 달라고 지시하여 그로부터 이를 교부받아 소지하게 되었다.

(3) 소외 1은 1992. 11. 5. 원고에게 이 사건 제1어음을 월 2%의 할인율에 할인하면서, 제1배서란에 배서일을 '1992. 11. 5.'로 기재하고 '서울특별시 중구 명동2가 33의 2 주식회사 한국상업은행 지점'이라고 새겨진 명판을 찍은 다음, 그의 기명은 생략한 채 사인을 날인하여 교부하고, 원고로부터 같은 날부터 같은 달 13.까지 4회에 걸쳐 합계 금 48억 8천 5백만 원의 할인금을 지급받았다.

(4) 소외 1은 1992. 11. 14. 지점에서 발행한 씨디 10억 원권 10매를 원고의 알선으로 주식회사 대신증권에 매도하였음에도 그 발행을 취소하고 재매입하려는 과정에서, 씨디의 이중매매 사실을 알게 된 원고로부터 1992. 10. 30. 할인한 희성철강 주식회사 발행의 액면금 50억 원권 약속어음과 이 사건 제1어음의 변제방법을 추궁받게 되자, 이 사건 제2어음을 이 사건 제1어음과 같이 기명을 누락한 방법으로 배서하여 원고에게 교부하였다.

나. 원심은 위와 같은 사실을 바탕으로 하여 다음과 같은 이유로 원고의 주위적 청구(이 사건 제2어음금 청구)를 기각한 제1심판결을 유지하고, 원심에서 추가된 예비적 청구(이 사건 제1어음금 청구)를 기각하였다.

이 사건 제1, 2어음에 대한 소외 1의 각 배서는 참가인 은행의 대표자인 자연인의 기명이 없는 배서로서 무효이므로 각 그 배서의 연속이 단절되어, 원고는 이 사건 제1, 2어음을 취득하지 못하였고, 그렇지 않다 하더라도 소외 1이 이 사건 제1, 2어음을 임의로 유용한 것인데, ① 원고가 장기간에 걸쳐 씨디 매매의 알선과 어음의 할인 등으로 소외 1의 개인적인 자금거래에 관여한 점, ② 소외 1이 타인으로부터 빌린 희성철강 등의 어음을 개인적인 거래로서 원고에게 할인하였고, 그에 즈음하여 이 사건 제1어음을 할인한 점, ③ 이 사건 제1어음은, 은행이 매출의 대상으로 삼는 상업어음과는 달리 그 표면에 횡선이 그어져 있고 지급보증의 문언이 기재되어 그 유통성에 의문을 가질 수 있는 점, ④ 은행으로부터 상업어음을 매수하고자 하는 자는 은행 창구에 비치된 매입의뢰서를 작성·제출하여, 정하여진 할인율에 따라 그 대금을 지급하고 이를 배서·양도받아, 만기에 지급제시하여 그 어음금을 추심하는 것이 일반적인데, 원고는 이러한 절차를 거치지 아니한 채 시중금리보다 훨씬 높은 할인율에 이 사건 제1어음을 할인하고, 수차에 걸쳐 그 할인대금을 분할하여 지급하였을 뿐만 아니라, 소외 1로부터 참가인 은행 지점의 명판과 그의 사인만이 날인되고 그의 기명이 누락된 상태로 이를 배서·양도받으면서 그 할인금을 참가인 은행이 아닌 소외 1 개인으로부터 변제받기로 한 점, ⑤ 이 사건 제2어음은 소외 1에 의한 금융사고가 우려되는 시점에 원고가 그 정을 알면서 취득하였고, 정상적인 은행거래에서는 있을 수 없는 방식인 이미 할인하여준 어음에 대한 담보로서 취득한 점, ⑥ 원고는 장기간에 걸쳐 씨디 거래의 알선과 어음할인 등의 금융거래에 종사하여 그 실정이나 관행에 상당히 능통한 것으로 보여지는 점 등에 비추어 보면, 이 사건 제1약속어음의 취득은 악의 또는 중과실에 의한 취득에, 이 사건 제2 약속어음의 취득은 악의에 의한 취득에 각 해당하므로, 원고는 어음법 제77조 제1 항 제1호, 제16조 제2항에 의하여 참가인 은행에게 이 사건 제1, 2어음을 각 인도할 의무가 있다 할 것이고, 따라서 이러한 의무를 지고 있는 원고가 피고에 대하여 이 사건 제1, 2어음에 의한 어음금 등의 지급을 구하는 것은 신의법칙상 허용될 수 없으므로, 원고의 주위적 및 예비적 청구는 모두 이유 없다.

2. 판단

어음의 배서 연속은 형식상 존재함으로써 족하고 또 형식상 존재함을 요한다 할 것이므로(대법원 1995. 6. 9. 선고 94다33156 판결 참조), 그 배서가 배서의 요건을 모두 갖춘 유효한 배서이어야만 그 어음상의 권리는 적법하게 이전되는 것이며, 그 배서가 배서의 요건을 갖추지 못한 경우에는 그 어음상의 권리는 적법하게 이전될 수 없는 것이고(대법원 1996. 12. 20. 선고 96다43393 판결 참조), 법인의 어음행위는 어음행위의 서면성·문언성에 비추어 법인의 대표자 또는 대리인이 그 법인의 대표자 또는 대리권자임을 어음면상에 표시하고 기명날인하는 대리방식에 의하던가, 법인의 대표자로부터 대리권을 수여받고 직접 법인의 대표자 명의로 서명할 수 있는 권한이 주어져 있는 자의 대행방식에 의하여 이루어져야 할 것이다(대법원 1987. 4. 14. 선고 85다카1189 판결 참조). 이 사건의 경우 소외 1의 이 사건 제1, 2어음에 대한 배서는 행위자인 대리인의 기명이 누락되어 그 요건을 갖추지 못한 무효의 배서이므로 배서의 연속에 흠결이 있다 할 것이고, 따라서 원고는 실질적인 권리이전 사실을 주장·입증하지 아니하는 이상, 이 사건 제1, 2어음상의 권리를 행사할 수 없다 할 것이다.

같은 취지의 원심판결은 옳고, 거기에 배서의 연속에 관한 법리오해의 위법이 있다 할 수 없으므로 이 점에 관한 상고이유의 주장은 받아들일 수 없고, 나머지 상고이유는 이 사건 제1, 2어음의 배서가 연속됨을 전제로 한 원심판결의 부가적 판단에 관한 것인바, 그 배서의 연속에 흠결이 있음은 앞서 본 바와 같으므로, 더 나아가 판단할 필요 없이 모두 이유 없다.

그러므로 상고를 기각하고, 상고비용은 패소자의 부담으로 하기로 관여 법관의 의견이 일치되어 주문과 같이 판결한다.

대법관　서성(재판장) 박준서 이돈희(주심) 이임수

[판례 36] 약속어음금

(대법원 1974. 9. 24. 선고 74다902 판결)

【판시사항】

약속어음의 배서가 위조되었을 때 이를 선의로 수취한 피배서인이 약속어음의 권리를 행사할 수 있는가의 여부

【판결요지】

약속어음의 배서가 위조된 경우에도 배서의 연속이 흠결된 것이라고 할 수 없으므로 피배서인은 배서가 위조되었는지의 여부에 관계없이 배서의 연속이 있는 약속어음의 적법한 소지인으로 추정되며 다만 발행인은 소지인이 악의 또는 중대한 과실로 취득한 사실을 주장 입증하여 발행인으로서의 어음채무를 면할 수 있을 뿐이다.

【참조조문】

어음법 제77조, 제16조 제1항

【전 문】

【원고, 상 고 인】 원고 소송대리인 변호사 정경철
【피고, 피상고인】 제일합섬주식회사 소송대리인 변호사 강신옥 외 1명
【원 판 결】 서울민사지방법원 1974.5.2. 선고 74나67 판결

【주 문】

원판결을 파기하고, 사건을 서울민사지방법원합의부로 환송한다.

【이 유】

원고소송대리인의 상고이유에 대한 판단,

원심판결이유에 의하면 원심은 그가 들고 있는 증거를 종합하여 피고가 소외 한국포리에스텔 주식회사에게 이 사건 약속어음을 발행하고, 그 수취인인 위 소외 회사는 그의 판매대행회사로서 그와 같은 사무실을 사용하고 있는 소외 코오롱상사주식회사 원사부에 이 사건 약속어음을 보관시키고 있었는데 위 코오롱상사주식회사 원사부 업무과장대리로 있던 소외 1이 위 약속어음을 훔쳐내어 "한국포리에스텔 주식회사 대표이사 사장 소외 2"로 된 고무명판과 대표이사 직인을 위조하여 이 사건 약속어음의 배서인란에 이를 날인하여 원고에게 양도함으로써 원고가 이 사건 약속어음을 소지하게 된 사실을 인정한 다음 이 사건 약속어음은 형식상으로는 그 수취인인 위 한국포리에스텔주식회사로부터 원고에게 배서양도된 것으로 되어 있지만 그 배서는 배서인으로 기재된 자와는 다른 권한없는 제3자에 의하여 위조된 것이므로 이는 무효이고 따라서 원고는 이 사건 약속어음의 적법한 소지인이 될 수 없으므로 원고는 그 약속어음상의 권리를 행사할 수 없다고 판단하고 있다.

그러나 어음법 제77조 동 16조 제1항의 규정에 의하여 보면 약속어음의 점유자가 배서의 연속에 의하여 그 권리를 증명한 때에는 이를 적법한 소지인으로 추정된다고 할 것이고 위 법조에 규정된 배서의 연속이란 그 배서가 형식상 연속되어 있으면 족하고 실질상 유효한 것임을 요하지 아니한다 할 것이므로 배서가 위조된 경우에 있어서도 배서의 연속이 흠결된 것이라고는 할 수 없다고 함이 상당하다 할 것인 바, 원심이 위에서 확정한 사실에 의하면 이 사건 약속어음의 배서는 형식상으로는 연속되어 있고 원고는 그 배서양도에 의하여 이 사건 약속어음을 소지하게 되었다는 것이므로 피배서인인 원고는 그 배서가 위조되었는가의 여부에 관계없이 배서의 연속이 있는 이 사건 약속어음의 적법한 소지인으로 추정된다 할 것이고 다만 이 경우에 발행인은 그 소지인이 악의 또는 중대한 과실로

인하여 동인이 이를 취득한 사실을 주장 입증을 하지 않는 한 발행인으로서의 어음채무를 부담하는 것이라 할 것임에도 불구하고 원심이 다른 적법한 이유의 설시도 없이 이 사건 약속어음의 배서가 위조되었다는 사실만으로 원고가 그 적법한 소지인이 될 수 없다고 단정하여 원고의 청구를 배척하였음은 어음의 배서의 연속에 관한 법리를 오해하여 이유불비의 위법이 있다 할 것이고 이는 판결결과에 영향을 미쳤다 할 것이므로 논지는 이유있고, 원판결은 이 점에 있어서 파기를 면치 못할 것이다.

그러므로 원판결을 파기하고, 사건을 서울민사지방법원합의부에 환송하기로 하여 관여법관의 일치된 의견으로 주문과 같이 판결한다.

대법관 이병호(재판장) 홍순엽 김영세 이일규

[판례 37] 약속어음금

(대법원 1973. 6. 22. 선고 72다2026 판결)

【판시사항】

약속어음의 배서연속의 요건과 소지인의 권리추정

【판결요지】

약속어음의 점유자가 배서의 연속에 의하여 그 권리를 증명하는 때에는 이를 적법한 소지인으로 추정하며 배서의 연속은 오로지 어음의 외관상 배서 연속이 되어 있으면 되는 것이다.

【전 문】

【원고, 피상고인】 원고
【피고, 상 고 인】 피고
【원심판결】 서울민사지방법원 1972.9.29. 선고 72나222 판결

【주 문】

상고를 기각한다.
상고소송비용은 피고의 부담으로 한다.

【이 유】

(1) 피고 소송대리인의 상고이유 제1점을 판단한다.

원판결의 설시 이유를 보면, 원심은 원심증인 소외 1의 증언에 의하여 진정성립이 인정되는 갑제1호증의 기재에 같은 증인의 증언 일부를 종합하여 피고가 1971.6.7. 소외 2에게 액면금 500,000원, 발행지, 지급지 각 서울특별시, 지급처 (주소 생략)으로 된 본건 약속어음 1장을 발행 교부하고 위 소외 2가 1971.7.15. 이것을 원고에게 배서양도하여 원고가 그 소지인이 되었다고 판단하였고, 원심증인 소외 3의 증언은 위 인정사실에 배치되는 것으로 보기 어렵고 위 인정에 배치되는 원심증인 소외 4의 증언은 원심

이 배척한 것으로 못볼 바 아닌데 위 판단과정에 채증법칙을 위배한 위법있음을 단정할 수 없다.
(2) 같은 소송대리인의 상고이유 제2점을 판단한다.

본건 어음의 배서인으로 되어있는 소외 2의 주소가 불확실하다는 사실만으로서는 동 소외인의 허무인이라고 단정할 수 없고 그 밖에 동 소외인이 허무인이라고 인정할 증거가 없음을 전제로하여 원심이 피고가 위 소외 2에 대한 원인채무가 없다는 원인관계에 기한 피고의 항변을 배척한 조처에 위법임을 찾아볼 수 없으며 또 약속어음의 점유자가 배서의 연속에 의하여 그 권리를 증명하는 때에는 이를 적법한 소지인으로 추정하게 되어있고 배서의 연속은 오로지 어음의 외관상 배서 연속이 되어 있으면 되는 것이며 중간에 허무인이 배서인으로 개재 하더라도 무방한 바이니(더구나 원심은 위 소외 2이 허무인이 아님을 전제로 하고 있고 또 본건 약속어음의 수취인 소외 2와 배서인인 소외 2가 다른 사람 이라는 주장도 근거없는 독자적인 주장이다) 원심의 위 판단에 위법 있다 할 수 없다.
(3) 그렇다면, 논지들은 증거의 취사판단과 사실인정에 관한 원심의 전권사항을 비난하는데 지나지 않거나 독자적인 견해에 지나지 아니하여 논지는 모두 이유 없으므로 상고를 이유없다 하여 기각하기로 하고 소송비용은 패소자의 부담으로 하여 관여법관의 일치된 의견으로 주문과 같이 판결한다.

대법관 민문기(재판장) 홍순엽 임항준 안병수

(나) 배서의 형식적 연속성

| 판 례 |

[판례 38] 약속어음금

(대법원 1995. 6. 9. 선고 94다33156 판결)

【판시사항】

가. 어음의 배서 연속의 판단 기준
나. 수취인을 "갑"으로 하여 발행된 어음의 제1 배서인이 "주식회사 갑대표이사 을"인 경우, 배서의 연속을 인정한 사례

【판결요지】

가. 어음의 배서 연속은 형식상 존재함으로써 족하고 또 형식상 존재함을 요한다.
나. 수취인을 "갑"으로 하여 발행된 약속어음의 제1 배서인이 "주식회사 갑 대표이사 을"

이라면 양자의 표시는 형식적으로 동일인이라고 인정함이 상당하고, 따라서 이 약속어음의 배서는 연속되어 있다고 본 사례.

【참조조문】

어음법 제16조 제1항, 제77조 제1항 제1호

【참조판례】

가. 대법원 1971.4.30. 선고 71다455 판결(집19①민409)
1973.6.22. 선고 72다2026 판결(집21②민84)

【전 문】

【원고, 상 고 인】 주식회사 한미은행
【피고, 피상고인】 합자회사 풍산건업의 소송수계인 풍산미래산업주식회사
【원심판결】 대전지방법원 1994.5.25. 선고 92나7083 판결

【주 문】

원심판결을 파기하고, 사건을 대전지방법원 합의부에 환송한다.

【이 유】

원고의 상고이유에 대하여 판단한다.

원심판결 이유에 의하면, 원심은 피고(합병 전의 합자회사 풍산건업을 말한다. 이하 같다)는 1992.3.28. 소외인에게 액면 금 20,000,000원, 지급기일 같은 해 7.10. 지급지 대전, 지급장소 국민은행 대전 유천동지점, 수취인 소외 한국상사로 된 약속어음 1매를 발행하였고, 소외 주식회사 한국상사 대표이사 소외인은 같은 날 원고 은행 대전지점을 피배서인으로 하여, 원고 은행 대전지점은 같은 해 4.1. 소외 한국은행 대전지점을 피배서인으로 하여 각 지급거절증서 작성의무 면제하에 배서를 한 사실, 위 한국은행 대전지점은 지급기일에 위 약속어음을 지급장소인 위 국민은행 대전 유천동지점에 지급제시하였으나 피사취를 이유로 지급거절되었고 이에 원고는 위 한국은행 대전지점에 위 약속어음금을 지급하고 이를 환수한 사실, 위 소외인은 위 한국상사라는 상호로 철근도매업을 경영하였는데 평소 한국상사라 함은 위 소외인 개인을 지칭하였으며 피고가 위 어음을 발행할 당시 위 소외인이 수취인을 주식회사 한국상사라고 기재하여 달라고 요청하였으나 피고는 이를 거절하고 한국상사라고 기재하였고 그 후에도 위 소외인으로부터 "주식회사"의 기재가 누락되어 할인을 하기가 어려우니 이를 삽입하여 달라는 요청을 받았으나 거절한 사실을 각 인정한 다음, 위 인정사실에 의하면 이 사건 약속어음의 수취인인 한국상사라 함은 개인 소외인을 지칭하는 것으로 보아야 할 것이고 제1 배서인 주식회사 한국상사 대표이사 소외인은 법인인 위 회사를 의미하는 것이므로 그 동일성이 인정된다고 할 수 없어 위 약속어음은 수취인과 제1배서인 사이의 배서의 연속이 흠결되었다고 할 것이며 따라서 위 소외인과 위 주식회사 한국상사간의 실질적인 권리승계 사실에 관한 주장 입증이 없는 이상 원고는 위 어음상의 권리를 행사할 수 없다는 이유로 원고의 이 사건 어음금청구를 배척하였다.

그러나. 어음의 배서연속은 형식상 존재함으로써 족하고 또 형식상 존재함을 요한다고 할 것인바 이 사건 약속어음의 수취인란과 제1 배서인란의 각 기재가 원심이 확정한 바와 같다면 양자의 표시는 형식적으로 동일인이라고 인정함이 상당하다 할 것이고, 따라서 이 사건 약속어음의 배서는 연속되어 있다고 보아야 할 것이다.

그럼에도 불구하고 원심은 그 판시와 같은 이유로 이 사건 약속어음은 배서의 연속이 없다고 판단하였으니 원심판결에는 배서의 연속에 관한 법리를 오해한 위법이 있다 할 것이고, 이와 같은 위법은 판결에 영향을 미친 것임이 명백하므로 이 점을 지적하는 논지는 이유가 있다.

그러므로 나머지 상고이유에 대한 판단을 생략한 채 원심판결을 파기하여 사건을 원심법원에 환송하기로 관여 법관의 의견이 일치되어 주문과 같이 판결한다.

대법관 신성택(재판장) 천경송 안용득(주심) 지창권

[판례 39] 약속어음금

(대법원 1995. 2. 24. 선고 94다41973 판결)

【판시사항】

배서의 연속에 관하여 말소된 배서는 존재하지 아니하는 것으로 보는지 여부

【판결요지】

말소된 배서는, 그 말소가 권한있는 자에 의하여 행하여진 것인지 여부나 그 방법 시기에 관계없이, 배서의 연속에 관하여는 존재하지 아니하는 것으로 보는 것이다.

【참조조문】

어음법 제16조 제1항, 제77조 제1항

【참조판례】

대법원 1964.5.12. 선고 63아55 판결(집12①민67)

【전 문】

【원고, 피상고인】 원고 소송대리인 홍익법무법인 담당변호사 김정규 외 7인
【피고, 상 고 인】 예수교 대한성결교회 만민중앙교회 소송대리인 법무법인 한국종합법률사무소 담당변호사 이국헌
【원심판결】 서울민사지방법원 1994.7.7. 선고 93나42503 판결

【주 문】

상고를 기각한다.
상고비용은 피고의 부담으로 한다.

【이 유】

상고이유를 본다.
제1점에 대하여
이 사건 기록을 검토하여 보면, 원심이, 피고 교회와 소외 신애전자 주식회사 사이의 판시 매매계약은 위 신애전자가 경매신청을 취하시키는 등의 방법을 통하여 피고 교회로 하여금 판시 부동산을 취득할 수 있게 하여 주는 것을 조건으로 체결한 것이고, 판시 금 4,000,000,000원의 지급약정 역시 위 매매계약이 유효함을 전제로 한 것이라는 피고의 주장에 대하여, 이에 부합하는 을제9호증의 기재와 제1심 증인 소외 1의 일부 증언을 믿기 어렵고 달리 이를 인정할 증거가 없다면서 위 주장을 배척한 조치는 정당한 것으로 수긍이 가고 거기에 소론과 같이 채증법칙을 위배하였거나 심리를 다하지 아니한 위법이 있다고 할 수 없다.
또한 논지가 들고 있는 을제1,4,5호증은 피고의 위와 같은 주장을 인정할만한 증거가 아니므로, 원심이 이에 대하여 아무런 판단을 하지 아니하였다고 하여 판단을 유탈한 것이라고 볼 수 없다. 논지는 이유 없다.
제2점에 대하여
원심판결 이유에 의하면, 원심은 거시 증거에 의하여 원심 공동피고 소외 2가 1990. 12. 23. 피고 교회에게 이 사건 약속어음을 발행한 사실, 피고 교회의 장로인 위 소외 3은 위 교회건물 신축사업의 건축위원장 직책을 맡고 있었던 관계로 피고 교회의 대표자인 소외 4로부터 권한을 위임받아 피고 교회의 대리인의 지위에서 위 약속어음을 ○○○○선교회에 배서양도하였는데, 그 배서를 함에 있어서 피고 교회의 명칭 및 대표자인 위 소외 4가 표시된 명판을 찍고 이어 "건축위원장 소외 3"이라고 기재한 다음 위 소외 3의 인장을 날인한 사실, 원고는 위 ○○○○선교회로부터 위 약속어음을 배서양도받았는데, 위 약속어음의 이면의 배서인란 중 당초의 제2배서인란 이하의 배서부분은 부전지를 붙이는 방식에 의하여 말소되어 있는 사실을 인정한 다음, 위 제1배서는 위 소외 3이 피고 교회의 대리인으로서 본인인 피고 교회를 위하여 어음행위를 한다는 것을 인식할 수 있을 정도로 그 대리관계를 표시하였다고 볼 것이므로 수취인과 제1배서인 사이에는 배서의 연속이 있고, 또한 제1 피배서인과 제2배서인 사이에도 동일성도 인정되어 위 약속어음은 수취인인 피고 교회로부터 제2 피배서인인 원고에 이르기까지 그 배서가 연속되어 있다고 판단하였는 바, 관계증거를 기록과 대조하여 검토하여 보면 원심의 위와 같은 인정 및 판단은 정당한 것으로 수긍이 간다.
말소된 배서는, 그 말소가 권한있는 자에 의하여 행하여진 것인지 여부나 그 방법 시기에 관계없이, 배서의 연속에 관하여는 존재하지 아니하는 것으로 보는 것이다.
따라서 원심판결에는 소론과 같이 채증법칙을 위배하였거나 배서의 연속이나 배서의 말소에 관한 법리를 오해한 위법이 있다고 할 수 없다. 논지도 이유 없다.
제3점에 대하여
이 사건 기록을 검토하여 보면, 원고는 이 사건 약속어음을 지급제시기간이 경과하여 지급거절된 이후에 취득하였다는 피고의 주장을 배척한 원심의 조치 또한 정당한 것으로 인정되고, 거기에 소론과 같은 심리미진 및 채증법칙을 위배한 위법이 있다고 할 수 없다. 논지 역시 이유 없다.
제4점에 대하여

이 사건 기록을 검토하여 보아도, 원고를 피배서인으로 하는 배서가 소송행위를 목적으로 하는 숨은 추심위임배서라는 점을 인정할 아무런 증거가 없으므로, 설사 원심이 이에 대하여 아무런 판단을 하지 아니하였다고 하여도 판결 결과에 영향을 미치지 않는 것이고, 따라서 원심판결에는 소론과 같은 위법이 있다고 할 수 없다. 논지 또한 이유 없다.

그러므로 상고를 기각하고 상고비용은 패소자의 부담으로 하기로 하여 관여 법관의 일치된 의견으로 주문과 같이 판결한다.

대법관 이용훈(재판장) 박만호 박준서(주심) 김형선

다. 배서의 불연속

| 판 례 |

[판례 40] 약속어음금

(대법원 1995. 9. 15. 선고 95다7024 판결)

【판시사항】

가. 어음 배서의 형식상 연속이 끊긴 경우, 어음상 권리의 행사 방법
나. 개인 명의의 배서 후에 그를 대표자로 하는 법인 명의의 배서가 이루어 진 사안에서, 배서의 실질적 연속을 인정한 사례

【판결요지】

가. 어음에 있어서의 배서의 연속은 형식상 존재함으로써 족하고 또 형식상 존재함을 요한다 할 것이나, 형식상 배서의 연속이 끊어진 경우에 딴 방법으로 그 중단된 부분에 관하여 실질적 관계가 있음을 증명한 소지인이 한 어음상의 권리행사는 적법하다.
나. 개인 명의의 배서 후에 그를 대표자로 하는 법인 명의의 배서가 이루어진 사안에서, 배서의 실질적 연속을 인정한 사례.

【참조조문】

어음법 제16조 제1항, 제77조 제1항 제1호

【참조판례】

가.나. 대법원 1969.12.9. 선고 69다995 판결(집17④민134)
1973.6.22. 선고 72다2026 판결(집21②민84)
1995.6.9. 선고 94다33156 판결(공1995하,2375)

【전 문】

【원고, 피상고인】 원고
【피고, 상 고 인】 피고 소송대리인 변호사 김교창
【원심판결】 서울민사지방법원 1994.12.8. 선고 94나17115 판결

【주 문】

상고를 기각한다.
상고비용은 피고의 부담으로 한다.

【이 유】

소송대리인의 상고이유를 판단한다.

1. 상고이유 제1점에 대하여

　　어음에 있어서의 배서의 연속은 형식상 존재함으로써 족하고 또 형식상 존재함을 요한다 할 것이나(대법원 1995.6.9. 선고 94다33156 판결 참조), 형식상 배서의 연속이 끊어진 경우에 딴 방법으로 그 중단된 부분에 관하여 실질적 관계가 있음을 증명한 소지인이 한 어음상의 권리행사는 적법하다 할 것이다(대법원 1969.12.9. 선고 69다995 판결 참조).

　　원심판결 이유에 의하면 원심은, 그 판시와 같은 사실을 인정한 다음, 이 사건 각 약속어음의 배서에 있어 전 배서의 피배서인 "피고"와 다음 배서의 배서인 "주식회사 우전상사 대표이사 피고"의 기재나 전 배서의 피배서인 "소외인"과 다음 배서의 배서인 "주식회사 우전상사 대표이사 소외인"의 기재는 형식상 동일성이 인정되지 아니하여 형식상 그 배서의 연속은 없으나, 소외인이 피고의 승낙을 얻어 상호를 "우전상사", 대표자를 피고 명의로 하여 사업자등록을 하고 그 명의를 사용하여 영업을 하면서 거래처와의 관계에 있어서 피고 또는 위 소외인의 명칭을 실재하지도 아니하는 "주식회사 우전상사 회장 피고" 또는 "대표이사 소외인"으로 사용하여 온 점 등에 비추어 이 사건 각 약속어음의 배서에 배서인을 "주식회사 우전상사 대표이사 피고" 또는 "대표이사 소외인"이라고 기명·날인하여 한 위 각 배서는 피고 또는 소외인 개인을 표시하는 것이라고 봄이 상당하므로 이 사건 각 약속어음의 배서는 개인 명의로 연속된다고 판단하였는바, 이를 기록과 대조하여 살펴보면 원심의 위와 같은 판단은 옳다고 여겨지고 거기에 상고이유의 주장과 같은 배서의 연속에 관한 법리오해의 위법이 있다고 할 수 없다.

2. 상고이유 제2점에 대하여

　　원심판결 이유에 의하면 원심은, 피고 명의의 배서가 위 소외인에 의하여 위조된 것이어서 피고에게는 배서인으로서의 책임이 없다는 피고의 주장에 대하여, 피고가 금융피규제자로서 어음행위가 금지되어 있던 소외인에게 자신의 명의로 사업자등록을 하여 주고 영업을 허락한 점과 피고는 그 후 이 사건 각 약속어음이 지급거절되는 등 위 우전상사와 관련된 어음이 부도나자 같은 해 8.경 폐업신고를 하고 관할세무서에 밀린 세금도 납부한 사실을 피고가 자인하고 있는 점에 비추어 보면 피고는 소외인에게 영업상 필요한 경우 피고 명의로 어음행위를 할 권한까지 수여한 사실을 인정할 수 있다고 판시함으로써 소외인이 한 피고 명의의 위 각 배서는 소외인이 피고로부터 권한을 수여받아 적법하게 행한 것이라고 판단하여 피고의 위 주장을 배척하였는바, 이를 기록과

대조하여 살펴보면 원심의 위와 같은 사실 인정과 판단은 옳다고 여겨지고 거기에 상고이유의 주장과 같은 채증법칙을 위배하여 사실을 오인한 위법이나 배서의 위조에 관한 법리오해의 위법이 있다고 할 수 없다.
3. 그러므로 상고를 기각하고 상고비용은 패소자의 부담으로 하기로 관여 법관들의 의견이 일치되어 주문과 같이 판결한다.

대법관   박만호(재판장) 박준서 김형선(주심) 이용훈

라. 수표의 적법한 소지인

법 령

◆ **수표법**

제14조 (당연한 지시증권성) ① 기명식 또는 지시식의 수표는 배서(背書)에 의하여 양도할 수 있다.

제19조 (배서의 자격 수여적 효력) 배서로 양도할 수 있는 수표의 점유자가 배서의 연속에 의하여 그 권리를 증명할 때에는 그를 적법한 소지인으로 추정(推定)한다. 최후의 배서가 백지식인 경우에도 같다. 말소한 배서는 배서의 연속에 관하여는 배서를 하지 아니한 것으로 본다. 백지식 배서의 다음에 다른 배서가 있는 경우에는 그 배서를 한 자는 백지식 배서에 의하여 수표를 취득한 것으로 본다. [전문개정 2010. 3. 31.]

제20조 (무기명식 수표의 배서) 소지인출급의 수표에 배서한 자는 상환청구(償還請求)에 관한 규정에 따라 책임을 진다. 그러나 이로 인하여 그 수표가 지시식 수표로 변하지 아니한다. [전문개정 2010. 3. 31.]

제21조 (수표의 선의취득) 어떤 사유로든 수표의 점유를 잃은 자가 있는 경우에 그 수표의 소지인은 그 수표가 소지인출급식일 때 또는 배서로 양도할 수 있는 수표의 소지인이 제19조에 따라 그 권리를 증명할 때에는 그 수표를 반환할 의무가 없다. 그러나 소지인이 악의 또는 중대한 과실로 인하여 수표를 취득한 경우에는 그러하지 아니하다. [전문개정 2010. 3. 31.]

배서가 있는 소지인출급식 수표 역시 교부에 의하여 양도되고, 소지만으로 정당한 권리자로 추정된다.

마. 어음의 소지

어음은 제시증권이자 상환증권이므로(어음법 제77조 제1항 제3호, 제38조, 제39조), 어음을 소지하지 않으면 어음상의 권리를 행사할 수 없는 것이 원칙이다.

─────────────── 법 령 ───────────────

◇ 어음법

제38조 (지급 제시의 필요) ① 확정일출급, 발행일자 후 정기출급 또는 일람 후 정기출급의 환어음 소지인은 지급을 할 날 또는 그날 이후의 2거래일 내에 지급을 받기 위한 제시를 하여야 한다.
② 어음교환소에서 한 환어음의 제시는 지급을 받기 위한 제시로서의 효력이 있다.
③ 소지인으로부터 환어음의 추심을 위임받은 금융기관(이하 이 장에서 "제시금융기관"이라 한다)이 그 환어음의 기재사항을 정보처리시스템에 의하여 전자적 정보의 형태로 작성한 후 그 정보를 어음교환소에 송신하여 그 어음교환소의 정보처리시스템에 입력되었을 때에는 제2항에 따른 지급을 받기 위한 제시가 이루어진 것으로 본다.
[전문개정 2010. 3. 31.]

제39조 (상환증권성 및 일부지급) ① 환어음의 지급인은 지급을 할 때에 소지인에게 그 어음에 영수(領受)를 증명하는 뜻을 적어서 교부할 것을 청구할 수 있다.
② 소지인은 일부지급을 거절하지 못한다.
③ 일부지급의 경우 지급인은 소지인에게 그 지급 사실을 어음에 적고 영수증을 교부할 것을 청구할 수 있다. [전문개정 2010. 3. 31.]

제77조 (환어음에 관한 규정의 준용) ① 약속어음에 대하여는 약속어음의 성질에 상반되지 아니하는 한도에서 다음 각 호의 사항에 관한 환어음에 대한 규정을 준용한다.
   1. 배서(제11조부터 제20조까지)

| 판 례 |

[판례 41] 부당이득금

(대법원 2016. 10. 27. 선고 2016다235091 판결)

【판시사항】

[1] 어음상의 권리를 행사하기 위하여 어음을 소지하여야 하는지 여부(원칙적 적극) 및 이는 회생절차에 참가하기 위하여 어음채권을 회생채권으로 신고하는 경우에도 마찬가지인지 여부(적극)
[2] 증서를 횡령당한 경우, 증권이나 증서의 무효선언을 위한 공시최고를 신청할 수 있는지 여부(소극)

【판결요지】

[1] 회생채권에 관하여는 개별적인 권리실현이 금지되는 반면 회생채권자는 그가 가진 회생채권으로 회생절차에 참가할 수 있고(채무자 회생 및 파산에 관한 법률 제133조 제1항), 회생절차에 참가하기 위해서는 회생채권자 목록에 기재되거나(같은 법 제147조 제1항, 제2항 제1호) 법원이 정하는 신고기간 안에 회생채권의 내용 및 원인 등을 법원에 신고하고 증거서류 등을 제출하여야 한다(같은 법 제148조 제1항). 그런데 어음은 제시증권, 상환증권이므로(어음법 제38조, 제39조) 어음을 소지하지 않으면 어음상의 권리를 행사할 수 없는 것이 원칙이고, 이는 회생절차에 참가하기 위하여 어음채권을 회생채권으로 신고하는 경우에도 마찬가지이다.
[2] 증권이나 증서의 무효선언을 위한 공시최고의 신청권자는 증권 또는 증서를 도난당하거나 증서를 분실·멸실한 사람이므로(민법 제521조, 민사소송법 제492조 제1항), 증서를 횡령당한 경우에는 공시최고를 신청할 수 없다.

【참조조문】

[1] 채무자 회생 및 파산에 관한 법률 제133조 제1항, 제147조 제1항, 제2항 제1호, 제148조 제1항, 어음법 제38조, 제39조 [2] 민법 제521조, 민사소송법 제492조 제1항

【전 문】

【원고, 상 고 인】 주식회사 미래디앤씨 (소송대리인 법무법인 신천 담당변호사 김순부 외 1인)
【피고, 피상고인】 피고 (소송대리인 변호사 나봉수)
【원심판결】 서울고법 2016. 6. 9. 선고 2015나2033722 판결

【주 문】

상고를 기각한다. 상고비용은 원고가 부담한다.

【이 유】

상고이유를 판단한다.

1. 원심이 인용한 제1심판결 이유와 기록에 의하면 다음의 사실을 알 수 있다.
   가. 회생절차개시 전 삼능건설 주식회사(이하 '삼능건설'이라고 한다)는 2009. 2.경 원고에게 분양대행 수수료 명목으로 원고를 수취인으로 하는 액면 9억 원의 약속어음(이하 '이 사건 어음'이라고 한다)을 발행하였다.
   나. 삼능건설에 대하여 2009. 5. 6. 회생절차개시결정이 내려지자, 원고는 2009. 6. 23. 이 사건 어음 사본을 첨부하여 어음금 9억 원(이하 '이 사건 어음금'이라고 한다)을 회생채권으로 신고하였고, 원고의 자금집행 담당이사로서 이 사건 어음을 수령, 보관하고 있던 소외 1도 그 원본을 이용하여 2009. 7. 2. 이 사건 어음금의 권리자로 회생채권 신고를 하였다.
   다. 회생법원은 이 사건 어음 원본의 소지인인 소외 1을 회생채권자로 인정하여 회생채권자표에 기재하였고, 2009. 12. 2. 인가된 회생계획에 의하면, 이 사건 어음금 채권 9억 원에 대하여는 소외 1에게 총 4억 500만 원을 변제하되, 2010년부터 2012년까지 500만 원씩, 2013년부터 2017년까지 7,800만 원씩 매년 12. 30.에 변제하는 것으로 권리의 내용이 변경되었다(이하 '이 사건 회생채권'이라고 한다).
   라. 피고는 2010. 9. 13. 소외 1에 대한 확정판결에 기한 채권을 청구채권으로 하여, 소외 1의 회생채무자 삼능건설 주식회사의 관리인 소외 2(이하 '관리인 소외 2'라고 한다)에 대한 이 사건 회생채권에 관하여 압류 및 전부명령을 받아 그 무렵 위 결정이 확정되었고, 그에 따라 피고는 2010년부터 2013년까지 관리인 소외 2로부터 이 사건 회생채권에 대한 변제금 9,300만 원을 지급받았다.
   마. 한편 소외 1은 원고로부터 이 사건 어음의 반환을 요구받고도 회생법원에 이 사건 어음금의 권리자인 것처럼 회생채권 신고서를 제출하여 이 사건 어음을 횡령하였다는 특정경제범죄 가중처벌 등에 관한 법률 위반죄로 기소되어 제1심에서 2013. 12. 27. 유죄판결을 선고받고, 2014. 5. 29. 항소가 기각됨으로써 그 무렵 위 판결이 확정되었다.
2. 원심은 위와 같은 사실관계를 토대로, 원고가 이 사건 어음을 소지하고 있다거나 이 사건 어음에 관하여 제권판결을 받았다고 인정할 증거가 없는 이상, 소외 1이 이 사건 어음을 횡령하였다는 사정만으로는 이 사건 어음을 소지하지 않고 제권판결을 받지도 않은 원고가 이 사건 어음의 발행인인 삼능건설이나 관리인 소외 2에 대하여 이 사건 어음의 권리자임을 주장할 수는 없다고 판단하였다. 그에 따라, 이 사건 회생채권의 정당한 채권자가 원고라고 주장하면서 그 확인을 구하고, 아울러 피고가 수령한 변제금 상당의 부당이득반환을 구하는 원고의 청구를 배척하였다.
3. 상고이유 제1점에 대하여
   이 부분 상고이유 주장은, 약속어음금 채권을 회생채권으로 신고할 때에는 약속어음 원본이나 제권판결 등본을 제출할 필요가 없고, 회생채권으로 신고한 약속어음금 채권의 귀속을 둘러싸고 분쟁이 있고 회생채권 신고 후에 진정한 약속어음금 채권자가 판명된 경우 무권리자가 한 회생채권의 신고는 권리자에 대한 관계에서도 그 효력이 인정되므로(대법원 2003. 9. 26. 선고 2002다62715 판결), 소외 1이 이 사건 어음금의 권리자로서 한 회생채권 신고는 원고에 대한 관계에서도 유효하다는 취지이다.
   그러나 회생채권에 관하여는 개별적인 권리실현이 금지되는 반면 회생채권자는 그가 가진 회생채권으로 회생절차에 참가할 수 있고(채무자 회생 및 파산에 관한 법률 제133조 제1항), 회생절차에 참가하기 위해서는 회생채권자 목록에 기재되거나(같은 법 제147조 제1항, 제2항 제1호) 법원이 정하는 신고기간 안에 회생채권의 내용 및 원인 등을 법원에 신고하고 그 증거서류 등을 제출하여야 한다(같은 법 제148조 제1항). 그런데 어음은 제시증권, 상환증권이므로(어음법 제38조, 제39조) 어음을 소지하지 않으면 그 어음상의 권리를 행사할 수 없는 것이 원칙이고, 이는 위와 같이 회생절차에 참가하기 위하여 어음채권을 회생채권으로 신고하는 경우에도 마찬가지이다.

따라서 원고가 이 사건 어음금 채권을 회생채권으로 신고할 때 이 사건 어음 원본을 제출할 필요까지는 없다고 하더라도 이 사건 어음상의 권리행사로서 이 사건 어음금 채권을 회생채권으로 신고하고 회생절차에 참가하기 위해서는 이 사건 어음을 소지하고 있어야 하는데, 원고가 회생채권 신고 당시 이 사건 어음을 소지하고 있지 않았음은 앞서 본 바와 같고, 그 이후로도 원고가 이 사건 어음을 소지하게 되었다는 등의 정황은 없다. 또한 원고는 이 사건 어음의 원인관계상의 채권을 주장하는 것이 아니라 어음금 채권을 주장하면서도 이 사건 어음을 소지하고 있지 않은 이상, 소외 1이 이 사건 어음을 횡령하였다는 사정만으로 원고가 삼능건설이나 관리인 소외 2에 대한 관계에서 이 사건 어음상의 권리자로 되는 것도 아니다.

결국 이 부분 상고이유 주장은 이유 없고, 상고이유에서 들고 있는 대법원판례는 이 사건과 사안을 달리하는 것이어서 여기에 원용하기에 적절하지 아니하다.

4. 상고이유 제2점에 대하여

이 부분 상고이유 주장은, 피고는, 원고가 제권판결을 받지 않아 어음상의 권리를 행사할 수 없다고 주장한 적이 없음에도 원심이 그 주장하지 않은 사유를 들어 원고의 청구를 배척하는 등 변론주의 원칙에 위반하였고, 그와 관련한 석명권을 제대로 행사하지 아니하고 심리를 다하지 않은 잘못이 있다는 취지이다.

증권이나 증서의 무효선언을 위한 공시최고의 신청권자는 증권 또는 증서를 도난당하거나 증서를 분실·멸실한 사람이므로(민법 제521조, 민사소송법 제492조 제1항), 증서를 횡령당한 경우에는 공시최고를 신청할 수 없다. 따라서 원심이 원고가 이 사건 어음에 관하여 제권판결을 받지 않았다는 이유를 들어 원고의 주장을 배척한 것은 잘못이고, 또한 피고가 원심 변론종결 시까지 제권판결 관련 주장을 한 바도 없는 것으로 보이기는 한다.

그러나 원심이 원고 주장을 배척하는 주된 사유는, 원고가 이 사건 어음을 소지하고 있지 않아 정당한 어음상의 권리자로 볼 수 없다는 데 있고, 그 결론이 정당함은 앞서 본 바와 같으므로, 원심이 변론주의 원칙에 위반하였다고 하더라도 그것이 판결 결과에 영향을 미친 잘못이라고는 할 수 없다.

나아가 기록을 살펴보아도, 원고는 그 자신이나 소외 1이 이 사건 어음금 채권을 회생채권으로 신고하였다고 주장하였고, 회생법원도 소외 1을 어음채권자로 보고 회생절차를 진행하였을 뿐이므로, 원심이 소외 1이 신고한 회생채권이 분양대행 수수료 채권인지 어음금 채권인지 등에 관하여 석명하지 않은 잘못이 있다고 할 수 없다.

결국 이 부분 상고이유 주장 역시 받아들일 수 없다.

5. 그러므로 상고를 기각하고 상고비용은 패소자가 부담하도록 하여, 관여 대법관의 일치

된 의견으로 주문과 같이 판결한다.

대법관   권순일(재판장) 박병대(주심) 박보영 김재형

[판례 42] 어음금

(대법원 2001. 6. 1. 선고 99다60948 판결)

【판시사항】

어음채무자가 어음을 점유하고 있는 경우, 채권자는 어음의 소지없이 권리행사를 할 수 있는지 여부(적극) 및 채무자는 상환이행의 항변을 할 수 있는지 여부(소극)

【판결요지】

어음은 제시증권, 상환증권이므로(어음법 제38조, 제39조) 어음을 소지하지 않으면 어음상의 권리를 행사할 수 없는 것이 원칙이지만, 이와 같이 어음상의 권리 행사에 어음의 소지가 요구되는 것은 어음채무자에게 채권자를 확지시키고 또 채무자로 하여금 이중지급의 위험을 회피·저지할 수 있게 하는 데 그 취지가 있는 것이므로, 어음이 어떤 이유로 이미 채무자의 점유에 귀속하는 경우에는 위와 같은 점을 고려할 필요가 없어 어음의 소지는 채무자에 대한 권리행사의 요건이 되지 아니하고, 채무자는 상환이행의 항변을 하지 못한다.

【참조조문】

어음법 제16조, 제38조, 제39조

【전 문】

【원고, 피상고인】 삼성카드 주식회사 (소송대리인 변호사 권영훈 외 1인)
【피고, 상 고 인】 유한회사 청주백화점 (소송대리인 변호사 강현중 외 2인)
【원심판결】 청주지법 1999. 9. 30. 선고 99나22 판결

【주 문】

상고를 기각한다. 상고비용은 피고의 부담으로 한다.

【이 유】

어음은 제시증권, 상환증권이므로(어음법 제38조, 제39조) 어음을 소지하지 않으면 어음상의 권리를 행사할 수 없는 것이 원칙이지만, 이와 같이 어음상의 권리 행사에 어음의 소지가 요구되는 것은 어음채무자에게 채권자를 확지시키고 또 채무자로 하여금 이중지급의 위험을 회피·저지할 수 있게 하는 데 그 취지가 있는 것이므로, 어음이 어떤 이유로 이미 채무자의 점유에 귀속하는 경우에는 위와 같은 점을 고려할 필요가 없어 어음의 소지는 채무자에 대한 권리행사의 요건이 되지 아니하고, 채무자는 상환이행의 항변을 하지 못한다고 할 것이다.

원심은 그 내세운 증거들에 의하여, 원고는 소외 진로종합유통 주식회사(이하 '소외 회사'

라고 약칭한다)와 사이에 팩토링거래약정을 체결하고 1992년 4월경부터 1997년 2월경까지 합계 금 254,382,000,000원을 대출해 주면서 1997년 2월경 위 대출금의 일부를 담보하기 위하여 소외 회사로부터 소외 회사와 같은 진로그룹의 계열회사인 피고(당시 소외 회사와 피고의 대표이사는 모두 소외인이었고, 피고는 그 명칭이 유한회사 청주진로백화점에서 1998. 2. 23. 유한회사 청주백화점으로 상호변경되었다)가 발행한 이 사건 각 약속어음 3매(액면 합계 금 6,125,278,900원, 원심판결문 4쪽 바.항의 '금 5,967,655,278원'은 오기임이 명백하다)를 배서·교부받은 사실, 원고는 이 사건 각 어음을 소지하고 있다가 각 지급제시기간 내에 지급제시하였으나 모두 무거래로 지급거절된 사실, 이에 원고는 1997년 5월 하순경 소외 회사와 사이에, 소외 회사가 피고의 원고에 대한 이 사건 각 어음금채무를 병존적으로 인수하면서 원고에게 새로이 약속어음 4장을 발행해 주고 대신 이 사건 각 어음은 소외 회사가 보관하고 있다가 소외 회사 발행의 어음금채무가 불이행되어 원고가 피고를 상대로 이 사건 각 어음금 청구의 소를 제기할 경우 즉시 원고에게 반환하기로 하는 내용의 채무인수약정을 체결한 사실, 원고는 위 약정에 따라 소외 회사가 발행한 어음 4매를 교부받으면서 이 사건 각 어음을 소외 회사에 보관시켰으나 소외 회사는 그 무렵 위 약정에 반하여 이 사건 각 어음을 피고에게 반환하고, 피고는 이를 그 지급은행인 주식회사 충북은행에게 반환하였으며, 충북은행은 1997. 7. 4. 위 각 어음을 서손(서손) 처리한 사실, 원고는 소외 회사가 발행한 어음 4매를 1998. 1. 12. 지급제시하였으나 지급제시기간 경과를 이유로 지급거절된 사실을 인정한 다음, 이 사건 각 어음은 최종소지자였던 원고가 이미 그 각 지급제시기간 내에 지급제시하였으나 각 무거래로 지급거절되었던 것들이고, 그 후 소외 회사는 원고와의 채무인수약정에 따라 이 사건 각 어음을 보관하고 있다가 반환약정을 무시하고 같은 진로그룹의 계열회사인 피고 회사에게 반환하였으며, 피고는 다시 이를 지급은행에게 반환하여 서손 처리를 하게 하였으므로 원고가 이 사건 각 어음상의 권리자임이 명백할 뿐만 아니라 이중지급의 위험성도 없다고 보아야 할 것이며, 피고는 소외 회사로부터 이미 지급거절증서가 작성되어 있던 이 사건 각 어음을 반환받았으므로 이 사건 각 어음을 선의취득하였다고 주장할 수도 없다고 하여, 이 사건 각 어음금 중 원고가 일부 지급받았다고 자인하는 금 467,886,928원을 공제한 나머지 금 5,657,378,772원의 지급을 구하는 원고의 청구를 받아들였다.

관련 증거들을 기록과 대조하여 보면, 원심의 사실인정은 정당한 것으로 수긍이 가고 거기에 심리를 다하지 아니하거나 채증법칙을 위반하여 증거 없이 사실을 인정한 위법이 있다고 할 수 없고, 위에서 인정된 사실과 피고가 같은 그룹의 계열회사인 소외 회사의 채무를 보증하기 위하여 이 사건 각 어음을 발행하였다가 지급거절된 후 별도로 다른 의무를 부담함이 없이 단순보관자에 불과한 소외 회사로부터 위 각 어음을 회수한 점 등 기록에 나타난 여러 사정에 의하면 피고에 대한 관계에서 원고가 이 사건 각 어음상의 권리자임이 명백하며, 이 사건 각 어음에 관하여 이중지급의 위험이 없다고 보이므로, 같은 취지에서 피고가 원고에게 어음금을 지급할 의무가 있다고 한 원심의 판단도 정당하고, 거기에 상고이유에서 주장하는 바와 같은 이유불비 또는 약속어음의 제시증권성과 상환증권성에 관한 법리오해의 위법이 있다고 할 수 없다.

그러므로 상고를 기각하기로 하여 관여 법관의 일치된 의견으로 주문과 같이 판결한다.

대법관 윤재식(재판장) 송진훈 이규홍 손지열(주심)

바. 증명

배서의 연속에 관한 증명책임은 원고에게 있으나, 통상 원고가 어음을 서증으로 제출함으로써 간단히 이를 증명할 수 있다.

| 판 례 |

[판례 43] 약속어음금등

(대법원 1991. 12. 24. 선고 90다카28405 판결)

【판시사항】

가. 어음금청구사건에 있어 어음의 소지 사실에 대한 입증의 방법 및 그 정도
나. 어음금채무에 대한 강제집행에 있어 어음의 상환증권성

【판결요지】

가. 어음금청구사건에 있어 어음의 소지에 대한 입증은 당사자가 변론기일에 어음을 증거로 제출하고 상대방이 이를 확인하고 인정하면 이로써 족하며 설사 다른 사건의 쟁송에서 위 어음이 증거로 현출된 바 있다 하여도 당사자가 위 어음의 소지를 잃은 것이라 할 수 없다.
나. 어음채무자가 어음채무를 지급하는 경우 어음의 상환증권성에 의하여 임의변제의 경우뿐만 아니라 강제집행에 의한 경우에도 그 상환을 필요로 하는 것이므로 채무자에게 이중변제의 위험이 있을 수 없다.

【참조조문】

가. 어음법 제38조, 민사소송법 제187조 나. 어음법 제39조

【참조판례】

가.나. 대법원 1991.4.9. 선고 91다2892 판결(공1991,1361)
나. 대법원 1976.4.27. 선고 75다739 판결(공1976,9129)

【전 문】

【원고, 피상고인】 주식회사 광주상호신용금고
【피고, 상 고 인】 도가산업주식회사 외 1인 피고들 소송대리인 변호사 최석봉 외 1인
【원심판결】 서울고등법원 1990.7.25. 선고 88나16398 판결

【주 문】

상고를 모두 기각한다.
상고비용은 피고들의 부담으로 한다.

【이 유】

상고이유를 판단한다.
상고이유 제1점에 대하여
원심판결 이유에 의하면 원심은, 피고 2가 소외인에게 그가 소유하고 있던 원고금고의 주식 전부를 양도하는 판시 주식 양도양수계약의 이행과 관련하여 양도인인 위 피고가 위 금고에 대한 실사를 하여 확정되는 이른바 불량채권의 일부를 상환하기로 하고, 이에 실사 끝에 확정된 불량채권의 판시 원금액을 액면금으로 하고 피고들이 발행인 또는 배서인이 된 이 사건 약속어음을 양수인인 위 소외인에게 발행 교부하고, 위 소외인은 이를 추심위임의 목적으로 원고에게 배서 양도하여 원고가 그 소지인이 되었고, 또 위 불량채권은 확정 이후에도 계속하여 회수에 노력한 결과 판시와 같이 상당한 금액이 회수되고 남은 불량채권은 판시와 같은 금액인 사실을 인정한 다음, 원고금고의 불량채권 중 회수되지 아니한 부분이 양수인측의 귀책사유로 회수하지 못하였거나 그 미회수 불량채권에 대하여 먼저 원고금고의 관련 임직원들에게 변상책임을 묻고 그 나머지가 있을 때 피고들이 책임을 지기로 약정하였음을 인정할 만한 증거가 없다고 판단하여 이점을 들어 면책을 주장하는 피고들의 항변을 배척하고 있다.

일반적으로 어떤 권리의 존재를 주장하는 자는 그 권리발생의 요건사실에 대하여 입증책임이 있는 것인바, 이 사건에 있어 설사 양도인 및 양수인 모두에게 위 불량채권을 성실히 회수할 의무가 있다 하더라도 어느 일방이 상대방에게 그 의무이행을 게을리하였다고 주장하는 경우에는 이를 주장하는 측에서 입증하여야 하는 것이지 상대방이 그 의무를 성실히 이행하였음을 입증하여야 하는 것은 아니라 할 것이다.

양수인측이 이 사건 불량채권회수를 게을리 하였다는 피고들의 항변은 이를 인정할 증거가 없다고 배척한 원심의 판단은 정당하고 소론과 같은 입증책임에 관한 법리오해의 위법이 없다.

또 불량채권회수에 있어 임직원들에 대한 변상책임을 먼저 묻고 그 나머지가 있을 때 피고들이 책임을 지기로 약정하였다는 피고들의 항변 역시 이를 인정할 증거가 없다고 배척한 원심의 판단은 기록에 비추어 정당하게 시인되고, 거기에 소론과 같은 채증법칙 위배의 위법이 있을 수 없다. 논지는 이유 없다.

상고이유 제2점에 대하여
어음금청구사건에 있어 어음의 소지에 대한 입증은 원고가 변론기일에 어음을 증거로 제출하고 피고가 이를 확인하고 인정하면 이로써 족하다 할 것이다.

이 사건의 경우 이른바 숨은 추심위임의 배서를 받은 원고가 배서가 연속된 이 사건 약속어음 변론기일에 증거로 제출하고 피고들이 그 성립 인정한 이상 원고가 위 어음의 정당한 소지인임이 입증된 것이다.

설사 이 사건이 아닌 다른 사건의 쟁송에서 위 어음이 증거로 현출된 바 있다 하여 원고가 위 어음의 소지를 잃은 것이라 할 수 없다.

어음의 상환증권성에 의하여 피고들이 어음채무를 지급하는 경우(임의변제의 경우뿐만 아니라 강제집행에 의한 경우에도) 그 상환을 필요로 하는 것이므로 피고들에게 이중변제의 위험이 있을 수도 없다.

원심이 원고를 이 사건 어음의 소지인으로 인정하였음은 옳고, 거기에 소론과 같은 위법이 있다 할 수 없다. 논지는 이유 없다.

그러므로 피고들의 상고를 모두 기각하고, 상고비용은 패소자의 부담으로 하여 관여 법관의 일치된 의견으로 주문과 같이 판결한다.

대법관　김주한(재판장) 최재호 윤관 김용준

---

(1) 선의취득의 적극적 요건(청구원인 사실)

첫째, 무권리자, 무권대리인으로부터 취득하여야 한다.

| 판 례 |

[판례 44] 약속어음금

(대법원 1995. 2. 10. 선고 94나55217 판결)

【판시사항】

가. 어음의 선의취득으로 인하여 치유되는 하자의 범위
나. 어음 문면상 회사 명의의 배서를 위조한 총무부장으로부터 어음할인의 방법으로 그 어음을 취득한 사안에서, 악의 또는 중대한 과실이 없다고 보아 선의취득을 인정한 사례

【판결요지】

가. 어음의 선의취득으로 인하여 치유되는 하자의 범위 즉, 양도인의 범위는 양도인이 무권리자인 경우뿐만 아니라 대리권의 흠결이나 하자 등의 경우도 포함된다.
나. 어음 문면상 회사 명의의 배서를 위조한 총무부장으로부터 어음할인의 방법으로 그 어음을 취득한 사안에서, 악의 또는 중대한 과실이 없다고 보아 선의취득을 인정한 사례.

【참조조문】

어음법 제77조 제1항 제1호, 제16조 제2항

【참조판례】

가. 대법원 1993.9.24. 선고 93다32118 판결(공1993하,2930)

【전 문】

【원고, 피상고인】 원고 1 외 1인
【피고, 상 고 인】 주식회사 금호개발 소송대리인 변호사 임동진 외 2인
【원심판결】 서울민사지방법원 1994.9.30. 선고 94나22322 판결

【주 문】

상고를 기각한다.
상고비용은 피고의 부담으로 한다.

【이 유】

상고이유 제1,2 점에 대하여

원심이, 피고가 소외 주식회사 종합건축사무소 아키반티에스씨(이하, 소외 회사라고 한다)에게 액면 금 86,200,000원, 발행일 1993.3.3., 지급기일 같은 해 6.25. 발행지 및 지급지 각 서울로 된 약속어음 1매(이하 이 사건 제1어음이라고 한다)와 액면 금 25,160,000원, 발행일 같은 해 3.31., 지급기일 같은 해 7.2. 발행지 및 지급지 각 서울로 된 약속어음 1매(이하, 이 사건 제2 어음이라고 한다)를 각 발행·교부하였는데, 소외 회사로부터 소외 1, 원고 1에게 순차 배서의 기재가 되어 있는 이 사건 제1 어음과 소외 회사로부터 원고 2, 소외 2에게 순차 배서의 기재가 되어 있는 이 사건 제2 어음이 각 지급기일에 지급제시되었으나 지급거절된 사실, 소외 1은 원고 1의 가명이고, 제2 어음의 배서인인 원고 2는 위 소외 2로부터 이 사건 제2 어음을 환수한 사실, 그러나 소외 회사 명의의 배서는 그 총무부장이던 소외 3이 위조하였고, 원고들은 위 소외 3으로부터 이 사건 어음들을 할인의 방법으로 취득한 사실을 인정한 다음, 원고들의 선의취득 항변에 대하여, 어음의 선의취득으로 인하여 치유되는 하자의 범위 즉, 양도인의 범위는 양도인이 무권리자인 경우뿐만 아니라 이 사건과 같이 대리권의 흠결이나 하자 등의 경우도 포함된다는 입장에서(당원 1993.9.24. 선고 93다32118 판결 참조), 원고 1은 1993.3.4. 소외 4를 통하여 평소 알고 지내던 고등학교 후배인 위 소외 3으로부터 이 사건 제1 어음의 할인요청을 받고 위 소외 3이 소외 회사에 근무하고 있는지 여부를 확인하고, 발행인인 피고 회사의 경리부 어음담당직원인 소외 5에게 위 어음이 사고 어음인지 여부를 전화로 확인한 후, 위 어음 이면 좌측 상단에 위 소외 5의 이름과 그 확인일시를 기재하고 위 소외 3으로부터 어음을 교부받은 사실, 원고 2 역시 같은 달 31. 위 소외 4를 통하여 위 소외 1으로부터 이 사건 제2 어음의 할인요청을 받고 위 소외 3이 소외 회사에 근무하고 있는지를 확인하고, 발행인인 피고 회사에게 위 어음이 사고어음인지 여부를 전화로 확인한 후 위 어음을 교부받은 사실, 위 각 어음할인 당시 제1 배서인인 소외 회사 대표이사의 이름과 인감도장이 이미 날인되어 있었고, 원고들과 소외 회사 사이에는 이 사건 이전에는 어음거래를 한 적이 없었던 사실을 인정할 수 있으나, 그러한 사정만으로 원고들이 위 각 어음의 배서가 위조되었다는 정을 알고 악의로 위 각 어음을 취득하였다고 단정할 수 없고, 또한 원고들이 어음할인의 방법으로 이를 취득함에 있어 양도인의 실질적인 무권리성을 의심하게 할 만한 뚜렷한 사정도 엿볼 수 없는 이 사건에 있어서 위 각 어음 문면상의 제1 배서인인 소외 회사

에게 연락을 취하여 소외 회사 명의의 배서가 진정한지 여부를 알아보는 등 그 유통과정을 조사 확인하여야 할 주의의무까지 있다고는 할 수 없으므로(위 각 어음의 액면금이 다소 고액이라는 점과 원고들과 소외 회사 사이에 이전에 어음거래를 한 적이 없었던 사정을 덧붙인다 해도 원고들에게 중대한 과실을 인정하기는 어렵다) 원고들이 이 사건 각 어음을 선의취득하였다고 판단하였는바, 원심의 위와 같은 사실 인정과 판단은 옳게 수긍이 가고, 거기에 소론과 같은 채증법칙 위배로 인한 사실오인과 어음의 선의취득에 있어서 양도인의 범위 및 중과실에 관한 법리오해의 위법이 있다고 할 수 없으므로, 논지들은 모두 이유가 없다.

이에 상고를 기각하고, 상고비용은 패소한 피고의 부담으로 하기로 관여 법관의 의견이 일치되어 주문과 같이 판결한다.

대법관 김형선(재판장) 박만호(주심) 박준서 이용훈

둘째, 어음법적 유통방법에 의하여 어음을 취득하여야 한다.

| 판 례 |

[판례 45] 약속어음금

(대법원 1995. 9. 15. 선고 95다7024 판결)

【판시사항】

가. 어음 배서의 형식상 연속이 끊긴 경우, 어음상 권리의 행사 방법
나. 개인 명의의 배서 후에 그를 대표자로 하는 법인 명의의 배서가 이루어 진 사안에서, 배서의 실질적 연속을 인정한 사례

【판결요지】

가. 어음에 있어서의 배서의 연속은 형식상 존재함으로써 족하고 또 형식상 존재함을 요한다 할 것이나, 형식상 배서의 연속이 끊어진 경우에 딴 방법으로 그 중단된 부분에 관하여 실질적 관계가 있음을 증명한 소지인이 한 어음상의 권리행사는 적법하다.
나. 개인 명의의 배서 후에 그를 대표자로 하는 법인 명의의 배서가 이루어진 사안에서, 배서의 실질적 연속을 인정한 사례.

【참조조문】

어음법 제16조 제1항, 제77조 제1항 제1호

【참조판례】

가.나. 대법원 1969.12.9. 선고 69다995 판결(집17④민134)
1973.6.22. 선고 72다2026 판결(집21②민84)
1995.6.9. 선고 94다33156 판결(공1995하,2375)

【전 문】

【원고, 피상고인】 원고
【피고, 상 고 인】 피고 소송대리인 변호사 김교창
【원심판결】 서울민사지방법원 1994.12.8. 선고 94나17115 판결

【주 문】

상고를 기각한다.
상고비용은 피고의 부담으로 한다.

【이 유】

소송대리인의 상고이유를 판단한다.

1. 상고이유 제1점에 대하여

어음에 있어서의 배서의 연속은 형식상 존재함으로써 족하고 또 형식상 존재함을 요한다 할 것이나(대법원 1995.6.9. 선고 94다33156 판결 참조), 형식상 배서의 연속이 끊어진 경우에 딴 방법으로 그 중단된 부분에 관하여 실질적 관계가 있음을 증명한 소지인이 한 어음상의 권리행사는 적법하다 할 것이다(대법원 1969.12.9. 선고 69다995 판결 참조).

원심판결 이유에 의하면 원심은, 그 판시와 같은 사실을 인정한 다음, 이 사건 각 약속어음의 배서에 있어 전 배서의 피배서인 "피고"와 다음 배서의 배서인 "주식회사 우전상사 대표이사 피고"의 기재나 전 배서의 피배서인 "소외인"과 다음 배서의 배서인 "주식회사 우전상사 대표이사 소외인"의 기재는 형식상 동일성이 인정되지 아니하여 형식상 그 배서의 연속은 없으나, 소외인이 피고의 승낙을 얻어 상호를 "우전상사", 대표자를 피고 명의로 하여 사업자등록을 하고 그 명의를 사용하여 영업을 하면서 거래처와의 관계에 있어서 피고 또는 위 소외인의 명칭을 실재하지도 아니하는 "주식회사 우전상사 회장 피고" 또는 "대표이사 소외인"으로 사용하여 온 점 등에 비추어 이 사건 각 약속어음의 배서에 배서인을 "주식회사 우전상사 대표이사 피고" 또는 "대표이사 소외인"이라고 기명·날인하여 한 위 각 배서는 피고 또는 소외인 개인을 표시하는 것이라고 봄이 상당하므로 이 사건 각 약속어음의 배서는 개인 명의로 연속된다고 판단하였는바, 이를 기록과 대조하여 살펴보면 원심의 위와 같은 판단은 옳다고 여겨지고 거기에 상고이유의 주장과 같은 배서의 연속에 관한 법리오해의 위법이 있다고 할 수 없다.

2. 상고이유 제2점에 대하여

원심판결 이유에 의하면 원심은, 피고 명의의 배서가 위 소외인에 의하여 위조된 것이어서 피고에게는 배서인으로서의 책임이 없다는 피고의 주장에 대하여, 피고가 금융피규제자로서 어음행위가 금지되어 있던 소외인에게 자신의 명의로 사업자등록을 하여 주고 영업을 허락한 점과 피고는 그 후 이 사건 각 약속어음이 지급거절되는 등 위 우전상사와 관련된 어음이 부도나자 같은 해 8.경 폐업신고를 하고 관할세무서에 밀린 세

금도 납부한 사실을 피고가 자인하고 있는 점에 비추어 보면 피고는 소외인에게 영업상 필요한 경우 피고 명의로 어음행위를 할 권한까지 수여한 사실을 인정할 수 있다고 판시함으로써 소외인이 한 피고 명의의 위 각 배서는 소외인이 피고로부터 권한을 수여받아 적법하게 행한 것이라고 판단하여 피고의 위 주장을 배척하였는바, 이를 기록과 대조하여 살펴보면 원심의 위와 같은 사실 인정과 판단은 옳다고 여겨지고 거기에 상고이유의 주장과 같은 채증법칙을 위배하여 사실을 오인한 위법이나 배서의 위조에 관한 법리오해의 위법이 있다고 할 수 없다.
3. 그러므로 상고를 기각하고 상고비용은 패소자의 부담으로 하기로 관여 법관들의 의견이 일치되어 주문과 같이 판결한다.

대법관　박만호(재판장) 박준서 김형선(주심) 이용훈

---

(2) 선의취득의 소극적 요건(항변사실)

첫째, 양도인의 무권리 내지 무권대리에 관하여 취득자에게 악의 또는 중대한 과실이 있으면 선의취득이 인정되지 않는다.

| 판 례 |

[판례 46] 약속어음금

(대법원 1997. 5. 28. 선고 97다7936 판결)

【판시사항】

[1] 어음을 취득함에 있어서 양도인의 실질적 무권리성을 의심하게 할 만한 사정이 있는 경우, 이에 대하여 조사를 하지 아니하고 양수한 것이 중대한 과실에 해당하는지 여부(적극)
[2] 지급기일이 기재되지 아니한 백지어음을 담보취득한 은행에게 중과실을 인정한 사례

【판결요지】

[1] 어음, 수표를 취득함에 있어서 통상적인 거래기준으로 판단하여 볼 때 양도인이나 그 어음, 수표 자체에 의하여 양도인의 실질적 무권리성을 의심하게 할 만한 사정이 있는데도 불구하고 이에 대하여 상당하다고 인정될 만한 조사를 하지 아니하고 만연히 양수한 경우에는 중대한 과실이 있다.
[2] 은행이 어음을 담보취득함에 있어, 어음이 일반적으로 법인 발행의 어음에 비하여 지급이 불확실한 개인 발행의 어음이고, 발행인이나 배서인이 당해 은행과 아무런 거래실적이 없는 자이며, 지급 은행의 소재지와 다른 곳에 거주하는 배서인이 타지에서 담

보제공하는 것이었고, 개인이 발행한 어음으로서는 비교적 고액이었으며, 특히 당시 어음의 지급기일 등 어음요건이 대부분 불비되어 있는 데다가 은행이 어음을 취득할 당시에 배서인이 어음을 발행인으로부터 공사대금조로 교부받았다고 하였다면 경험칙상 발행인이 지급기일 조차도 기재하지 않는다는 것은 극히 이례에 속하는 경우인 점에서 그 양도인의 실질적 무권리성을 의심하게 할 만한 사정이 있었다고 보여짐에도 불구하고 어음의 발행인에게 그 발행 경위에 관하여 확인하거나 지급 은행에 구체적인 정보조회를 하여 이의 의심을 해소할 만한 상당한 조사를 하여 보지도 아니한 채 이를 취득한 데에는 중대한 과실이 있다고 한 사례.

【참조조문】

[1] 어음법 제16조 제2항, 제77조[2] 어음법 제16조 제2항, 제77조

【참조판례】

[1] 대법원 1995. 8. 22. 선고 95다19980 판결(공1995하, 3252)
대법원 1996. 10. 11. 선고 94다55163 판결(공1996하, 3275)
대법원 1996. 11. 26. 선고 96다30731 판결(공1997상, 55)

【전 문】

【원고, 상 고 인】 주식회사 한미은행 (소송대리인 변호사 최종현 외 1인)
【피고, 피상고인】 강성모
【원심판결】 대전지법 1997. 1. 8. 선고 96나6088 판결

【주 문】

상고를 기각한다. 소송비용은 원고의 부담으로 한다.

【이 유】

상고이유를 본다.
상고이유 제2점에 대하여
원심판결 이유에 의하면, 원심은 거시 증거에 의하여, 피고는 '국제주류상사'라는 상호로 주류도매업에 종사하기 위하여 1994. 11. 말경 소외 홍순양 소유의 대전 대덕구 오정동 소재 건물을 보증금 30,000,000원에 임차하기로 하고 그 임차보증금 중 잔금의 지급을 위하여 이 사건 어음을 수취인, 발행일, 발행지, 지급기일, 발행인의 주소 모두 공란으로 두고 액면금과 발행인란에 피고의 명판과 도장만을 날인한 채 발행하여 위 홍순양에게 교부하려고 하였으나, 위 홍순양이 어음은 받지 않겠다고 거절하는 바람에 교부하지 못하고 보관하고 있다가 1995. 1. 10.경 업무차 광주에 내려갔다가 소외 강성은을 만나 저녁식사를 한 후 대전으로 올라온 다음 그 해 1. 12. 위 어음이 분실된 것을 알고 그 시경 당좌거래은행인 충청은행 오류동지점에 이 사건 사고 어음의 사고계를 접수하는 한편 그 해 2. 6.경 경찰서에 위 어음의 분실신고를 한 사실, 한편 소외 강신달은 1994. 8. 13. 소외 장순만의 연대보증 아래 원고로부터 변제기를 1995. 4. 13.로 정하여 금 10,000,000원, 1994. 10. 24. 변제기를 1995. 3. 24.로 정하여 소외 정병순의 연대보증 아래 금 20,000,000원 등을 대출

받았으나 그 상환을 지체함에 따라 추가담보제공을 요구받게 되자 자신이 발행인으로 있던 시도자치신문사의 광주지사 계약문제로 알게 된 위 강성은에게 담보제공을 부탁하게 되었고 위 강성은은 자신이 우연히 습득한 이 사건 어음을 위 강신달의 원고에 대한 위 대출금채무를 위하여 담보로 제공하기로 승낙하고 1995. 1. 16. 원고 은행 미아지점 사무실에서 원고와 유가증권용 근질권설정계약을 체결한 다음 원고 앞으로 배서하여 준 사실, 위 강성은은 전남 광주에 거주하는 자로서 그 동안 원고 은행과 거래실적이 전무하였으며, 지급이 불확실한 개인 발행의 어음이며 피고도 원고 은행과 거래실적이 전혀 없는 자인데, 원고는 이 사건 어음의 지급 은행인 위 오류동지점에 전화연락하여 피고의 거래사실 유무만을 확인하고 주민등록번호를 알아 금융결제원에 연결되어 있는 원고 은행 내의 컴퓨터단말기로 피고의 신용정보조회를 하여 적색거래자에 해당되지 않는다는 정보만을 취한 뒤, 이 사건 어음을 피고로부터 공사대금조로 교부받았다는 위 강성은의 설명에 위 강성은이 사업자등록이 되어 있는 사실만을 확인한 채 더 이상 이 사건 어음의 발행·교부가 적법하게 이루어졌는가에 대한 아무런 조사도 아니한 사실을 인정하고 있다.

기록에 의하여 살펴보면 원심의 사실인정은 정당한 것으로 수긍할 수 있고 거기에 소론과 같은 채증법칙 위배로 인한 사실오인의 위법이 있다고 할 수 없다. 다만 기록에 의하면 피고가 지급 은행에 이 사건 어음의 분실신고를 한 것이 1995. 2. 6.인 점에 비추어 원심이 피고가 지급 은행에 이 사건 어음의 분실신고를 한 것이 1995. 1. 12.인 것처럼 보이는 설시를 한 것은 적절치 않다고 할 것이나, 그러한 부적절한 점은 아래와 같이 원고의 중과실이 인정되는 이상 결과에 영향을 미칠 사유가 되지 못한다. 논지는 이유 없다.

상고이유 제1점에 대하여

어음, 수표를 취득함에 있어서 통상적인 거래기준으로 판단하여 볼 때 양도인이나 그 어음, 수표 자체에 의하여 양도인의 실질적 무권리성을 의심하게 할 만한 사정이 있는데도 불구하고 이에 대하여 상당하다고 인정될 만한 조사를 하지 아니하고 만연히 양수한 경우에는 중대한 과실이 있다고 할 것이다(당원 1995. 8. 22. 선고 95다19980 판결 참조).

사실관계가 원심이 확정한 바와 같다면, 금융기관인 원고로서는 어음거래에 정통하고 있으므로 일반인의 경우에 비하여 어음거래 및 담보취득에 있어서 더욱 신중하게 대처하여야 할 것인데, 원고가 이 사건 어음을 담보취득함에 있어, 이 사건 어음은 일반적으로 법인 발행의 어음에 비하여 지급이 불확실한 개인 발행의 어음이고, 발행인인 피고나 배서인인 위 강성은이 원고 은행과 아무런 거래실적이 없는 자였으며, 전남 광주에 거주하는 위 강성은이 지급 은행이 대전 소재 은행으로 되어 있고 개인이 발행한 어음으로서는 비교적 고액인 이 사건 어음을 서울에서 담보제공하는 것이었고, 특히 당시 이 사건 어음의 지급기일 등 어음요건이 대부분 불비되어 있는 데다가 원고의 주장에 의하더라도 원고가 이 사건 어음을 취득할 당시에 위 강성은이 이 사건 어음을 피고로부터 공사대금조로 교부받았다고 하였다면 경험칙상 피고가 지급기일 조차도 기재하지 않는다는 것은 극히 이례에 속하는 경우인 점에서 그 양도인의 실질적 무권리성을 의심하게 할 만한 사정이 있었다고 보여짐에도 불구하고 원고는 이 사건 어음의 발행인인 피고에게 그 발행 경위에 관하여 확인하거나 지급 은행에 구체적인 정보조회를 하여 이의 의심을 해소할 만한 상당한 조사를 하여 보지도 아니한 채 이를 취득한 데에는 중대한 과실이 있다고 할 것이다. 이러한 취지의 원심판시는 정당하고 거기에 소론주장과 같은 판례위반 등의 위법이 있다고 할 수 없다. 논지도 이유 없다.
그러므로 상고를 기각하고 소송비용은 패소자의 부담으로 하기로 하여 관여 법관들의 일치된 의견으로 주문과 같이 판결한다.

대법관   이돈희(재판장) 최종영(주심) 이임수

(3) 효과

어음법 제16조 제2항은 「어음을 반환할 의무가 없다」라고 규정하고 있는 바, 이는 어음상의 권리를 취득하는 것을 의미한다.

──────────────── 법 령 ────────────────

◇ **어음법**
제16조 (배서의 자격 수여적 효력 및 어음의 선의취득) ② 어떤 사유로든 환어음의 점유를 잃은 자가 있는 경우에 그 어음의 소지인이 제1항에 따라 그 권리를 증명할 때에는 그 어음을 반환할 의무가 없다. 그러나 소지인이 악의 또는 중대한 과실로 인하여 어음을 취득한 경우에는 그러하지 아니하다. [전문개정 2010. 3. 31.]

사. 어음의 재취득

(1) 환배서

환배서란 이미 어음상의 채무자로 되어 있는 자를 피배서인으로 하는 배서를 말한다(어음법 제11조 제3항, 제77조 제1항 제1호)

──────────────── 법 령 ────────────────

◇ **어음법**
제11조 (당연한 지시증권성) ③ 배서는 다음 각 호의 자에 대하여 할 수 있으며, 다음 각 호의 자는 다시 어음에 배서할 수 있다.
  1. 어음을 인수한 지급인
  2. 어음을 인수하지 아니한 지급인
  3. 어음의 발행인

4. 그 밖의 어음채무자

제77조 (환어음에 관한 규정의 준용) ① 약속어음에 대하여는 약속어음의 성질에 상반되지 아니하는 한도에서 다음 각 호의 사항에 관한 환어음에 대한 규정을 준용한다.
1. 배서(제11조부터 제20조까지)

| 판 례 |

[판례 47] 어음금

(대법원 2002. 4. 26. 선고 2000다42915 판결)

【판시사항】

[1] 환배서인 기한후배서에 있어서의 인적항변의 절단 여부(소극)
[2] 약속어음의 소지인이 그 어음이 지급기일에 지급거절되자 자기의 전자에게 피배서인이 백지인 배서가 되어 있는 상태로 교부하여 전자가 그 어음발행인을 상대로 어음금청구의 소를 제기하였으나 인적항변의 대항을 받아 패소하자 다시 그 어음을 교부받아 그 어음발행인을 상대로 어음금청구의 소를 제기한 경우, 그 어음발행인은 전자에 대한 인적항변으로 그 어음소지인에게 대항할 수 있다고 한 사례

【판결요지】

[1] 약속어음 발행인으로부터 인적항변의 대항을 받는 어음소지인은 당해 어음을 제3자에게 배서·양도한 후 환배서에 의하여 이를 다시 취득하여 소지하게 되었다고 할지라도 발행인으로부터 여전히 위 항변의 대항을 받는다고 할 것이고, 한편 기한후배서는 보통의 배서와는 달리 지명채권양도의 효력밖에 없어 그것에 의하여 이전되는 권리는 배서인이 배서 당시 가지고 있던 범위의 권리라 할 것이므로 어음채무자는 그 배서 당시 이미 발생한 배서인에 대한 모든 항변사실을 피배서인에 대하여도 대항할 수 있다 할 것인데, 이러한 이치는 환배서인 기한후배서라도 마찬가지라고 할 것이다.
[2] 약속어음의 소지인이 그 어음이 지급기일에 지급거절되자 자기의 전자에게 피배서인이 백지인 배서가 되어 있는 상태로 교부하여 전자가 그 어음발행인을 상대로 어음금청구의 소를 제기하였으나 인적항변의 대항을 받아 패소하자 다시 그 어음을 교부받아 그 어음발행인을 상대로 어음금청구의 소를 제기한 경우, 그 어음발행인은 전자에 대한 인적항변으로 그 어음소지인에게 대항할 수 있다고 한 사례.

【참조조문】

[1] 어음법 제13조, 제17조, 제20조[2] 어음법 제13조, 제17조, 제20조

【참조판례】

[1] 대법원 1982. 4. 13. 선고 81다카353 판결(공1982, 494)
대법원 1994. 1. 25. 선고 93다50543 판결(공1994상, 809)

【전 문】

【원고, 상 고 인】 원고 (소송대리인 변호사 박재봉)
【피고, 피상고인】 피고 (소송대리인 변호사 장호)
【원심판결】 부산지법 2000. 7. 20. 선고 2000나2174 판결

【주 문】

상고를 기각한다. 상고비용은 원고의 부담으로 한다.

【이 유】

상고이유를 판단한다.

약속어음 발행인으로부터 인적항변의 대항을 받는 어음소지인은 당해 어음을 제3자에게 배서·양도한 후 환배서에 의하여 이를 다시 취득하여 소지하게 되었다고 할지라도 발행인으로부터 여전히 위 항변의 대항을 받는다고 할 것이고, 한편 기한후배서는 보통의 배서와는 달리 지명채권양도의 효력밖에 없어 그것에 의하여 이전되는 권리는 배서인이 배서 당시 가지고 있던 범위의 권리라 할 것이므로 어음채무자는 그 배서 당시 이미 발생한 배서인에 대한 모든 항변사실을 피배서인에 대하여도 대항할 수 있다 할 것인데, 이러한 이치는 환배서인 기한후배서라도 마찬가지라고 할 것이다.

원심은 그 내세운 증거들에 의하여, 원고는 소외 1이 피고로부터 발행받은 이 사건 약속어음을 자신과 사돈간인 소외 2의 부탁으로 할인하여 주고 소외 1로부터 이를 배서·양도 받은 후, 위 어음에 피배서인을 백지로 하여 자신의 농업협동조합중앙회 ○○○지점의 받을어음추심수탁통장에 보관하여 두었으나 그 지급기일에 지급이 거절된 사실, 이에 원고는 어음금을 받아주겠다는 소외 2에게 이 사건 약속어음을 피배서인이 백지인 배서가 되어 있는 상태로 교부하였고 소외 2는 이를 다시 소외 1에게 교부하였는바, 소외 1은 피고를 상대로 약속어음금청구의 소를 제기하였으나 약속어음의 원인관계인 재동업계약이 해제되었다는 피고의 주장이 받아들여져 소외 1의 청구가 기각되고 그 판결은 확정된 사실, 원고는 소외 1이 피고를 상대로 한 위 약속어음금청구의 소를 제기한 이후 소외 1로부터 이 사건 약속어음을 교부받아 현재 이를 소지하고 있는 사실을 각 인정한 후, 원고는 지급기일에 이미 부도가 된 약속어음을 소외 1로부터 교부받은 것인데 피고는 소외 1에 대하여 원인관계 해제의 항변을 가지고 있으므로 피고는 위 항변으로 원고에게 대항할 수 있다고 판단하였다.

앞서 본 법리와 기록에 비추어 살펴보면, 원심의 위와 같은 사실인정과 판단은 정당하고, 거기에 상고이유에서 주장하는 바와 같은 심리미진이나 채증법칙 위배로 인한 사실오인 또는 기판력의 효력, 인적항변의 절단과 추심위임배서 및 변론주의에 관한 법리오해 등의 위법이 있다고 할 수 없다.

그러므로 상고를 기각하고, 상고비용은 패소자인 원고의 부담으로 하기로 관여 대법관의 의견이 일치되어 주문과 같이 판결한다.

대법관　조무제(재판장) 유지담 강신욱(주심) 손지열

---

(2) 어음의 환수

어음채무자가 어음을 지급하고 어음을 돌려받는 것을 어음의 환수라고 한다.

─────────── 법　령 ───────────

◇ 어음법

제49조 (재상환청구금액) 환어음을 환수한 자는 그 전자(前者)에 대하여 다음 각 호의 금액의 지급을 청구할 수 있다.
  1. 지급한 총금액
  2. 제1호의 금액에 대하여 연 6퍼센트의 이율로 계산한 지급한 날 이후의 이자
  3. 지출한 비용
  [전문개정 2010. 3. 31.]

제50조 (상환의무자의 권리) ② 환어음을 환수한 배서인은 자기의 배서와 후자의 배서를 말소할 수 있다. [전문개정 2010. 3. 31.]

제77조 (환어음에 관한 규정의 준용) ① 약속어음에 대하여는 약속어음의 성질에 상반되지 아니하는 한도에서 다음 각 호의 사항에 관한 환어음에 대한 규정을 준용한다.
    4. 지급거절로 인한 상환청구(제43조부터 제50조까지, 제52조부터 제54조까지)

---

4. 어음항변

가. 의의와 분류

어음항변이란 어음상의 청구를 받은 자가 그 청구자에 대하여 제출할 수 있는 일체의 방어방법을 말한다.
항변의 효력을 보면 ① 절단이 불가능한 항변(물적 항변)과 ② 절단이 가능한 항변(인적 항변), ③ 융통어음의 항변으로 크게 나눌 수 있다.

─────── 법 령 ───────

◆ 어음법
제17조 (인적 항변의 절단) 환어음에 의하여 청구를 받은 자는 발행인 또는 종전의 소지인에 대한 인적 관계로 인한 항변(抗辯)으로써 소지인에게 대항하지 못한다. 그러나 소지인이 그 채무자를 해할 것을 알고 어음을 취득한 경우에는 그러하지 아니하다. [전문개정 2010. 3. 31.]

나. 물적 항변

모든 어음상의 청구자에 대하여 그 선의·악의를 불문하고 대항할 수 있는 항변을 물적 항변이라 한다.

─────── 법 령 ───────

◆ 어음법
제15조 (배서의 담보적 효력) ① 배서인은 반대의 문구가 없으면 인수와 지급을 담보한다.

제39조 (상환증권성 및 일부지급) ① 환어음의 지급인은 지급을 할 때에 소지인에게 그 어음에 영수(領受)를 증명하는 뜻을 적어서 교부할 것을 청구할 수 있다.
② 소지인은 일부지급을 거절하지 못한다.
③ 일부지급의 경우 지급인은 소지인에게 그 지급 사실을 어음에 적고 영수증을 교부할 것을 청구할 수 있다. [전문개정 2010. 3. 31.]

제77조 (환어음에 관한 규정의 준용) ① 약속어음에 대하여는 약속어음의 성질에 상반되지 아니하는 한도에서 다음 각 호의 사항에 관한 환어음에 대한 규정을 준용한다.
    1. 배서(제11조부터 제20조까지)
    3. 지급(제38조부터 제42조까지)

(1) 강행법규 위반

| 판 례 |

[판례 48] 약속어음금

(대법원 1985. 11. 26. 선고 85다카122 전원합의체 판결)

【판시사항】

상호신용금고법 제17조에 위반한 차입행위의 효력

【판결요지】

(다수의견)
상호신용금고법 제17조 제1항 및 제2항의 차입행위등 채무부담제한에 관한 규정은 서민의 금융 및 저축업무를 담당하는 상호신용금고가 경영자의 무분별하고 방만한 채무부담행위로 인한 자본구조의 악화로 불실화됨으로써 그 업무수행에 차질을 초래하고 신용질서를 어지럽게 하여 서민거래자의 이익을 침해하는 사태가 발생함을 미리 방지하려는데에 그 입법취지가 있다고 하겠으므로, 이러한 차입등 채무부담의 제한규정은 단순한 단속법규가 아니라 효력법규로서 이에 위반한 채무부담행위는 무효라고 보아야 할 것이다.
(반대의견)
상호신용금고의 자금차입행위는 상호신용금고법 제11조 소정의 상호신용금고가 그 목적으로 하는 업무자체에는 해당하지 아니하나 그 소요자금의 조달등 목적수행을 위하여 필요한 부수적 업무에는 해당한다 할 것이고 동법 제17조 제2항의 차입절차규정은 상호신용금고의 금융업무의 건실한 경영을 확보하고 계원 및 부금자등의 이익보호를 도모하기 위한 내부적인 제약규정으로 단속규정이라 할 것이므로 위 규정에 반하는 차입행위의 사법상의 효력을 부인할 것은 아니다.
[전원합의체판결 : 본판결로 84.09.25 84도1581 판결폐기]

【참조조문】

상호신용금고법 제17조

【참조판례】

대법원 1984.9.25. 선고, 84도1581 판결(폐기)

【전 문】

【원고, 피상고인】 원고 소송대리인 변호사 박철
【피고, 상 고 인】 주식회사 안흥상호신용금고 소송대리인 변호사 이수영
【원심판결】 인천지방법원 1984.12.13. 선고 84나77 판결

【주 문】

원심판결을 파기하고, 사건을 인천지방법원 합의부에 환송한다.

【이 유】

1. 상호신용금고법 제17조 제1항의 규정에 의하면, 상호신용금고는 재무부장관의 승인을 얻지 아니하면 자본금과 적립금 기타 잉여금 합계액을 초과하여 차입할 수 없도록 되어 있고, 제2항의 규정에 의하면 차입을 할 때에는 건별로 총사원의 3분의 2 이상의 동의 또는 이사회의 결의를 거쳐 재무제표 및 장부에 계상하여야 하도록 되어 있으며, 제3항의 규정에 의하면 제1항에서 "차입"이라 함은 계금 및 부금의 수입이외에 그 명칭, 종류 및 방식여하에 불문하고 채무를 부담하는 일체의 행위를 말한다고 되어있다.
   상호신용금고법이 서민의 금융편의를 도모하고 저축을 증대하기 위하여 상호신용금고를 육성하고 이를 합리적으로 규제함으로써 신용질서의 확립에 기여함과 아울러 거래자를 보호할 목적으로 입법된 점(같은법 제1조 참조)에 비추어 볼 때, 위 제17조 제1항 및 제2항의 차입등 채무부담제한에 관한 규정은 서민의 금융 및 저축업무를 담당하는 상호신용금고가 경영자의 무분별하고 방만한 채무부담행위로 인한 자본구조의 악화로 불실화 됨으로써 그 업무수행에 차질을 초래하고 신용질서를 어지럽게 하여 서민거래자의 이익을 침해하는 사태가 발생함을 미리 방지하려는데에 그 입법취지가 있다고 하겠으므로, 이러한 차입등 채무부담의 제한규정은 단순한 단속법규가 아니라 효력법규로서 이에 위반한 채무부담행위는 무효라고 보아야 할 것이다.
   상호신용금고법 제3조의 규정에 의하면 상호신용금고는 합명회사, 합자회사 또는 주식회사등 영리법인의 형태를 취하도록 되어 있으나, 상호신용금고법이 차입등 채무부담행위에 관하여 특히 제한규정을 둔 그 입법취지에 비추어 볼 때 영리법인이라는 이유만으로 위 제한규정이 단속법규에 불과하다고 볼 근거는 되지 못한다.
   또 개개의 차입행위를 놓고 볼 때 위 제한규정위반을 이유로 차입행위의 효력을 부인하는 것은 그 거래상대방인 채권자의 이익을 침해하는 결과가 되지만, 위 제한규정의 입법취지가 앞에서 본 바와 같이 과다한 채무부담으로 상호신용금고의 자본구조가 악화되어 불실화됨으로써 서민의 금융 및 저축업무에 차질이 생기고 신용질서가 어지럽게 된 상황에 이르렀을 때에 일반 서민거래자가 입게 될 불이익을 미리 방지하려는데에 있는 이상, 위와 같은 개별적 차입행위의 거래상대방인 채권자의 이익보호보다도 일반서민거래자의 이익보호가 우선되어야 함은 더 말할 것도 없다.
   당원은 당원 1984.9.25. 선고 84도1581 판결에서 위 제한규정의 성질에 관하여 위에서 설시한 바와 다른 견해를 표명한 바 있으나 이를 폐기하기로 한다.
2. 원심판결 이유에 의하면, 원심은 소외 1이 1982.1.31 액면 15,000,000원, 지급기일 1983. 6. 10로 된 약속어음 1매를 당시 피고회사 대표이사이던 소외 2 앞으로 발행하고 소외 2는 피고회사를 대표하여 원고에게 위 어음을 지급거절증서 작성을 면제하여 배서양도한 사실을 인정한 후, 피고회사 명의로 된 배서는 상호신용금고법 제17조 제2항에 규정된 이사회결의와 재무제표 및 장부에 계상하는 절차를 거치지 아니한 채무부담행위로서 무효라는 피고의 주장에 대하여 위 법규정은 단속규정에 불과하므로 이에 위반한 채무부담행위는 무효가 아니라고 판단하여 위 주장을 배척하였다.
   그러나 원고주장과 원심 채용증거에 의하면, 원고는 소외 주식회사 은성알마이트의 이사인 소외 1에게 15,000,000원을 대여하고 그 지급확보를 위하여 위 소외인으로부터 이 사건 약속어음을 발행받음에 있어서 위 소외인의 채무를 보증하는 뜻으로 피고회사 대표이사 소외 2에게 위 어음에 배서해 줄 것을 요구하여 위 원심인정과 같은 피고회사 명의의 배서를 받아 소지하게 된 사실이 인정되는바, 상호신용금고법 제17조 제3항의 규정에 의하면 같은조 제1항에서 "차입"이라 함은 계금 및 부금의 수입 이외에 그 명칭, 종류 및 방식여하에 불구하고 채무를 부담하는 일체의 행위를 말한다고 되어 있고 같은조 제2항의 차입도 이와 같은 뜻이라고 해석되므로 이 사건에서와 같은 채무보증을 위한 어음배서도 위 각 규정에서 말하는 차입등 채무부담행위에 해당하는 것으로서, 만일 피고주장과 같이 차입제한규정에 위반한 것이 사실이라면 위 차입제한 규정을 효력법규라고 보는 이상 타인이 채무보증을 위한 피고의 위 어음배서는 무효라고 볼 수 밖에 없을 것이다(배서행위를 한 위 소외 2의 사용자로서 피고가 손해배상책임을 부담하는 여부는 별문제이다).

3. 결국 원심판결은 상호신용금고법 제17조의 차입제한에 관한 규정의 효력을 잘못 해석하여 판결에 영향을 미친 위법을 저지른 것으로서 이는 원심판결을 파기하지 아니하면 현저히 정의와 형평에 반한다고 인정할만한 중대한 법령위반에 해당한다고 하겠으므로, 원심판결을 파기하고 사건을 다시 심리케하고자 원심법원에 환송하기로 하여 대법원 판사 정태균, 같은 이정우, 같은 신정철, 같은 김형기를 제외한 관여법관 전원의 일치된 의견으로 주문과 같이 판결한다.

4. 대법원 판사 정태균, 같은 이정우, 같은 신정철, 같은 김형기의 반대의견은 다음과 같다.
    (1) 상호신용금고법 제11조는 상호신용금고가 영위할 수 있는 업무범위를 제한적으로 열거하고 있는 한편, 같은법 제17조 제1항에서는 자본금과 적립금 기타 잉여금의 합계액 범위내의 차입행위는 당연히 할 수 있는 것으로 규정하고 있으므로, 상호신용금고의 차입행위는 그 목적으로 하는 업무자체에는 해당하지 아니하나 그 소요자금의 조달등 그 목적수행을 위하여 필요한 부수적 업무에는 해당한다 할 것이고, 같은조 제2항의 "상호신용금고가 차입을 할 때에는 건별로 총사원의 3분의 2 이상의 동의 또는 이사회의 결의를 거쳐 재무제표 및 장부에 계상하여야 한다"는 규정은 상호신용금고의 금융업무의 건실한 경영을 확보하고 계원 및 부금자등의 이익보호를 도모하기 위한 내부적인 제약규정으로 단속규정이라 할 것이고 위 규정에 반하는 차입행위의 사법상의 효력을 부인하는 것은 아니라 해석할 것이다. 따라서 이와 견해를 달리하는 다수의견에는 찬성할 수 없다.
    영리법인인 상호신용금고의 영리목적수행을 위한(같은법 제3조, 제11조 참조) 부수적 업무에 속하는 법이 허용한 일정한 한도내의 차입행위에 이사회의 결의가 없다거나 재무제표 및 장부에의 계상이 누락되었다는등 내부적인 절차에 관한 요건이 갖추어지지 아니하였다 하여 그 차입행위를 무효라고 한다면 채권자등 거래의 상대방에게 지나친 희생을 강요하는 것이 되고 거래의 안전을 심히 저해하는 결과가 될 것이다.
    위와 같은 절차위반에 대하여는 금고임원에 대한 민사상의 책임과 벌칙에 의한 제재로서 그 실효를 거두어야 할 것이고 그 차입행위 자체를 무효로 볼 수는 없는 것임은 거래의 안전성 보호를 위하여도 당연한 해석이라 생각한다. 이 점에서 정책적, 행정적 통제가 강하게 요청되는 농업협동조합등(농업협동조합법 제58조 제2항에 의하여 조합은 중앙회로부터의 자금차입만 허용되고 있다) 비영리법인의 경우와는 해석을 달리할 필요가 있는 것이다.
(2) 원심이 확정한 바에 의하면 이 사건 차입은 위 법조가 규정하는 차입한도액을 초과한 것도 아니고, 단지 그 차입이 허용된 범위내에서 이사회의등 결의를 거치지 아니하였다는 것이므로, 일종의 절차위반에 지나지 아니하고 그 절차요건을 충족하지 않았다하여 그 효력을 부인할 수는 없다. 따라서 위와 같은 취지에서 이 사건 차입행위의 효력을 긍인한 원심판단은 정당하고, 논지는 이유없다.

대법관 유태홍(재판장) 정태균 강우영 전상석 이정우 윤일영 김덕주 신정철 이회창 오성환 김형기 정기승

[판례 49] 약속어음금

(대법원 1985. 2. 26. 선고 84다카527 판결)

【판시사항】

새마을금고 이사장이 이사회의 의결없이 한 비조합원으로부터의 자금차입이나 약속어음 배서행위의 효력

【판결요지】

새마을금고법 제13조 제3항 제3호 소정의 소요자금의 차입에는 이사회의 의결을 얻어야 한다고 한 규정과 동법 제16조 제1항 제1호 소정의 금고의 신용사업으로는 회원으로부터의 예탁금, 적금의 수입과 회원에 대한 자금의 대출로 한정하고 있는 점 및 동법 제7조 소정의 회원의 자격, 출자에 관한 규정 등과 동법의 목적으로 하는 바에 비추어 새마을금고 이사장이 이사회의 의결 없이 한 비조합원으로부터의 자금차입이나 약속어음 배서행위는 무효라고 해석함이 상당하다.

【참조조문】

새마을금고법 제13조, 제16조

【전 문】

【원고, 피상고인】 원고
【피고, 상 고 인】 목1동 새마을금고 소송대리인 변호사 전병덕
【원심판결】 서울민사지방법원 1984.2.8. 선고 83나1502 판결

【주 문】

원심판결을 파기하고, 사건을 서울민사지방법원 합의부에 환송한다.

【이 유】

피고 소송대리인 상고이유를 판단한다.

원심판결 이유에 의하면, 원심은 소외 1은 피고 새마을 금고의 이사장으로 근무함을 기화로 피고 이사회의 의결 없이 개인목적에 사용할 자금차입을 위하여 액면 금 1,000만 원의 약속어음 2매를 발행하여 피고명의로 거절증서작성의무를 면제하여 각 배서양도하고 소외 2로부터 자금을 차입한 사실을 확정한 다음 피고의 항변 즉 피고가 이 사건 약속어음에 배서하여 타인으로부터 자금을 차입하려면 이사회의 의결을 거쳐야 하는데도 이와 같은 절차를 거치지 아니하였기 때문에 무효라는 주장에 대하여 원심은 피고의 소요자금의 차입에 이사회의 의결을 거친 바 없다 하더라도 당연무효한 것이라고는 할 수 없다하여 피고의 항변을 배척하였다.

살피건대, 피고 새마을금고는 새마을금고법에 의하여 설립된 비영리법인으로서, 동법 제13조 제3항 제3호에는 소요자금의 차입에는 이사회의 의결을 얻어야 한다고 규정하고 있고, 동법 제16조 제1항 제1호에는 금고의 신용사업으로는 회원으로부터의 예탁금, 적금의 수입 및 회원에 대한 자금의 대출로 한정하고 있는 점(이 사건 약속어음 배서양도 이후에 공포 시행된 새마을금고법시행령 제22조에 의하면, 금고는 국가, 지방자치단체 금융기관 또는 연합회로부터 소요자금을 차입할 수 있고, 또 금고가 소요자금을 차입하고자 할 때는 연합회장의 승인을 얻어야 한다고 규정하고 있다) 및 동법 제7조 제1내지 제3항의 회원의 자격 및 출자에 관한 규정, 동조 제9, 제10항의 금고의 자본금은 회원이 납입한 출자금의 총액으로 하고 회원의 책임은 그 납입출자액을 한도로 한다는 규정과 또 동법의 목적으로 하는바(동법 제1조 참조)에 비추어 볼 때, 이사회의 의결 없이 한 비조합원으로부터의 자금차입이나 약속어음 배서행위는 무효라고 해석함이 상당할 것이다.

그렇다면 원심이 이사회의 결의가 없는 자금차입도 무효라고 할 수는 없다고 한 판단은 결국 새마을금고의 이사장의 비회원으로부터의 자금차입 및 약속어음 배서행위의 효력에 관하여 법리를 오해하고 심리를 미진하여 판결결과에 영향을 미쳤다 할 것이고 이는 소송촉진등에 관한 특례법 제12조 소정의 파기사유에 해당한다고 할 것이니 다른 상고이유를 판단할 필요 없이 이를 탓하는 논지는 이유있다.

이에 원심판결을 파기하고, 다시 심리판단케 하기 위하여 사건을 원심법원에 환송하기로 하여 관여법관의 일치된 의견으로 주문과 같이 판결한다.

대법관 김형기(재판장) 정태균 이정우 신정철

---

(2) 어음의 위조·변조

(가) 어음의 위조

어음의 위조란 권한 없이 타인의 기명날인을 위작하여 어음행위를 하는 것을 말한다.

| 판 례 |

[판례 50] 약속어음금

(대법원 1999. 1. 29. 선고 98다27470 판결)

【판시사항】

[1] 어음행위의 표현대리에 있어서 민법 제126조 소정의 '제3자'의 범위
[2] 어음행위의 위조에 관하여 민법 제126조의 표현대리가 인정되기 위한 요건
[3] 어음상의 배서가 피용자에 의하여 위조된 경우, 피위조자인 배서명의인이 사용자로서 부담하는 불법행위책임과 다른 배서인이 부담하는 어음법상의 책임의 관계(=각 별개의 독립된 책임) 및 어음소지인이 위조된 어음을 취득함으로써 입은 손해액(=취득하기 위하여 지급한 금원)

【판결요지】

[1] 어음행위의 위조에 관하여도 민법상의 표현대리에 관한 규정이 적용 또는 유추적용되고, 다만 이 때 그 규정의 적용을 주장할 수 있는 자는 어음행위의 직접 상대방에 한하므로, 어음의 제3취득자는 어음행위의 직접 상대방에게 표현대리가 인정되는 경우에 이를 원용하여 피위조자에 대하여 자신의 어음상의 권리를 행사할 수가 있다.
[2] 어음행위의 위조에 관하여도 민법 제126조에서 규정하는 표현대리가 인정되려면 그 상대방에게 위조자가 어음행위를 할 권한이 있다고 믿은 데에 정당한 사유가 있어야만 하는 것이고, 이러한 정당한 사유는 어음행위 당시에 존재한 여러 사정을 객관적으로 관찰하여 보통인이면 유효한 행위가 있은 것으로 믿는 것이 당연하다고 보여지면 이를 긍정할 수 있지만, 어음행위가 일반의 거래관념에 비추어 특히 이례적으로 이루어진 경우에는 달리 특별한 사정이 없는 한 그 상대방이 위조자의 권한 유무와 본인의 의사를 조사·확인하지 아니하였을 경우에는 그 상대방이 위조자에게 어음행위를 할 권한이 있다고 믿었다고 하더라도 거기에 정당한 사유가 있다고 보기 어렵다.
[3] 어음상의 배서가 피용자에 의하여 위조된 경우 피위조자인 배서명의인이 사용자로서 부담하는 불법행위책임과 다른 배서인이 부담하는 어음법상의 책임은 각 별개의 독립된 책임으로서 어음소지인으로서는 어음의 발행인이나 다른 배서인에 대하여 어음법상의 권리를 행사할 수 있는지의 여부를 불문하고 피위조자인 배서명의인에 대하여 손해배상청구권을 행사할 수가 있고, 이 때 배서가 위조된 어음을 취득함으로써 입은 손해는 그 액면 금액이 아니라 그 어음을 취득하기 위하여 지급한 금원이다.

【참조조문】

[1] 민법 제126조 [2] 민법 제126조 [3] 민법 제393조, 제756조, 제763조

【참조판례】

[1] 대법원 1986. 9. 9. 선고 84다카2310 판결(공1986, 1369)
대법원 1997. 11. 28. 선고 96다21751 판결(공1998상, 34)

[2] 대법원 1991. 6. 11. 선고 91다3994 판결(공1991, 1906)
대법원 1994. 5. 27. 선고 93다21521 판결(공1994하, 1814)
[3] 대법원 1992. 6. 12. 선고 91다40146 판결(공1992, 2133)
대법원 1992. 6. 23. 선고 91다43848 전원합의체 판결(공1992, 2245)
대법원 1994. 11. 8. 선고 93다21514 전원합의체 판결(공1994하, 3236)
대법원 1994. 11. 22. 선고 94다20709 판결(공1995상, 69)

【전 문】

【원고, 상 고 인】 원고 (소송대리인 변호사 이선우)
【피고, 피상고인】 피고
【원심판결】 대구지법 1998. 5. 15. 선고 97나13717 판결

【주 문】

원심판결 중 사용자책임에 관한 부분을 파기하고, 이 부분 사건을 대구지방법원 본원 합의부로 환송한다. 원고의 나머지 상고를 기각한다.

【이 유】

상고이유를 판단한다.
1. 원심판결 이유에 의하면, 원심은 그 판결에서 채용하고 있는 증거들을 종합하여, 액면금 30,000,000원의 이 사건 약속어음(이하 '이 사건 어음'이라고만 한다)은 제1심 공동피고 소외 1이 발행하고 피고와 제1심 공동피고 소외 2가 순차로 배서한 것을 원고가 소외 2로부터 취득하여 소지하고 있다가 그 지급기일인 1995. 10. 25. 지급장소에서 지급제시를 하였으나 그 지급이 거절된 사실, 이 사건 어음은 피고의 처 생질인 소외 1이 피고가 시공하는 아파트 신축공사중 전기공사 부분을 하도급받아 그 공사를 시행하면서 소외 2로부터 그에 필요한 자재를 공급받아 오다가 그 대금채무의 지급담보를 위하여 발행하면서 자신의 사촌누이로서 피고가 경영하는 '○○주택'에서 경리과장으로 근무하던 소외 3에게 자신이 나중에 피고의 승낙을 얻겠다고 하면서 피고의 배서를 요청하여 소외 3이 피고의 허락을 받지 아니한 상태에서 직무상 보관하고 있던 피고의 인장을 임의로 날인하여 이 사건 어음의 배서가 이루어진 사실, 소외 3은 위 회사의 경리과장으로 근무하는 동안 피고의 지시에 따라 피고를 대신하여 피고 명의의 약속어음이나 수표를 발행하거나 배서하는 업무를 대행하여 왔던 사실을 인정하고 있다.

원심은 위와 같은 인정 사실에 터잡아, 피고가 소외 3이 대행한 피고 명의의 배서에 대하여 표현대리책임이 있다는 원고의 주장에 대하여, 소외 3이 종전에 피고 명의의 약속어음을 발행하여 소외 2에게 교부하였던 어음들이 정상적으로 지급되었다거나 또는 소외 2가 피고에게 이 사건 어음을 진정하게 발행하였는지 여부를 확인하였다고 인정할 아무런 자료가 없다는 이유로 원고의 주장을 배척하고, 원고의 이 사건 어음금청구를 기각하고 있다.

원심은 나아가, 이 사건 어음에 관하여 피고가 어음법상의 책임을 지지 않는다고 하더라도 피고는 소외 3의 사용자로서 소외 3의 위와 같은 배서 위조행위에 관하여 사용자책임이 있다는 원고의 주장에 대하여, 소외 3이 이 사건 어음에 피고 명의의 배서를 한

행위가 그의 사무집행행위에 속한다거나 그와 외형적으로 유사하여 그 범위 내에 속하는 것으로 보이지는 아니하고, 가사 그의 사무집행행위에 속한다고 하더라도, 원고가 소외 2로부터 교부받은 이 사건 어음의 지급이 거절됨으로써 원고에게 손해가 발생하게 되었다는 점에 관한 아무런 입증이 없다는 이유로 원고의 주장을 배척하고 있다.

2. 상고이유 제1점에 대하여

어음행위의 위조에 관하여도 민법상의 표현대리에 관한 규정이 적용 또는 유추적용되고, 다만 이 때 그 규정의 적용을 주장할 수 있는 자는 어음행위의 직접 상대방에 한하므로(대법원 1986. 9. 9. 선고 84다카2310 판결, 1997. 11. 28. 선고 96다21751 판결 등 참조), 어음의 제3취득자는 어음행위의 직접 상대방에게 표현대리가 인정되는 경우에 이를 원용하여 피위조자에 대하여 자신의 어음상의 권리를 행사할 수가 있다(대법원 1991. 6. 11. 선고 91다3994 판결, 1994. 5. 27. 선고 93다21521 판결 참조). 그런데 어음행위의 위조에 관하여도 민법 제126조에서 규정하는 표현대리가 인정되려면 그 상대방에게 위조자가 어음행위를 할 권한이 있다고 믿은 데에 정당한 사유가 있어야만 하는 것이고, 이러한 정당한 사유는 어음행위 당시에 존재한 여러 사정을 객관적으로 관찰하여 보통인이면 유효한 행위가 있은 것으로 믿는 것이 당연하다고 보여지면 이를 긍정할 수 있지만, 어음행위가 일반의 거래관념에 비추어 특히 이례적으로 이루어진 경우에는 달리 특별한 사정이 없는 한 그 상대방이 위조자의 권한 유무와 본인의 의사를 조사·확인하지 아니하였을 경우에는 그 상대방이 위조자에게 어음행위를 할 권한이 있다고 믿었다고 하더라도 거기에 정당한 사유가 있다고 보기 어렵다.

원심판결 이유와 기록에 의하면, 소외 3이 위조한 피고 명의 배서의 상대방은 배서의 연속 등에 비추어 소외 2라고 볼 수 있고, 따라서 소외 2가 이 사건 어음을 취득함에 있어 피고의 배서가 유효하게 이루어진 것이라고 믿은 데에 정당한 사유가 있을 경우 소외 2로부터 이 사건 어음을 취득한 원고도 피고에게 표현대리책임을 물을 수 있다고 할 수 있겠지만, 소외 2가 소외 1에게 이 사건 어음상에 피고의 배서를 받아달라고 요구하여 소외 1로부터 피고의 배서가 된 이 사건 어음을 교부받을 당시 그는 피고를 대면한 바 없을 뿐만 아니라 피고의 배서가 어떠한 경위로 이루어졌는지를 전혀 알지 못하고 있었고, 또 종전에 피고와 소외 1을 통한 위와 같은 방식의 어음거래를 하여 정상적인 결제가 이루어진 적이 없었음을 알 수 있으므로, 소외 1과 피고 사이의 신분관계나 거래관계를 감안하더라도, 소외 2로서는 이 사건 어음상의 피고의 배서가 과연 피고의 의사에 따라 이루어진 것인지를 별도로 조사·확인하여 보지 아니한 이상 피고의 배서가 유효하게 이루어진 것이라고 믿은 데에 정당한 사유가 있다고 볼 수 없다.

따라서 같은 취지에서 원고의 표현대리 주장을 배척한 원심의 조치는 정당한 것으로 수긍이 가고, 거기에 표현대리책임에 관한 법리를 오해하여 판결 결과에 영향을 미친 위법이 있다고 할 수 없다. 이 부분 상고이유는 받아들일 수 없다.

3. 상고이유 제2점에 대하여

어음의 배서 위조에 관하여도 민법상의 표현대리의 원칙이 유추적용되는 이상 권한 없는 자의 대리 또는 대행에 의하여 이루어진 배서에 관하여 그 배서 명의인에게 어음법상의 책임을 묻기 위하여는 표현대리가 인정되기 위한 요건이 모두 갖추어져야 하고, 그러한 요건이 갖추어지지 아니한 경우에 어음소지인이 배서의 외관을 신뢰하였다고 하더라도 그러한 외관의 신뢰만으로 배서 명의인에 대하여 어음법상의 책임을 물을 수는 없다고 할 것이다.

원심판결 이유와 기록에 의하면, 원고가 원심에서 피고가 이 사건 어음에 관하여 어음법상의 책임을 부담하는 근거로 이 사건 어음상의 피고의 배서는 피고가 그 직원을 잘못 관리하여 이루어진 것이고 원고는 그 배서라는 외관을 신뢰하였으므로, 피고는 그에 관하여 어음법상의 책임이 있다는 주장을 표현대리 주장과는 별도로 하였음을 알 수 있으나, 원심이 위에서 본 바와 같이 원고의 표현대리 주장을 배척하고 있는 이상, 그러한 판단에는 원고의 위와 같은 외관책임에 기한 주장 역시 배척하는 취지가 포함되어 있는 것으로 못 볼 바 아니므로, 그에 판단유탈의 위법이 있다고 할 수 없다. 이 부분 상고이유도 받아들일 수 없다.

4. 상고이유 제3점에 대하여

민법 제756조에 규정된 사용자책임의 요건인 '사무집행에 관하여'라고 함은 피용자의 불법행위가 외형상 객관적으로 사용자의 사업활동 내지 사무집행행위 또는 그와 관련된 것이라고 보여질 때에는 행위자의 주관적 사정을 고려함이 없이 이를 사무집행에 관하여 한 행위로 본다는 것이고, 외형상 객관적으로 사용자의 사무집행에 관련된 것인지 여부는 피용자의 본래 직무와 불법행위와의 관련 정도 및 사용자에게 손해발생에 대한 위험창출과 방지조치 결여의 책임이 어느 정도 있는지를 고려하여 판단하여야 하며(대법원 1988. 11. 22. 선고 86다카1923 판결, 1994. 3. 22. 선고 93다45886 판결, 1997. 10. 10. 선고 97다16572 판결 등 참조), 한편 어음상의 배서가 피용자에 의하여 위조된 경우 피위조자인 배서명의인이 사용자로서 부담하는 불법행위책임과 다른 배서인이 부담하는 어음법상의 책임은 각 별개의 독립된 책임으로서 어음소지인으로서는 어음의 발행인이나 다른 배서인에 대하여 어음법상의 권리를 행사할 수 있는지의 여부를 불문하고 피위조자인 배서명의인에 대하여 손해배상청구권을 행사할 수가 있고(대법원 1992. 6. 12. 선고 91다40146 판결 등 참조), 이 때 배서가 위조된 어음을 취득함으로써 입은 손해는 그 액면 금액이 아니라 그 어음을 취득하기 위하여 지급한 금원이라고 할 것이다(대법원 1992. 6. 23. 선고 91다43848 전원합의체 판결, 1994. 11. 8. 선고 93다21514 전원합의체 판결 등 참조).

이러한 법리에 비추어 볼 때, 원심이 인정하고 있는 바와 같이 피고가 경영하는 사업체에서 경리과장으로 근무하여 오던 소외 3이 평소 피고의 도장을 보관하면서 피고의 지시로 어음 수표 등을 발행하여 오던 중, 보관 중인 피고의 도장으로 이 사건 어음에 피고 명의의 배서를 하기에 이르렀다면, 소외 3의 이러한 행위는 외형상 객관적으로 보아 그 사무집행에 관련된 것으로 볼 수 있고, 따라서 소외 3이 한 피고 명의의 배서가 피고의 승낙 없이 그 임의로 한 것이어서 위조된 것이라면 피고는 그에 대하여 소외 3의 사용자로서 피고 명의의 배서가 진정한 것으로 믿고 이 사건 어음을 취득한 원고에 대하여 불법행위에 기한 손해배상책임을 부담한다고 할 수 있으며, 또한 피고의 이러한 책임은 이 사건 어음과 관련하여 소외 1이나 소외 2가 달리 어음법상의 책임을 부담하고 있는지 여부와는 아무런 상관없이 원고가 이 사건 어음을 취득하기 위하여 소외 2에게 지급한 금원을 그 책임범위로 한다고 할 것이다.

그런데 원심은 소외 3의 배서 위조행위가 외형상 객관적으로 그의 사무집행에 속하는 것으로 볼 수 없고, 또 원고가 이 사건 어음의 취득으로 입은 손해액에 관하여 아무런 입증이 없다는 이유로 원고가 주장하는 피고의 사용자책임을 부정하고 있으므로, 이는 결국 사용자책임 및 그로 인한 손해의 범위에 관한 법리를 오해하고 필요한 심리를 다하지 아니하여 판결 결과에 영향을 미친 위법을 저지른 것이라고 할 것이다. 상고이유 중 이 점을 지적하는 부분은 이유 있다.

또한 기록에 의하면, 원고는 이 사건 어음에 관하여 피고가 어음법상의 책임을 지지 않는다고 하더라도 피고는 소외 3의 사용자로서 소외 3의 위와 같은 배서 위조행위에 관하여 사용자책임이 있다는 주장을 원심 제1차 변론기일에서 비로소 하였음이 분명한바(1998. 4. 17.자 준비서면), 이러한 사용자책임에 관한 주장은 단순히 원고가 제1심에서부터 한 이 사건 어음금청구에 대한 공격방어방법이 아니라 그와 별도의 소송물에 해당하는 손해배상청구의 청구원인에 관한 주장으로 볼 수가 있으므로, 원심으로서는 위와 같은 원고의 주장 취지를 석명하여 이 점을 분명히 한 후 그에 대한 판단의 결론을 주문에 명시하였어야 할 것이다.

그럼에도 불구하고, 원심은 원고의 사용자책임에 관한 주장을 단순히 공격방어방법에 그치는 것으로 보고 그 판결이유에서 이를 배척하면서도 주문에 아무런 언급을 하지 아니함으로써 소송물에 관한 법리를 오해하고 석명권을 행사하지 아니하여 판결 결과에 영향을 미친 위법을 저지르고 있으므로, 이 점도 아울러 지적하여 둔다.

5. 그러므로 원심판결 중 사용자책임에 관한 부분을 파기하여 이 부분 사건을 다시 심리·판단케 하기 위하여 원심법원에 환송하고, 원고의 나머지 상고는 이유 없어 이를 기각하기로 관여 법관의 의견이 일치되어 주문과 같이 판결한다.

대법관   정귀호(재판장) 김형선 이용훈(주심) 조무제

[판례 51] 손해배상(기)

(대법원 1994. 11. 8. 선고 93다21514 전원합의체 판결)

【판시사항】

가. 어음배서가 위조된 경우, 소지인의 적법한 지급제시가 배서위조로 인한 사용자책임을 묻기 위한 요건인지 여부
나. 위조된 약속어음을 취득함으로써 입은 손해액이 그 어음액면 상당액인지 여부
다. 어음할인 등을 전문으로 하는 금융기관인 상호신용금고가 조선무락합자회사 명의의 배서를 조선무약합자회사 명의의 배서로 오인한 과실과 피위조자인 조선무약합자회사가 직원들을 제대로 감독하지 못하여 그 경리직원이 배서가 진정한 것이라고 확인하여 준 과실의 경중에 관한 원심의 비율판단이 형평에 반한다고 본 사례
라. 상호신용금고가 '다'항과 같이 배서를 오인한 과실이 있고 조선무약합자회사 직원도 잘못 알고 '다'항과 같이 답변하였다 하여 상호신용금고의 손해와 조선무약합자회사 직원의 위법행위 사이의 인과관계를 부정할 수 있는지 여부

【판결요지】

가. 어음이 위조된 경우에 피위조자는 민법상 표현대리에 관한 규정이 유추적용될 수 있다는 등의 특별한 경우를 제외하고는 원칙적으로 어음상의 책임을 지지 아니하나, 피용자가 어음위조로 인한 불법행위에 관여한 경우에 그것이 사용자의 업무집행과 관련한 위법한 행위로 인하여 이루어졌으면 그 사용자는 민법 제756조에 의한 손해배상책임을 지는 경우가 있고, 이 경우에 사용자가 지는 책임은 어음상의 책임이 아니라 민법상의 불법행위책임이므로 그 책임의 요건과 범위가 어음상의 그것과 일치하는 것이 아니다. 따라서 민법 제756조 소정의 사용자 책임을 논함에 있어서는 어음소지인이 어음법상 소구권을 가지고 있느냐는 등 어음법상의 권리 유무를 따질 필요가 없으므로, 어음소지인이 현실적으로 지급제시를 하여 지급거절을 당하였는지의 여부가 어음배서의 위조로 인한 손해배상책임을 묻기 위하여 필요한 요건이라고 할 수 없고, 어음소지인이 적법한 지급제시기간 내에 지급제시를 하지 아니하여 소구권 보전의 절차를 밟지 않았다고 하더라도 이는 어음소지인이 이미 발생한 위조자의 사용자에 대한 불법행위책임을 묻는 것에 장애가 되는 사유라고 할 수 없다.

나. 위조된 약속어음을 취득함으로써 입은 손해는 다른 특별한 사정이 없는 한 이를 취득하기 위하여 현실적으로 출연한 할인금 상당액일 뿐, 그 어음이 진정한 것이었다면 어음소지인이 지급받았을 것이라고 인정되는 그 어음액면 상당액이라고는 할 수 없다.

다. 상호신용금고가 조선무락합자회사 명의의 배서를 조선무약합자회사 명의의 배서로 오인한 과실이 있다고 하더라도 그 배서는 조선무약합자회사의 명칭 가운데 '약'자를 그와 거의 유사한 '락'자로 바꾼 데 지나지 아니하여 주의깊게 살피지 아니하면 그러한 사실을 발견하기가 어려울 뿐만 아니라 그 배서에 기재된 배서인의 주소나 대표의 명칭이 조선무약합자회사의 실제 주소나 대표의 명칭과 일치하는 점, 상호신용금고가 어음들을 할인함에 있어 조선무약합자회사에 확인하는 조치를 취하였던 점 등에 비추어 보면 비록 상호신용금고가 어음할인 등을 전문으로 하는 금융기관인 점을 고려하더라도 상호신용금고의 위와 같은 과실이 그렇게 중하다고 하기는 어려울 것인 반면, 조선무약합자회사측의 과실을 본다면 그 회사의 경리과 직원들이 회사가 실제로 어음에 배서하였는지를 확인하여 보지 아니하고 조선무약합자회사가 배서한 것이라고 답변한 것은 고의 내지 고의에 가까운 중대한 과실이라고 할 것이고 위와 같은 직원들을 제대로 감독하지 못한 조선무약합자회사의 과실 또한 결코 가벼운 과실이라고는 할 수 없을 것인데, 원심이 이러한 조선무약합자회사의 과실과 비교하여서도 상호신용금고의 과실비율이 조선무약합자회사의 과실비율의 두 배가 넘는 70%나 된다고 본 것은 결국 과실상계의 비율판단을 그르쳐 현저히 형평에 반하는 결과를 초래한 것이라고 하지 않을 수 없다.

라. 상호신용금고가 약속어음을 할인함에 있어 조선무락합자회사 명의의 배서를 조선무약합자회사 명의의 배서로 오인한 과실이 있고, 조선무약합자회사의 직원들도 상호신용금고측의 문의에 대하여 어음에 대하여 조선무약합자회사 명의로 배서가 된 것으로 잘못 알고 그 배서가 진정한 것이라고 답변하였다 하더라도, 상호신용금고가 사실과 다른 답변을 믿고 어음을 취득한 이상 그에 따른 상호신용금고의 손해와 조선무약합

자회사의 직원들의 위법행위 사이에 법률적인 인과관계를 부정할 수는 없다.

【참조조문】

가. 민법 제756조, 어음법 제77조(제44조, 제53조) 나.라. 민법 제763조(제393조) 다. 민법 제763조(제396조)

【참조판례】

가.나. 대법원 1993.8.24. 선고 93다6164,6171 판결(공1993하,2597)
가. 대법원 1974.12.24. 선고 74다808 판결(공1975,8274)(폐기)
1977.2.22. 선고 75다1680 판결
1986.3.11. 선고 85다카1600 판결(공1986,628)(폐기)
1986.3.25. 선고 84다카2438 판결(공1986,690)(폐기)
1986.9.9. 선고 84다카2310 판결(공1986,1369)(폐기)
1990.4.10. 자 89다카17331 결정(공1990,1233)(폐기)
나. 대법원 1992.6.23. 선고 91다43848 전원합의체판결(공1992,2245)
다.라. 대법원 1994.5.27. 선고 93다21521 판결(공1994하,1813)

【전 문】

【원고, 상고인 겸 피상고인】 주식회사 동인상호신용금고 소송대리인 법무법인 삼풍합동 법률사무소 담당변호사 오상걸

【피고, 피상고인겸 상 고 인】 조선무약 합자회사 소송대리인 변호사 인정헌

【원심판결】 서울고등법원 1993.3.26. 선고 92나23171 판결

【주 문】

1. 원심판결의 예비적 청구에 관한 원고패소부분 중 그 판시 별지목록 제4 내지 제8항 기재 약속어음에 관한 부분을 파기하고 이 부분 사건을 서울고등법원에 환송한다.
2. 원고의 나머지 상고와 피고의 상고를 모두 기각하고, 이 부분 상고비용은 각자의 부담으로 한다.

【이 유】

1. 먼저 원고 소송대리인의 상고이유를 본다.
   가. 제3점에 대하여
   (1) 원심은 이 사건 약속어음 중 조선무락(조선무락)합자회사 명의의 배서가 위조된 제5,6 어음을 원고가 취득함으로써 손해를 입게된 것이 피고의 피용자의 불법행위에 기한 것임을 이유로 하는 원고의 손해배상청구를 기각하는 이유로서, 배서가 위조된 약속어음의 소지인이 위조된 어음배서를 진정한 것으로 믿고 그 어음을 취득하기 위하여 금원을 출연함으로써 입은 손해란 배서인에게 소구의무의 이행을 구할 수 없는 어음을 취득함으로써 입은 손해라 할 것이므로 어음소지인으로서는 적법한 제시기간 내에 제시를 하여 소구권보전절차를 취함으로써 그 소구책임을 물을 수 있는 범위 내에서만 손해를 주장할 수 있다고 할 것인

데, 위 각 어음에 대하여는 적법한 제시기간 내에 지급제시한 바가 없으므로 그 할인금 상당의 손해배상을 구할 수 없다고 판단하였다.
(2) 어음이 위조된 경우에 피위조자는 민법상 표현대리에 관한 규정이 유추적용될 수 있다는 등의 특별한 경우를 제외하고는 원칙적으로 어음상의 책임을 지지 아니한다.
그러나 피용자가 어음위조로 인한 불법행위에 관여한 경우에 그것이 사용자의 업무집행과 관련한 위법한 행위로 인하여 이루어졌으면 그 사용자는 민법 제756조에 의한 손해배상책임을 지는 경우가 있다.
이 경우에 사용자가 지는 책임은 어음상의 책임이 아니라 민법상의 불법행위책임이므로 그 책임의 요건과 범위가 어음상의 그것과 일치하는 것이 아니다.
따라서 민법 제756조 소정의 사용자 책임을 논함에 있어서는 어음소지인이 어음법상 소구권을 가지고 있느냐는 등 어음법상의 권리유무를 따질 필요가 없다. 뿐만 아니라 어음소지인으로서는 위조된 배서를 진정한 것으로 믿고 할인금을 지급하는 즉시 그 어음액면금이 아닌 그 지급한 할인금 상당의 손해를 입었다고 할 것이므로(당원 1992.6.23. 선고 91다43848 전원합의체 판결 참조) 그 후 어음소지인이 현실적으로 지급제시를 하여 지급거절을 당하였는지의 여부가 어음배서의 위조로 인한 손해배상책임을 묻기 위하여 필요한 요건이라고 할 수 없고, 어음소지인이 적법한 지급제시기간 내에 지급제시를 하지 아니하여 소구권 보전의 절차를 밟지 않았다고 하더라도 이는 어음소지인이 이미 발생한 위조자의 사용자에 대한 불법행위책임을 묻는 것에 장애가 되는 사유라고 할 수 없다(당원 1977.2.22. 선고 75다1680 판결; 1993.8.24. 신고 93다6164,6171 판결 참조).
(3) 이에 대하여는 배서가 위조되지 아니하였다고 가정하더라도 소지인이 지급제시기간을 도과하였으면 배서인에 대하여 어음상 소구책임을 물을 수 없는데 우연히 배서가 위조된 어음의 소지인이 되었다고 하여 지급제시기간을 도과한 경우에도 손해배상을 받을 수 있다면 배서가 위조된 어음의 소지인이 진정한 어음의 소지인보다 더 보호를 받는 것이 되어 균형을 잃는다는 반론이 있을 수 있으나, 배서가 위조된 어음의 경우에는 어음의 소지인은 적법하게 지급제시를 하였더라도 배서명의자나 직접 불법행위를 한 자의 사용자에 대하여는 소구권을 행사할 수 없으므로 그에 대한 관계에 있어서는 지급제시기간의 준수 여부가 별다른 의미를 가지지 아니하고 오히려 어음소지인이 지급제시기간의 도과로 말미암아 사용자책임을 물을 수 없게 된다고 하는 것이야말로 우연한 사정에 의하여 결과가 달라지는 부당한 것이 되므로 위와 같은 반론은 근거가 없다고 하지 않을 수 없다.
뿐만 아니라 어음의 만기 이전에 그 배서가 위조된 사실이 밝혀진 경우에도 어음소지인으로서는 어음법상의 책임을 부담하지 않는 불법행위자의 사용자에 대한 관계에 있어서도 만기까지 기다려 적법한 지급제시를 하여야만 위조로 인한 사용자책임을 물을 수 있다고 하여야 할 아무런 이유도 없다.
(4) 이와는 달리 배서가 위조된 어음을 취득한 자가 그 후 적법한 지급제시기간 내

에 지급제시를 하지 않았을 때에는 피위조자에 대하여 손해배상을 청구하지 못한다는 취지의 당원 1974.12.24. 선고 74다808 판결 및 1990.4.10. 자 89다카17331 결정과, 어음의 지급기일까지만 그 지급을 보증한다는 내용의 어음보증이 위조된 경우에도 그 어음소지인이 지급제시기간 내에 지급제시를 하지 아니한 때에는 그 위조자의 사용자인 피위조자에 대하여 손해배상을 청구하지 못한다는 취지의 당원 1986.3.11. 선고 85다카1600 판결; 1986.3.25. 선고 84다카2438 판결; 1986.9.9. 선고 84다카2310 판결 등은 이로써 모두 변경하기로 한다.

(5) 따라서 원고가 적법한 지급제시를 하지 아니하였다는 이유만으로 피고에 대한 손해배상책임을 묻지 못한다고 판단한 원심판결에는 어음위조로 인한 손해배상책임의 법리를 오해한 위법이 있다고 할 것이니 이 점을 지적하는 논지는 이유가 있다.

나. 제1점에 대하여

위조된 약속어음을 취득함으로써 입은 손해는 다른 특별한 사정이 없는 한 이를 취득하기 위하여 현실적으로 출연한 할인금 상당액일 뿐, 소론과 같이 위 어음들이 진정한 것이었다면 원고가 지급받았을 것이라고 인정되는 그 어음액면 상당액이라고는 할 수 없다고 함이 당원의 견해임은 앞서 본 바와 같으므로 이 사건 제1, 2, 3 약속어음에 대한 같은 취지의 원심판단은 정당하고, 거기에 소론과 같은 불법행위로 인한 손해액에 대한 법리오해의 위법이 있다고 할 수 없다. 논지는 이유가 없다.

다. 제2점에 대하여

(1) 원심이 이 사건 약속어음 중 제4, 제7, 제8 약속어음에 관하여 확정한 사실은 다음과 같다.

즉 소외 주식회사(이하 소외 회사라고만 한다)의 대표이사인 소외 1은 피고 회사의 명칭인 '조선무약합자회사' 중에서 약(약)자가 락(락)자로만 바뀐 '조선무락합자회사'라는 명판과 피고 회사의 대표사원인 소외 2 이름의 대표사원직인을 조각한 후 이를 이용하여 위 각 어음에 위 '조선무락합자회사 대표 소외 2'의 이름으로 된 배서를 위조한 다음 이들을 원고로부터 할인받았으며, 원고의 담당자인 소외 3은 위 각 약속어음을 할인하여 줄 때마다 피고 회사 경리과 소속 소외 4 및 여직원인 소외 5 등에게 피고의 배서 여부를 확인하였으나 위 소외 4 등은 피고의 총무담당 상무이사인 소외 6으로부터 소외 회사가 할인의뢰한 어음상에 기재된 피고 회사 명의의 배서의 진정성립 여부에 관하여 조회가 오면 피고 회사가 배서를 하였다고 답변하라는 지시를 받고 이에 따라 위 각 어음이 피고 회사의 어음기입대장에 기재되어 있지 아니함에도 그 각 어음상의 피고 명의 배서가 진정한 배서라고 답변하여 소외 3은 그 각 어음상의 배서가 피고가 한 진정한 배서라고 믿고 이 어음들을 할인하여 주었다는 것이다.

(2) 원심은 위와 같은 사실인정에 터잡아 피고 회사의 담당직원들이 소외 6의 지시에 따라 원고 회사가 위 각 어음상에 피고 회사 명의와 유사하게 위조된 조선무락합자회사 명의의 배서를 발견하지 못한 채 조회한 데 대하여 피고 회사의 어음기입대장에 위 어음들이 기재되어 있지 아니함에도 불구하고 위 각 어음상의 피고 회사 명의의 배서가 진정하게 이루어진 것이라고 답변한 행위는 허위

사실을 고지하여 상대방을 기망한 불법행위에 해당하고, 이는 위 각 어음상의 위 조선무락합자회사 명의의 배서를 주의깊게 살피지 아니하여 피고 회사 명의의 배서로 잘못 알고 있는 원고 회사 담당직원으로 하여금 그와 같은 착오를 발견하지 못하게 한 하나의 원인이 되었으며 이와 같은 행위는 소외 6 및 피고 회사 경리과 담당직원들의 직무내용 등에 비추어 외형상 그들의 직무범위 내로 보여지므로 피고 회사는 소외 6 등의 사용자로서 그들의 불법행위로 인하여 원고가 입은 손해를 배상할 책임이 있다고 판단하고, 나아가 원고 회사의 담당직원으로서도 위 각 어음상의 조선무락합자회사 명의의 배서를 주의깊게 살펴 그 배서명의가 피고 회사 명의와는 다르다는 것을 발견하였어야 함에도 이에 이르지 못한 채 피고 회사 담당 경리과 직원들의 말만 믿고 위 각 어음을 할인하여 준 과실이 있고 이와 같은 과실은 이 사건 손해의 발생 및 그 확대의 한 원인이 되었다고 하여 위 각 어음에 관하여 피고 회사가 배상하여야 할 손해액을 정함에 있어 원고의 과실을 70%로 보아 피고에게 원고가 입은 손해액의 30%만을 배상할 것을 명하였다.

(3) 그러나 원고가 조선무락합자회사 명의의 배서를 피고 회사 명의의 배서로 오인한 과실이 있다고 하더라도 위 배서는 피고 회사의 명칭 가운데 '약'자를 그와 거의 유사한 '악'자로 바꾼 데 지나지 아니하여 주의깊게 살피지 아니하면 그러한 사실을 발견하기가 어려울 뿐만 아니라 위 배서에 기재된 배서인의 주소나 그 대표의 명칭이 피고 회사의 실제 주소나 대표의 명칭과 일치하는 점, 원고가 위 어음들을 할인함에 있어 피고 회사에 확인하는 조치를 취하였던 점 등에 비추어 보면 비록 원고가 어음할인 등을 전문으로 하는 금융기관인 점을 고려하더라도 원고의 위와 같은 과실이 그렇게 중하다고 하기는 어려울 것이다(기록에 의하면 원고 외의 다른 금융기관들도 소외 1이 같은 방법으로 위조한 조선무락합자회사 명의의 배서가 있는 어음을 피고가 배서한 어음인 것으로 믿고 어음을 할인하여 준 사실을 알 수 있다).

반면 이 사건에 나타난 피고측의 과실을 본다면 피고의 직원들이 피고가 실제로 어음에 배서하였는지를 확인하여 보지 아니하고 피고가 배서한 것이라고 답변한 것은 고의 내지 고의에 가까운 중대한 과실이라고 할 것이고, 위와 같은 직원들을 제대로 감독하지 못한 피고의 과실 또한 결코 가벼운 과실이라고는 할 수 없을 것인데, 원심이 이러한 피고의 과실과 비교하여서도 원고의 과실비율이 피고의 과실비율의 두 배가 넘는 70%나 된다고 본 것은 결국 과실상계의 비율판단을 그르쳐 현저히 형평에 반하는 결과를 초래한 것이라고 하지 않을 수 없고(당원 1994.5.27. 선고 93다21521 판결 참조) 이 점을 지적하는 논지도 이유가 있다.

2. 피고 소송대리인의 상고이유를 본다.
  가. 제1점에 대하여
    원심은 원고가 이 사건 제1, 2, 3 약속어음을 취득함에 있어서 위 소외 3이 위 소외 4, 소외 5 등에게 피고의 배서 여부를 확인하여 그들의 확인을 믿고 위 각 어음을 할인하여 준 사실을 인정하고, 원고가 지급장소로 기재된 은행에 어음발행인의 예금상태, 신용도 및 어음의 진정발행 여부 등을 조회 또는 문의하거나 배서양도인인 소외 회사나 할인의뢰인인 소외 1의 은행거래실적, 신용상태 등을 조사하지 않았다고 하더라도 이러한 사항의 조회 유무는 피고 회사 명의의 배서의 진위 및 어음의 취득 여부를 판단하는 데 중요한 영향을 미쳤다고 할 수 없다고 판단하여 위와 같은 점을 조사하지 아니한 과실을 피고의 손해배상액을 정함에 있어 참작하여야 한다는 피고의 주장을 배척하였는바, 기록에 비추어 보면 원심의 위와 같은 판단은 정당하고, 거기에 소론과 같이 과실상계의 법리를 오인한 위법이 있다고 할 수 없다. 논지는 이유가 없다.

나. 제2점에 대하여

앞에서 살펴본 바에 의하면 원고가 이 사건 제4 내지 8 약속어음을 할인함에 있어 위 조선무락합자회사 명의의 배서를 피고 명의의 배서로 오인한 과실이 있고, 피고의 직원들도 원고측의 문의에 대하여 위 각 어음에 대하여 피고 회사 명의로 배서가 된 것으로 잘못 알고 그 배서가 진정한 것이라고 답변하였다 하더라도 원고가 위와 같이 사실과 다른 피고 직원들의 답변을 믿고 이 사건 어음을 취득한 이상 그에 따른 원고의 손해와 피고의 직원들의 위법행위 사이에 법률적인 인과관계를 부정할 수는 없다 할 것이니(당원 1994.5.27. 선고 93다21521 판결 참조), 같은 취지의 원심판단은 정당하고 거기에 소론과 같은 위법이 있다고 할 수 없다. 논지도 이유가 없다.

3. 이에 원심판결의 예비적 청구에 관한 원고 패소부분 중 위 제4 내지 제8 어음에 관한 부분을 파기하여 이 부분 사건을 원심법원에 환송하고, 원고의 나머지 상고와 피고의 상고는 모두 이유가 없으므로 이를 각 기각하며 이 부분 상고비용은 각자의 부담으로 하기로 관여 대법관 전원의 의견이 일치되어 주문과 같이 판결한다.

대법원장 윤관(재판장) 대법관 김석수 박만호(주심) 천경송 정귀호 안용득 박준서 이돈희 김형선 지창권 신성택 이용훈 이임수

[판례 52] 수표금

(대법원 1992. 6. 23. 선고 91다43848 전원합의체 판결)

【판시사항】

위조된 수표를 할인에 의하여 취득한 사람이 그로 인하여 입게 되는 손해액(=현실적으로 출연한 할인금 상당액)

【판결요지】

위조된 수표를 할인에 의하여 취득한 사람이 그로 인하여 입게 되는 손해액은 특별한 사정이 없는 한 그 위조수표를 취득하기 위하여 현실적으로 출연한 할인금에 상당하는 금액이지, 그 수표가 진정한 것이었더라면 그 수표의 소지인이 지급받았을 것으로 인정되는 그 수표의 액면에 상당하는 금액이 아니라고 봄이 상당한 바, 위조수표의 액면에 상당하

는 금액은, 그 수표가 위조된 것이 계기가 되어 그 소지인이 그 금액을 얻을 수 있으리라는 기대를 갖게 되는 이익에 지나지 아니할 뿐, 수표의 위조라는 불법행위가 없었더라면 그 소지인이 원래 얻을 수 있었던 것으로서 그 수표의 위조행위로 말미암아 얻을 수 없게 된 이익은 아니라고 할 것이므로, 그 소지인이 그 액면에 상당하는 금액을 지급받지 못하게 된 것이 불법행위로 인한 소극적 손해에 해당한다고 볼 수 없기 때문이다.

【참조조문】

민법 제763조(제393조)

【참조판례】

대법원 1970.10.23. 선고 70다1714 판결[본판결에 의하여 변경된 판결] 대법원 1966.9.20. 선고 66다1166 판결(집14③민49)
1967.2.7. 선고 65다1702 판결
1970.5.12. 선고 70다505 판결(집18②민46)
1972.10.10. 선고 72다1388 판결
1985.8.13. 선고 84다카979 판결(공1985,1232)
1985.12.10. 선고 85다카578 판결
1987.4.14. 선고 86다카2438 판결(공1987,807)

【전 문】

【원고, 상 고 인】 최문갑 소송대리인 변호사 장건상
【피고, 피상고인】 주식회사 한국톱콘 소송대리인 변호사 천정배
【원심판결】 서울민사지방법원 1991.10.18. 선고 90나23594 판결

【주 문】

상고를 기각한다.
상고비용은 원고의 부담으로 한다.

【이 유】

1. 원심이 인정한 사실관계의 요지.

피고 회사의 경리사원으로 근무하면서 금전출납 및 전표작성과 은행거래 등의 업무에 종사하여 오던 소외 1이, 1989.11. 중순 무렵 종전에 직장에서 함께 근무한 적이 있는 소외 2로부터 금원을 대여하여 달라는 부탁을 받고, 11.25.경 피고 회사 사무실에서 그 곳에 비치되어 있는 수표용지와 때마침 은행거래관계로 피고 회사의 대표이사로부터 교부받아 소지하고 있던 대표이사의 인장을 사용하여 임의로 액면 금 10,000,000원 및 액면 금 5,000,000원으로 된 피고 회사 발행 명의의 이 사건 수표들을 각 작성한 다음, 그 무렵 소외 2에게 이를 교부하면서 이 사건 수표들이 자신에 의하여 임의로 작성되었다는 점도 알려 주었다.

소외 2가 11.27.경 그 정을 모르는 원고에게 이 사건 수표들의 할인을 의뢰하자, 원고는 이 사건 수표들의 발행인으로 되어 있는 피고 회사의 신용상태에 관하여 지급은행인

광주은행 강남지점에 문의한 결과, 그 담당직원으로부터 피고 회사가 우량기업이고 예금잔고도 항상 많다는 말을 듣고는 피고 회사에 직접 조회하여 보지 아니한 채, 이 사건 수표들의 액면 합계 금 15,000,000원에서 월 3푼의 비율에 의한 3개월분 선이자로 금 1,350,000원을 공제한 금 13,650,000원을 소외 2에게 지급하고 이 사건 수표들을 교부받았다.

그후 원고는 1990.2.21.에 이르러 이 사건 수표들의 소지인으로서 지급장소에서 이 사건 수표들을 지급제시하였으나 사고수표라는 이유로 지급거절되었다.

2. 원고소송대리인의 상고이유 제1점에 대한 판단.

원심은, 원고가 소외 2로부터 이 사건 수표들을 할인의 방법으로 취득함에 있어, 피고 회사와 같은 우량기업이 지급증권으로서의 성격이 강한 수표를 선일자로 발행하고 그 수표소지인이 이를 할인 의뢰하는 것은 극히 이례에 속하는 일이므로, 지급은행에 대한 문의에 그칠 것이 아니라 더 나아가 발행인으로 되어 있는 피고 회사에 직접 조회하여 이 사건 수표들의 발행여부를 확인하여 보았더라면, 이 사건 수표들이 위조된 것임을 쉽게 알 수 있었을 것임에도 불구하고, 이에 이르지 아니한 채 그대로 고리의 선이자만을 탐하여 이사건 수표들을 취득한 잘못이 있다고 판단한 다음, 피고가 소외 1의 사용자로서 원고에게 배상하여야 할 손해액을 정함에 있어서 이를 참작하여 과실상계를 하였다.

원심판결이 설시한 증거관계에 비추어 볼 때, 원심의 위와 같은 사실인정과 판단은 모두 정당한 것으로 수긍이 되고, 그 과정에 소론이 지적하는 바와 같이 심리를 제대로 하지 아니한 채 증거없이 원고의 과실을 인정하는 등 채증법칙을 위반한 위법이나 과실상계에 있어 입증책임의 법리를 오해한 위법이 있다고 볼 수 없다.

논지는 모두 원심의 전권에 속하는 증거의 취사판단과 사실의 인정을 비난하거나 원심이 인정한 사실과 다른 사실을 전제로 원심판결을 헐뜯는 것에 지나지 아니하여 받아들일 것이 못된다.

3. 같은 상고이유 제2점에 대한 판단.

위조된 수표를 할인에 의하여 취득한 사람이 그로 인하여 입게 되는 손해의액은, 특별한 사정이 없는 한 그 위조수표를 취득하기 위하여 현실적으로 출연한 할인금에 상당하는 금액이지, 소론과 같이 그 수표가 진정한 것이었더라면 그 수표의 소지인이 지급받았을 것으로 인정되는 그 수표의 액면에 상당하는 금액이 아니라고 봄이 상당하다(당원 1970.10.23. 선고 70다1714 판결 참조).

위조수표의 액면에 상당하는 금액은, 그 수표가 위조된 것이 계기가 되어 그 소지인이 그 금액을 얻을 수 있으리라는 기대를 갖게 되는 이익에 지나지 아니할 뿐, 수표의 위조라는 불법행위가 없었더라면 그 소지인이 원래 얻을 수 있었던 것으로서 그 수표의 위조행위로 말미암아 얻을 수 없게 된 이익은 아니라고 할 것이므로, 그 소지인이 그 액면에 상당하는 금액을 지급받지 못하게 된 것이 불법행위로 인한 소극적 손해에 해당한다고 볼 수 없기 때문이다.

종전에 당원의 판결들(당원 1966.9.20. 선고 66다1166 판결; 1967.2.7. 선고 65다1702 판결; 1970.5.12. 선고 70다505 판결; 1972.10.10. 선고 72다1388 판결; 1985.8.13. 선고 84다카979 판결; 1985.12.10. 선고 85다카578 판결; 1987.4.14. 선고 86다카2438 판결 등)이 이

와 반대되는 견해를 취하여 판시한 의견은 이 판결로써 변경하기로 한다.
　원심이 이와 견해를 같이하여, 원고가 소외 1의 불법행위로 인하여 입은 재산상 손해액은 원고가 이 사건 수표들을 진정하게 성립한 것으로 믿고 이를 취득하기 위하여 현실적으로 출연한 금 13,650,000원이라고 판단한 것은 정당하고, 원심판결에 소론과 같이 손해배상의 범위에 관한 법리를 오해한 위법이 있다고 볼 수 없으므로, 논지도 받아들일 수 없다.
4. 그러므로 원고의 상고를 기각하고 상고비용은 패소자인 원고의 부담으로 하기로 관여 법관 전원의 의견이 일치되어 주문과 같이 판결한다.

대법원장　김덕관(재판장)　대법관　이회창 박우동 윤관 김상원 배만운 김주한 윤영철 김용준 김석수 박만호

[판례 53] 부당이득금반환

(대법원 1977. 12. 13. 선고 77다1753 판결)

【판시사항】

위조발행되어 전전된 어음을 분실한 자의 책임

【판결요지】

위조발행된 어음이라도 어음행위독립의 원칙상 그 뒤에 유효하게 배서한 배서인에 대하여는 소구권을 행사할 수 있으므로 이를 보관중 분실한 자에 대하여는 손해배상을 청구할 수 있다.

【참조조문】

민법 제750조, 어음법 제7조

【전　문】

【원고, 상 고 인】 서울특별시 농업협동조합 소송대리인 변호사 이석조
【피고, 피상고인】 일신제강주식회사 소송대리인 변호사 송영욱
【원 판 결】 서울고등법원 77.7.22. 선고 77나351 판결

【주　문】

이 상고를 기각한다. 상고비용은 원고가 부담한다.

【이　유】

원고소송대리인의 상고이유를 판단한다.
원판결 및 원심이 인용한 제1심 판결이유에 의하면 원심은 피고가 원고를 상대로 그가 추심의뢰한 원설시 약속어음을 원고조합에서 분실하여 어음상의 권리를 행사하지 못하게 된 손해의 배상을 구하는 별건소(앞으로 소송은 이를말한다)에서 받은 승소판결이 확정된 사

실과 집행하여 그 내용대로 이뤄진 사실은 당사자사이에 다툼이 없다고 인정하고 그 확정판결은 재심의 소 등으로 취소되지 않는한 위 소송의 당사자인 원, 피고를 기속하므로 설사 확정된 뒤에 기초가 된 약속어음이 위조된 것으로 밝혀졌다 하더라도 그 사유만으로서는 피고가 위 판결의 강제집행으로서 교부받은 돈이 바로 법률상 원인없이 지급된 것이라고 단정할 수 없고 또한 피고가 소송을 제기함에 있어서 약속어음의 위조사실을 알았거나 몰랐음에 과실이 있었다고 인정할만한 증거가 없을 뿐더러 유통된 어음의 최후소지인이 된 피고는 비록 최초의 발행행위가 위조되었다 하더라도 어음행위독립의 원칙상 그뒤에 유효하게 배서한 배서인에 대하여는 소구권을 행사할 수 있다 할 것이니 피고가 제기한 소송이 청구권 없이 일으킨 바라고 할 수 없다는 취지로 판단하므로서 원고의 청구를 모두 배척하였는바, 이를 검토하여 보아도 원심의 조치는 정당히 시인되고 거기에 소론 채증법칙위배나 법리오해와 위법사유가 있다고 말할 수 없다.

논지는 이유없어 주문과 같이 판결한다.

대법관 이일규(재판장) 민문기 강안희 유태홍

(나) 어음의 변조

어음의 변조란 권한 없이 타인의 기명날인 이외의 어음의 기재사항을 변경하는 것을 말한다.

법 령

◇ 어음법

제69조 (변조와 어음행위자의 책임) 환어음의 문구가 변조된 경우에는 그 변조 후에 기명날인하거나 서명한 자는 변조된 문구에 따라 책임을 지고 변조 전에 기명날인하거나 서명한 자는 원래 문구에 따라 책임을 진다. [전문개정 2010. 3. 31.]

제77조 (환어음에 관한 규정의 준용) ① 약속어음에 대하여는 약속어음의 성질에 상반되지 아니하는 한도에서 다음 각 호의 사항에 관한 환어음에 대한 규정을 준용한다.
　　7. 변조(제69조)

판 례

[판례 54] 약속어음금

(대법원 1996. 2. 23. 선고 95다49936 판결)

【판시사항】

[1] 약속어음의 변조 전에 기명날인 또는 서명한 자의 어음상 책임
[2] 약속어음의 최종 소지인이 변조 전 원문언에 따른 지급제시기간 내에 지급제시를 하지 아니함으로써, 변조 전 배서인에 대한 소구권을 상실하였다고 한 사례

【판결요지】

[1] 약속어음의 문언에 변개가 있는 경우 변개 전에 기명날인 또는 서명한 자는 그 변개에 동의를 하지 아니한 이상 변개 후의 문언에 따른 책임을 지지는 아니한다고 하더라도, 변개 전의 원문언에 따른 책임은 지게 된다.
[2] 약속어음의 최종 소지인이 배서인에 대하여 변개 전의 원문언에 따른 소구의무자로서의 책임을 묻기 위하여서는 소지인이 변개 전의 원문언에 따른 적법한 지급제시를 하였음이 인정되어야 할 것인바, 소지인이 약속어음이 변개된 후에야 비로소 그 어음을 취득하였고 변개 전의 원문언에 따른 지급제시기간 내에 그 약속어음을 지급제시하지 않은 경우, 그 최종소지인의 배서인에 대한 소구권은 요건 흠결로 상실되어 배서인에 대하여 변개 전의 원문언에 따른 책임도 물을 수 없다고 한 사례.

【참조조문】

[1] 어음법 제69조, 제77조 제1항 제7호 [2] 어음법 제38조 제1항, 제53조, 제77조 제1항 제3호, 제4호

【참조판례】

[1] 대법원 1980. 3. 25. 선고 80다202 판결(공1980, 12742)
대법원 1987. 3. 24. 선고 86다카37 판결(공1987, 707)
대법원 1992. 4. 24. 선고 92다4802 판결(공1992, 1721)

【전 문】

【원고, 상 고 인】 원고 (소송대리인 변호사 김진홍)
【피고, 피상고인】 피고 (소송대리인 변호사 정극일 외 2인)
【원심판결】 대구지법 1995. 10. 4. 선고 94나14849 판결

【주 문】

상고를 기각한다. 상고비용은 원고의 부담으로 한다.

【이 유】

소송대리인의 상고이유를 판단한다.

소외 1이 1993. 10.경 금액 23,000,000원, 지급기일 1994. 2. 25. 수취인 소외 2, 지급지 대구직할시, 지급장소 주식회사 대동은행 노원동지점, 발행일과 발행지 각 백지로 된 이 사건 약속어음 1통을 발행하여 소외 주식회사 건영상호신용금고로부터 이를 할인받음에 있어 소외 2, 소외 3을 거쳐 피고로부터 이 사건 약속어음의 배서인란에 차례로 배서를 받고, 발행일 및 발행지에 대한 백지보충권을 수취인인 위 소외 2에게 수여한 사실, 위 소외 1은 이 사건 약속어음의 지급기일에 이르러 어음금을 지급하지 못할 형편에 이르게 되자 1994. 2. 25. 금액 23,000,000원, 발행일 1994. 1. 24., 지급기일 같은 해 7. 8.로 된 다른 약속어음 1통(을 제6호증의1, 2)을 다시 발행하여 위 소외 2, 피고 및 소외 4로부터 다시 배서를 받은 후 위 신용금고에게 이를 교부하는 외에 약속어음의 할인금조로 소외 5 발행의 금액 6,000,000원의 약속어음을 추가로 교부하고, 이 사건 약속어음을 위 신용금고로부터 회수한 사실을 인정한 다음, 위 소외 1의 처인 소외 3이 이 사건 약속어음을 회수한 후 그 배서인인 피고와 위 소외 2의 동의를 얻어 이 사건 약속어음의 금액을 금 30,000,000원, 지급기일을 1994. 4. 29.로 변개하고, 발행일을 1994. 3. 9.로 보충한 후 이를 원고에게 양도하였는데, 원고는 이 사건 약속어음의 최종 소지인으로서 위 약속어음의 발행인인 위 소외 1이 1994. 3. 22. 부도를 내어 그 지급기일 이전인 1994. 4. 7. 이를 지급제시하였으나 무거래로 지급거절되었으므로 소구의무를 지는 피고에 대하여 위 약속어음금 및 이에 대한 지연손해금의 지급을 구하는 원고의 이 사건 청구에 관하여, 무릇 약속어음이 변개되었음이 명백한 경우 그 소지인이 배서인에게 그 변개 후의 문언에 따른 책임을 지우려면 배서인이 그 변개에 동의하였다는 것을 소지인이 입증하여야 할 것인데, 이 사건에 있어서 피고가 이 사건 약속어음의 변개에 동의하였다는 점에 부합하는 증거는 그 판시와 같은 사유로 믿기 어렵고, 달리 이를 인정할 만한 증거가 없다는 이유로 원고의 위 청구를 배척하였는바, 이를 기록과 대조하여 살펴보면, 원심이 피고가 이 사건 약속어음의 변개에 동의를 하였다는 점을 인정하기가 어려워 피고에게 변개 후의 문언에 따른 책임을 물을 수 없다고 판단한 조처는 옳다고 여겨진다. 그러나, 약속어음의 문언에 변개가 있는 경우 변개 전에 기명날인 또는 서명한 자는 그 변개에 동의를 하지 아니한 이상 변개 후의 문언에 따른 책임을 지지는 아니한다고 하더라도, 변개 전의 원문언에 따른 책임은 지게 되는 것인바(대법원 1987. 3. 24. 선고 86다카37 판결 참조), 기록에 의하면 원고는 1994. 7. 7.자 준비서면에서 가사 피고가 위 변개에 동의하지 아니하였다고 하더라도 피고는 변개 전의 원문언에 따른 책임을 져야 한다고 주장하고, 위 준비서면은 제1심의 제3차 변론기일(1994. 7. 27.)에 진술되었으므로, 피고가 위 변개 전의 이 사건 약속어음에 배서한 사실이 인정되는 이 사건에 있어 원심으로서는 피고가 변개 전의 원문언에 따른 책임이 있는가 하는 점에 대한 판단을 하였어야 한다. 그럼에도 불구하고, 이에 대한 판단도 없이 바로 원고의 청구를 배척한 원심은 어음법 제69조에 대한 법리를 오해하였거나, 판단유탈의 잘못을 저질렀다고 아니할 수 없다.

그러나, 이 사건 약속어음의 최종 소지인인 원고가 배서인인 피고에 대하여 변개 전의 원문언에 따른 소구의무자로서의 책임을 묻기 위하여서는 원고가 변개 전의 원문언에 따른 적법한 지급제시를 하였음이 인정되어야 할 것인바, 변개 전의 원문언에 따른 이 사건 약속어음의 지급기일이 1994. 2. 25.임은 원심이 적법하게 확정한 바이고, 기록에 의하면 원고는 이 사건 약속어음이 변개된 후인 같은 해 3. 9.에야 비로소 위 어음을 취득하였다고 주장하고 있을 뿐만 아니라, 원고가 변개 전의 원문언에 따른 지급제시기간 내에 이 사건 약속어음을 지급제시하였음을 인정할 만한 증거도 엿보이지 아니하므로 (원고도 위 어음을 1994. 4. 7.에 지급제시하였다고 주장하고 있다.), 원고의 피고에 대한 소구권은 요건 흠결로 상실되어 원고는 피고에 대하여 변개 전의 원문언에 따른 책임도 물을 수 없다고 할 것이다. 따라서 피고가 원문언에 따른 책임을 져야한다는 원고의 위 주장은 어차피 배척될 것임이 분명하므로 원심의 위와 같은 잘못은 판결에 영향이 없어 판결의 파기사유가 되는 위법이라고는 할 수 없다 할 것이니, 결국 이 점을 지적하는 상고이유의 주장은 이유 없음에 귀착된다고 할 것이다.

그러므로 상고를 기각하고 상고비용은 패소자의 부담으로 하기로 관여 법관들의 의견이 일치되어 주문과 같이 판결한다.

대법관   박만호(재판장) 박준서 김형선(주심) 이용훈

[판례 55] 보증채무금

(대법원 1981. 10. 13. 선고 81다726, 81다카90 판결)

【판시사항】

약속어음 발행인의 수취인 변조와 발행인을 위한 보증인의 책임

【판결요지】

갑이 을을 수취인으로 기재하여 작성한 약속어음에 피고로부터 발행인을 위한 어음보증을 받은 다음, 피고의 동의 없이 멋대로 수취인란의 기재를 삭제하고 원고에게 이를 교부하여 원고가 그 수취인란에 자신의 이름을 써 넣었다면 이와 같은 약속어음의 수취인란 기재변경은 피고에 대한 관계에 있어서 어음의 변조에 해당하고, 위 어음 보증의 주된 채무는 발행인 갑의 수취인 을에 대한 채무이며, 원고에 대한 채무가 아니므로 변조된 수취인인 원고에 대하여서까지 어음보증의 책임을 지는 것이 아니다.

【참조조문】

어음법 제31조, 제69조, 제77조

【참조판례】

대법원 1981.11.10. 선고 80다2689 판결

【전   문】

【원고, 상 고 인】 원고 소송대리인 변호사 이일재
【피고, 피상고인】 신용보증기금 소송대리인 변호사 이건호
【원심판결】 서울고등법원 1981.2.12. 선고 80나3044 판결

【주   문】

상고를 기각한다.
상고비용은 피고의 부담으로 한다.

【이 유】

1. 먼저, 원고 대리인의 상고이유(허가상고에 의한 상고이유 제외)를 본다.

    상고이유의 요지는, 첫째, 어음보증인은 특정된 수취인만이 아니라 정당한 어음취득자에 대하여도 책임을 지는 것임에도 불구하고 그와 같이 보지 아니한 원심은 어음보증인의 책임에 관한 법리를 오해하였고, 둘째, 이 사건 어음의 수취인 명의를 변경한 것은 어음변조가 아님에도 불구하고 어음변조에 해당한다고 본 원심은 어음변조에 관한 법리를 오해한 것이며, 셋째, 이 사건 어음보증인은 변조 전후의 문언에 따라 전혀 책임에 변동이 없는데도 원래의수취인에 대하여만 책임이 있다고 본 원심은 어음법 제69조의 실질적 취지를 오해하였거나 어음의 유동성을 잘못 해석한 위법이 있다는 것이다. 그러나, 위에 든 각 사유는 소송촉진등에관한특례법 제11조 제 1 항 각호의 어느 사유에도 해당하지 아니하여 적법한 상고이유가 되지 못하므로 이유없다.

2. 원고 대리인의 허가상고에 의한 상고이유 제1 내지 3점을 함께 본다.

    (1) 어음발행인이 자기 수중에 있는 어음의 기재내용에 어떠한 변경을 가하여도 이는 통상 권리자의 변경행위로서 변조가 되지 않는 것이나, 다만 그 어음상에 다른 권리 또는 의무를 가진 자가 있을 때에는 이러한 자의 동의를 받지 아니한 변경은 변조에 해당하는 것이다.

    원심이 적법히 확정한 사실에 의하면, 소외 1 주식회사의 대표이사인 소외 2는 1979.9.29 소외 한국에이스주식회사를 수취인으로 기재하여 작성한 이 사건 약속어음에 피고로부터 발행인을 위한 어음보증을 받은 다음, 피고의 동의 없이 멋대로 수취인 난의 기재를 삭제하고 원고에게 이를 교부하여 원고가 그 수취인 난에 자신의 이름을 써 넣었다는 것이므로 위와 같은 약속어음의 수취인난 기재 변경은 피고에 대한 관계에 있어서 어음의 변조에 해당한다고 본 원심 조치는 정당하 다.

    (2) 그리고, 위와 같이 어음의 변조에 해당한다고 보는 이상 변조 전의 문언에 따른 당초의 수취인 한국에이스주식회사에 대한 어음채무의 내용과 변조 후의 원고를 수취인으로 하는 어음채무의 내용과 사이에 차이가 없다고 하여도, 원래 어음보증은 어음상 채무를 담보함을 목적으로 하는 부속적 어음행위로서 주된 채무의 형식적 존재를 전제로 한 것인데, 이 사건 어음보증의 주된 채무는 발행인의 수취인 한국에이스주식회사에 대한 채무이며 원고에 대한 채무가 아니므로 변조된 수취인인 원고에 대하여서까지 어음보증의 책임을 물을 수 없는 것이다.

    (3) 다만, 변경 전 수취인과 변경 후 수취인 사이에 어음상 권리의 실질적 양도가 인정되는 경우, 즉 어음상 권리를 양도하면서 배서양도의 방식에 의하지 아니하고 변칙적인 방식으로 수취인 명의를 변경한 경우에 권리양수인인 변경 후의 수취인이 발행인에 대하여 그 권리양수를 대항할 수 있는 경우에는 어음보증인은 변경 후의 수취인에 대하여 어음보증의 책임을 면할 수 없다고 할 것인바, 이것은 민법상 보증에 있어서도 주된 채권의 양도로 채권자가 변경될 경우에는 주된 채권에 부수된 보증채무도 이전되는, 이른바 보증채무의 수반성이 인정됨에 비추어 보아도 당연한

것이다.
그러나, 이 사건 어음의 수취인 변경은 위와 같은 실질적 어음상 권리의 양도에 의한 것이 아님이 원심 확정사실에 비추어 분명하므로 실질적 권리양도가 있는 경우와 같이 어음보증인의 책임을 물을 여지도 없다.
(4) 위에서 본 바와 같이 이 사건 약속어음의 수취인 한국에이스주식회사의 명의를 삭제하고 원고에게 교부하여 수취인으로 그의 이름을 기재케 한 것을 어음의 변조라고 보는 이상 수취인 백지의 어음을 원고에게 교부하여 수취인 명을 보충케 한 것과 동일하게 볼 수 없음이 명백하여, 백지의 보충이 잘못되었다는 보충권 남용의 주장은 인적 항변에 불과하나 어음변조의 주장은 이를 단순히 발행인과 어음보증인인 피고와 사이의 인적 관계에 관한 항변이라고 볼 수 없다.
(5) 결국, 피고에게 원고에 대한 어음보증책임이 없다고 본 원심판단은 정당하고, 소론과 같은 어음보증인의 책임에 관한 법리오해나 어음의 변조에 관한 법리오해 또는 어음법 제69조의 실질적 취지 및 어음의 유통성에 관한 오해의 위법이 없으니, 논지는 이유없다.
3. 그러므로, 상고를 기각하고, 상고비용은 패소자의 부담으로 하여, 관여 법관의 일치된 의견으로 주문과 같이 판결한다.

대법관   이성렬(재판장) 이일규 전상석 이회창

[판례 56] 약속어음금

(대법원 1987. 3. 24. 선고 86다카37 판결)

【판시사항】

가. 어음의 변조와 배서인의 책임
나. 어음의 변개가 있는 경우 배서인 등에게 책임을 지우기 위한 요건 및 입증 책임

【판결요지】

가. 어음발행인이라 하더라도 어음상에 권리의무를 가진 자가 있는 경우에는 이러한 자의 동의를 받지 아니하고 어음의 기재내용에 변경을 가하였다면 이는 변조에 해당할 것이고 약속어음에 배서인이 있는 경우 배서인은 어음행위를 할 당시의 문언에 따라 어음상의 책임을 지는 것이지 그 변조된 문언에 의한 책임을 질 수는 없다.
나. 어음의 문언에 변개(개서)가 되었음이 명백한 경우에 어음소지인이 기명날인자(배서인 등)에게 그 변개후의 문언에 따른 책임을 지우자면 그 기명날인이 변개후에 있은 것 또는 기명날인자가 그 변개에 동의하였다는 것을 입증하여야 하고 그 입증을 다하지 못하면 그 불이익은 어음소지인이 입어야 한다.

【참조조문】

어음법 제69조

【참조판례】

가. 대법원 1981.11.24 선고 80다2345 판결
나. 대법원 1985.11.12 선고 85다카131 판결

【전　문】

【원고, 피상고인】　원고
【피고, 상 고 인】　피고 1 외 1인 피고들 소송대리인 변호사 정태규
【원심판결】　서울민사지방법원 1985.12.10. 선고 85나692 판결

【주　문】

원심판결을 파기하고, 사건을 서울민사지방법원 합의부로 환송한다.

【이　유】

상고이유를 판단한다.

어음발행인이라 하더라도 어음상에 권리의무를 가진 자가 있는 경우에 이러한 자의 동의를 받지 아니하고 어음의 기재내용에 변경을 가하였다면 이는 변조에 해당할 것이고 약속어음에 배서인이 있는 경우 배서인은 어음행위를 할 당시의 문언에 따라 어음상의 책임을 지는 것이지 그 변조된 문언에 의한 책임을 지울 수는 없는 것이다.

또, 어음의 문언에 변개(개서)가 되었음이 명백한 경우에 어음소지인이 기명날인자(배서인 등)에게 그 변개후의 문언에 따른 책임을 지우자면 그 기명날인이 변개후에 있은 것 또는 기명날인자가 그 변개에 동의하였다는 것을 입증하여야 할 것이다.

기록에 의하여 이 사건 약속어음인 갑 제1호증의 1,2의 문언을 보면, 소외 1이 발행하여 소외 2, 피고 2, 피고 1, 소외 주식회사 상호무역, 소외 3을 거쳐 원고앞으로 배서연속이 되어 있으나 그 어음전면 지급기일이 1984.7.20.에서 9.20.로 변개(개서)되고 여기에 발행인인 위 소외 1의 정정인만이 날인되어 있음이 명백하므로 이러한 경우 어음소지인인 원고가 배서인인 피고들에게 위 변개된 문언에 따른 책임을 구하기 위하여는 피고들의 배서가 위 변개후에 되었거나 또는 피고들이 그 변개를 동의하였다는 점을 입증해야 할 것이고, 원고가 그 입증을 다하지 못하면 그 불이익은 원고가 입어야 할 것이다.

그런데 원심판결 이유에 의하면, 원심은 이 사건 약속어음의 만기가 1984.7.20.에서 동년 9.20.로 변경(변개)된 사실은 인정되나 그 만기의 변경기재가 피고들의 배서이후에 피고들의 동의없이 이루어졌다는 점에 관하여는 이에 부합하는 을 제1호증(확인서)의 기재 및 증인 소외 4의 증언은 믿을 수 없고 달리 이를 인정하기에 충분한 증거가 없다고 설시함으로써 그 입증책임을 전도하고 있다.

뿐만 아니라 기록에 의하면, 위 을 제1호증의 기재나 증인 소외 4의 증언내용은 피고들은 이 사건 약속어음을 그 만기가 변개되기 전에 배서를 하여 소외 5에게 주었다가 전배서인인 소외 2의 요청에 의하여 그 만기일(1984.7.20.) 이전에 이를 회수하여 위 소외 2에게 반환하였다는 취지이고 위 증거들을 배척할 아무런 자료도 기록상 찾아볼 수 없다.

그럼에도 불구하고 원심은 만연히 위 증거들을 믿을 수 없다고만 하여 배척하고 있으니 원심은 이 점에서도 그 심리를 다하지 아니하거나 채증법칙을 어긴 잘못이 있다는 비난을

면할 수 없다.
이점을 지적하는 상고논지는 결국 이유있고, 원심의 위와 같은 위법사유는 소송촉진등에 관한 특례법 제12조 제2항의 파기사유에 해당한다 할 것이다.
이에 원심판결을 파기하고, 다시 심리판단케 하기 위하여 사건을 원심인 서울민사지방법원 합의부로 환송하기로 하여 관여법관의 일치된 의견으로 주문과 같이 판결한다.

대법관 김달식(재판장) 윤일영 최재호

[판례 57] 약속어음금

(대법원 1990. 2. 9. 선고 89다카14165 판결)

【판시사항】
약속어음의 액면금을 현존하는 어음면상의 기재와 달리 인정한 것이 석명권불행사 및 채증법칙위반에 해당하여 위법하다는 사례

【판결요지】
어음의 액면금액을 변조하는 경우에는 원래 기재되어 있는 숫자를 이용하려는 것이 통상이므로, 어음의 발행인이 어음액면부분의 변조를 주장하려면 자기가 발행할 때에 어떤 방법(필기냐, 타자냐)으로 어떤 문자(국한문이냐, 아라비아 숫자냐)로 써주었다는 점을 밝혀야 할 터인데 이 사건 피고는 그저 어음액면이 40만원이었는데 9,845,004원으로 변조되었다고 추상적인 주장을 할 뿐 그 구체적인 해명이 없을 뿐 아니라, 원심감정인의 감정소견에 의하면 이 사건 어음의 액면기재가 화학약품으로 원래의 기재를 지우고 다시 쓴 것이 아니고 그 액면기재는 변조된 것이 아니라고 함에 있음에도, 원심법원이 피고의 위 주장에 관하여 좀더 석명하지 아니한 채 증인의 증언만을 취신하여 어음면상의 기재와 다른 어음금액을 인정한 것은 심리를 다하지 아니하고 불확실한 증거에 의하여 사실을 인정한 위법이 있다 할 것이다.

【참조조문】
민사소송법 제187조

【전 문】
【원고, 상 고 인】 주식회사 가풍 소송대리인 변호사 하재일
【피고, 피상고인】 피고
【원 판 결】 서울민사지방법원 1989.4.19. 선고 87나3199 판결

【주 문】
원심판결 중 원고 패소부분을 파기하여 사건을 서울민사지방법원 합의부에 환송한다.

【이 유】

원심판결 이유에 의하면, 원심은 을제4호증의 8, 9의 각 기재와 증인 소외 1의 증언 및 검증결과를 종합하여 피고가 약속어음의 액면란에 돈 9,845,004원이라고 기재하여 발행하였던 것이 아니라는 사실을 인정하고 다만 피고가 어음액면을 돈 400,000원으로 기재하여 발행한 사실을 자인하고 있다 하여 어음금액 40만원을 넘는 원고의 청구는 기각하였다. 그러므로 원심판결이 적시한 증거들을 기록과 대조하여 살펴보건대 소외 1의 진술과(법정증언과 을제4호증의8), 소외 2의 진술(을제4호증의9)이 원심판결에 부합되는 듯하나 검증결과를 기재한 문언 중 4자와 8자의 각 기재가 서로 다르다는 기재부분은 그 조서에 첨부한 약속어음의 사진복사와 대조하여 본 결과 그 근거를 인정하기 어렵고 결국 원심은 소외 1과 소외 2의 진술에 의하여 이건 어음이 액면난에 돈 9,845,004원으로 기재하여 발행한 것이 아니라는 사실을 인정한 것이 되는 바 피고가 어음의 발행인란의 서명날인을 인정하고 있는 이 사건에서 피고주장과 같이 액면금을 40만원으로 기재하여 교부한 것이 사실이라면 액면금액을 변조하는 경우 원래 기재되어 있는 숫자를 이용하는 것이 통상일 터인데 그러한 흔적이 없고 원심 및 제1심 법원이 심문한 감정인 소외 3의 감정소견으로 이건 어음의 액면기재가 화학약품으로 원래의 기재를 지우고 다시 쓴 것은 아니고 그 액면 기재는 변조된 것이 아니라는 것이고 보면 엄연히 존재하고 있는 갑제1호증의 어음액면 기재와 전문지식을 가진 감정인의 감정이 그 액면 기재가 변조된 것이 아니라는 점을 보여주고 있음에도 불구하고 원심이 위 소외 1, 소외 2의 진술만을 취신하여 위와 같이 사실인정을 한 것은 합리적인 증거가 없이 사실을 확정한 잘못이 있다 할 것이다.

피고가 어음액면 부분의 변조를 주장하려면 자기가 발행한 때에 어떠한 방법(필기이냐, 타자이냐)으로 어떤 문자(국한문이냐, 아라비아 숫자냐)로 써 주었다는 점은 밝혀야 할 터인데 이 사건에서는 1, 2심을 통하여 피고는 그저 어음액면 40만원이었는데 9,845,004원으로 변조되었다고 추상적인 주장을 할 뿐 그 구체적인 해명이 없는 터인데 그러한 점도 석명하지 아니한 채 원심이 위와 같이 판시한 것은 심리를 다하지 아니하고 불확실한 증거에 의하여 사실을 인정한 위법이 있다 할 것이고 이 점을 지적한 상고논지는 이유있다. 이에 원심판결중 원고 패소부분을 파기하여 그 부분 사건을 원심법원에 환송하기로 관여법관의 의견이 일치되어 주문과 같이 판결한다.

대법관 김용준(재판장) 박우동 이재성 윤영철

다. 어음법 제17조의 적용을 받는 절단 가능한 항변

(1) 어음법 제17조

어음법 제17조는 "어음에 의하여 청구를 받은 자는 종전의 소지인에 대한 인적 관계로 인한 항변으로써 소지인에게 대항하지 못한다. 그러나 소지인이 그 채무자를 해할 것을 알고 어음을 취득한 경우에는 그러하지 아니하다.

(2) 인적 항변 절단의 적용범위

인적 항변의 절단은
① 어음법적 유통방법에 의하여 어음을 취득한 경우에 인정되고, ② 취득자에게 독립적 경제적 이익이 없거나, ③ 취득자에게 해의(害意)가 있는 경우에는 인정되지 않는다.

①의 요건과 관련하여, 수취인은 어음을 배서 또는 교부에 의하여 취득한 것이 아니기 때문에 어떠한 경우에도 인적항변이 절단되지 않는다(대법원 1965. 10. 19. 선고 65다1594 판결)

| 판 례 |

[판례 58] 약속어음금

(대법원 1994. 11. 18. 선고 94다23098 판결)

【판시사항】

가. 수취인 백지의 어음이 인도에 의하여 양도될 수 있는지 여부
나. '가'항 어음의 최종 소지인이 수취인을 자기로 보충한 경우, 발행인으로부터 인적 항변의 대항을 받는지 여부

【판결요지】

가. 수취인이 백지인 채로 발행된 어음은 인도에 의하여 어음법적으로 유효하게 양도될 수 있다.
나. '가'항의 어음이 인도에 의하여 양도된 경우 어음법 제17조가 적용되는 것이므로, 어음이 전전양도된 후 그 어음을 인도받은 최종 소지인이 수취인으로서 자기를 보충하였다고 하더라도 그 소지인이 발행인을 해할 것을 알고 취득한 경우가 아니면, 어음문면상의 기재와는 관계없이, 발행인으로부터 원인관계상의 항변 등 인적 항변의 대항을 받지 아니한다.

【참조조문】

가. 어음법 제77조 가. 어음법 제11조 나. 어음법 제17조

【전 문】

【원고, 피상고인】 주식회사 금양기업
【피고, 상 고 인】 주식회사 코리아다이아몬드 소송대리인 변호사 박용근
【원심판결】 서울민사지방법원 1994.4.7. 선고 93나21124 판결

【주 문】

상고를 기각한다. 상고비용은 피고의 부담으로 한다.
【이 유】
피고 소송대리인의 상고이유에 대하여 판단한다.
제1점에 대하여.
기록을 살펴보면 이 사건 약속어음 수취인란의 판시 기재는 원고 회사를 표시하는 것이라고 본 원심판단은 정당하고 이와 다른 견해를 내세워서 원심판결을 비난하는 논지는 받아들일 수 없다.
제2점에 대하여
수취인이 백지인 채로 발행된 어음은 인도에 의하여 어음법적으로 유효하게 양도될 수 있고 위와 같은 어음이 인도에 의하여 양도된 경우 어음법 제17조가 적용되는 것이므로, 어음이 전전양도된 후 그 어음을 인도받은 최종 소지인이 수취인으로서 자기를 보충하였다고 하더라도 그 소지인이 발행인을 해할 것을 알고 취득한 경우가 아니면, 어음문면상의 기재와는 관계없이, 발행인으로부터 원인관계상의 항변 등 인적 항변의 대항을 받지 아니한다고 할 것이다.
원심이 적법하게 인정한 바와 같이 피고가 소외 1에게 수취인이 백지로 된 이 사건 약속어음을 발행하고 원고가 위 어음을 인도에 의하여 전전취득하였다면, 원고가 피고를 해할 것을 알고 위 어음을 취득하였다는 사실이 인정되지 않는 이 사건에 있어서, 원고가 위 어음에 자신을 수취인으로 기재하였다고 하더라도, 피고는 위 소외 1에게 주장할 수 있는 사유로 원고에게 대항할 수는 없다고 할 것이므로, 그 이유설시는 미흡하지만 위와 같은 결론의 원심판단은 정당하고 거기에 판결에 영향을 미친 소론과 같은 법리오해 등의 위법이 있다고 할 수 없다. 논지도 이유 없다.
그러므로 상고를 기각하고 상고비용은 패소자의 부담으로 하여 관여 법관의 일치된 의견으로 주문과 같이 판결한다.

　　　　　대법관　　지창권(재판장) 천경송(주심) 안용득 신성택

[판례 59] 약속어음금

(대법원 1994. 1. 25. 선고 93다50543 판결)

【판시사항】
기한후배서에 있어서 대항할 수 있는 항변사유의 범위

【판결요지】
기한후배서는 보통의 배서와는 달리 지명채권양도의 효력밖에 없어 그것에의하여 이전되는 권리는 배서인이 배서 당시 가지고 있던 범위의 권리라 할 것이므로 어음채무자는 그 배서 당시 이미 발생한 배서인에 대한 항변사실을 피배서인에 대하여도 대항할 수 있으나 그 배서 후 비로소 발생한 배서인에 대한 사유는 피배서인에 대하여 주장할 수 없다.

【참조조문】

어음법 제20조

【참조판례】

대법원 1982.4.13. 선고 81다카353 판결(공1982,494)
1987.8.25. 선고 87다카152 판결(공1987,1519)
1990.4.25. 선고 89다카20740 판결(공1990,1144)

【전 문】

【원고, 피상고인】 원고
【피고, 상 고 인】 대협건설 주식회사 소송대리인 변호사 김대호
【원심판결】 서울민사지방법원 1993.8.18. 선고 93나12533 판결

【주 문】

상고를 기각한다.
상고비용은 피고의 부담으로 한다.

【이 유】

상고이유를 본다.
1. 제1점에 대하여,
　이 사건 약속어음에 그 수취인인 피고로부터 소지인인 원고에 이르기까지 배서의 연속이 있다고 인정한 원심의 사실인정과 판단은 원심판결이 설시한 증거관계에 비추어 정당한 것으로 수긍이 되고 그 과정에 채증법칙을 위반하여 사실을 오인하였거나 법리를 오해한 위법이 있다 할 수 없으므로 논지는 이유 없다.
2. 제2, 4점에 대하여,
　기한 후 배서는 보통의 배서와는 달리 지명채권양도의 효력밖에 없어 그것에 의하여 이전되는 권리는 배서인이 배서 당시 가지고 있던 범위의 권리라 할 것이므로 어음채무자는 그 배서 당시 이미 발생한 배서인에 대한 항변사실을 피배서인에 대하여도 대항할 수 있다 할 것이나 그 배서 후 비로소 발생한 배서인에 대한 사유는 피배서인에 대하여 주장할 수 없다 할 것이다.(당원 1982.4.13. 선고 81다카353 판결; 1990.4.25. 선고 89다카20740 판결)
　원심은, 원고가 소외 주식회사 코포렉스로부터 1992.4.21.부터 같은 해 5.19.사이에 원판시 약속어음을 배서양도받아 소지하고 있는 사실을 인정한 다음 피고에 대한 이 사건 어음금청구가 소구권행사로서 정당하다고 판시하고 있는바, 기록에 의하여 살펴보면 원심의 사실인정과 판단은 정당한 것으로 수긍이 되고 거기에 소구권상실에 관한 법리를 오해한 잘못이 없다.
　다만 원심은 원고에 대한 이 사건 약속어음의 배서를 기한 후 배서가 아닌 만기 후 배서로서 만기 전의 배서와 동일한 효력이 있어 어음채무자의 배서인에 대한 인적항변은 피배서인이 채무자를 해할 것을 알거나 중대한 과실로 알지 못한 경우에만 피배서인에

게 대항할 수 있다 할 것인데, 원고에게 그와 같은 악의나 중대한 과실이 인정되지 아니한다는 이유로 피고의 상계항변을 배척하였으나 소외 회사가 원고에게 한 이 사건 약속어음의 배서는 기한 후 배서에 해당되고 기한 후 배서의 경우에는 피배서인의 선의, 악의를 불문하고 그 배서 당시 배서인에게 대항할 수 있는 항변사실로써 피배서인에 대하여 주장할 수 있다 할 것이므로 결국 원심판단에는 기한 후 배서에 관한 법리를 오해한 위법이 있다 할 것이다.

그런데 기록에 의하면 피고의 주장자체에 의하더라도 피고가 이 사건 어음이 원고에게 배서양도된 후인 1992.7.22.경 소외 일두산업주식회사로부터 위 소외 회사의 소외 주식회사 코포렉스에 대한 공사금 채권을 양도받아 이를 자동채권으로 하여 이 사건 어음금채권과 그 대등액에 있어 상계한다는 것이어서 그 상계주장은 이유 없다 할 것이므로 이를 배척한 원심의 조치는 결론이 정당한 것으로 수긍이 되고 위와 같은 잘못은 원심의 판결결과에 영향이 없다 할 것이다.

논지는 모두 이유 없다.

3. 제3점에 대하여,

소외 주식회사 코포렉스의 원고에 대한 이 사건 약속어음의 배서가 소송신탁을 목적으로 하는 추심위임배서라는 피고의 주장을 배척한 원심의 조치는 원심판결이 설시한 증거관계에 비추어 정당한 것으로 수긍이 되고 거기에 소론과 같은 채증법칙을 위반하여 사실을 오인하였거나 법리를 오해한 잘못이 있다 할 수 없으므로 논지는 이유 없다.

그러므로 상고를 기각하고 상고비용은 패소자의 부담으로 하기로 하여 관여 법관의 일치된 의견으로 주문과 같이 판결한다.

대법관   천경송(재판장) 안우만(주심) 김용준 안용득

---

②의 요건과 관련하여 추심위임배서(어음법 제18조 제2항, 제77조 제1항 제1호)나 숨은 추심위임배서(대법원 1990. 4. 13. 89다카1084 판결)의 경우 인적항변이 절단되지 않는다.

| 판 례 |

[판례 60] 어음금

(대법원 2003. 1. 10. 선고 2002다46508 판결)

【판시사항】

[1] 어음소지인이 자기에 대한 배서의 원인관계가 흠결됨으로써 그 어음을 소지할 정당한 권원이 없어지고 어음금의 지급을 구할 경제적 이익이 없게 된 경우, 인적항변 절단의

인정 여부(소극)

[2] 어음의 배서인이 발행인으로부터 지급받은 어음금 중 일부를 어음 소지인에게 지급한 경우 어음의 발행인은 그 범위 내에서 배서인에 대한 인적항변으로써 소지인에게 대항하여 그 부분 어음금의 지급을 거절할 수 있다고 한 사례

[3] 화의인가결정상 화의조건에 관한 규정취지에 비추어 채무자가 화의조건대로 원금을 변제하지 아니하는 경우에 그 불이행으로 인한 지연손해금까지 면제한 것이라고 할 수 없다고 한 사례

【판결요지】

[1] 어음에 의하여 청구를 받은 자는 종전의 소지인에 대한 인적 관계로 인한 항변으로써 소지인에게 대항하지 못하는 것이 원칙이지만, 이와 같이 인적항변을 제한하는 법의 취지는 어음거래의 안전을 위하여 어음취득자의 이익을 보호하기 위한 것이므로 자기에 대한 배서의 원인관계가 흠결됨으로써 어음소지인이 그 어음을 소지할 정당한 권원이 없어지고 어음금의 지급을 구할 경제적 이익이 없게 된 경우에는 인적항변 절단의 이익을 향유할 지위에 있지 아니하다고 보아야 할 것이다.

[2] 어음의 배서인이 발행인으로부터 지급받은 어음금 중 일부를 어음 소지인에게 지급한 경우, 어음소지인은 배서인과 사이에 소멸된 어음금에 대하여는 지급을 구할 경제적 이익이 없게 되어 인적항변 절단의 이익을 향유할 지위에 있지 아니하므로 어음의 발행인은 그 범위 내에서 배서인에 대한 인적항변으로써 소지인에게 대항하여 그 부분 어음금의 지급을 거절할 수 있다고 한 사례.

[3] 화의인가결정상 화의조건에 기발생이자 및 장래발생이자를 면제하는 한편, 나머지 이자 및 손해배상금은 화의채권의 지급이 이행되면 그 지급을 면제한다고 되어 있는 경우, 채무자가 화의조건대로 원금을 변제하지 아니하는 경우에 그 불이행으로 인한 지연손해금까지 면제한 것이라고 할 수 없다고 한 사례.

【참조조문】

[1] 어음법 제17조[2] 어음법 제17조[3] 화의법 제61조, 파산법 제298조 제1항

【전 문】

【원고,피상고인겸상고인】 원고 (소송대리인 변호사 이영구 외 1인)
【피고,상고인겸피상고인】 영진약품공업 주식회사 (소송대리인 변호사 김형선 외 1인)
【원심판결】 서울고법 2002. 7. 12. 선고 2001나45548 판결

【주 문】

원심판결 중 지연손해금에 관한 원고 패소 부분을 파기하고, 이 부분 사건을 서울고등법원에 환송한다. 원고의 나머지 상고와 피고의 상고를 모두 기각한다.

【이 유】

원고와 피고의 상고이유(상고이유서 제출기간 경과 후에 제출된 원고의 2002. 10. 14.자 답변서 겸 상고이유보충서, 2002. 11. 12.자 상고이유보충서와 피고의 2002. 11. 20.자 상고이

유보충서 겸 답변서는 각 상고이유를 보충하는 범위 내에서)를 본다.
1. 원심은 그 채택증거를 종합하여 다음과 같은 사실을 인정하였다.
   가. 피고는 주식회사 진애드(이하 '진애드'라 한다)에게 이 사건 각 어음을 발행하고, 진애드는 소외 1에게, 소외 1은 원고에게 이 사건 각 어음을 순차 배서, 양도하였다.
   나. 이 사건 각 어음이 지급기일에 지급제시되었으나 모두 지급거절되고, 원고가 이 사건 각 어음을 회수하여 소지하고 있다.
   다. 그 후 피고는 1998. 5. 25. 서울지방법원 동부지원 97거15호로 화의개시결정을 받은 다음, 1998. 8. 3. 화의인가결정을 받고 위 인가결정이 1998. 8. 24. 확정되었는데, 화의조건 제2항은, 금융기관 이외의 자에 대한 화의채권 중 1,000만 원을 초과하는 채권은 화의인가결정 확정일로부터 24개월동안 매 3개월마다 균등 분할하여 말일에 상환하며, 기발생이자 및 장래발생이자는 면제받는다고 규정하고, 화의조건 제6항은, 제2항의 지급이 이행되면 화의채권자는 나머지 이자 및 손해배상금의 지급을 면제한다고 규정하고 있다.
2. 원고는 이 사건 각 어음의 소지인으로서 발행인인 피고에게 이 사건 어음금 571,868,560원 및 이에 대한 지연손해금의 지급을 구하였다.
3. 이에 대하여 피고는 먼저, 사채알선업자인 소외 1을 통하여 원고로부터 금원을 차용하면서 담보로 이 사건 각 어음을 발행함으로써 원고와 피고 사이에 소외 1을 각 대리인으로 하는 소비대차계약이 체결되었는데, 피고가 원고의 대리인인 소외 1에게 이 사건 어음금을 모두 변제하였다고 주장하였는바, 원심은 판시와 같은 사정에 비추어 볼 때 원고와 피고 사이에 금전소비대차계약이 체결되었다고 보기 어렵고 소외 1이 원고의 대리인으로서 어음금을 변제받은 것으로 볼 수도 없다고 판단하여 피고의 위 주장을 배척하였다.
   원심판결 이유를 기록에 비추어 살펴보면, 원심의 판단은 정당하고 거기에 상고이유로 주장하는 바와 같은 채증법칙 위배, 사채알선업자의 대리인 지위에 관한 법리오해, 판례위반 등의 위법이 있다고 할 수 없다. 피고의 이 부분 상고이유의 주장은 이유 없다.
4. 가. 피고는 다음으로, 원고가 소외 1로부터 이 사건 어음금의 전액 또는 그 중 2억 원 정도를 제외한 나머지를 변제받았으므로 원고의 청구에 응할 수 없다고 주장하였는바, 원심은 그 채택증거를 종합하여 이 사건 각 어음과 상환하지 아니한 채 피고가 소외 1에게 이 사건 어음금 및 이에 대한 이자를 모두 지급하고 소외 1은 원고에게 이 사건 어음금에 대한 변제조로 합계 292,368,410원을 지급한 사실을 인정한 다음, 피고의 위 주장은 292,368,410원의 범위 내에서 이유 있으므로 피고는 원고에게 그 나머지 어음금 279,500,110원(571,868,560원 - 292,368,410원)을 지급할 의무가 있다고 판단하였다.
   나. 먼저, 원심판결 이유를 기록에 비추어 살펴보면, 원심이 피고 및 소외 1의 위 각 변제사실을 인정한 조치는 수긍할 만하고 거기에 상고이유로 주장하는 바와 같은 채증법칙 위배, 판단유탈 등의 위법이 있다고 할 수 없다. 원고의 이 부분 상고이유의 주장은 이유 없다.
   다. 다음으로, 어음에 의하여 청구를 받은 자는 종전의 소지인에 대한 인적 관계로 인한 항변으로써 소지인에게 대항하지 못하는 것이 원칙이지만, 이와 같이 인적항변을 제한하는 법의 취지는 어음거래의 안전을 위하여 어음취득자의 이익을 보호하기 위한 것이므로 자기에 대한 배서의 원인관계가 흠결됨으로써 어음소지인이 그 어음을 소지할 정당한 권원이 없어지고 어음금의 지급을 구할 경제적 이익이 없게 된 경우에는 인적항변 절단의 이익을 향유할 지위에 있지 아니하다고 보아야 할 것이다.

따라서 피고가 소외 1에게 이 사건 어음금을 모두 지급하고 소외 1이 원고에게 이 사건 어음금 중 292,368,410원을 지급한 이상, 원고는 배서인인 소외 1과 사이에서 소멸된 292,368,410원 부분에 대하여는 그 어음금의 지급을 구할 경제적 이익이 없게 되어 인적항변 절단의 이익을 향유할 지위에 있지 아니하므로, 이 사건 각 어음의 발행인인 피고는 위 범위 내에서 소외 1에 대한 위 인적항변으로써 소지인인 원고에게 대항하여 그 부분 어음금의 지급을 거절할 수 있다.

그러므로 원심의 판시에 미흡한 점이 있기는 하지만 이와 같은 취지에서 피고의 위 주장의 일부를 받아들인 조치는 정당하고, 거기에 원고의 상고이유에서 주장하는 바와 같이 어음행위의 무인성 및 어음항변에 관한 법리를 오해하고 판단을 유탈하였거나, 피고의 상고이유에서 주장하는 바와 같은 이유모순 또는 이유불비의 위법이 있다고 할 수 없다.

또한, 원고가 상고이유에서 들고 있는 대법원 1984. 1. 24. 선고 82다카1405 판결은 그 사건의 사안에서 소지인의 어음금청구가 권리남용에 해당하여 불허되어야 할 것인가에 관하여 판시한 것으로서 이 사건과 쟁점을 달리 하여 여기에 원용할 만한 것이 되지 못한다. 원고 및 피고의 이 부분 상고이유의 주장 역시 모두 이유 없다.

5. 피고는 끝으로, 화의인가결정을 받았으므로 화의채권인 이 사건 어음금 채권은 화의조건에 따라 변경되어야 한다고 주장하였는바, 원심은 피고에 대한 화의인가결정의 확정으로 이 사건 어음금 채권이 위 화의조건대로 변경됨으로써, 피고는 원고에게 이 사건 어음금 279,500,110원을 화의인가결정 확정일인 1998. 8. 24.로부터 24개월동안 매 3개월마다 균등 분할하여 말일에 상환할 의무가 있으나, 위 화의조건 제2항은 기발생이자 및 장래발생이자를 면제한다고 규정하고 있으므로 원고의 이 사건 어음금에 대한 지연손해금 청구는 이유 없다고 판단하였다.

그러나 원심의 위 판단 중 지연손해금 청구를 배척한 부분은 다음과 같은 이유로 수긍하기 어렵다.

위 화의조건의 내용을 보면, 제2항에서 금융기관 이외의 자에 대한 화의채권의 변제조건에 관하여, 1,000만 원을 초과하는 채권은 화의인가결정 확정일로부터 24개월동안 매 3개월마다 균등 분할하여 말일에 상환하고, 기발생이자 및 장래발생이자는 면제받는다고 규정하는 한편, 제6항에서는 그 이행의 효력에 관하여, 화의채권자는 제2항의 지급이 이행되면 나머지 이자 및 손해배상금의 지급을 면제한다고 규정하고 있는바, 위 규정의 내용을 종합하면, 채무자인 피고가 화의조건대로 원금을 변제하는 경우에 금융기관 이외의 화의채권자인 원고가 이자 및 손해배상금의 지급을 면제하여 주는 것으로 보아야 하고, 채무자인 피고가 화의조건대로 원금을 변제하지 아니하는 경우에 그 불이행으로 인한 지연손해금까지 면제한 것이라고 할 수 없다.

그럼에도 원심은 위 화의조건 제2항에 따라 화의조건 불이행으로 인한 지연손해금도 면제되었다고 단정하고 말았으니 이에는 화의조건의 해석에 관한 법리를 오해한 위법이 있다고 할 것이다. 이 점을 지적하는 원고의 이 부분 상고이유의 주장은 정당하다.
6. 그러므로 원심판결 중 지연손해금에 관한 원고 패소 부분을 파기하고, 이 부분 사건을 다시 심리·판단하게 하기 위하여 원심법원에 환송하며, 원고의 나머지 상고와 피고의 상고를 모두 기각하기로 하여 관여 대법관의 일치된 의견으로 주문과 같이 판결한다.

대법관   박재윤(재판장) 서성 이용우(주심) 배기원

(3) 구체적 유형

(가) 원인관계의 부존재·무효·취소·해제

| 판 례 |

[판례 61] 약속어음금

(대법원 1996. 5. 14. 선고 96다3449 판결)

【판시사항】

[1] 융통어음의 의의 및 발행인이 할인을 의뢰하면서 어음을 교부한 경우, 융통어음인지 여부(소극)
[2] 어음항변 중 악의의 항변의 내용
[3] 갑이 을에게 할인 목적으로 교부한 어음을 병이 그 사실을 알면서 취득하여 을의 채무에 대한 담보로 처리한 경우, 갑이 인적 항변으로서 병에게 대항할 수 있다고 한 사례

【판결요지】

[1] 융통어음이라 함은 타인으로 하여금 어음에 의하여 제3자로부터 금융을 얻게 할 목적으로 수수되는 어음을 말하는 것이고, 이러한 융통어음에 관한 항변은 그 어음을 양수한 제3자에 대하여는 선의·악의를 불문하고 대항할 수 없는 것이므로 어떠한 어음이 위에서 말하는 융통어음에 해당하는지 여부는 당사자의 주장만에 의할 것은 아니고 구체적 사실관계에 따라 판단하여야 하는데, 어음의 발행인이 할인을 의뢰하면서 어음을 교부한 경우, 이는 원인관계 없이 교부된 어음에 불과할 뿐이고, 악의의 항변에 의한 대항을 인정하지 아니하는 이른바 융통어음이라고 할 수는 없다.
[2] 이른바 악의의 항변이라 함은 항변사유의 존재를 인식하는 것만으로는 부족하고 자기가 어음을 취득함으로써 항변이 절단되고 채무자가 해를 입는다는 사실까지도 알아야 한다.
[3] 갑이 을에게 할인의 목적으로 어음을 교부하고 병이 그 사실을 알면서 을의 어음할인

부탁에 따라 그 어음을 취득한 후 을의 대출금채무에 대한 담보로 처리한 경우, 그 어음은 아무런 원인관계 없이 병에게 교부된 것이므로 갑으로서는 이러한 원인관계에 대한 인적 항변으로 병에게 대항 가능하다고 한 사례.

【참조조문】

[1] 어음법 제16조 제2항, 제17조[2] 어음법 제17조 단서[3] 어음법 제17조

【참조판례】

[1] 대법원 1988. 1. 19. 선고 86다카1954 판결(공1988, 446)
대법원 1995. 1. 20. 선고 94다50489 판결(공1995상, 896)
대법원 1995. 9. 15. 선고 94다54856 판결(공1995하, 3377)

【전 문】

【원고, 상 고 인】 주식회사 조흥은행 (소송대리인 변호사 김종화)
【피고, 피상고인】 봉명산업 주식회사의 소송수계인 정리회사 주식회사 도투락 관리인 피고 (소송대리인 변호사 한호형)
【원심판결】 서울지법 1995. 11. 30. 선고 94나9480 판결

【주 문】

상고를 기각한다. 상고비용은 원고의 부담으로 한다.

【이 유】

상고이유를 본다.

상고이유 제1점에 대하여

원심은 거시 증거에 의하여 소외 1이 소외 봉명산업 주식회사로부터 위 회사 발행의 이 건 어음의 할인을 부탁받은 사실, 원고 을지로지점 당좌담당 과장인 소외 2가 위 소외 1의 사무실에 들렸다가 위 소외 1로부터 위 어음이 할인 목적으로 받은 것이라는 사실을 알게 된 사실, 위 소외 2는 이 건 어음을 위 소외 1로부터 교부받은 사실을 인정한 다음, 이 건 어음은 실질적인 원인관계 없이 자금 융통을 위하여 발행된 어음이라는 점에서 융통어음이기는 하나 위 봉명산업이 스스로의 자금 융통을 위하여 소외 1에게 발행하면서 할인을 의뢰한 것이었으므로 이러한 경우 발행인의 당초 의도와는 달리 그 할인 부탁을 받은 사람이 이를 발행인의 신뢰에 반하여 유통시켰고 그 어음취득자가 이와 같은 사정을 알면서 어음을 취득하였다면 발행인은 이른바 악의의 항변으로서 그 취득자에게 대항할 수 있는 것이라 하여 피고의 악의의 항변을 받아들여 원고의 청구를 기각하였다.

그런데, 이른바 융통어음이라 함은 타인으로 하여금 어음에 의하여 제3자로부터 금융을 얻게 할 목적으로 수수되는 어음을 말하는 것이고 이러한 융통어음에 관한 항변은 그 어음을 양수한 제3자에 대하여는 선의·악의를 불문하고 대항할 수 없는 것이므로 어떠한 어음이 위에서 말하는 융통어음에 해당하는지 여부는 당사자의 주장만에 의할 것은 아니고 구체적 사실관계에 따라 판단하여야 할 것인바, 이 건에 있어서 원심이 인정한 사실관계와 같이 소외 봉명산업이 위 소외 1에게 할인을 의뢰하면서 이 건 어음을 교부한 것이라

면 이는 원인관계 없이 교부된 어음에 불과할 뿐 위에서와 같이 악의의 항변에 의한 대항을 인정하지 아니하는 이른바 융통어음이라고는 할 수 없을 것이다. 원심이 이 건 어음을 융통어음이라고 판단한 것은 잘못이라고 할 것이나 아래에서 보는 바와 같이 원고의 청구를 기각한 결론에 있어 정당한 이상 이 건 어음이 융통어음이라는 전제하에 내세우는 논지는 이유 없다.

상고이유 제2점에 대하여

이른바 악의의 항변이라 함은 항변사유의 존재를 인식하는 것만으로는 부족하고 자기가 어음을 취득함으로써 항변이 절단되고 채무자가 해를 입는다는 사실까지도 알아야 한다고 할 것이므로, 원심이 인정한 사실관계하에서는 원고가 피고를 해할 것을 알고 이 건 어음을 취득하였다고 볼 수 없다고 할 것이어서 원심이 위와 같은 사실만으로 피고의 항변을 받아들여 원고의 청구를 배척한 것은 잘못이라고 할 것이다.

그러나 이 건 어음이 융통어음이 아님은 앞서 본 바와 같으며, 원심이 채택한 증거에 의하면 피고의 주장과 같이 위 소외 2가 위 소외 1로부터 할인을 부탁받으면서 이 건 어음을 교부받아 소지하고 있다가 이를 소외 1에 대한 대출금채무에 대한 담보로 처리한 것으로 보여지는 이상 이 건 어음은 아무런 원인관계 없이 원고에게 교부된 것이라고 할 것이므로 소외 봉명산업으로서는 이러한 원인관계에 대한 인적항변으로서 원고에게 대항 가능하다고 할 것이어서, 원심의 앞서 본바와 같은 잘못은 결과에 아무런 영향이 없다고 할 것이다. 논지는 이유 없다.

그러므로 상고를 기각하고 상고비용은 패소자의 부담으로 하기로 하여 관여 법관의 일치된 의견으로 주문과 같이 판결한다.

대법관 이돈희(재판장) 김석수(주심) 정귀호 이임수

[판례 62] 약속어음금

(대법원 1992. 8. 18. 선고 92다22053 판결)

【판시사항】

물품대금 지급을 위하여 약속어음이 발행되고 그 물품이 하자가 있어 모두 반품되어 위 어음의 원인채무가 없게 되었다 하더라도 이는 인적 항변사유에 불과하여 위 어음의 최후 소지인이 그 원인채무가 없음을 알면서도 어음을 취득하였다고 인정되지 아니하는 한 이로써 소지인에게 대항할 수 없다고 한 사례

【판결요지】

갑이 을에게 약속어음을 발행하고 을이 지급거절증서작성을 면제하고 위 어음을 병에게 배서양도하여 병이 최후소지인으로서 적법한 지급제시를 했으나 지급이 거절되었다면 갑이 물품대금의 지급을 위하여 을에게 위 어음을 발행하였고 그 물품이 하자가 있어 이를 모두 반품함으로써 그와의 사이에 위 어음의 원인채무가 없게 되었다 하더라도 이와 같은 사유는 인적 항변사유에 불과하여 병이 위와 같은 원인채무가 없음을 알면서도 위 어음을

취득하였다고 인정되지 아니하는 한 이로써 병에게 대항할 수 없다고 한 사례.
【참조조문】
어음법 제17조(제77조)
【전 문】
【원고, 피상고인】 원고
【피고, 상 고 인】 피고
【원심판결】 서울민사지방법원 1992.5.1. 선고 91나31547 판결
【주 문】
상고를 기각한다.
상고비용은 피고의 부담으로 한다.
【이 유】
상고이유를 본다.
원심이 확정한 바와 같이 피고가 소외인에게 이 사건 약속어음을 발행하고 위 소외인이 지급거절증서를 면제하고 위 어음을 원고에게 배서양도하여 원고가 최후소지인으로서 적법한 지급제시를 했으나 지급이 거절되었다면 피고가 물품대금의 지급을 위하여 위 소외인에게 이 사건 어음을 발행하였고 그 물품이 하자가 있어 이를 모두 반품함으로써 그와의 사이에 이 사건 어음의 원인채무가 없게 되었다 하더라도 이와 같은 사유는 이를 인적항변사유에 불과하여 원고가 위와 같은 원인채무가 없음을 알면서도 이 사건 어음을 취득하였다고 인정되지 아니하는 한 이로서 원고에게 대항할 수 없다.
같은 취지에서 원심이 원고가 이 사건 어음을 악의로 취득하였다는데 대한 주장, 입증이 없다는 이유로 피고의 주장을 배척한 것은 정당하고 거기에 지적하는 바와 같은 법리의 오해나 심리미진의 위법이 없다. 주장은 이유 없다.
그러므로 상고를 기각하고 상고비용은 패소자의 부담으로 하여 관여 법관의 일치된 의견으로 주문과 같이 판결한다.

대법관 김용준(재판장) 최재호 윤관 김주한

(나) 원인채무의 변제

| 판 례 |

[판례 63] 약속어음금

(대법원 1984. 1. 24. 선고 82다카1405 판결)

【판시사항】

실질적 원인관계 없이 배서받은, 원인채무가 소멸된 약속어음으로써 한 어음금 청구와 권리남용

【판결요지】

어음행위는 무인행위로서 어음수수의 원인관계로부터 분리하여 다루어져야 하고 어음은 원인관계와 상관없이 일정한 어음상의 권리를 표창하는 증권이라 할 것인바, 원인채무가 변제된 백지약속어음을 소지함을 기화로 이를 부당보충하여 실질적 원인관계없이 배서양도하였다 하더라도 무인성의 법리에 비추어 그 양수인의 약속어음금청구가 바로 신의성실의 원칙에 어긋나는 것으로서 권리남용에 해당한다고 볼 수 없다.

【참조조문】

어음법 제77조 제1항 제1호, 제17조, 민법 제2조

【전 문】

【원고, 상 고 인】 원고 소송대리인 변호사 안준기
【피고, 피상고인】 피고
【원심판결】 서울민사지방법원 1982.7.14. 선고 82나406 판결

【주 문】

원심판결을 파기하고, 사건을 서울민사지방법원 합의부에 환송한다.

【이 유】

원고 소송대리인의 상고이유를 본다.

원심판결 이유에 의하면 원심은 이 사건 약속어음금 청구는 정의에 반하는 것으로 권리남용에 해당되어 허용되어서는 아니된다는 피고의 항변에 대하여 판시하기를 어음상의 권리는 어음행위에 의하여 독자적으로 발생되는 것이므로 이를 행사함에는 원인 관계상의 권리가 존재할 것이 요건으로 되는 것은 아니고 어음상의 권리가 어음법 특유의 양도방법인 배서에 의하여 양도된 경우에는 어음의 유통보호를 위하여 어음법이 어음상 채무자의 항변을 제한하는 등 강력하고 엄격하게 보호하고 있는 것도 물론이다라고 하면서도 어음상의 권리도 신의에 좇아 성실하게 행사되어야 하는 것이고, 이를 남용하는 것은 허용될 수 없는 것이다라고 전제하고 어음은 어디까지 나 거래의 수단(금전지급 수단, 신용이용 수단 등)에 불과한 것임에 비추어 보면, 어음 수수의 실질적 원인관계가 처음부터 존재하지 아

니하거나 소멸되어 버렸고 달리 그 어음을 보유할 정당한 권원이 없는 경우에는 그 어음은 본래의 사명인 거래수단으로서 가능하고 있는 것이 아니라 빈 껍데기에 불과한 것이고, 어음소지인으로서도 어음상 권리를 행사할 실질적 이유가 없는 것이므로 어음소지인이 단지 빈 껍데기 어음을 소지하고 있음을 기화로 어음상의 형식적 채무자에 대하여 어음금의 지급을 구하는 것은 거래법상의 대원칙인 신의성실의 원칙에 어긋나는 것으로서 권리남용에 해당되는 것이고, 이 경우에 어음상 채무자는 어음금의 지급을 거절할 수 있다고 봄이 마땅하다고 할 것이다라고 한 다음 이 사건 약속어음은 피고가 소외 1, 소외 2, 소외 3 등 3인에 대한 금 15,000,000원의 차용금 채무의 이행을 보증하기 위하여 백지어음으로 발행하였던 것인데 피고가 위 차용원리금을 전부 적법하게 변제함으로써 그 발행의 원인관계가 소멸된 후에 채권자의 한 사람이던 소외 2(의 대리인)가 그 백지부분을 부당보충한 다음 아무런 배서원인(약속어음수수의 실질적 원인관계)도 없이 원고에게 배서교부한 것임은 앞서 본 바와 같고, 앞서 배척한 소외 4의 일부증언 외에는 원고에게 이 사건 약속어음금을 보유할 정당한 권원이나 실질적 이유가 있다고 인정할 증거도 없으므로 원고가 빈 껍데기에 불과한 이 사건 약속어음을 소지하고 있다하여 그 어음금의 지급을 구하는 것은 권리남용에 해당되는 것으로서 허용될 수 없는 것이고, 피고는 이 사건 약속어음의 발행인으로서 형식상 어음채무자로 되어 있다고 하더라도 원고에 대한 어음금의 지급을 거절할 수 있다고 봄이 상당하다고 할 것이다라고 하여 피고의 위 항변은 이유있다 하고 피고의 항소를 받아들여 제1심 판결을 취소하고 원고의 청구를 기각하였다.

그러나 어음행위는 무인행위로서 어음수수의 원인관계로부터 분리하여 다루어져야 하고 어음은 원인관계와 상관없이 일정한 어음상의 권리를 표창하는 증권이라고 할 것인바, 원심이 그 판시와 같이 이 사건 약속어음은 그 발행의 원인관계가 소멸한 후에 소외 2의 대리인이 그 백시부분을 부당보충하여 금전지급의 신용이용 기타 실질적 원인관계없이 원고에게 배서한 것이고 원고가 이 사건 약속어음을 보유할 정당한 권원이나 실질적 이유가 있다고 인정할 증거도 없다는 이유로 이 사건 약속어음이 빈 껍데기에 불과하다고하여 원고의 이 사건 약속어음청구가 바로 신의성실의 원칙에 어긋나는 것으로서 권리의 남용에 해당한다고 하였음은 어음배서에 있어서의 무인성의 법리를 오해하였을 뿐만 아니라 어음법에 있어서의 신의성실의 원칙 내지 권리남용의 법리를 오해한 위법이 있다고 할 것이고 이는 소송촉진등에관한특례법 제12조 제2항의 파기사유에 해당한다고 할 것이어서 이 점에 관한 상고논지는 이유있다.

이에 원심판결을 파기하고 다시 심리판단케 하기 위하여 사건을 원심인 서울민사지방법원 합의부에 환송하기로 하여 관여법관의 일치된 의견으로 주문과 같이 판결한다.

　　　　　　　　　대법관　오성환(재판장) 정태균 윤일영 김덕주

(다) 어음행위에 관한 의사표시의 하자

| 판 례 |

[판례 64] 약속어음금

(대법원 1997. 5. 16. 선고 96다49513 판결)

【판시사항】

[1] 기망에 의한 어음발행행위 취소의 상대방과 효력의 범위
[2] 어음행위에 의사표시의 하자가 있다는 항변의 성격

【판결요지】

[1] 사기와 같은 의사표시의 하자를 이유로 어음발행행위를 취소하는 경우에 그 취소의 의사표시는 어음발행행위의 직접 상대방에 대하여 뿐만 아니라 어음발행행위의 직접 상대방으로부터 어음을 취득하여 그 어음금의 지급을 청구하고 있는 소지인에 대하여도 할 수 있다고 봄이 상당하다 할 것이지만, 이와 같은 의사표시의 취소는 선의의 제3자에게 대항할 수 없는 것이고, 이 때의 제3자라 함은 어음발행행위의 직접 상대방 이외의 자를 가리키는 것이므로, 어음의 발행인이 어음발행행위의 직접 상대방이 아닌 소지인을 상대로 어음발행행위 취소의 의사표시를 할 수 있다 하여 소지인의 선의·악의를 불문하고 취소의 효과를 주장할 수 있게 되는 것은 아니다.

[2] 어음행위에 착오·사기·강박 등 의사표시의 하자가 있다는 항변은 어음행위 상대방에 대한 인적항변에 불과한 것이므로, 어음채무자는 소지인이 채무자를 해할 것을 알고 어음을 취득한 경우가 아닌 한, 소지인이 중대한 과실로 그러한 사실을 몰랐다고 하더라도 종전 소지인에 대한 인적항변으로써 소지인에게 대항할 수 없다.

【참조조문】

[1] 어음법 제16조, 제17조, 제77조, 민법 제110조 제3항[2] 어음법 제16조, 제17조, 제77조

【참조판례】

[1] 대법원 1990. 4. 13. 선고 89다카1084 판결(공1990, 1062)
대법원 1994. 11. 22. 선고 94다30201 판결(공1995상, 73)
[2] 대법원 1970. 7. 28. 선고 70다1293 판결
대법원 1992. 8. 18. 선고 92다22053 판결(공1992, 2759)
대법원 1992. 8. 18. 선고 92다22053 판결(공1992, 2759)
대법원 1994. 11. 18. 선고 94다23098 판결(공1995상, 52)
대법원 1996. 3. 22. 선고 95다56033 판결(공1996상, 1355)
대법원 1996. 5. 28. 선고 96다7120 판결(공1996하, 1995)

【전 문】

【원고, 피상고인】 원고

【피고, 상 고 인】 피고 (소송대리인 변호사 조홍은)
【원심판결】 서울지법 1996. 10. 9. 선고 96나15359 판결

【주 문】

상고를 기각한다. 상고비용은 피고의 부담으로 한다.

【이 유】

상고이유를 판단한다.

1. 제1점에 대하여

   원심판결 이유에 의하면, 원심은, 피고가 약속어음을 할인하여 주겠다는 소외인(일명 ○○○)의 거짓말에 속아 1994. 11. 5. 소외인에게 액면 금 50,000,000원, 지급기일 1995. 1. 20.로 된 약속어음 1장(이하 이 사건 어음이라 한다)을 발행하여 주었고, 소외인은 이 사건 어음의 지급기일을 1995. 4. 20.로 변조한 다음 지급거절증서 작성 의무를 면제하여 원고에게 백지식 배서의 방법으로 양도하여 원고가 변조된 이 사건 어음의 최종소지인이 된 사실을 확정한 다음, 원고가 이 사건 어음의 변조 전 지급기일인 1995. 1. 20.에 이은 2거래일이 경과한 이후에 이 사건 약속어음을 소외인으로부터 배서·양도 받았다고 하는 피고의 주장 사실에 대하여는 이를 인정할 증거가 없다고 하여, 피고가 소외인의 사기를 이유로 이 사건 어음발행행위를 취소하였으므로 원고의 이 사건 어음금 청구에 응할 수 없다고 하는 피고의 주장을 배척하였다. 기록에 비추어 살펴보면, 원심이 원고의 이 사건 어음취득을 기한후 배서에 의한 것으로 인정할 증거가 없다고 본 조치는 수긍이 가고, 거기에 채증법칙 위반의 잘못이 없다. 이 점을 지적하는 상고이유는 받아들일 수 없다.

2. 제2점에 대하여

   사기와 같은 의사표시의 하자를 이유로 어음발행행위를 취소하는 경우에 그 취소의 의사표시는 어음발행행위의 직접 상대방에 대하여 뿐만 아니라 어음발행행위의 직접 상대방으로부터 어음을 취득하여 그 어음금의 지급을 청구하고 있는 소지인에 대하여도 할 수 있다고 봄이 상당하다 할 것이지만, 이와 같은 의사표시의 취소는 선의의 제3자에게 대항할 수 없는 것이고(민법 제110조 제3항), 이 때의 제3자라 함은 어음발행행위의 직접 상대방 이외의 자를 가리키는 것이므로, 어음의 발행인이 어음발행행위의 직접 상대방이 아닌 소지인을 상대로 어음발행행위 취소의 의사표시를 할 수 있다 하여 소지인의 선의·악의를 불문하고 그 취소의 효과를 주장할 수 있게 되는 것은 아니라고 할 것이다. 반대의 견해를 취하여 원심판결의 법리오해를 지적하는 상고이유도 받아들일 수 없다.

3. 제3점에 대하여

   어음행위에 착오·사기·강박 등 의사표시의 하자가 있다는 항변은 어음행위 상대방에 대한 인적항변에 불과한 것이므로, 어음채무자는 소지인이 그 채무자를 해할 것을 알고 어음을 취득한 경우가 아닌 한, 소지인이 중대한 과실로 그러한 사실을 몰랐다고 하더라도 종전 소지인에 대한 인적항변으로써 소지인에게 대항할 수 없다고 할 것이다(대법원 1970. 7. 28. 선고 70다1293 판결, 1996. 3. 22. 선고 95다56033 판결 등 참조).

원심판결 이유에 의하면, 원심은 피고가 소외인의 사기에 의하여 이 사건 어음을 발행하였다고 하더라도 이는 수취인에 대한 인적항변사유에 지나지 않는다고 하면서도, 이 사건 어음은 그 지급기일 중 '1'이 '4'로 변조된 것에 불과하여 그 변조사실이 외관상 명백하다고 볼 수 없고, 원고가 변조된 이 사건 어음을 취득할 당시 피고에게 직·간접적으로 피고의 신용 상태, 소외인의 신분, 이 사건 어음이 편취된 것인지 여부 등에 관하여 확인하지 아니하였다 하더라도, 그와 같은 사유만으로는 원고에게 변조된 이 사건 어음의 취득 당시 중대한 과실이 있었다고 단정하기 미흡하고 그 밖에 이를 인정할 증거도 없다는 이유로, 이 사건 어음이 편취되었음에도 불구하고 원고가 이 사건 어음을 취득할 당시 중대한 과실로 인하여 그러한 사정을 알지 못한 것이므로 원고는 적법한 권리자라고 볼 수 없다고 하는 피고의 항변에 대하여 판단하고 있는바, 원심의 이러한 판단은 무용한 판단에 지나지 않는 것이어서 가사 원심의 판단에 상고이유에서 지적하는 바와 같이 중대한 과실에 관한 법리오해의 잘못이 있다고 하여도 판결 결과에 아무런 영향도 없는 것이다. 이 점에 관한 상고이유도 받아들일 수 없다.

4. 그러므로 상고를 기각하고, 상고비용은 상고인인 피고의 부담으로 하기로 관여 법관의 의견이 일치되어 주문과 같이 판결한다.

대법관 박준서(재판장) 박만호 김형선 이용훈(주심)

(라) 어음 외의 특약

| 판 례 |

[판례 65] 약속어음금

(대법원 1989. 10. 24. 선고 89다카1398 판결)

【판시사항】

일정한 조건하에서만 권리를 행사하기로 한 약정하에 어음이 발행된 경우 그 어음소지인에 대한 어음법 제16조 제2항의 적용여부(소극)

【판결요지】

어음행위는 무인행위로서 어음수수의 원인관계로부터 분리하여 다루어져야 하고 어음은 원인관계와 상관없이 일정한 어음상의 권리를 표창하는 증권이므로 어음이 일정한 조건 (예컨대 근로자들에 대한 노임체불)하에서만 권리를 행사하기로 한 약정하에 발행되었더라도 이와 같은 사정은 어음의 원인관계에 기한 인적 항변사유에 불과하고 어음상의 권리는 일단 유효하게 성립되었다고 보아야 할 것이어서 여기에 어음법 제16조 제2항은 적용될 수 없다.

【참조조문】

어음법 제12조 제2호, 제16조 제2항, 제17조

【참조판례】

대법원 1984.1.24. 선고 82다카1405 판결

【전 문】

【원고, 피상고인】 주식회사 유린상호신용금고
【피고, 상 고 인】 피고 소송대리인 법무법인 을지합동법률사무소 담당변호사 이완희
【원 판 결】 서울민사지방법원 1988.11.29. 선고 88나13143 판결

【주 문】

상고를 기각한다.
상고소송비용은 피고의 부담으로 한다.

【이 유】

상고이유에 대하여,
원심은 그 채택한 증거에 의하여 피고가 발행일 1984.8.21. 수취인 소외 1, 발행지 및 지급지 각 서울특별시로 하고 만기를 백지로 한 액면금 5천만원의 약속어음 한장을 발행한 사실, 원고는 위 어음 뒷면의 제1 배서란에 소외 2 명의의 배서가 되었다가 "x"표로 말소되고, 그 아래 제2 배서란에 위 소외 1의, 제3배서란에 위 소외 2의, 제4배서란에 위 소외 1의, 제5배서란에 원고의 각 배서가 각 피배서인란을 백지로 하여 차례로 이루어져 원고에 이르기까지 형식상 배서가 연속되어 있는 이 사건 어음의 최종소지인으로서 만기를 1985.3.12.로 보충하여 피고에게 지급제시하였으나 지급거절된 사실을 인정한 다음 이 사건 어음의 앞면 좌측상단에 피고 주장과 같이 이른바 유해적 기재사항에 있었다는 점은 이를 인정할 증거가 없고, 그 채택한 증거에 의하여 인정되는 원심설시와 같은 이 사건 어음의 발행경위와 원고의 취득경위만으로는 원고가 그 주장과 같이 피고를 해할 것을 알면서 이 사건 어음을 취득한 것으로 볼 수 없으며 이 사건에서는 인적관계의 항변만이 문제될 뿐 어음법 제16조는 적용되지 않으므로 과실여부에 관계없이 원고는 어음상의 권리를 취득하였고 원고가 이 사건 어음을 배서양도받은 원인관계가 오로지 금 3천만원의 대출금담보 내지 질권설정을 위한 것이라는 점도 이를 인정할 증거가 없으므로 위 금액한도에서만 어음상의 권리를 행사할 수 있는 것은 아니라 하여 피고의 항변을 차례로 배척하고 위 어음 액면금의 지급을 구하는 원고의 이 사건 청구를 인용하고 있다.
원심의 위와 같은 판단과정은 옳고, 여기에는 소론과 같은 채증법칙위반이나 약속어음의 선의취득, 악의의 항변 또는 입질배서 등에 관한 법리오해나 이유모순, 판단유탈 또는 피담보채무의 범위에 관한 사실오인의 위법이 있다 할 수 없다.
그리고 채무자를 해할 것을 알지 못하고 어음을 취득한 자에 대하여는 그에게 중대한 과실이 있었는지 여부를 묻지 아니하고 어음채무자는 소지인의 전자에 대한 인적 항변을 가

지고 대항할 수 없는 것이고, 한편 어음행위는 무인행위로서 어음수수의 원인관계로부터 분리하여 다루어져야 하고 어음은 원인관계와 상관없이 일정한 어음상의 권리를 표창하는 증권이라 할 것이므로(당원 1984.1.24. 선고 82다카1405 판결) 이 사건 어음이 피고 주장과 같이 소외 2에게 광업소 근로자들에 대한 노임체불사실이 있을 때에만 권리를 행사하기로 한 약정하에 발행되었다 하더라도 이와 같은 사정은 어음의 원인관계에 기한 인적항변사유에 불과하고 어음상의 권리는 일단 유효하게 성립되었다고 보아야 할 것이어서 여기에 어음법 제16조 제2항은 적용될 수가 없는 것이다. 논지는 모두 이유없다.

그러므로 상고를 기각하기로 관여법관의 의견이 일치되어 주문과 같이 판결한다.

대법관 김주한(재판장) 이회창 배석 김상원

(마) 어음을 환수하거나 어음면에 기재하지 않고 한 어음채무의 지급

| 판 례 |

[판례 66] 약속어음금

(대법원 1962. 7. 19. 선고 62다181 판결)

【판시사항】

약속어음과 교환하지 아니하고 한 그 어음 채무 변제의 효력

【판결요지】

약속어음채권의 압류 또는 가압류는 집달리가 그 증권의 점유를 취득하지 않는 이상 일반 채무에 대한 압류 또는 가압류의 방식에 의하여 하였다 하더라도 이와 같은 압류 또는 가압류는 법률상 아무 효력이 없다.

【참조조문】

어음법 제20조, 민사소송법 제566조

【전 문】

【원고, 상 고 인】 원고
【피고, 피상고인】 피고
【원심판결】 대구고등법원 1962. 4. 6. 선고 61민공811 판결

【주 문】

원판결을 파기한다.

사건을 대구고등법원에 환송 한다.

【이 유】

원심은 원판결에 열거하는 증거를 종합하여 본건 약속어음이 만기 후에 소외 1에게서 소외 2를 거처 원고에게 배서양도 되었다는 사실을 인정하고 본건 약속어음이 아직 소외 1의 수중에 있을때에 소외 2에 의하여 위 약속어음 채권이 압류 및 전부 명령이 발부되었고 다시 소외 3에 의하여 위 약속어음 채권이 일반 채권으로서 가압류된 사실을 인정하고 위 소외 3의 소외 1에게 대한 본안 채권에 대하여 가집행 선고부 판결에 의하여 소외 3, 소외 1 피고 3자의 합의에 의하여 피고가 소외 1을 대신하여 본건 약속어음 채무를 소외 3에게 변제하였으니 본건 약속어음이 만기 후의 배서이므로 그 배서의 효과는 지명채권 양도의 효과가 있을 뿐이므로 전기 피고의 변제로 유효하게 변제되었다는 전제 아래 원고의 본소 청구를 배척하였다 그러나 약속어음 채권의 압류 또는 가압류는 집달리가 그 증권의 점유를 취득하지 않는 이상 일반 채권에 대한 압류 또는 가압류의 방식에 의하여 하였다 하더라도 이와 같은 압류 또는 가압류는 법률상 아무 효력이 없는 것임은 민사소송법 제715조 566조의 법의에 비추어 명백하다. 그러면 피고가 설혹 원심에서 인정한 경위로 본건 약속어음 채무를 소외 3에게 변제하였다하여도 약속어음과 교환하지 않고 변제한 것이 명백한 본건에 있어서 그 약속어음의 소지인인 원고에게 대항할 수 없음이 어음의 정시증권인 성질상 명백하다. 이와 같은 법리는 본건 약속어음의 현재의 소지인인 원고가 만기 후에 배서 양도를 받았다하여 조금도 변동이 있을 수 없을 것이다 그럼에도 불구하고 원심이 위에서 설명하는 바와 같은 이유로 원고의 본소 청구를 기각한 것은 약속어음의 가압류 또는 압류에 관한 법조를 잘못 이해하였거나 약속어음의 법률상의 성질을 오해한 위법이 있어 원고의 이 섬에 대한 상고는 결국 이유 있으며 원판결은 파기 되지 않을 수 없다.

이상 설명 하는 바에 의하여 원판결을 파기하기로 하고 나머지 상고이유에 대한 판단을 생략 하고 원심으로 하여금 다시 심리 재판하게 하기 위하여 관여한 법관 전원의 일치된 의견으로 주문과 같이 판결 한다.

대법원판사 양회경(재판장) 사광욱 홍순엽 방순원 최윤모 나항윤 이영섭

---

(4) 악의의 항변

어음소지인이 어음채무자를 해할 것을 알고 어음을 취득한 때에는 인적항변은 절단되지 않고, 어음채무자는 어음소지인의 전자에 대항할 수 있는 인적항변을 가지고 어음소지인에게 대항할 수 있다.

| 판 례 |

[판례 67] 약속어음금반환

(대법원 1996. 5. 28. 선고 96다7120 판결)

【판시사항】

[1] 어음법 제17조의 '채무자를 해할 것을 알고 어음을 취득하였을 때'의 의미
[2] 갑 회사가 수입대금의 결제를 목적으로 을 회사에게 발행한 어음을 은행이 할인해 준 뒤 그 대금을 을 회사 발행의 수표금 결제에 사용한 경우, 은행에게 갑 회사를 해할 의사가 있었다고 볼 수 없다고 한 사례
[3] 법원이 당사자의 구문에 의하여 석명을 요구한 상대방의 답변을 확인함이 없이 변론을 종결했더라도, 석명의무 위반이 아닌 경우

【판결요지】

[1] 어음법 제17조 단서에서 규정하는 채무자를 해할 것을 알고 어음을 취득하였을 때라 함은, 단지 항변사유의 존재를 아는 것만으로는 부족하고 자기가 어음을 취득함으로써 항변이 절단되고 채무자가 손해를 입게 될 사정이 객관적으로 존재한다는 사실까지도 충분히 알아야 한다
[2] 갑 회사가 수입대금의 결제를 목적으로 을 회사에게 발행한 어음을 을 회사의 대표이사가 은행으로부터 할인받은 다음 그 대금을 을 회사 발행의 수표금 결제에 사용한 경우, 수입조건의 결제를 조건으로 발행되었다는 점에 대한 갑 회사의 통지사실이 인정되지 않으며 나아가 은행이 그 어음을 할인하여 대금을 을 회사의 당좌구좌에 입금하여 준 이후에도 을 회사와의 어음할인 거래가 계속된 점에 비추어, 을 회사가 그 어음할인 대금을 임의로 사용하였다고 하더라도 그러한 점만으로는 은행이 갑 회사를 해할 것을 알고 어음을 취득하였다고 보기는 어렵다고 한 사례.
[3] 피고의 구문에 의한 재판장의 석명에 대해 원고가 제대로 답변을 하지도 아니하였음에도 더 이상의 확인조치 없이 변론을 종결한 경우, 그러한 자료가 나오더라도 피고의 주장에 부합하지 않는다고 보여진다면, 법원이 원고로 하여금 충분히 답변하도록 하지 아니하였다 하여 석명의무를 다하지 아니하였다고 할 수 없다.

【참조조문】

[1] 어음법 제17조, 제77조 제1호[2] 어음법 제17조, 제77조 제1호[3] 민사소송법 제126조 제4항

【참조판례】

[1][2] 대법원 1996. 5. 14. 선고 96다3449 판결(공1996하, 1852)
[1] 대법원 1996. 3. 22. 선고 95다56033 판결(공1996상, 1355)
[2][3] 대법원 1992. 4. 24. 선고 91다25444 판결(공1992, 1672)
[3] 대법원 1992. 3. 10. 선고 91다36550 판결(공1992, 1286)

【전 문】

【원고, 피상고인】 주식회사 국민은행
【피고, 상 고 인】 한국삼경 주식회사 (소송대리인 변호사 조희래)
【원심판결】 서울지법 1995. 12. 27. 선고 94나36956 판결

【주 문】

상고를 기각한다. 상고비용은 피고의 부담으로 한다.

【이 유】

상고이유를 본다.

(1) 원심은 거시 증거에 의하여 피고는 소외 주식회사 동흥(이하 '동흥'이라고만 한다)에게 액면 금 70,000,000원, 발행일 1992. 11. 18., 발행지 및 지급지 각 서울특별시, 지급기일 1993. 2. 26., 지급장소 주식회사 한국상업은행 광화문지점으로 된 약속어음 1장(이하 '이 사건 어음'이라고 한다)을 발행하였고, 위 동흥은 1992. 11. 18. 원고에게, 원고는 1992. 12. 1. 소외 한국은행에게, 각 거절증서의 작성을 면제한 채 이 사건 어음을 순차로 배서양도한 사실, 이 사건 어음의 최종소지인 한국은행이 그 지급기일에 그 지급장소에서 이 사건 어음의 지급제시를 하였으나 피사취를 이유로 그 지급이 거절된 사실, 위 한국은행의 소구권 행사에 따라 원고가 이 사건 어음금을 위 한국은행에게 지급하고 이 사건 어음을 회수하여 소지하고 있는 사실을 각 인정한 다음, 피고의, 원고가 피고를 해할 의사로 위 동흥에게 이 사건 어음을 할인하여 주면서 이를 취득하였다는 악의의 항변에 대하여, 피고가 1992. 9. 3.경 위 동흥에게 인도네시아산 합판 약 700㎥ 가량의 수입을 대행하여 줄 것을 의뢰한 사실, 이에 위 동흥은 그 무렵 원고 은행 덕천동지점에 자신 명의로 신용장을 개설하고 위 합판을 수입하는 절차를 밟아 1992. 11. 4. 위 합판에 관한 선적서류가 원고 은행 덕천동지점에 도착한 사실, 위 동흥이 피고에게 위 선적서류의 도착사실을 알리고 위 합판대금의 결제를 요구하자 피고는 자신이 소지하고 있던 소외 주식회사 현대금속 발행의 약속어음 3장(을 제4호증의 1, 2, 3이다) 액면 합계 금 179,334,907원을 위 동흥에게 배서양도한 사실, 위 동흥은 위 어음 3장을 소외 주식회사 국민카드로부터 할인받아 이를 원고 은행 덕천동지점에 개설된 자신의 예금계좌에 입금하였는데 그 일부가 종전에 원고 은행으로부터 할인받았다가 지급거절 된 어음, 수표의 결제를 위하여 자동대체되어 버리는 바람에 위 수입합판대금을 결제하지 못한 사실(이에 위 동흥은 그로 인한 피고의 손해 일부에 대한 배상으로서 1992. 11. 14.경 액면 금 50,000,000원의 당좌수표를 발행하여 주었다.), 피고는 위 동흥으로부터 위와 같은 사정을 듣고 위 수입합판을 인수하기 위하여 다시 동흥에게 위 합판 수입대금의 결제를 위하여 이 사건 어음 및 액면 금 50,000,000원인 약속어음 3장을 발행·교부한 사실(위 합판 수입대금 및 그 수수료는 170,000,000원 남짓이었으나, 피고는 위 동흥이 발행한 원고 은행도 약속어음 중 결제되지 아니한 금액이 약 50,000,000원이라는 것을 알고 위 동흥을 돕기 위하여 액면 합계 금 220,000,000원의 약속어음을 발행, 교부하여 주었다.), 그러나 위 동흥의 대표이사인 위 소외 1은 위 어음 4매 중 이 사건 어음을 1992. 11. 18.에, 액면 금 50,000,000

원인 어음 1장을 그 다음날에 각 원고 은행 덕천동지점으로부터 할인받은 다음 그 할인대전을 위 합판 수입대금의 결제에 사용하지 아니하고 위 동홍의 당좌예금계좌(계좌번호: 120-04-0000-218)에 입금시켜 위 동홍 발행의 수표의 결제에 사용하여 버린 사실, 위 소외 1이 원고 은행 덕천동지점으로부터 이 사건 어음을 할인받으면서 진성어음이라는 점을 입증하기 위하여 제출한 세금계산서에 위 동홍이 피고에게 합판을 공급하였다는 기재가 있는 사실은 인정할 수 있으나, 이러한 사실만으로는, 원고가 위 동홍으로부터 이 사건 어음을 취득함에 있어 이 사건 어음이 위 합판 수입대금의 결제를 조건으로 발행된 사정을 잘 알면서도 피고를 해할 의사로 이 사건 어음을 취득하였다고 인정할 수 없고, 또한 피고가 이 사건 어음의 발행에 앞서 원고 회사 덕천동지점의 외환담당 대리인 소외 2에게 전화를 걸어 이 사건 어음이 위 합판 수입대금의 결제를 조건으로 발행되었다는 사실을 알렸다는 점에 관하여도 이를 인정할 증거가 없으며, 그 외 달리 원고가 피고를 해할 의사로 이 사건 어음을 할인하여 주었다고 인정할 자료가 없다 하여 피고의 항변을 배척하면서 부가적으로 위 합판의 수입대금은 금 179,200,000원 정도에 불과함에도 불구하고 피고는 위 동홍의 자금사정을 고려하여 위 금액을 훨씬 초과하는 액면 합계 금 220,000,000원인 약속어음 4장을 발행하여 준 사정에 비추어 보면 피고는 위 동홍에게 위 어음 4장을 할인하여(위 수입대금을 원고 은행 덕천동지점에 결제하기 위하여서는 어차피 위 어음 4장을 할인하여야 할 것이다.) 그 할인대금으로 위 합판 수입대금을 우선 결제하고 나머지는 위 동홍의 자금으로 사용하도록 하여 위 어음 4매를 발행하여 준 것으로 보이므로 위 소외 1이 이 사건 어음을 할인한 것은 피고의 이 사건 어음발행 조건에 위배된 것이라고 할 수는 없는 것이고, 다만 위 소외 1이 이 사건 어음과 액면 금 50,000,000원인 어음을 각 할인한 다음에 이를 위 수입대금의 결제에 사용하지 아니하고 임의로 위 동홍의 당좌예금 계좌에 입금하여 위 동홍의 수표결제 자금으로 사용하여 버린 것이 피고의 이 사건 어음 발행 조건에 위배된 것이라고 할 것인데, 원고와 위 소외 1이 이 사건 어음을 할인하여 이를 위 동홍의 당좌예금 계좌에 입금시켜 위 동홍의 자금으로 사용하기로 공모하였다고 볼 증거가 없는 이 사건에 있어서는 원고가 위 소외 1에게 이 사건 어음을 할인하여 줄 시점에 피고를 해할 의사가 있었다고 볼 수는 없다고 판시하였다.

그런데 어음법 제17조 단서에서 규정하는 채무자를 해할 것을 알고 어음을 취득하였을 때라 함은 단지 항변사유의 존재를 아는 것만으로는 부족하고 자기가 어음을 취득함으로써 항변이 절단되고 채무자가 손해를 입게 될 사정이 객관적으로 존재한다는 사실까지도 충분히 알아야 한다 고 할 것인데, 이 사건에 있어서 원심이 인정한 바와 같이 피고의 통지 사실이 인정되지 않으며, 나아가 원고가 이 사건 어음을 할인하여 그 대금을 동홍의 당좌구좌에 입금하여 준 이후에도 1992. 12. 1.까지 동홍과의 어음할인거래가 계속된 점(갑 제11호증)에 비추어, 동홍이 이 사건 어음할인대금을 임의로 사용하였다고 하더라도, 그러한 점만으로는 원고가 피고를 해할 것을 알고 어음을 취득하였다고 보기는 어렵다고 할 것이므로 원심이 피고의 악의의 항변을 배척한 조치는 정당하다고 할 것이고, 다만 원심이 원고와 동홍이 공모하여 이 건 어음 할인대금을 임의로 사용하였다고 볼 증거가 없으니 원고가 이 사건 어음의 할인 당시 피고를 해할 의사가 있었다고 보기 어렵다고 판시하여 마치 원고와 동홍과의 사이에 공모가 있어야만 악의로 인정되는 취지로 설시한 것은 잘못이라고 할 것이나 이는 부가적인 설시에 불과함이 명백하므로, 따라서 원심판결에 어음법 제17조 단서의 채무자를 해할 의사에 관한 법리를 오해한 위법 등이 있다는 논지는 받아들일 수 없다.

(2) 피고의 구문에 의한 재판장의 석명에 대해 원고가 제대로 답변을 하지도 아니하였음에도 더 이상의 확인조치 없이 변론을 종결한 경우, 그러한 자료가 나오더라도 피고의 주장에 부합하지 않는다고 보여진다면 법원이 원고로 하여금 충분히 답변하도록 하지 아니하였다 하여 석명의무를 다하지 아니하였다고 할 수 없다고 할 것인데(당원 1992. 3. 10. 선고 91다36550 판결 참조), 이 사건에 있어서 피고가 석명을 구한 사유는 모두 원고 은행 내부규정상 채무가 연체되어 있는 고객에게는 신규대출을 할 수 없고, 위 동흥은 1992. 11. 16. 1차 부도가 발생하였으며, 원고 은행 덕천동지점의 직원들은 위 부도 사실 등 위 동흥의 자금사정이 어렵다는 것을 잘 알고 있었으면서도 위 동흥에게 이 사건 어음을 할인하여 주었다는 사정들로서, 이러한 사유는 피고의 위 동흥에 대한 인적항변 사유가 되지 못함이 주장 자체에 의하여 명백하므로 원심이 원고의 자세한 답변을 보지도 아니하고 변론을 종결하였다고 하더라도 거기에 석명의무에 위반하여 판결 결과에 영향을 미친 위법이 있다고 할 수 없다. 따라서 원심판결에 석명권 내지 석명의무에 관한 법리를 오해한 위법 등이 있다는 논지도 받아들일 수 없다.

(3) 그러므로 상고를 기각하고 상고비용은 패소자의 부담으로 하기로 하여 관여 법관의 일치된 의견으로 주문과 같이 판결한다.

대법관　이돈희(재판장) 김석수(주심) 정귀호 이임수

[판례 68] 대여금

(대법원 1996. 3. 22. 선고 95다56033 판결)

【판시사항】

취득자가 중과실로 어음 채무자를 해할 것을 모르고 어음을 취득한 경우, 어음 채무자가 종전 소지인에 대한 인적항변으로써 취득자에게 대항할 수 있는지 여부(소극)

【판결요지】

어음 채무자는 소지인이 그 채무자를 해할 것을 알고 어음을 취득한 경우가 아닌 한, 소지인이 중대한 과실로 그러한 사실을 몰랐다고 하더라도 종전 소지인에 대한 인적항변으로써 소지인에게 대항할 수 없다.

【참조조문】

어음법 제17조

【참조판례】

대법원 1992. 8. 18. 선고 92다22053 판결(공1992, 2759)

대법원 1994. 11. 18. 선고 94다23098 판결(공1995상, 52)

【전 문】

【원고, 피상고인】 원고
【피고, 상 고 인】 피고 (소송대리인 변호사 김형태)
【원심판결】 대전지법 1995. 11. 17. 선고 95나3266 판결

【주 문】

상고를 기각한다. 상고비용은 피고의 부담으로 한다.

【이 유】

상고이유를 본다.
제1점에 대하여
원심판결 이유에 의하면, 원심은 거시 증거에 의하여 소외 1은 이 사건 어음의 변조 전 지급기일인 1993. 5. 27. 이 사건 어음을 원고에게 배서양도하였고, 원고는 같은 날 소외 2에게 이를 배서양도한 사실을 인정하면서, 원고가 이 사건 어음을 1993. 10. 11. 위 소외 1로부터 배서양도받았다는 자백은 진실에 반하고 착오에 기한 것임을 인정할 수 있으므로 적법하게 취소되었다고 판단하였는바, 관계 증거를 기록과 대조하여 검토하여 보면 원심의 위와 같은 조치는 정당하고, 거기에 소론과 같은 위법이 없다. 논지는 이유 없다.
제2점에 대하여
이 사건 기록에 의하면, 원심이 원고가 위 소외 1로부터 이 사건 어음을 배서양도받았을 당시 이 사건 어음이 피고에게 돌려주어야 하는 어음인 사정을 알면서 이를 취득하였음을 인정할 만한 아무런 증거가 없다고 본 조치도 정당하며, 또한 어음 채무자는 소지인이 그 채무자를 해할 것을 알고 어음을 취득한 경우가 아닌 한 소지인이 중대한 과실로 그러한 사실을 몰랐다고 하더라도 종전 소지인에 대한 인적항변으로써 소지인에게 대항할 수 없는 것이므로, 설사 원고가 위 소외 1로부터 이 사건 어음을 배서양도받았을 당시 중대한 과실로 이 사건 어음이 피고에게 돌려주어야 하는 어음인 사정을 몰랐다고 하더라도, 피고로서는 이러한 사정을 들어 원고의 이 사건 어음금 청구를 거부할 수는 없는 것이다. 원심판결에 소론과 같은 위법이 있다고 할 수 없고, 논지 역시 이유 없다.
그러므로 상고를 기각하고 상고비용은 패소자의 부담으로 하기로 하여 관여 법관의 일치된 의견으로 주문과 같이 판결한다.

대법관 이용훈(재판장) 박만호 박준서(주심) 김형선

[판례 69] 정리채권확정

(대법원 2001. 4. 24. 선고 2001다5272 판결)

【판시사항】

백지식 배서에 의하여 어음을 양수한 자가 백지의 보충 없이 인도에 의하여 어음을 양도한 경우, 그에게 대항할 수 없었던 사유로 그로부터 어음을 양수한 현재의 어음소지인에게 대항할 수 있는지 여부(소극)

【판결요지】

백지식 배서에 의하여 어음을 양수한 사람은 백지를 보충하지 아니하고 인도에 의하여 어음을 양도하면 배서인으로서의 소구의무를 부담하지 아니하지만 현재의 어음소지인의 앞 사람으로서 권리를 양도한 어음상의 권리자였다는 지위에는 변함이 없으므로, 어음상 배서인으로 나타나 있지는 않지만 현재의 어음소지인에게 어음을 양도한 사람이 어음취득 당시 선의였기 때문에 그에게 대항할 수 없었던 사유에 대하여는 현재의 어음소지인이 비록 어음취득 당시 그 사유를 알고 있었다고 하여 그것으로써 현재의 어음소지인에게 대항할 수 없고, 현재의 어음소지인이 지급거절증서 작성 후 또는 지급거절증서작성기간 경과 후에 어음을 양도받았다고 하더라도 마찬가지이다.

【참조조문】

어음법 제13조, 제17조, 제20조

【참조판례】

대법원 1990. 4. 25. 선고 89다카20740 판결(공1990, 1144)
대법원 1994. 5. 10. 선고 93다58721 판결(공1994상, 1660)
대법원 1995. 1. 20. 선고 94다50489 판결(공1995상, 896)

【전 문】

【원고, 피상고인】 원고 1 외 2인 (소송대리인 변호사 하창우)
【피고, 상 고 인】 정리회사 두레금속 주식회사의 관리인 소외인 외 1인 (소송대리인 변호사 임형욱)
【원심판결】 서울고법 2000. 12. 13. 선고 99나61998 판결

【주 문】

상고를 기각한다. 상고비용은 피고의 부담으로 한다.

【이 유】

1. 원심이, 창신산업 주식회사(아래에서는 '창신산업'이라고 한다)는 회사정리 전의 두레금속 주식회사(아래에서는 '정리전 회사'라 한다)가 발행한 이 사건 어음을 주식회사 동남은행(주식회사 동남은행의 예금·대출 등 금융거래와 관련된 계약은 금융감독위원회의 1998. 6. 29.자 구 금융산업의구조개선에관한법률의 규정에 따른 계약이전결정에 의하여 주식회사 한국주택은행에 이전되었다) 범일동지점(아래에서는 '동남은행'이라고 한다)에 배서양도하여 할인을 받았는데, 동남은행은 정리전 회사의 1998. 4. 12.경 부도 후 이 사건 어음을 창신산업을 대위하여 그 변제를 한 원고들에게 양도(기록에 의하면 백지식 배서에 의하여 양수하여 백지를 보충하지 아니하고 인도에 의하여 양도한 것으로

보인다)하여, 현재 원고들이 이 사건 어음을 소지하고 있는 사실을 인정한 것은 정당하고, 거기에 상고이유의 주장과 같은 심리미진이나 채증법칙 위반 및 법리오해 등의 위법이 없다. 따라서 이 부분 상고이유는 받아들이지 아니한다.
2. 백지식 배서에 의하여 어음을 양수한 사람은 백지를 보충하지 아니하고 인도에 의하여 어음을 양도하면 배서인으로서의 소구의무를 부담하지 아니하지만 현재의 어음소지인의 앞사람으로서 권리를 양도한 어음상의 권리자였다는 지위에는 변함이 없으므로, 어음상 배서인으로 나타나 있지는 않지만 현재의 어음소지인에게 어음을 양도한 사람이 어음취득 당시 선의였기 때문에 그에게 대항할 수 없었던 사유에 대하여는 현재의 어음소지인이 비록 어음취득 당시 그 사유를 알고 있었다고 하여 그것으로써 현재의 어음소지인에게 대항할 수 없고, 이러한 이치는 현재의 어음소지인이 지급거절증서 작성 후 또는 지급거절증서작성기간 경과 후에 어음을 양도받았다고 하더라도 마찬가지이므로(대법원 1994. 5. 10. 선고 93다58721 판결 참조), 원고들이 동남은행으로부터 지급거절증서 작성 후 또는 지급거절증서작성기간 경과 후에 이 사건 어음을 양도받았어도, 기록상 원고들의 앞사람으로서 이 사건 어음의 종전 소지인 동남은행이 피고가 항변사유로서 주장하는 이 사건 어음이 융통어음으로서 이와 교환으로 발행된 담보어음이 지급거절되었다는 사정 또는 이 사건 어음에 대한 원인관계채권이 상계로 소멸되었다는 사정 등을 알고 있었다는 아무런 자료를 찾아볼 수 없는 이 사건에서, 피고의 위와 같은 항변은 절단되었고, 따라서 동남은행으로부터 이 사건 어음을 양수한 원고들이 위와 같은 사정을 알고 있었다고 하더라도 피고는 위와 같은 사유를 들어 원고들에 대하여 대항할 수도 없다. 결국 원고들이 이 사건 어음을 동남은행으로부터 교부받은 시점에 관한 원심의 사실인정에 관계없이(원심 판시의 1998. 4. 27.은 그 문맥이 다소 모호하지만 원고들이 이 사건 어음을 양수한 날짜가 아니고 그 대위변제를 한 날짜로 보일 뿐더러, 상고이유의 주장처럼 그것이 잘못된 사실인정이라 하더라도 결과에 영향이 없다), 원심의 판단은 정당하고, 거기에 상고이유의 주장과 같은 심리미진이나 채증법칙 위반 및 법리오해 등의 위법이 없다. 따라서 이 부분 상고이유도 받아들이지 아니한다.
3. 한편, 원심이 원고들의 이 사건 청구가 권리남용에 해당하거나 신의칙에 반하여 허용될 수 없다는 피고의 주장을 배척한 것은 정당하고, 거기에 상고이유의 주장과 같은 심리미진이나 채증법칙 위반 또는 법리오해 등의 위법이 없다. 따라서 이 부분 상고이유도 받아들이지 아니한다.
4. 그러므로 상고를 기각하고, 상고비용은 패소자의 부담으로 하여 주문과 같이 판결한다.

대법관   배기원(재판장) 서성(주심) 유지담 박재윤

라. 어음법 제17조의 적용을 받지 않는 절단 가능한 항변

(1) 교부흠결의 항변

교부흠결의 항변은 어음의 작성자가 자신의 의사에 기하지 아니하고 어음이 유통되었다(가령 어음의 도난 내지 분실)고 주장하는 항변을 말한다.

| 판 례 |

[판례 70] 약속어음

(대법원 1999. 11. 26. 선고 99다34307 판결)

【판시사항】

어음상에 발행인으로 기명날인한 후 그 어음이 도난·분실 등으로 인하여 유통된 경우, 어음작성자가 소지인에 대하여 어음상의 채무를 부담하는지 여부(한정 적극)

【판결요지】

어음을 유통시킬 의사로 어음상에 발행인으로 기명날인하여 외관을 갖춘 어음을 작성한 자는 그 어음이 도난·분실 등으로 인하여 그의 의사에 의하지 아니하고 유통되었다고 하더라도, 배서가 연속되어 있는 그 어음을 외관을 신뢰하고 취득한 소지인에 대하여는 그 소지인이 악의 내지 중과실에 의하여 그 어음을 취득하였음을 주장·입증하지 아니하는 한 발행인으로서의 어음상의 채무를 부담한다.

【참조조문】

어음법 제7조, 제9조, 제16조

【참조판례】

대법원 1989. 10. 24. 선고 88다카24776 판결(공1989, 1755)

【전 문】

【원고, 피상고인】 주식회사 한국외환은행 (소송대리인 변호사 정덕관)
【피고, 상 고 인】 피고
【원심판결】 창원지법 1999. 5. 28. 선고 98나9841 판결

【주 문】

상고를 기각한다. 상고비용은 피고의 부담으로 한다.

【이 유】

상고이유를 판단한다.
1. 어음의 교부흠결의 점에 대하여

어음을 유통시킬 의사로 어음상에 발행인으로 기명날인하여 외관을 갖춘 어음을 작성한 자는 그 어음이 도난·분실 등으로 인하여 그의 의사에 의하지 아니하고 유통되었다고 하더라도, 배서가 연속되어 있는 그 어음을 외관을 신뢰하고 취득한 소지인에 대하여는 그 소지인이 악의 내지 중과실에 의하여 그 어음을 취득하였음을 주장·입증하지 아니하는 한 발행인으로서의 어음상의 채무를 부담한다고 할 것이다.

그런데 원심판결 이유와 기록에 의하면, 피고는 물품대금의 지급에 사용할 목적으로 이 사건 약속어음에 금액은 백지로 하여 발행인으로서 서명날인하여 두었음을 인정하고 있고, 한편 원고는 그 후 백지가 보충되어 완성된 이 사건 약속어음을 소외인으로부터 할인취득하였음을 알 수 있으므로, 원고가 이 사건 약속어음을 취득함에 있어서 악의 또는 중과실이 있음을 피고가 주장·입증하지 아니하는 한, 이 사건 약속어음을 유통시킬 목적으로 작성하여 발행인으로 기명날인한 피고는 이 사건 어음의 적법한 소지인인 원고에 대하여 발행인으로서의 어음상의 채무를 부담한다고 보아야 할 것이다.

같은 취지의 원심판결은 정당하고, 거기에 어음의 교부를 흠결한 경우 어음채무의 발행 여부에 관한 법리를 오해한 위법이 없다. 이 부분 상고이유는 받아들일 수 없다.

2. 채증법칙 위배, 심리미진 등의 점에 대하여

원심판결 이유를 기록에 비추어 살펴보면, 원심이 원고가 악의 또는 중과실로 이 사건 약속어음을 취득하였다는 점을 인정할 증거가 없다고 하여 이 점에 관한 피고의 주장을 배척한 조치는 수긍이 가고, 거기에 채증법칙을 위배하였거나 심리를 다하지 아니한 위법이 없다. 이 부분 상고이유도 받아들일 수 없다.

3. 그러므로 상고를 기각하고, 상고비용은 상고인인 피고의 부담으로 하기로 관여 법관의 의견이 일치되어 주문과 같이 판결한다.

대법관   이용우(재판장) 김형선 이용훈(주심) 조무제

(2) 백지어음 부당보충의 항변

─────── 법 령 ───────

◆ 어음법

제10조 (백지어음) 미완성으로 발행한 환어음에 미리 합의한 사항과 다른 내용을 보충한 경우에는 그 합의의 위반을 이유로 소지인에게 대항하지 못한다. 그러나 소지인이 악의 또는 중대한 과실로 인하여 환어음을 취득한 경우에는 그러하지 아니하다. [전문개정 2010. 3. 31.]

제77조 (환어음에 관한 규정의 준용) ② 약속어음에 관하여는 제3자방에서 또는 지급인의 주소지가 아닌 지(地)에서 지급할 환어음에 관한 제4조 및 제27조, 이자의 약정에 관한

제5조, 어음금액의 기재의 차이에 관한 제6조, 어음채무를 부담하게 할 수 없는 기명날인 또는 서명의 효과에 관한 제7조, 대리권한 없는 자 또는 대리권한을 초과한 자의 기명날인 또는 서명의 효과에 관한 제8조, 백지환어음에 관한 제10조를 준용한다.

| 판 례 |

[판례 71] 약속어음금

(대법원 1999. 2. 9. 선고 98다37736 판결)

【판시사항】

[1] 어음법 제10조 소정의 '소지인이 악의 또는 중대한 과실로 인하여 어음을 취득한 때'의 의미
[2] 어음금액란을 백지로 하는 약속어음을 발행한 경우, 발행인은 통상적으로 그 보충권의 범위를 한정한다고 보아야 하는지 여부(적극)
[3] 부당 보충된 약속어음을 취득함에 있어 소지인에게 악의 또는 중과실이 있다고 인정한 사례
[4] 소지인이 악의 또는 중과실로 부당 보충된 어음을 취득한 경우에도 발행인은 자신이 보충권을 수여한 범위 내에서는 책임을 지는지 여부(적극)

【판결요지】

[1] 어음법 제10조가 규정하는 '악의로 어음을 취득한 때'라 함은 소지인이 백지어음이 부당 보충되었다는 사실과 이를 취득할 경우 어음채무자를 해하게 된다는 것을 알면서도 어음을 양수한 때를 말하고, '중대한 과실로 인하여 어음을 취득한 때'라 함은 소지인이 조금만 주의를 기울였더라면 백지어음이 부당 보충되었다는 사실을 알 수 있었음에도 불구하고 그와 같은 주의도 기울이지 아니하고 부당 보충된 어음을 양수한 때를 말한다.
[2] 어음금액란의 기재는 대단히 중요한 사항이므로 어음금액란을 백지로 하는 어음을 발행하는 경우에 발행인은 통상적으로 그 보충권의 범위를 한정한다고 봄이 상당하다.
[3] 부당 보충된 약속어음을 취득함에 있어 소지인에게 악의 또는 중과실이 있다고 인정한 사례.
[4] 소지인이 악의 또는 중과실로 부당 보충된 어음을 취득한 경우에도 발행인은 자신이 유효하게 보충권을 수여한 범위 안에서는 당연히 어음상의 책임을 진다.

【참조조문】

[1] 어음법 제10조, 제77조 제2항[2] 어음법 제10조, 제77조 제2항[3] 어음법 제10조, 제77조 제2항[4] 어음법 제10조, 제77조 제2항

【참조판례】

[1][3] 대법원 1978. 3. 14. 선고 77다2020 판결(공1978, 10730)
[1] 대법원 1995. 6. 30. 선고 95다10600 판결(공1995하, 2569)

【전 문】

【원고, 상 고 인】 원고 (소송대리인 변호사 황규범 외 1인)
【피고, 피상고인】 주식회사 한스콤 (소송대리인 변호사 김현만)
【원심판결】 서울지법 1998. 7. 10. 선고 98나8904 판결

【주 문】

원심판결을 파기하여 사건을 서울지방법원 본원 합의부에 환송한다.

【이 유】

상고이유를 판단한다.

1. 상고이유 제1점에 대하여

어음법 제77조 제2항의 규정에 의하여 백지약속어음에 대하여 준용되는 같은 법 제10조는 "미완성으로 발행한 환어음에 미리 한 합의와 다른 보충을 한 경우에는 그 위반으로써 소지인에게 대항하지 못한다. 그러나 소지인이 악의 또는 중대한 과실로 인하여 환어음을 취득한 때에는 그러하지 아니하다."고 규정하고 있다.

어음법 제10조가 규정하는 '악의로 어음을 취득한 때'라 함은 소지인이 백지어음이 부당 보충되었다는 사실과 이를 취득할 경우 어음채무자를 해하게 된다는 것을 알면서도 어음을 양수한 때를 말하고, '중대한 과실로 인하여 어음을 취득한 때'라 함은 소지인이 조금만 주의를 기울였더라면 백지어음이 부당 보충되었다는 사실을 알 수 있었음에도 불구하고 그와 같은 주의도 기울이지 아니하고 부당 보충된 어음을 양수한 때를 말한다(대법원 1995. 6. 30. 선고 95다10600 판결 참조).

원심판결 이유에 의하면, 원심은 판시 증거들을 종합하여 피고 회사의 자금사정이 어렵게 되자 피고 회사의 당시 대표이사이던 소외 1이 1995. 8.경 소외 2에게 금 10,000,000원 내지 금 20,000,000원 정도의 어음할인을 의뢰하면서 어음금액과 발행일, 지급기일, 수취인을 각 백지로 한 이 사건 약속어음 3장을 발행하고, 소외 2로 하여금 제3자로부터 할인할 돈을 받으면서 그 금액에 맞추어 이 사건 각 약속어음의 어음금액란을 보충하도록 한 사실, 소외 2는 그 약속어음 중 한 장에는 발행일 1995. 9. 12., 액면 금 105,000,000원, 지급기일 1995. 12. 18.로 기재하였다가 그 후 위 지급기일을 1996. 12. 18.로 고쳤고(이하 제1어음이라 한다), 다른 약속어음 한 장에는 발행일 1995. 10. 5., 액면 금 100,000,000원, 지급기일 1996. 12. 19.로 기재하고(이하 제2어음이라 한다), 나머지 약속어음 한 장에는 발행일 1995. 10. 5., 액면 금 100,000,000원, 지급기일 1995. 12. 26.로 기재하였다가 그 후 위 지급기일을 1996. 12. 26.로 고쳤는데(이하 제3어음이라 한다), 제1, 제3어음의 지급기일란의 연도가 고쳐졌음은 육안으로도 어느 정도 알아 볼 수 있는 사실, 소외 2는 피고를 위하여 이 사건 약속어음들을 할인하지 아니하고, 1995. 말 일자불상경 소외 2의 원고에 대한 기존 차용금 채무의 변제를 위하여 이 사건 약속어음들을 배서 양도하여 원고가 이를 소지하게 되었는데, 원고는 이를 양수하면서 피고에 대하여 이 사건 약속어음들이 유효하게 발행된 어음인지에 대하여 아무런 확인도

하지 아니한 사실, 소외 2는 '현미디어'라는 상호로 인쇄업을 하였는데, 한달 매출액이 금 20,000,000원 정도 되는 비교적 소규모의 업체였으며, 원고는 소외 2가 '현미디어'를 경영하기 이전에 같은 직장에서 약 20년간 함께 근무한 사실이 있어 소외 2와 서로 잘 알고 지내는 사이였고, 피고 회사는 이 사건 이전에도 소외 2에게 액면이 백지로 된 약속어음을 맡기면서 금 10,000,000원 내지 20,000,000원 정도의 어음할인을 부탁하여 소외 2가 원고에게 부탁하여 그 금액 정도의 할인을 하여 준 일이 있어서 원고도 피고 회사에 대하여 어느 정도 알고 있었던 사실 및 소외 2는 1995. 1.경부터 같은 해 10.경까지 원고로부터 수회에 걸쳐 비교적 많은 돈을 빌려 오다가 1996. 1. 22.경 '현미디어'가 부도가 난 후 해외로 도피한 사실 등을 인정하고, 그 인정 사실에 의하면 소외 2가 이 사건 각 백지어음의 액면금과 지급기일을 부당 보충한 것으로서 원고가 이 사건 약속어음들을 취득할 당시 그 금액이 거액이고, 3장을 동시에 취득하게 된 점, 이 사건 약속어음들에 기재된 지급기일이 그 각 발행일로부터 1년 이상의 긴 기간이었던 점, 원고가 조금만 주의를 기울였더라면 제1, 제3어음의 지급기일의 연도가 1995.에서 1996.으로 고쳐졌다는 것을 육안으로도 쉽게 알아차릴 수 있었던 점, 소외 2는 그 이전에 피고 회사 발행의 약속어음으로 원고로부터 금 10,000,000원 내지 금 20,000,000원 정도의 어음할인을 받은 사실이 있을 뿐 소외 2가 피고를 위하여 어음의 할인을 알선하는 이외에는 정상적인 어음 거래를 하지 아니하였다는 사실을 원고도 알고 있었던 점 및 소외 2는 이 사건 약속어음들의 양도 이전에 원고로부터 수회에 걸쳐 많은 돈을 차용하여 가는 등 자금사정이 어려웠고, 원고는 소외 2와 잘 아는 사이로서 소외 2의 자금사정, 사업규모 등에 대하여도 어느 정도 알고 있었던 점 등에 비추어 보면, 원고로서는 소외 2의 실질적인 무권리성을 의심하게 할 만한 사정을 알 수 있었다고 할 것이고, 반면 이 사건 약속어음들의 발행인인 피고 회사에 전화로 확인하는 행위가 어렵고 시간이 소요되는 것이 아닌 점에 비추어 볼 때 원고가 그와 같은 의심을 해소할 만한 상당한 조사를 하지 아니하고 이를 취득한 것은 중대한 과실이 있다고 하여야 할 것이므로 이 사건 각 백지어음은 소외 2에 의하여 부당 보충되었고, 원고는 악의 또는 중대한 과실로 이를 취득하였음을 지적하는 피고의 항변은 이유 있다고 판단하였다.

살피건대 기록에 의하면 상고이유에서 지적하는 것처럼 피고가 1997. 5. 27.자 준비서면에서 피고는 소외 2에게 도서인쇄를 의뢰하는 사이(인쇄 의뢰 규모는 월 금 1,000,000원 미만)라고 밝힌 바 있으나, 그렇다고 하여 피고 회사가 종전에 소외 2에게 어음 할인의 알선을 의뢰하는 이외에 소외 2에 대하여 어음상의 채무를 부담하는 형태의 어음거래를 하여 왔다고 볼 자료는 없으므로 원심의 위와 같은 사실인정이 자백과 다른 사실을 인정한 것이라고 할 수 없고, 그 밖에 원심의 위와 같은 사실인정에 무슨 채증법칙 위반의 위법이 있다고 할 수도 없다.

한편 어음금액란의 기재는 대단히 중요한 사항이므로 어음금액란을 백지로 하는 어음을 발행하는 경우에 발행인은 통상적으로 그 보충권의 범위를 한정한다고 봄이 상당하다 할 것(대법원 1978. 3. 14. 선고 77다2020 판결 참조)인데, 기록에 의하면, 원고는 이 사건 약속어음들을 취득할 당시에 이 사건 약속어음이 어음금액란을 백지로 발행되어 소외 2가 이를 보충하였음을 알고 있음을 자인하였고(항소장의 항소이유 기재 참조), 거기에 원심이 인정한 사실관계 특히 종전에 소외 2가 피고 회사 발행의 액면 금

10,000,000원 내지 20,000,000원 정도의 어음에 대하여 원고에게 할인을 의뢰한 일이 있었을 뿐 피고 회사로부터 이 사건 각 약속어음과 같은 거액의 약속어음을 취득한 일이 없었음에도 이 사건에서는 소외 2가 이 사건 각 약속어음을 취득하여 원고에 대한 자신의 채무 변제를 위하여 원고에게 양도하였다는 사실 및 원고가 소외 2의 자금사정 등을 잘 알고 있었음에도 불구하고 피고 회사에 대하여 소외 2에게 어느 금액 범위 안에서 이 사건 각 약속어음의 어음금액란을 보충할 권한을 부여하였는지 전혀 확인하지 아니하였던 사실 등을 종합하여 보면 이 사건에서 원고가 조금만 주의를 기울였더라면 이 사건 약속어음들이 부당 보충되었다는 사실(원심이 '소외 2의 실질적인 무권리성을 의심하게 할 만한 사정'이라고 표현한 것은 적절하지 아니하다.)을 알 수 있었음에도 불구하고 그와 같은 주의도 기울이지 아니하고 부당 보충된 이 사건 약속어음들을 양수하였다고 할 수 있으므로 결국 원심이 피고의 항변이 이유 있다고 판단한 것은 정당하다. 이 점에 대한 상고이유 제1점의 논지는 모두 이유가 없다.

2. 상고이유 제2점에 대하여

그러나 비록 소지인이 악의 또는 중과실로 부당 보충된 어음을 취득하였다 하더라도 발행인은 자신이 유효하게 보충권을 수여한 범위 안에서는 당연히 어음상의 책임을 져야 할 것이다.

원심판결 이유에 의하면, 원심은 피고 회사가 소외 2에게 금 10,000,000원 내지 20,000,000원 정도의 어음할인을 의뢰하면서 어음금액란이 백지인 약속어음 3장을 발행하고, 소외 2로 하여금 제3자로부터 할인할 돈을 받으면서 그 금액에 맞추어 이 사건 각 약속어음의 어음금액란을 보충하도록 한 사실을 인정하였으므로 원심으로서는 위와 같은 법리에 따라 더 나아가 피고 회사가 소외 2에게 어떠한 범위의 어음금액란 보충권을 수여하였는지를 심리하여 그 범위 안에서 원고의 청구를 인용하여야 할 것인지를 판단하여야 할 것임에도 불구하고 원심이 그 점에 대하여 심리하지 아니하고 원고의 청구를 전부 기각하고 만 것은 백지어음의 부당 보충시 발행인의 책임에 대한 법리를 오해한 위법이 있다 할 것이다. 이 점을 지적하는 상고이유 제2점의 논지는 이유가 있다.

3. 그러므로 원심판결을 파기하여 원심 법원에 환송하기로 하여 관여 법관의 일치된 의견으로 주문과 같이 판결한다.

대법관 박준서(재판장) 이돈희 이임수(주심) 서성

[판례 72] 약속어음금

(대법원 1978. 3. 14. 선고 77다2020 판결)

【판시사항】

가. 약속어음 금액란 부당보충이 위조에 해당하는지 여부
나. 백지어음 금액란이 보충된 경우에 보충권의 내용에 관하여 발행인에 확인하지 아니한 것이 어음취득에 있어 중과실이 되는지 여부

【판결요지】

가. 약속어음의 금액란이 부당보충된 경우에는 어음법상의 어음의 위조에는 해당되지 않는다.

나. 어음금액이 백지인 어음을 취득하면서 보증권한을 부여받은 자의 지시에 의하여 어음금액란을 보충하는 경우 보충권의 내용에 관하여 어음의 기명날인자에게 직접 조회하지 않았다면 특별한 사정이 없는 한 취득자에게 중대한 과실이 있다.

【참조조문】

어음법 제10조, 제77조 제2항

【전 문】

【원고, 피상고인】 원고
【피고, 상 고 인】 피고 소송대리인 변호사 김수원
【원 판 결】 광주지방법원 1977.10.6. 선고 77나102 판결

【주 문】

원심판결을 파기하고, 사건을 광주지방법원 합의부에 환송한다.

【이 유】

(1) 피고소송대리인의 상고이유를 판단한다.
  (가) 제1점에 대한 판단,
    기록에 의하면 피고가 원심판결 설시의 본건 약속어음의 백지부분(금액란부분)에 대한 보충권을 소위 소외인에게 부여하였다고 인정한 원심의 조처는 정당하고 원판결에 소론 심리미진, 석명권불행사 등의 위법사유 있음을 단정할 수 없다. 논지는 이유없다.
  (나) 제2점에 대한 판단,
    기록에 의하면 본건 어음에 관하여 부여된 보충권의 한도액인 금136,000원을 초과하여 금액란에 3,500,000원으로 부당보충이 된 것으로 인정한 원심의 조처는 정당하고 또 금액란이 부당보충된 본건의 경우에는 어음법상 보충권의 남용에 해당되고 어음법상의 어음의 위조에 해당되는 것이 아니라고 판단한 원심의 조처도 정당하다.
    왜냐하면 어음의 위조라고 하는 것은 어음행위자의 명의를 조작하는 것을 말하는데 백지어음의 부당보충의 경우에는 그 보충으로 인하여 완성된 어음행위의 주체는 의연히 당초의 어음행위자 그대로이고 다만 합의된 내용과 상이한 기재가 이루어진 것에 불과한 것이어서 어음의 위조와 보충권의 남용은 그 개념이 서로 다르기 때문이며 논지지적의 본원 판결은 형사법적 측면에서 다룬 판결로서 그 판결이 어음의 백지부분인 금액란이 부당보충된 어음을 취득한 사람에 대하여 어음법의 측면에서도 어음의 위조의 법조에 따라서 가려져야 하고 어음법 제77조 제2항, 제10조의 백지어음취득에 관한 법조의 적용이 배제되는 것이라고 단정한 것은

아니라고 할 것이니 그 판결이 원판결의 결과에 방해되는 것이라고 볼 수는 없다. 논지는 이유없다.
(다) 제5점에 대한 판단,
소론 주장들에 대한 원심의 판단은 정당하고 원판결에 소론 강행법규에 대한 법리오해의 위법이나 반사회질서의 법률행위, 불공정한 법률행위 내지는 통정한 허위의 의사표시 등에 관한 판단을 잘못한 위법이 없다. 논지도 이유없다.
(라) 제3, 4점에 대한 판단,
어음법 제77조 제2항, 제10조의 규정에 의하면 백지어음을 발행한 자는 보충권에 관하여 미리 합의한 것과 다른 보충을 한 어음을 악의 또는 중대한 과실없이 취득한 소지인에 대하여는 책임을 지도록 되어 있는 바, 본건에 있어서는 원심이 적법하게 인정하고 있는 바와 같이 피고로부터 백지어음부분에 대한 보충권한을 부여받은 위 소외인의 지시에 의하여(소외인이 원고로 하여금 금액란을 보충하게 하여) 원고가 금액란을 3,500,000원으로 보충하였다는 것이니 원고가 본건 어음을 악의 또는 중대한 과실없이 취득하였다면 원고는 위 법조에 의하여 보호받게 되는 것이라고 할 것이다. 그렇다면 원판결에 소론 백지어음의 선의취득에 관한 법리오해의 위법이 있다고 할 수 없다.
그러면 여기서 「원고가 위 법조 소정의 중대한 과실로 인하여 본건 어음을 취득하였다」는 피고의 항변을 배척한 원심의 판단을 살펴보기로 하겠다.
피고의 항변내용은 「원고는 고등교육을 받은 자로서 어음거래를 많이 하여 온 경험이 있고 피고가 발행한 유가증권을 위 소외인으로부터 여러 차례 교부받아 그것이 결재되었었는데 본건 어음과 같이 금액란이 백지로 발행된 적은 없었으며 본건 어음에 보충된 금액이 금 3,500,000원이나 되는 거액이고 또 원,피고는 서로 아는 처지로서 본건 어음과 같은 경우에는 전화 등으로 백지어음이 발행된 사실과 금액의 보충한도등을 쉽게 조회하여 확인할 수 있었음에도 불구하고 이를 하지 아니하고 원고가 본건 어음을 취득한 것은 중대한 과실에 인한 것이라」는 것이고, 이에 대한 원심의 판단은 피고의 그러한 주장만으로는 원고에게 중대한 과실이 있다고 인정하기 어려우니 피고의 주장은 이유없다는 것이다.
그런데 백지어음의 백지부분을 두 가지 유형으로 나누어 보면 하나는 어음금액이 백지로 된 경우와 같이 가장 중요한 사항인 어음금액에 관하여 또 그 범위가 한정되는 것이 통상적인 사항이 백지로 된 경우이고, 또 하나는 그다지 중요하지 아니한 사항으로서 한정되지 않는 것이 통상적인 그밖의 사항 특히 수취인이 백지로된 경우등인바, 어음금액이 백지로 된 전자의 백지어음을 본건의 경우처럼 원고가 그를 취득할 당시에 위 소외인의 지시에 의하여 원고자신이 본건 어음금액란을 보충한 경우에 있어서 원고가 보충권의 내용에 관하여 본건 어음의 기명날인자(피고)에게 직접 조회하지 않았다면 특별한 사정이 없는한 취득자인 원고에게 중대한 과실이 있는 것이라고 보아야 할 것이고 위에 설시한 피고의 항변사실은 오히려 원고의 본건 어음취득이 중대한 과실에 인한 것임을 긍인하게 하는 것임에도 불구하고 원심이 피고의 위 항변을 배척하였음은 위법조 소정의 중대한 과실에 관한 법리를 오해한 것이라고 할것이며 피고의 항변이 받아들여질 경우에는 피고는 당초의 합의에 따른 책임만을 지게 될 것이므로 원판결에 영향을 미쳤음이 명백하니 이점을 지적하는 상고논지는 이유있다.

(2) 그러므로 원판결을 파기하고 사건을 원심법원에 환송하기로 하여 관여법관의 일치된 의견으로 주문과 같이 판결한다.

대법관 김영세(재판장) 한환진 안병수 정태원

마. 융통어음의 항변

융통어음이란 단지 타인으로 하여금 제3자로부터 자금융통을 받게 할 목적으로 교부하는 어음을 말한다.

| 판 례 |

[판례 73] 약속어음금

(대법원 1979. 10. 30. 선고 79다479 판결)

【판시사항】

융통어음을 발행한 자의 책임

【판결요지】

타인의 금융 또는 채무담보를 위하여 약속어음 (이른바 융통어음)을 발행한 자는 피융통자에 대하여 어음상의 책임을 부담하지 아니하나, 그 어음을 양수한 제3자에 대하여는 선의이거나 악의이거나, 또한 그 취득이 기한후 배서에 의한 것이었다 하더라도 대가없이 발행된 융통어음이었다는 항변으로 대항할 수 없다.

【참조조문】

어음법 제17조

【참조판례】

대법원 1968.8.31. 선고 65다1217 판결
1969.9.30. 선고 69다975,976 판결

【전 문】

【원고, 상 고 인】 원고 소송대리인 변호사 이영호
【피고, 피상고인】 동아휄트 주식회사 소송대리인 변호사 박우재

【원심판결】 부산지방법원 1979.2.23. 선고 78나147 판결

【주 문】

원심판결을 파기하고, 사건을 부산지방법원 합의부로 환송한다.

【이 유】

원고 소송대리인의 상고이유를 본다.

원심 판결이유에 의하면 원심은 그 판시 증거에 의하여 피고가 소외 1에게 지급지 및 발행지를 모두 부산시, 지급장소를 부산은행 ○○지점으로 하여 (1) 1977.7.2 액면 금 1,000,000원, 지급기일 같은 해 8.2 (2) 같은 해 4.23 액면 금 1,000,000원, 지급기일 같은 해 6.23로 된 약속어음 2매를 발행 교부하고, 위 소외 1은 위 (1)항 어음에 대하여는 위 지급기일을 임의로 1977.8.28로, 다시 같은 해 10.2로, 또 다시 같은 해 11.6로 각 변조한 다음 같은 해 9.27 이를 원고에게 배서양도하고 위 (2)항 어음에 대하여는 위 지급기일을 같은 해 10.30로 변조한 다음 같은 해 10.24 이를 원고에게 배서양도하였으며, 원고가 위 (1)항 어음을 소외 2에게 양도하고 위 소외 2가 1977.11.7 피고에게 지급제시 하였으나 지급거절되자 원고가 이를 환수하고, (2)항 어음에 대하여는 이 사건 솟장 부본 송달로서 지급제시한 사실, 원고가 위 어음들을 기한후배서에 의하여 취득하였고, 피고는 소외 1에 대한 댓가관계 없이 단지 위 소외 1의 금원 차용의 편의를 돌보아 줄 목적으로 이른바 융통어음으로서 위 어음들을 발행한 사실을 확정한 다음, 기한후배서는 지명채권양도의 효력밖에 없고, 또한 이 사건과 같이 이른바 융통어음의 발행에 있어서는 발행인과 수취인 사이에 수취인이 그 어음을 이용하여 금융의 목적을 달성한 때에는 만기까지 지급자금을 공급한다든가, 또는 그 어음을 회수하여 발행인에게 반환한다는 합의가 되어 있는 것이 거래일반의 실정이므로 수취인이 그 어음을 환수한 경우에는 당사자 사이에 별다른 의사표시가 없는 한 수취인은 다시 그 어음을 금융의 목적에 이용할 수 없다고 할 것이고, 따라서 수취인이 그 어음을 제3자에게 기한후배서로서 양도한 경우에는 발행인의 수취인에 대하여 어음금의 지급을 거절할 수 있는 인적 항변은 절단되지 않고 위 제3자에 대해서도 그 선의·악의에 불구하고, 이음금의 지급을 거절할 수 있는 법리라 할 것이므로, 소외 1에게 융통어음을 발행한 피고는 기한후배서로서 양수한 원고에게 위 어음금을 지급할 의무가 없다고 판단하고 있다.

이를 기록에 대조하여 살펴보면 피고가 소외 1에게 위 어음들을 아무런 댓가관계없이 단지 동인의 금원 차용의 편의를 위하여 이른바 융통어음으로 발행하여 주었다는 사실 및 위 소외 1은 위 어음들의 지급기일을 위 인정사실과 같이 수차에 걸쳐서 변조한 다음 원고에게 기한후배서로 양도하였다는 사실인정은 정당하다 시인되고 거기에 소론과 같은 채증법칙 위배나 심리미진이 있다 할 수 없으므로 이러한 점에 관한 논지는 이유없다.

그러나 위와 같은 원심 인정사실에는 위 소외 1이 피고로부터 위 어음들을 융통어음으로 발행받아 이를 금융의 목적에 이용한 후 환수하여 이를 다시 원고에게 기한후배서로서 양도하였다는 사실을 인정하고 있는 것이 아니고 또 기록상 이와 같은 사실을 수긍케 할 단정자료도 있다 할 수 없다(원심의 위 확정사실인 위 소외 1이 위 어음들의 지급기일을 위 인정사실과 같이 수차에 걸쳐 변조한 후 이를 원고에게 배서양도 하였다는 사실만으로써

곧 위 소외 1이 위 어음들을 그 원래의 지급기일 또는 변조된 지급기일마다 이를 금융의 목적에 이용한 후 이를 환수하여 다시 이를 원고에게 배서양도 하였다고는 단정하기 어렵다 할 것이고, 기록에 의하면 제1심 증인 소외 3의 증언 중에는, 위 소외 1은 위 (1)항 어음을 이리저리 돌리다가 만기일에 어음상 지급 기일을 위 인정과 같이 변조하여 불법 유통시킨 사실을 안다는 취지의 진술이 있으나, 제1심 법원의 기록검증결과에 의하면, 위 소외 1은 위 어음들을 발행받아 보관하고 있다가 그 지급기일이 경과되자 위에서 인정한 사실과 같이 그 지급기일을 변조한 다음 이를 원고에게 배서양도한 사실을 엿볼 수 있으므로 위 증인의 증언 즉, 이리저리 돌리다가라는 뜻이 곧 융통목적 달성환수 후 다시 융통받기 위한 배서양도 있었다는 의미로 보기도 어려울 뿐 아니라 위 기록 검증결과에 비추어 선뜻 믿기 어려운 바 있고, 그외 그 사실을 인정할 증거가 없다).

생각컨대, 타인의 금융 또는 채무담보를 위하여 약속어음(이른바 융통어음)을 발행한 자는 피융통자에 대하여 어음상의 책임을 부담하지 아니함은 명백하나, 이러한 사유는 피융통자에 대하여서만이 대항할 수 있는 것이라 할 것이고, 그 어음을 양수한 제3자에 대하여는 어음상의 채무를 부담할 의사로 발행한 것이므로 그 제3자가 선의이건 악의이거나 그 취득이 기한후배서에 의한 것이었다 하더라도 댓가관계 없이 발행된 융통어음이었다는 항변으로 (인적항변) 대항할 수는 없다 할 것이고(대법원 1968.8.31 선고 65다1217 판결 및 1969.9.30 선고 69다975,976 판결 참조) 어음에 변조가 있는 경우에는 변조전의 기명날인자는 변조전의 원 문언에 따라 책임을 져야 한다 할 것인 바(어음법 제77조, 제69조) 원심의 위 적법한 인정사실에 의한다면 이 사건 융통어음 발행인인 피고는 위 어음을 양수한 제3자인 원고에게 융통어음이라거나, 기한후배서 등 사유로 대항할 수는 없다고 보아야 할 것임에도 원심이 이와 달리 융통어음발행자인 피고는 위 어음의 기한후 양수자인 원고에게 위 어음금 지급을 거절할 수 있다고 판단한 조처는 필경 융통어음에 관한 법리를 오해하였다 할 뿐더러, 원심이 피고가 위 소외 1에게 위 어음들을 융통으로 발행하였고, 원고는 이를 기한후배서로서 취득하였다는 그 확정사실 외의 사실 즉, 위 소외 1은 위 어음을 발행받아 이를 금융의 목적에 사용한 후 환수하여 다시 원고에게 배서양도 하였다는 듯한 사실을 전제로 하여 위와 같은 피고의 어음금 지급의무 없다는 취지의 판단을 하였음은 확정하지도 아니한 사실을 전제로 한 것 즉 위 소외 1이 본건 어음을 금융융통으로 받아 환수한 후 다시 배서양도하여 금융융통 받은 사실 여부에 대한 확정하지 아니한 사실을 전제로 한 판단은 심리미진 및 이유불비 내지 이유모순으로서 이러한 점 등은 판결결과에 영향을 미쳤다 할 것이므로 이러한 취지를 포함하는 것으로 볼 수 있는 상고 논지는 결국 이유있음에 귀착될 수 있다 할 것이니 이러한 점에서 원심판결은 파기를 면치 못한다 할 것이다.

그러므로 원심판결을 파기하고, 이 사건을 다시 심리 판단케 하기 위하여 원심인 부산지방법원 합의부로 환송하기로 관여 법관의 일치된 의견으로 주문과 같이 판결한다.

대법관 주재황(재판장) 임항준 강안희 라길조

[판례 74] 약속어음금

(대법원 1996. 5. 14. 선고 96다3449 판결)

【판시사항】

[1] 융통어음의 의의 및 발행인이 할인을 의뢰하면서 어음을 교부한 경우, 융통어음인지 여부(소극)
[2] 어음항변 중 악의의 항변의 내용
[3] 갑이 을에게 할인 목적으로 교부한 어음을 병이 그 사실을 알면서 취득하여 을의 채무에 대한 담보로 처리한 경우, 갑이 인적 항변으로서 병에게 대항할 수 있다고 한 사례

【판결요지】

[1] 융통어음이라 함은 타인으로 하여금 어음에 의하여 제3자로부터 금융을 얻게 할 목적으로 수수되는 어음을 말하는 것이고, 이러한 융통어음에 관한 항변은 그 어음을 양수한 제3자에 대하여는 선의·악의를 불문하고 대항할 수 없는 것이므로 어떠한 어음이 위에서 말하는 융통어음에 해당하는지 여부는 당사자의 주장만에 의할 것은 아니고 구체적 사실관계에 따라 판단하여야 하는데, 어음의 발행인이 할인을 의뢰하면서 어음을 교부한 경우, 이는 원인관계 없이 교부된 어음에 불과할 뿐이고, 악의의 항변에 의한 대항을 인정하지 아니하는 이른바 융통어음이라고 할 수는 없다.
[2] 이른바 악의의 항변이라 함은 항변사유의 존재를 인식하는 것만으로는 부족하고 자기가 어음을 취득함으로써 항변이 절단되고 채무자가 해를 입는다는 사실까지도 알아야 한다.
[3] 갑이 을에게 할인의 목적으로 어음을 교부하고 병이 그 사실을 알면서 을의 어음할인 부탁에 따라 그 어음을 취득한 후 을의 대출금채무에 대한 담보로 처리한 경우, 그 어음은 아무런 원인관계 없이 병에게 교부된 것이므로 갑으로서는 이러한 원인관계에 대한 인적 항변으로 병에게 대항 가능하다고 한 사례.

【참조조문】

[1] 어음법 제16조 제2항, 제17조 [2] 어음법 제17조 단서 [3] 어음법 제17조

【참조판례】

[1] 대법원 1988. 1. 19. 선고 86다카1954 판결(공1988, 446)
대법원 1995. 1. 20. 선고 94다50489 판결(공1995상, 896)
대법원 1995. 9. 15. 선고 94다54856 판결(공1995하, 3377)

【전 문】

【원고, 상고인】 주식회사 조흥은행 (소송대리인 변호사 김종화)
【피고, 피상고인】 봉명산업 주식회사의 소송수계인 정리회사 주식회사 도투락 관리인 피고 (소송대리인 변호사 한호형)
【원심판결】 서울지법 1995. 11. 30. 선고 94나9480 판결

【주 문】

상고를 기각한다. 상고비용은 원고의 부담으로 한다.

【이 유】

상고이유를 본다.

상고이유 제1점에 대하여

원심은 거시 증거에 의하여 소외 1이 소외 봉명산업 주식회사로부터 위 회사 발행의 이 건 어음의 할인을 부탁받은 사실, 원고 을지로지점 당좌담당 과장인 소외 2가 위 소외 1의 사무실에 들렀다가 위 소외 1로부터 위 어음이 할인 목적으로 받은 것이라는 사실을 알게 된 사실, 위 소외 2는 이 건 어음을 위 소외 1로부터 교부받은 사실을 인정한 다음, 이 건 어음은 실질적인 원인관계 없이 자금 융통을 위하여 발행된 어음이라는 점에서 융통어음이기는 하나 위 봉명산업이 스스로의 자금 융통을 위하여 소외 1에게 발행하면서 할인을 의뢰한 것이었으므로 이러한 경우 발행인의 당초 의도와는 달리 그 할인 부탁을 받은 사람이 이를 발행인의 신뢰에 반하여 유통시켰고 그 어음취득자가 이와 같은 사정을 알면서 어음을 취득하였다면 발행인은 이른바 악의의 항변으로서 그 취득자에게 대항할 수 있는 것이라 하여 피고의 악의의 항변을 받아들여 원고의 청구를 기각하였다.

그런데, 이른바 융통어음이라 함은 타인으로 하여금 어음에 의하여 제3자로부터 금융을 얻게 할 목적으로 수수되는 어음을 말하는 것이고 이러한 융통어음에 관한 항변은 그 어음을 양수한 제3자에 대하여는 선의·악의를 불문하고 대항할 수 없는 것이므로 어떠한 어음이 위에서 말하는 융통어음에 해당하는지 여부는 당사자의 주장만에 의할 것은 아니고 구체적 사실관계에 따라 판단하여야 할 것인바, 이 건에 있어서 원심이 인정한 사실관계와 같이 소외 봉명산업이 위 소외 1에게 할인을 의뢰하면서 이 건 어음을 교부한 것이라면 이는 원인관계 없이 교부된 어음에 불과할 뿐 위에서와 같이 악의의 항변에 의한 대항을 인정하지 아니하는 이른바 융통어음이라고는 할 수 없을 것이다. 원심이 이 건 어음을 융통어음이라고 판단한 것은 잘못이라고 할 것이나 아래에서 보는 바와 같이 원고의 청구를 기각한 결론에 있어 정당한 이상 이 건 어음이 융통어음이라는 전제하에 내세우는 논지는 이유 없다.

상고이유 제2점에 대하여

이른바 악의의 항변이라 함은 항변사유의 존재를 인식하는 것만으로는 부족하고 자기가 어음을 취득함으로써 항변이 절단되고 채무자가 해를 입는다는 사실까지도 알아야 한다고 할 것이므로, 원심이 인정한 사실관계하에서는 원고가 피고를 해할 것을 알고 이 건 어음을 취득하였다고 볼 수 없다고 할 것이어서 원심이 위와 같은 사실만으로 피고의 항변을 받아들여 원고의 청구를 배척한 것은 잘못이라고 할 것이다.

그러나 이 건 어음이 융통어음이 아님은 앞서 본 바와 같으며, 원심이 채택한 증거에 의하면 피고의 주장과 같이 위 소외 2가 위 소외 1로부터 할인을 부탁받으면서 이 건 어음을 교부받아 소지하고 있다가 이를 소외 1에 대한 대출금채무에 대한 담보로 처리한 것으로 보여지는 이상 이 건 어음은 아무런 원인관계 없이 원고에게 교부된 것이라고 할 것이므로 소외 봉명산업으로서는 이러한 원인관계에 대한 인적항변으로서 원고에게 대항 가능하다고 할 것이어서, 원심의 앞서 본바와 같은 잘못은 결과에 아무런 영향이 없다고 할 것이다. 논지는 이유 없다.

그러므로 상고를 기각하고 상고비용은 패소자의 부담으로 하기로 하여 관여 법관의 일치된 의견으로 주문과 같이 판결한다.

대법관 이돈희(재판장) 김석수(주심) 정귀호 이임수

[판례 75] 건물명도등

(대법원 2001. 8. 24. 선고 2001다28176 판결)

【판시사항】

[1] 임대차계약의 성립이 인정되는 경우, 임료지급에 대한 입증책임의 부담자(=임차인)
[2] 융통어음의 발행자가 피융통자에 대하여 융통어음의 항변을 하는 경우, 융통어음이라는 점에 대한 입증책임의 부담자(=어음발행인)

【판결요지】

[1] 임대차계약이 성립하였다면 임대인에게 임대차계약에 기한 임료채권이 발생하였다 할 것이고 임료를 지급하였다는 입증책임은 임차인이 부담한다.
[2] 융통어음의 발행자는 피융통자로부터 그 어음을 양수한 제3자에 대하여는 선의이거나 악의이거나, 또한 그 취득이 기한 후 배서에 의한 것이라 하더라도 대가 없이 발행된 융통어음이라는 항변으로 대항할 수 없으나, 피융통자에 대하여는 어음상의 책임을 부담하지 아니한다 할 것이고, 약속어음금 청구에 있어 어음의 발행인이 그 어음이 융통어음이므로 피융통자에 대하여 어음상의 책임을 부담하지 아니한다고 항변하는 경우 융통어음이라는 점에 대한 입증책임은 어음의 발행자가 부담한다.

【참조조문】

[1] 민법 제618조, 민사소송법 제261조[2] 어음법 제17조

【참조판례】

[1] 대법원 1972. 7. 11. 선고 72다516 판결(집20-2, 민140)
[2] 대법원 1995. 1. 20. 선고 94다50489 판결(공1995상, 896)
대법원 1995. 9. 15. 선고 94다54856 판결(공1995하, 3377)
대법원 1996. 5. 14. 선고 96다3449 판결(공1996하, 1852)

【전 문】

【원고, 상 고 인】 원고 (소송대리인 변호사 김용원)
【피고, 피상고인】 피고 (소송대리인 변호사 안용득)
【원심판결】 부산지법 2001. 4. 26. 선고 99나15280 판결

【주 문】

원심판결 중 약속어음금 청구 부분을 파기하고, 이 부분 사건을 부산지방법원 본원 합의부에 환송한다. 원고의 나머지 상고를 기각한다. 상고기각 부분의 상고비용은 원고의 부담으로 한다.

【이 유】

상고이유를 판단한다.

1. 제1점에 대하여

   가. 원심은, 이 사건 임대차보증금이 금 200만 원이라는 원고의 주장을 배척하고 판시와 같은 사정들을 종합하여 이 사건 임대차보증금이 금 1,400만 원이라고 인정하였는바, 기록에 비추어 살펴보면 원심의 사실인정은 정당하고, 거기에 채증법칙을 위배하여 사실을 오인한 위법이 있다 할 수 없다.

   나. 원심판결 이유에 의하면, 원심은 피고가 임료를 연체한 시기가 1997년 10월부터라는 원고의 주장에 부합하는 판시 증거는 믿지 아니하고 달리 이를 인정할 증거가 없고, 오히려 그 채용 증거들에 의하면 피고가 1998년 4월분까지의 임료를 지급한 사실을 인정할 수 있다고 판단하였다.

   한편 원심은, 피고가 원고로부터 이 사건 임차목적물을 임대보증금 1,400만 원, 월임료 금 154만 원(1994. 4. 4.부터 증액)에 임차하여 그 곳에서 세창정밀공업사를 경영하여 오다가 1998. 8. 7. 임대차 계약이 해지된 사실을 인정하였는바, 그렇다면 원고에게 임대차계약에 기한 임료채권이 발생하였다고 할 것이므로 이 사건에서 다투어지는 1997년 10월분부터 1998년 4월분까지의 임료를 지급하였다는 입증책임은 임차인인 피고가 부담한다고 할 것임에도(대법원 1972. 7. 11. 선고 72다516 판결 참조), 원심은 그 입증책임을 원고에게 부담시킨 위법을 저질렀다 할 것이다.

   그러나 을 제12호증과 제1심 증인 소외 1의 증언 및 변론의 전취지에 의하면, 원심의 부가적 판단과 같이 피고가 1998년 4월분까지의 임료를 원고에게 지급한 사실을 인정할 수 있으므로 입증책임 분배에 관한 위 잘못은 판결 결과에는 아무런 영향이 없다고 할 것이다.

   결국, 원심판결에 입증책임에 관한 법리를 오해하거나 채증법칙에 위배함으로써 판결 결과에 영향을 미친 사실오인의 위법은 없다고 할 것이어서 이 점에 관한 상고이유는 모두 받아들일 수 없다.

2. 제2점에 대하여

   가. 융통어음이라 함은 타인으로 하여금 어음에 의하여 제3자로부터 금융을 얻게 할 목적으로 수수되는 어음을 말하고(대법원 1996. 5. 14. 선고 96다3449 판결 참조), 이러한 융통어음에 있어서는 융통자가 어음채무자로 되고 피융통자는 이를 타인에게 양도하거나 할인을 하거나 담보로 금전을 융통하는 것이지만, 어음금의 지급은 통상 피융통자의 계산으로 하는 것이므로 융통자와 피융통자간에는 피융통자가 만기까지 융통자에게 지급자금을 제공하거나 그 융통어음을 회수하여 반환할 것을 약정하는 이른바 융통계약이 있는 것이 보통이다.

나. 융통어음의 발행자는 피융통자로부터 그 어음을 양수한 제3자에 대하여는 선의이거나 악의이거나, 또한 그 취득이 기한 후 배서에 의한 것이라 하더라도 대가 없이 발행된 융통어음이라는 항변으로 대항할 수 없으나, 피융통자에 대하여는 어음상의 책임을 부담하지 아니한다 할 것이고(대법원 1979. 10. 30. 선고 79다479 판결, 1995. 1. 20. 선고 94다50489 판결, 1995. 9. 15. 선고 94다54856 판결, 1996. 5. 14. 선고 96다3449 판결 등 참조), 약속어음금 청구에 있어 어음의 발행인이 그 어음이 융통어음이므로 피융통자에 대하여 어음상의 책임을 부담하지 아니한다고 항변하는 경우 융통어음이라는 점에 대한 입증책임은 어음의 발행자가 부담한다고 할 것이다.

원심은, 이 사건 약속어음은 원고가 주장하는 바와 같이 피고의 원고에 대한 판시 금 1,000만 원의 대여금 채무의 변제를 위하여 발행되었다고 볼 수 없고, 다른 원인관계가 있었다는 점에 대한 원고의 주장·입증도 없으며, 원고가 이 사건 약속어음을 교부받을 때 별도의 금전의 수수가 없었던 사실은 당사자 사이에 다툼이 없는 이상 이 사건 약속어음은 융통어음이라고 볼 수밖에 없다고 하였는바, 이와 같은 원심의 판단은 이 사건 약속어음이 융통어음이라는 점의 입증책임을 원고에게 부담시킨 것으로서 입증책임을 전도한 위법을 저지른 것이라고 할 것이다.

다. 이 사건 약속어음은, '원고가 1998. 3. 31. 그의 친구에게 그 전에 배서하여 준 액면금 1,030만 원의 어음이 부도나게 되었다며 그 원리금에 해당하는 금액을 액면으로 하는 융통어음을 발행하여 줄 것을 피고에게 부탁하여 어음금 1,030만 원과 그에 대한 월 3푼의 비율에 의한 4개월(발행일인 1998. 3. 31.부터 지급기일인 1998. 7. 27.까지)의 이자를 합하면 금 11,536,000원이 되므로 액면금을 금 1,150만 원으로 하여 발행 교부해 준 융통어음'이라는 피고의 항변에 부합하는 증거들은, 원고가 피고에게 두 차례에 걸쳐 금 1,500만 원을 대여하여 주었는데 그 중 1994. 10. 31. 대여하여 준 금 1,000만 원 및 그에 대한 이자의 변제조로 이 사건 약속어음을 교부받았다는 원고 주장에 원심이 설시한 바와 같은 여러 의문점들이 있음을 감안하면 일응 그 신빙성이 있는 것으로도 보인다.

그런데 갑 제6호증(추심어음수탁장)의 기재와 제1심 증인 소외 2의 증언에 의하면, 원고는 1994. 7. 28.이 발행일자로 되어 있는 (어음번호 생략), 액면금 1,000만 원의 피고 발행의 약속어음을 그 발행일자로 되어 있는 1994. 7. 28. 국민은행 영도지점에 추심을 의뢰하면서 보관하였고, 위 약속어음은 중간에 반환됨이 없이 그 지급기일인 1994. 10. 30. 결제가 되었음을 알 수 있는바, 위 약속어음이 선일자로 발행되었다는 등의 특별한 사정이 없이 그 발행일자에 실제로 발행되어 원고에게 교부되고 당일 원고가 거래은행에 보관을 시킨 것이라면 원고가 위 어음을 이용할 시간적 여유가 없는 것이 되므로 피고가 원고에게 위 약속어음을 융통하여 주어 원고가 그 어음을 이용하였는데 그 지급기일 다음날인 1994. 10. 31. 위 약속어음의 결제를 위하여 원심 판시의 금 1,000만 원권 자기앞수표를 피고에게 교부하여 준 것이라는 피고의 주장과 그에 부합하는 증거는 그 설득력이 없다고 할 수밖에 없고, 오히려 원고가 피고에게 1994. 7. 28. 위 약속어음을 할인하여 주면서 이를 교부받아 자신의 거래은행에 추심을 위하여 보관시켜 놓은 것인데, 1994. 10. 31.에 이르러 피고가 위 어음을 결제하지 못한다고 하면서 돈을 빌려달라고 하여 원고가 원심 판시의 금

1,000만 원권 자기앞수표(수표번호 생략)를 교부하여 줌으로써 금 1,000만 원을 대여하여 주었다는 원고의 주장이 더 신빙성이 있다고 할 것이다.
　　라. 따라서 원심은 이 사건 약속어음이 융통어음이라는 점의 입증책임이 피고에게 있다는 전제하에 위에서 본 의문 사항과 기타 이 사건 약속어음의 발행과 관련이 있는 사정들을 좀더 자세히 심리하여 본 다음 이 사건 약속어음이 융통어음인지 여부를 판단하여야 할 것이다.
3. 그러므로 원심판결 중 약속어음금 청구 부분을 파기하고, 이 부분 사건을 다시 심리·판단하게 하기 위하여 원심법원에 환송하고, 원고의 나머지 상고는 기각하며 이 부분 상고비용은 원고의 부담으로 하기로 관여 법관의 의견이 일치되어 주문과 같이 판결한다.

　　　　　　　　대법관　　이용우(재판장) 조무제 강신욱 이강국(주심)

[판례 76] 약속어음금

(대법원 1995. 1. 20. 선고 94다50489 판결)

【판시사항】

가. 소위 융통어음의 발행자가 그 어음을 양수한 제3자에 대하여 대가 없이 발행된 융통어음이었다는 항변으로 대항할 수 있는지 여부
나. 융통어음을 양수한 제3자가 양수 당시 그 어음이 융통어음으로 발행되었고 이와 교환으로 교부된 담보어음이 지급거절되었다는 사정을 알고 있었다면, 융통어음의 발행자는 융통어음의 항변으로 대항할 수 있는지 여부
다. 어음의 양도 전에 배서를 하였다가 이를 말소한 채로 다시 어음을 양도한 자에게 대항할 수 없었던 사유로써 현재의 어음소지인에게 대항할 수 있는지 여부

【판결요지】

가. 타인의 금융 또는 채무담보를 위하여 약속어음(소위 융통어음)을 발행한 자는 피융통자에 대하여 어음상의 책임을 부담하지 아니하지만, 그 어음을 양수한 제3자에 대하여는 선의·악의를 묻지 아니하고 대가 없이 발행된 융통어음이었다는 항변으로 대항할 수는 없다.
나. 피융통자가 융통어음과 교환하여 그 액면금과 같은 금액의 약속어음을 융통자에게 담보로 교부한 경우에 있어서는 융통어음을 양수한 제3자가 양수 당시 그 어음이 융통어음으로 발행되었고 이와 교환으로 교부된 담보어음이 지급거절되었다는 사정을 알고 있었다면, 융통어음의 발행자는 그 제3자에 대하여도 융통어음의 항변으로 대항할 수 있다.
다. 어음의 양도 전에 배서를 하였다가 이를 말소한 채로 다시 어음을 양도한 자도 배서인으로서의 소구의무를 부담하는 것은 아니나 현재의 어음소지자의 전자로서의 권리를 양도한 어음상의 권리자였다는 점에는 변함이 없다 할 것이고, 현재의 어음소지인에게 어음을 양도한 자가 어음취득 당시 선의였기 때문에 그에게 대항할 수 없었던

사유에 대하여는 현재의 어음소지인이 비록 어음취득 당시 그 사유를 알고 있었다고 하여 그것으로써 현재의 어음소지인에게 대항할 수는 없다.

【참조조문】

어음법 제17조, 제77조 제1항 제1호

【참조판례】

가.나.다. 대법원 1994.5.10. 선고 93다58721 판결
가. 대법원 1979.10.30. 선고 79다479 판결
나.다. 대법원 1990.4.25. 선고 89다카20740 판결

【전 문】

【원고, 상 고 인】 원고 소송대리인 변호사 정기승
【피고, 피상고인】 피고 소송대리인 변호사 박승규
【원심판결】 대구지방법원 1994.9.7. 선고 94나3344 판결

【주 문】

원심판결을 파기하고, 사건을 대구지방법원 본원 합의부에 환송한다.

【이 유】

상고이유에 대하여

1. 타인의 금융 또는 채무담보를 위하여 약속어음(소위 융통어음)을 발행한 자는 피융통자에 대하여 어음상의 책임을 부담하지 아니하지만, 그 어음을 양수한 제3자에 대하여는 선의, 악의를 묻지 아니하고 대가 없이 발행된 융통어음이었다는 항변으로 대항할 수는 없다(당원 1994.5.10. 선고 93다58721 판결 및 1979.10.30. 선고 79다479 판결 참조).
다만 피융통자가 융통어음과 교환하여 그 액면금과 같은 금액의 약속어음을 융통자에게 담보로 교부한 경우에 있어서는 융통어음을 양수한 제3자가 양수 당시 그 어음이 융통어음으로 발행되었고 이와 교환으로 교부된 담보어음이 지급거절되었다는 사정을 알고 있었다면, 융통어음의 발행자는 그 제3자에 대하여도 융통어음의 항변으로 대항할 수 있다고 할 것이다(위 93다58721 판결 및 당원 1990.4.25.선고 89다카20740 판결 참조).
한편, 어음의 양도 전에 배서를 하였다가 이를 말소한 채로 다시 어음을 양도한 자도 배서인으로서의 소구의무를 부담하는 것은 아니나 현재의 어음소지자의 전자로서의 권리를 양도한 어음상의 권리자였다는 점에는 변함이 없다 할 것이고, 현재의 어음소지인에게 어음을 양도한 자가 어음취득 당시 선의였기 때문에 그에게 대항할 수 없었던 사유에 대하여는 현재의 어음소지인이 비록 어음취득 당시 그 사유를 알고 있었다고 하여 그것으로써 현재의 어음소지인에게 대항할 수는 없다고 할 것이다(위 93다58721 판결 및 위 89다카20740 판결 참조).
2. 원심이 적법하게 확정한 바에 의하면, 소외인은 피고로부터 자금융통을 위하여 피고 발행의 이 사건 어음을 교부받고, 담보로 피고에게도 자신이 대표이사로 있는 소외 경민섬유주식회사 발행의 어음, 수표 7매를 발행, 교부한 다음, 이 사건 어음에 자신과 위

경민섬유주식회사 명의의 배서를 순차로 한 후, 이 사건 어음을 소외 주식회사 신양상호신용금고(이하, 소외금고라 한다)에게 배서양도하여 할인을 받았으나, 자신발행의 담보어음, 수표는 부도처리됨에 따라 피고는 위 경민섬유주식회사 발행의 어음, 수표금을 지급받지 못하였으며, 한편 소외 금고는 원고로부터 이 사건 어음금을 변제받고 자신의 배서를 말소한 채 이 사건 어음을 원고에게 양도하였고, 원고는 지급기일 2, 3일 후에 이를 각 지급제시하였으나 지급거절되었다는 것인 바, 이에 의하면 어음상에는 소외 금고의 배서가 말소되어 있기는 하나, 기록상 원고의 전자로서 이 사건 어음의 종전소지자인 소외 금고가 양수 당시 이 사건 어음이 융통어음이고 이와 교환으로 발행된 담보어음 등이 지급거절되었다는 사정을 알고 있었다는 아무런 자료를 찾아 볼 수 없는 이 사건에서 피고의 융통어음항변은 절단되어 피고는 위와 같은 사정을 들어 소외 금고에게 대항할 수는 없고, 따라서 소외 금고로부터 이 사건 어음을 양수한 원고가 위와 같은 사정을 알고 있었다고 하더라도 피고는 위와 같은 사유를 들어 원고에 대하여도 대항할 수 없다고 할 것이다.

결국, 원심이 이와 견해를 달리하여 원고가 위와 같은 사정을 알고 있었다는 이유만으로 피고의 원고에 대한 융통어음의 항변을 받아들인 것은 융통어음 및 그 인적항변의 절단에 관한 법리를 오해하여 판결 결과에 영향을 미친 위법을 저지른 것이라고 아니할 수 없고, 이 점이 포함된 논지는 이유가 있다.

3. 이에 나머지 상고이유에 대한 판단을 생략한 채 원심판결을 파기하고, 사건을 다시 심리·판단하게 하기 위하여 원심법원에 환송하기로 관여 법관의 의견이 일치되어 주문과 같이 판결한다.

대법관 김형선(재판장) 박만호(주심) 박준서 이용훈

[판례 77] 약속어음금

(대법원 1994. 5. 10. 선고 93다58721 판결)

【판시사항】

가. 융통어음의 항변으로 대항할 수 있는 경우
나. 어음소지인의 전자에 대하여 대항할 수 없었던 사유로 어음소지인에 대하여 대항할 수 있는지 여부

【판결요지】

가. 피융통자가 융통어음과 교환하여 그 액면금과 같은 금액의 약속어음을 융통자에게 담보로 교부한 경우에 있어서는 융통어음을 양수한 제3자가 그 어음이 융통어음으로 발행되었고 이와 교환으로 교부된 담보어음이 지급거절되었다는 사정을 알고 있었다면, 융통어음의 발행자는 그 제3자에 대하여 융통어음의 항변으로 대항할 수 있다.
나. 어음상 배서인으로서 나타나고 있지는 않지만 현재의 어음소지인에게 어음을 양도한 자가 어음취득 당시 선의였기 때문에 그에게 대항할 수 없었던 사유에 대하여는 현재

의 어음소지인이 비록 어음취득 당시 그 사유를 알고 있었다고 하여 그것으로써 현재의 어음소지인에게 대항할 수는 없고, 이는 현재의 어음소지자가 지급거절증서 작성 후 또는 지급거절증서 작성기간 경과 후에 어음을 양도받았다고 하더라도 마찬가지이다.

【참조조문】

가. 어음법 제17조 나. 같은 법 제20조

【참조판례】

가.나. 대법원 1990.4.25. 선고 89다카20740 판결(공1990,1144)
가. 대법원 1979.10.30. 선고 79다479 판결(공1979,12305)

【전 문】

【원고, 상 고 인】 원고
【피고, 피상고인】 피고
【원심판결】 서울민사지방법원 1993.11.5. 선고 93나27184 판결

【주 문】

원심판결 중 원고 패소부분을 파기하고 이 부분 사건을 서울민사지방법원 합의부에 환송한다.

【이 유】

상고이유를 본다.

(1) 타인의 금융 또는 채무담보를 위하여 약속어음(소위 융통어음)을 발행한 자는 피융통자에 대하여 어음상의 책임을 부담하지 아니하나, 그 어음을 양수한 제3자에 대하여는 선의이거나 악의이거나, 또한 그 취득이 기한 후 배서에 의한 것이었다 하더라도 대가 없이 발행된 융통어음이었다는 항변으로 대항할 수 없다 할 것이나(당원 1979.10.30.선고 79다479판결 참조), 다만 피융통자가 융통어음과 교환하여 그 액면금과 같은 금액의 약속어음을 융통자에게 담보로 교부한 경우에 있어서는 융통어음을 양수한 제3자가 그 어음이 융통어음으로 발행되었고 이와 교환으로 교부된 담보어음이 지급거절되었다는 사정을 알고 있었다면, 융통어음의 발행자는 그 제3자에 대하여 융통어음의 항변으로 대항할 수 있다고 할 것이다(당원 1990.4.25.선고 89다카20740 판결 참조).

한편, 백지식 배서에 의하여 어음을 양수한 자가 백지를 보충하지 아니하고 인도에 의하여 어음을 양도한 경우나 또는 어음의 양도전에 배서를 하였다가 이를 다시 말소한 채로 어음을 양도한 경우에는 배서인으로서의 소구의무를 부담하는 것은 아니나 현재의 어음소지자의 전자로서 권리를 양도한 어음상의 권리자였다는 점에는 변함이 없다 할 것이므로, 어음상 배서인으로서 나타나고 있지는 않지만 현재의 어음소지인에게 어음을 양도한 자가 어음취득 당시 선의였기 때문에 그에게 대항할 수 없었던 사유에 대하여는 현재의 어음소지인이 비록 어음취득 당시 그 사유를 알고 있었다고 하여 그것으로써 현재의 어음소지인에게 대항할 수는 없다고 할 것이고, 이러한 이치는 현재의 어음소지자가 지급거절증서작성 후 또는 지급거절 증서 작성기간 경과 후에 어음

을 양도받았다고 하더라도 마찬가지라고 할 것이다(위 89다카20740판결 참조).
(2) 원심이 적법하게 확정한 바에 의하면, 소외인은 원고로부터 자금융통을 위하여 원고 발행의 이 사건 어음을 교부받고, 담보로 원고에게도 같은 액면금의 어음을 발행, 교부한 다음, 이 사건 어음을 소외 대한상호신용금고(이하 소외금고라 한다)에 배서양도하여(기록에 의하면 백지식 배서로 보인다) 할인을 받고, 자신발행의 담보어음을 부도처리한 상태로 해외로 도피하였으며, 한편 소외 금고는 이 사건 어음의 지급기일에 이를 지급제시하였으나 지급거절되자 자신의 배서부분을 말소하고 원고에게 이 사건 어음을 양도하였다는 것인바, 이에 의하면 원고는 이 사건 어음에 대한 지급거절증서작성 후에 이 사건 어음을 취득하였고 어음상에는 소외 금고가 배서인으로 기재되어 있지도 아니하나, 기록상 원고의 전자로서 이 사건 어음의 종전소지자인 소외 금고가 이 사건 어음이 융통어음이고 이와 교환으로 발행된 담보어음이 지급거절되었다는 사정을 알고있었다는 아무런 자료를 찾아볼 수 없는 이 사건에서, 피고가 위와 같은 사정을 들어 소외 금고에 대항할 수 없는 것이므로 피고의 소위 융통어음의 항변은 절단되었다고 할 것이고, 따라서 소외 금고로부터 이 사건 어음을 양수한 원고가 위와 같은 사정을 알고 있었다고 하더라도 피고는 위와 같은 사유를 들어 원고에 대하여도 대항할 수 없다고 할 것이다.
(3) 결국 원심이 이와 견해를 달리하여 원고가 소외인으로부터 이 사건 어음을 취득한 것으로 밖에 볼 수 없고, 소외 금고가 자신의 배서를 말소하여 피고에 대한 어음금채권을 포기하였으므로 원고로서는 이미 소멸한 소외 금고의 피고에 대한 어음금채권을 양도받을 수도 없다고 판단하여 결과적으로 피고의 원고에 대한 융통어음의 항변을 받아들인 것은 융통어음, 인적항변의 절단, 어음이 종전소지인에 관한 법리를 오해하여 판결의 결과에 영향을 미친 위법을 범한 것이라고 아니할 수 없다. 이 점을 지적하는 논지는 이유 있다.
(4) 그러므로 원심판결 중 원고 패소부분을 파기하고 이 부분 사건을 원심법원에 환송하기로 하여 관여 법관의 일치된 의견으로 주문과 같이 판결한다.

대법관 배만운(재판장) 김주한 김석수(주심) 정귀호

[판례 78] 수표금

(대법원 2001. 12. 11. 선고 2000다38596 판결)

【판시사항】

융통인이 융통수표 재도사용의 항변으로 제3자에게 대항하기 위한 요건

【판결요지】

융통인이 피융통인에게 신용을 제공할 목적으로 수표에 배서한 경우, 특별한 사정이 없는 한 융통인과 피융통인 사이에 당해 수표에 의하여 자금융통의 목적을 달성한 때는 피융통인이 융통인에게 지급자금을 제공하든가 혹은 당해 수표를 회수하여 융통인의 배서를 말

소하기로 합의한 것이라고 보아야 할 것이므로, 피융통인이 당해 수표를 사용하여 금융의 목적을 달성한 다음 이를 반환받은 때에는 위 합의의 효력에 의하여 피융통인은 융통인에 대하여 융통인의 배서를 말소할 의무를 부담하고, 이것을 다시 금융의 목적을 위하여 제3자에게 양도하여서는 아니 된다고 할 것이다. 그럼에도 불구하고, 피융통인이 이를 다시 제3자에게 사용한 경우, 융통인이 당해 수표가 융통수표이었고, 제3자가 그것이 이미 사용되어 그 목적을 달성한 이후 다시 사용되는 것이라는 점에 관하여 알고 있었다는 것을 입증하면, 융통인이 피융통인에 대하여 그 재사용을 허락하였다고 볼 만한 사정이 없는 한, 융통인은 위 융통수표 재도사용의 항변으로 제3자에 대하여 대항할 수 있다.

【참조조문】

수표법 제22조

【참조판례】

대법원 1994. 5. 10. 선고 93다58721 판결(공1994상, 1660)
대법원 1995. 1. 20. 선고 94다50489 판결(공1995상, 896)

【전 문】

【원고, 피상고인】 원고 (소송대리인 변호사 송영철)
【피고, 상 고 인】 피고 1 외 1인 (소송대리인 변호사 이병돈)
【원심판결】 춘천지법 2000. 6. 28. 선고 99나5457 판결

【주 문】

원심판결을 파기하고, 사건을 춘천지방법원 본원합의부에 환송한다.

【이 유】

상고이유를 본다.

1. 원심판결의 요지
  가. 원심이 인정한 사실
    원심판결 이유에 의하면, 원심은 그 채택한 증거를 종합하여 다음과 같은 사실을 인정하였다.
    ① 제1심 공동피고 주식회사 ○○건업(이하 '○○건업'이라고 한다)의 대표이사인 제1심 공동피고 2가 원고로부터 1994. 11. 28. 금 1억 원을 차용하면서 ○○건업 발행의 발행일 및 발행지가 각 백지, 액면금 1억 원으로 기재된 소지인출급식수표를, 그리고 1995. 6. 29. 다시 금 5,000만 원을 차용하면서 ○○건업 발행의 발행일 및 발행지가 각 백지, 액면금 5,000만 원으로 기재된 소지인출급식수표를 각 교부하였다(이와 같은 차용을 이하 '제1차 차용'이라고 한다).
    ② ○○건업이 위 각 수표를 발행·교부할 당시 피고들을 비롯한 제1심 공동피고 2 및 제1심 공동피고 3, 제1심 공동피고 4가 보증의 의미로 함께 각 수표의 뒷면에 서명날인하였고, 원고의 요구에 따라 제1심 공동피고 4가 피고들과 제1심 공동피고 3, 제1심 공동피고 4의 이름 앞에 '연대보증인'이라는 문구를 각 기재하

였다.
③ ○○건업은 원고에게 1995. 9. 28. 원금 1억 원을, 1996. 6. 29. 원금 5,000만 원을 각 변제하면서 각 해당 수표를 회수하고, 그와 같은 사실을 피고들에게 통지하였다.
④ 제1심 공동피고 2는 ○○건업의 자금사정상 위와 같이 회수 후 보관하고 있던 수표들을 다시 사용하기로 하고 제1심 공동피고 4를 통하여 원고에게 1996. 1. 25. 위 액면금 1억 원짜리 수표를 교부하면서 금 1억 원을 차용하였으며, 1997. 6. 9. 위 액면금 5,000만 원짜리 수표를 교부하면서 금 5,000만 원을 차용하였는데(이와 같은 차용을 이하 '제2차 차용'이라고 한다), 이 때 원고는 제1심 공동피고 4에게 피고들도 제2차 차용 사실을 아는지를 확인하였고 제1심 공동피고 4는 피고들이 알고 있다고 대답하였으나, 사실은 제1심 공동피고 2가 이러한 제2차 차용 사실을 피고들에게 알리지 아니하고 임의로 위 각 수표를 다시 사용하였다.
⑤ 원고는 위 각 수표를 소지하고 있다가 ○○건업이 1997. 11. 27.경 부도가 나자, 1997. 12. 9.경 발행일을 1997. 12. 9.로 보충한 다음, 1997. 12. 13. 지급제시하였으나 무거래를 이유로 모두 지급이 거절되어 그 각 지급제시일자 및 지급거절의 취지가 지급인에 의하여 이 사건 각 수표의 표면에 기재되었다.

나. 원심의 판단

이와 같은 사실관계를 바탕으로 하여 원심은 이 사건 각 수표금의 지급을 구하는 원고의 이 사건 수표금 청구를 인용하면서 다음에서 보는 바와 같은 피고들의 주장을 모두 배척하였는바, 피고들의 주장에 관한 원심 판단이 요지를 보면 다음과 같다.
① 먼저 피고들의 이 사건 각 수표 이면에 대한 서명날인 행위는 단순히 민사상의 보증에 지나지 않는다는 피고들의 주장에 대하여는, 피고들이 수표 이면에 서명날인을 한 이상 이는 내심의 의사가 보증이었는가에 관계없이 수표에 대한 배서에 해당한다고 판단하여 이를 배척하였다.
② 피고들의 서명날인 행위는 이 사건 제1차 차용에 기한 ○○건업의 원고에 대한 차용금 채무를 담보하기 위한 것이었고, 그 뒤 ○○건업이 제1차 차용금을 모두 변제하였으므로 피고들은 수표소지인인 원고에 대하여 인적 항변으로 대항할 수 있다는 피고들의 주장에 대하여는, 원고가 ○○건업에 제2차 대여를 하면서 이 사건 각 수표를 재차 취득하고 수표금을 청구하는 것이므로 피고들로서는 제1차 차용과 관련된 사유를 들어 원고에게 대항할 수 없다고 하여 그 부분 피고들의 주장을 배척하였다.
③ 이 사건 각 수표는 실질적인 거래관계 없이 발행된 융통수표로서 특단의 합의가 없는 이상 1회의 자금융통에만 사용하기로 한 취지라고 해석해야 하는데, ○○건업이 원고로부터 제1차 차용을 통하여 이 사건 각 수표를 자금융통에 사용한 다음 다시 이를 회수하였으므로 ○○건업으로서는 자금융통의 목적을 1회 달성한 것인바, 원고로서는 제2차 차용 당시 담보로 제공된 이 사건 각 수표가 융통수표이고 자금융통의 목적으로 재차 사용되는 점을 충분히 알고 있었으므로 피고들로서는 원고의 그러한 악의를 이유로 수표금의 지급을 거절할 수 있다는

피고들의 주장에 대하여 ○○건업의 원고에 대한 차용금채무를 보증하는 의미로 ○○건업이 발행한 이 사건 각 수표에 아무런 대가를 받지 아니하고 배서를 한 피고들의 입장에서 이 사건 각 수표가 융통수표의 성격을 갖는다고 보더라도, 피고들이 융통수표의 재사용을 이유로 수표소지인인 원고에게 대항하기 위하여서는 원고가 융통계약에 위반된 것임을 알고 이 사건 각 수표를 취득하였다는 것만으로는 부족하고 나아가 원고에게 피고들을 해할 의사가 있었음을 요한다고 할 것인바, 이 사건에 있어서는 원고가 이 사건 각 수표가 재차 사용된다는 사정을 알고 있었다 하더라도 아무런 대가관계 없이 이를 취득한 것도 아니고, 제2차 차용금을 대여하면서 위 각 수표를 ○○건업으로부터 재차 교부받기에 앞서 이를 가져온 제1심 공동피고 4를 통하여 피고들이 제2차 차용 사실을 알고 있는지를 확인하였으므로 원고가 피고들을 해할 의사로 위 각 수표를 취득하였다고 보기는 어렵고 달리 이를 인정할 증거가 없다고 판단하여 배척하였다.

④ 이 사건 제1차 차용금의 지급을 담보하기 위하여 이 사건 각 수표에 배서를 하였던 피고들은 위 제1차 차용금이 변제됨으로써 위 배서로 인하여 책임을 질 이유가 없는데, 원고가 ○○건업에게 다시 제2차 차용금을 대여하면서 그 담보로 동일한 수표를 교부받으면서도 심부름을 하던 제1심 공동피고 4에게만 피고들의 보증의사를 물어보았을 뿐 피고들에게 제2차 차용금에 대한 보증의사를 확인하지도 않은 잘못이 있으면서도 이 사건 각 수표상에 피고들의 배서가 아직 말소되지 않은 것을 기화로 피고들에 대하여 수표금 지급을 구하는 것은 신의성실의 원칙에 반한다는 피고들의 주장에 대하여는, 피고들이 수표상 채무를 부담할 진정한 의사로 이 사건 각 수표상에 배서를 한 이상 위 수표들이 발행인에게 회수되었다가 배서인인 피고들의 의사와 관계없이 또다시 유통되었다 하더라도 그 수표소지인이 피고들에게 배서인의 책임을 묻기 위하여 이를 취득하면서 직접 일일이 배서인들의 의사를 확인할 의무는 없다고 보아야 할 뿐만 아니라 피고들이 주장하는 사유만으로는 원고의 이 사건 수표금청구가 신의성실의 원칙에 반한다 할 수도 없다고 판단하여 피고들의 이 부분 주장 또한 배척하였다.

2. 상고이유에 대한 판단

가. 기록에 비추어 살펴보면, 원심의 위와 같은 사실인정은 모두 정당하고, 원심이 이에 기초하여 피고들의 이 사건 수표 이면에의 서명날인 행위가 민사상의 채무보증에 해당할 뿐이라는 피고들의 주장을 배척하고 이를 수표법상의 배서에 해당한다고 판단하는 한편, 원고가 ○○건업에 제2차 대여를 하면서 이 사건 각 수표를 재차 취득하였음을 이유로 이 사건 수표금을 청구하는 이상 피고들로서는 이 사건 제1차 차용에 기한 ○○건업의 원고에 대한 차용금 채무가 모두 변제되었다는 이유만으로 원고에 대하여 대항할 수 없고, 나아가 이와 같은 사정하에서는 원고의 이 사건 청구를 신의성실원칙에 위반된다고 볼 수도 없다는 취지로 판단하여 피고들의 관련 주장을 배척한 조치는 모두 정당하고, 거기에 상고이유에서 주장하는 바와 같은 법리오해 등의 잘못이 있다고 할 수 없다. 피고들이 들고 있는 대법원 판결은 이 사건과 사안을 달리하는 것이어서 이 사건에 원용하기에 부적절한 것이다.

나. 그러나 원심이, 이 사건 각 수표가 융통수표이고 자금융통의 목적으로 재차 사용되는 점을 원고가 알고 있었으므로 피고들로서는 원고에게 대항할 수 있다는 취지의 피고들 주장을 배척한 조치는 다음과 같은 이유로 수긍하기 어렵다.

즉, 융통인이 피융통인에게 신용을 제공할 목적으로 수표에 배서한 경우, 특별한 사정이 없는 한 융통인과 피융통인 사이에 당해 수표에 의하여 자금융통의 목적을 달성한 때는 피융통인이 융통인에게 지급자금을 제공하든가 혹은 당해 수표를 회수하여 융통인의 배서를 말소하기로 합의한 것이라고 보아야 할 것이므로, 피융통인이 당해 수표를 사용하여 금융의 목적을 달성한 다음 이를 반환받은 때에는 위 합의의 효력에 의하여 피융통인은 융통인에 대하여 융통인의 배서를 말소할 의무를 부담하고, 이것을 다시 금융의 목적을 위하여 제3자에게 양도하여서는 아니 된다고 할 것이다.

그럼에도 불구하고, 피융통인이 이를 다시 제3자에게 사용한 경우, 융통인이 당해 수표가 융통수표이었고, 제3자가 그것이 이미 사용되어 그 목적을 달성한 이후 다시 사용되는 것이라는 점에 관하여 알고 있었다는 것을 입증하면, 융통인이 피융통인에 대하여 그 재사용을 허락하였다고 볼 만한 사정이 없는 한, 융통인은 위 융통수표 재도사용의 항변으로 제3자에 대하여 대항할 수 있다고 할 것이다.

그런데 원심이 적법하게 인정하고 있는 사실관계에 의하더라도, 피고들은 ○○건업에게 자금융통의 편의를 제공하고자 이 사건 각 수표상에 배서하게 된 것이어서 이 사건 각 수표는 피고들 입장에서 이른바 융통수표에 해당할 뿐만 아니라, 원고는 이 사건 각 수표를 취득함에 있어 이미 이전에 이를 취득한 적이 있어 위 융통수표들이 재차 사용되는 것이라는 점을 충분히 알고 있었다고 인정되므로, 원고가 피고들이 위 융통수표의 재차 사용을 허락한 것으로 볼 만한 사정이 있음을 밝히지 못하는 이상, 피고들은 원고의 이 사건 수표금 청구에 대하여 위 항변으로 대항할 수 있다고 할 것이다. 그럼에도 불구하고, 원심이 그러한 사정에 관한 심리도 없이 그 인정의 위와 같은 사정만으로는 원고가 피고들을 해할 것을 알고 이 사건 각 수표를 취득하였다고 보기 어렵고 달리 증거가 없다고 판단한 조치에는 융통수표의 재도사용에 관한 법리를 오해한 나머지 판결 결과에 영향을 미치는 잘못을 범하였다고 하지 않을 수 없다.

3. 그러므로 나머지 상고이유의 점에 대하여 더 나아가 살펴볼 필요 없이, 원심판결을 파기하고, 사건을 다시 심리·판단케 하기 위하여 원심법원에 환송하기로 하여 관여 대법관의 일치된 의견으로 주문과 같이 판결한다.

대법관 박재윤(재판장) 서성 이용우(주심) 배기원

제3장 어음의 배서인에 대한 청구

1. 만기 전 상환청구의 요건

환어음에 있어서 만기 전 상환청구의 실질적 요건은 ① 인수의 전부 또는 일부의 거절이 있는 경우, ② 지급인의 인수 여부와 관계없이 지급인이 파산한 경우, 그 지급이 정지된 경우

법 령

◆ 어음법

제43조 (상환청구의 실질적 요건) 만기에 지급이 되지 아니한 경우 소지인은 배서인, 발행인, 그 밖의 어음채무자에 대하여 상환청구권(償還請求權)을 행사할 수 있다. 다음 각 호의 어느 하나에 해당하는 경우에는 만기 전에도 상환청구권을 행사할 수 있다.
  1. 인수의 전부 또는 일부의 거절이 있는 경우
  2. 지급인의 인수 여부와 관계없이 지급인이 파산한 경우, 그 지급이 정지된 경우 또는 그 재산에 대한 강제집행이 주효(奏效)하지 아니한 경우
  3. 인수를 위한 어음의 제시를 금지한 어음의 발행인이 파산한 경우
[전문개정 2010. 3. 31.]

| 판 례 |

[판례 1] 약속어음금

(대법원 1993. 12. 28. 선고 93다35254 판결)

【판시사항】

약속어음에 있어서 만기 전의 소구가 인정되는 경우

【판결요지】

약속어음에 있어서도 발행인의 파산이나 지급정지 기타 그 자력을 불확실하게 하는 사유로 말미암아 만기에 지급거절이 될 것이 예상되는 경우에는 만기 전의 소구가 가능하다.

【참조조문】

어음법 제77조 제1항 제4호

【참조판례】

대법원 1984.7.10. 선고 84다카424,425 판결(공1984,1422)
1992.5.26. 선고 92다6471 판결(공1992,2016)

【전 문】

【원고, 피상고인】 원고 소송대리인 변호사 조우래
【피고, 상 고 인】 피고
【원심판결】 부산지방법원 1993.6.10. 선고 92나11319 판결

【주 문】

상고를 기각한다.
상고비용은 피고의 부담으로 한다.

【이 유】

피고의 상고이유(상고이유서 제출기간이 지난뒤에 제출한 상고이유보충서에 기재된 보충상고이유는 상고이유를 보충하는 범위 내에서) 에 대하여 판단한다.

1. 원심판결 이유에 의하면 원심은, 원고는 소외 주식회사 벽산산업이 발행하고 소외인과 피고의 배서가 연속되고 지급기일이 1992.3.5.인 이 사건 약속어음 1매를 피고로부터 배서양도받아 같은 해 3.4. 그 소지인으로서 지급장소에 지급제시하였으나 그 지급이 거절된 사실과 이 사건 약속어음의 발행인인 위 주식회사 벽산산업은 같은 해 1. 15. 예금부족으로 부도가 발생하고 이후 같은 해 9.23.경까지 그 부도금액이 합계금 792,080,000원에 이른 사실을 인정한 다음 이 사건 약속어음도 만기에 지급거절이 될 것이 충분히 예상되므로 그 소지인인 원고로서는 만기 전이라도 기급제시히여 소구권을 행사할 수 있다고 판단하고 있다.

기록에 의하여 살펴보면 원심의 위와 같은 사실인정은 정당하고, 거기에 소론과 같은 위법은 없고, 어음법은 약속어음의 경우에 환어음의 경우와 같은 만기 전 소구에 관한 규정을 두고 있지 않으나 약속어음에 있어서도 발행인의 파산이나 지급정지 기타 그 자력을 불확실하게 하는 사유로 말미암아 만기에 지급거절이 될 것이 예상되는 경우에는 만기 전의 소구가 가능하다고 할 것이므로 (당원 1992.5.26. 선고 92다6471 판결 참조), 이와 같은 취지의 원심판단은 정당하고, 논지는 모두 독자적 견해를 내세워 원심판결을 공격하는데 지나지 아니하여 이를 받아들일 수 없다.

2. 관계증거를 기록과 대조하여 살펴보면, 피고가 원고와의 약정에 따라 이 사건 약속어음의 할인을 받기위하여 보증의 의미에서 배서를 한 것이라는 피고의 주장을 배척한 원심의 조치는 정당한 것으로 수긍이 가고 원심판결에 소론과 같이 채증법칙을 위반하여 사실을 잘못 인정한 위법이 없다. 논지는 이유가 없다.

그러므로 상고를 기각하고 상고비용은 패소자의 부담으로 하기로 관여 법관의 의견이 일치되어 주문과 같이 판결한다.

대법관 김용준(재판장) 안우만 천경송 안용득(주심)

2. 만기 후 상환청구의 요건

만기 후 상환청구의 실질적 요건은 지급제시기간 내에 적법한 지급제시를 하였으나 지급이 되지 아니하는 것이다(어음법 제43조 제1문, 제77조 제1항 제4호).
만기 후 상환청구의 형식적 요건은 지급거절증서의 작성이다(어음법 제44조 제1항, 제77조 제1항 제4호).

─────────────── 법 령 ───────────────

◇ 어음법

제43조 (상환청구의 실질적 요건) 만기에 지급이 되지 아니한 경우 소지인은 배서인, 발행인, 그 밖의 어음채무자에 대하여 상환청구권(償還請求權)을 행사할 수 있다. 다음 각 호의 어느 하나에 해당하는 경우에는 만기 전에도 상환청구권을 행사할 수 있다.
    1. 인수의 전부 또는 일부의 거절이 있는 경우

제44조 (상환청구의 형식적 요건) ① 인수 또는 지급의 거절은 공정증서(인수거절증서 또는 지급거절증서)로 증명하여야 한다.

제77조 (환어음에 관한 규정의 준용) ① 약속어음에 대하여는 약속어음의 성질에 상반되지 아니하는 한도에서 다음 각 호의 사항에 관한 환어음에 대한 규정을 준용한다.
    4. 지급거절로 인한 상환청구(제43조부터 제50조까지, 제52조부터 제54조까지)

─────────────────────────────

| 판 례 |────────────────────────
[판례 2] 약속어음금

(대법원 1984. 4. 10. 선고 83다카1411 판결)

【판시사항】
거절증서작성면제와 지급제시의 입증책임

【판결요지】
약속어음의 소지인은 특단의 사정이 없는 한 적법한 지급제시를 한 경우에만 그 배서인에 대한 소구권을 행사할 수 있으되, 그 어음배서인이 지급거절증서작성을 면제한 경우에는 그 어음소지인은 적법한 지급제시를 한 것으로 추정되어 적법한 지급제시가 없었다는 사실은 이를 원용하는 자에게 주장·입증책임이 있고, 어음배서인에 대한 지급제시는 적법한 지급제시의 요건이 아니므로 어음소지인이 그 배서인에게 지급제시하지 않았다 하여 적법한 지급제시가 없었으므로 소구권이 상실되었다고는 할 수 없다.

【참조조문】

어음법 제38조, 제43조 제1호, 제46조, 제47조, 제53조

【참조판례】

대법원 1962.6.14. 선고 62다171 판결
1964.6.23. 선고 63다1171 판결
1969.3.31. 선고 68다1482 판결

【전 문】

【원고, 상 고 인】 원고
【피고, 피상고인】 피고
【원심판결】 청주지방법원 1983.6.3. 선고 82나130 판결

【주 문】

원심판결을 파기하고, 사건을 청주지방법원 합의부에 환송한다.

【이 유】

원고의 상고이유를 판단한다.

약속어음의 소지인은 특단의 사정이 없는 한 법정기간내에 발행인에게 지급제시를 하는등 적법한 지급제시를 한 경우에만 그 배서인에 대한 소구권을 행사할 수 있으되 그 어음배서인이 지급거절증서작성을 면제한 경우에는 그 어음소지인은 적법한 지급제시를 한 것으로 추정되고 그러한 적법한 지급제시가 없었다는 사실은 이를 원용하는 자에게 그 주장 및 입증책임이 있다 할 것이고 어음배서인에 대한 지급제시는 적법한 지급제시의 요건이 아니므로 어음소지인이 그 배서인에게 지급제시를 하지 아니하였다고 자인하더라도 이로써 적법한 지급제시가 없었던 것으로 판단되어 소구권이 상실된 것이라고는 할 수 없다.

그런데 원심이 적법하게 확정한 바에 의하면, 피고는 1980.5.15 원판시의 약속어음 1매를 그 지급거절 증서작성의 면제하에 원고에게 배서양도하였다는 것이므로 원고는 법정기간 내에 위 어음의 적법한 지급제시를 한 것으로 추정되고 원고 스스로가 적법한 지급제시를 하지 아니하였다고 자인하거나 그 배서인인 피고가 적법한 지급제시를 하지 아니하였다는 점에 대한 주장 입증을 하지 아니하는 이상 원고의 피고에 대한 소구권이 상실되었다고는 단정할 수 없음에도 불구하고 원심은 원고가 위 어음의 지급제시 기간 내에 배서인인 피고에게 같은 어음의 지급제시를 하지 아니하였음을 자인하였다는 이유만으로 원고의 피고에 대한 소구권은 상실되었다고 판단하여 원고의 청구를 배척하였으니 이 점에서 원심판결은 소구권의 발생요건이 되는 어음의 적법한 제시에 관한 해석을 잘못하고 나아가 이에 관한 입증책임이 지급거절 증서작성의 면제로 인하여 전환되는 법리를 오해하여 판결에 영향을 끼친 위법을 범하였다 할 것이다.

논지는 이유있다.

그러므로 원심판결을 파기하여 사건을 청주지방법원 합의부로 환송하기로 하여 관여법관의 일치된 의견으로 주문과 같이 판결한다.

대법관　김덕주(재판장) 정태균 윤일영 오성환

3. 수표의 배서인에 대한 상환청구의 요건

수표는 지급증권으로서 인수 제도가 없으므로, 인수거절로 인한 만기 전 상환청구는 없고, 오로지 지급거절로 인한 상환청구만 인정된다(수표법 제39조)

──────── 법 령 ────────

◆ 수표법
제39조 (상환청구의 요건) 적법한 기간 내에 수표를 제시하였으나 지급받지 못한 경우에 소지인이 다음 각 호의 어느 하나의 방법으로 지급거절을 증명하였을 때에는 소지인은 배서인, 발행인, 그 밖의 채무자에 대하여 상환청구권(償還請求權)을 행사할 수 있다.
1. 공정증서(거절증서)
2. 수표에 제시된 날을 적고 날짜를 부기한 지급인(제31조제2항의 경우에는 지급인의 위임을 받은 제시은행)의 선언
3. 적법한 시기에 수표를 제시하였으나 지급받지 못하였음을 증명하고 날짜를 부기한 어음교환소의 선언
[전문개정 2010. 3. 31.]

| 판 례 |

[판례 3] 수표금

(대법원 1982. 6. 8. 선고 81다107 판결)

【판시사항】
가. 지급거절 선언의 방법
나. 취소원인이 종료되기 전에 한 추인의 효력

【판결요지】

가. 수표의 지급거절선언은 수표자체에 기재하여야 하고 수표가 아닌 지편에 되어있는 지급인의 지급거절선언은 가사 그 지편이 수표에 부착되어 간인까지 되어있는 경우라 하더라도 부적법하다.

나. 강박에서 벗어나지 아니한 상태에 있으면 취소의 원인이 종료되기 전이므로 이때에 한 추인은 그 효력이 없다.

【참조조문】

가. 수표법 제39조 제2호 나. 민법 제144조

【전 문】

【원고, 상 고 인】 주식회사한일은행 소송대리인 변호사 심훈종, 송영욱, 이유영
【피고, 피상고인】 피고 소송대리인 변호사 이종순
【원심판결】 서울고등법원 1980.12.4. 선고 80나1249 판결

【주 문】

상고를 기각한다.
상고비용은 원고의 부담으로 한다.

【이 유】

1. 원고 소송대리인의 상고이유 제 1 점을 본다.

 수표의 소지인이 적법한 기간내에 지급을 위한 제시를 하였으나 그 지급을 받지 못한 경우에 소구권을 행사하기 위하여 그 지급거절을 증명하는 방법의 하나로 갖추어야 할 지급인의 지급거절선언은 수표법 제39조 제2호의 규정상 수표 자체에 기재한 것이어야만 하므로 수표가 아닌 지편에 기재한 지급인의 지급거절선언은 비록 그 지편을 수표에 부착시키고 부착부분에 간인을 하였다 하더라도 수표 자체에 기재한 것이 아니어서 수표법 제39조 제2호 소정의 지급거절선언에 해당하는 것으로는 볼 수 없다 할 것이다. 따라서 같은 취지의 원심판단은 정당하므로 이와 다른 견해를 내세워 거기에 수표법 제39조 제2호의 규정에 관한 해석을 그릇친 위법이 있다는 논지는 채택할 수 없다.

2. 같은 상고이유 제2점을 본다.

 피고가 소외 이성통상주식회사의 원고 은행에 대한 손해배상 채무 중의 일부를 인수하는 약정을 하게 된 경위에 관하여 원심이 확정한 바에 의하면, 소외 1주식회사(대표이사 소외 2, 이하 소외 회사라고 줄여 쓴다)가 원고 은행과 거래를 하던 중 1977.8.27부터 1978.2.28까지 사이에 6회에 걸쳐 외국은행발행의 신용장이나 선박소유자 발행의 선하증권을 위조하여 원고 은행으로 하여금 하환어음을 매수케 하는 등의 방법으로 원고 은행에게 그 매입대금 미화 금 1,053,325달라 48센트(한화 금 510,876,000원 상당)의 손해를 입힌 사건이 발생하여 원고 은행의 고발에 따라 원판시 수사기관이 그 사건을 수사함에 있어, 피고가 위 소외 회사의 화환어음 부정매도 사건에 공모, 가담하였을지도 모른다는 혐의를 두고 피고에 대한 내사를 하던 중, 피고가 출석요구에 응하지 않는다는 이유로 1978.7.26. 14:00경 수사관 2명을 시켜 연행한 후 그날밤 10:00까지 조사를 하는 일방, 피고에게 원고 은행이 위 소외 회사의 부정행위로 인하여 입은 손해의 일부를

변상하도록 강력히 종용하다가 피고가 이에 불응하자 구속영장도 발부받지 않은 채 피고에게 수정을 채워 경찰서보호실에 호송하여 그 다음날 13:30경까지 유치하고, 그날 14:00경 수정을 채우고 포승으로 묶어 수사관실에서 다시 호송하여 오게 한 후 원고 은행 지점장 소외 3, 원고 은행 검사부장 소외 4, 감사 소외 5 등이 합석한 자리에서 동인 등이 원고 은행이 입은 손해중 금 203,000,000원을 피고가 변상하고 문제를 원만하게 일단락 지을 것을 종용하므로 약 3시간 동안의 논의끝에, 만약 동인들의 요구에 응하지 아니하면 구속이 되어 신체적으로 고통을 받을 뿐만 아니라 명예도 손상되고 사업에도 막대한 지장을 초래받게 될 것이라고 외포심을 느낀 나머지, 같은 날 17:00경 위 소외 회사의 원고 은행에 대한 채무를 원고 은행이 요구하는 금 203,000,000원의 채무를 피고가 인수하기로 하는 약정을 하여, 그 이행을 담보하는 의미에서 그 액면 상당의 수표를 발행하여 주고 석방하기에 이르렀다는 것이고, 한편 피고는 혐의내용이 무실한 것으로 밝혀지고 위 소외 회사의 화환어음 부정매도사건의 범행에 가담하였다는 증거가 없어 그 사건의 피의자로 입건조차 되지 아니하였었다는 것이다.

사실관계가 위와 같다면, 비록 피고가 수사과정에서 고문이나 폭행을 당한바 없었다 하더라도 피고의 채무인수에 관한 원판시 의사표시를 수사기관과 원고측의 강박에 인한 것이었다고 못볼바 아니므로 이와 같이 본 원심판단은 수긍되고, 소론 지적의 당원판결들은 사안을 달리하는 것들이어서 이 사건에 적절한 것이 못되므로 원심판결에 민법 제110조 제1항의 해석을 그릇친 위법이나 판례위반의 위법이 있다할 수 없으며, 피고가 수사기관에 연행되기 이전에 원고측과의 사이에 원고의 손해를 변상하고 형사사건을 해결하는 문제에 관하여 소론과 같은 협의를 한 사실이 있었다고 하여 피고의 의사표시를 강박에 의한 것이라고 본 원심과 결론이 반드시 달라져야 된다고 단정할 수 없으므로 원심이 그 점에 관한 판단을 하지 아니한 조치를 위법이라 할 수도 없다.

또한 원심은, 그 판시내용의 강박이 수사기관과 원고측에 의하여 공동으로 이루어진 것이라고 봄으로서, 제3자가 강박을 행한 경우에 지나지 아니하고 원고는 그 사실을 알지 못하였으므로 취소할 수 없다는 소론 주장을 배척한 취지이므로, 원심판결에 이 점에 관한 판단유탈의 위법은 없고, 제3자가 강박을 행한 경우로 보지 아니한 원심판단은 그 인정사실에 비추어 수긍할 수 있는 바이므로 거기에 민법 제110조 제2항의 법리를 오해한 위법이 있다 할 수 없다. 결국 논지는 모두 이유없다.

3. 같은 상고이유 제3점을 본다.

원심이 확정하고 있는 바와 같이 피고가 원고에게 소론 근저당권설정계약서를 작성하여 교부한 때가 그 판시와 같은 강박에 의하여 채무인수의 의사표시를 한 후 구금상태에서 풀려 나온지 8일째 되는 날이었고, 뿐만 아니라 피고가 풀려 나온지 4-5일이 경과된 뒤에 수사기관에서 피고를 다시 소환하여 사건이 완결된 것이 아니니 원고측과의 약정을 조속히 이행할 것을 독촉한 사실까지 있었다면, 피고는 시간적으로보나 그 당시의 상황으로 보아 아직 원판시강박에서 벗어나지 아니한 상태에 있었다고 볼 수 있으므로 같은 이유로 피고의 근저당권설정계약서작성 및 교부행위는 취소의 원인이 종료되기 전에 한 추인에 불과하여 추인으로서의 효력이 없다고 한 원심판단은 정당하고, 거기에 소론과 같은 법리오해가 있다 할 수 없으므로 논지 이유없다.

4. 그러므로 상고를 기각하고 상고비용은 패소자의 부담으로 하여 관여법관의 일치된 의

견으로 주문과 같이 판결한다.

대법관 윤일영(재판장) 정태균 김덕주 오성환

제4장 기타 문제

1. 법정이자와 지연손해금의 청구

가. 법정이자

(1) 상환청구

어음소지인은 지급제시기간 내에 적법하게 지급제시를 하였음에도 불구하고 지급을 받지 못한 경우 상환의무자를 상대로 상환청구를 할 수 있는데(어음법 제43조, 제77조 제1항), 이 경우 연 6%의 비율로 계산한 만기 이후의 이자를 청구할 수 있다(어음법 제48조 제1항 제2호, 제77조 제1항).

법 령

◆ 어음법

제43조 (상환청구의 실질적 요건) 만기에 지급이 되지 아니한 경우 소지인은 배서인, 발행인, 그 밖의 어음채무자에 대하여 상환청구권(償還請求權)을 행사할 수 있다. 다음 각 호의 어느 하나에 해당하는 경우에는 만기 전에도 상환청구권을 행사할 수 있다.
   1. 인수의 전부 또는 일부의 거절이 있는 경우
   2. 지급인의 인수 여부와 관계없이 지급인이 파산한 경우, 그 지급이 정지된 경우 또는 그 재산에 대한 강제집행이 주효(奏效)하지 아니한 경우
   3. 인수를 위한 어음의 제시를 금지한 어음의 발행인이 파산한 경우
[전문개정 2010. 3. 31.]

제48조 (상환청구금액) ① 소지인은 상환청구권에 의하여 다음 각 호의 금액의 지급을 청구할 수 있다.
   1. 인수 또는 지급되지 아니한 어음금액과 이자가 적혀 있는 경우 그 이자
   2. 연 6퍼센트의 이율로 계산한 만기 이후의 이자
   3. 거절증서의 작성비용, 통지비용 및 그 밖의 비용

제77조 (환어음에 관한 규정의 준용) ① 약속어음에 대하여는 약속어음의 성질에 상반되지 아니하는 한도에서 다음 각 호의 사항에 관한 환어음에 대한 규정을 준용한다.
   1. 배서(제11조부터 제20조까지)
   2. 만기(제33조부터 제37조까지)
   3. 지급(제38조부터 제42조까지)
   4. 지급거절로 인한 상환청구(제43조부터 제50조까지, 제52조부터 제54조까지)

5. 참가지급(제55조, 제59조부터 제63조까지)
　　6. 등본(제67조와 제68조)
　　7. 변조(제69조)
　　8. 시효(제70조와 제71조)
　　9. 휴일, 기간의 계산과 은혜일의 인정 금지(제72조부터 제74조까지)

(2) 재상환청구

상환의무자가 상환의무를 이행하고 어음을 환수한 경우 지급한 총금액에 대하여 연 6%의 비율로 계산한 지급일 이후의 이자를 청구할 수 있다(어음법 제49조 제2호, 제77조 제1항).

───────────── 법　령 ─────────────

◆ 어음법

제49조 (재상환청구금액) 환어음을 환수한 자는 그 전자(前者)에 대하여 다음 각 호의 금액의 지급을 청구할 수 있다.
　　1. 지급한 총금액
　　2. 제1호의 금액에 대하여 연 6퍼센트의 이율로 계산한 지급한 날 이후의 이자
　　3. 지출한 비용
　　[전문개정 2010. 3. 31.]

제77조 (환어음에 관한 규정의 준용) ① 약속어음에 대하여는 약속어음의 성질에 상반되지 아니하는 한도에서 다음 각 호의 사항에 관한 환어음에 대한 규정을 준용한다.
　　1. 배서(제11조부터 제20조까지)
　　2. 만기(제33조부터 제37조까지)
　　3. 지급(제38조부터 제42조까지)
　　4. 지급거절로 인한 상환청구(제43조부터 제50조까지, 제52조부터 제54조까지)
　　5. 참가지급(제55조, 제59조부터 제63조까지)
　　6. 등본(제67조와 제68조)
　　7. 변조(제69조)
　　8. 시효(제70조와 제71조)
　　9. 휴일, 기간의 계산과 은혜일의 인정 금지(제72조부터 제74조까지)

판 례

[판례 1] 약속어음금

(대법원 1998. 8. 21. 선고 98다19448 판결)

【판시사항】

백지식 배서에 의하여 어음을 양수한 다음 단순히 교부에 의하여 이를 타인에게 양도한 자가 소구에 의하여 어음을 환수한 경우, 재소구에 관한 권리관계

【판결요지】

백지식 배서에 의하여 어음을 양수한 다음 단순히 교부에 의하여 이를 타인에게 양도한 자가 소지인의 소구에 응하여 상환을 하고 어음을 환수한 경우, 그 전의 배서인에 대하여 당연히 재소구권을 취득하는 것은 아니라고 하더라도, 그 상환을 받은 소지인이 그 전의 배서인에 대하여 가지는 소구권을 민법상의 지명채권 양도의 방법에 따라 취득하여 행사할 수 있는 것으로 보아야 하고, 다만 그 소구의무자는 이에 대하여 양도인에 대한 모든 인적 항변으로 대항할 수 있을 뿐이다.

【참조조문】

어음법 제47조 제3항, 제49조

【전 문】

【원고, 상 고 인】 원고
【피고, 피상고인】 영동조합법인 약선원식품 (소송대리인 변호사 이웅)
【원심판결】 대전지법 1998. 3. 27. 선고 97나7941 판결

【주 문】

원심판결을 파기하고, 사건을 대전지방법원 합의부에 환송한다.

【이 유】

상고이유를 본다.

원심은, 소외 신농민유통 주식회사가 액면 금 15,000,000원인 판시 약속어음 1장(이하 제1 어음이라 한다) 및 액면 금 9,400,000원인 판시 약속어음 1장(이하 제2 어음이라 한다)을 피고에게 각 발행하였고, 피고는 피배서인을 백지로 한 백지식 배서에 의하여 이를 원고에게 각 양도하였으며, 원고는 그 배서의 백지를 보충하지 아니한 채 제1 어음을 소외 1에게, 제2 어음을 소외 2에게 단순히 교부함으로써 이를 각 양도한 사실, 소외 1은 제1 어음을 소외 3에게, 소외 2는 제2 어음을 소외 신중앙상호신용금고에게 각 백지식 배서에 의하여 양도하였는데, 제1, 2 어음은 모두 지급기일에 지급제시되었으나 지급거절된 사실, 그 이후 제1 어음에 대하여는 소외 3이 소외 1에게, 소외 1은 원고에게 차례로 소구하였고, 제2 어음에 대하여는 신중앙상호신용금고가 소외 2에게, 소외 2는 원고에게 차례로 소구함으로써, 원고가 각 어음금을 상환하고 제1, 2 어음을 환수하여 소지하고 있는 사실을

인정한 다음, 위 인정 사실에 기초하여, 원고와 같이 백지식 배서에 의하여 어음을 양수한 다음 단순히 교부에 의하여 이를 양도한 자는 어음면에 배서를 한 바 없어 담보책임을 부담하지 아니하므로, 설사 원고가 소지인의 소구에 응하여 어음금을 상환하고 어음을 환수하였다고 하더라도 그 전의 배서인인 피고에 대하여 재소구권을 취득하지 못한다는 이유로, 피고에 대하여 제1, 2 어음에 관한 약속어음금의 상환을 구하는 이 사건 청구를 배척하였다.

그러나 백지식 배서에 의하여 어음을 양수한 다음 단순히 교부에 의하여 이를 타인에게 양도한 자가 소지인의 소구에 응하여 상환을 하고 어음을 환수한 경우, 그 전의 배서인에 대하여 당연히 재소구권을 취득하는 것은 아님은 원심이 판시한 바와 같다고 하더라도, 그 상환을 받은 소지인이 그 전의 배서인에 대하여 가지는 소구권을 민법상의 지명채권 양도의 방법에 따라 취득하여 행사할 수 있는 것으로 보아야 하고, 다만 그 소구의무자는 이에 대하여 양도인에 대한 모든 인적 항변으로도 대항할 수 있을 뿐이라고 할 것이다.

원고의 주장과 입증의 취지에 비추어 살펴보면, 원고는 이 사건에서 위 소외 1, 소외 2가 어음의 최후소지인에게 소구의무를 이행함으로써 피고에 대한 재소구권을 취득하였고, 원고가 소외 1, 소외 2에 대하여 어음금을 상환하고 어음을 환수함으로써 그들로부터 피고에 대한 재소구권을 양도받았음을 그 청구원인으로 주장하는 취지가 포함된 것으로 볼 수도 있다고 여겨지므로, 원심으로서는 먼저 석명권을 행사하여 이 사건 청구원인이 무엇인지를 명확히 한 다음, 그 청구의 당부에 나아가 심리·판단하였어야 할 것이다.

그럼에도 불구하고 원심은 이 사건이 원고 자신이 직접 취득한 재소구권을 기초로 한 것이라고 단정한 나머지 위와 같이 이를 배척하고 말았으니, 거기에는 소구권의 양도에 관한 법리를 오해하였거나 석명권을 행사하기 아니하고 필요한 심리를 다하지 아니함으로써 판결에 영향을 미친 위법이 있다 할 것이므로, 이 점을 지적하는 상고이유의 주장은 그 이유가 있다.

그러므로 원심판결을 파기하고, 사건을 원심법원에 환송하기로 하여 관여 법관의 일치된 의견으로 주문과 같이 판결한다.

대법관 천경송(재판장) 지창권 신성택(주심) 송진훈

(3) 주채무자에 대한 어음금청구

지급제시기간 내에 적법하게 어음을 지급제시하였음에도 불구하고 지급이 되지 아니한 경우, 어음소지인은 주채무자를 상대로 어음금액과 이에 대하여 연 6%의 비율로 계산한 만기 이후의 이자를 청구할 수 있다(어음법 제28조 제2항, 제48조 제1항, 제78조 제1항, 대법원 1965. 9. 7. 선고 65다1139 판결).

법 령

◆ **어음법**

제28조 (인수의 효력) ② 지급을 받지 못한 경우에 소지인은 제48조와 제49조에 따라 청구할 수 있는 모든 금액에 관하여 인수인에 대하여 환어음으로부터 생기는 직접청구권을 가진다. 소지인이 발행인인 경우에도 같다. [전문개정 2010. 3. 31.]

제48조 (상환청구금액) ① 소지인은 상환청구권에 의하여 다음 각 호의 금액의 지급을 청구할 수 있다.
  1. 인수 또는 지급되지 아니한 어음금액과 이자가 적혀 있는 경우 그 이자
  2. 연 6퍼센트의 이율로 계산한 만기 이후의 이자
  3. 거절증서의 작성비용, 통지비용 및 그 밖의 비용

제78조 (발행인의 책임 및 일람 후 정기출급 어음의 특칙) ① 약속어음의 발행인은 환어음의 인수인과 같은 의무를 부담한다.

---

(4) 이자문구

어음법은 일람출급 또는 일람 후 정기출급의 어음에만 이자문구의 기재를 인정하고 있다.

법 령

◆ **어음법**

제5조 (이자의 약정) ① 일람출급 또는 일람 후 정기출급의 환어음에는 발행인이 어음금액에 이자가 붙는다는 약정 내용을 적을 수 있다. 그 밖의 환어음에는 이자의 약정을 적어도 이를 적지 아니한 것으로 본다.

제77조 (환어음에 관한 규정의 준용) ② 약속어음에 관하여는 제3자방에서 또는 지급인의 주소지가 아닌 지(地)에서 지급할 환어음에 관한 제4조 및 제27조, 이자의 약정에 관한 제5조, 어음금액의 기재의 차이에 관한 제6조, 어음채무를 부담하게 할 수 없는 기명날인 또는 서명의 효과에 관한 제7조, 대리권한 없는 자 또는 대리권한을 초과한 자의 기명날인 또는 서명의 효과에 관한 제8조, 백지환어음에 관한 제10조를 준용한다.

이자의 기산일은 별도의 기재가 없으면 발행일이고(어음법 제5조 제3항, 제77조 제2항), 이자의 종기는 만기이다.

———————————— 법 령 ————————————

◇ 어음법

제5조 (이자의 약정) ③ 특정한 날짜가 적혀 있지 아니한 경우에는 어음을 발행한 날부터 이자를 계산한다.

제77조 (환어음에 관한 규정의 준용) ② 약속어음에 관하여는 제3자방에서 또는 지급인의 주소지가 아닌 지(地)에서 지급할 환어음에 관한 제4조 및 제27조, 이자의 약정에 관한 제5조, 어음금액의 기재의 차이에 관한 제6조, 어음채무를 부담하게 할 수 없는 기명날인 또는 서명의 효과에 관한 제7조, 대리권 없는 자 또는 대리권한을 초과한 자의 기명날인 또는 서명의 효과에 관한 제8조, 백지환어음에 관한 제10조를 준용한다.

나. 지연손해금의 청구

어음이 지급제시기간 내에 적법히 지급제시되지 않은 경우 주채무자에 대한 어음시효가 완성되기 전이라면 주채무자를 상대로 어음금청구를 하는 것은 가능하다.

이 경우 지급제시일 다음날 그 다음날부터 지연손해금이 기산되는데(민법 제517조), 그 비율은 연 6%이다(어음법 제28조 제2항, 제48조, 제49조, 제78조 제1항).

백지어음의 경우 백지를 보충하여 완전한 어음으로 지급제시를 하여야만 그 다음날부터 지연손해금이 계산된다(대법원 1970. 3. 10. 선고 69다2184 판결).

———————————— 법 령 ————————————

◇ 민법

제517조 (증서의 제시와 이행지체) 증서에 변제기한이 있는 경우에도 그 기한이 도래한 후에 소지인이 증서를 제시하여 이행을 청구한 때로부터 채무자는 지체책임이 있다.

◇ 어음법

제28조 (인수의 효력) ② 지급을 받지 못한 경우에 소지인은 제48조와 제49조에 따라 청구할 수 있는 모든 금액에 관하여 인수인에 대하여 환어음으로부터 생기는 직접청구권

을 가진다. 소지인이 발행인인 경우에도 같다. [전문개정 2010. 3. 31.]

제48조 (상환청구금액) ① 소지인은 상환청구권에 의하여 다음 각 호의 금액의 지급을 청구할 수 있다.
1. 인수 또는 지급되지 아니한 어음금액과 이자가 적혀 있는 경우 그 이자
2. 연 6퍼센트의 이율로 계산한 만기 이후의 이자
3. 거절증서의 작성비용, 통지비용 및 그 밖의 비용
② 만기 전에 상환청구권을 행사하는 경우에는 할인에 의하여 어음금액을 줄인다. 그 할인은 소지인의 주소지에서 상환청구하는 날의 공정할인율(은행률)에 의하여 계산한다. [전문개정 2010. 3. 31.]

제49조 (재상환청구금액) 환어음을 환수한 자는 그 전자(前者)에 대하여 다음 각 호의 금액의 지급을 청구할 수 있다.
1. 지급한 총금액
2. 제1호의 금액에 대하여 연 6퍼센트의 이율로 계산한 지급한 날 이후의 이자
3. 지출한 비용
[전문개정 2010. 3. 31.]

제78조 (발행인의 책임 및 일람 후 정기출급 어음의 특칙) ① 약속어음의 발행인은 환어음의 인수인과 같은 의무를 부담한다.

| 판 례 |

[판례 2] 약속어음금

(대법원 1970. 3. 10. 선고 69다2184 판결)

【판시사항】

백지어음을 백지의 보충없이 제시한 경우에는 채무자는 이행지체의 책임을 지지 않는다.

【판결요지】

백지어음을 백지의 보충없이 제시한 경우에는 채무자는 이행지체의 책임을 지지 않는다.

【참조조문】

어음법 제14조

【전 문】

【원고, 피상고인】 원고

【피고, 상 고 인】 피고
【원심판결】 제1심 서울민사지방, 제2심 서울민사지방 1969. 11. 27. 선고 69나344 판결

【주 문】

(1) 원심판결의 피고 패소부분 중 금200,000원에 대하여 1969. 2. 25.부터 완제에 이르기까지 년 6푼의 비율에 의한 금원을 지급하라는 부분을 파기하고, 이 부분을 서울민사지방법원 합의부로 환송한다.
(2) 피고의 나머지 상고를 기각하고, 이 부분에 대한 상고비용은 피고의 부담으로 한다.

【이 유】

피고 대리인의 상고이유를 본다.
(1) 제1점에 대하여,
원심은 원고가 이사건 약속어음에 대한 정당한 소지인으로서 보충권을 행사한 사실을 인정하였는데 원심의 이러한 사실인정은 정당하다. 원고가 이 어음의 배서기재부분을 스스로 말소하고, 한번 주장하였던 사실을 철회한 사실이 있다손 치더라도 이 한가지 사실만으로서는 원고의 이사건 어음 취득이 정당한 유통과정을 통한 것이 아니라고 인정할만한 사유가 안된다. 원고를 위 어음의 정당한 소지인이라고 본 원심판단은 정당하고, 여기에는 논지가 공격하는 바와같은 심리미진으로 인한 사실오인, 의률의 위법을 범하였다고 볼만한 허물이 없다. 논지는 이유없다.
(2) 제2점에 대하여,
원심은 이 사건 청구중 지연이자에 관하여 다음과 같이 판시하고 있다. 즉, 피고는 원금에 내한 세시일 익일 1969.2.25부터 완제에 이르기까지 년 6푼의 비율에 의한 이자를 지급하라 하였다. 그러나 원고가 위 어음을 제시할 당시에는 어음위에 지급을 받을 자가 기재되어 있지 아니한 이른바 백지어음 상태에 있었고 원고는 그 뒤인 본소 제기후에 자기 이름을 보충한 사실이 원심판단의 전단부의 인정사실에 비추어 분명하다. 백지어음을 제시하였을 때 채무자가 곧 이행지체에 빠진다고는 볼 수 없으므로 원심의 위와 같은 판단은 어음채무의 이행지체에 관한 법리를 오해하였다 할 것이다. 이점에 관한 논지는 이유없다.
이리하여 관여법관들의 일치된 의견으로 주문과 같이 판결한다.

대법원판사 주재황(재판장) 홍순엽 양회경 이영섭 민문기

[판례 3] 약속어음금

(대법원 1970. 11. 24. 선고 70다2205 판결)

【판시사항】

(갑)에서 (을)로 상호만 변경되었을 뿐 동일한 법인체로 인정되는 한 (을)회사는 (갑)회사가 발행한 약속어음에 대하여 그 책임을 면할 수 없다.

【판결요지】

"갑"에서 "을"로 상호만 변경되었을 뿐 동일한 상사법인이라면 위 "을"회사는 위 "갑"회사가 발행한 약속어음에 대하여 그 책임이 있다.

【참조조문】

어음법 제78조 제1항, 상법 제269조

【전 문】

【원고, 피상고인】 원고
【피고, 상 고 인】 삼화토목합자회사
【원심판결】 제2심 전주지방법원 1970. 8. 28. 선고 70나14 판결

【주 문】

이 상고를 기각한다.
상고 비용은 피고의 부담으로 한다.

【이 유】

피고의 상고이유를 본다.

약속어음의 소지인이 지급기일에 지급의 제시를 하지 아니하였다 하여 그 약속어음의 효력이 상실되는 것은 아니다. 솟장부본의 송달이 있으면 제때에 지급의 제시를 하지 아니한 약속어음에 관하여 이때에 그 지급을 위한 제시가 있는 것으로 본 원심판단은 정당하다. 원심이 적법하게 인정한 사실에 의하면 피고회사는 대창건설합자회사와 동일한 상사법인으로서 그 상호만 변경된 것이 분명하므로 피고회사로서는 피고회사가 전상호를 가지고 있었을 당시에 발행한 이 사건 약속어음에 대하여 그 책임이 있다 할 것이다. 상호가 변경되기 전후에 있어서 실질적으로는 논지가 주장하는 바와 같은 양도양수관계가 있었다 할지라도 이것이 피고회사가 부담하여야 할 이 사건 약속어음 채무에는 영향을 미칠 수 없다 할 것이다. 논지는 요컨대 피고회사가 대창건설합자회사를 양수한 것임을 전제로 하여 이론을 전개하고 있는 것이므로 채용할 수 없다. 위에서 본 바와 같이 대창건설합자회사와 피고회사와는 동일법인체인데 상호만 변경된 것이라고 원심이 적법하게 판시하고 있다.

그렇다면 이 상고는 그 이유없으므로 기각하고, 상고비용은 패소자의 부담으로 한다. 이 판결에는 관여법관들의 견해가 일치되다.

대법원판사 주재황(재판장) 양회경 이영섭 민문기

2. 공시최고에 의한 제권판결

가. 어음의 상실에 대한 구제수단

어음상의 권리자가 어음을 도난당하거나 분실한 경우, 또는 그 어음이 멸실된 경우 어음상의 권리를 행사할 수 없고, 법은 이를 구제하는 수단으로 공시최고에 의한 제권판결 제도를 두고 있다(민사소송법 제475조 내지 제497조)

───────────────── 법 령 ─────────────────

◇ 민사소송법

제475조 (공시최고의 적용범위) 공시최고(公示催告)는 권리 또는 청구의 신고를 하지 아니하면 그 권리를 잃게 될 것을 법률로 정한 경우에만 할 수 있다.

제476조 (공시최고절차를 관할하는 법원) ① 공시최고는 법률에 다른 규정이 있는 경우를 제외하고는 권리자의 보통재판적이 있는 곳의 지방법원이 관할한다. 다만, 등기 또는 등록을 말소하기 위한 공시최고는 그 등기 또는 등록을 한 공공기관이 있는 곳의 지방법원에 신청할 수 있다.
② 제492조의 경우에는 증권이나 증서에 표시된 이행지의 지방법원이 관할한다. 다만, 증권이나 증서에 이행시의 표시가 없는 때에는 발행인의 보통재판적이 있는 곳의 지방법원이, 그 법원이 없는 때에는 발행 당시에 발행인의 보통재판적이 있었던 곳의 지방법원이 각각 관할한다.
③ 제1항 및 제2항의 관할은 전속관할로 한다.

제477조 (공시최고의 신청) ① 공시최고의 신청에는 그 신청의 이유와 제권판결(除權判決)을 청구하는 취지를 밝혀야 한다.
② 제1항의 신청은 서면으로 하여야 한다.
③ 법원은 여러 개의 공시최고를 병합하도록 명할 수 있다.

제478조 (공시최고의 허가여부) ① 공시최고의 허가여부에 대한 재판은 결정으로 한다. 허가하지 아니하는 결정에 대하여는 즉시항고를 할 수 있다.
② 제1항의 경우에는 신청인을 심문할 수 있다.

제479조 (공시최고의 기재사항) ① 공시최고의 신청을 허가한 때에는 법원은 공시최고를 하여야 한다.
② 공시최고에는 다음 각호의 사항을 적어야 한다.
　　1. 신청인의 표시

    2. 공시최고기일까지 권리 또는 청구의 신고를 하여야 한다는 최고
    3. 신고를 하지 아니하면 권리를 잃게 될 사항
    4. 공시최고기일

제480조 (공고방법) 공시최고는 대법원규칙이 정하는 바에 따라 공고하여야 한다.

제481조 (공시최고기간) 공시최고의 기간은 공고가 끝난 날부터 3월 뒤로 정하여야 한다.

제482조 (제권판결전의 신고) 공시최고기일이 끝난 뒤에도 제권판결에 앞서 권리 또는 청구의 신고가 있는 때에는 그 권리를 잃지 아니한다.

제483조 (신청인의 불출석과 새 기일의 지정) ① 신청인이 공시최고기일에 출석하지 아니하거나, 기일변경신청을 하는 때에는 법원은 1회에 한하여 새 기일을 정하여 주어야 한다.
② 제1항의 새 기일은 공시최고기일부터 2월을 넘기지 아니하여야 하며, 공고는 필요로 하지 아니한다.

제484조 (취하간주) 신청인이 제483조의 새 기일에 출석하지 아니한 때에는 공시최고신청을 취하한 것으로 본다.

제485조 (신고가 있는 경우) 신청이유로 내세운 권리 또는 청구를 다투는 신고가 있는 때에는 법원은 그 권리에 대한 재판이 확정될 때까지 공시최고절차를 중지하거나, 신고한 권리를 유보하고 제권판결을 하여야 한다.

제486조 (신청인의 진술의무) 공시최고의 신청인은 공시최고기일에 출석하여 그 신청을 하게 된 이유와 제권판결을 청구하는 취지를 진술하여야 한다.

제487조 (제권판결) ① 법원은 신청인이 진술을 한 뒤에 제권판결신청에 정당한 이유가 없다고 인정할 때에는 결정으로 신청을 각하하여야 하며, 이유가 있다고 인정할 때에는 제권판결을 선고하여야 한다.
② 법원은 제1항의 재판에 앞서 직권으로 사실을 탐지할 수 있다.

제488조 (불복신청) 제권판결의 신청을 각하한 결정이나, 제권판결에 덧붙인 제한 또는 유보에 대하여는 즉시항고를 할 수 있다.

제489조 (제권판결의 공고) 법원은 제권판결의 요지를 대법원규칙이 정하는 바에 따라 공고할 수 있다.

제490조 (제권판결에 대한 불복소송) ① 제권판결에 대하여는 상소를 하지 못한다.
② 제권판결에 대하여는 다음 각호 가운데 어느 하나에 해당하면 신청인에 대한 소로써

최고법원에 불복할 수 있다.
1. 법률상 공시최고절차를 허가하지 아니할 경우일 때
2. 공시최고의 공고를 하지 아니하였거나, 법령이 정한 방법으로 공고를 하지 아니한 때
3. 공시최고기간을 지키지 아니한 때
4. 판결을 한 판사가 법률에 따라 직무집행에서 제척된 때
5. 전속관할에 관한 규정에 어긋난 때
6. 권리 또는 청구의 신고가 있음에도 법률에 어긋나는 판결을 한 때
7. 거짓 또는 부정한 방법으로 제권판결을 받은 때
8. 제451조제1항제4호 내지 제8호의 재심사유가 있는 때

제491조 (소제기기간) ① 제490조제2항의 소는 1월 이내에 제기하여야 한다.
② 제1항의 기간은 불변기간으로 한다.
③ 제1항의 기간은 원고가 제권판결이 있다는 것을 안 날부터 계산한다. 다만, 제490조 제2항제4호·제7호 및 제8호의 사유를 들어 소를 제기하는 경우에는 원고가 이러한 사유가 있음을 안 날부터 계산한다.
④ 이 소는 제권판결이 선고된 날부터 3년이 지나면 제기하지 못한다.

제492조 (증권의 무효선고를 위한 공시최고) ① 도난·분실되거나 없어진 증권, 그 밖에 상법에서 무효로 할 수 있다고 규정한 증서의 무효선고를 청구하는 공시최고절차에는 제493조 내지 제497조의 규정을 적용한다.
② 법률상 공시최고를 할 수 있는 그 밖의 증서에 관하여 그 법률에 특별한 규정이 없으면 제1항의 규정을 적용한다.

제493조 (증서에 관한 공시최고신청권자) 무기명증권 또는 배서(背書)로 이전할 수 있거나 약식배서(略式背書)가 있는 증권 또는 증서에 관하여는 최종소지인이 공시최고절차를 신청할 수 있으며, 그 밖의 증서에 관하여는 그 증서에 따라서 권리를 주장할 수 있는 사람이 공시최고절차를 신청할 수 있다.

제494조 (신청사유의 소명) ① 신청인은 증서의 등본을 제출하거나 또는 증서의 존재 및 그 중요한 취지를 충분히 알리기에 필요한 사항을 제시하여야 한다.
② 신청인은 증서가 도난·분실되거나 없어진 사실과, 그 밖에 공시최고절차를 신청할 수 있는 이유가 되는 사실 등을 소명하여야 한다.

제495조 (신고최고, 실권경고) 공시최고에는 공시최고기일까지 권리 또는 청구의 신고를 하고 그 증서를 제출하도록 최고하고, 이를 게을리 하면 권리를 잃게 되어 증서의 무효가 선고된다는 것을 경고하여야 한다.

제496조 (제권판결의 선고) 제권판결에서는 증권 또는 증서의 무효를 선고하여야 한다.

제497조 (제권판결의 효력) 제권판결이 내려진 때에는 신청인은 증권 또는 증서에 따라 의무를 지는 사람에게 증권 또는 증서에 따른 권리를 주장할 수 있다.

나. 어음의 무효선고를 위한 공시최고

공시최고라 함은 법원이 당사자의 신청에 의하여 불특정 상대방에 대하여 권리 또는 청구의 신고를 최고하고, 그 신고가 없을 때에는 실권의 효력이 생길 수 있다는 취지의 경고를 붙여 공고하는 것을 말한다.

어음에 이행지의 표시가 없는 때에는 발행인의 보통재판적이 있는 곳의 지방법원이 관할한다(민사소송법 제476조 제2항). 위 관할은 모두 전속관할이다(민사소송법 제476조 제3항).

공시최고의 신청자는 어음을 도난당하거나 분실하였거나 어음이 멸실된 자이다.

──────────── 법 령 ────────────

◆ **민사소송법**
제476조 (공시최고절차를 관할하는 법원) ② 제492조의 경우에는 증권이나 증서에 표시된 이행지의 지방법원이 관할한다. 다만, 증권이나 증서에 이행지의 표시가 없는 때에는 발행인의 보통재판적이 있는 곳의 지방법원이, 그 법원이 없는 때에는 발행 당시에 발행인의 보통재판적이 있었던 곳의 지방법원이 각각 관할한다.
③ 제1항 및 제2항의 관할은 전속관할로 한다.

| 판 례 |────────────────────

[판례 4] 제권에대한불복

(대법원 2004. 11. 11. 선고 2004다4645 판결)

【판시사항】
증권 등의 전 소지인이 그 증권 등의 현 소지인을 알면서도 그 소재를 모르는 것처럼 공시최고법원을 기망하여 제권판결을 받은 경우, 민사소송법 제490조 제2항 제7호에 정한 '거짓 또는 부정한 방법으로 제권판결을 받은 때'에 해당하는지 여부(적극)

【판결요지】

증권 또는 증서의 전 소지인이 자기의 의사에 기하지 아니하고 증권 등의 소지를 상실하였다 하더라도 그 후 증권 등을 특정인이 소지하고 있음이 판명된 경우에는 전 소지인은 현 소지인에 대하여 반환을 청구하여야 하고, 이에 대한 공시최고는 허용되지 않는다 할 것이고, 전 소지인이 증권 등의 소지인을 알면서도 소재를 모르는 것처럼 공시최고기일에 출석하여 신청의 원인과 제권판결을 구하는 취지를 진술하여 공시최고법원을 기망하고, 이에 속은 공시최고법원으로부터 제권판결을 받았다면 이는 민사소송법 제490조 제2항 제7호 소정의 '거짓 또는 부정한 방법으로 제권판결을 받은 때'에 해당한다.

【참조조문】

민사소송법 제490조 제2항 제7호

【참조판례】

대법원 1997. 7. 25. 선고 97다16985 판결(공1997하, 2708)
대법원 1999. 5. 14. 선고 99다6463 판결(공1999상, 1164)

【전　문】

【원고, 피상고인】 원고 (소송대리인 변호사 송선양)
【피고, 상　고　인】 주식회사 두산 (소송대리인 법무법인 남산 담당변호사 임동진 외 6인)
【원심판결】 서울고법 2003. 12. 5. 선고 2003나23474 판결

【주　문】

상고를 기각한다. 상고비용은 피고가 부담한다.

【이　유】

상고이유(상고이유서 제출기간이 경과 후에 제출된 상고이유보충서의 기재는 상고이유를 보충하는 범위 내에서)를 본다.

1. 상고이유 제1점에 관한 판단

　원심판결의 이유에 의하면, 원심은 그 채용 증거를 종합하여 판시와 같은 사실을 인정한 다음, 민사소송법 제490조 제2항 제7호(거짓 또는 부정한 방법으로 제권판결을 받은 때)의 사유를 들어 제권판결불복의 소를 제기하는 경우에는 같은 법 제491조 제3항 단서의 규정에 따라 이러한 사유가 있음을 안 날부터 1월 이내에 소를 제기할 수 있는데, 원고가 이 사건 제권판결의 존재를 알았다는 사실만으로 원고가 이러한 사유가 있다는 사실까지 알았다고 볼 수 없고, 여기에 피고가 내세우는 사정(피고는 원고가 2000. 9.경 이 사건 어음이 도난어음이라는 사실을 알게 되었다는 점, 같은 해 9. 26. 소외 1이 어음사기사건으로 연행되고 원고는 같은 해 9. 28. 위 사기사건에서 진술을 하였으며, 같은 해 10. 6. 위 사건과 관련하여 이 사건 어음을 압수당하였다는 점 등을 내세우고 있으나 이 무렵은 이 사건 어음에 대한 제권판결조차 선고되기 이전의 시점이다.)을 종합하여 보더라도, '피고가 거짓 또는 부정한 방법으로 이 사건 제권판결을 받았다는 사정'

을 원고가 이 사건 소제기 1월 이전에 알았다고 볼 수 없다고 판단하였는바, 기록에 비추어 살펴보면 원심의 사실인정과 판단은 정당한 것으로 수긍이 가고, 거기에 주장과 같은 심리미진 및 채증법칙 위배로 인한 사실오인 등의 위법이 없다.

2. 상고이유 제2점에 관한 판단

증권 또는 증서의 전 소지인이 자기의 의사에 기하지 아니하고 증권 등의 소지를 상실하였다 하더라도 그 후 증권 등을 특정인이 소지하고 있음이 판명된 경우에는 전 소지인은 현 소지인에 대하여 반환을 청구하여야 하고, 이에 대한 공시최고는 허용되지 않는다 할 것이고, 전 소지인이 증권 등의 소지인을 알면서도 소재를 모르는 것처럼 공시최고기일에 출석하여 신청의 원인과 제권판결을 구하는 취지를 진술하여 공시최고법원을 기망하고, 이에 속은 공시최고법원으로부터 제권판결을 받았다면 이는 민사소송법 제490조 제2항 제7호 소정의 '거짓 또는 부정한 방법으로 제권판결을 받은 때'에 해당한다 (대법원 1997. 7. 25. 선고 97다16985 판결 참조).

위와 같은 법리와 기록에 의하여 살펴보면, 원심이 판시와 같은 사정을 종합하여 이 사건 어음은 편취당한 것으로 피고 또는 그 위임을 받은 소지인의 의사에 기초하여 교부된 것으로서 도난·분실되거나 없어진 증권에 해당되지 아니하여 공시최고절차의 대상이 되지 아니하고, 또한 피고는 이 사건 어음을 분실하였다는 이유로 공시최고신청을 하고 그 신청 후에 원고로부터 이 사건 어음에 관하여 어음금청구소송을 제기당하여 이 사건 어음의 소지인을 알게 되었음에도 불구하고 마치 그 소재를 모르는 것처럼 공시최고기일에 출석하여 신청의 원인과 제권판결을 구하는 취지를 진술하여 공시최고법원을 기망하고, 이에 속은 공시최고법원으로부터 이 사건 제권판결을 받았으므로 이는 민사소송법 제490조 제2항 제7호에 규정된 '거짓 또는 부정한 방법으로 제권판결을 받은 때'에 해당된다고 본 원심의 판단은 정당하고, 거기에 주장과 같은 제권판결에 대한 불복사유에 관한 심리미진 및 법리오해의 위법이 있다고 할 수 없다. 그리고 상고이유에서 들고 있는 대법원 1981. 3. 10. 선고 80다1665 판결은 1990. 1. 13. 법률 제4201호로 민사소송법이 개정되어 제461조 제2항 제7호(현재의 제490조 제2항 제7호)가 신설되기 이전의 민사소송법 제461조 제2항 제1호 소정의 불복사유에 관한 것으로 이 사건에 원용하기에 적절한 것이 아니다.

3. 결론

그러므로 상고를 기각하고, 상고비용은 패소자가 부담하도록 하여 관여 법관의 일치된 의견으로 주문과 같이 판결한다.

대법관 윤재식(재판장) 이용우 이규홍(주심) 김영란

[판례 5] 손해배상(기)

(대법원 1999. 5. 14. 선고 99다6463 판결)

【판시사항】

증서의 전 소지인이 그 증서의 현소지인을 알면서도 그 소재를 모르는 것처럼 법원을 기망하여 제권판결을 받은 경우, 증서의 정당한 소지인이 제권판결불복의 소에서 패소하였는지 여부를 불문하고 전 소지인은 정당한 소지인에게 불법행위로 인한 손해배상책임을 지는지 여부(적극)

【판결요지】

증서의 전 소지인이 자기의 의사에 기하지 아니하고 증서의 소지를 상실하였다고 하더라도 그 후 그 증서를 특정인이 소지하고 있음이 판명된 경우에는 전 소지인은 현 소지인에 대하여 그 반환을 청구하여야 하고, 이에 대한 공시최고는 허용되지 아니한다 할 것이며, 전 소지인이 그 증서의 소지인을 알면서도 그 소재를 모르는 것처럼 공시최고 기일에 출석하여 그 신청의 원인과 제권판결을 구하는 취지를 진술하여 공시최고 법원을 기망하고, 이에 속은 공시최고 법원으로부터 제권판결을 받았다면, 그 제권판결의 소극적 효과로서 그 증서는 무효가 되어 그 정당한 소지인은 증서상의 권리를 행사할 수 없게 되고 적법한 소지인임을 전제로 한 이득상환청구권도 발생하지 아니하게 된 손해를 입었다고 할 것이므로, 전 소지인은 그 증서의 정당한 소지인에게 불법행위로 인한 손해를 배상할 책임이 있는 것이고, 정당한 소지인이 제권판결을 받은 전 소지인을 상대로 한 제권판결불복의 소에서 패소하였다고 하여 달리 볼 것이 아니며, 또한, 전 소지인이 그 공시최고 과정에서 정당한 소지인에게 자기가 공시최고 절차를 밟고 있다는 사실과 그 사건번호를 알려주었다고 하더라도, 제권판결을 받아냄으로써 정당한 소지인의 증서상의 권리를 침해한 이상, 그러한 사정은 과실상계의 사유가 될 뿐 불법행위의 성립 여부를 좌우할 사정이 되지는 못한다.

【참조조문】

민법 제750조, 민사소송법 제458조, 제461조, 제464조, 제467조

【참조판례】

대법원 1989. 6. 13. 선고 88다카7962 판결(공1989, 1057)
대법원 1995. 2. 3. 선고 93다52334 판결(공1995상, 1144)
대법원 1997. 7. 25. 선고 97다16985 판결(공1997하, 2708)

【전 문】

【원고, 피상고인】 동남혁제 주식회사
【피고, 상 고 인】 피고 (소송대리인 변호사 김병수)
【원심판결】 서울고법 1998. 12. 24. 선고 98나17444 판결

【주 문】

상고를 기각한다. 상고비용은 피고의 부담으로 한다.

【이 유】

1. 상고이유 제2점에 대하여

원심판결 이유에 의하면 원심은, 원고가 그 판시의 양도성예금증서를 취득함에 있어서

그것이 분실된 것이라는 사정을 알고 있었거나 중대한 과실로 알지 못하였으므로 위 증서의 정당한 소지인으로 볼 수 없다는 피고의 항변을 그 판시와 같은 이유로 배척하였는바, 이를 기록에 비추어 살펴보면 옳다고 여겨지고, 거기에 상고이유 주장과 같은 채증법칙 위배로 인한 사실오인이나 증권의 선의취득에 있어 악의 또는 중과실의 점에 관한 심리미진 등의 위법이 있다고 할 수 없다.

2. 상고이유 제1점에 대하여

위와 같은 증서의 전 소지인이 자기의 의사에 기하지 아니하고 증서의 소지를 상실하였다고 하더라도 그 후 그 증서를 특정인이 소지하고 있음이 판명된 경우에는 전 소지인은 현 소지인에 대하여 그 반환을 청구하여야 하고, 이에 대한 공시최고는 허용되지 아니한다 할 것이며, 전 소지인이 그 증서의 소지인을 알면서도 그 소재를 모르는 것처럼 공시최고 기일에 출석하여 그 신청의 원인과 제권판결을 구하는 취지를 진술하여 공시최고 법원을 기망하고, 이에 속은 공시최고 법원으로부터 제권판결을 받았다면, 그 제권판결의 소극적 효과로서 그 증서는 무효가 되어 그 정당한 소지인은 증서상의 권리를 행사할 수 없게 되고 적법한 소지인임을 전제로 한 이득상환청구권도 발생하지 아니하게 된 손해를 입었다고 할 것이므로, 전 소지인은 그 증서의 정당한 소지인에게 불법행위로 인한 손해를 배상할 책임이 있는 것이고(대법원 1995. 2. 3. 선고 93다52334 판결, 1989. 6. 13. 선고 88다카7962 판결 등 참조), 정당한 소지인이 제권판결을 받은 전 소지인을 상대로 한 제권판결불복의 소에서 패소하였다고 하여 달리 볼 것이 아니다.

또한, 전 소지인이 그 공시최고 과정에서 정당한 소지인에게 자기가 공시최고 절차를 밟고 있다는 사실과 그 사건번호를 알려주었다고 하더라도, 결국 위와 같은 방법으로 제권판결을 받아냄으로써 정당한 소지인의 증서상의 권리를 침해한 이상, 그러한 사정은 과실상계의 사유가 될 뿐 불법행위의 성립 여부를 좌우할 사정이 되지는 못한다고 할 것이다.

원심이 이러한 취지에서 피고에 대하여 불법행위에 기한 손해배상책임을 인정한 조치는 옳고, 거기에 상고이유 주장과 같은 제권판결 취득행위의 불법행위 성립에 관한 법리를 오해한 위법이 있다고 할 수 없다.

3. 그러므로 상고를 기각하고 상고비용은 패소자인 피고의 부담으로 하기로 관여 법관들의 의견이 일치되어 주문과 같이 판결한다.

대법관 조무제(재판장) 정귀호 김형선(주심) 이용훈

공시최고의 신청은 서면으로 하여야 하고, 공시최고 신청서에는 그 신청의 이유와 제권판결을 청구하는 취지를 밝혀야 한다(민사소송법 제477조)

―――――――――――― 법 령 ――――――――――――

◇ 민사소송법

제477조 (공시최고의 신청) ① 공시최고의 신청에는 그 신청의 이유와 제권판결(除權判決)을 청구하는 취지를 밝혀야 한다.
② 제1항의 신청은 서면으로 하여야 한다.
③ 법원은 여러 개의 공시최고를 병합하도록 명할 수 있다.

| 판 례 | ――――――――――――――――――――――

[판례 6] 약속어음금

(대법원 1990. 4. 27. 선고 89다카16215 판결)

【판시사항】

가. 제권판결이 선고된 약속어음의 실질적 권리자의 권리행사방법
나. 약속어음의 발행인의 신청에 의하여 제권판결이 선고된 경우에도 어음의 효력이 상실되는지 여부(적극)

【판결요지】

가. 약속어음에 관하여 제권판결이 선고되면 제권판결의 소극적 효력으로서 그 약속어음은 약속어음으로서의 효력을 상실하게 되어 약속어음의 정당한 소지인이라고 할지라도 그 약속어음상의 권리를 행사할 수 없게 되는 것이므로, 일단 제권판결이 선고된 이상 약속어음상의 실질적 권리자라고 하더라도 제권판결의 효력을 소멸시키기 위하여 제권판결에 대한 불복의 소를 제기하여 취소판결을 받지아니하는 한 그 약속어음상의 권리를 주장할 수 없다.

나. 제권판결의 소극적 효력으로서 그 어음이 어음으로서의 효력을 상실하여 무효로 되는 이치가, 공시최고의 신청인이 발행인인 경우와 발행인이 아닌 소지인(어음상의 권리자)인 경우에 따라 구별되어 해석되어야 할 만한 아무런 합리적인 근거가 없으며, 도리어 약속어음의 발행인이 그 어음상의 채무를 면하기 위하여 어음의 도난, 분실 등을 이유로 공시최고의 신청을 할 수 있다고 해석하여야 할 것이므로, 어음 발행인의 신청에 의하여 제권판결이 선고된 경우에도 그 소극적 효력에 의해 그 어음이 효력을 상실하게 됨은 마찬가지이다.

【참조조문】

민사소송법 제458조, 제461조

【참조판례】

가. 대법원 1976.6.22. 선고 75다1010 판결(공1976,9257)
1979.3.13.선고 79다4 판결(공1979,11893)
1982.10.26. 선고 82다298 판결(공1983,57)
1989.6.13. 선고 88다카7962 판결(공1989,1057)

【전 문】

【원고, 피상고인】 주식회사 제일은행 소송대리인 변호사 이수영
【피고, 상 고 인】 덕풍물산주식회사 소송대리인 변호사 박창래
【원심판결】 서울민사지방법원 1989.5.16. 선고 88나32304 판결

【주 문】

원심판결을 파기한다.
사건을 서울민사지방법원 본원합의부에 환송한다.

【이 유】

피고 소송대리인의 상고이유 제1점에 대하여 판단한다.

1. 약속어음에 관하여 제권판결이 선고되면 제권판결의 소극적 효력으로서 그 약속어음은 약속어음으로서의 효력을 상실하게 되어 약속어음의 정당한 소지인이라고 할지라도 그 약속어음상의 권리를 행사할 수 없게 되는 것이므로, 일단 제권판결이 선고된 이상 약속어음상의 실질적 권리자라고 하더라도 제권판결의 효력을 소멸시키기 위하여 제권판결에 대한 불복의 소를 제기하여 취소판결을 받지 아니하는 한 그 약속어음상의 권리를 주장할 수 없다고 할 것이다(당원 1976.6.22.선고 75다1010 판결; 1979.3.13.선고 79다4 판결; 1982.10.26.선고 82다298판결; 1989.6.13.선고 88다카7962 판결 등 참조).

2. 원심은, 피고가 이 사건 약속어음에 관하여 1987.9.1. 서울민사지방법원에 공시최고의 신청을 하여 12.19. 제권판결을 선고받았으므로 약속어음은 무효로 되었고 따라서 원고의 피고에 대한 이 사건약속어음청구는 부당한 것이라는 피고의 항변에 대하여, 약속어음의 발행인이 스스로 발행한 약속어음에대하여 공시최고 및 제권판결을 신청하는 경우는 어음이 교부되기 전에 도난 또는 분실된 어음에 대한 종국적인 어음채무자로서의 어음채무를 면하기 위한것일 뿐 자신의 어음상의 권리행사자격의 회복을 목적으로 하는 것이 아니기 때문에, 약속어음상의 권리자의 신청에 기한 제권판결의 경우와는 달리 제권판결의 확정전에 그 어음을 선의취득한 자와 그 제권판결로서 권리행사자격을 회복하는 자 사이에 권리행사자격의 경합상태가 발생한 염려가 없는 것이므로, 약속어음의 발행인의 신청에 기한 제권판결이 선고된 경우에는 약속어음상의 권리자의 신청에 기한 제권판결이 선고된 경우와는 달리 제권판결의 소극적 효력으로서 무효로 된 어음을 소지하는 실질적 권리자는 제권판결전에 이미 그 어음상의 권리를 취득하였고 제권판결 선고당시 그 어음의 적법한 소지인임을 주장, 입증하여 그 권리를 행사할 수 있다고 해석함이 상당하다고 할 것인 바, 원고가 위 제권판결 선고이전인 1987.6.10. 악의 또는 중대한 과실없이 이 사건 약속어음을 취득하였고 위 제권판결 선고당시에도 그 어음을 적법하게 소지하고 있었음이 인정되므로, 위 제권판결에 관계없이 위 약속어음의발행인인 피고에 대하여 위 어음상의 권리를 행사할 수 있는 것이라는 이유로,

피고의 항변을 배척하고 원고의 이 사건 약속어음금청구를 인용하였다.
3. 그러나 약속어음의 발행인의 공시최고신청에 의하여 제권판결이 선고된 경우에 발행인은 그 어음의 종국적인 채무자이므로 제권판결이 선고되었다고 하여 그 어음상의 권리를 행사할 여지가 없음은 원심이 판시한 바와 같다고하더라도, 앞서 판단한 바와 같이 제권판결의 소극적 효력으로서 그 어음이 어음으로서의 효력을 상실하여 무효로 되는 이치가, 공시최고의 신청인이 발행인인 경우와 발행인이 아닌 소지인(어음상의 권리자)인 경우에 따라 구별되어 해석되어야 할 만한 아무런 합리적인 근거가 없으며, 도리어 약속어음의 발행인이 그 어음상의 채무를 면하기 위하여 어음의 도난, 분실 등을 이유로 공시최고의 신청을 할 수 있다고 해석하여야 할 것이다.
4. 그럼에도 불구하고 원심은 약속어음의 발행인인 피고가 공시최고의 신청을 하였기 때문에 제권판결 선고당시 이 사건 약속어음의 적법한 소지인이었던 원고가 제권판결에 관계없이 어음상의 권리를 행사할 수 있다고 판단하였으니, 원심판결에는 제권판결의 효력에 관한 법리를 오해한 위법이 있다고 하지 않을 수 없고, 이와 같은 위법은 판결에 영향을 미친 것임이 명백하여 소송촉진등에관한특례법 제12조 제2항 소정의 파기사유에 해당하므로, 이 점을 지적한 논지는 이유가 있고, 그밖의 상고이유에 대하여는 판단할 필요도 없이 원심판결은 파기를 면치 못할 것이다.
5. 그러므로 원심판결을 파기하고, 다시 심리판단하게 하기 위하여 사건을 원심법원에 환송하기로 관여 법관의 의견이 일치되어 주문과 같이 판결한다.

대법관 이재성(재판장) 박우동 윤영철 김용준

공시최고신청에 대하여 법원은 직권으로 필요한 경우 신청인을 심문할 수 있다(민사소송법 제478조 제2항). 공시최고의 허가 여부에 대한 재판은 결정으로 한다. 허가하지 아니하는 결정에 대하여는 즉시항고를 할 수 있다(민사소송법 제478조 제1항)

─────────── 법 령 ───────────

◆ 민사소송법
제478조 (공시최고의 허가여부) ① 공시최고의 허가여부에 대한 재판은 결정으로 한다. 허가하지 아니하는 결정에 대하여는 즉시항고를 할 수 있다.
② 제1항의 경우에는 신청인을 심문할 수 있다.

공시최고는 공고하여야 하는데(민사소송법 제480조) 실무상 공고사항을 대법원 홈페이지(www.scourt.go.kr) 법원공고란에 게시하는 방법으로 하고 있다. 공시최고기일은 3월 뒤로 정하여야 한다(민사소송법 제481조)

법 령

◆ 민사소송법
제480조 (공고방법) 공시최고는 대법원규칙이 정하는 바에 따라 공고하여야 한다.

제481조 (공시최고기간) 공시최고의 기간은 공고가 끝난 날부터 3월 뒤로 정하여야 한다.

제482조 (제권판결전의 신고) 공시최고기일이 끝난 뒤에도 제권판결에 앞서 권리 또는 청구의 신고가 있는 때에는 그 권리를 잃지 아니한다.

판 례

[판례 7] 수표금

(대법원 1983. 11. 8. 선고 83다508, 83다카1705 판결)

【판시사항】
가. 대법원 판례와 상반되는 판단이 명시적임을 요한다고 한 사례
나. 소지인이 제기한 수표금지급청구의 소가 공시최고법원에 대한 신고에 해당하는지 여부

【판결요지】
가. 수표금 지급을 구하는 이 사건 수표에 대하여 제권판결이 있었으므로 수표로서의 효력이 상실되었다는 논지의 항변에 대하여 원심판결이 판단을 유탈하여 결과적으로 대법원판례에 반하는 결론을 내렸더라도 이는 제권판결의 효력에 관한 대법원판례와 상반되는 해석을 판시한 것이 아니므로 소송촉진등에 관한 특례법 제11조 제1항 제3호에 해당하지 않는다.
나. 수표에 관하여 제권판결이 있으면 제권판결의 소극적 효과로서 수표로서의 효력이 상실되고 그 수표의 소지인은 수표상의 권리를 행사할 수 없으며, 설사 그 제권판결이 있기 전에 그 소지인이 지급은행에 지급제시를 하였다거나 또는 그 수표금 지급청구소송을 제기하였다 하여도 이를 공시 최고법원에 대한 권리의 신고나 청구로 볼 수 없는 것으로서 위와 같은 제권판결의 효력을 좌우할 수 없다.

【참조조문】

가.소송촉진등에 관한 특례법 제11조 제1항 나. 민사소송법 제453조, 제468조, 수표법 제21조

【참조판례】

나. 대법원 1967.9.26. 선고 67다1731 판결
1969.12.23. 선고 68다2186 판결
1976.6.22. 선고 75다1010 판결

【전 문】

【원고, 피상고인】 원고
【피고, 상 고 인】 주식회사 조흥은행
【피고보조참가인, 상고인】 피고보조참가인 피고 및 피고보조참가인 소송대리인 변호사 유진령
【원심판결】 대전지방법원 1983.7.20. 선고 83나35 판결

【주 문】

원심판결을 파기하고, 사건을 대전지방법원 합의부에 환송한다.

【이 유】

1. 피고 및 피고보조참가인 소송대리인의 권리상고이유를 본다.

 상고이유의 요지는, 원심판결은 이 사건 수표가 제권판결로 실효되었다는 피고보조참가인의 항변에 대하여 아무런 언급을 하지 아니함으로써 판단유탈, 심리미진 내지 이유불비의 위법을 저질렀을 뿐 아니라 제권판결에 관한 종전의 대법원판례와 상반된 판단을 한 허물이 있으므로 소송촉진등에 관한 특례법 제11조 제1항 제3호의 상고이유에 해당한다는 것이나, 소론과 같은 판단유탈, 심리미진 또는 이유불비는 위 특례법 제11조 제1항 각호 소정의 불복사유중 어느 경우에도 해당한다고 볼 수 없으며, 또 원심판결 이유에 의하면 원심은 피고보조참가인의 제권판결에 의한 실효항변에 대하여 판단을 유탈한 것뿐 제권판결의 효력에 관한 당원의 판례와 상반되는 해석을 판시한 것은 아니므로 위 특례법 제11조 제1항 제3호에도 해당하지 않으니 논지는 이유없다.

2. 같은 소송대리인의 허가상고이유를 본다.

 수표에 관하여 제권판결이 있으면 제권판결의 소극적 효과로서 수표로서의 효력이 상실되고 그 수표의 소지인은 수표상의 권리를 행사할 수 없으며 설사 그 제권판결이 있기 전에 그 소지인이 지급은행에 지급제시를 하였거나 또는 그 수표금 지급청구소송을 제기하였다고 하여도 이를 공시최고법원에 대한 권리의 신고나 청구로 볼 수 없는 것으로서 위와 같은 제권판결의 효력을 좌우할 수 없다는 것이 당원의 판례이다(당원 1967.9.26. 선고 67다1731 판결; 1969.12.23. 선고 68다2186 판결 및 1976.6.22. 선고 75다1010 판결 각 참조).

 기록에 의하면, 피고보조참가인은 원고가 이 소로서 수표금지급을 구하는 이 사건 수표에 대하여 1983.3.22.자로 제권판결이 있었으므로 수표로서의 효력이 상실되었다는 취지의 주장을 하고 입증으로 을 제5호증(제권판결)까지 제출하고 있음이 분명한데도 원심

은 이 점에 대하여 아무런 판단을 함이 없이 원고의 이 사건, 수표금청구를 인용하고 있는바, 이는 판결에 영향을 미칠 중요한 사항에 대하여 판단을 유탈한 위법이 있는 것으로서 소송촉진등에 관한 특례법 제12조 제2항 소정의 파기사유에 해당한다고 할 것이므로 이 점에 관한 논지는 이유있다.
3. 그러므로 원심판결은 파기하고, 사건을 다시 심리케 하고자 대전지방법원 합의부로 환송하기로 하여 관여법관의 일치된 의견으로 주문과 같이 판결한다.

대법관   이일규(재판장) 이성렬 이회창

다. 공시최고기일의 진행

공시최고의 공고가 다 마쳐지고 지정된 공시최고기일이 가까워지면 신청인에게 기일통지서를 송달하여 출석하게 한다.

신청인이 기일에 불출석하거나 기일변경신청을 하는 때에는 1회에 한하여 새 기일을 정하여 주어야 한다(민사소송법 제483조 제1항, 제2항, 제486조).

―――――――――― 법 령 ――――――――――

◇ 민사소송법

제483조 (신청인의 불출석과 새 기일의 지정) ① 신청인이 공시최고기일에 출석하지 아니하거나, 기일변경신청을 하는 때에는 법원은 1회에 한하여 새 기일을 정하여 주어야 한다.
  ② 제1항의 새 기일은 공시최고기일부터 2월을 넘기지 아니하여야 하며, 공고는 필요로 하지 아니한다.

제486조 (신청인의 진술의무) 공시최고의 신청인은 공시최고기일에 출석하여 그 신청을 하게 된 이유와 제권판결을 청구하는 취지를 진술하여야 한다.

라. 어음에 대한 제권판결

어음에 대한 제권판결은 어음의 무효를 선고하는 판결이다(민사소송법 제496조, 제485조).

─────────── 법 령 ───────────

◆ 민사소송법

제485조 (신고가 있는 경우) 신청이유로 내세운 권리 또는 청구를 다투는 신고가 있는 때에는 법원은 그 권리에 대한 재판이 확정될 때까지 공시최고절차를 중지하거나, 신고한 권리를 유보하고 제권판결을 하여야 한다.

제496조 (제권판결의 선고) 제권판결에서는 증권 또는 증서의 무효를 선고하여야 한다.

| 판 례 |

[판례 8] 약속어음금

(대법원 1990. 4. 27. 선고 89다카16215 판결)

【판시사항】

가. 제권판결이 선고된 약속어음의 실질적 권리자의 권리행사방법
나. 약속어음의 발행인의 신청에 의하여 제권판결이 선고된 경우에도 어음의 효력이 상실되는지 여부(적극)

【판결요지】

가. 약속어음에 관하여 제권판결이 선고되면 제권판결의 소극적 효력으로서 그 약속어음은 약속어음으로서의 효력을 상실하게 되어 약속어음의 정당한 소지인이라고 할지라도 그 약속어음상의 권리를 행사할 수 없게 되는 것이므로, 일단 제권판결이 선고된 이상 약속어음상의 실질적 권리자라고 하더라도 제권판결의 효력을 소멸시키기 위하여 제권판결에 대한 불복의 소를 제기하여 취소판결을 받지아니하는 한 그 약속어음상의 권리를 주장할 수 없다.
나. 제권판결의 소극적 효력으로서 그 어음이 어음으로서의 효력을 상실하여 무효로 되는 이치가, 공시최고의 신청인이 발행인인 경우와 발행인이 아닌 소지인(어음상의 권리자)인 경우에 따라 구별되어 해석되어야 할 만한 아무런 합리적인 근거가 없으며, 도리어 약속어음의 발행인이 그 어음상의 채무를 면하기 위하여 어음의 도난, 분실 등을 이유로 공시최고의 신청을 할 수 있다고 해석하여야 할 것이므로, 어음 발행인의 신청에 의하여 제권판결이 선고된 경우에도 그 소극적 효력에 의해 그 어음이 효력을 상실하게 됨은 마찬가지이다.

【참조조문】

민사소송법 제458조, 제461조

【참조판례】

가. 대법원 1976.6.22. 선고 75다1010 판결(공1976,9257)
1979.3.13.선고 79다4 판결(공1979,11893)
1982.10.26. 선고 82다298 판결(공1983,57)
1989.6.13. 선고 88다카7962 판결(공1989,1057)

【전 문】

【원고, 피상고인】 주식회사 제일은행 소송대리인 변호사 이수영
【피고, 상 고 인】 덕풍물산주식회사 소송대리인 변호사 박창래
【원심판결】 서울민사지방법원 1989.5.16. 선고 88나32304 판결

【주 문】

원심판결을 파기한다.
사건을 서울민사지방법원 본원합의부에 환송한다.

【이 유】

피고 소송대리인의 상고이유 제1점에 대하여 판단한다.

1. 약속어음에 관하여 제권판결이 선고되면 제권판결의 소극적 효력으로서 그 약속어음은 약속어음으로서의 효력을 상실하게 되어 약속어음의 정당한 소지인이라고 할지라도 그 약속어음상의 권리를 행사할 수 없게 되는 것이므로, 일단 제권판결이 선고된 이상 약속어음상의 실질적 권리자라고 하더라도 제권판결의 효력을 소멸시키기 위하여 제권판결에 대한 불복의 소를 제기하여 취소판결을 받지 아니하는 한 그 약속어음상의 권리를 주장할 수 없다고 할 것이다(당원 1976.6.22.선고 75다1010 판결; 1979.3.13.선고 79다4 판결; 1982.10.26.선고 82다298판결; 1989.6.13.선고 88다카7962 판결 등 참조).

2. 원심은, 피고가 이 사건 약속어음에 관하여 1987.9.1. 서울민사지방법원에 공시최고의 신청을 하여 12.19. 재권판결을 선고받았으므로 약속어음은 무효로 되었고 따라서 원고의 피고에 대한 이 사건약속어음청구는 부당한 것이라는 피고의 항변에 대하여, 약속어음의 발행인이 스스로 발행한 약속어음에대하여 공시최고 및 제권판결을 신청하는 경우는 어음이 교부되기 전에 도난 또는 분실된 어음에 대한 종국적인 어음채무자로서의 어음채무를 면하기 위한것일 뿐 자신의 어음상의 권리행사자격의 회복을 목적으로 하는 것이 아니기 때문에, 약속어음상의 권리자의 신청에 기한 제권판결의 경우와는 달리 제권판결의 확정전에 그 어음을 선의취득한 자와 그 제권판결로서 권리행사자격을 회복하는 자 사이에 권리행사자격의 경합상태가 발생한 염려가 없는 것이므로, 약속어음의 발행인의 신청에 기한 제권판결이 선고된 경우에는 약속어음상의 권리자의 신청에 기한 제권판결이 선고된 경우와는 달리 제권판결의 소극적 효력으로서 무효로 된 어음을 소지하는 실질적 권리자는 제권판결전에 이미 그 어음상의 권리를 취득하였고 제권판결 선고당시 그 어음의 적법한 소지인임을 주장, 입증하여 그 권리를 행사할 수 있다고 해석함이 상당하다고 할 것인 바, 원고가 위 제권판결 선고이전인 1987.6.10. 악의 또는 중대한 과실없이 이 사건 약속어음을 취득하였고 위 제권판결 선고당시에도 그 어음을 적법하게 소지하고 있었음이 인정되므로, 위 제권판결에 관계없이 위 약속어음의발행인인 피고에 대하여 위 어음상의 권리를 행사할 수 있는 것이라는 이유로,

피고의 항변을 배척하고 원고의 이 사건 약속어음금청구를 인용하였다.
3. 그러나 약속어음의 발행인의 공시최고신청에 의하여 제권판결이 선고된 경우에 발행인은 그 어음의 종국적인 채무자이므로 제권판결이 선고되었다고 하여 그 어음상의 권리를 행사할 여지가 없음은 원심이 판시한 바와 같다고하더라도, 앞서 판단한 바와 같이 제권판결의 소극적 효력으로서 그 어음이 어음으로서의 효력을 상실하여 무효로 되는 이치가, 공시최고의 신청인이 발행인인 경우와 발행인이 아닌 소지인(어음상의 권리자)인 경우에 따라 구별되어 해석되어야 할 만한 아무런 합리적인 근거가 없으며, 도리어 약속어음의 발행인이 그 어음상의 채무를 면하기 위하여 어음의 도난, 분실 등을 이유로 공시최고의 신청을 할 수 있다고 해석하여야 할 것이다.
4. 그럼에도 불구하고 원심은 약속어음의 발행인인 피고가 공시최고의 신청을 하였기 때문에 제권판결 선고당시 이 사건 약속어음의 적법한 소지인이었던 원고가 제권판결에 관계없이 어음상의 권리를 행사할 수 있다고 판단하였으니, 원심판결에는 제권판결의 효력에 관한 법리를 오해한 위법이 있다고 하지 않을 수 없고, 이와 같은 위법은 판결에 영향을 미친 것임이 명백하여 소송촉진등에관한특례법 제12조 제2항 소정의 파기사유에 해당하므로, 이 점을 지적한 논지는 이유가 있고, 그밖의 상고이유에 대하여는 판단할 필요도 없이 원심판결은 파기를 면치 못할 것이다.
5. 그러므로 원심판결을 파기하고, 다시 심리판단하게 하기 위하여 사건을 원심법원에 환송하기로 관여 법관의 의견이 일치되어 주문과 같이 판결한다.

대법관   이재성(재판장) 박우동 윤영철 김용준

[판례 9] 약속어음금

(대법원 1994. 10. 11. 선고 94다18614 판결)

【판시사항】

가. 약속어음에 관한 제권판결의 효력
나. 공시최고의 신청인이 발행인인지 여하에 따라 '가'항의 효력이 구별되는지 여부
다. 공시최고 전에 선의취득하였는지 여하에 따라 '가'항의 효력이 달라지는지 여부

【판결요지】

가. 약속어음에 관한 제권판결의 효력은 그 판결 이후에 있어서 당해 어음을 무효로 하고 공시최고 신청인에게 어음을 소지함과 동일한 지위를 회복시키는 것에 그치는 것이고 공시최고 신청인이 실질상의 권리자임을 확정하는 것은 아니나, 취득자가 소지하고 있는 약속어음은 제권판결의 소극적 효과로서 약속어음으로서의 효력이 상실되는 것이므로 약속어음의 소지인은 무효로 된 어음을 유효한 어음이라고 주장하여 어음금을 청구할 수 없다.
나. '가'항과 같은 이치는 공시최고의 신청인이 발행인인 경우와 발행인이 아닌 소지인(어

음상의 권리자)인 경우에 따라 구별되어 해석되어야 할 만한 아무런 합리적인 근거가 없다.

다. 어음소지인이 공시최고 전에 선의취득하였다고 하여 '가'항과 같은 이치를 달리 볼 것이 아니다.

【참조조문】

가.나.다. 민사소송법 제458조, 제468조 다. 어음법 제77조(제16조 제2항)

【참조판례】

가.나. 대법원 1990.4.27. 선고 89다카16215 판결(공1990,1161)
가.다. 1993.11.9. 선고 93다32934 판결(공1994상,81)

【전 문】

【원고, 상 고 인】 대동마보스주식회사
【피고, 피상고인】 피고
【원심판결】 서울민사지방법원 1994.2.24. 선고 93나37242 판결

【주 문】

상고를 기각한다. 상고비용은 원고의 부담으로 한다.

【이 유】

상고이유를 본다.

1. 원심이 인정한 사실에 의하면, 원고는 피고가 1992.9.30. 발행한 이 사건 약속어음을 소외 1로부터 배서양도받아 소지하고 있다가 그 지급기일인 1993.1.5. 이를 지급제시하였으나 지급거절되었고, 한편, 피고는 서울민사지방법원에 공시최고 및 제권판결신청을 하여 1993.6.5. 제권판결이 선고되었다는 것이다.

2. 약속어음에 관한 제권판결의 효력은 그 판결 이후에 있어서 당해 어음을 무효로 하고 공시최고 신청인에게 어음을 소지함과 동일한 지위를 회복시키는 것에 그치는 것이고, 공시최고 신청인이 실질상의 권리자임을 확정하는 것은 아니나, 취득자가 소지하고 있는 약속어음은 제권판결의 소극적 효과로서 약속어음으로서의 효력이 상실되는 것이므로 약속어음의 소지인은 무효로 된 어음을 유효한 어음이라고 주장하여 어음금을 청구할 수 없는 것이고, 이러한 이치는 공시최고의 신청인이 발행인인 경우와 발행인이 아닌 소지인(어음상의 권리자)인 경우에 따라 구별되어 해석되어야 할 만한 아무런 합리적인 근거가 없다(당원 1990.4.27.선고 89다카16215 판결; 1993.11.9.선고 93다32934 판결 등 참조).

따라서, 이와 같은 견해에 터잡아 원고의 이 사건 약속어음청구를 배척한 원심의 조처는 정당하고, 거기에 어음의 선의취득과 제권판결의 법리를 오해한 위법이 있다고 할 수 없고, 원고가 공시최고 전에 선의취득하였다고 하여달리 볼 것이 아니다(위 당원 1993.11.9.선고 93다32934 판결 참조). 논지는 이유 없다.

그러므로 상고를 기각하고 상고비용은 패소자의 부담으로 하기로 하여 관여 법관의 일

치된 의견으로 주문과 같이 판결한다.

대법관 이임수(재판장) 김석수 정귀호(주심) 이돈희

[판례 10] 제권판결에대한불복

(대법원 2013. 9. 13. 선고 2012다36661 판결)

【판시사항】

제권판결에 대한 취소판결의 확정을 조건으로 한 수표금 청구가 장래이행의 소로서 허용되는지 여부(소극)

【판결요지】

제권판결 불복의 소와 같은 형성의 소는 그 판결이 확정됨으로써 비로소 권리변동의 효력이 발생하게 되므로 이에 의하여 형성되는 법률관계를 전제로 하는 이행소송 등을 병합하여 제기할 수 없는 것이 원칙이다. 또한 제권판결에 대한 취소판결의 확정 여부가 불확실한 상황에서 그 확정을 조건으로 한 수표금 청구는 장래이행의 소의 요건을 갖추었다고 보기 어려울 뿐만 아니라, 제권판결 불복의 소의 결과에 따라서는 수표금 청구소송의 심리가 무위에 그칠 우려가 있고, 제권판결 불복의 소가 인용될 경우를 대비하여 방어하여야 하는 수표금 청구소송의 피고에게도 지나친 부담을 지우게 된다는 점에서 이를 쉽사리 허용할 수 없다.

【참조조문】

민사소송법 제251조, 제490조

【참조판례】

대법원 2004. 1. 27. 선고 2003다6200 판결(공2004상, 434)

【전 문】

【원고, 피상고인】 원고 (소송대리인 변호사 김관기 외 1인)

【피고, 상 고 인】 농업협동조합중앙회의 소송수계인 농협은행 주식회사 외 2인 (소송대리인 법무법인 율현 외 1인)

【원심판결】 서울고법 2012. 3. 29. 선고 2010나73552 판결

【주 문】

원심판결 중 피고 농업협동조합중앙회의 소송수계인 농협은행 주식회사, 피고 2의 패소 부분을 파기하고, 이 부분 사건을 서울고등법원에 환송한다. 피고 3의 상고를 기각한다. 상고비용 중 피고 3의 상고로 인한 부분은 위 피고가 부담한다.

【이 유】

상고이유를 판단한다.
1. 피고 2의 상고이유에 대한 판단

원심판결 이유에 의하면, 원심은, 제권판결에 대한 취소판결이 확정되기 전까지는 증권 소지인이 증권상의 권리를 행사할 수 없음이 원칙이나, 이 사건의 경우, 원고가 청구원인에서 제권판결 불복의 소가 인용됨을 전제로 피고 2 및 농업협동조합중앙회에 대하여 수표금의 지급을 구하고 있어 이는 장래이행의 소에 해당하고, 농업협동조합중앙회와 피고 2가 수표금 지급 청구에 대하여 이미 다투고 있어 미리 청구할 필요도 인정되므로 이 사건 수표금 청구는 제권판결에 대한 취소판결의 확정을 조건으로 한 조건부 청구권에 관한 장래이행의 소로서 허용된다고 판단하였다.

그러나 원심의 위와 같은 판단은 다음과 같은 이유에서 수긍하기 어렵다.

제권판결 불복의 소와 같은 형성의 소는 그 판결이 확정됨으로써 비로소 권리변동의 효력이 발생하게 되므로 이에 의하여 형성되는 법률관계를 전제로 하는 이행소송 등을 병합하여 제기할 수 없는 것이 원칙이다(대법원 2004. 1. 27. 선고 2003다6200 판결 참조). 또한 제권판결에 대한 취소판결의 확정 여부가 불확실한 상황에서 그 확정을 조건으로 한 수표금 청구는 장래이행의 소의 요건을 갖추었다고 보기 어려울 뿐만 아니라, 제권판결 불복의 소의 결과에 따라서는 수표금 청구소송의 심리가 무위에 그칠 우려가 있고, 제권판결 불복의 소가 인용될 경우를 대비하여 방어하여야 하는 수표금 청구소송의 피고에게도 지나친 부담을 지우게 된다는 점에서 이를 쉽사리 허용할 수 없다고 할 것이다.

그럼에도 이 사건 수표금 청구가 제권판결에 대한 취소판결의 확정을 조건으로 한 장래이행의 소로서 허용된다고 본 원심판결에는 제권판결 불복의 소의 성질, 형성소송과 이행소송의 병합 여부, 장래이행의 소의 요건에 관한 법리를 오해함으로써 판결 결과에 영향을 미친 위법이 있다. 이 점을 지적하는 피고 2의 상고이유 주장은 이유 있다.

2. 피고 3의 상고이유에 대한 판단

가. 상고이유 제1점에 대하여

민사소송법 제490조 제2항 제7호(거짓 또는 부정한 방법으로 제권판결을 받은 때)의 사유를 들어 제권판결 불복의 소를 제기하는 경우에는 같은 법 제491조 제1항, 제3항 단서에 따라 원고가 이러한 사유가 있음을 안 날로부터 1월 이내에 소를 제기할 수 있다.

원심은, 원고가 2009. 10. 1.경 이 사건 제권판결의 존재를 알았다는 사실만으로는 이 사건 제권판결에 민사소송법 제490조 제2항 제7호 소정의 사유가 있음을 알았다고 보기 어렵고, 원고가 2009. 10. 6.경 이 사건 제권판결문을 직접 열람한 때에 비로소 피고 3이 거짓 또는 부정한 방법으로 이 사건 제권판결을 받았다는 사정을 알게 되었다고 봄이 상당하므로 그로부터 1월 이내인 2009. 11. 5. 제기된 이 사건 제권판결 불복의 소는 적법하다고 판단하였다.

기록에 비추어 살펴보면, 원심의 위와 같은 판단은 정당하고, 거기에 상고이유 주장과 같이 제권판결 불복의 소의 제소기간에 관한 법리를 오해한 위법이 없다.

나. 상고이유 제2점에 대하여

증권 또는 증서의 전 소지인이 자기의 의사에 기하지 아니하고 증권 등의 소지를 상실하였다 하더라도 그 후 증권 등을 특정인이 소지하고 있음이 판명된 경우에는 전 소지인은 현 소지인에 대하여 반환을 청구하여야 하고, 이에 대한 공시최고는 허용되지 않는다고 할 것이고, 전 소지인이 증권 등의 소지인을 알면서도 소재를 모르는 것처럼 공시최고기일에 출석하여 신청의 원인과 제권판결을 구하는 취지를 진술하여 공시최고법원을 기망하고, 이에 속은 공시최고법원으로부터 제권판결을 받았다면 이는 민사소송법 제490조 제2항 제7호 소정의 '거짓 또는 부정한 방법으로 제권판결을 받은 때'에 해당한다(대법원 1997. 7. 25. 선고 97다16985 판결, 대법원 2004. 11. 11. 선고 2004다4645 판결 등 참조).

원심은, 채택 증거에 의하여 그 판시와 같은 사실을 인정한 다음 이 사건 수표는 피고 2의 의사에 기초하여 교부된 것으로서 도난·분실되거나 없어진 증권에 해당되지 아니하여 공시최고절차의 대상이 되지 아니함에도 피고 3은 본인이 이 사건 수표를 소지하고 있다가 분실한 것처럼 공시최고법원을 기망하고, 이에 속은 공시최고법원으로부터 이 사건 제권판결을 받았으므로 이는 민사소송법 제490조 제2항 제7호에 규정된 '거짓 또는 부정한 방법으로 제권판결을 받은 때'에 해당한다고 판단하였다.

위 법리와 기록에 비추어 살펴보면, 원심의 사실인정과 판단은 정당한 것으로 수긍이 가고, 거기에 상고이유 주장과 같이 논리와 경험의 법칙을 위반하고 자유심증주의의 한계를 벗어나거나 제권판결 불복사유에 관한 법리를 오해한 위법이 없다.

3. 결론

그러므로 피고 농업협동조합중앙회의 소송수계인 농협은행 주식회사(이하 '피고 은행'이라 한다)의 상고이유에 대한 판단을 생략한 채 원심판결 중 피고 은행, 피고 2의 패소 부분을 파기하고, 이 부분 사건을 다시 심리·판단하게 하기 위하여 원심법원에 환송하며, 피고 3의 상고를 기각하고, 상고비용 중 피고 3의 상고로 인한 부분은 패소자가 부담하기로 하여, 관여 대법관의 일치된 의견으로 주문과 같이 판결한다.

대법관 민일영(재판장) 이인복 박보영(주심) 김신

마. 제권판결에 대한 불복의 소

제권판결에 대하여는 상소를 하지 못하므로(민사소송법 제490조 제1항), 제권판결은 선고와 동시에 확정된다.

법은 일정한 사유가 있는 때에는 불복의 소를 제기할 수 있도록 하고 있다(민사소송법 제490조 제2항)

법 령

◆ 민사소송법

제490조 (제권판결에 대한 불복소송) ① 제권판결에 대하여는 상소를 하지 못한다.

② 제권판결에 대하여는 다음 각호 가운데 어느 하나에 해당하면 신청인에 대한 소로써 최고법원에 불복할 수 있다.
  1. 법률상 공시최고절차를 허가하지 아니할 경우일 때
  2. 공시최고의 공고를 하지 아니하였거나, 법령이 정한 방법으로 공고를 하지 아니한 때
  3. 공시최고기간을 지키지 아니한 때
  4. 판결을 한 판사가 법률에 따라 직무집행에서 제척된 때
  5. 전속관할에 관한 규정에 어긋난 때
  6. 권리 또는 청구의 신고가 있음에도 법률에 어긋나는 판결을 한 때
  7. 거짓 또는 부정한 방법으로 제권판결을 받은 때
  8. 제451조제1항제4호 내지 제8호의 재심사유가 있는 때

| 판 례 |

[판례 11] 제권판결에대한불복의소

(대법원 2011. 11. 10. 선고 2009다73868 판결)

【판시사항】

[1] 주권 소지인은 실질적인 권리자가 아니라도 주권에 관한 제권판결에 대하여 불복의 소를 제기할 수 있는지 여부(적극)
[2] 증권을 소지한 사실이 없음에도 도난당하거나 분실한 것으로 꾸며 공시최고를 신청하여 제권판결을 받은 경우, 민사소송법 제490조 제2항 제7호에서 정한 '거짓 또는 부정한 방법으로 제권판결을 받은 때'에 해당하는지 여부(적극)

【판결요지】

[1] 주권의 소지인은 그가 실질적인 권리자가 아니라 하더라도 이해관계인으로서 주권에 관한 제권판결에 대하여 불복의 소를 제기할 수 있다.
[2] 증권을 소지한 사실이 없음에도 불구하고 이를 소지하다가 도난당하거나 분실한 것으로 꾸며 공시최고를 신청하여 제권판결을 받았다면, 이는 민사소송법 제490조 제2항 제7호에서 정한 '거짓 또는 부정한 방법으로 제권판결을 받은 때'에 해당한다.

【참조조문】

[1] 민사소송법 제490조 제2항 [2] 민사소송법 제490조 제2항 제7호

【전 문】

【원고, 피상고인】 원고 1 외 1인
【피고, 상 고 인】 피고 1 외 7인 (소송대리인 변호사 김영훈 외 1인)
【원심판결】 서울고법 2009. 9. 1. 선고 2008나94747 판결

【주 문】

상고를 모두 기각한다. 상고비용은 피고들이 부담한다.

【이 유】

상고이유를 판단한다.
1. 제권판결에 대한 불복의 소의 원고적격에 관하여
    주권의 소지인은 그가 실질적인 권리자가 아니라 하더라도 이해관계인으로서 그 주권에 관한 제권판결에 대하여 불복의 소를 제기할 수 있는 것이다.
    원심이 같은 취지에서, 경기광업 주식회사(이하 '경기광업'이라 한다)가 1997. 12. 8. 발행한 원심판시 별지목록 기재 주권 174매(이하 '이 사건 주권'이라 한다)에 관하여 2004. 12. 14. 인천지방법원 부천지원이 선고한 제권판결(이하 '이 사건 제권판결'이라 한다)의 취소를 구하는 이 사건 소송에서 원고들은 이 사건 주권의 실질적 권리자가 아니므로 당사자적격이 없다는 피고들의 본안전항변을 배척한 조치는 정당하고, 거기에 제권판결에 대한 불복의 소의 당사자적격에 관한 법리를 오해한 잘못이 없다.
2. 제소기간 준수 여부에 관하여
    원심판결 이유에 의하면, 원심은, 원고들이 이 사건 제권판결이 있었다는 것을 2007. 7. 16. 알고도 그로부터 1월이 지난 같은 해 8. 20.에야 이 사건 소를 제기하였으므로 이 사건 소는 민사소송법 제491조 제1항에 정해진 제소기간을 도과한 것으로서 부적법하다는 피고들의 주장에 대하여, 원고들은 관련 소송의 진행 과정에서 2007. 8. 1. 이 사건 제권판결에 관한 소송기록을 등본으로 교부받은 사실이 인정될 뿐 달리 원고들이 그 전에 이 사건 제권판결이 있었음을 알았다고 인정할 증거가 없고, 가사 원고들이 2007. 7. 16. 이 사건 제권판결의 존재를 알았다고 하더라도, 민사소송법 제491조 제3항 단서에 의하면, 같은 법 제490조 제2항 제7호('거짓 또는 부정한 방법으로 제권판결을 받은 때')의 사유를 들어 불복의 소를 제기하는 경우에는 이러한 사유가 있음을 안 날부터 1월 이내에 소를 제기할 수 있는데, 원고들이 이 사건 제권판결의 존재를 알았다는 사실만으로 '피고들이 거짓 또는 부정한 방법으로 이 사건 제권판결을 받았다는 사정'까지 알았다고 볼 수 없다는 이유로, 피고들의 위 주장을 배척하였다.
    기록에 비추어 보면, 원심의 위와 같은 판단은 정당한 것으로 수긍할 수 있고, 거기에 제권판결에 대한 불복의 소의 제소기간에 관한 법리를 오해하거나 논리와 경험칙에 반하여 사실을 오인한 잘못이 없다.
3. 제권판결에 대한 불복사유에 관하여
    증권을 소지한 사실이 없음에도 불구하고 이를 소지하다가 도난당하거나 분실한 것으로 꾸며 공시최고를 신청하여 제권판결을 받았다면, 이는 민사소송법 제490조 제2항 제7호 소정의 '거짓 또는 부정한 방법으로 제권판결을 받은 때'에 해당한다.

원심판결 이유에 의하면, 원심은 그 채택 증거들을 종합하여, ① 망 소외 1의 입장에서 보아 피고 1, 피고 2는 조카, 피고 3은 장손, 피고 4는 조카며느리, 피고 8은 큰 며느리이고, 원고 2는 소외 1의 아들인 소외 2의 처이며, 원고 1은 원고 2의 동생인 사실, ② 경기광업은 소외 1이 1974. 12. 27. 창업한 회사로 1999. 5. 12.까지 발행주식의 총수가 100,000주였고, 1997. 12. 8. 위 100,000주에 대한 주권 221매(피고들이 주주명부상 보유 명의자인 이 사건 주권이 포함됨)를 발행하여 회사 금고에 보관하였는데, 소외 1이 1998년에 위 주권 221매를 그의 처인 소외 3에게 보관하도록 하여 소외 3이 당시 거주하던 주택의 금고에 위 주권을 보관하고 있었던 사실, ③ 소외 1은 2002. 8. 25. 사망하였는데, 그의 아들 소외 2가 2003년에 소외 3에게 위 주권 221매를 잠깐 복사하겠다고 말하고 가지고 가서 이를 자신의 처인 원고 2에게 교부한 사실, ④ 그 뒤 소외 3이 소외 2에게 위 주권을 반환할 것을 요구하였으나 소외 2는 이에 응하지 아니하다가, 피고 달재화학 주식회사 대표이사 소외 4로부터 위 주권을 반환하라는 전화를 받고는 위 주권을 잃어버렸다고 말한 사실, ⑤ 그러자 피고들은 "이 사건 주권을 경기광업 사무실에서 분실하였다."는 것을 신청이유로 삼아 2004. 8. 17. 이 사건 주권에 관한 공시최고를 신청하였고, 같은 해 12. 14. 이 사건 제권판결을 받은 사실, ⑥ 한편 소외 1의 제1순위 상속인들(소외 1의 처 소외 3 및 소외 2를 비롯한 소외 1의 자녀들) 및 소외 1의 형 소외 5를 제외한 제2순위 상속인들(소외 1의 형제 및 대습상속인들)이 모두 상속을 포기하였고, 2004. 2. 2. 소외 5의 한정승인 신고가 수리되어 소외 5가 소외 1의 유일한 상속인이 된 사실을 인정하였다.

그리고 원심은 위 사실관계에 기초하여, 피고들은 이 사건 주권을 소지하고 있지 않았고 따라서 분실한 적도 없음에도 불구하고 이를 소지하다가 분실한 것처럼 꾸며 공시최고를 신청하여 공시최고법원으로부터 이 사건 제권판결을 받은 것이므로, 이는 민사소송법 제490조 제2항 제7호에서 정한 '거짓 또는 부정한 방법으로 제권판결을 받은 때'에 해당한다고 판단하였다.

원심은 나아가, 피고들의 다음과 같은 주장, 즉 피고들은 이 사건 주권의 소유자로서 경기광업에 이 사건 주권의 보관을 위임하였고 그에 따라 경기광업이 이 사건 주권을 보관하고 있었으므로 피고들이 이 사건 주권을 간접점유하고 있었다는 주장에 대하여, 피고들의 위임에 따라 경기광업이 이 사건 주권을 보관하고 있었다고 인정할 증거가 부족하다는 이유로 위 주장을 배척하였다.

앞서 본 법리와 이 사건 기록에 비추어 보면, 원심의 위와 같은 판단은 정당한 것으로 수긍이 가고, 거기에 제권판결에 대한 불복사유에 관한 법리를 오해하거나 논리와 경험칙에 반하여 사실을 오인한 잘못이 없다.

4. 결론

그러므로 상고를 모두 기각하고, 상고비용은 패소자들이 부담하기로 하여, 관여 대법관의 일치된 의견으로 주문과 같이 판결한다.

대법관 김능환(재판장) 안대희 민일영(주심) 이인복

제권판결에 대한 불복의 소는 ① 법률상 공시최고를 허가하지 아니할 경우일 때, ② 공시최고의 공고를 하지 아니하였거나 법령이 정한 방법으로 공고를 하지 아니한 때, ③ 공시최고기간을 지키지 아니한 때, ④ 판결을 한 판사가 법률에 따라 직무집행에서 제척된 때, ⑤ 전속관할에 관한 규정에 어긋난 때, ⑥ 권리 또는 청구의 신고가 있음에도 법률에 어긋나는 판결을 한 때, ⑦ 거짓 또는 부정한 방법으로 제권판결을 받은 때, ⑧ 민사소송법 제451조 제1항 제4호 내지 제8호의 재심사유가 있는 때에 한하여 제기할 수 있다(민사소송법 제490조 제2항). 불복의 소는 공시최고법원의 전속관할에 속한다(민사소송법 제490조 제2항)

──────────── 법 령 ────────────

◆ 민사소송법

제490조 (제권판결에 대한 불복소송) ② 제권판결에 대하여는 다음 각호 가운데 어느 하나에 해당하면 신청인에 대한 소로써 최고법원에 불복할 수 있다.
　1. 법률상 공시최고절차를 허가하지 아니할 경우일 때
　2. 공시최고의 공고를 하지 아니하였거나, 법령이 정한 방법으로 공고를 하지 아니한 때
　3. 공시최고기간을 지키지 아니한 때
　4. 판결을 한 판사가 법률에 따라 직무집행에서 제척된 때
　5. 전속관할에 관한 규정에 어긋난 때
　6. 권리 또는 청구의 신고가 있음에도 법률에 어긋나는 판결을 한 때
　7. 거짓 또는 부정한 방법으로 제권판결을 받은 때
　8. 제451조제1항제4호 내지 제8호의 재심사유가 있는 때

| 판 례 |─────────────────────────

[판례 12] 제권에대한불복

(대법원 2004. 11. 11. 선고 2004다4645 판결)

【판시사항】

증권 등의 전 소지인이 그 증권 등의 현 소지인을 알면서도 그 소재를 모르는 것처럼 공시최고법원을 기망하여 제권판결을 받은 경우, 민사소송법 제490조 제2항 제7호에 정한 '거짓 또는 부정한 방법으로 제권판결을 받은 때'에 해당하는지 여부(적극)

【판결요지】

증권 또는 증서의 전 소지인이 자기의 의사에 기하지 아니하고 증권 등의 소지를 상실하였다 하더라도 그 후 증권 등을 특정인이 소지하고 있음이 판명된 경우에는 전 소지인은 현 소지인에 대하여 반환을 청구하여야 하고, 이에 대한 공시최고는 허용되지 않는다 할 것이고, 전 소지인이 증권 등의 소지인을 알면서도 소재를 모르는 것처럼 공시최고기일에 출석하여 신청의 원인과 제권판결을 구하는 취지를 진술하여 공시최고법원을 기망하고, 이에 속은 공시최고법원으로부터 제권판결을 받았다면 이는 민사소송법 제490조 제2항 제7호 소정의 '거짓 또는 부정한 방법으로 제권판결을 받은 때'에 해당한다.

【참조조문】

민사소송법 제490조 제2항 제7호

【참조판례】

대법원 1997. 7. 25. 선고 97다16985 판결(공1997하, 2708)
대법원 1999. 5. 14. 선고 99다6463 판결(공1999상, 1164)

【전 문】

【원고, 피상고인】 원고 (소송대리인 변호사 송선양)
【피고, 상 고 인】 주식회사 두산 (소송대리인 법무법인 남산 담당변호사 임동진 외 6인)
【원심판결】 서울고법 2003. 12. 5. 선고 2003나23474 판결

【주 문】

상고를 기각한다. 상고비용은 피고가 부담한다.

【이 유】

상고이유(상고이유서 제출기간이 경과 후에 제출된 상고이유보충서의 기재는 상고이유를 보충하는 범위 내에서)를 본다.

1. 상고이유 제1점에 관한 판단

원심판결의 이유에 의하면, 원심은 그 채용 증거를 종합하여 판시와 같은 사실을 인정한 다음, 민사소송법 제490조 제2항 제7호(거짓 또는 부정한 방법으로 제권판결을 받은 때)의 사유를 들어 제권판결불복의 소를 제기하는 경우에는 같은 법 제491조 제3항 단서의 규정에 따라 이러한 사유가 있음을 안 날부터 1월 이내에 소를 제기할 수 있는데, 원고가 이 사건 제권판결의 존재를 알았다는 사실만으로 원고가 이러한 사유가 있다는 사실까지 알았다고 볼 수 없고, 여기에 피고가 내세우는 사정(피고는 원고가 2000. 9.경 이 사건 어음이 도난어음이라는 사실을 알게 되었다는 점, 같은 해 9. 26. 소외 1이 어음사기사건으로 연행되고 원고는 같은 해 9. 28. 위 사기사건에서 진술을 하였으며, 같은 해 10. 6. 위 사건과 관련하여 이 사건 어음을 압수당하였다는 점 등을 내세우고 있으나 이 무렵은 이 사건 어음에 대한 제권판결조차 선고되기 이전의 시점이다.)을 종합하여 보더라도, '피고가 거짓 또는 부정한 방법으로 이 사건 제권판결을 받았다는 사정'을 원고가 이 사건 소제기 1월 이전에 알았다고 볼 수 없다고 판단하였는바, 기록에 비추어 살펴보면 원심의 사실인정과 판단은 정당한 것으로 수긍이 가고, 거기에 주장과

같은 심리미진 및 채증법칙 위배로 인한 사실오인 등의 위법이 없다.
2. 상고이유 제2점에 관한 판단
증권 또는 증서의 전 소지인이 자기의 의사에 기하지 아니하고 증권 등의 소지를 상실하였다 하더라도 그 후 증권 등을 특정인이 소지하고 있음이 판명된 경우에는 전 소지인은 현 소지인에 대하여 반환을 청구하여야 하고, 이에 대한 공시최고는 허용되지 않는다 할 것이고, 전 소지인이 증권 등의 소지인을 알면서도 소재를 모르는 것처럼 공시최고기일에 출석하여 신청의 원인과 제권판결을 구하는 취지를 진술하여 공시최고법원을 기망하고, 이에 속은 공시최고법원으로부터 제권판결을 받았다면 이는 민사소송법 제490조 제2항 제7호 소정의 '거짓 또는 부정한 방법으로 제권판결을 받은 때'에 해당한다 (대법원 1997. 7. 25. 선고 97다16985 판결 참조).
위와 같은 법리와 기록에 의하여 살펴보면, 원심이 판시와 같은 사정을 종합하여 이 사건 어음은 편취당한 것으로 피고 또는 그 위임을 받은 소지인의 의사에 기초하여 교부된 것으로서 도난·분실되거나 없어진 증권에 해당되지 아니하여 공시최고절차의 대상이 되지 아니하고, 또한 피고는 이 사건 어음을 분실하였다는 이유로 공시최고신청을 하고 그 신청 후에 원고로부터 이 사건 어음에 관하여 어음금청구소송을 제기당하여 이 사건 어음의 소지인을 알게 되었음에도 불구하고 마치 그 소재를 모르는 것처럼 공시최고기일에 출석하여 신청의 원인과 제권판결을 구하는 취지를 진술하여 공시최고법원을 기망하고, 이에 속은 공시최고법원으로부터 이 사건 제권판결을 받았으므로 이는 민사소송법 제490조 제2항 제7호에 규정된 '거짓 또는 부정한 방법으로 제권판결을 받은 때'에 해당된다고 본 원심의 판단은 정당하고, 거기에 주장과 같은 제권판결에 대한 불복사유에 관한 심리미진 및 법리오해의 위법이 있다고 할 수 없다. 그리고 상고이유에서 들고 있는 대법원 1981. 3. 10. 선고 80다1665 판결은 1990. 1. 13. 법률 제4201호로 민사소송법이 개정되어 제461조 제2항 제7호(현재의 제490조 제2항 제7호)가 신설되기 이전의 민사소송법 제461조 제2항 제1호 소정의 불복사유에 관한 것으로 이 사건에 원용하기에 적절한 것이 아니다.
3. 결 론
그러므로 상고를 기각하고, 상고비용은 패소자가 부담하도록 하여 관여 법관의 일치된 의견으로 주문과 같이 판결한다.

대법관   윤재식(재판장) 이용우 이규홍(주심) 김영란

[판례 13] 제권판결불복

(대법원 1995. 2. 3. 선고 93다52334 판결)

【판시사항】

약속어음의 전소지인이 그 약속어음의 현소지인을 알면서도 그 소재를 모르는 것처럼 법원을 기망하여 제권판결을 받았다면, 불법행위책임이 있는지 여부

【판결요지】

약속어음의 전소지인이 자기의 의사에 기하지 아니하고 그 약속어음의 소지를 상실하였다고 하더라도 그 후 그 약속어음을 특정인이 소지하고 있음이 판명된 경우에는 전소지인은 현소지인에 대하여 그 반환을 청구하여야 하고, 이에 대한 공시최고는 허용되지 아니하고, 전소지인이 그 약속어음의 소지인을 알면서도 그 소재를 모르는 것처럼 공시최고기일에 출석하여 그 신청의 원인과 제권판결을 구하는 취지를 진술하여 공시최고법원을 기망하고, 이에 속은 공시최고법원으로부터 제권판결을 얻었다면, 그 제권판결의 소극적 효과로서 그 약속어음은 무효가 되어 그 정당한 소지인은 그 약속어음상의 권리를 행사할 수 없게 되고 적법한 소지인임을 전제로 한 이득상환청구권도 발생하지 않게 된 손해를 입었다고 할 것이므로 전소지인은 그 약속어음의 정당한 소지인에게 불법행위로 인한 손해를 배상할 책임이 있다.

【참조조문】

민사소송법 제461조, 민법 제750조

【참조판례】

대법원 1989.6.13. 선고 88다카7962 판결(공1989, 1057)

【전 문】

【원고, 상 고 인】 원고 소송대리인 변호사 김양일
【피고, 피상고인】 피고 소송대리인 변호사 최종백 외 1인
【원심판결】 서울민사지방법원 1993.9.2. 선고 93나15648 판결

【주 문】

원심판결을 파기하고 사건을 서울민사지방법원 합의부에 환송한다.

【이 유】

원고 소송대리인의 상고이유(상고이유서 제출기간이 지난 뒤에 제출된 상고이유보충서에 기재된 보충상고이유는 상고이유를 보충하는 한도 내에서)에 대하여 판단한다.

1. 원심판결 이유에 의하면, 원심은 소외 주식회사 중앙건설(이 뒤에서는 소외 회사라고 한다)이 1991.8.31. 소외 중산건설 소외 1에게 원심판결의 별지목록 기재 약속어음 1장을 발행하였고, 피고는 1991.9.1. 소외 2로부터 위 약속어음을 할인 취득하였는데 그 후 위 약속어음은 피고로부터 소외 3, 소외 4, 소외 5, 소외 6, 소외 7, 원고에게 순차 양도되어 원고가 그 최종소지인으로서(원고 역시 1991.9.6. 위 소외 7로부터 위 약속어음을 대금 28,362,000원에 할인 취득하였다) 그 지급기일에 이를 지급제시하였으나 피사취를 이유로 지급거절된 사실, 원고는 1991.12.경 서울지방법원 서부지원에 위 약속어음의 발행인인 소외 회사를 상대로 하여 같은 법원 91가단18906호 약속어음금 청구소송을 제기하였고, 당시 피고는 1991.10.8. 서울민사지방법원에 위 약속어음을 분실하였다는 이유로 같은 법원 91카109641호 공시최고신청을 하여 둔 상태였는데 1991.12.31. 위 약

속어음금 청구소송에 소외 회사를 위하여 보조참가를 하는 한편 서울민사지방법원이 1992.1.25. 공시최고기간 내에 아무런 권리신고가 없으므로 위 약속어음을 무효로 한다는 제권판결을 선고하자 위 약속어음금 청구소송 제3차변론기일에 위 제권판결을 증거로 제출하여 서울지방법원 서부지원은 1992.4.1. 위 약속어음은 어음으로서의 효력을 상실하였으므로 원고의 청구를 기각한다는 판결을 선고한 사실을 인정한 다음, 위 소외 3은 피고로부터 위 약속어음 할인의뢰를 받고 전주인 위 소외 4로부터 할인을 받고도 그 대금을 피고에게 지급하지 아니하고 미국으로 도주하여 버렸는데 피고는 위 소외 3이 그 대금을 횡령하고 도주한 사실을 잘 알고 있으면서도 위 약속어음이 최종소지인에게 지급되는 것을 막기 위하여 위와 같이 위 약속어음을 분실하였다는 허위의 주장사실을 내세워 법원에 공시최고신청을 하고 이에 속은 공시최고법원으로부터 선고와 동시에 형식적 확정력이 생기는 위 제권판결을 선고받고 그로 말미암아 원고가 소지하고 있던 위 약속어음이 무효가 되어 원고는 어음상의 권리를 행사할 수 없게 되었고 적법한 약속어음 소지인임을 전제로 한 이득상환청구권도 발생하지 않게 된 손해를 입게 되었다 할 것이므로, 피고는 원고에게 위 불법행위로 인한 어음액면금 상당의 손해를 배상할 책임이 있다는 원고의 주장에 대하여, 원고 주장과 같이 위 소외 3이 피고로부터 위 약속어음 할인의뢰를 받고 위 소외 4로부터 할인을 받고도 그 대금을 피고에게 지급하지 아니하고 도주하였고 피고는 그러한 사실을 알고 있으면서도 위 약속어음을 분실하였다는 허위사실을 내세워 공시최고신청을 하였다는 점에 부합하는 갑 제7호증의 5의 기재와 원심 증인 소외 8의 증언은 믿지 아니하고, 갑 제7호증의 8,9,11,12,13의 각 기재만으로는 위 주장사실을 인정하기에 부족하고, 달리 이를 인정할 증거가 없으므로 피고가 위 약속어음을 그 의사에 기하여 위 소외 3에게 교부하였음을 전제로 하는 원고의 위 주장은 나머지 점에 관하여 나아가 살필 필요없이 이유 없다고 판단하였다.

2. 그런데 기록에 의하면, 원고 소송대리인은 제1심 제2차변론기일에서 1992.9.16. 자 청구취지 및 청구원인변경신청서 진술로 원심이 배척한 위 주장외에도 피고는 원고가 제기한 위 약속어음금 청구소송에 보조참가하여 원고가 위 약속어음의 소지인이라는 사실을 알면서도 그 소재를 모르는 것처럼 공시최고기일에 출석하여 그 신청의 원인과 제권판결을 구하는 취지를 진술하여 공시최고법원을 기망하고 이에 속은 공시최고법원으로부터 선고와 동시에 형식적 확정력이 생기는 제권판결을 얻었으며 그로 말미암아 제권판결의 소극적 효과로서 원고가 소지하고 있는 위 약속어음은 무효가 되어 원고는 어음상의 권리를 행사할 수 없게 되는 손해를 입게 되었다 할 것이므로 피고는 원고에게 위 불법행위로 인한 어음액면금 상당의 손해를 배상할 책임이 있다고 주장하였음이 분명한 바, 피고가 자기의 의사에 기하지 아니하고 위 약속어음의 소지를 상실하였다고 하더라도 그 후 위 약속어음을 특정인이 소지하고 있음이 판명된 경우에는 피고는 현소지인에 대하여 그 반환을 청구하여야 하고, 이에 대한 공시최고는 허용되지 않는다고 할 것이고, 피고가 위 약속어음의 소지인을 알면서도 그 소재를 모르는 것처럼 공시최고기일에 출석하여 그 신청의 원인과 제권판결을 구하는 취지를 진술하여 공시최고법원을 기망하고, 이에 속은 공시최고법원으로부터 제권판결을 얻었다면, 그 제권판결의 소극적 효과로서 위 약속어음은 무효가 되어 그 정당한 소지인은 위 약속어음상의 권

리를 행사할 수 없게 되고 적법한 소지인임을 전제로 한 이득상환청구권도 발생하지
않게 된 손해를 입었다고 할 것이므로 피고는 위 약속어음의 정당한 소지인에게 불법
행위로 인한 손해를 배상할 책임이 있다고 할 것이다.
  그럼에도 불구하고 원심은 원고의 위 주장에 대하여는 심리판단을 하지 아니하였으니 원
심판결에는 당사자의 주장에 대하여 판단을 유탈한 위법이 있다고 할 것이고, 이와 같은
위법은 판결에 영향을 미쳤다고 할 것이므로 이 점을 지적하는 논지는 이유가 있다.
3. 그러므로 원고의 나머지 상고이유에 대한 판단을 생략한 채 원심판결을 파기하고, 다시
심리판단하게 하기 위하여 사건을 원심법원에 환송하기로 관여 법관의 의견이 일치되
어 주문과 같이 판결한다.

             대법관   신성택(재판장) 천경송 안용득(주심) 지창권

[판례 14] 제권판결에대한불복의소

(대법원 1989. 6. 13. 선고 88다카7962 판결)

【판시사항】

가. 제권판결에 대한 불복의 소의 법적 성질과 다른 청구의 병합가부(적극)
나. 법원을 기망하여 수표의 제권판결을 얻은 것이 수표의 소지인에 대한 불법행위가 되
   는지 여부(적극)
다. 수표소지인이 수표금을 지급받지 못한 경우의 손해액

【판결요지】

가. 제권판결에 대한 불복의 소는 확정판결의 취소를 구하는 형성의 소로서 제소사유가
   법정되어 있고 제소기간의 제한이 있는 등 재심의 소와 유사한 점이 있으나 통상의
   판결절차로서 성립한 판결에 대한 것이 아니라 증권상실자의 일방적 관여로 이루어지
   는 판결에 대한 것이고 반대의 이해관계자에게 판결을 송달하지 않으므로 그에 대하
   여 통상의 상소절차를 이용하게 하는 것이 불합리하기 때문에 별도로 불복방법을 마
   련하고 있는 것인 점에서 재심의 소와는 성질상 차이가 있을 뿐만 아니라 소송경제를
   도모하고 서로 관련있는 사건에 대한 판결의 모순 저촉을 피하기 위하여서도 다른 민
   사상의 청구를 병합하여 심리판단하게 하는 것이 타당하다.
나. 갑이 수표를 자기의 의사에 기하여 편취당하여 수표의 무효선고를 청구하는 공시최고
   신청을 할 수 없음에도 불구하고 이를 분실하였다는 허위의 주장사실을 내세워 법원
   에 공시최고신청을 하고 나아가 을이 수표의 소지인임을 알면서도 그 소재를 모르는
   것처럼 공시최고기일에 출석, 그 신청의 원인과 제권판결을 구하는 취지를 진술하여
   공시최고법원을 기망하고 이에 속은 법원으로부터 선고와 동시에 형식적 확정력이 생
   기는 제권판결을 얻었다면 그 제권판결의 소극적 효과로서 을이 소지하고 있는 수표
   는 무효가 되어 을은 그 수표상의 권리를 행사할 수 없게 되고 적법한 수표소지인임
   을 전제로 한 이득상환청구권도 발생하지 않게 된 손해를 입었다고 할 것이므로 갑은

을에게 불법행위로 인한 손해배상책임이 있다.
다. 수표의 소지인이 그 수표금의 지급을 받지 못한 경우에는 특단의 사정이 없는 한 수표금 상당의 손해를 입은 것이고, 수표를 취득하게 된 원인관계에 있어서 제 3자에게 기존채권이 있더라도 그것이 변제되지 않는 한 수표소지인이 입게 되는 손해에는 아무런 영향을 미치지 않는다.

【참조조문】

가. 민사소송법 제461조, 제230조, 나. 민법 제750조, 다. 제763조

【참조판례】

나.대법원 1965.4.20. 선고 64다1883 판결
1967.6.13. 선고 67다541, 542 판결
1982.10.26. 선고 82다298 판결
1983.11.8. 선고 83다508, 83다카1705 판결다. , 1970.5.12. 선고 70다505 판결
1972.10.10. 선고 72다1388 판결
1987.4.14. 선고 86다카2438 판결

【전 문】

【원고, 피상고인】 원고
【피고, 상 고 인】 피고 소송대리인 변호사 김정현
【원심판결】 서울민사지방법원 1988.2.9. 선고 87나1067 판결

【주 문】

상고를 기각한다.
상고비용은 피고의 부담으로 한다.

【이 유】

피고 소송대리인의 상고이유에 대하여,
1. 원고가 원심에 이르러 피고의 불법행위를 원인으로 한 손해배상금 청구를 예비적으로 추가한데 대하여 소론은 제권판결에 대한 불복의 소는 재심의 소와 그 성질이 유사한 것으로서 이 소에 통상의 민사상 청구를 병합할 수 없다고 하여 재심의 소에 다른 새로운 청구를 병합할 수 없다고 한 당원 1971.3.31 선고 71다8 판결을 원용하고 있다.
생각컨대, 제권판결에 대한 불복의 소는 확정판결의 취소를 구하는 형성의 소로서 제소사유가 법정되어 있고 제소기간의 제한이 있는 등 재심의 소와 유사한 점이 있으나 위 불복의 소는 통상의 판결절차로서 성립한 판결에 대한 것이 아니라 증권상실자의 일방적 관여로 이루어지는 판결에 대한 것이고 반대의 이해관계자에게 판결을 송달하지 아니하므로 그에 대하여 통상의 상소절차를 이용하게 하는 것이 불합리하기 때문에 별도로 불복방법을 마련하고 있는 것이며 이러한 점에서 재심의 소와는 성질상 차이가 있을 뿐만 아니라 소송경제를 도모하고 서로 관련이 있는 사건에 대한 판결의 모순 저촉을 피하기 위하여서도 다른 민사상의 청구를 병합하여 심리판단하게 하는 것이 타당하

다고 인정된다. 따라서 원고의 제권판결 불복의 소송절차에 손해배상청구의 병합을 허용한 원심의 조치는 정당하고 위 판례는 이 사건에 적절하지 않다.

그리고 원고의 예비적청구원인은 피고가 공시최고 신청을 하고 이에 따른 제권판결을 받는 일련의 과정에서의 불법행위를 원인으로 한 손해배상청구이므로 결국 원고의 제권판결취소의 소와 위 예비적청구와는 제권판결을 둘러싼 동일한 생활사실 또는 동일한 경제적 이익에 관한 분쟁에 있어서 단지 그 해결방법을 달리하고 있는 것에 지나지 않으므로 청구의 기초에 변경이 있다고 할 수 없다. 같은 취지의 원심판단은 정당하고 소론과 같은 법리오해의 위법이 없다.

2. (1) 원심이 채택증거에 의하여 인정한 이 사건 경위를 보면 대강 이렇다.

피고가 교부받은 이 사건 수표는 주식회사 서울신탁은행이 1985.10.17. 발행한 것인데 피고가 토지사기단에 의하여 기만당한 나머지 무권리자인 소외 1 등으로부터 부동산을 매수하고 그 매수대금으로 교부하였고, 원고는 소외 2에게 1985.2.24. 금 1천만 원을 대여하면서 그 담보의 의미로 그 소유의 부동산에 가등기를 하였다가 그해 10.21. 위 수표를 교부받고 가등기를 말소해 준 뒤 위 수표의 지급제시기간 말일 다음날인 그 해 10.28. 지급인인 위 은행에 지급제시하였던 바 그 사이에 피고가 위 은행에 위 수표를 사취당하였다는 이유로 사취계를 제출하여 두었기 때문에 은행이 그 지급을 거절하였던 것이나 지급제시기간 말일이 법정휴일인 공휴일로서 적법한 지급제시였으므로 원고는 위 은행을 상대로 서울민사지방법원에 이득상환청구의 소를 제기한 사실, 피고는 원고의 소제기에 앞서서 1985.10.28. 관할 법원인 서울지방법원 동부지원에 위 수표를 분실하였다는 사유로 공시최고신청을 하여 둔 상태였는데 위와 같이 소가 제기되자 위 은행을 위하여 보조참가를 하고 원고의 주장을 다투기에 이르렀으며 제1심법원이 원고의 수표상 권리는 그대로 보유하고 있어 이득상환청구권이 성립되지 않는다는 이유로 원고의 청구를 기각하자 원고가 이에 불복 항소하여 제2심인 서울고등법원에서 이득상환청구를 수표금 청구로 교환적 변경을 하였던 바 그 사이 공시최고 절차에서 제권판결이 선고되고 1986.7.2. 그 제권판결이 보조참가인이었던 피고에 의하여 증거로 제출됨에 따라 제2심은 제권판결의 효력에 따라 위 수표는 무효가 되고 원고는 그 수표상의 권리를 상실하였다는 이유로 원고의 항소를 기각하였고 이 판결에 대한 상고허가신청이 기각됨으로써 위 사건은 원고 패소로 확정된 사실, 공시최고신청에 있어서 피고는 위 수표를 사취당한 것인데도 이를 분실하였다는 사유를 내세웠고, 피고가 위 소송에서 보조참가인으로서 참가하여 원고가 위 수표를 소지하고 있는 사실을 알면서도 원고가 악의취득자라는 항변만을 하였을 뿐 피고가 공시최고신청을 한 사실은 알리지 아니한 채 공시최고 절차를 진행한 결과, 원고는 그 사실을 전혀 알지 못하여 그 권리신고를 하지 못하였으며 앞에서 인정한 바와 같이 원고는 이 사건 제권판결이 위 소송에서 증거로 제출됨에 따라 비로소 공시최고신청 및 제권판결이 선고된 사실을 알게 되었던 사실 등이다.

원심이 확정한 위와 같은 사실관계에 의하면 피고는 위 수표를 자기의 의사에 기하여 편취당하였으므로 수표의 무효선고를 청구하는 공시최고신청을 할수 없음에도 불구하고 이를 분실하였다는 허위의 주장사실을 내세워 법원에 공시최고의 신청을 하고 나아가 원고가 수표의 소지인이라는 것을 알면서도 그 소재를 모르는 것처럼 공시최고기일에 출석하여 그 신청의 원인과 제권판결을 구하는 취지를 진술(민사소송법 제457조)하여 공시최고법원을 기망하고 이에 속은 공시법원으로부터 선고와 동시에 형식적 확정력이 생기는 이 사건 제권판결을 얻었으며 그로 말미암아 제권판결의 소극적 효과로서 원고가 소지하고 있는 수표는 무효가 되어 원고는 그 수표상의 권리를 행사할 수 없게 되었고 적법한 수표소지인 임을 전제로 한 이득상환청구권도 발생하지 않게 된(당원 1965.4.20. 선고 64다1883 판결; 1967.6.13. 선고 67다541, 542 판결; 1982.10.26. 선고 82다298 판결; 1983.11.8. 선고 83다508, 83다카1705 판결 참조) 손해를 입게 되었다고 할 것이다.

따라서 피고는 원고에게 불법행위로 인한 손해를 배상할 책임이 있다 할 것이고, 그 손해액은 특단의 사정이 없는 한 지급일에 지급인으로부터 받을 수 있었을 수표 액면금 상당이라 할 것이다.

원심은 피고의 손해배상책임을 인정하면서 피고가 그 수표의 소지인이 원고인 사실을 알게 된 뒤에도 원고측에게는 공시최고신청사실을 숨긴 채 그 절차를 진행함으로써 원고로 하여금 권리신고를 하지 못하게 하고 이 사건 제권판결을 얻은 것이므로 소송법상 신의성실의 원칙에 반하는 위법행위를 저지른것이라고 판시하여 다소 적절하지 못한 표현을 하고 있으나 피고에게 불법행위로 인한 손해배상책임이 있다고 판단한 결론에 있어서는 정당하므로 법리오해의 위법이 있다는 소론은 채택할 수 없다.

(2) 원고가 수표금청구로 청구원인을 변경할 당시에는 수표에 표창된 수표상의 권리에 관한 소멸시효기간이 이미 경과된 후라 하더라도 이러한 사유만으로는 그 이전에 발생한 피고의 불법행위로 인한 손해배상책임에 아무런 영향을 미칠 수 없다. 따라서 원심이 피고의 소멸시효항변에 대한 판단을 유탈하였다고 하더라도 판결의 결과에 영향이 없다.

(3) 수표의 소지인이 그 수표금의 지급을 받지 못한 경우에는 특단의 사정이 없는 한 그 때문에 수표금 상당의 손해를 입은 것이라고 할 것이고, 그 수표소지인이 수표를 취득하게 된 원인관계에 있어서 제3자에게 기존채권이 있다고 할지라도 그것이 변제되지 아니하는 한 수표금이 지급되지 아니함으로 인하여 위 수표소지인이 입게 되는 손해에는 아무런 영향을 미치지 아니하는 것이다(당원 1972.10.10. 선고 72다1388 판결; 1987.4.14. 선고 86다카2438 판결 참조).

가령 원고가 이 사건 제권판결로 그 수표상의 권리를 상실한 후에도 원인관계상의 기존채권을 행사할 수 있고 그 기존채권에 대한 담보권을 보유하고 있다손 치더라도 피고의 불법행위로 말미암아 원고가 입은 그 수표액면금 상당의 손해는 부정할 수 없는 것이다. 소론은 독자적인 견해에 서서 원심판결을 공격하는 터이므로 채택할 수 없다.

(4) 그밖에 상고이유로 내세우고 있는 주장들도 이 사건 손해배상청구에 영향이 없는 사항이거나 원심이 인정하지 아니한 사실관계를 전제로 하여 원심판결을 비난하는 것에 불과하여 채택할 수 없다. 논지는 어느 것이나 이유없다.

이에 상고를 기각하고, 상고비용은 패소자의 부담으로 하여 관여 법관의 일치된 의견으로 주문과 같이 판결한다.

대법관   윤영철(재판장) 박우동 이재성 김용준

[판례 15] 약속어음금

(대법원 1999. 3. 12. 선고 97다44966 판결)

【판시사항】

[1] 지급은행이 제권판결을 받은 자에게 사고신고담보금을 지급한 후 그 제권판결이 취소된 경우, 지급은행이 면책되기 위한 요건
[2] 서울어음교환소규약의 적용을 받는 지급은행이 위 규약에 위반하여 제권판결문을 제출하고 1개월이 경과하기 전에 제권판결을 받은 자에게 사고신고담보금을 지급한 경우, 지급은행에게 과실이 있는지 여부(적극)

【판결요지】

[1] 제권판결을 받은 자에게 지급은행이 사고신고담보금을 지급한 후 그 제권판결이 취소되어 소급하여 효력을 상실하더라도 지급은행이 지급을 할 당시에는 제권판결을 받은 자가 채권의 준점유자에 해당한다고 할 것이므로 지급 당시에 지급은행에게 악의 또는 과실이 없으면 지급은행이 면책된다고 할 것이나, 여기서 과실이 없다고 하려면 제권판결을 받은 자가 실질적으로 무권리자라는 점을 과실 없이 알지 못하였음은 물론이고 사고신고담보금의 지급시기와 지급절차에 관한 약정의 위반도 없어야 한다.
[2] 서울어음교환소규약 제76조 제1항 제3호는 "제권판결을 받아 법원의 판결문을 제출하고 1개월이 경과한 경우"에 사고신고담보금을 지급한다고 규정하고 있는바, 위 규약규정은 민사소송법 제462조 제1항과 제2항이 제권판결에 대한 불복의 소의 제기기간을 원고가 제권판결 있음을 안 날로부터 1개월로 규정하고 있는 것을 감안할 때 제권판결 제출시로부터 1개월 내의 시점에 있어서는 제권판결에 대한 불복의 소가 제기될지 여부를 거의 알 수 없고 따라서 누가 정당한 권리자인지를 종국적으로 확정하는 것이 거의 불가능하므로 적어도 제권판결 제출시로부터 1개월 내에는 사고신고담보금을 지급할 수 없게 한 취지로 해석되며, 위 규약의 적용을 받는 지급은행이 위 규약규정을 위반한 경우에는 특단의 사정이 없는 한 과실이 있다.

【참조조문】

[1] 민법 제470조, 민사소송법 제461조 제2항, 제462조, 제468조, 어음법 제40조 제3항 [2] 민법 제470조, 민사소송법 제461조 제2항, 제462조, 제468조, 어음법 제40조 제3항

【전 문】

【원고, 상 고 인】 주식회사 국민은행 (소송대리인 법무법인 광장 담당변호사 박우동 외 3인)

【피고, 피상고인】 피고
【원심판결】 서울지법 1997. 9. 11. 선고 96나34367 판결
【주 문】
원심판결을 파기하고, 사건을 서울지방법원 본원 합의부에 환송한다.
【이 유】
상고이유를 본다.

원심판결 이유에 의하면 원심은, 원고가 발행인 피고, 수취인 소외 1, 액면 금 20,000,000원, 발행일 1995. 6. 16., 지급기일 1995. 9. 13., 발행지 및 지급지 서울, 지급장소 중소기업은행 답십리지점(이하 지급은행이라고 쓴다), 제1배서인 소외 1, 제2배서인 소외 2, 제3배서인 소외 3으로 된 약속어음 1매를 소외 3으로부터 지급거절증서의 작성을 면제받고 배서양도받은 사실, 위 소외 1은 1995. 8. 8. 경찰서에 위 약속어음의 분실신고를 하였고, 피고는 같은 달 9. 소외 1의 요청에 따라 지급은행에 이 사건 약속어음의 분실신고를 하고 같은 달 13. 사고신고담보금 20,000,000원을 예치하였으며, 소외 1은 1996. 1. 8. 위 약속어음에 대한 제권판결을 받은 사실, 원고는 위 지급기일에 위 약속어음을 지급제시하였으나 지급거절된 사실, 한편 소외 1은 위 제권판결을 받은 다음날인 1996. 1. 9. 위 제권판결을 지급은행에 제시하여 사고신고담보금 20,000,000원을 지급받은 사실, 원고는 1996. 2. 2. 위 소외 1을 상대로 제권판결불복의 소를 제기하여, 위 소외 1에 대하여 공시송달로 진행되어 원고의 신청원인대로 위 소외 1이 소외 3에게 이 사건 약속어음을 배서양도하였음에도 위 소외 1이 소지하다가 분실한 것처럼 공시최고신청을 하여 공시최고법원을 기망하여 제권판결을 선고받았으므로 민사소송법 제461조 제2항 제7호 소정의 사위 또는 부정한 방법으로 제권판결을 받은 때에 해당하여 위 제권판결을 취소한다는 내용의 판결을 1996. 5. 8. 선고받았고, 그 무렵 위 판결이 확정된 사실을 인정하고, 이러한 사실관계에 터잡아, 제권판결불복의 소가 제기되기 이전에 그 지급은행이 제권판결을 받은 자에게 사고신고담보금을 지급한 이 사건에 있어서는 지급은행이 제권판결을 받은 자가 무권리자임을 알았거나 과실로 알지 못하고 채무를 이행한 것이 아닌 한 채무자는 면책된다 할 것인바, 지급은행이 제권판결을 받은 자가 무권리자임을 알았거나 과실로 알지 못하고 채무를 이행한 것이라는 점을 인정할 만한 증거가 없으므로, 지급은행이 제권판결을 받은 자에게 사고신고담보금을 지급한 이후 제권판결불복의 소에 의하여 그 제권판결이 취소되었다 하더라도 지급은행에 의한 어음금채무 이행의 효력이 당연히 상실되는 것은 아니라는 이유로 원고의 이 사건 어음금청구를 기각하였음을 알 수 있다.

살피건대, 제권판결을 받은 자에게 지급은행이 사고신고담보금을 지급한 후 그 제권판결이 취소되어 소급하여 효력을 상실하더라도 지급은행이 지급을 할 당시에는 제권판결을 받은 자가 채권의 준점유자에 해당한다고 할 것이므로 지급 당시에 지급은행에게 악의 또는 과실이 없으면 지급은행이 면책된다고 할 것임은 원심 판시와 같으나, 여기서 과실이 없다고 하려면 제권판결을 받은 자가 실질적으로 무권리자라는 점을 과실 없이 알지 못하였음은 물론이고 사고신고담보금의 지급시기와 지급절차에 관한 약정의 위반도 없어야 할 것이다. 그런데 기록에 편철되어 있는 서울어음교환소규약 제76조 제1항 제3호는 "제권판

결을 받아 법원의 판결문을 제출하고 1개월이 경과한 경우"에 사고신고담보금을 지급한다고 규정하고 있는바, 위 규약규정은 민사소송법 제462조 제1, 2항이 제권판결에 대한 불복의 소의 제기기간을 원고가 제권판결 있음을 안 날로부터 1개월로 규정하고 있는 것을 감안할 때 제권판결 제출시로부터 1개월 내의 시점에 있어서는 제권판결에 대한 불복의 소가 제기될지 여부를 거의 알 수 없고 따라서 누가 정당한 권리자인지를 종국적으로 확정하는 것이 거의 불가능하므로 적어도 제권판결 제출시로부터 1개월 내에는 사고신고담보금을 지급할 수 없게 한 취지로 해석되며, 위 규약의 적용을 받는 지급은행이 위 규약규정을 위반한 경우에는 특단의 사정이 없는 한 과실이 있다고 할 것이다.

따라서 원심으로서는 지급은행과 피고 사이에 위 규약의 효력이 거래처인 피고에게도 미친다는 약정이 맺어졌는지의 여부를 살펴 지급은행의 과실 유무 및 지급은행의 위 지급의 효력이 피고에게 미치는지의 여부를 판단해야 할 것임에도 불구하고 이에 이르지 아니한 심리미진의 위법을 행하였고 이로써 판결의 결과에 영향을 미쳤다고 할 것이며, 이를 지적하는 취지의 상고논지는 이유가 있다.

그러므로 나머지 상고이유에 나아가 판단할 필요 없이 원심판결을 파기하고, 사건을 원심법원에 환송하기로 하여 관여 법관의 일치된 의견으로 주문과 같이 판결한다.

대법관   신성택(재판장) 지창권(주심) 송진훈

[판례 16] 약속어음금

(대법원 1998. 9. 4. 선고 97다57573 판결)

【판시사항】

백지어음에 대한 제권판결을 받은 자가 어음 외의 의사표시로 백지를 보충하여 발행인에 대한 어음상 권리를 행사할 수 있는지 여부(적극)

【판결요지】

제권판결 제도는 증권 또는 증서를 상실한 자에게 이를 소지하고 있는 것과 같은 형식적 자격을 부여하여 그 권리를 실현할 수 있도록 하려는 것인 점과, 백지어음의 발행인은 백지보충을 조건으로 하는 어음금지급채무를 부담하게 되고, 백지에 대한 보충권과 백지보충을 조건으로 한 어음상의 권리는 백지어음의 양도와 더불어 양수인에게 이전되어 그 소지인은 언제라도 백지를 보충하여 어음상의 권리를 행사할 수 있으므로, 백지어음은 어음거래상 완성어음과 같은 경제적 가치를 가지면서 유통되고 있는 점을 함께 고려하여 보면, 백지어음에 대한 제권판결을 받은 자는 발행인에 대하여 백지보충권과 백지보충을 조건으로 한 어음상의 권리까지를 모두 민사소송법 제468조에 규정된 '증서에 의한 권리'로서 주장할 수 있다고 봄이 상당하고, 따라서 백지어음의 제권판결을 받은 자는 발행인에 대하여 백지 부분에 대하여 어음 외의 의사표시에 의하여 보충권을 행사하고 그 어음금의 지급을 구할 수 있다.

【참조조문】

민사소송법 제468조, 어음법 제10조

【전　문】

【원고, 피상고인】 원고 (소송대리인 변호사 최원익)
【피고, 상　고　인】 주식회사 유한큐후드 (소송대리인 변호사 방두원)
【원심판결】 서울지법 1997. 11. 12. 선고 97나20204 판결

【주　문】

상고를 기각한다. 상고비용은 피고의 부담으로 한다.

【이　유】

상고이유를 본다.

어음에 대한 제권판결이 선고되면 그 어음은 어음으로서의 효력을 상실하고, 제권판결을 얻은 자는 어음소지인으로서의 지위를 회복하여 어음상의 권리를 행사할 수 있는 것이지만(민사소송법 제467조, 제468조), 어음요건의 일부가 백지로 된 백지어음은 미완성의 어음이므로 백지의 보충이 없이는 어음상의 권리를 행사할 수 없고, 또한 백지어음에 대한 제권판결이 있다고 하더라도 그 제권판결에 의하여 백지어음 자체가 부활하는 것은 아니므로 그 어음면에 백지를 보충할 방법은 없다 할 것이다.

그런데 민사소송법 제468조는 "제권판결이 있는 때에는 신청인은 증권 또는 증서에 의하여 의무를 부담한 자에 대하여 증서에 의한 권리를 주장할 수 있다."고 규정하고 있는바, 제권판결제도는 증권 또는 증서를 상실한 자에게 이를 소지하고 있는 것과 같은 형식적 자격을 부여하여 그 권리를 실현할 수 있도록 하려는 것인 점과, 백지어음의 발행인은 백지보충을 조건으로 하는 어음금지급채무를 부담하게 되고, 백지에 대한 보충권과 백지보충을 조건으로 한 어음상의 권리는 백지어음의 양도와 더불어 양수인에게 이전되어 그 소지인은 언제라도 백지를 보충하여 어음상의 권리를 행사할 수 있으므로, 백지어음은 어음거래상 완성어음과 같은 경제적 가치를 가지면서 유통되고 있는 점을 함께 고려하여 보면, 백지어음에 대한 제권판결을 받은 자는 발행인에 대하여 백지보충권과 백지보충을 조건으로 한 어음상의 권리까지를 모두 위 민사소송법 제468조에 규정된 '증서에 의한 권리'로서 주장할 수 있다고 봄이 상당하다 할 것이다.

따라서 발행일·발행지·지급지·수취인의 각 난을 백지로 하여 발행된 이 사건 약속어음에 대한 제권판결을 받은 원고로서는 발행인 피고에 대하여 위 백지 부분에 대하여 어음 외의 의사표시에 의하여 보충권을 행사하고 그 어음금의 지급을 구할 수 있다고 본 원심의 판단은 정당하고, 거기에 상고이유의 주장과 같은 법리오해의 위법이 있다고 할 수 없다.

기록에 의하여 살펴보면, 그 밖에 상고이유에서 주장하는 점에 관한 원심의 사실인정과 판단은 모두 수긍이 가고, 거기에 어음법의 법리를 오해함으로써 필요한 심리를 다하지 아니하였거나 채증법칙을 위반함으로써 판결에 영향을 미친 위법이 있다고 할 수 없다.

상고이유는 모두 받아들일 수 없다.

그러므로 상고를 기각하고, 상고비용은 패소자의 부담으로 하기로 하여 관여 법관의 일치된 의견으로 주문과 같이 판결한다.

대법관   천경송(재판장) 지창권 신성택(주심) 송진훈

3. 어음 공정증서

가. 의의 및 요건

(1) 의의

어음 공정증서는 공증인이 어음에 첨부하여 강제집행을 인낙한다는 취지를 적은 공정증서로서(공증인법 제56조의2 제1항), 집행증서에 해당한다(공증인법 제56조의2 제4항).

―――――――――――――― 법 령 ――――――――――――――

◆ 공증인법
제56조의2 (어음·수표의 공증 등) ① 공증인은 어음·수표에 첨부하여 강제집행을 인낙(認諾)한다는 취지를 적은 공정증서를 작성할 수 있다.
④ 제1항에 따른 증서는 「민사집행법」 제56조에도 불구하고 그 어음 또는 수표에 공증된 발행인, 배서인(背書人) 및 공증된 환어음을 공증인수(公證引受)한 지급인에 대하여는 집행권원으로 본다.

(2) 요건

첫째, 어음 공정증서는 발행인과 수취인, 양도인과 양수인 또는 그 대리인의 촉탁이 있을 때에만 작성할 수 있다(공증인법 제56조의2 제2항).

―――――――――――――― 법 령 ――――――――――――――

◆ 공증인법
제56조의2 (어음·수표의 공증 등) ② 제1항에 따른 증서는 어음·수표의 발행인과 수취인, 양도인과 양수인 또는 그 대리인의 촉탁이 있을 때에만 작성할 수 있다.

| 판 례 |

[판례 17] 청구이의

(대법원 1984. 6. 26. 선고 82다카1758 판결)

【판시사항】

가. 무권대리인의 촉탁으로 작성된 공정증서의 집행력 유무(소극)
나. 부동산소유권의 이전에 의한 대물변제의 효력발생시기

【판결요지】

가. 공정증서가 채무명의로서 집행력을 갖기 위해서는 "즉시 강제집행할 것을 기재한 경우"이어야 하고 이러한 집행인락표시는 합동법률사무소 또는 공증인에 대한 소송행위이고 이러한 소송행위에는 민법상의 표현대리규정이 적용 또는 준용될 수 없다고 할 것이므로, 무권대리인의 촉탁에 의하여 작성된 공정증서는 채권자는 물론 합동법률사무소나 공증인이 대리권이 있는 것으로 믿은 여부나 믿을 만한 정당한 사유의 유무에 관계없이 채무명의로서의 효력을 부정하여야 할 것이다.
나. 대물변제가 채무소멸의 효력을 발생하려면 채무자가 본래의 이행에 갈음하여 행하는 다른 급여가 현실적인 것이어야 하며 그 경우 다른 급여가 부동산소유권의 이전인 때에는 당사자의 의사표시 또는 인감증명서의 교부만으로는 부족하고 그 부동산에 관한 물권변동의 효력이 발생하는 등기를 경료하여야 한다.

【참조조문】

가.민사소송법 제81조, 제519조 제3호, 민법 제125조, 제126조 나. 제186조, 제466조

【참조판례】

가. 대법원 1983.2.8. 선고 81다카621 판결
나. 1965.9.7. 선고 63다1389 판결

【전 문】

【원고, 상고인 겸, 피상고인】 원고 1 외 2인 원고들 소송대리인 변호사 이병호
【피고, 피상고인 겸, 상고인】 피고
【원심판결】 광주고등법원 1982.10.21. 선고 82나141 판결

【주 문】

원심판결을 파기하고, 사건을 광주고등법원에 환송한다.

【이 유】

(1) 원고들의 상고이유에 대한 판단

원심판결 이유에 의하면, 원심은 제1심 공동 원고인 소외 1과 피고 사이에 1981.6.17 채권자 피고, 주채무자 위 소외 1, 연대보증인을 원고들,채권 금 25,000,000원과 그에

대하여 그 설시와 같은 약정 지연손해금이라고 각 표기하고, 이에 강제집행 인락사항을 기재한 이 사건 공정증서가 작성된 사실은 당사자 사이에 다툼이 없다고 전제한 다음, 원고들의 주장 즉 이 사건 공정증서는 위 소외 1이 원고들을 대리할 아무런 권한없이 작성한 것이니 이는 원고들에 대하여 그 효력이 없고 따라서 그 집행력의 배제를 구한다는 주장에 대하여 판단하기를 그 거시증거를 종합하면 원고들은 1981.6. 초순 위 소외 1과 순천시 (주소 1 생략), (주소 2 생략) 및 (주소 3 생략) 등 3필지의 대지에 가옥 3동을 축조함에 있어 그 건축비중 금 8,000,000원씩을 위 소외 1이 소외 한국주택은행에서 책임지고 융자받아 주기로 하는 내용의 건축도급계약을 체결하고 원고들이 그 융자신청을 위하여 1981.6.17. 위 소외 1에게 원고들의 인감증명서와 인감을 교부하자 위 소외 1은 이를 소지함을 기화로 이 사건 공정증서 작성에 필요한 모든 권한 및 강제집행 인락사항을 위임한다는 원고들 명의의 위임장을 작성하고 원고들을 대리하여 피고와 이 사건 공정증서를 위와 같이 작성한 사실이 인정되니 이러한 사실 관계 아래서는 원고들이 위 소외 1에게 이 사건 공정증서를 작성할 권한을 수여한 것은 아니지만 소외 한국주택은행에 융자신청을 할 대리권만은 수여하였음이 분명하고, 위 소외 1이 이 사건 공정증서 작성 당시 원고들의 인감증명서와 인장 및 위임장등 이 사건 공정증서 작성에 필요한 모든 서류를 구비하여 소지하고 있었으므로 피고로서는 위 소외 1이 원고들을 대리하여 이 사건 공정증서를 작성할 권한이 있다고 믿을 만한 정당한 이유가 있었다고 보아야 할 것이고 위 소외 1이 비록 융자신청의 대리권한을 넘어 이 사건 공정증서를 작성하였다 하여도 이는 표현대리의 법리에 따라 그 효력은 원고들에게도 미친다고 판시하였다.

그러나 공정증서가 채무명의로서 집행력이 있기 위하여 "즉시 강제집행 할 것을 기재한 경우"(민사소송법 제519조 제3호 단서)이어야 하고 이러한 집행인락 의사표시는 합동법률사무소 또는 공증인에 대한 소송행위이고 이러한 소송행위에는 민법상의 표현대리 규정이 적용 내지는 준용될 수 없다고 할 것이므로(당원 1983.2.8 선고 81다카621 판결 참조) 무권대리인의 촉탁에 의하여 작성된 공정증서는 채권자는 물론 합동법률사무소나 공증인이 대리권이 있는 것으로 믿었는가 아닌가, 믿을 만한 정당한 이유가 있는가 없는가에 관계없이 채무명의로서의 효력은 부정되어야 할 것인바, 이 사건에 있어 원심은 위 소외 1이 원고들을 대리하여 이 사건 공정증서를 작성할 권한이 없음을 인정하면서도 거기에 민법상의 표현대리의 법리를 적용하여 그 채무명의로서의 효력이 원고들에게도 미친다는 취지로 판시하였음은 공정증서의 집행력 및 표현대리의 적용범위에 관한 법리오해의 위법이 있다 할 것이고 이는 소송촉진등에 관한 특례법 제12조 제2항 소정의 파기사유에 해당하므로 이를 지적하는 원고들의 상고논지는 나머지 상고이유를 판단할 필요없이 그 이유 있다 할 것이다.

(2) 피고의 상고이유에 대한 판단,
원심은 위와 같이 민법상의 표현대리의 법리에 따라 이 사건 공정증서의 효력이 원고들에게도 미친다는 전제아래 원고들의 대물변제항변, 즉 이 사건 공정증서상의 채무는 위 소외 1의 대물변제로 인하여 모두 소멸되었으니 그 집행력의 배제를 구한다는 주장에 대하여 판단하기를 갑 제5호증(등기부등본), 갑 제6호증(가옥증명원)의 각 기재에 그 거시증인의 증언을 종합하면, 위 소외 1이 1981.6.30.경 전남 승주군 (주소 4 생략)

토지와 그 지상건물을 소외 2로부터 매수하여 이를 대금 4,300,000원에 결가하여 피고가 지정한 소외 3에게 대물변제하여 위 소외 3이 이를 점유하고 있으며, 또 위 소외 1은 순천시 (주소 4 생략) 토지와 그 지상건물을 소외 4로부터 매수하여 이를 대금 14,500,000원에 결가하여 피고가 지정한 소외 5에게 대물변제하여 위 소외 5가 이를 점유하고 있는 사실이 인정되니 피고는 결국 이 사건 공정증서상의 채권중 위 도합금 18,800,000원 부분은 위 소외 1로부터 위와 같이 대물변제 받음으로써 소멸되었다 할 것이므로 그 부분에 대한 집행력은 배제되어야 한다고 설시하였다. 그러나 대물변제가 채무소멸의 효력을 발생하려면 채무자가 본래의 이행에 갈음하여 행하는 다른 급여가 현실적이어야 되며, 그 경우 다른 급여가 부동산의 소유권을 이전하는 것일 때에는 당사자간의 의사표시 또는 인감증명서의 교부만으로는 부족하고 그 부동산에 관한 물권변동의 효력이 발생하는 등기를 경료하여야 된다고 할 것인데(당원 1965.9.7 선고 65다1389 판결 참조) 이 사건에 있어 원심이 인용하고 있는 위 갑 제5호증등 그 거시증거를 살펴보아도 원심이 대물변제되었다고 인정한 위 부동산들에 관한 소유권이전등기가 피고나 피고가 지정하는 사람앞으로 경료되었는지 불분명하므로 원심으로서는 위 등기의 경료여부를 심리판단하였어야 함에도 이에 이르지 아니하였으니 심리미진 또는 대물변제에 관한 법리오해의 위법이 있다 할 것이고 이는 위 특례법 소정의 파기사유에 해당한다 할 것이므로 이를 지적하는 피고의 상고논지는 이유 있다.
(3) 그러므로 원고들 및 피고의 상고는 모두 이유있으므로 원심판결을 파기하고, 사건을 원심법원에 환송하기로 관여 법관의 의견이 일치되어 주문과 같이 판결한다.

대법관   심정천(개민장) 김종서 강우녕 이정우

[판례 18] 소유권이전등기말소

(대법원 1992. 7. 28. 선고 92다7726 판결)

【판시사항】

무효인 공정증서상 집행채무자로 표시된 자가 그 공정증서를 채무명의로 한 경매절차가 진행되는 동안 이를 방치하고, 오히려 변제를 주장하여 경락허가결정에 대한 항고절차를 취하고 경락대금까지 배당받은 후 경락인에 대하여 공정증서의 무효를 이유로 이에 기한 강제경매도 무효라고 주장함의 당부

【판결요지】

무효인 공정증서상에 집행채무자로 표시된 자가 그 공정증서를 채무명의로 한 경매절차가 진행되고 있는 동안에 공정증서의 무효를 주장하여 경매절차를 저지할 수 있었음에도 불구하고 그러한 주장을 일체 하지 않고 이를 방치하였을 뿐 아니라, 오히려 공정증서가 유효임을 전제로 변제를 주장하여 경락허가결정에 대한 항고절차를 취하였고 경락허가결정 확정 후에 경락대금까지 배당받았다면, 특별한 사정이 없는 한 집행채무자로 표시된 자는 경락인에 대하여 그 공정증서가 유효하다는 신뢰를 부여한 것으로서 객관적으로 보아 경

락인으로서는 이와 같은 신뢰를 갖는 것이 상당하다고 할 것이므로, 그 후 집행채무자로 표시된 자가 경락인에 대하여 공정증서의 무효임을 이유로 이에 기하여 이루어진 강제경매도 무효라고 주장하는 것은 금반언 및 신의칙에 위반되는 것이라고 보아야 한다.

【참조조문】

민법 제2조, 민사소송법 제522조

【참조판례】

대법원 1973.6.5. 선고 69다1228 판결(집21②민45)

【전 문】

【원고, 피상고인】 원고
【피고, 상 고 인】 피고 소송대리인 변호사 홍기배
【환송판결】 대법원 1991.4.26. 선고 90다20473 판결
【원심판결】 서울민사지방법원 1992.1.8. 선고 91나11598 판결

【주 문】

원심판결을 파기하고 사건을 서울민사지방법원 합의부에 환송한다.

【이 유】

피고소송대리인의 상고이유를 본다.
1. 원심판결 이유에 의하면 원심은 소외 1이 집행채무자를 원고로 한 그 판시의 약속어음 공정증서(이하 이 사건 집행증서라고 한다)의 집행력 있는 정본에 기하여 원고 소유이던 이 사건 부동산에 대하여 강제경매신청을 함에 따라 피고가 그 강제경매절차에서 이 사건 부동산을 경락받은 사실과 이 사건 집행증서는 원고의 모인 소외 2가 원고 명의의 약속어음과 위임장을 위조하여 원고의 대리인으로서 위 약속어음의 공증을 촉탁함에 따라 작성된 사실을 인정한 다음, 이 사건 집행증서는 원고를 대리할 권한이 없는 자의 촉탁에 의하여 작성된 것으로서 무효이므로 이를 채무명의로 하여 이루어진 위 강제경매는 집행채무자인 원고에 대한 관계에서는 그 효력이 생기지 아니하여 그 경락인인 피고는 이 사건 부동산의 소유권을 취득하지 못한다고 할 것이어서, 특별한 사정이 없는 한 피고는 원고에게 피고 명의로 경료된 이 사건 부동산에 관한 소유권이전등기의 말소등기절차를 이행할 의무가 있다고 판단하였다.
2. 기록에 의하여 살펴보면 원심의 위 사실인정에 수긍이 가고 거기에 소론이 주장하는 것과 같이 채증법칙에 위반하여 사실인정을 그르친 위법이 없으므로 이 점 논지는 이유 없다. 또 소론은 원고가 하자있는 공정증서상의 집행인낙의 의사표시를 추인하였고 또 피고의 이 사건 부동산에 대한 소유권취득을 인정하였는데도 이와 다른 판단을 한 원심판결에는 추인에 관한 법리를 오해한 위법이 있다는 것이나, 이는 환송판결의 환송취지와 상반되는 견지에서 환송취지에 따른 원심판단을 탓하는 것이어서 이 점 논지도 이유 없다.
3. 그러나 무효인 공정증서상에 집행채무자로 표시된 자가 그 공정증서를 채무명의로 한

경매절차가 진행되고 있는 동안에 공정증서의 무효를 주장하여 경매절차를 저지할 수 있었음에도 불구하고 그러한 주장을 일체 하지 않고 이를 방치하였을 뿐아니라, 오히려 공정증서가 유효임을 전제로 변제를 주장하여 경락허가결정에 대한 항고절차를 취하였고 경락허가결정확정후에 경락대금까지 배당받았다면, 특별한 사정이 없는 한 집행채무자로 표시된 자는 경락인에 대하여 그 공정증서가 유효하다는 신뢰를 부여한 것으로서 객관적으로 보아 경락인으로서는 이와 같은 신뢰를 갖는 것이 상당하다고 할 것이므로, 그후 집행채무자로 표시된 자가 경락인에 대하여 공정증서의 무효임을 이유로 이에 기하여 이루어진 강제경매도 무효라고 주장하는 것은 금반언 및 신의칙에 위반되는 것이라고 보아야 할 것이다(당원 1973.6.5. 선고 69다1228 판결 참조).

이 사건에서 원심이 확정한 사실에 의하면 원고는 위 경매절차가 개시된 이래 경락허가결정이 있기까지 위 강제경매절차가 진행중인 사실을 알면서도 그 채무명의인 이 사건 집행증서가 무효라는 주장을 한 바 없고 다만 위 절차와 중복하여 진행중이던 부동산임의경매절차의 근저당권설정등기가 원인무효라고만 주장하였을 뿐이며, 또한 경락허가결정 이후 채무명의상의 채무를 모두 변제하였다는 이유로 항고, 재항고를 제기하였다가 기각되어 경락허가결정이 확정되자 그 경락대금 중 배당금 41,045,550원을 수령하였다는 것이므로, 특별한 사정이 없는 한 원고가 그 후 이 사건 집행증서의 무효임을 들고 나와 이에 기하여 이루어진 강제경매가 무효라고 주장하는 것은 금반언 및 신의칙에 위반되는 것으로서 허용되지 않는다고 보아야 할 것이다.

다만 원심이 채용한 증거에 의하면 원고는 1988.7.경 소외 1을 상대로 이 사건 집행증서가 무효임의 확인을 구하는 소를 제기한 사실이 인정되나, 원심이 배척하지 아니한 을 제1호증의 25, 34의 각 기재에 의하면 원고는 위 소를 제기하기 이전인 1988.6.21. 위 경매절차 배당기일에 이 사건 부동산의 근저당권자들인 소외 3 등에게 배당된 금원에 대하여 이의를 하는 한편 그에게 배당된 금 17,625,738원을 수령하였고 또 위 소를 제기한 후인 1989.3.10.경에는 나머지 경락대금마저 배당받아 수령한 사실을 인정할 수 있을 뿐만 아니라, 기록을 살펴보아도 원고가 위 소외 1을 상대로 이 사건 집행증서의 무효를 주장한 사실을 피고가 알았다고 인정할 만한 자료가 없으므로 위 소제기 사실만으로는 원고의 이 사건 권리행사가 금반언 및 신의칙에 위배됨을 인정하는 데에 장애가 되지 않는다.

그런데 기록에 의하여 피고소송대리인이 제1심 제11차 변론기일에 진술한 1989.10.18.자 준비서면 제3항 및 환송전 원심 제7차 변론기일에 진술한 1990.10.13.자 준비서면 3의 (3)항의 각 내용을 보면 피고는 원고의 이 사건 권리행사가 금반언 및 신의칙에 위반된 것이라는 취지의 주장을 한 것으로 보지 못할 바 아니므로, 원심으로서는 이 점을 좀더 명확하게 밝혀 심리판단하였어야 함에도 불구하고 이에 이르지 아니하였음은 심리미진과 판단유탈의 위법을 저지른 것이라고 하지 않을 수 없다. 이 점을 지적하는 논지는 이유 있다.

4. 그러므로 나머지 상고이유에 대한 판단을 생략하고 원심판결을 파기환송하기로 하여 관여 법관의 일치된 의견으로 주문과 같이 판결한다.

대법관 　배만운(재판장) 이회창 김석수

[판례 19] 소유권이전등기말소

(대법원 1991. 4. 26. 선고 90다20473 판결)

【판시사항】

가. 대리권 흠결이 있는 공정증서 중 집행인낙에 대한 추인의 방식
나. 무권대리인의 촉탁에 의하여 작성된 집행증서가 본인의 묵시적 추인에 의하여 유효한 채무명의가 되었다고 본 원심판결에 위 "가"항의 추인에 관한 법리오해나 심리미진의 위법이 있다 하여 파기한 사례

【판결요지】

가. 공정증서상의 집행인낙의 의사표시는 공증인가 합동법률사무소 또는 공증인에 대한 채무자의 단독 의사표시로서 성규의 방식에 따라 작성된 증서에 의한 소송행위이어서, 대리권 흠결이 있는 공정증서 중 집행인낙에 대한 추인의 의사표시 또한 당해 공정증서를 작성한 공증인가 합동법률사무소 또는 공증인에 대하여 그 의사표시를 공증하는 방식으로 하여야 함으로, 그러한 방식에 의하지 아니한 추인행위가 있다 한들 그 추인행위에 의하여는 채무자가 실체법상의 채무를 부담하게 됨은 별론으로 하고 무효의 채무명의가 유효하게 될 수는 없다.
나. 무권대리인의 촉탁에 의하여 작성된 집행증서가 본인의 묵시적 추인에 의하여 유효한 채무명의가 되었다고 본 원심판결에 위 "가"항의 추인에 관한 법리오해나 심리미진의 위법이 있다 하여 파기한 사례

【참조조문】

가.나. 민법 제132조, 민사소송법 제519조 제4호 나. 민사소송법 제183조

【참조판례】

가. 대법원 1983.2.8. 선고 81다카621 판결(공1983,494)

【전 문】

【원고, 상 고 인】 원고
【피고, 피상고인】 피고 (소송대리인 변호사 홍기배)
【원 판 결】 서울민사지방법원 1990.11.16. 선고 90나3576 판결

【주 문】

원판결을 파기하여 사건을 서울민사지방법원 합의부에 환송한다.

【이 유】

상고이유에 대하여

원판결 이유에 의하면 원심은 원고의 모인 소외 1이 원고의 인감을 도용하여 1985.10.19. 액면 금 2,400,000원 지급기일 일람출급, 수취인 소외 2로 된 원고 발행명의의 약속어음 1매와 원고가 소외 3에게 위 약속어음금 지급에 관한 공정증서작성의 대리권을 위임한다는

내용의 위임장 1매를 각 위조한 후 이를 위 소외 2에게 교부하고, 원고의 무권대리인인 위 소외 3과 약속어음의 수취인인 위 소외 2가 같은 해 11.4. 공증인가 삼성합동법률사무소에 촉탁하여 "위 약속어음금의 지급을 연체하는 즉시 강제집행을 하여도 이의가 없다"는 내용의 이 사건 약속어음공정증서(이하 이 사건 집행증서라 한다)가 작성되고 그후 집행증서상의 채무자인 원고가 그 채무를 이행하지 않는다는 이유로 위 소외 2가 원고 소유의 원판결 첨부 별지기재의 부동산에 대하여 강제경매를 신청함에 따라, 피고가 1987.9.15. 그 강제경매절차에서 위 부동산을 경락받아 1988.6.27. 경락을 원인으로 피고 앞으로 소유권이전등기를 경료한 사실을 인정한 다음 위 부동산에 대한 위 강제경매절차는 위조된 약속어음을 대상으로 하여 무권대리인의 촉탁에 따라 작성된 실체적으로 무효인 집행증서를 바탕으로 하여 이루어진 것으로서 일응 무효라 할 것이나 설시의 증거를 종합하면 원고는 이 사건 강제경매절차가 개시된 사실을 알고도 경락허가결정이 있기까지 위 절차와 중복되어 진행중이던 서울지방법원 남부지원 87타경6865호 부동산임의경매절차의 근저당권 설정등기가 원인무효라고 주장하였을 뿐 이 사건 강제경매절차의 채무명의가 무효라는 주장을 한 바 없으며, 위 경락허가결정 이후 위 채무명의에 기한 채무를 모두 변제하였다는 이유로 항고, 재항고를 제기하였으나 기각되어 경락허가결정이 확정되자 그 경락대금 중 배당금까지 수령한 사실이 인정되고, 이는 원고가 무권리자의 처분행위를 묵시적으로 추인한 것으로 볼 것이어서 원고는 경락인인 피고에 대하여 그 채무명의 무효를 사유로 하여 대행할 수 없는 것이므로, 피고가 위 경락허가결정에 따라 위 부동산에 관한 소유권을 취득하지 못하였음을 전제로 하여 그 등기의 말소를 구하는 원고의 이 사건 청구는 이유없다고 판단하였다.

그러나, 공정증서상의 집행인락의 의사표시는 공증인가 합동법률사무소 또는 공증인에 대한 채무자의 단독 의사표시로서 성규의 방식에 따라 작성된 증서에 의한 소송행위이어서, 대리권 흠결이 있는 공정증서 중 집행인락에 대한 추인의 의사표시 또한 당해 공정증서를 작성한 공증인가 합동법률사무소 또는 공증인에 대하여 그 의사표시를 공증하는 방식으로 하여야 한다고 풀이함이 옳으므로(당원 1983.2.8. 선고 81다카621 판결 참조), 그러한 방식에 의하지 아니한 추인행위가 있다 한들 그 추인행위에 의하여는 채무자가 실체법상의 채무를 부담하게 됨은 별론으로 하고 무효의 채무명의가 유효하게 될 수는 없는 것이며, 따라서 원심 설시와 같은 사유가 있다는 사정만으로는 그것이 이 사건 집행증서에 표상된 약속어음금채무에 대한 추인으로 인정되어 원고가 그 채무를 부담함은 별론으로 하고, 이 사건 집행증서가 원고에 대하여 유효한 채무명의가 된다고 할 수 없고, 또 원심설시의 증거에 의하면 원고가 이 사건 경락허가결정 이후에도 이 사건 경락허가결정에 대하여 항고, 재항고를 하고 위 소외 2를 상대로 청구이의의 소, 채무부존재확인의 소 및 집행문 부여에 대한 이의의 소를 제기하고, 끝내는 피고를 상대로 이 사건 소유권이전등기말소청구의 소송까지 제기하면서 다툰 사실이 인정되는 점에 비추어 볼 때, 이와 같이 원고가 이 사건 집행증서에 표상된 약속어음상의 채무를 추인한 것으로 인정된다는 사실에 터잡아 더 나아가 원고가 피고의 이 사건 부동산에 대한 소유권의 취득까지를 인정한 것으로는 볼 수 없다고 하지 않을 수 없다.

그럼에도 불구하고 원심이 이 사건 집행증서가 무권대리인의 촉탁에 의하여 작성된 것으로서 무효라고 하면서도 설시의 사유를 들어 원고가 무권리자의 처분행위를 묵시적으로 추인한 것이라는 취지로 판단한 것은, 무권대리인의 촉탁에 의하여 작성된 공정증서에 있어서의 집행인락의 추인에 관한 법리를 오해하였거나 심리를 다하지 아니함으로써 판결결과에 영향을 미쳤다 할 것이므로 이 점을 지적하는 논지는 이유있다.
그러므로 원판결을 파기하여 사건을 다시 심판하게 하기 위하여 원심법원에 환송하기로 관여법관의 의견이 일치되어 주문과 같이 판결한다.

대법관   윤영철(재판장) 박우동 배석 김상원

나. 효력

(1) 개요

어음 공정증서가 위 요건을 갖춘 경우 집행권원으로 되어 집행력이 있다.

| 판 례 |
[판례 20] 집행문부여에대한이의

(대법원 1999. 6. 23.자 99그20 결정)

【판시사항】

집행증서상의 명의를 모용당한 채무자가 집행문 부여에 대한 이의로써 그 취소를 구할 수 있는지 여부(적극) 및 이 경우 법원이 반드시 심문 또는 변론절차를 열거나 신청인에게 추가 소명의 기회를 주어야 하는지 여부(소극)

【결정요지】

집행증서상의 명의를 모용당하였다고 주장하는 채무자는 위 집행증서에 채무자 본인의 집행촉탁 및 집행수락의 의사가 결여되었음을 내세워 집행문 부여에 대한 이의로써 무효인 집행증서에 대하여 부여된 집행문의 취소를 구하는 것도 가능하다 할 것이고, 그 경우 이의를 심리하는 법원으로서는 임의적 변론을 거쳐 결정의 형식으로 그 당부를 판단하면 족하며, 반드시 심문 또는 변론절차를 열거나 제출된 자료만으로 소명이 부족하다 하여 신청인에게 추가 소명의 기회를 주어야 하는 것은 아니다.

【참조조문】

민사소송법 제484조

【전 문】

【특별항고인】 특별항고인
【상대방】 상대방
【원심결정】 서울지법 동부지원 1999. 1. 20.자 99카기136 결정

【주 문】

특별항고를 기각한다.

【이 유】

특별항고이유를 본다.
집행증서상의 명의를 모용당하였다고 주장하는 채무자는 위 집행증서에 채무자 본인의 집행촉탁 및 집행수락의 의사가 결여되었음을 내세워 집행문 부여에 대한 이의로써 무효인 집행증서에 대하여 부여된 집행문의 취소를 구하는 것도 가능하다 할 것이고, 그 경우 이의를 심리하는 법원으로서는 임의적 변론을 거쳐 결정의 형식으로 그 당부를 판단하면 족하며, 반드시 심문 또는 변론절차를 열거나 제출된 자료만으로 소명이 부족하다 하여 신청인에게 추가 소명의 기회를 주어야 하는 것은 아니다.
원심은, 이 사건 집행증서가 신청인의 명의를 사칭한 신청외인의 촉탁에 의하여 작성된 것이므로 위 집행증서에 부여된 집행문의 취소를 구한다는 신청인의 신청에 대하여 신청서에 첨부된 자료만으로는 소명이 부족하다는 이유로 이를 기각하였는바, 기록에 의하여 살펴보면 원심의 이와 같은 결정은 정당하고, 거기에 소명자료의 증명력에 대한 판단을 잘못하였거나 신청원인에 대한 심리를 다하지 아니하여 재판 결과에 영향을 미친 위법이 있다고 할 수 없다. 논지는 이유가 없다.
그러므로 특별항고를 기각하기로 하여 관여 법관의 일치된 의견으로 주문과 같이 결정한다.

대법관 박준서(재판장) 신성택 이임수(주심) 서성

---

(2) 어음 공정증서상의 어음금채권의 소멸시효

본래 발행인에 대한 어음금 청구권은 만기일부터 3년간 행사하지 아니하면 소멸시효가 완성된다(어음법 제70조 제1항, 제77조 제1항 제8호, 제78조 제1항).

──────────── 법 령 ────────────

◆ 어음법
제70조 (시효기간) ① 인수인에 대한 환어음상의 청구권은 만기일부터 3년간 행사하지 아

니하면 소멸시효가 완성된다.

제77조 (환어음에 관한 규정의 준용) ① 약속어음에 대하여는 약속어음의 성질에 상반되지 아니하는 한도에서 다음 각 호의 사항에 관한 환어음에 대한 규정을 준용한다.
    8. 시효(제70조와 제71조)

제78조 (발행인의 책임 및 일람 후 정기출급 어음의 특칙) ① 약속어음의 발행인은 환어음의 인수인과 같은 의무를 부담한다.

| 판 례 |

[판례 21] 제3자이의

(대법원 1992. 4. 14. 선고 92다169 판결)

【판시사항】

가. 공증인가 합동법률사무소가 구 간이절차에의한민사분쟁사건처리특례법 제4조(1985.9.14. 법률 제3790호로 삭제)에 의하여 작성한 약속어음 공정증서에 기판력이 있는지 여부(소극)

나. 공증된 약속어음이 민법 제165조 제2항 소정의 "판결과 동일한 효력이있는 것에 의하여 확정된 채권"으로서 10년의 소멸시효에 걸리는지 여부(소극)

【판결요지】

가. 공증인가 합동법률사무소가 구 간이절차에의한민사분쟁사건처리특례법 제4조(1985.9.14. 법률 제3790호로 삭제)에 의하여 작성한 약속어음 공정증서는 채무명의로서 집행력은 있으나 확정판결과 같은 기판력은 없다.

나. 약속어음에 공증이 된 것이라고 하여 이 약속어음이 "판결과 동일한 효력이 있는 것에 의하여 확정된 채권"이라고 할 수 없고, 이 약속어음채권이 민법 제165조 제2항 소정의 채권으로서 10년의 소멸시효에 걸린다고 할 수 없다.

【참조조문】

가. 민사소송법 제202조, 구 간이절차에의한민사분쟁사건처리특례법 제4조(1985.9.14. 법률 제3790호로 삭제) 나. 민법 제165조 제2항, 어음법 제70조

【전 문】

【원고, 피상고인】 원고
【피고, 상 고 인】 피고
【원심판결】 수원지방법원 1991.11.19. 선고 91나3717 판결

【주 문】

상고를 기각한다.
상고비용은 피고의 부담으로 한다.

【이 유】

상고이유를 본다.
추가상고이유서는 상고이유서 제출기간이 지나서 제출된 것이므로 상고이유서에 기재된 상고이유를 보충하는 범위 안에서 본다.

제1점에 대하여

공증인가 합동법률사무소가 개정 전의 간이절차에의한민사분쟁사건처리특례법 제4조(1985.9.14. 법률 제3790호로 삭제되기 전의 것)에 의하여 작성한 약속어음 공정증서는 채무명의로서 집행력은 있으나 확정판결과 같은 기판력은 없는 것이다.

그러므로 이와 같이 약속어음에 공증이 된 것이라고 하여 이 약속어음이 판결과 동일한 효력이 있는 것에 의하여 확정된 채권이라고 할 수 없고, 이 약속어음채권이 민법 제165조 제2항 소정의 채권으로서 10년의 소멸시효에 걸린다고 할 수 없다.

따라서 원심이 이 사건 약속어음의 발행인인 원고에 대한 피고의 약속어음금채권은 그 만기일인 1982.8.15.로 부터 3년이 경과한 1985.8.15.에 소멸시효가 완성되었다고 판단한 것은 정당하고, 그 원인된 채무가 물품대금이고 이 채무가 존속하고 있는지 여부는 이 사건 약속어음금채권의 소멸시효완성에 어떠한 영향이 있다고 할 수 없다. 따라서 논지는 이유가 없다.

제2점에 대하여

기록에 의하면 원고는 소장에서 이 사건 소의 명칭을 제3자이의의 소라고 기재하였으나, 그 청구취지와 청구원인에 의하면 원고가 이 사건에서 구하는 바는 청구에 관한 이의의 소임이 명백하다.

따라서 원심이 이 사건 소가 청구이의의 소로 보고 판단한 것은 정당하고, 제3자이의의 소임을 전제로 하여 주장하는 논지도 이유 없다.

그러므로 상고를 기각하고, 상고비용은 패소자의 부담으로 하여 관여 법관의 일치된 의견으로 주문과 같이 판결한다.

대법관 김석수(재판장) 이회창 배만운

4. 원인채권과 관련하여 채무자가 채권자에게 어음을 교부한 경우의 법률관계

| 판 례 |

[판례 22] 건물명도등, 소유권이전등기

(대법원 1993. 11. 9. 선고 93다11203, 11210(반소) 판결)

【판시사항】

기존채무와 어음채무가 병존하는 경우 어음의 반환 없는 이행최고와 지체책임

【판결요지】

기존채무와 어음, 수표채무가 병존하는 경우 원인채무의 이행과 어음, 수표의 반환이 동시이행의 관계에 있다 하더라도 채권자가 어음, 수표의 반환을 제공을 하지 아니하면 채무자에게 적법한 이행의 최고를 할 수 없다고 할 수는 없고, 채무자는 원인채무의 이행기를 도과하면 원칙적으로 이행지체의 책임을 지고, 채권자로부터 어음, 수표의 반환을 받지 아니하였다 하더라도 이 어음, 수표를 반환하지 않음을 이유로 위와 같은 항변권을 행사하여 그 지급을 거절하고 있는 것이 아닌 한 이행지체의 책임을 면할 수 없다.

【참조조문】

민법 제390조, 제536조

【참조판례】

대법원 1985.11.26. 선고 85다카848 판결(공1986,119)
1992.12.22. 선고 92다8712 판결(공1993상,555)

【전 문】

【원고(반소피고), 피상고인】 주식회사 금구산업 소송대리인 변호사 이주성
【피고(반소원고), 상 고 인】 주식회사 일오삼 소송대리인 변호사 서정우 외 2인
【환송판결】 대법원 1992.7.24. 선고 91다38723, 38730(반소) 판결
【원심판결】 대구고등법원 1993.1.21. 선고 92나6892,6908(반소) 판결

【주 문】

상고를 기각한다.
상고비용은 피고(반소원고)의 부담으로 한다.

【이 유】

상고이유를 본다.
변호사 서정우의 상고이유 제1점에 대하여

1. 채무자가 채권자에게 기존채무의 이행에 관하여 어음이나 수표를 교부할 때 당사자의 의사는, (1) 기존의 원인채무를 소멸시키고 새로운 어음, 수표채무만을 존속시키고자 할

경우로서 "지급에 갈음하여" 또는 "변제에 갈음하여"하는 경우, (2) 어음, 수표를 기존원인채무에 대한 지급수단 그 자체로서 주고 받고자 하는 경우로서 "지급을 위하여" 또는 "지급의 방법으로"하는 경우, (3) 기존원인채무의 지급을 담보하기 위하여 그에 덧붙여 어음, 수표상의 권리를 부여하고자 할 경우로서 "지급확보를 위하여" 또는 "담보를 위하여"하는 경우의 세가지 형태가 있다고 할 것이다.

2. 기존채무의 이행에 관하여 어음, 수표를 교부하는 목적은 원칙적으로 당사자의 의사를 기준으로 하여 판단하여야 할 것이므로 당사자사이에 약정이 있는 경우에는 그에 따르면 되고, 특약이 없는 경우에는 "지급을 위하여" 또는 "지급확보를 위하여" 교부된 것으로 추정할 것이고, 따라서 특별한 사정이 없는 한 기존의 원인채무는 소멸하지 아니하고 어음, 수표상의 채무와 병존한다고 보아야 한다(당원 1964.6.23. 선고 63다1162 판결; 1970.6.30. 선고 70다517 판결; 1990.3.27. 자 89다카14110 판결 등 참조).

논지는 이 경우 지급을 위한 것으로 추정하여야 한다는 것이나 일률적으로 그렇게 추정할 수는 없을 것이고, 어음상의 주채무자와 원인관계상의 채무자가 동일하지 아니한 경우에는 제3자의 지급이 예정되고 있으므로 그 어음이 지급의 방법으로 이용되고 있는 것으로 추측할 수 있을 때에는 "지급을 위하여" 교부된 것으로 추정할 수 있다고 할 것이나, 어음상의 유일한 주채무자와 원인관계상의 채무자가 동일하고 달리 어음상의 채무자가 없어 어음채권과 기존채권중 어느 것이 먼저 행사되더라도 채무자의 이해에 영향이 없을 경우에는 "지급확보를 위하여" 교부된 것으로 추정할 수 있을 것이고, 또 이 두가지 목적을 다 가지는 경우도 있을 것이어서, 이는 구체적 사안에 따라 판단되어질 성질의 것이며, 다만 일반적으로 말하면 수표가 수수되는 경우에는 수표의 지급증권성 때문에 "지급을 위하여" 교부된 것으로, 약속어음이 수수된 경우에는 "지급확보를 위하여" 교부된 것으로, 보아야 할 경우가 많을 것이다.

3. 원심이 인정한 사실에 의하면, 이 사건에 있어서는 당초 매매잔대금채무를 담보하기 위하여 원래의 채무자 소외 1이 그의 처인 소외 2 명의의 약속어음을 발행, 교부하였다는 것인바, 기록에 비추어 보거나 위에서 본바의 법리에 비추어 보면 원심의 이와 같은 사실인정은 수긍할 수 있고, 이것이 증거없이 사실을 인정한 것이거나 채증법칙에 위배되어 위법하다고 할 수 없고, 그렇다면 채권자인 원고(반소피고, 이하 원고라고 한다)는 어음상의 권리나 원인채권중 어느 것이나 임의로 선택하여 권리행사를 할 수 있다고 볼 것이고 반드시 약속어음을 먼저 지급제시한 연후에 원인채권인 매매잔대금청구를 할 수 있는 것은 아니라 할 것이므로, 원고는 위 약속어음의 지급제시여부와 관계없이 이 사건 매매잔대금의 청구를 할 수 있다고 본 원심의 조처에 어음교부에 관한 의사표시의 해석에 관한 법리를 오해하거나 증거없이 사실을 인정한 위법이 있다고 할 수 없다. 논지가 지적하는 판례는 이 사건과 사안을 달리한 것에 관한 것으로서 이 사건에 적절한 것이 아니다.

4. 기존의 원인채권과 어음, 수표채권이 병존하는 경우에 채권자가 원인채권을 행사함에 있어서는 어음, 수표의 반환이 필요하고, 이는 채무자의 채무이행과 동시이행의 관계에 있다고 할 것이고, 따라서 채무자는 어음, 수표와 상환으로 지급하겠다고 하는 항변으로 채권자에게 대항할 수 있고, 이와 같은 항변이 있을 때에는 법원은 어음, 수표와 상환으로 지급하라는 취지의 상환이행의 판결을 하여야 할 것이다 (당원 1969.12.30. 선

고 69다1934 판결; 1970.10.23. 선고 70다2042 판결; 1985.11.26. 선고 85다카848 판결 각 참조).

그러나 채무자가 어음, 수표의 반환이 없음을 이유로 원인채무의 변제를 거절할 수 있는 것은 채무자로 하여금 무조건적인 원인채무의 이행으로 인한 이중지급의 위험을 면하게 하려는데 그 목적이 있는 것이지 기존의 원인채권에 터잡은 이행청구권과 상대방의 어음, 수표의 반환청구권이 민법 제536조에 정하는 쌍무계약상의 채권채무관계나 그와 유사한 대가관계가 있어서 그러는 것은 아니므로, 원인채무의 이행과 어음, 수표의 반환이 동시이행의 관계에 있다 하더라도 이는 어음, 수표의 반환과 상환으로 하지 아니하면 지급을 할 필요가 없으므로 이를 거절할 수 있다는 것을 의미하는 것에 지나지 아니한다고 할 것이다.

따라서 채무자가 어음, 수표의 반환이 없음을 이유로 원인채무의 변제를 거절할 수 있는 권능을 가진다고 하여 채권자가 어음, 수표의 반환을 제공을 하지 아니하면 채무자에게 적법한 이행의 최고를 할 수 없다고 할 수는 없고, 채무자는 원인채무의 이행기를 도과하면 원칙적으로 이행지체의 책임을 지고, 채권자로부터 어음, 수표의 반환을 받지 아니하였다 하더라도 이 어음, 수표를 반환하지 않음을 이유로 위와 같은 항변권을 행사하여 그 지급을 거절하고 있는 것이 아닌 한 이행지체의 책임을 면할 수 없다고 보아야 할 것이다.

그러므로 이 사건에 있어서 피고(반소원고, 이하 피고라고 한다)가 이 사건 매매잔대금에 관련하여 교부된 약속어음의 반환을 요구할 권능을 가지고 있고, 이 어음을 반환받지 않았다 하더라도, 당연히 이행기의 도과로 인한 이행지체의 책임을 지지 않는다고 할 수는 없을 것이고, 원고가 매매잔대금의 지급을 최고함에 있어 위 어음반환의 제공을 하지 아니하였다 하더라도 그 최고가 최고로서의 효력이 없다고 할 수도 없고, 이와 같은 취지의 원심판단에 어음의 상환증권성에 관한 법리를 오해한 위법이 있다고 할 수 없다. 따라서 논지는 이유가 없다.

변호사 서정우의 상고이유 제2점과 변호사 유선호, 윤기원의 상고이유에 대하여

기록에 의하면, 원심의 사실인정은 수긍할 수 있고, 거기에 채증법칙을 어긴 위법이 있다고 할 수 없다.

나아가 보건대, 법무사인 원심 증인 소외 3의 증언에 "1992. 9월 19일인지 20일인지는 확실한 기억은 없으나 그날 13:00경 피고 회사 직원이라고 하면서 증인 사무실에 찾아와서 이전등기서류가 있느냐고 묻고 보관하고 있다고 하였더니 증인에게 돈을 지급하겠다고 하는 것을 증인은 많은 돈을 증인이 받아 보관할 수 없어 원고 회사에 연락을 할테니 3시에 오라고 약속을 하였다"는 부분이 있음은 소론이 지적하는 바와 같으나, 그 증언 자체에 의하더라도 돈을 지급하고자 위 소외 3의 사무실에 찾아간 피고 회사의 직원이 이행시간을 오후 3시로 변경하는데 동의한 것으로 보여지고, 위 소외 3의 다른 증언부분인 "증인은 원고 회사 대표이사에게 전화를 해서 부도처리된 잔금조로 받은 부도수표를 가지고 오후 3시까지 사무실로 나오도록 연락하였고, 연락을 받은 원고 회사 대표이사와 그의 처가 오후 2시30분경에 증인 사무실에 나와 피고 회사에서 잔금을 가져오도록 기다렸다. 그러나 피고 회사 직원이라고 자칭하는 그 사람이나 피고 회사의 대표이사가 증인 사무실에 오질 않아서 원고 회사 대표이사는 오후 5시 40분경까

지 증인 사무실에 기다려도 약속을 어기고 그 사람이 나타나질 아니했다"는 증언 내용에 비추어 보면, 위 소외 3의 위 증언만으로 원고나 원고로부터 수령권한을 위임받았다는 위 소외 3이 대금의 수령을 지체한 것으로 보기는 어렵다 할 것이고, 원심의 판시도 이러한 취지로 이해되므로, 거기에 소론과 같이 증거에 관한 판단을 유탈이나 채증법칙을 어기고 심리를 미진한 위법 또는 수령지체나 계약해제권 및 최고에 관한 법리를 오해한 위법이 있다고 할 수 없다.

그리고 증인 소외 3의 증언취지를 증인이 많은 돈을 보관하는 것이 부담스러워 피고측과 합의하에 이행시간을 연기하여 원고로 하여금 직접 수령하도록 조치한 것으로 이해한다면 그 증언만으로 그가 원고로부터 매매잔대금의 수령권한을 위임받지 아니한 것으로 단정할 수 없고, 원고가 위 소외 3에게 피고에 대한 통고서의 내용을 통지하지 아니 하였다 하여 피고에 대한 최고가 부적법하게 된다고 할 수 없다. 반대의 입장에서 다투는 논지도 이유 없다.

변호사 서정우의 상고이유 제3점에 대하여

기록에 비추어 보고 갑 제2호증(매매계약서)의 내용을 살펴보면, 원고가 위 소외 1과의 사이에 당초에 잔대금의 지급을 담보하기 위하여 발행한 약속어음을 그 지급기일에 결제하지 못할 경우에는 그 지급기일을 1989. 8. 31.로 연기하는 대신 위 소외 1이 잔금지급전에 이 사건 부동산을 인도받아 사용 수익하는 대가로 같은 해 5. 1.부터 소급계산하여 잔금지급시까지 매월 금 3,000,000원씩의 사용료를 원고 회사에 선불로 지급하고, 같은 해 8. 31.까지도 잔금을 지급하지 못할 때에는 위 매매계약은 별도의 의사표시 없이 해제되는 대신 이미 지급된 계약금 70,000,000원을 임대차보증금으로 하고 월임료를 금 3,000,000원으로 하는 임대차계약이 체결된 것으로 간주하기로 약정한 사실을 인정하고 매매계약해제로 인한 원상회복으로서 그 사용료의 지급을 명한 원심의 조처를 정당한 것으로 수긍할 수 있고, 거기에 소론과 같이 의사표시의 해석에 관한 법리를 오해한 위법이 있다고 할 수 없다.

논지는 원심이 인정한 사실과 다른 사실관계를 전제로 하여 피고에게 월금 300,000,000원의 사용료의 지급의무가 없다고 주장하는 것이어서 그 이유가 없다.

그러므로 상고를 기각하고, 상고비용은 패소자의 부담으로 하여 관여 법관의 일치된 의견으로 주문과 같이 판결한다.

대법관 김석수(재판장) 배만운(주심) 정귀호

[판례 23] 수표금

(대법원 1961. 12. 21. 선고 4294민상324 판결)

【판시사항】

법정정시기간 경과후 정시한 소위 자기앞 수표에 관하여 소절수법 또는 민법상 모든 청구권이 상실되었다는 입증책임의 소재를 그릇한 실례

【판결요지】

상품을 판매하고 이른바 자기앞 수표를 받은 경우 상품 대금지불 대신 거래되었다고 추정 못할 바 아니고 위 자기앞 수표를 법정제시기간 경과 후에 제시하였다면 수표 소지인은 수표법상 또는 민법상 모든 청구권이 상실되었다고 주정할 수 있다.

【전 문】

【원고, 상 고 인】 원고
【피고, 피상고인】 주식회사 한국상업은행
【원심판결】 제1심 서울지방, 제2심 서울고등 1961. 2. 22. 선고 60민공845 판결

【이 유】

원판결 이유에 의하면 원고가 본건 수표에 관하여 소절수법상 또는 민법상 모든 청구권이 상실되어 구제방법이 없다는 점에 대한 하등의 입증이 없다는 이유로서 이득상환 청구권이 없다하여 원고 청구를 기각한 취지가 분명한 바 일건 기록에 의하여 원 피고의 변론을 보면 원고는 본건 수표를 종래부터 상거래가 있던 소외인으로 부터 포목대금 350,000환을 영수하는 대신으로 동년 10월 21일 피고 은행 남대문 지점장이 동 지점을 영수인으로 하는 소위 자기앞 지참인 불수표를 받고 차액150,000환을 거슬러 주고 선의 무과실로 이를 취득하여 동년 11월 13일 농업은행 청량리 지점으로 하여금 피고 은행에 정시케 하였던 바 분실신고가 있었다는 이유로 피고가 그 지불을 거부하고 동 수표액면 금원이 피고 은행에 예치되고 있다는 것이므로 원고의 정시는 법정 정시기간인 10일을 경과한 것이고 또 거래의 통념상 소위 일반은행의 자기앞 수표는 현금과 동일시하여 현금과 같이 거래되므로 원고가 취득한 본건 수표 적시 소외인의 상품대금의 지불이행을 확보하기 위하여 받은 것이 아니고 상품대금 지불대신 거래되었다고 추정 못할 바 아니므로 원고가 소절수법 또는 민법상 모든 청구권이 상실되었다고 추정할 수 있다할 것인 바 원심이 이와 반대의 견해에서 모든 청구권이 상실되었다는 입증책임을 원고에게 과하여 청구를 배척하였음은 위법이고 이 점에 있어 파기를 면치 못한다.

대법관 홍순엽(재판장) 방순원 나항윤

[판례 24] 공사대금

(대법원 1996. 11. 8. 선고 95다25060 판결)

【판시사항】

[1] 기존 채무의 이행을 위하여 제3자 발행의 어음을 교부한 경우의 법률관계
[2] 채권자가 기존 채무의 이행을 위하여 제3자 발행의 어음을 교부받은 경우, 그 어음에 대한 소구권 보전절차를 취할 의무를 부담하는지 여부(적극)
[3] 채권자가 기존 채무의 이행을 위하여 교부받은 어음에 대한 소구권 보전의무를 게을

리한 경우, 채무자가 이로 인한 손해배상채권으로 기존 채무와 상계하기 위한 요건

【판결요지】

[1] 기존 채무의 이행에 관하여 채무자가 채권자에게 어음을 교부할 때의 당사자의 의사는 기존 원인채무의 '지급에 갈음하여', 즉 기존 원인채무를 소멸시키고 새로운 어음채무만을 존속시키려고 하는 경우와, 기존 원인채무를 존속시키면서 그에 대한 지급방법으로서 이른바 '지급을 위하여' 교부하는 경우 및 단지 기존 채무의 지급 담보의 목적으로 이루어지는 이른바 '담보를 위하여' 교부하는 경우로 나누어 볼 수 있는데, 당사자 사이에 특별한 의사표시가 없으면 어음의 교부가 있다고 하더라도 이는 기존 원인채무는 여전히 존속하고 단지 그 '지급을 위하여' 또는 그 '담보를 위하여' 교부된 것으로 추정할 것이며, 따라서 특별한 사정이 없는 한 기존의 원인채무는 소멸하지 아니하고 어음상의 채무와 병존한다고 보아야 할 것이고, 이 경우 어음상의 주채무자가 원인관계상의 채무자와 동일하지 아니한 때에는 제3자인 어음상의 주채무자에 의한 지급이 예정되고 있으므로 이는 '지급을 위하여' 교부된 것으로 추정하여야 한다.

[2] 어음이 '지급을 위하여' 교부된 경우에는 채권자는 어음채권과 원인채권 중 어음채권을 먼저 행사하여 만족을 얻을 것을 당사자가 예정하였다고 할 것이므로 채권자로서는 어음채권을 우선 행사하고, 그에 의하여서는 만족을 얻을 수 없을 때 비로소 채무자에 대하여 기존의 원인채권을 행사할 수 있다고 하여야 하며, 나아가 이러한 목적으로 어음을 배서양도받은 채권자는 특별한 사정이 없는 한 채무자에 대하여 원인채권을 행사하기 위하여는 어음을 채무자에게 반환하여야 하므로, 채권자가 채무자에 대하여 자기의 원인채권을 행사하기 위한 전제로서 지급기일에 어음을 적법히 제시하여 소구권 보전절차를 취할 의무가 있다고 보는 것이 양자 사이의 형평에 맞는다.

[3] 위 [2]항의 경우, 채권자가 소구권 보전의무를 위반하여 지급기일에 적법한 지급제시를 하지 아니함으로써 소구권이 보전되지 아니하였더라도 약속어음의 주채무자인 발행인이 자력이 있는 한 어음을 반환받은 채무자가 발행인에 대한 어음채권이나 원인채권을 행사하여 자기 채권의 만족을 얻을 수 있기 때문에 아직 손해는 발생하지 아니하는 것이고, 지급기일 후에 어음발행인의 자력이 악화되어 무자력이 됨으로써 채권자에게 자신의 채무를 이행하여야 할 채무자가 어음을 반환받더라도 발행인에 대한 어음채권과 원인채권의 어느 것도 받을 수 없게 된 때에야 비로소 자신의 채권에 대하여 만족을 얻지 못하게 되는 손해를 입게되는 것이고, 이러한 손해는 어음 주채무자인 발행인의 자력의 악화라는 특별 사정으로 인한 손해로서 소구권 보전의무를 불이행한 어음소지인이 그 채무 불이행 당시인 어음의 지급기일에 장차 어음발행인의 자력이 악화될 것임을 알았거나 알 수 있었을 때에만 그 배상채권으로 상계할 수 있다.

【참조조문】

[1] 민법 제460조, 어음법 제9조 제1항[2] 민법 제390조, 제475조, 제536조[3] 민법 제393조 제2항, 제763조, 어음법 제38조, 제43조

【참조판례】

[1][2][3] 대법원 1995. 10. 13. 선고 93다12213 판결(공1995하, 3746)

[1] 대법원 1970. 6. 30. 선고 70다517 판결(집18-2, 민99)
　　대법원 1990. 3. 27. 선고 89다카14110 판결(공1990, 1225)
　　대법원 1993. 11. 9. 선고 93다11203, 11210 판결(공1994상, 65)
　　대법원 1996. 12. 20. 선고 96다41588 판결(공1997상, 371)
[2] 대법원 1992. 12. 22. 선고 92다8712 판결(공1993상, 555)
[3] 대법원 1986. 10. 28. 선고 86다카218 판결(공1986, 3112)

【전 문】

【원고, 피상고인】 벽산건설 주식회사 (소송대리인 변호사 정경철 외 1인)

【피고, 상 고 인】 덕구온천개발 주식회사 외 1인 (피고들 소송대리인 변호사 김광년 외 1인)

【원심판결】 서울고법 1995. 4. 11. 선고 94나25492 판결

【주 문】

상고를 모두 기각한다. 상고비용은 피고들의 부담으로 한다.

【이 유】

1. 원심판결 이유의 요지

원심은, 피고 권재호는 자신이 연대보증한 피고 덕구온천개발 주식회사(이하, 피고 회사라고 한다)의 원고 회사에 대한 공사대금 채무를 지급하기 어려운 상황에 이르게 되자, 원고 회사의 권유에 따라 피고 권재호 자신이 소유하고 있던 소외 덕구온천콘도 주식회사의 주식을 매각하여 그 대금으로 원고 회사에게 공사대금을 지급하기로 하고, 이에 따라 피고 권재호는 1991. 10. 10. 그 소유의 덕구온천콘도 주식회사의 주식을 소외 박철안에게 매도한바, 같은 달 29. 피고들, 원고 회사, 덕구온천콘도 주식회사, 소외 주식회사 삼아주택 사이에 박철안의 피고 권재호에 대한 주식매매대금을 변제하기 위하여 박철안이 대표이사로 있는 주식회사 삼아주택은 이 사건 약속어음 8매 액면 합계 금 3,900,000,000원 상당을 발행하고, 덕구온천콘도 주식회사가 제1 배서인으로, 피고 권재호가 제2 배서인으로 각 배서한 후 이를 위 공사대금에 충당하기 위하여 원고에게 교부하였는바, 원고 회사는 이 사건 약속어음 중 원심 별지목록 제1 내지 4 기재 각 약속어음에 관하여는 지급제시하여 이미 합계 금 1,600,000,000원 상당의 공사대금을 변제받았으나, 그 후 주식회사 삼아주택으로부터 원심 별지목록 제5 내지 8 기재 약속어음 4매에 관하여는 그 지급기일 전에 지급기일을 연장시켜 달라는 부탁을 받고, 그 중 제5, 6 기재 각 약속어음에 대하여는 지급기일을 1992. 9. 30.로 연장하여 액면 금 1,000,000,000원의 약속어음 1매로, 제7 기재 약속어음에 대하여는 같은 해 9. 30.로, 제8 기재 약속어음에 대하여는 같은 해 9. 8.로 각 지급기일을 연장하여 주식회사 삼아주택으로부터 덕구온천콘도 주식회사가 제1 배서인, 박철안이 제2 배서인으로 각 배서된 액면 합계 금 2,300,000,000원 상당의 약속어음 3매를 재발행받고, 위 제5 내지 8 기재 각 약속어음을 주식회사 삼아주택에 반환하였으며, 그 후 주식회사 삼아주택이 재발행한 위 약속어음 3매는 모두 1992. 8. 28. 무거래 사유로 지급거절된 사실 등을 인정한 다음 (원고 회사로부터 위 제5 내지 8 기재 각 약속어음을 반환받은 주식회사 삼아주택은

이를 지급장소인 주식회사 한일은행 종로3가 지점에 반환하여, 위 은행에서는 위 제5, 7, 8 기재 각 약속어음에 대하여는 1992. 4. 23., 제6 기재 약속어음에 대하여는 같은 해 1. 20. 각 폐기처분하였음), 피고 회사 및 피고 회사의 원고 회사에 대한 공사대금 채무의 연대보증인인 피고 권재호는 특별한 사정이 없는 한 연대하여 공사대금 중 원고 회사가 이미 지급받았음을 자인하는 금원을 제외한 나머지 금원 및 이에 대한 지연손해금을 지급할 의무가 있다고 판단한 후, 원고 회사의 피고들에 대한 이 사건 공사대금 채권이 소멸하였다는 등의 피고들의 주장을 모두 배척하였다.

2. 상고이유(그 보충이유는 이를 보충하는 범위 내에서)에 대한 판단

   가. 제1점에 대하여

   기존 채무의 이행에 관하여 채무자가 채권자에게 어음을 교부할 때의 당사자의 의사는 기존 원인채무의 '지급에 갈음하여', 즉 기존 원인채무를 소멸시키고 새로운 어음채무만을 존속시키려고 하는 경우와, 기존 원인채무를 존속시키면서 그에 대한 지급방법으로서 이른바 '지급을 위하여' 교부하는 경우 및 단지 기존 채무의 지급담보의 목적으로 이루어지는 이른바 '담보를 위하여' 교부하는 경우로 나누어 볼 수 있는데, 당사자 사이에 특별한 의사표시가 없으면 어음의 교부가 있다고 하더라도 이는 기존 원인채무는 여전히 존속하고 단지 그 '지급을 위하여' 또는 그 '담보를 위하여' 교부된 것으로 추정할 것이며, 따라서 특별한 사정이 없는 한 기존의 원인채무는 소멸하지 아니하고 어음상의 채무와 병존한다고 보아야 할 것이고, 이 경우 어음상의 주채무자가 원인관계상의 채무자와 동일하지 아니한 때에는 제3자인 어음상의 주채무자에 의한 지급이 예정되고 있으므로 이는 '지급을 위하여' 교부된 것으로 추정할 것이다(당원 1995. 10. 13. 선고 93다12213 판결, 1993. 11. 9. 선고 93다11203, 11210 판결 참조).

   원심이 같은 취지에서, 주식회사 삼아주택이 발행하고 덕구온천콘도 주식회사와 피고 권재호가 배서한 이 사건 약속어음 8매가 피고들의 원고 회사에 대한 공사대금 채무의 지급에 갈음하여 원고 회사에게 교부되었다는 피고들의 주장을 배척하였음은 옳고, 거기에 소론과 같은 채증법칙 위배나 심리미진으로 인한 사실오인 및 어음행위의 성질에 관한 법리오해의 위법이 있다고 할 수 없다. 논지는 이유가 없다.

   나. 제2점에 대하여

   원심이, 덕구온천콘도 주식회사가 피고들의 원고 회사에 대한 공사대금 채무를 면책적으로 인수함으로써 피고들의 원고 회사에 대한 공사대금 채무는 소멸되었다는 피고들의 주장을 배척한 데에 소론과 같은 채증법칙 위배나 심리미진으로 인한 사실오인 및 채무인수에 관한 법리오해의 위법이 있다고 할 수 없다. 논지도 이유가 없다.

   다. 제3점에 대하여

   원심이, 원고 회사와 피고들 사이에 이 사건 온천장 도급계약과 이 사건 단지조성 공사 도급계약을 체결할 당시에는 공사대금은 온천장 건물 및 콘도 분양 수입금 범위 내에서 지급하기로 하였으나, 그 후 1991. 10. 29. 피고들은 원고 회사에 대하여 공사대금을 위 분양과 관계없이 이 사건 약속어음의 지급기일까지 지급하기로 약정한 사실에 터잡아, 이 사건 공사대금 채무는 아직 변제기가 도래하지 아니하였다는

피고들의 주장을 배척하였음은 옳고, 거기에 소론과 같은 채증법칙 위배로 인한 사실오인이나 법률행위의 해석에 관한 법리오해의 위법이 있다고 할 수 없다. 논지도 이유가 없다.

라. 제5점에 대하여

원심이, 원고 회사는 원심 별지목록 제5 내지 8 기재 각 약속어음을 다른 약속어음과 교환하였고 이러한 어음교환행위는 일종의 경개계약으로서 구어음상의 권리는 소멸되고 따라서 그에 따른 원인관계상의 위 공사대금 채권도 소멸되었다는 피고들의 주장에 대하여, 원고 회사가 기존 채무의 지급을 위하여 발행된 위 제5 내지 8 기재 각 약속어음을 주식회사 삼아주택이 재발행하고, 덕구온천콘도 주식회사가 제1 배서인, 소외 박철안이 제2 배서인으로 각 배서한 약속어음 3매와 교환한 것은 지급기일을 연장시켜 주기 위한 것으로서 기존 채무 자체의 중요 부분을 변경하는 새로운 경개계약으로 볼 수 없을 뿐만 아니라, 위 재발행된 약속어음도 원고 회사에 대하여는 피고들의 원고 회사에 대한 공사대금 채무를 변제하기 위한 것이고, 피고 권재호에 대하여는 박철안의 위 피고에 대한 주식매매대금 지급채무의 변제를 위한 것으로 인정되므로, 원고 회사가 위 제5 내지 8 기재 각 약속어음을 위 약속어음 3매와 교환하였다는 사실만으로 원고 회사의 피고들에 대한 원인관계상의 공사대금 채권이 소멸된다고는 볼 수 없다고 판단하였음은 옳고, 거기에 소론과 같은 채증법칙 위배로 인한 사실오인이나 경개에 관한 법리오해 등의 위법이 있다고 할 수 없다. 논지 역시 이유가 없다.

마. 제4, 6, 7점에 대하여

(1) 원심은 피고들의 다음과 같은 주장, 즉 "① 원심 별지목록 제5 내지 8 기재 각 약속어음이 공사대금 지급을 위하여 원고 회사에 교부된 것이라고 하더라도, 원고 회사는 어음상의 권리를 행사하지 아니하고 그 권리보전절차를 게을리하여 어음상의 권리를 상실시켰으므로, 원고 회사의 피고들에 대한 공사대금 채권은 소멸되었거나 원고 회사가 원인관계상의 채권을 행사하는 것은 권리남용에 해당하여 허용될 수 없다. ② 원고 회사가 피고들에게 위 각 약속어음을 반환할 수 없게 되었으므로, 원고 회사의 피고들에 대한 공사대금 채권은 소멸되었다. ③ 원고 회사가 위 각 약속어음을 지급기일에 지급제시를 하지 아니하여 피고 권재호는 소구권을 상실하였으므로 피고 권재호는 원고 회사에 대하여 그 액면금 상당의 손해배상채권을 취득하였는바, 피고 권재호의 원고 회사에 대한 위 손해배상채권과 원고 회사의 피고들에 대한 이 사건 공사대금 채권을 대등액에서 상계한다."는 주장에 대하여, 위 각 약속어음은 피고들의 원고 회사에 대한 공사대금 채무의 변제 확보 내지 그 지급방법으로 교부된 것이고, 이러한 경우 채권자가 교부받은 약속어음상의 권리를 행사하지 아니하거나 그 권리보전절차를 게을리하여 약속어음을 교부한 채무자에게 손해가 발생하였을 경우에는 채권자가 원인관계상의 채권을 행사할 수 없는 것이지만, 위 각 약속어음은 피고 권재호에 대한 관계에서는 박철안의 위 피고에 대한 덕구온천콘도 주식회사의 주식매매대금 지급채무의 변제 확보 내지 그 지급방법으로 교부되었다고 할 것이고, 주식회사 삼아주택 및 덕구온천콘도 주식회사는 박철안의 위 피고에 대한

위 주식매매대금 지급채무의 중첩적 인수 내지 보증을 위하여 위 각 약속어음 을 발행하거나 이에 배서한(원심은 주식회사 삼아주택도 위 각 약속어음에 배 서한 것처럼 설시하였으나, 이는 오기임이 명백하다) 것으로 인정되므로, 비록 원고 회사가 위 각 약속어음에 대한 어음상의 권리를 행사하지 아니하고 그 권 리보전절차를 게을리하여 피고 권재호가 위 각 약속어음상의 소구권 등을 행사 하지 못한다고 하더라도, 그로 인하여 위 피고가 박철안 및 그 중첩적 채무인수 내지 보증인인 주식회사 삼아주택과 덕구온천콘도 주식회사에 대하여 원인관계 상의 채권을 행사할 수 없는 것은 아니므로, 위 피고가 그로 인하여 경제적 손 해를 입은 바는 없다는 이유로 피고들의 위 주장들을 모두 배척하였다.

(2) 그러나 어음행위를 한 자는 특별한 사정이 없는 한 어음상의 문언에 따라 어음 상의 채무만을 부담하게 되므로(당원 1987. 4. 28. 선고 86다카2630 판결, 1994. 8. 26. 선고 94다5397 판결 등 참조), 주식회사 삼아주택이 그 대표이사인 박철 안의 주식매매대금 지급채무의 변제를 위하여 이 사건 각 약속어음을 발행하고 덕구온천콘도 주식회사가 이에 배서한 바 있다고 하더라도, 특별한 사정이 없는 한 주식회사 삼아주택이나 덕구온천콘도 주식회사가 박철안의 피고 권재호에 대한 주식매매대금 지급채무를 중첩적으로 인수하거나 보증하였다고는 볼 수 없다고 할 것이다.

그런데도 원심이 별다른 특별한 사정을 내세우지도 아니하면서 주식회사 삼아 주택과 덕구온천콘도 주식회사가 박철안의 피고 권재호에 대한 주식매매대금 지급채무를 중첩적으로 인수하거나 보증하였다고 인정한 것은 잘못이라 할 것 이다.

(3) 또한 이 사건에 있어서와 같이 어음이 '지급을 위하여' 교부된 경우에는 채권자 는 어음채권과 원인채권 중 어음채권을 먼저 행사하여 만족을 얻을 것을 당사 자가 예정하였다고 할 것이므로 채권자로서는 어음채권을 우선 행사하고, 그에 의하여서는 만족을 얻을 수 없을 때 비로소 채무자에 대하여 기존의 원인채권 을 행사할 수 있다고 하여야 할 것이며, 나아가 이러한 목적으로 어음을 배서양 도받은 채권자는 특별한 사정이 없는 한 채무자에 대하여 원인채권을 행사하기 위하여는 어음을 채무자에게 반환하여야 할 것이므로, 채권자가 채무자에 대하 여 자기의 원인채권을 행사하기 위한 전제로서 지급기일에 어음을 적법히 제시 하여 소구권 보전절차를 취할 의무가 있다고 보는 것이 양자 사이의 형평에 맞 는 것이라고 할 것이나, 채권자가 위의 의무를 위반하여 지급기일에 적법한 지 급제시를 하지 아니함으로써 소구권이 보전되지 아니하였더라도 약속어음의 주 채무자인 발행인이 자력이 있는 한 어음을 반환받은 채무자가 발행인에 대한 어음채권이나 원인채권을 행사하여 자기 채권의 만족을 얻을 수 있기 때문에 아직 손해는 발생하지 아니하는 것이고, 지급기일 후에 어음발행인의 자력이 악 화되어 무자력이 됨으로써 채권자에게 자신의 채무를 이행하여야 할 채무자가 어음을 반환받더라도 발행인에 대한 어음채권과 원인채권의 어느 것도 받을 수 없게 된 때에야 비로소 자신의 채권에 대하여 만족을 얻지 못하게 되는 손해를 입게되는 것이고, 이러한 손해는 어음 주채무자인 발행인의 자력의 악화라는 특

별 사정으로 인한 손해로서 소구권 보전의무를 불이행한 어음소지인이 그 채무불이행 당시인 어음의 지급기일에 장차 어음발행인의 자력이 악화될 것임을 알았거나 알 수 있었을 때에만 그 배상채권으로 상계할 수 있는 것이라고 할 것이다(당원 1995. 10. 13. 선고 93다12213 판결, 1986. 10. 28. 선고 86다카218 판결 참조).

(4) 그런데 이 사건에서 원고 회사가 원심 별지목록 제5 내지 8 기재 각 약속어음의 지급기일을 실질적으로 연장시켜 주는 방편으로 위 각 약속어음을 발행인인 주식회사 삼아주택에 반환하고 새로운 어음을 3매 교부받음으로써 위 반환된 어음의 소구권보전의무를 게을리 하였고, 그 후에 어음발행인 주식회사 삼아주택이 무자력이 됨으로써 위 반환된 어음의 배서인이었던 피고 권재호는 원고 회사에 대하여 자신의 원인채무를 이행하더라도 위 피고 자신의 주식회사 삼아주택 및 덕구온천콘도 주식회사에 대한 어음채권의 만족을 얻을 수 없게 되는 손해를 입었다고 할 것이지만 피고 권재호는 원인채권인 박철안에 대한 주식매매대금 채권을 행사할 수 있을 뿐만 아니라(기록상 박철안이 무자력이 되었다고 볼 아무런 자료가 없다), 기록을 살펴 보아도 원고 회사가 위 제5 내지 8 기재 각 약속어음을 주식회사 삼아주택에 반환하고 새로운 어음을 교부받을 당시에 장차 주식회사 삼아주택이 무자력이 될 것임을 알았거나 알 수 있었다고 인정할 아무런 자료가 없으므로, 원고 회사는 피고 권재호에 대하여 손해배상 책임을 부담하지 아니한다고 할 것이다.

(5) 따라서 원심의 설시에 다소 부적절한 부분이 없지 아니하나 피고 권재호의 원고 회사에 대한 손해배상채권이 인정되지 아니한다고 하여 피고들의 위 주장을 모두 배척한 결론은 옳고, 앞서 지적한 원심의 잘못도 판결의 결과에는 영향이 없으므로 논지들도 모두 이유가 없음에 돌아간다.

3. 이에 상고를 모두 기각하고 상고비용은 패소한 피고들의 부담으로 하기로 관여 법관의 의견이 일치되어 주문과 같이 판결한다.

대법관   김형선(재판장) 박만호(주심) 박준서 이용훈

[판례 25] 물품대금등

(대법원 2001. 7. 13. 선고 2000다57771 판결)

【판시사항】

[1] 구 건설공제조합법상의 자재구입보증의 법적 성질 및 채권자가 주계약상의 이행기를 보증기간 이후로 연기하여 준 경우, 조합원이 변경된 주계약상의 이행기일에 이행을 하지 않은 것이 보증금 지급사유에 해당하는지 여부(소극)
[2] 채권자가 기존 채무의 지급을 위하여 그 채무의 변제기보다 후의 일자가 만기로 된 어음을 교부받은 경우, 기존 채무의 변제기는 어음의 만기일로 변경된 것으로 볼 수 있는지 여부(적극)

[3] 보증기간 내에 공급된 자재대금이라 하여도 지급기일이 보증기간 만료일 다음날부터 90일이 초과한 채무에 대하여는 보증책임을 부담하지 않는다는 내용의 자재구입보증약관 제3조가 약관의 규제에 관한 법률 제6조에 의하여 무효인지 여부(소극)

【판결요지】

[1] 구 건설공제조합법(1996. 12. 30. 법률 제5230호로 폐지) 제8조에 근거하여 건설공제조합이 조합원으로부터 보증수수료를 받고 조합원이 타조합원 또는 제3자로부터 자재 등 물품을 공급받기로 하는 계약을 체결하는 경우 부담하는 물품대금지급채무를 보증하는 자재구입보증은 그 성질상 조합원 상호의 이익을 위하여 영위하는 상호보험으로서 보증보험과 유사하여 그 한도에서 보험에 관한 법리가 적용되고, 따라서 채권자가 조합원에게 그 이행기를 보증기간 이후로 연기하여 준 경우에는 이로써 건설공제조합의 보증계약상 보증기간도 당연히 변경된다고 할 수는 없으며, 연기된 이행기일이 보증기간 이후로 된 이상 비록 조합원이 변경된 주계약상의 이행기일에 이행을 하지 않는다고 하더라도 이는 보증사고가 보증기간 이후에 발생한 것이어서 보증금 지급사유에 해당되지 아니한다.

[2] 채무자가 채권자에게 기존 채무의 이행에 관하여 어음이나 수표를 교부하는 경우 당사자의 의사는 별도의 약정이 있는 때에는 그에 따르되, 약정이 없는 경우에는 구체적 사안에 따라 '지급을 위하여' 또는 '지급확보를 위하여' 교부된 것으로 추정함이 상당한바, 채무자가 채권자에게 교부한 어음이 이른바 '은행도 어음'으로서 당사자 사이에 이를 단순히 보관하는 데 그치지 아니하고 어음할인 등의 방법으로 타에 유통시킬 수도 있는 경우라면 '지급을 위하여' 교부된 것으로 추정함이 상당하고, 어음이 '지급을 위하여' 교부된 것으로 추정되는 경우에는 채권자는 어음채권과 원인채권 중 어음채권을 먼저 행사하여 그로부터 만족을 얻을 것을 당사자가 예정하였다고 할 것이어서 채권자로서는 어음채권을 우선 행사하고 그에 의하여 만족을 얻을 수 없을 때 비로소 채무자에 대하여 기존의 원인채권을 행사할 수 있는 것이므로, 채권자가 기존채무의 변제기보다 후의 일자가 만기로 된 어음을 교부받은 때에는 특별한 사정이 없는 한 기존채무의 지급을 유예하는 의사가 있었다고 보아야 할 것이다.

[3] 건설공제조합이 조합원을 위하여 한 자재구입보증의 내용이 보증기간 내에 공급된 물품대금채무의 이행을 보증하되, 그 물품대금채무의 이행기일을 보증기간 만료일부터 90일 내로 제한하고 이를 참작하여 그 수수료율과 보증기간, 즉 위험기간의 일수에 비례한 보증수수료를 지급받는 것으로 되어 있는 경우에, 보증기간 내에 물품이 공급되기만 하면 그 물품대금채무의 이행기일이 언제인가에 상관없이 무조건 보증책임을 부담시켜 조합으로 하여금 주채무가 전부 이행되기까지 그 보증책임에서 벗어나지 못하게 하는 것은 보증책임을 합리적 이유 없이 가중 내지 확장시키는 결과가 되는 점에 비추어 볼 때, "피고 조합이 지급할 보증금은 보증서에 기재된 보증금액을 한도로 하여 주계약에서 정한 이행기일에서의 미회수채권액으로 한다. 다만 보증기간 내에 공급된 자재대금이라 하여도 지급기일이 보증기간 만료일 다음날부터 90일이 초과한 채무에 대하여는 보증책임을 부담하지 않는다."는 내용의 이 사건 자재구입보증약관 제3조가 약관의 규제에 관한 법률 제6조에 해당하여 무효라고 볼 수 없다.

【참조조문】

[1] 상법 제664조, 구 건설공제조합법 제8조(1996. 12. 30. 법률 제5230호로 폐지)[2] 민법 제105조, 제387조, 어음법 제1조 제4호, 제75조 제3호[3] 약관의규제에관한법률 제6조

【참조판례】

[1][2][3] 대법원 2001. 2. 13. 선고 2000다5961 판결(2001상, 643)
[1][2] 대법원 1999. 8. 24. 선고 99다24508 판결(공1999하, 1951)
대법원 2001. 6. 1. 선고 2000다44829 판결(공보불게재)
[3] 2001. 3. 23. 선고 2000다11560 판결(공2001상, 942)
대법원 2001. 6. 1. 선고 2000다7820 판결(공보불게재)

【전 문】

【원고, 상 고 인】 동부제강 주식회사 (소송대리인 변호사 이재후 외 3인)
【피고, 피상고인】 건설공제조합 (소송대리인 변호사 진성규)
【원심판결】 서울고법 2000. 9. 22. 선고 2000나16932 판결

【주 문】

상고를 기각한다. 상고비용은 원고의 부담으로 한다.

【이 유】

상고이유(기간 경과 후에 제출된 상고이유보충서는 상고이유를 보충하는 범위 안에서)를 본다.

1. 제2점에 대하여

구 건설공제조합법(1996. 12. 30. 법률 제5230호로 폐지) 제8조에 근거하여 피고가 조합원으로부터 보증수수료를 받고 조합원이 타조합원 또는 제3자로부터 자재 등 물품을 공급받기로 하는 계약을 체결하는 경우 부담하는 물품대금지급채무를 보증하는 자재구입보증은 그 성질상 조합원 상호의 이익을 위하여 영위하는 상호보험으로서 보증보험과 유사하여 그 한도에서 보험에 관한 법리가 적용되고, 따라서 보증채권자가 조합원에게 그 이행기를 보증기간 이후로 연기하여 준 경우에는 이로써 피고의 보증계약상 보증기간도 당연히 변경된다고 할 수는 없으며, 연기된 이행기일이 보증기간 이후로 된 이상 비록 조합원이 변경된 주계약상의 이행기일에 이행을 하지 않는다고 하더라도 이는 보증사고가 보증기간 이후에 발생한 것이어서 보증금 지급사유에 해당되지 아니한다. 또한 채무자가 채권자에게 기존 채무의 이행에 관하여 어음이나 수표를 교부하는 경우 당사자의 의사는 별도의 약정이 있는 때에는 그에 따르되, 약정이 없는 경우에는 구체적 사안에 따라 '지급을 위하여' 또는 '지급확보를 위하여' 교부된 것으로 추정함이 상당한바, 채무자가 채권자에게 교부한 어음이 이른바 '은행도 어음'으로서 당사자 사이에 이를 단순히 보관하는 데 그치지 아니하고 어음할인 등의 방법으로 타에 유통시킬 수도 있는 경우라면 '지급을 위하여' 교부된 것으로 추정함이 상당하고, 어음이 '지급을 위하여' 교부된 것으로 추정되는 경우에는 채권자는 어음채권과 원인채권 중 어음채권

을 먼저 행사하여 그로부터 만족을 얻을 것을 당사자가 예정하였다고 할 것이어서 채권자로서는 어음채권을 우선 행사하고 그에 의하여 만족을 얻을 수 없는 때 비로소 채무자에 대하여 기존의 원인채권을 행사할 수 있는 것이므로, 채권자가 기존채무의 변제기보다 후의 일자가 만기로 된 어음을 교부받은 때에는 특별한 사정이 없는 한 기존채무의 지급을 유예하는 의사가 있었다고 보아야 할 것이다(대법원 1999. 8. 24. 선고 99다24508 판결, 2001. 6. 1. 선고 2000다44829 판결 등 참조).

원심은 제1심판결 이유를 인용하여, 원고와 제1심 공동피고 주식회사 우림종합건설(이하 '우림종건'이라 한다) 사이에 이 사건 물품공급계약이 체결되고, 그 물품대금의 지급을 담보하기 위하여 우림종건과 피고 사이에 체결된 자재구입보증계약에 따라 피고가 이 사건 자재구입보증서를 원고에게 발급한 사실과 이 사건 물품공급계약에 따른 원고와 우림종건 사이의 구체적인 물품공급내역, 물품대금 결제내역 및 미수금내역 등 그 판시와 같은 사실을 인정한 다음, 미지급된 물품대금채무 348,197,635원 중 우림종건이 원고에게 그 지급을 위하여 교부한 약속어음의 지급기일이 이 사건 보증기간 만료일인 1997. 8. 17.부터 90일째인 같은 해 11월 15일보다 뒤로 되어 있는 판시 ③ 내지 ⑥ 약속어음의 액면금 합계 311,554,884원에 대하여는, 원고가 아무런 이의 없이 우림종건으로부터 만기가 1997. 11. 15.보다 뒤인 약속어음을 교부받음으로써 그 지급기일을 약속어음의 각 만기까지 유예하여 준 것이라고 보아 이 금액에 대하여는 자재구입보증약관 제3조 단서에 따라 피고에게 보증책임이 없다고 판단하였는바, 앞서 본 법리와 기록에 비추어 살펴보면, 이러한 원심의 사실인정과 판단은 수긍이 가고, 거기에 기존 채무의 이행에 관하여 어음, 수표가 교부된 경우 기존 채무와 어음, 수표상 권리의 효력에 관한 법리를 오해하거나, 채증법칙을 위배하여 사실을 오인한 위법이 있다고 볼 수 없다. 다만, 채무자가 기존 채무의 이행기에 채무를 변제하지 아니하여 채무불이행 상태에 빠진 다음에 기존 채무의 지급을 위하여 어음이 발행 또는 배서된 경우에는 특별한 사정이 없는 한 기존 채무의 변제기가 어음에 기재된 만기일로 변경된 것으로 볼 수 없으나(대법원 2000. 7. 28. 선고 2000다16367 판결, 2001. 3. 23. 선고 2000다11560 판결 등 참조), 이 사건의 경우는 이에 해당하지 아니함이 명백하다.

즉 기록에 의하면, 물품공급계약서(갑 제1호증) 제2조 제1호에서는 우림종건은 물품대금을 현금, 당좌수표, 은행도 어음으로 지급하고, 결제방법 및 지급기일은 원고가 시장상황을 고려하여 수시로 결정할 수 있되, 물품주문과 동시에 지급함을 원칙으로 한다고 되어 있어, 그 문언상으로는 대금을 먼저 지급하게 되어 주문시가 물품대금의 변제기인 것으로 되어 있으나, 실제 물품대금의 결제방식을 보면, 선금이 지급되는 경우는 없고, 외상으로 공급(매출)한 다음 물품공급계약서에서 예정되어 있는 것처럼 현금 이외에 선일자수표, 약속어음으로도 결제되었고, 원고가 선일자수표나 약속어음을 받으면서 그 액면금에서 일정한 이율을 적용한 할인료를 공제하거나, 수표 또는 어음의 결제일까지에 해당하는 지연손해금을 계산하지 아니한 채, 그 수표나 어음이 결제되면, 그 액면금 상당의 물품대금이 지급된 것으로 처리하는 방식을 취해 온 사실을 알 수 있으므로, 이 사건 약속어음들이 교부될 당시 우림종건의 원고에 대한 물품대금채무가 채무불이행 상태에 있었다고 볼 여지는 없다.

이 점을 다투는 상고이유는 받아들이지 아니한다.

2. 제1점에 대하여

원심이 인용한 제1심판결 이유에 의하면, 원심은 피고 조합이 원고를 위하여 한 판시 자재구입보증의 내용이 보증기간 내에 공급된 물품대금채무의 이행을 보증하되, 그 물품대금채무의 이행기일을 보증기간 만료일부터 90일 내로 제한하고 이를 참작하여 그 수수료율과 보증기간, 즉 위험기간의 일수에 비례한 보증수수료를 지급받는 것으로 되어 있는바, 보증기간 내에 물품이 공급되기만 하면 그 물품대금채무의 이행기일이 언제인가에 상관없이 무조건 보증책임을 부담시켜 피고 조합으로 하여금 주채무가 전부 이행되기까지 그 보증책임에서 벗어나지 못하게 하는 것은 피고 조합의 보증책임을 합리적 이유 없이 가중 내지 확장시키는 결과가 되는 점에 비추어 볼 때, "피고 조합이 지급할 보증금은 보증서에 기재된 보증금액을 한도로 하여 주계약에서 정한 이행기일에서의 미회수채권액으로 한다. 다만 보증기간 내에 공급된 자재대금이라 하여도 지급기일이 보증기간 만료일 다음날부터 90일이 초과한 채무에 대하여는 보증책임을 부담하지 않는다."는 내용의 이 사건 자재구입보증약관 제3조가 약관의규제에관한법률 제6조에 해당하여 무효라고 볼 수 없다고 판단하였는바, 약관의규제에관한법률 제6조의 취지와 기록에 비추어 살펴보면, 이러한 원심의 판단은 정당하고(대법원 2001. 3. 23. 선고 2000다11560 판결, 2001. 6. 1. 선고 2000다7820 판결 등 참조), 거기에 약관의 효력에 관한 법리를 오해한 위법이 있다고 볼 수 없다.

이 점을 다투는 상고이유도 받아들이지 아니한다.

3. 제3점에 대하여

원심은 원고의 다음과 같은 주장, 즉 우림종건의 자금난으로 미수금채무가 많아지는 상황에서 보증기간 연장기일 만료 이전인 1997년 11월초 원고 직원과 우림종건 대표이사 등에게, 피고 조합의 담당직원 소외인이 물품거래일을 기준으로 보증책임을 진다고 설명한 사실이 있으므로, 이로써 원고와 피고 사이에 물품거래일이 보증기간 내이면 만기가 보증기간 이후인 어음, 수표가 교부된 여부에 불문하고 보증책임을 진다는 약정이 성립되었다거나, 소외인이 그러한 약정을 체결한 대리권이 없어도 표현대리가 성립한다거나, 또는 이러한 소외인의 불법행위에 대하여 피고에게 사용자책임이 있다는 주장에 대하여 그 판시와 같은 이유로 모두 배척하였는바, 기록에 비추어 살펴보면, 이러한 원심의 조치는 정당하고, 거기에 채증법칙을 위배하여 사실을 오인한 위법이 있다고 볼 수 없다.

이 점을 다투는 상고이유 역시 받아들이지 아니한다.

4. 그러므로 상고를 기각하고, 상고비용은 패소자의 부담으로 하기로 하여 관여 법관의 일치된 의견으로 주문과 같이 판결한다.

대법관　이규홍(재판장)　송진훈(주심)　윤재식　손지열

[판례 26] 매매대금

(대법원 2003. 5. 30. 선고 2003다13512 판결)

【판시사항】

[1] 기존채무의 이행을 위하여 수표를 교부한 경우의 법률관계
[2] 기존채무의 이행을 위하여 원인관계상의 채권자에게 수표를 교부한 채무자가 그 채권자에 대하여 수표와 관련하여 행사할 수 있는 항변권의 내용
[3] 기존채무의 지급을 위하여 수표를 교부받은 채권자가 그 수표와 분리하여 원인채권만을 제3자에게 양도한 경우, 채무자는 채권양수인에 대하여 수표의 반환 없는 원인채무만의 이행을 거절할 수 있는지 여부(적극)
[4] 기존채무의 지급을 위하여 수표를 교부받은 채권자가 그 수표와 분리하여 원인채권만을 제3자에게 양도하고 그 양도통지 후에 수표금이 지급된 경우, 채무자는 채권양수인에 대하여 원인관계상 채무의 소멸효과를 주장할 수 있는지 여부(적극)

【판결요지】

[1] 채무자가 채권자에게 기존채무의 이행에 관하여 수표를 교부하는 경우 다른 특별한 사정이 없는 한 이는 '지급을 위하여' 교부된 것으로 추정할 것이고, 따라서 기존의 원인채무는 소멸하지 아니하고 수표상의 채무와 병존한다고 보아야 한다.
[2] 기존의 원인채무와 수표상의 채무가 병존하고 있는 한에서는 채무자로서는 그 수표상의 상환의무를 면하기 전까지는 이중으로 채무를 지급하게 될 위험을 피하기 위하여 원인관계상의 채권자에 대하여 수표의 반환 없는 기존채권의 지급청구를 거절할 수 있다고 할 것이고, 한편 후일 수표금이 지급되는 등 채무자가 그 수표상의 상환의무를 면할 경우 비로소 기존 원인관계상 채무도 소멸한다고 볼 것이므로 채무자는 원인관계상의 채권자에 대하여 수표상의 상환의무를 면하였음을 사유로 하여 그 원인관계상 채무의 소멸을 주장할 수 있다.
[3] 채무자가 기존채무의 지급을 위하여 채권자에게 수표를 교부하였는데 채권자가 그 수표와 분리하여 기존 원인채권만을 제3자에게 양도한 경우, 채무자는 기존 원인채권의 양도인에 대하여 채권자가 위 수표의 반환 없는 기존 원인채무의 이행을 거절할 수 있는 항변권을 그 채권양도통지를 받기 이전부터 이미 가지고 있었으므로 채권양수인에 대하여도 이와 같은 항변권을 행사할 수 있다.
[4] 기존채무의 지급을 위하여 수표를 교부받은 채권자가 그 수표와 분리하여 기존 원인채권만을 제3자에게 양도한 경우, 기존채무의 지급을 위하여 수표를 교부하였다는 것은 채무자와 기존채권의 양도인 사이에서는 그 수표금이 지급되는 등 채무자가 그 수표상의 상환의무를 면하게 되면 원인채무 또한 소멸할 것을 예정하고 있었던 것으로 보아야 할 것인데, 수표금의 지급으로써 기존 원인채무도 소멸할 것을 예정하고 있었던 사정은 그 채권양도통지 이전에 이미 존재하고 있었던 것이므로, 그 채권양도통지 후에 수표금의 지급이 이루어지더라도 이는 양도통지 후에 새로이 발생한 사유로 볼 수는 없다고 할 것이니, 따라서 채무자로서는 기존 원인채권의 양수인에 대하여 기존채무의 지급을 위하여 교부한 수표가 양도통지 이후에 결제되었다는 사유로써 그 기

존채무의 소멸을 주장할 수 있다.

【참조조문】

[1] 민법 제460조, 수표법 제12조[2] 민법 제475조, 제536조, 수표법 제12조[3] 민법 제450조, 제451조 제2항, 제536조[4] 민법 제450조, 제451조 제2항, 수표법 제12조

【참조판례】

[1][2] 대법원 1976. 4. 13. 선고 75다649 판결
대법원 1993. 11. 9. 선고 93다11203, 11210 판결(공1993상, 65) /[1] 대법원 1990. 5. 22. 선고 89다카13322 판결(공1990, 1343)
대법원 1997. 3. 28. 선고 97다126, 133 판결(공1997상, 1221)
[3] 대법원 1989. 5. 9. 선고 88다카7733 판결(공1989, 897)
대법원 1996. 3. 22. 선고 96다1153 판결(공1996상, 1360)

【전 문】

【원고, 피상고인】 원고 (소송대리인 변호사 권오상 외 2인)

【피고, 상 고 인】 피고 (소송대리인 변호사 이준기)

【원심판결】 대구지법 2003. 1. 29. 선고 2002나6126 판결

【주 문】

원심판결을 파기하고, 사건을 대구지방법원 본원 합의부로 환송한다.

【이 유】

상고이유를 본다.

1. 원심의 판단

원심판결 이유에 의하면, 원심은 그 채용 증거를 종합하여, 원고는 2000. 4. 10.경 소외 1로부터 소외 1이 피고에 대하여 가지고 있다고 하는 물품대금 17,802,180원 상당의 채권을 양수하고, 2000. 5. 22. 소외 1의 위임을 받아 피고에게 위 채권양도통지를 하여, 그 무렵 위 통지가 피고에게 도달한 사실을 인정한 다음, 피고는 채권양수인인 원고에게 위 양수금을 지급할 의무가 있다고 판단하는 한편, 피고가 2000. 2. 8.부터 같은 해 4. 10.까지 소외 1로부터 의약품을 공급받으면서 소외 1에게 현금이나 수표로 그 대금을 결제하거나 또는 피고의 아버지인 소외 2가 소외 1에게 가지는 물품대금채권으로 피고가 소외 1에게 선급금으로 입금한 것으로 처리하는 등의 방법으로 정산함으로써 피고가 소외 1에 대하여 부담하는 물품대금채무를 전부 변제하였다는 피고의 주장(원심은 피고가 2000. 2. 8.자 가계수표의 교부 및 2000. 2. 29.자 선급금의 처리에 관한 변제주장도 한 취지로 판단하였으나 원고가 이 부분은 이미 변제된 것으로 처리하여 이를 공제하여 청구하고 있고 피고 역시 이 부분을 중복하여 변제할 것을 주장하는 것은 아니다.)에 대하여, 피고의 주장사실에 부합하는 듯한 을가 제1, 2호증, 을가 제5호증, 을가 제6호증의 1 내지 5, 을가 제10호증의 2, 을가 제12호증의 각 기재와 제1심 및 원심 증인 소외 1, 원심 증인 소외 2의 각 증언은 선뜻 믿기 어렵고, 을가 제4호증의 1

내지 6, 을가 제11호증의 1의 각 기재만으로는 피고가 위 채권양도 이전에 소외 1에 대한 물품대금채무를 전부 변제하였다는 사실을 인정하기에 부족하며, 달리 이를 인정할 증거가 없다는 이유로 피고의 위 주장을 배척하였다.
2. 이 법원의 판단
 가. 채권양도통지 위임에 관하여
  원심판결을 기록과 대조하여 살펴보면, 원고가 소외 1의 위임을 받아 피고에게 그 채권양도통지를 하였다고 본 원심의 위와 같은 사실인정과 판단은 수긍이 가고, 거기에 주장과 같은 채증법칙 위배로 인한 사실오인의 위법이 없다.
 나. 물품대금채무 소멸에 관한 피고 주장에 부합하는 증거들의 신빙성에 관하여
  그러나 피고의 소외 1에 대한 이 사건 물품대금채무가 변제 등의 방법에 따라 모두 소멸되었다는 피고의 주장을 배척하면서 피고가 내세우는 증거들의 신빙성 등을 아무런 이유의 설시도 없이 모두 부정한 원심의 조치는 다음과 같은 이유로 이를 수긍할 수 없다.
  기록에 의하면, 피고는 소외 1에게 이 사건 채권양도통지 이전인 2000. 3. 3. 및 2000. 4. 3. 피고의 소외 1에 대한 이 사건 물품대금채무의 변제조로 소외 2가 발행한 가계수표 4매 액면 합계 1,890만 원 상당(이하 '이 사건 수표'라 한다)을 교부한 바 있고 또한 피고의 부친 소외 2, 소외 1, 피고 사이의 합의에 따라 소외 2의 소외 1에 대한 다른 물품대금채권 중 300만 원의 변제에 갈음하여 소외 1의 피고에 대한 물품대금채권에 관한 선급금(이하 '이 사건 선급금'이라 한다)으로 지급된 것으로 처리하였다고 주장하고 있음을 알 수 있고, 피고가 이 부분 주장에 부합한다고 내세운 증거들로는 을가 제1, 2호증, 을가 제4호증의 1 내지 6, 을가 제5호증, 을가 제6호증의 1 내지 5, 을가 제10호증의 2, 을가 제11호증의 1, 을가 제12호증의 각 기재와 제1심 및 원심 증인 소외 1, 원심 증인 소외 2의 각 증언 등이 있음은 원심이 설시한 바와 같다.
  그런데 ① 기록에 나타난 위 각 서증들의 형식이나 작성방식, 문서가 작성된 목적, 그리고 이들 서증들과 증언들의 각 내용을 서로 대조해 본 결과 등을 두루 검토해 볼 때, 이들 증거들 일체가 모두 사후에 조작되었거나 허위라고 보아 그 전체를 일괄하여 믿기 어렵다고 단정할 수는 없다고 판단되고, ② 원고가 내세우고 있는 서증인 소외 1의 피고 관련 거래장(갑 제5호증의 1)의 기재에 의하더라도 피고의 2000. 2. 8.자 수표교부와 2000. 2. 29.자 선급금 정산에 관한 내역이 기장되어 있는 것을 보면 피고의 위 증거들 중에는 원고의 위 장부와 일치하고 있는 부분도 있어 이 역시 피고의 위 증거들 일체가 모두 허구의 것으로 보기도 어려우며, ③ 한편으로 위 거래장의 기장 역시 완전무결하지 못함을 그 작성명의자인 소외 1이 원심 법정에서 스스로 인정하고 있는 바라면, 원·피고 사이에서 다툼의 여지가 있을 수 없는 피고의 2000. 2. 8.자 수표교부와 2000. 2. 29.자 선급금 정산과 같은 맥락에서 그 이후에 이루어진 이 사건 수표 교부 및 선급금 처리에 관한 기장이 위 거래장에 누락되었다가 원고가 이 사건 채권양도를 받을 무렵까지 미처 정정 기입되지 못한 상태에서 원고가 불완전한 위 거래장을 입수하게 되었을 여지도 전혀 배제할 수는 없다고 할 것이고, ④ 또한 기록을 통하여 알 수 있는 바와 같이 특히 이 사건 수표

는 모두 피고의 부친 소외 2에 의하여 정상적으로 발행된 것으로서 피고가 소외 1에게 교부하였다가 소외 1로부터 다시 양도받은 제3의 각 최종 소지인들에 의하여 적법하게 추심된 것들인데, 피고와 소외 1 사이에는 이 사건 물품거래 이외에는 다른 거래가 있었던 것으로 보이지 아니하고, 이 사건 물품거래 관행상 월말과 월초 무렵에 피고측에서 소외 1로부터 할인혜택을 받기 위하여 선급금 형식으로 먼저 물품대금을 수표 교부 등의 방법으로 선납입한 것으로 처리하면, 잔고를 마이너스로 해 둔 상태에서 월중에 개별적인 거래가 이루어진 정황 등에 비추어 보면, 위 수표들은 다른 특별한 사정이 없는 한 모두 피고의 소외 1에 대한 물품대금채무와 관련하여 교부된 것으로 추정할 수 있다고 할 것이며, ⑤ 더구나 갑 제13호증의 1, 2는 원고가 소외 1로부터 이 사건 채권을 양도받는 과정에서 소외 1이 거래처에 대한 채권 내역을 출력해 온 서류로서 원고에게 거래처별로 채권 내역에 관하여 구체적인 설명을 해 줄 때 사용한 자료인데, 그처럼 출력 인쇄된 피고에 대한 채권잔액은 위 거래장의 잔액과 마찬가지로 17,802,180원으로 기재되어 있기는 하나, 다시 그 여백에 원고의 수기로 "1000만 입금", "-1300만 원 소외 2 그린총판" 따위의 메모가 기재되어 있는 것을 보면, 그 기재 내용 자체로 명백하듯이 소외 1이 그 당시 원고에게 위와 같이 인쇄된 채권금액은 17,802,180원이라고 할지라도 추가로 1천만 원 등이 입금되었다는 등의 설명을 해 주었을 가능성도 있었을 것으로 보이며 이는 위 거래장에 아직 기장되지 아니한 추가적인 변제금이 있었다는 피고의 주장을 뒷받침해 준다고 볼 여지도 있다고 할 것이다.

따라서 기록에서 나타나는 이와 같은 제반 정황 등을 두루 감안해 볼 때, 위 거래장에는 피고가 내세우는 증거들에 의하여 인정될 수 있는 피고와 소외 1 사이의 추가적인 거래내역을 다 반영하지 못한 흠결이 있다고 판단되고, 피고가 내세우는 위 증거들의 증거가치가 위 거래장의 기재보다 못하다고는 보이지 아니하므로, 피고의 이들 증거의 신빙성을 위 거래장의 기재만을 가지고 부정할 것은 아니라고 할 것이다.

그러므로 위에서 본 바와 같이 피고가 내세우는 증거들의 신빙성을 인정할 수 있는 경우라면, 이들 증거들을 종합하여, 피고는 이 사건 채권양도통지 도달 시점 이전에 소외 1에 대한 이 사건 물품대금채무의 변제와 관련하여 이 사건 선급금 300만 원으로 정산처리되도록 하는 한편, 소외 2가 발행한 수표를 교부하여 이 사건 수표의 각 수표금이 그 채권양도통지 이후에 모두 결제된 사실도 이를 인정할 여지가 있다고 할 것이다.

다. 피고의 이 사건 물품대금채무의 소멸 여부에 관하여
  (1) 이 사건 선급금의 정산처리 관련 채무소멸에 관하여
    이 사건 채권양도통지 도달 시점 이전에 피고의 주장과 같은 이 사건 선급금 300만 원의 정산처리 사실을 인정할 수 있는 경우라면, 이로 인하여 피고의 소외 1에 대한 이 사건 물품대금채무 중 동액 상당의 채무는 이미 소멸되었고 따라서 피고는 채권양수인인 원고에 대하여도 그 부분 채무의 소멸을 들어 대항할 수 있다고 할 것이다.
  (2) 이 사건 수표 교부 관련 채무소멸에 관하여
    채무자가 채권자에게 기존채무의 이행에 관하여 수표를 교부하는 경우 다른 특

별한 사정이 없는 한 이는 '지급을 위하여' 교부된 것으로 추정할 것이고, 따라서 기존의 원인채무는 소멸하지 아니하고 수표상의 채무와 병존한다고 보아야 할 것이며(대법원 1976. 4. 13. 선고 75다649 판결, 1990. 5. 22. 선고 89다카13322 판결, 1993. 11. 9. 선고 93다11203, 11210 판결, 1997. 3. 28. 선고 97다126, 133 판결 등 참조), 이와 같이 기존의 원인채무와 수표상의 채무가 병존하고 있는 한에서는 채무자로서는 그 수표상의 상환의무를 면하기 전까지는 채무자로서는 이중으로 채무를 지급하게 될 위험을 피하기 위하여 원인관계상의 채권자에 대하여 수표의 반환 없는 기존채권의 지급청구를 거절할 수 있다고 할 것이고, 한편 후일 수표금이 지급되는 등 채무자가 그 수표상의 상환의무를 면할 경우 비로소 기존 원인관계상 채무도 소멸한다고 볼 것이므로 이 경우 채무자는 원인관계상의 채권자에 대하여 수표상의 상환의무를 면하였음을 사유로 하여 그 원인관계상 채무의 소멸을 주장할 수 있다고 할 것이다.

한편, 채무자가 기존채무의 지급을 위하여 채권자에게 수표를 교부하였는데 채권자가 그 수표와 분리하여 기존 원인채권만을 제3자에게 양도한 경우, 채무자는 위에서 본 바와 같이 기존 원인채권의 양도인에 대하여 채권자가 위 수표의 반환 없는 기존 원인채무의 이행을 거절할 수 있는 항변권을 그 채권양도통지를 받기 이전부터 이미 가지고 있었으므로 채권양수인에 대하여도 이와 같은 항변권을 행사할 수 있다 할 것이고 (대법원 1989. 5. 9. 선고 88다카7733 판결, 1996. 3. 22. 선고 96다1153 판결 등 참조), 나아가 기존채무의 지급을 위하여 수표를 교부하였다는 것은 채무자와 기존채권의 양도인 사이에서는 그 수표금이 지급되는 등 채무자가 그 수표상의 상환의무를 면하게 되면 원인채무 또한 소멸할 것을 예정하고 있었던 것으로 보아야 할 것인데, 이처럼 수표금의 지급으로써 기존 원인채무도 소멸할 것을 예정하고 있었던 사정은 그 채권양도통지 이전에 이미 존재하고 있었던 것이므로, 그 채권양도통지 후에 수표금의 지급이 이루어지더라도 이는 양도통지 후에 새로이 발생한 사유로 볼 수는 없다고 할 것이니, 따라서 채무자로서는 기존 원인채권의 양수인에 대하여 기존채무의 지급을 위하여 교부한 수표가 양도통지 이후에 결제되었다는 사유로써 그 기존채무의 소멸을 주장할 수 있다고 할 것이다.

돌이켜 이 사건에 관하여 보건대, 이 사건 수표는 다른 특별한 사정이 없는 한 이는 '지급을 위하여' 교부된 것으로 추정할 것이므로, 피고가 그 수표를 교부한 것으로써 막바로 자신의 물품대금채무를 소멸시킨 것으로 볼 수는 없다고 할 것이고, 피고가 그러한 수표의 교부를 자신의 거래장부에 입금처리한 것으로 기장하였다거나 또는 종전 채권자인 소외 1이 그 수표의 양수로 물품대금이 입금된 것으로 보아야 한다고 인정하는 사정만으로는 그와 같은 판단을 뒤집을 수도 없는 것으로 볼 것이나, 위에서 본 바와 같이 이 사건 수표가 이 사건 채권양도 시점 이전에 그 채무의 지급을 위하여 교부된 이상 이 사건 채권양도 시점 이후에 이르러 각 지급기일에 수표금이 제3자에게 지급되었음이 인정된다면, 피고로서는 이러한 사정을 들어 원인관계상의 자신의 물품대금채무 소멸의 효과를 채권양수인인 원고에 대하여도 대항하여 주장할 수 있다고 할 것이다.

라. 소 결

그렇다면 피고가 제출한 위 증거들의 신빙성을 인정할 수 있는 이상 채무소멸에 관한 피고의 주장은 이를 받아들일 여지가 있었다고 할 것임에도, 아무런 합리적인 이유도 없이 신빙성 있는 위 증거들을 배척하여 피고의 위 주장을 부정한 원심판결에는 판결 결과에 영향을 미친 채증법칙 위배로 인한 사실오인, 법리오해 등의 위법이 있다고 할 것이므로, 이 점을 지적하는 취지의 상고이유의 주장은 이유 있다.

3. 결 론

그러므로 원심판결을 파기하고, 사건을 다시 심리·판단하게 하기 위하여 원심법원으로 환송하기로 하여 관여 법관의 일치된 의견으로 주문과 같이 판결한다.

대법관 조무제(재판장) 유지담 이규홍(주심) 손지열

가. 원인채권과 어음채권이 병존하는 경우의 법률관계

(1) 채권 행사의 순서

| 판 례 |

[판례 27] 대여금

(대법원 1995. 10. 13. 선고 93다12213 판결)

【판시사항】

가. 기존 채무의 이행을 위하여 제3자 발행의 어음을 교부한 경우의 법률관계
나. 채권자가 기존 채무의 이행을 위하여 제3자 발행의 어음을 교부받은 경우, 그 어음에 대한 소구권 보전절차를 취할 의무를 부담하는지 여부
다. 채권자가 기존 채무의 이행을 위하여 교부받은 어음에 대한 소구권 보전의무를 게을리한 경우, 채무자가 이로 인한 손해배상 채권으로 기존 채무와 상계하기 위한 요건

【판결요지】

가. 채무자가 기존 채무의 이행에 관하여 채권자에게 어음을 교부하는 경우에 당사자 사이에 특별한 의사표시가 없고, 다른 한편 어음상의 주채무자가 원인관계상의 채무자와 동일하지 아니한 때에는 제3자인 어음상의 주채무자에 의한 지급이 예정되고 있으므로, 이는 '지급을 위하여' 교부된 것으로 추정된다.
나. '가' 항의 경우, 채권자는 어음채권과 원인채권 중 어음채권을 먼저 행사하여 만족을 얻을 것을 당사자가 예정하였다고 할 것이므로, 채권자로서는 어음채권을 우선 행사하고 그에 의하여서는 만족을 얻을 수 없을 때 비로소 채무자에 대하여 기존의 원인채권을 행사할 수 있으며, 나아가 이러한 목적으로 어음을 배서양도받은 채권자는 특별

한 사정이 없는 한 채무자에 대하여 원인채권을 행사하기 위하여는 어음을 채무자에게 반환하여야 하므로, 채권자가 채무자에 대하여 자기의 원인채권을 행사하기 위한 전제로서 지급기일에 어음을 적법히 제시하여 소구권 보전절차를 취할 의무가 있다고 보는 것이 양자 사이의 형평에 맞는다.

다. 채권자가 기존 채무의 이행을 위하여 교부받은 어음을 지급기일에 적법하게 지급제시를 하지 아니함으로써 소구권이 보전되지 아니하였더라도, 약속어음의 주채무자인 발행인이 자력이 있는 한 어음을 반환받은 채무자가 발행인에 대한 어음채권이나 원인채권을 행사하여 자기 채권의 만족을 얻을 수 있기 때문에 아직 손해는 발생하지 아니하고, 지급기일 후에 어음발행인의 자력이 악화되어 무자력이 됨으로써 채권자에게 자신의 채무를 이행하여야 할 채무자가 어음을 반환받더라도 발행인에 대한 어음채권과 원인채권의 어느 것도 받을 수 없게 된 때에야 비로소 자신의 채권에 대하여 만족을 얻지 못하게 되는 손해를 입게 되고, 이러한 손해는 어음 주채무자인 발행인의 자력의 악화라는 특별 사정으로 인한 손해로서 소구권 보전의무를 불이행한 어음소지인이 그 채무 불이행 당시인 어음의 지급기일에 장차 어음발행인의 자력이 악화될 것임을 알았거나 알 수 있었을 때에만 그 배상채권으로 상계할 수 있다.

【참조조문】

가. 민법 제460조, 어음법 제9조 제1항 나. 민법 제390조, 제475조, 제536조 다. 민법제393조 제2항, 제763조, 어음법 제38조, 제43조

【참조판례】

가. 대법원 1970.6.30. 선고 70나517 판결(집18②민99)
1990.3.27. 자 89다카14110결정(공1990,1225)
가.나. 대법원 1993.11.9. 선고 93다11203,11210 판결(공1994상,65)
나. 대법원 1992.12.22. 선고 92다8712 판결(공1993상,555)
나.다. 대법원 1995.10.13. 선고 92다29603 판결(동지)
다. 대법원 1986.10.28. 선고 86다카218 판결(공1986,3112)

【전 문】

【원고, 피상고인】 원고 1 외 5인
【피고, 상 고 인】 피고
【원심판결】 대전지방법원 1993.2.3. 선고 92나4176 판결

【주 문】

상고를 기각한다.
상고비용은 피고의 부담으로 한다.

【이 유】

상고이유를 본다.
1. 상고이유 제1점에 대하여

원심은, 원고들(원심 공동원고 소외 1 제외. 이하 같다)의 피상속인인 소외 2(1990.11.11. 사망)가 1990.7.20.경 피고로부터 소외 성인무역주식회사(이하 성인무역이라고만 한다) 발행의 액면 금 10,000,000원, 지급기일 같은 해 9.11.로 된 이 사건 약속어음 1장을 교부받고 피고에게 금 10,000,000원을 대여한 사실을 인정하였는바, 기록에 의하여 살펴보면 원심의 위와 같은 사실 인정은 정당하고, 거기에 소론과 같이 채증법칙을 위배하여 사실을 오인하였거나 어음할인에 관한 법리를 오해한 위법이 있다고 할 수 없으므로 논지는 이유 없다.

2. 상고이유 제2점 중 상계의 주장에 대하여

　가. 원심은, 위 소외 2가 위 약속어음을 그 지급기일에 적법하게 지급제시하였더라면 그 어음금을 지급받을 수 있었고, 그에 따라 피고의 위 차용금 채무도 소멸될 수 있었는데 위 소외 2가 그 지급제시기간이 지나도록 이를 지급제시하지 않고 있다가 위 발행인인 성인무역이 실질적으로 파산함으로 인하여 위 약속어음금을 지급받을 수 없게 되었고 그로 인하여 피고는 그 액면금 상당의 손해를 입게 되었으므로 위 소외 2의 재산상속인들인 원고들에 대한 손해배상채권으로써 위 대여금 채무와 상계한다는 피고의 주장에 대하여, 위 소외 2가 1990.8.30.경 위 약속어음을 분실하자 그 사위인 소외 3이 1990.9.20. 서울민사지방법원에 위 약속어음에 대한 공시최고 신청을 하여 1991.1.5. 위 법원에서 위 약속어음에 대한 제권판결이 선고되었는데 위 소외 3 등은 그 후 위 성인무역에 대하여 바로 위 약속어음상의 권리를 행사하지 아니하고 다시 위 성인무역으로부터 액면 금 10,000,000원, 지급기일 1991.2.25.로 된 약속어음 1장을 교부받아 소지하고 있다가 같은 해 2.25. 지급장소인 서울신탁은행 이촌동 지점에 지급제시하였으나 무거래로 지급거절된 사실은 인정되지만, 대여금 채권의 이행확보를 위하여 약속어음이 교부된 경우에 그 채권자는 대여금 채권이나 약속어음 채권 모두 시효로 소멸되기 전까지는 그 채권 중 어느 것이든 임의로 선택하여 자유롭게 행사할 수 있는 것이고, 반드시 그 약속어음의 지급기일에 어음상의 권리를 행사하여야 할 의무가 있는 것은 아니며, 위 성인무역이 실질적으로 파산된 것이 위 소외 2의 귀책사유로 인한 것이라는 점에 대한 주장 입증도 없으므로 가사 위 소외 2 또는 소외 3이 대여금 채권의 담보로 교부되었던 위 약속어음의 지급제시기간 내에 어음상의 권리를 행사하지 아니함으로 인하여 그 약속어음의 교부자인 피고가 손해를 입게 되었다 하더라도 위 소외 2가 이러한 손해를 배상하여야 할 의무가 있다고 할 수 없다고 하여 피고의 위 주장을 배척하였다.

　나. 이 사건에 있어서와 같이 채무자가 기존채무의 이행에 관하여 채권자에게 어음을 교부하는 경우에 당사자 사이에 특별한 의사표시가 없고, 다른 한편 어음상의 주채무자가 원인관계상의 채무자와 동일하지 아니한 때에는 제3자인 어음상의 주채무자에 의한 지급이 예정되고 있으므로 이는 '지급을 위하여' 교부된 것으로 추정할 것이다(대법원 1993.11.9. 선고 93다11203, 11210판결 참조).

　그리고 이러한 경우에는 채권자는 어음채권과 원인채권 중 어음채권을 먼저 행사하여 만족을 얻을 것을 당사자가 예정하였다고 할 것이므로 채권자로서는 어음채권을 우선 행사하고, 그에 의하여서는 만족을 얻을 수 없을 때 비로소 채무자에 대하여 기존의 원인채권을 행사할 수 있다고 하여야 할 것이며, 나아가 이러한 목적으로 어음을 배서양도받은 채권자는 특별한 사정이 없는 한 채무자에 대하여 원인채권을 행사하기 위하여는 어음을 채무자에게 반환하여야 할 것이므로, 채권자가 채무자에 대하여 자기의 원인채권을 행사하기 위한 전제로서 지급기일에 어음을 적법히 제시하여 소구권 보전절차를 취할 의무가 있다고 보는 것이 양자 사이의 형평에 맞는 것이라고 할 것이다. 그러므로, 원심이 원고가 어음채권과 대여금채권 중 어느 것이든 임의로 선택하여 자유롭게 행사할 수 있어 약속어음의 지급기일에 지급제시를 할 의무가 없다는 취지로 설시한 것은 잘못이라고 할 것이다. 그러나, 채권자가 위의 의무를 위반하여 지급기일에 적법한 지급제시를 하지 아니함으로써 소구권이 보전되지 아니하였더라도 약속어음의 주채무자인 발행인이 자력이 있는 한 어음을 반환받은 채무자가 발행인에 대한 어음채권이나 원인채권을 행사하여 자기 채권의 만족을 얻을 수 있기 때문에 아직 손해는 발생하지 아니하는 것이고, 지급기일 후에 어음발행인의 자력이 악화되어 무자력이 됨으로써 채권자에게 자신의 채무를 이행하여야 할 채무자가 어음을 반환 받더라도 발행인에 대한 어음채권과 원인채권의 어느 것도 받을 수 없게 된 때에야 비로소 자신의 채권에 대하여 만족을 얻지 못하게 되는 손해를 입게 되는 것이고, 이러한 손해는 어음 주채무자인 발행인의 자력의 악화라는 특별 사정으로 인한 손해로서 소구권 보전의무를 불이행한 어음소지인이 그 채무 불이행 당시인 어음의 지급기일에 장차 어음발행인의 자력이 악화될 것임을 알았거나 알 수 있었을 때에만 그 배상채권으로 상계할 수 있는 것이라고 할 것이다(대법원 1986.10.28.선고 86다카218판결 참조).

그런데 이 사건에서 원고가 지급기일에 어음의 지급제시를 하지 아니함으로써 소구권 보전의무를 게을리하였고 그 후에 어음발행인으로서 주채무자인 성인무역이 무자력이 됨으로써 피고는 원고에 대하여 자신의 원인채무를 이행하더라도 피고 자신의 성인무역에 대한 어음채권 및 원인채권의 만족을 얻을 수 없게 되는 손해를 입었다고 할 것이지만, 기록을 살펴보아도 지급기일 당시에 원고가 장차 성인무역이 무자력이 될 것임을 알았거나 알 수 있었다고 인정할 아무런 자료가 없으므로 원고는 피고에 대하여 손해배상 책임을 부담하지 아니한다고 할 것이다. 따라서, 원심의 설시는 부적절한 부분이 없지 아니하지만 피고의 원고에 대한 손해배상 채권이 인정되지 아니한다고 하여 피고의 상계항변을 배척한 결론에 있어서 정당하고 앞에서 지적한 원심의 잘못도 판결의 결과에 영향을 미치지 아니하는 것이어서 결국 상고논지는 이유 없음에 돌아간다.

3. 상고이유 제2점 중 상환이행의 주장에 대하여 원심은 위 약속어음을 반환받기 전에는 위 대여금 반환채무를 이행할 수 없다는 피고의 주장에 대하여, 위 약속어음에 관하여 1991.1.5. 제권판결이 선고됨으로써 위 약속어음은 무효로 되었다는 사실을 적법하게 확정하여 피고의 위 주장을 배척하였다.

일반적으로 약속어음을 교부하고 돈을 차용한 채무자는 채권자의 차용금 반환청구에 대하여 약속어음의 반환과 상환으로만 그 반환의무를 이행하겠다는 주장을 할 수 있음은 소론과 같으나, 이 사건에 있어서처럼 그 약속어음에 대한 제권판결이 선고되어 약속어음의 효력이 상실된 경우에는 그러한 상환이행의 주장을 할 수는 없다고 보아야 할 것이다. 같은 취지로 판시한 원심판결은 정당하고, 거기에 어떤 위법이 있다고 할 수 없다. 논지는 이유 없다.
4. 그러므로 상고를 기각하고, 상고비용은 패소자의 부담으로 하기로 하여 관여 법관의 일치된 의견으로 주문과 같이 판결한다.

대법관 안용득(재판장) 천경송 지창권 신성택(주심)

[판례 28] 감리비예치보증금

(대법원 2000. 7. 28. 선고 2000다16367 판결)

【판시사항】

채무자가 기존 채무의 이행기에 채무를 변제하지 아니하여 채무불이행 상태에 빠진 다음에 기존 채무의 지급을 위하여 어음을 발행한 경우, 기존 채무의 변제기가 어음에 기재된 만기일로 변경되는지 여부(소극)

【판결요지】

채권자가 기존 채무의 지급을 위하여 그 채무의 이행기가 도래하기 전에 미리 그 채무의 변제기보다 후의 일자가 만기로 된 어음의 교부를 받은 때에는 묵시적으로 기존 채무의 지급을 유예하는 의사가 있었다고 볼 경우가 있을 수 있고 이 때 기존 채무의 변제기는 어음에 기재된 만기일로 변경된다고 볼 것이나, 특별한 사정이 없는 한 채무자가 기존 채무의 이행기에 채무를 변제하지 아니하여 채무불이행 상태에 빠진 다음에 기존 채무의 지급을 위하여 어음이 발행된 경우까지 그와 동일하게 볼 수는 없다.

【참조조문】

민법 제105조, 제387조, 어음법 제1조 제4호, 제75조 제3호

【참조판례】

대법원 1990. 6. 26. 선고 89다카32606 판결(공1990, 1572)
대법원 1999. 8. 24. 선고 99다24508 판결(공1999하, 1951)

【전 문】

【원고,피상고인겸상고인】 원고 (소송대리인 변호사 이재훈)
【피고,상고인겸피상고인】 주택사업공제조합의 소송수계인 대한주택보증 주식회사 (소송대리인 변호사 박기웅 외 2인)
【원심판결】 서울고법 2000. 2. 10. 선고 99나58244 판결

【주 문】

상고를 모두 기각한다. 상고비용은 각자의 부담으로 한다.

【이 유】

상고이유를 본다

1. 원고의 상고이유에 대하여

원심판결 이유에 의하면, 원심은 그 채택한 증거를 종합하여 판시 각 사실을 인정한 다음, 그 인정한 사실에 의하면, 원고와 소외 삼호건설 주식회사 사이에 체결된 1996. 11. 19.자 이 사건 제2차 공사감리계약은 이보다 먼저 체결된 1996. 4. 20.자 제1차 공사감리계약을 대체하기 위한 것이어서 결국 원고와 위 소외 회사 사이에 체결된 공사감리계약에 따른 총 감리대금은 제1, 2차 공사감리계약상의 감리비를 합산한 금액이 아니라 제2차 공사감리계약상의 감리비인 금 158,000,000원이며, 따라서 위 소외 회사와 소외 주택사업공제조합(1999. 2. 8. 법률 제5908호로 개정된 주택건설촉진법에 의하여 피고로 전환되어 피고가 위 조합의 권리의무를 포괄적으로 승계하였다.) 사이에 그 감리대금의 지급보증을 위하여 체결된 이 사건 감리비 예치보증계약에 기하여 위 주택사업공제조합이 보증하는 공사감리비지급채무 또한 위 금 158,000,000원에 국한된다고 판단하였는바, 기록에 비추어 살펴보면, 원심의 이와 같은 사실인정과 판단은 정당하고, 거기에 상고이유에서 주장하는 바와 같은 법리오해나 채증법칙 위배의 잘못이 있다고 할 수 없다.

2. 피고의 상고이유에 대하여

가. 상고이유 제1점에 대하여

원심판결 이유에 의하면, 원심은 그 채택한 증거를 종합하여 원고가 위 소외 회사로부터 1995. 11. 28.부터 1997. 10. 26.까지 사이에 5회에 걸쳐 지급받은 금 90,000,000원은 이 사건 공사감리계약과는 별도로 체결한 설계계약상의 설계대금으로 충당하기로 하는 '합의에 따라' 그 설계대금 변제에 충당된 것이라고 인정하여, 이와 달리 위 금원을 원고가 '임의로' 설계대금으로 충당하였다는 전제하에 위 금원 중 금 35,000,000원은 그 지급 당시 이행기가 도래한 이 사건 공사감리비의 변제에 먼저 충당되었어야 한다는 피고의 주장을 배척하였는바, 기록에 비추어 살펴보면, 원심의 위와 같은 사실인정은 정당하고, 거기에 상고이유에서 주장하는 바와 같은 채증법칙 위배의 잘못이 있다고 할 수 없다.

나. 상고이유 제2점에 대하여

원심이 적법하게 확정한 사실관계에 의하면, 위 소외 회사는 이 사건 제2차 공사감리계약상의 감리대금 중 중도금은 4회에 걸쳐 분할하여 지급하기로 하였으나, 제1회 중도금부터 그 지급을 지체함으로써 이 사건 감리비 예치보증계약상의 보증사고가 발생하였음에도 불구하고 원고는 그 보증사고 발생사실을 통지함이 없이 계속하여 감리업무를 수행하였으며, 그 후 제2회 이후의 중도금도 이행기일에 지급되지 아니하였음을 알 수 있는데, 원심은 사정이 이와 같다고 하더라도 제2회 이후의 중도금을 못 받게 됨으로써 원고가 입은 손해는 이 사건 감리비예치보증계약 약관 제4조 제2항에 따라 원고가 제1회 중도금에 대한 보증사고 발생사실에 대한 통지와 보증금의 청구를 해태함으로써 피고가 그 보상책임을 면하게 되는 '해태로 인하여 증가된 손해'에 해당한다고 볼 수 없다고 판단하여, 이와 다른 전제에서 이 사건 제2차 공사감리계약상의 제2회 이후의 중도금에 대하여는 보상책임이 없다는 피고의 주장을 배척하였는바, 기록에 비추어 살펴보면, 이 사건 감리비예치보증계약의 약관에 관한 원심의 이와 같은 판단은 정당하고, 거기에 상고이유에서 주장하는 바와 같은 약관 해석에 관한 법리오해의 잘못이 있다고 할 수 없다.
　다. 상고이유 제3점에 대하여
　　채권자가 기존 채무의 지급을 위하여 그 채무의 이행기가 도래하기 전에 미리 그 채무의 변제기보다 후의 일자가 만기로 된 어음의 교부를 받은 때에는 묵시적으로 기존 채무의 지급을 유예하는 의사가 있었다고 볼 경우가 있을 수 있고 이 때 기존 채무의 변제기는 어음에 기재된 만기일로 변경된다고 볼 것이나, 특별한 사정이 없는 한 채무자가 기존 채무의 이행기에 채무를 변제하지 아니하여 채무 불이행 상태에 빠진 다음에 기존 채무의 지급을 위하여 어음이 발행된 경우까지 그와 동일하게 볼 수는 없다.
　　원심이, 원고가 위 소외 회사로부터 위 제2회 이후의 중도금에 대하여 이 사건 감리비예치보증계약상의 보증기간 이후에 지급기일이 도래하는 약속어음을 교부받음으로써 그 이행기가 보증기간 이후로 유예되고, 이에 따라 보증기간 내에 발생한 보증사고에 대하여서만 보증책임을 부담하는 피고로서는 이 사건 제2회 중도금 이후의 감리비에 대하여는 보상책임이 없다는 피고의 주장에 대하여 아무런 판단을 하지 아니하였음은 상고이유에서 지적하는 바와 같지만, 기록에 의하면, 원고가 피고 주장의 약속어음을 교부받은 시점은 이미 제2회 이후의 중도금에 대한 채무이행이 없이 각 이행기가 도과된 후임을 알 수 있고, 따라서 피고의 위와 같은 주장은 앞서 본 법리에 의하여 결국 이유 없어 배척될 것임이 명백하므로, 원심의 이러한 판단유탈의 잘못은 판결 결과에 아무런 영향이 없는 것이다.
3. 그러므로 상고를 모두 기각하고 상고비용은 각자의 부담으로 하기로 하여 관여 대법관의 일치된 의견으로 주문과 같이 판결한다.

　　　　　　　　　대법관　　이강국(재판장) 조무제 이용우(주심) 강신욱

[판례 29] 대여금

(대법원 1999. 6. 11. 선고 99다16378 판결)

【판시사항】

[1] 원인채권의 지급을 확보하기 위한 방법으로 어음이 수수된 경우, 원인채권의 행사가 어음채권의 소멸시효를 중단시키는 효력이 있는지 여부(소극)
[2] 원인채권의 지급을 확보하기 위한 방법으로 어음이 수수된 경우, 어음채권의 행사가 원인채권의 소멸시효를 중단시키는 효력이 있는지 여부(적극)

【판결요지】

[1] 원인채권의 지급을 확보하기 위한 방법으로 어음이 수수된 경우에 원인채권과 어음채권은 별개로서 채권자는 그 선택에 따라 권리를 행사할 수 있고, 원인채권에 기하여 청구를 한 것만으로는 어음채권 그 자체를 행사한 것으로 볼 수 없어 어음채권의 소멸시효를 중단시키지 못한다.

[2] 원인채권의 지급을 확보하기 위한 방법으로 어음이 수수된 경우, 이러한 어음은 경제적으로 동일한 급부를 위하여 원인채권의 지급수단으로 수수된 것으로서 그 어음채권의 행사는 원인채권을 실현하기 위한 것일 뿐만 아니라, 원인채권의 소멸시효는 어음금 청구소송에 있어서 채무자의 인적항변 사유에 해당하는 관계로 채권자가 어음채권의 소멸시효를 중단하여 두어도 채무자의 인적항변에 따라 그 권리를 실현할 수 없게 되는 불합리한 결과가 발생하게 되므로, 채권자가 원인채권에 기하여 청구를 한 것이 아니라 어음채권에 기하여 청구를 하는 반대의 경우에는 원인채권의 소멸시효를 중단시키는 효력이 있다고 봄이 상당하고, 이러한 법리는 채권자가 어음채권을 피보전권리로 하여 채무자의 재산을 가압류함으로써 그 권리를 행사한 경우에도 마찬가지로 적용된다.

【참조조문】

[1] 민법 제168조, 어음법 제7조, 제17조[2] 민법 제168조, 어음법 제7조, 제17조

【참조판례】

[1] 대법원 1967. 4. 25. 선고 67다75 판결(집15-1, 민342)
대법원 1994. 12. 2. 선고 93다59922 판결(공1995상, 426)
[2] 대법원 1961. 11. 9. 선고 4293민상748 판결(집9, 민72)

【전 문】

【원고, 상 고 인】 원고 (소송대리인 변호사 서정일)
【피고, 피상고인】 피고
【원심판결】 대전지법 1999. 2. 12. 선고 98나3939 판결

【주 문】

원심판결을 파기하고 사건을 대전지방법원 본원 합의부에 환송한다.

【이 유】

상고이유를 판단한다.
원심판결 이유에 의하면 원심은, 원고가 1982. 11. 2. 소외인에게 금 25,000,000원을 대여한 사실 및 소외인이 1987. 9. 18. 사망하여 그 처인 피고가 소외인의 채무 중 3분의 1을 상속한 사실을 인정한 다음, 피고의 소멸시효 항변을 받아 들이고, 나아가 원고가 피고의 상속채무에 관하여 1988. 1. 4. 대전지방법원 서산지원 87카1062호로써 피고의 소외 합자회사 ○○상사에 대한 사원지분권을 가압류함으로써 이 사건 대여금 채권의 소멸시효는 중단되었다는 원고의 재항변에 대하여 판단하기를, 위 가압류는 원고가 이 사건 대여금 채권과 관련하여 소외인으로부터 담보로 교부받아 둔 소외인 발행의 약속어음 채권을 피보전권리로 한 것으로서, 이 사건 대여금 채권과 위 약속어음금 채권은 동일한 채권을 목적으로 하는 것이지만 법률적으로는 별개의 채권이므로 위 가압류로써 이 사건 대여금 채권에 대한 소멸시효를 중단시키지는 못한다는 이유로 원고의 재항변을 배척하였다.
살피건대, 이 사건과 같이 원인채권의 지급을 확보하기 위한 방법으로 어음이 수수된 경

우에 원인채권과 어음채권은 별개로서 채권자는 그 선택에 따라 권리를 행사할 수 있고, 원인채권에 기하여 청구를 한 것만으로는 어음채권 그 자체를 행사한 것으로 볼 수 없어 어음채권의 소멸시효를 중단시키지 못하는 것이지만(대법원 1967. 4. 25. 선고 67다75 판결, 1994. 12. 2. 선고 93다59922 판결 등 참조), 다른 한편, 이러한 어음은 경제적으로 동일한 급부를 위하여 원인채권의 지급수단으로 수수된 것으로서 그 어음채권의 행사는 원인채권을 실현하기 위한 것일 뿐만 아니라, 원인채권의 소멸시효는 어음금 청구소송에 있어서 채무자의 인적항변 사유에 해당하는 관계로 채권자가 어음채권의 소멸시효를 중단하여 두어도 채무자의 인적항변에 따라 그 권리를 실현할 수 없게 되는 불합리한 결과가 발생하게 되므로, 채권자가 어음채권에 기하여 청구를 하는 반대의 경우에는 원인채권의 소멸시효를 중단시키는 효력이 있다고 봄이 상당하고(대법원 1961. 11. 9. 선고 4293민상748 판결 참조), 이러한 법리는 채권자가 어음채권을 피보전권리로 하여 채무자의 재산을 가압류함으로써 그 권리를 행사한 경우에도 마찬가지로 적용된다고 할 것이다.

그럼에도 불구하고 원심이 이와 다른 견해에서 원고의 재항변을 배척한 것은 소멸시효 중단의 법리를 오해한 위법을 저질렀다 할 것이고, 이러한 위법은 판결 결과에 영향을 미쳤음이 분명하므로, 이 점을 지적하는 상고이유 주장은 이유 있다.

그러므로 원심판결을 파기하고 사건을 다시 심리 $판단하게 하기 위하여 원심법원에 환송하기로 관여 법관들의 의견이 일치되어 주문과 같이 판결한다.

대법관 조무제(재판장) 정귀호 김형선(주심) 이용훈

---

(2) 원친채권의 행사와 어음의 반환 필요성 유무

| 판 례 |

[판례 30] 매매대금

(대법원 2003. 5. 30. 선고 2003다13512 판결)

【판시사항】

[1] 기존채무의 이행을 위하여 수표를 교부한 경우의 법률관계
[2] 기존채무의 이행을 위하여 원인관계상의 채권자에게 수표를 교부한 채무자가 그 채권자에 대하여 수표와 관련하여 행사할 수 있는 항변권의 내용
[3] 기존채무의 지급을 위하여 수표를 교부받은 채권자가 그 수표와 분리하여 원인채권만을 제3자에게 양도한 경우, 채무자는 채권양수인에 대하여 수표의 반환 없는 원인채무만의 이행을 거절할 수 있는지 여부(적극)
[4] 기존채무의 지급을 위하여 수표를 교부받은 채권자가 그 수표와 분리하여 원인채권만

을 제3자에게 양도하고 그 양도통지 후에 수표금이 지급된 경우, 채무자는 채권양수인에 대하여 원인관계상 채무의 소멸효과를 주장할 수 있는지 여부(적극)

【판결요지】

[1] 채무자가 채권자에게 기존채무의 이행에 관하여 수표를 교부하는 경우 다른 특별한 사정이 없는 한 이는 '지급을 위하여' 교부된 것으로 추정할 것이고, 따라서 기존의 원인채무는 소멸하지 아니하고 수표상의 채무와 병존한다고 보아야 한다.

[2] 기존의 원인채무와 수표상의 채무가 병존하고 있는 한에서는 채무자로서는 그 수표상의 상환의무를 면하기 전까지는 이중으로 채무를 지급하게 될 위험을 피하기 위하여 원인관계상의 채권자에 대하여 수표의 반환 없는 기존채권의 지급청구를 거절할 수 있다고 할 것이고, 한편 후일 수표금이 지급되는 등 채무자가 그 수표상의 상환의무를 면할 경우 비로소 기존 원인관계상 채무도 소멸한다고 볼 것이므로 채무자는 원인관계상의 채권자에 대하여 수표상의 상환의무를 면하였음을 사유로 하여 그 원인관계상 채무의 소멸을 주장할 수 있다.

[3] 채무자가 기존채무의 지급을 위하여 채권자에게 수표를 교부하였는데 채권자가 그 수표와 분리하여 기존 원인채권만을 제3자에게 양도한 경우, 채무자는 기존 원인채권의 양도인에 대하여 채권자가 위 수표의 반환 없는 기존 원인채무의 이행을 거절할 수 있는 항변권을 그 채권양도통지를 받기 이전부터 이미 가지고 있었으므로 채권양수인에 대하여도 이와 같은 항변권을 행사할 수 있다.

[4] 기존채무의 지급을 위하여 수표를 교부받은 채권자가 그 수표와 분리하여 기존 원인채권만을 제3자에게 양도한 경우, 기존채무의 지급을 위하여 수표를 교부하였다는 것은 채무자와 기존채권의 양도인 사이에서는 그 수표금이 지급되는 등 채무자가 그 수표상의 상환의무를 면하게 되면 원인채무 또한 소멸할 것을 예정하고 있었던 것으로 보아야 할 것인데, 수표금의 지급으로써 기존 원인채무도 소멸할 것을 예정하고 있었던 사정은 그 채권양도통지 이전에 이미 존재하고 있었던 것이므로, 그 채권양도통지 후에 수표금의 지급이 이루어지더라도 이는 양도통지 후에 새로이 발생한 사유로 볼 수는 없다고 할 것이니, 따라서 채무자로서는 기존 원인채권의 양수인에 대하여 기존 채무의 지급을 위하여 교부한 수표가 양도통지 이후에 결제되었다는 사유로써 그 기존채무의 소멸을 주장할 수 있다.

【참조조문】

[1] 민법 제460조, 수표법 제12조[2] 민법 제475조, 제536조, 수표법 제12조[3] 민법 제450조, 제451조 제2항, 제536조[4] 민법 제450조, 제451조 제2항, 수표법 제12조

【참조판례】

[1][2] 대법원 1976. 4. 13. 선고 75다649 판결
대법원 1993. 11. 9. 선고 93다11203, 11210 판결(공1993상, 65) /[1] 대법원 1990. 5. 22. 선고 89다카13322 판결(공1990, 1343)
대법원 1997. 3. 28. 선고 97다126, 133 판결(공1997상, 1221)
[3] 대법원 1989. 5. 9. 선고 88다카7733 판결(공1989, 897)

대법원 1996. 3. 22. 선고 96다1153 판결(공1996상, 1360)

【전 문】

【원고, 피상고인】 원고 (소송대리인 변호사 권오상 외 2인)
【피고, 상 고 인】 피고 (소송대리인 변호사 이준기)
【원심판결】 대구지법 2003. 1. 29. 선고 2002나6126 판결

【주 문】

원심판결을 파기하고, 사건을 대구지방법원 본원 합의부로 환송한다.

【이 유】

상고이유를 본다.

1. 원심의 판단

원심판결 이유에 의하면, 원심은 그 채용 증거를 종합하여, 원고는 2000. 4. 10.경 소외 1로부터 소외 1이 피고에 대하여 가지고 있다고 하는 물품대금 17,802,180원 상당의 채권을 양수하고, 2000. 5. 22. 소외 1의 위임을 받아 피고에게 위 채권양도통지를 하여, 그 무렵 위 통지가 피고에게 도달한 사실을 인정한 다음, 피고는 채권양수인인 원고에게 위 양수금을 지급할 의무가 있다고 판단하는 한편, 피고가 2000. 2. 8.부터 같은 해 4. 10.까지 소외 1로부터 의약품을 공급받으면서 소외 1에게 현금이나 수표로 그 대금을 결제하거나 또는 피고의 아버지인 소외 2가 소외 1에게 가지는 물품대금채권으로 피고가 소외 1에게 선급금으로 입금한 것으로 처리하는 등의 방법으로 정산함으로써 피고가 소외 1에 대하여 부담하는 물품대금채무를 전부 변제하였다는 피고의 주장(원심은 피고가 2000. 2. 8.자 가계수표의 교부 및 2000. 2. 29.자 선급금의 처리에 관한 변제주장도 한 취지로 판단하였으나 원고가 이 부분은 이미 변제된 것으로 처리하여 이를 공제하여 청구하고 있고 피고 역시 이 부분을 중복하여 변제할 것을 주장하는 것은 아니다.)에 대하여, 피고의 주장사실에 부합하는 듯한 을가 제1, 2호증, 을가 제5호증, 을가 제6호증의 1 내지 5, 을가 제10호증의 2, 을가 제12호증의 각 기재와 제1심 및 원심 증인 소외 1, 원심 증인 소외 2의 각 증언은 선뜻 믿기 어렵고, 을가 제4호증의 1 내지 6, 을가 제11호증의 1의 각 기재만으로는 피고가 위 채권양도 이전에 소외 1에 대한 물품대금채무를 전부 변제하였다는 사실을 인정하기에 부족하며, 달리 이를 인정할 증거가 없다는 이유로 피고의 위 주장을 배척하였다.

2. 이 법원의 판단

가. 채권양도통지 위임에 관하여

원심판결을 기록과 대조하여 살펴보면, 원고가 소외 1의 위임을 받아 피고에게 그 채권양도통지를 하였다고 본 원심의 위와 같은 사실인정과 판단은 수긍이 가고, 거기에 주장과 같은 채증법칙 위배로 인한 사실오인의 위법이 없다.

나. 물품대금채무 소멸에 관한 피고 주장에 부합하는 증거들의 신빙성에 관하여

그러나 피고의 소외 1에 대한 이 사건 물품대금채무가 변제 등의 방법에 따라 모두 소멸되었다는 피고의 주장을 배척하면서 피고가 내세우는 증거들의 신빙성 등을 아무런 이유의 설시도 없이 모두 부정한 원심의 조치는 다음과 같은 이유로 이를 수

긍할 수 없다.

기록에 의하면, 피고는 소외 1에게 이 사건 채권양도통지 이전인 2000. 3. 3. 및 2000. 4. 3. 피고의 소외 1에 대한 이 사건 물품대금채무의 변제조로 소외 2가 발행한 가계수표 4매 액면 합계 1,890만 원 상당(이하 '이 사건 수표'라 한다)을 교부한 바 있고 또한 피고의 부친 소외 2, 소외 1, 피고 사이의 합의에 따라 소외 2의 소외 1에 대한 다른 물품대금채권 중 300만 원의 변제에 갈음하여 소외 1의 피고에 대한 물품대금채권에 관한 선급금(이하 '이 사건 선급금'이라 한다)으로 지급된 것으로 처리하였다고 주장하고 있음을 알 수 있고, 피고가 이 부분 주장에 부합한다고 내세운 증거들로는 을가 제1, 2호증, 을가 제4호증의 1 내지 6, 을가 제5호증, 을가 제6호증의 1 내지 5, 을가 제10호증의 2, 을가 제11호증의 1, 을가 제12호증의 각 기재와 제1심 및 원심 증인 소외 1, 원심 증인 소외 2의 각 증언 등이 있음은 원심이 설시한 바와 같다.

그런데 ① 기록에 나타난 위 각 서증들의 형식이나 작성방식, 문서가 작성된 목적, 그리고 이들 서증들과 증언들의 각 내용을 서로 대조해 본 결과 등을 두루 검토해 볼 때, 이들 증거들 일체가 모두 사후에 조작되었거나 허위라고 보아 그 전체를 일괄하여 믿기 어렵다고 단정할 수는 없다고 판단되고, ② 원고가 내세우고 있는 서증인 소외 1의 피고 관련 거래장(갑 제5호증의 1)의 기재에 의하더라도 피고의 2000. 2. 8.자 수표교부와 2000. 2. 29.자 선급금 정산에 관한 내역이 기장되어 있는 것을 보면 피고의 위 증거들 중에는 원고의 위 장부와 일치하고 있는 부분도 있어 이 역시 피고의 위 증거들 일체가 모두 허구의 것으로 보기도 어려우며, ③ 한편으로 위 거래장의 기장 역시 완전무결하지 못함을 그 작성명의자인 소외 1이 원심 법정에서 스스로 인정하고 있는 바라면, 원·피고 사이에서 다툼의 여지가 있을 수 없는 피고의 2000. 2. 8.자 수표교부와 2000. 2. 29.자 선급금 정산과 같은 맥락에서 그 이후에 이루어진 이 사건 수표 교부 및 선급금 처리에 관한 기장이 위 거래장에 누락되었다가 원고가 이 사건 채권양도를 받을 무렵까지 미처 정정 기입되지 못한 상태에서 원고가 불완전한 위 거래장을 입수하게 되었을 여지도 전혀 배제할 수는 없다고 할 것이고, ④ 또한 기록을 통하여 알 수 있는 바와 같이 특히 이 사건 수표는 모두 피고의 부친 소외 2에 의하여 정상적으로 발행된 것으로서 피고가 소외 1에게 교부하였다가 소외 1로부터 다시 양도받은 제3의 각 최종 소지인들에 의하여 적법하게 추심된 것들인데, 피고와 소외 1 사이에는 이 사건 물품거래 이외에는 다른 거래가 있었던 것으로 보이지 아니하고, 이 사건 물품거래 관행상 월말과 월초 무렵에 피고측에서 소외 1로부터 할인혜택을 받기 위하여 선급금 형식으로 먼저 물품대금을 수표 교부 등의 방법으로 선납입한 것으로 처리하면, 잔고를 마이너스로 해 둔 상태에서 월중에 개별적인 거래가 이루어진 정황 등에 비추어 보면, 위 수표들은 다른 특별한 사정이 없는 한 모두 피고의 소외 1에 대한 물품대금채무와 관련하여 교부된 것으로 추정할 수 있다고 할 것이며, ⑤ 더구나 갑 제13호증의 1, 2는 원고가 소외 1로부터 이 사건 채권을 양도받는 과정에서 소외 1이 거래처에 대한 채권 내역을 출력해 온 서류로서 원고에게 거래처별로 채권 내역에 관하여 구체적인 설명을 해 줄 때 사용한 자료인데, 그처럼 출력 인쇄된 피고에 대한 채권잔액은 위 거래장의 잔액과 마찬가지로 17,802,180원으로 기재되어 있기는 하나, 다시 그 여백에 원고의 수기로 "1000만 입금", "-1300만 원 소외 2 그린총판" 따위의 메모가 기재되어 있는 것을 보면, 그 기재 내용 자체로 명백하듯이 소외 1이 그 당시 원고에게 위와 같이 인쇄된 채권금액은 17,802,180원이라고 할지라도 추가로 1천만 원 등이 입금되었다는 등의 설명을 해 주었을 가능성도 있었을 것으로 보이며 이는 위 거래장에 아직 기장되지 아니한 추가적인 변제금이 있었다는 피고의 주장을 뒷받침해 준다고 볼 여지도 있다고 할 것이다.

따라서 기록에서 나타나는 이와 같은 제반 정황 등을 두루 감안해 볼 때, 위 거래장에는 피고가 내세우는 증거들에 의하여 인정될 수 있는 피고와 소외 1 사이의 추가적인 거래내역을 다 반영하지 못한 흠결이 있다고 판단되고, 피고가 내세우는 위 증거들의 증거가치가 위 거래장의 기재보다 못하다고는 보이지 아니하므로, 피고의 이들 증거의 신빙성을 위 거래장의 기재만을 가지고 부정할 것은 아니라고 할 것이다.

그러므로 위에서 본 바와 같이 피고가 내세우는 증거들의 신빙성을 인정할 수 있는 경우라면, 이들 증거들을 종합하여, 피고는 이 사건 채권양도통지 도달 시점 이전에 소외 1에 대한 이 사건 물품대금채무의 변제와 관련하여 이 사건 선급금 300만 원으로 정산처리되도록 하는 한편, 소외 2가 발행한 수표를 교부하여 이 사건 수표의 각 수표금이 그 채권양도통지 이후에 모두 결제된 사실도 이를 인정할 여지가 있다고 할 것이다.

다. 피고의 이 사건 물품대금채무의 소멸 여부에 관하여
 (1) 이 사건 선급금의 정산처리 관련 채무소멸에 관하여
  이 사건 채권양도통지 도달 시점 이전에 피고의 주장과 같은 이 사건 선급금 300만 원의 정산처리 사실을 인정할 수 있는 경우라면, 이로 인하여 피고의 소외 1에 대한 이 사건 물품대금채무 중 동액 상당의 채무는 이미 소멸되었고 따라서 피고는 채권양수인인 원고에 대하여도 그 부분 채무의 소멸을 들어 대항할 수 있다고 할 것이다.
 (2) 이 사건 수표 교부 관련 채무소멸에 관하여
  채무자가 채권자에게 기존채무의 이행에 관하여 수표를 교부하는 경우 다른 특별한 사정이 없는 한 이는 '지급을 위하여' 교부된 것으로 추정할 것이고, 따라서 기존의 원인채무는 소멸하지 아니하고 수표상의 채무와 병존한다고 보아야 할 것이며(대법원 1976. 4. 13. 선고 75다649 판결, 1990. 5. 22. 선고 89다카13322 판결, 1993. 11. 9. 선고 93다11203, 11210 판결, 1997. 3. 28. 선고 97다126, 133 판결 등 참조), 이와 같이 기존의 원인채무와 수표상의 채무가 병존하고 있는 한에서는 채무자로서는 그 수표상의 상환의무를 면하기 전까지는 채무자로서는 이중으로 채무를 지급하게 될 위험을 피하기 위하여 원인관계상의 채권자에 대하여 수표의 반환 없는 기존채권의 지급청구를 거절할 수 있다고 할 것이고, 한편 후일 수표금이 지급되는 등 채무자가 그 수표상의 상환의무를 면할 경우 비로소 기존 원인관계상 채무도 소멸한다고 볼 것이므로 이 경우 채무자는 원인관계상의 채권자에 대하여 수표상의 상환의무를 면하였음을 사유로 하여 그 원인관계상 채무의 소멸을 주장할 수 있다고 할 것이다.

한편, 채무자가 기존채무의 지급을 위하여 채권자에게 수표를 교부하였는데 채권자가 그 수표와 분리하여 기존 원인채권만을 제3자에게 양도한 경우, 채무자는 위에서 본 바와 같이 기존 원인채권의 양도인에 대하여 채권자가 위 수표의 반환 없는 기존 원인채무의 이행을 거절할 수 있는 항변권을 그 채권양도통지를 받기 이전부터 이미 가지고 있었으므로 채권양수인에 대하여도 이와 같은 항변권을 행사할 수 있다 할 것이고 (대법원 1989. 5. 9. 선고 88다카7733 판결, 1996. 3. 22. 선고 96다1153 판결 등 참조), 나아가 기존채무의 지급을 위하여 수표를 교부하였다는 것은 채무자와 기존채권의 양도인 사이에서는 그 수표금이 지급되는 등 채무자가 그 수표상의 상환의무를 면하게 되면 원인채무 또한 소멸할 것을 예정하고 있었던 것으로 보아야 할 것인데, 이처럼 수표금의 지급으로써 기존 원인채무도 소멸할 것을 예정하고 있었던 사정은 그 채권양도통지 이전에 이미 존재하고 있었던 것이므로, 그 채권양도통지 후에 수표금의 지급이 이루어지더라도 이는 양도통지 후에 새로이 발생한 사유로 볼 수는 없다고 할 것이니, 따라서 채무자로서는 기존 원인채권의 양수인에 대하여 기존채무의 지급을 위하여 교부한 수표가 양도통지 이후에 결제되었다는 사유로써 그 기존채무의 소멸을 주장할 수 있다고 할 것이다.

돌이켜 이 사건에 관하여 보건대, 이 사건 수표는 다른 특별한 사정이 없는 한 이는 '지급을 위하여' 교부된 것으로 추정할 것이므로, 피고가 그 수표를 교부한 것으로써 막바로 자신의 물품대금채무를 소멸시킨 것으로 볼 수는 없다고 할 것이고, 피고가 그러한 수표의 교부를 자신의 거래장부에 입금처리한 것으로 기장하였다거나 또는 종전 채권자인 소외 1이 그 수표의 양수로 물품대금이 입금된 것으로 보아야 한다고 인정하는 사정만으로는 그와 같은 판단을 뒤집을 수도 없는 것으로 볼 것이나, 위에서 본 바와 같이 이 사건 수표가 이 사건 채권양도 시점 이전에 그 채무의 지급을 위하여 교부된 이상 이 사건 채권양도 시점 이후에 이르러 각 지급기일에 수표금이 제3자에게 지급되었음이 인정된다면, 피고로서는 이러한 사정을 들어 원인관계상의 자신의 물품대금채무 소멸의 효과를 채권양수인인 원고에 대하여도 대항하여 주장할 수 있다고 할 것이다.

라. 소 결

그렇다면 피고가 제출한 위 증거들의 신빙성을 인정할 수 있는 이상 채무소멸에 관한 피고의 주장은 이를 받아들일 여지가 있었다고 할 것임에도, 아무런 합리적인 이유도 없이 신빙성 있는 위 증거들을 배척하여 피고의 위 주장을 부정한 원심판결에는 판결 결과에 영향을 미친 채증법칙 위배로 인한 사실오인, 법리오해 등의 위법이 있다고 할 것이므로, 이 점을 지적하는 취지의 상고이유의 주장은 이유 있다.

3. 결 론

그러므로 원심판결을 파기하고, 사건을 다시 심리·판단하게 하기 위하여 원심법원으로 환송하기로 하여 관여 법관의 일치된 의견으로 주문과 같이 판결한다.

대법관   조무제(재판장) 유지담 이규홍(주심) 손지열

[판례 31] 어음금

(대법원 2010. 7. 29. 선고 2009다69692 판결)

【판시사항】

[1] 판결원본과 같은 내용의 판결정본이 당사자 갑에게 송달되기 전에 그와 다른 주문이 기재된 판결정본이 먼저 갑에게 송달되어 갑이 먼저 송달된 판결정본의 내용을 원심 판결로 보아야 한다는 취지로 주장한 사안에서, 원심의 판결선고기일에 재판장이 판결 원본의 주문과 다른 내용의 판결을 선고하였음을 인정할 수 없다고 하여 이를 받아들이지 아니한 사례

[2] 기존채무의 지급을 위하여 교부된 어음상 권리가 시효완성으로 소멸한 경우, 채무자가 기존채무의 이행과 관련하여 어음상환의 동시이행항변을 할 수 있는지 여부(소극)

[3] 채권자가 기존채무의 이행을 위하여 채무자로부터 교부받은 약속어음을 적법하게 지급제시하였으나 그 후 어음상 권리보전에 필요한 소멸시효 중단의 조치를 취하지 아니함으로써 어음상 권리에 관한 소멸시효가 완성된 경우, 어음을 반환받은 채무자가 이로 인한 손해배상채권으로써 상계하기 위한 요건

【판결요지】

[1] 판결원본과 같은 내용의 판결정본이 당사자 갑에게 송달되기 전에 그와 다른 주문이 기재된 판결정본이 먼저 갑에게 송달되어 갑이 먼저 송달된 판결정본의 내용을 원심 판결로 보아야 한다는 취지로 주장한 사안에서, 원심의 판결선고기일에 재판장이 판결 원본의 주문과 다른 내용의 판결을 선고하였음을 인정할 수 없다고 하여 이를 받아들이지 아니한 사례.

[2] 기존의 원인채권과 어음채권이 병존하는 경우에 채권자가 원인채권을 행사함에 있어서 채무자는 원칙적으로 어음과 상환으로 지급하겠다고 하는 항변으로 채권자에게 대항할 수 있다. 그러나 채무자가 어음의 반환이 없음을 이유로 원인채무의 변제를 거절할 수 있는 것은 채무자로 하여금 무조건적인 원인채무의 이행으로 인한 이중지급의 위험을 면하게 하려는 데 그 목적이 있고, 기존의 원인채권에 터잡은 이행청구권과 상대방의 어음반환청구권 사이에 민법 제536조에 정하는 쌍무계약상의 채권채무관계나 그와 유사한 대가관계가 있기 때문은 아니다. 따라서 어음상 권리가 시효완성으로 소멸하여 채무자에게 이중지급의 위험이 없고 채무자가 다른 어음상 채무자에 대하여 권리를 행사할 수도 없는 경우에는 채권자의 원인채권 행사에 대하여 채무자에게 어음상환의 동시이행항변을 인정할 필요가 없으므로 결국 채무자의 동시이행항변권은 부인된다.

[3] 채권자가 기존채무의 이행을 위하여 채무자로부터 교부받은 약속어음을 적법하게 지급제시하였으나 그 후 어음상 권리보전에 필요한 소멸시효 중단의 조치를 취하지 아니함으로써 어음상 권리에 관한 소멸시효가 완성된 경우 어음을 반환받은 채무자는 약속어음의 주채무자인 발행인, 소구의무자인 배서인 등에 대한 어음상 권리나 원인채무자(발행인 또는 배서인과 동일인일 수도 있고 어음상 의무자 아닌 제3자일 수도 있다)에 대한 자신의 원인채권을 행사하여 자기 채권의 만족을 얻을 수 있다면 아직 손

해가 발생하였다고 하기 어렵다. 다만 채무자는 발행인이나 배서인 등 어음상 의무자가 각 소멸시효 완성 후 무자력이 되고 어음상 의무자 아닌 원인채무자도 현재 무자력이어서 채권자로부터 어음을 반환받더라도 어음상 권리와 자신의 원인채권 중 어느 것으로부터도 만족을 얻을 수 없게 된 때에야 비로소 자신의 채권에 관하여 만족을 얻지 못하는 손해를 입게 되었다고 할 것이다. 한편 이러한 손해는 어음상 의무자와 원인채무자의 자력 악화라는 특별한 사정으로 인한 손해로서 어음상 권리의 보전의무를 불이행한 어음소지인이 장차 어음상 의무자와 원인채무자가 무자력하게 될 것임을 알았거나 알 수 있었을 때에만 채무자는 그에 대하여 위 손해의 배상을 청구할 권리를 가지게 되어서, 이 손해배상채권으로써 상계할 수 있다.

【참조조문】

[1] 민사소송법 제154조 제6호, 제205조, 제206조 [2] 민법 제536조 [3] 민법 제393조, 제492조, 제763조

【참조판례】

[2] 대법원 1974. 12. 24. 선고 74다1296 판결
대법원 1993. 11. 9. 선고 93다11203, 11210(반소) 판결(공1994상, 65)
[3] 대법원 1995. 10. 13. 선고 93다12213 판결(공1995하, 3746)

【전　문】

【원고, 피상고인】 원고
【피고, 상 고 인】 피고
【원심판결】 수원지법 2009. 6. 16. 선고 2008나24552 판결

【주　문】

상고를 기각한다. 상고비용은 피고가 부담한다.

【이　유】

상고이유를 판단한다.

1. 상고이유 제1점에 대하여

　　판결은 선고로 그 효력이 생기고, 그 선고는 재판장이 판결원본에 따라 주문을 읽음으로써 하며, 한편 조서에는 재판의 선고에 관한 사항을 기재하여야 한다(민사소송법 제205조, 제206조, 제154조 제6호).

　　기록에 의하면, 이 사건 원심의 판결선고조서에는 "판결원본에 의하여 판결 선고"라고 기재되어 있고, 그 조서 뒤에 편철되어 있는 판결원본은 그 주문이 "피고의 항소를 기각한다"는 것이다. 그렇다면 원심 재판장은 판결선고기일에 위 판결원본에 따라 "피고의 항소를 기각한다"는 주문으로 판결을 선고한 것으로 인정된다.

　　한편 이 부분 상고이유의 주장은 위 판결원본과 같은 내용의 판결정본이 당사자에게 송달되기 전에 "제1심판결을 취소한다. 원고의 청구를 기각한다"는 주문이 기재된 판결정본이 먼저 당사자에게 송달되었으므로 먼저 송달된 판결정본의 내용을 이 사건 원심

판결로 보아야 한다는 취지이다. 그러나 그와 같은 사정만으로는 원심의 판결선고기일에 재판장이 위 판결원본의 주문과 다른 내용의 판결을 선고하였음을 인정할 수 없으므로(먼저 송달되었다는 판결정본은 원심법원이 작성한 판결서 시안들 중의 하나로 착오로 등록되어 송달된 것으로 보인다), 이 부분 상고이유는 받아들이지 아니한다.

2. 상고이유 제3점에 대하여

원심은 그 판시 증거를 종합하여, 피고는 2002. 6. 5. 원고에게 원고가 피고 운영의 주식회사 무형자원연구소(이하 '이 사건 회사'라고 한다)에 투자하였던 4,000만 원을 2002. 8. 31.까지 반환하고 덧붙여 위 약정일부터 그 반환기일(2002. 8. 31.)까지 월 100만 원씩을 수익금 분할지급의 명목으로 원고에게 지급하기로 약정한 사실(이하 '이 사건 약정'이라고 한다), 피고가 2002년 7월경 위 약정금채무(이하 '이 사건 채무'라고 한다)와 관련하여 발행인 왕건석유 주식회사, 지급기일 2002. 10. 17., 제1배서인 재단법인 세기직업전문학교로 된 액면 4,500만 원의 약속어음(이하 '이 사건 어음'이라고 한다)에 제2배서인으로 배서하여 이를 원고에게 교부한 사실을 인정한 다음, 그 판시와 같은 사정을 종합하여 이 사건 어음은 이 사건 채무의 지급에 갈음하여 교부된 것이 아니라 그 지급을 위하여 교부된 것이라고 판단하였다.

관련 법리 및 기록에 비추어 살펴보면, 원심의 위와 같은 판단은 정당한 것으로 수긍할 수 있다. 거기에 상고이유 주장과 같은 이 사건 어음교부의 목적에 관한 법리 오해 등의 위법이 있다고 할 수 없다.

3. 상고이유 제4점에 대하여

이 부분 상고취지는 이 사건 어음금이 지급되지 아니하였다는 원심의 사실인정이 채증법칙을 위반하였다는 데 귀착한다.

그러나 사실의 인정, 그리고 그 전제로 행하여지는 증거의 취사선택 및 평가는 자유심증주의의 한계를 벗어나지 아니하는 한 사실심 법원의 전권에 속하는 것이다. 기록에 비추어 원심판결을 살펴보아도 원심의 사실인정이 위 한계를 넘어섰다고 할 사유를 발견할 수 없는 이 사건에서, 위와 같은 상고논지는 원심법원의 전권에 속하는 사항을 비난하는 것에 불과하다.

4. 상고이유 제2점, 제5점에 대하여

원심은 그 판시와 같은 사실을 인정한 다음, 이 사건 채무는 피고(원심판결의 이 부분 판시 중 '원고'는 오기임이 명백하다)가 개인 자격에서 원고(원심판결의 '피고'는 오기임이 명백하다)에 대하여 투자금을 반환하기로 약정한 것에 기한 것이므로 민사상 채무에 해당하여 10년의 소멸시효가 적용된다고 판단하였다.

원심의 위와 같은 판단에는 이 사건 채무가 이 사건 회사의 채무라는 피고의 주장을 배척하는 판단이 포함되어 있음이 명백하다. 또한 관련 법리 및 기록에 비추어 살펴보면 원심의 위와 같은 판단은 정당한 것으로 수긍할 수 있다. 거기에 상고이유 주장과 같은 판단 유탈 또는 소멸시효에 관한 법리 오해의 위법이 있다고 할 수 없다.

5. 상고이유 제8점에 대하여

기존의 원인채권과 어음채권이 병존하는 경우에 채권자가 원인채권을 행사함에 있어서 채무자는 원칙적으로 어음과 상환으로 지급하겠다고 하는 항변으로 채권자에게 대항할 수 있다. 그러나 채무자가 어음의 반환이 없음을 이유로 원인채무의 변제를 거절할 수 있는 것은 채무자로 하여금 무조건적인 원인채무의 이행으로 인한 이중지급의 위험을 면하게 하려는 데 그 목적이 있고, 기존의 원인채권에 터잡은 이행청구권과 상대방의 어음반환청구권 사이에 민법 제536조에 정하는 쌍무계약상의 채권채무관계나 그와 유사한 대가관계가 있기 때문은 아니다 (대법원 1993. 11. 9. 선고 93다11203, 11210 판결 참조).

따라서 어음상 권리가 시효완성으로 소멸하여 채무자에게 이중지급의 위험이 없고 채무자가 다른 어음상 채무자에 대하여 권리를 행사할 수도 없는 경우에는 채권자의 원인채권 행사에 대하여 채무자에게 어음상환의 동시이행항변을 인정할 필요가 없으므로 결국 채무자의 동시이행항변권은 부인된다고 할 것이다(대법원 1974. 12. 24. 선고 74다1296 판결도 참조).

원심이 위와 같은 법리를 전제로 이 사건 어음상 권리가 시효완성으로 소멸하여 이중지급의 위험이 없는 이상 피고는 동시이행의 항변을 할 수 없다고 판단한 것은 정당한 것으로 수긍할 수 있다. 거기에 원인채권 행사에 대한 채무자의 어음상환의 동시이행항변에 관한 법리 오해의 위법이 있다고 할 수 없다.

6. 상고이유 제6점에 대하여

채권자가 기존채무의 이행을 위하여 채무자로부터 교부받은 약속어음을 적법하게 지급제시하였으나 그 후 어음상 권리보전에 필요한 소멸시효 중단의 조치를 취하지 아니함으로써 어음상 권리에 관한 소멸시효가 완성된 경우 어음을 반환받은 채무자는 약속어음의 주채무자인 발행인, 소구의무자인 배서인 등에 대한 어음상 권리나 원인채무자(발행인 또는 배서인과 동일인일 수도 있고 어음상 의무자 아닌 제3자일 수도 있다)에 대한 자신의 원인채권을 행사하여 자기 채권의 만족을 얻을 수 있다면 아직 손해가 발생하였다고 하기 어렵다.

다만 채무자는 발행인이나 배서인 등 어음상 의무자가 각 소멸시효 완성 후 무자력이 되고 어음상 의무자 아닌 원인채무자도 현재 무자력이어서 채권자로부터 어음을 반환받더라도 어음상 권리와 자신의 원인채권 중 어느 것으로부터도 만족을 얻을 수 없게 된 때에야 비로소 자신의 채권에 관하여 만족을 얻지 못하는 손해를 입게 되었다고 할 것이다. 한편 이러한 손해는 어음상 의무자와 원인채무자의 자력 악화라는 특별한 사정으로 인한 손해로서 어음상 권리의 보전의무를 불이행한 어음소지인이 장차 어음상 의무자와 원인채무자가 무자력하게 될 것임을 알았거나 알 수 있었을 때에만 채무자는 그에 대하여 위 손해의 배상을 청구할 권리를 가지게 되어서, 이 손해배상채권으로써 상계할 수 있다(어음소지인의 소구권보전의무 불이행에 관한 대법원 1995. 10. 13. 선고 93다12213 판결 등 참조).

원심은 그 판시와 같은 이유를 들어 원고가 이 사건 어음의 주채무자인 발행인의 자력이 악화될 것임을 알았거나 알 수 있었음을 인정할 증거가 없다는 취지로 판단한 다음 이 사건 어음상 권리의 소멸시효 완성으로 인한 손해배상채권을 자동채권으로 한 피고의 상계 항변을 배척하였다.

원고가 이 사건 어음의 주채무자인 발행인 또는 소구의무자이자 원인채무자인 제1배서인의 자력이 악화될 것임을 알았거나 알 수 있었음을 인정할 자료를 기록상 찾아볼 수 없는 이 사건에서, 위와 같은 원심의 판시는 적절하지 아니한 점이 있기는 하나 피고의 위 상계 항변을 배척한 결론에 있어서는 정당하다. 거기에 상고이유 주장과 같이 어음상 권리보전의무 해태로 인한 손해배상책임 발생에 관한 법리 오해, 석명권 불행사나 신의칙 위반으로 판결 결과에 영향을 미친 위법이 있다고 할 수 없다.

7. 상고이유 제7점에 대하여

피고는 이 사건 채무의 변제기는 이 사건 어음의 교부로 인하여 2002. 8. 31.에서 이 사건 어음의 지급기일인 2002. 10. 17.로 연기되었음에도 제1심판결이 2002. 9. 1.부터 2002. 10. 17.까지 이 사건 채무 중 4,000만 원에 대하여 연 5%의 지연손해금의 지급을 명한 것은 위법하다고 주장하였다. 이에 대하여 원심은 피고의 주장과 같이 이 사건 채무의 변제기가 2002. 10. 17.로 연기된 것으로 인정하게 되면 피고는 4,000만 원에 대한 2002. 9. 1.부터 2002. 10. 17.까지 연 5%의 지연손해금(월 166,000원 상당)의 지급을 면하는 대신 위에서 본 대로 이 사건 약정에 포함된 수익금 분할지급 약정에 의하여 2002. 10. 17.까지 월 100만 원을 지급하여야 하고 이러한 결과는 제1심판결보다 피고에게 불리한 것이어서 피고만 항소한 이 사건에서 불이익변경금지의 원칙상 그 주장을 받아들일 수 없다고 판단하였다.

기록에 비추어 살펴보면, 원심이 이 사건 채무의 변제기가 2002. 10. 17.로 연기되면 이 사건 약정상 피고는 2002. 9. 1.부터 2002. 10. 17.까지 월 100만 원을 지급할 의무가 있다고 판단한 것은 정당한 것으로 수긍할 수 있다. 그렇다면 원심이 피고의 변제기 연기 주장을 받아들이는 것은 피고에게 불이익할 뿐만 아니라, 원고가 이 사건 채무의 이행 및 그 중 4,000만 원에 대하여 2002. 9. 1.부터 다 갚는 날까지 연 20%의 비율에 의한 지연손해금을 청구하고 있는 이 사건에서 원고가 청구하지 아니한 월 100만 원의 수익금 지급의무를 인정하는 결과가 되어서 허용될 수 없다고 할 것이다.

결국 원심이 피고의 변제기 연기 주장을 받아들이지 아니한 것은 정당하고, 거기에 상고이유 주장과 같이 불이익변경금지의 원칙에 관한 법리 오해 등의 위법이 있다고 할 수 없다.

8. 결론

그러므로 상고를 기각하고 상고비용은 패소자가 부담하도록 하여, 관여 대법관의 일치된 의견으로 주문과 같이 판결한다.

대법관   김지형(재판장) 양승태 전수안 양창수(주심)

(3) 어음채권의 소멸(지급)과 원인채권의 소멸

| 판 례 |
────────────────────────────────

[판례 32] 정리채권확정

(대법원 2000. 2. 11. 선고 99다56437 판결)

【판시사항】

기존 채무의 지급을 위하여 또는 지급확보를 위하여 어음이 교부된 후 어음채권이 변제·상계 등에 의하여 소멸된 경우, 기존 채권의 소멸 여부(적극)

【판결요지】

기존 채무의 지급을 위하여 또는 지급확보를 위하여 어음이 교부되어 기존 채권과 어음채권이 병존하는 경우 어음채권이 변제나 상계 등에 의하여 소멸하면 기존 채권 또한 그 목적이 달성되어 소멸하는 것이고, 이러한 법리는 채권자가 어음을 제3자에게 배서·양도한 후 그 어음소지인과 채무자 사이에서 어음채권의 변제나 상계 등이 이루어진 경우에도 마찬가지이다.

【참조조문】

민법 제460조, 어음법 제9조 제1항

【전 문】

【원고, 피상고인】 부산방직공업 주식회사 (소송대리인 변호사 함정호)
【피고, 상 고 인】 정리회사 주식회사 나산의 관리인 소외 1 (소송대리인 법무법인 태평양 담당변호사 나천수 외 2인)
【원심판결】 서울고법 1999. 8. 31. 선고 99나14473 판결

【주 문】

원심판결을 파기한다. 사건을 서울고등법원에 환송한다.

【이 유】

상고이유를 판단한다.

1. 원심판결 이유에 의하면, 원심은 그 판결에서 채용하고 있는 증거들을 종합하여, 원고가 1997. 7. 31.부터 같은 해 10월 31일까지 사이에 소외 주식회사 나산(이하 '소외 회사'라고 한다)에게 합계 금 926,917,784원 상당의 양모복지를 공급하고 소외 회사로부터 그 물품대금조로 동액 상당의 약속어음 12매(원심판결 첨부 별지 내역표 1번 내지 12번 기재 약속어음)를 발행·교부받는 한편, 소외 회사가 주문한 양모복지 중 일부를 소외 회사의 요청에 따라 그 하청업체인 소외 유승트랜드 주식회사에게 공급하여 주고

유승트랜드 주식회사로부터 액면 금 25,000,000원의 소외 회사 발행의 약속어음 1매(같은 표 13번 기재 약속어음)를 배서·양도받은 사실, 소외 회사가 발행한 위 각 약속어음 중 같은 표 1, 2, 4번 기재 약속어음만이 결제되고, 그 나머지 약속어음 10매(이하 '이 사건 약속어음'이라 한다) 액면 합계 금 759,870,684원은 결제되지 아니하여, 원고가 1998. 8. 19. 소외 회사에 대한 회사정리절차에서 위 금 759,870,684원 상당의 채권을 정리채권으로 신고하였으나 피고가 이에 대하여 이의한 사실을 각 인정하고 있다.

원심은 위와 같은 사실관계를 기초로 하여, 원고는 특별한 사정이 없는 한 정리회사인 소외 회사에 대하여 합계 금 759,870,684원의 정리채권 및 같은 금액 상당의 의결권을 가지고 있다고 할 것이라고 전제한 다음, 나아가 "원고는 소외 나산종합건설 주식회사(이하 '나산건설'이라고 한다)로부터 상가건물을 분양받으면서 소지하고 있던 이 사건 약속어음을 분양대금으로 모두 교부하였는데, 소외 회사는 나산건설이 원고로부터 교부받아 소지하게 된 이 사건 약속어음의 어음금 채권과 소외 회사의 나산건설에 대한 대여금 채권을 그 대등액에서 상계처리하고 어음을 모두 회수하였으므로 소외 회사의 원고에 대한 미지급 물품대금 등 채무는 모두 소멸하였다."는 취지의 피고의 항변에 대하여 다음과 같이 판단하고 있다.

먼저 원심은 그 판시 증거들에 의하여, 소외 회사가 1998. 1. 14.경 당좌거래를 정지당한 후 같은 해 2월 19일 회사정리절차개시명령 및 회사재산보전처분명령을 신청하자 같은 해 3월 7일에 이르러 원고가 나산건설과 사이에 나산건설이 서울 양천구 (주소 1 생략) 지상에 'ㅇㅇㅇㅇㅇㅇㅇ'라는 이름으로 신축 중이던 주상복합건물의 2층 4호, 5호 및 6호를 합계 금 890,718,000원에 분양받기로 하는 내용의 분양계약을 체결하고 그 계약금조로 소지하고 있던 이 사건 약속어음을 교부한 사실{잔금 130,847,316원(= 금 890,718,000원 - 금 759,870,684원)은 입주시에 지급하기로 하였다.} 및 소외 회사가 같은 날 나산건설이 원고로부터 교부받아 소지하게 된 이 사건 약속어음의 어음금 채권과 소외 회사의 나산건설에 대한 대여금 채권을 그 대등액에서 상계처리하고 어음을 모두 회수하면서 원고에 대한 위 미지급 물품대금 등 채무를 변제한 것으로 처리한 사실을 인정하면서도, 다시 소외 회사 및 나산건설(소외 회사와 같은 날 당좌거래를 정지당하고 회사정리절차개시명령 등을 신청하였다.)의 대주주이자 나산그룹의 회장으로서 그 실질적 경영권을 장악하고 있던 소외 2는 회사정리절차 등을 통하여 그룹 계열회사를 소생시킬 목적으로 어음채무 등 회사의 부채를 줄이기 위한 노력을 계속하고 있던 중 원고로부터 이 사건 분양계약의 체결을 요청받고 소외 회사에 이를 지시하였고, 이에 원고는 그 같은 지시를 받은 소외 회사와 협의하여 나산건설과 이 사건 분양계약을 체결하기에 이른 사실, 나산건설은 그 후 회사정리절차개시명령신청이 기각되자 1998. 8. 8. 원고에게 "이 사건 분양계약을 체결하기 전에 이미 제3자에게 상가건물이 양도되었던 사정을 모르고 착오로 이 사건 분양계약을 체결하였으니 이 사건 분양계약을 취소한다."면서 소외 회사에 대하여 정리채권신고를 하도록 권유하는 내용의 통지를 한 사실을 인정한 후, 위 인정과 같은 이 사건 분양계약의 체결 경위, 나산건설의 통지 내용에다가 소외 회사의 당좌거래 정지로 이 사건 약속어음이 사실상 그 가치를 상실한 상태에서 이 사건 분양계약이 체결된 점과 당시 분양계약의 목적물인 상가건물 역시 공사 중인 상태여서 즉시 소유권 이전을 할 수 없었던 점 등을 보태어 보면, 원고와 나산건설은 소외 회사와의 3자 합의로 원고가 소외 회사에 대한 물품대금 등의 지급확보를 위하여 위 상가건물을 분양받는 것으로, 이 사건 분양계약의 체결만으로 소외 회사의 미지급 물품대금 등 채무가 소멸되는 것이 아니라 분양계약에 따라 원고가 상가건물의 소유권을 현실적으로 이전받기 전까지는 미지급 물품대금 등 채무를 존속시키기로 약정하였다고 해석함이 상당하다고 전제한 다음, 소외 회사가 나산건설에 대한 대여금 채권과의 상계처리에 의하여 이 사건 약속어음을 회수하면서 원고에 대한 미지급 물품대금 등 채무를 변제한 것으로 처리하였다고 하더라도 원고가 위 상가건물을 분양받지 못하게 된 이상 소외 회사의 위 미지급 물품대금 등 채무는 소멸하지 아니하고 여전히 존속한다고 판단하여 피고의 위 항변을 배척하고, 원고의 이 사건 정리채권 및 의결권의 확정을 구하는 원고의 청구는 이유 있다고 하여 모두 인용하고 있다.

2. 기존 채무의 지급을 위하여 또는 지급확보를 위하여 어음이 교부되어 기존 채권과 어음채권이 병존하는 경우 어음채권이 변제나 상계 등에 의하여 소멸하면 기존 채권 또한 그 목적이 달성되어 소멸하는 것이고, 이러한 법리는 채권자가 어음을 제3자에게 배서·양도한 후 그 어음소지인과 채무자 사이에서 어음채권의 변제나 상계 등이 이루어진 경우에도 마찬가지이다.

그런데 원심판결 이유에 의하면, 원고는 소외 회사에 양모복지를 공급하고 그 물품대금조로 이 사건 약속어음을 발행·교부 또는 배서·양도받아 받아 소지하고 있다가 나산건설로부터 상가건물을 분양받으면서 나산건설에 계약금조로 이를 모두 배서·양도하여 나산건설이 그 소지인이 되었고, 그러자 이 사건 약속어음의 발행인인 소외 회사는 소지인인 나산건설이 가지는 이 사건 약속어음의 어음금 채권과 소외 회사의 나산건설에 대한 대여금 채권을 그 대등액에서 상계처리하고 어음을 모두 회수하였다는 것이므로, 원고의 소외 회사에 대한 물품대금 채권의 지급 또는 그 지급확보를 위하여 교부된 이 사건 약속어음채권은 소외 회사와 나산건설 사이의 상계에 의하여 적법하게 소멸되었다고 할 것이고, 그에 따라 원고의 소외 회사에 대한 물품대금 채권 또한 그 목적이 달성되어 소멸되었다고 할 것이다.

또한 원심은 원고와 나산건설 및 소외 회사 사이에 '소외 회사에 대한 물품대금 등의 지급확보를 위하여 위 상가건물을 분양받는 것으로 하는 내용' 즉, '이 사건 분양계약의 체결만으로 소외 회사의 미지급 물품대금 등 채무가 소멸되는 것이 아니라 분양계약에 따라 원고가 상가건물의 소유권을 현실적으로 이전받기 전까지는 미지급 물품대금 등 채무를 존속시키기로 하는 내용'의 3자간 합의가 있었음을 전제로, 원고가 상가건물을 분양받지 못하게 된 이상 소외 회사의 원고에 대한 물품대금 채무는 소외 회사와 나산건설 사이의 상계처리에도 불구하고 소멸되지 않고 여전히 존속한다고 하고 있다.

그러나 원심판결 이유에 의하면 소외 회사와 나산건설 등을 실질적으로 지배하고 있던 소외 2가 이 사건 분양계약의 체결에 동의한 것은 나산건설로 하여금 이 사건 약속어음을 분양대금으로 회수하게 하여 그 어음금 채권을 소외 회사의 대여금 채권과 상계처리함으로써 소외 회사의 부채규모를 줄이고자 하는 데 그 목적이 있었음을 쉽게 알아 볼 수 있으므로, 이 사건 분양계약의 체결에 이른 나산건설이나 그 체결에 동의한 소외 회사의 의사는 상가건물의 분양대금으로 약속어음을 회수하여 그 어음금 채권을 소멸시킴으로써 그와 병존하고 있던 원고의 소외 회사에 대한 물품대금 채권을 확정적으로 소멸시킨다는 의사였던 것으로 보일 뿐, 도저히 어음금 채권의 소멸에도 불구하고 물품대금 채권만은 계속 존속시킨다는 의사였던 것으로 보기 어렵다.

한편, 원고의 입장을 보더라도 만일 원고가 물품대금 채권을 계속 존속시키면서 그 지급확보를 위하여 분양계약을 체결할 의사였다면 일단 계약만 체결해 두고 있다가 나중에 자신의 선택에 따라 소외 회사로부터 물품대금 채권을 변제받거나 나산건설로부터 상가건물의 소유권을 이전받으면 되는 것이지 굳이 자신이 소지하고 있던 소외 회사의 어음까지 넘겨줄 필요는 없는 것임에도 불구하고 이 사건 분양계약금으로 이 사건 약속어음을 넘겨주기에 이른 것은, 소외 회사의 부도로 물품대금 채권의 변제가능성이 희박해져 더 이상 그 존속을 고집할 실익이 없어졌다는 상황을 인식하고 소외 회사의 부채규모를 줄이고자 하는 상대방의 목적에 응하여 물품대금 채권의 지급 또는 지급확보를 위하여 교부되었던 이 사건 약속어음을 넘겨줌으로써 물품대금 채권의 소멸을 용인하고, 그 대신 그에 갈음하여 이 사건 분양계약상의 채권을 취득하고자 함에 그 목적이 있었던 것으로 보일 뿐, 결코 이 사건 약속어음의 교부로 인하여 어음금 채권이 소멸한 경우에도 물품대금 채권만은 계속 존속시키겠다는 의사였던 것으로 보기 어렵다.

그렇다면 이 사건 분양계약 체결 당시 원고와 나산건설 및 소외 회사 사이에 어음금 채권이 소멸한 후에도 물품대금 채권만은 계속 존속시키기로 하는 3자간의 약정이 있었다고 할 수 없다고 할 것임에도, 원심은 그러한 약정의 존재를 전제로 소외 회사의 원고에 대한 물품대금 채무는 소외 회사와 나산건설 사이의 상계처리에도 불구하고 소멸되지 않고 여전히 존속한다고 판단하여, 어음권채권의 소멸로 물품대금 채권도 같이 소멸하였다는 취지의 피고의 항변을 배척하고 말았으니, 원심에는 이 사건 분양계약의 체결에 이른 당사자의 의사를 잘못 해석하였거나, 기존 채권과 그 이행을 위하여 교부된 어음채권의 관계에 관한 법리를 오해한 위법이 있다고 하지 않을 수 없다. 상고이유 중 이 점을 지적하는 부분은 이유 있다.

3. 그러므로 원심판결을 파기하고, 사건을 다시 심리·판단케 하기 위하여 원심법원에 환송하기로 관여 법관의 의견이 일치되어 주문과 같이 판결한다.

대법관　이용우(재판장)　김형선　이용훈(주심)　조무제

[판례 33] 매매대금

(대법원 2002. 12. 24. 선고 2001다3917 판결)

【판시사항】

[1] 기존 원인채무의 지급확보 또는 그 담보를 위하여 발행 또는 교부된 수표를 채권자가 타인에게 양도한 경우, 기존 원인채무가 소멸하기 위한 요건

[2] 부동산 양도인이 양수인으로부터 매매잔대금으로 교부받은 부동산 전득자 발행의 가계수표를 제3자에게 양도하였으나 그 가계수표가 지급거절되자 부동산 전득자가 부정수표단속법에 의한 처벌을 면하기 위하여 제3자에게 대가를 약속하고 이를 회수한 경우, 제3자는 더 이상 부동산 양도인에게 상환청구를 할 수 없게 되어 부동산 양도인은

수표상의 상환의무를 종국적으로 면하였다고 할 것이어서 그 매매잔대금 채권도 소멸하였다고 본 사례

【판결요지】

[1] 수표가 기존 원인채무의 지급확보를 위하여 또는 그 담보를 위하여 발행 또는 교부된 경우에, 채권자가 그 수표를 유상 또는 무상으로 타인에게 양도하였다고 하더라도 그에 의하여 바로 기존 원인채무가 소멸하는 것이 아니고, 수표를 양도한 채권자가 수표상의 상환의무를 종국적으로 면하게 될 때 비로소 기존 원인채무가 소멸한다고 보아야 한다.

[2] 부동산 양도인이 양수인으로부터 매매잔대금으로 교부받은 부동산 전득자 발행의 가계수표를 제3자에게 양도하였으나 그 가계수표가 지급거절되자 부동산 전득자가 부정수표단속법에 의한 처벌을 면하기 위하여 제3자에게 대가를 약속하고 이를 회수한 경우, 제3자는 더 이상 부동산 양도인에게 상환청구를 할 수 없게 되어 부동산 양도인은 수표상의 상환의무를 종국적으로 면하였다고 할 것이어서 그 매매잔대금 채권도 소멸하였다고 본 사례.

【참조조문】

[1] 수표법 제10조, 제17조, 민법 제460조 [2] 수표법 제10조, 제17조, 민법 제460조

【전 문】

【원고(탈퇴)】 원고 1
【원고(인수참가인),상고인】 원고(인수참가인) (소송대리인 변호사 김홍엽)
【피고,피상고인】 피고 (소송대리인 변호사 서희종)
【원심판결】 대전고법 2000. 12. 14. 선고 2000나2274 판결

【주 문】

상고를 기각한다. 상고비용은 원고(인수참가인)의 부담으로 한다.

【이 유】

1. 원심은 그 채용 증거에 의하여, 원고는 1997. 10. 29. 피고 등(피고와 소외 1을 말한다.)에게 이 사건 토지 및 건물을 3억 4,700만 원에 매도하고 1998. 4. 15.까지 매매대금으로 합계 292,830,130원을 수령한 다음, 1998. 6. 9. 피고 등과 사이에 매매잔대금 54,169,870원 중 5,400만 원만을 지급받기로 약정한 사실, 원고는 제1심판결 선고 후인 2000. 5. 8. 위 매매잔대금 5,400만 원의 채권을 인수참가인에게 양도하고, 곧이어 피고에게 그 양도통지를 한 사실을 인정한 다음, 피고에 대하여 위 양수금 5,400만 원의 지급을 구하는 인수참가인의 이 사건 청구에 대하여 그 거시 증거들을 종합하여 원고는 피고 등과 이들로부터 이 사건 토지 및 건물을 다시 매수한 소외 2의 요구에 따라 소외 2 앞으로 이 사건 토지 및 건물에 관한 소유권보존등기를 경료해 준 뒤, 피고 등이 원고에게 위 매매잔대금을 지급하지 못하자 1998. 2. 18. 매매잔대금 채권을 보전하기 위하여 피고 소유의 부동산을 가압류한 사실, 그러던 중 피고 등과 소외 2는 1998. 6.

9. 원고와 사이에 앞에서 본 바와 같이 위 매매잔대금을 5,400만 원으로 확정하고, 그 중 4,500만 원에 대하여는 원고가 이 사건 건물 중 지하 단란주점을 소외 2로부터 보증금 4,500만 원에 임차하되, 소외 2에게 위 보증금을 지급하는 대신 피고 등이 원고에게 지급하여야 할 매매대금으로 갈음한 다음, 위 임차기간이 만료된 후 소외 2가 위 보증금을 원고에게 지급하기로 약정하고, 나머지 900만 원에 대하여는 원고가 소외 2로부터 그가 발행한 액면 400만 원 및 500만 원의 가계수표 각 1장을 교부받은 다음, 이 사건 토지 및 건물의 매매잔대금 5,400만 원을 수령하였다는 취지의 영수증을 작성하여 피고에게 교부한 사실, 원고는 그 무렵 소외 2로부터 이 사건 건물 중 지하층을 인도받은 후 이를 소외 3 등에게 전대하여 이들로부터 매월 임료를 수령하면서 이를 점유·관리하여 오는 한편, 1998. 8. 28. 피고 소유 부동산에 대한 위 가압류를 해제해 준 사실, 소외 2는 소외 4, 소외 5가 기존채무 변제조로 원고로부터 양도받은 위 가계수표들이 위 각 발행일에 모두 지급거절되자, 1998. 10. 29. 그 수표금을 분할변제하기로 약정하고 그들로부터 위 가계수표들을 회수한 사실을 인정한 다음, 사실관계가 이와 같다면 적어도 원고의 피고 등에 대한 매매잔대금 중 4,500만 원의 채권은 소외 2에 대한 보증금반환채권으로 대체되어 소멸되었다고 봄이 상당하고, 또한 나머지 900만 원에 대하여는 그 지급을 위하여 원고에게 발행·교부된 위 가계수표들이 제3자에게 양도되었다가 발행인 소외 2에 의하여 회수된 바 있으므로 그 수표금이 지급되었는지 여부에 관계없이 인수참가인은 피고에 대하여 위 잔금 900만 원의 지급을 청구할 수 없다는 이유로 인수참가인의 이 사건 청구를 모두 기각하였다.
2. 기록과 관계 증거에 비추어 살펴보면 원고의 피고에 대한 매매잔대금채권 5,400만 원 중 4,500만 원 부분이 원고와 소외 2 사이에 체결된 임대차에 관한 임대차보증금으로 충당되어 소멸하였다고 한 원심의 인정과 판단은 수긍되고 상고이유가 들고 있는 사정들만으로는 달리 판단할 사유가 된다고 할 수 없으므로 이 부분 상고이유의 주장은 이유 없다.
3. 한편, 수표가 기존 원인채무의 지급확보를 위하여 또는 그 담보를 위하여 발행 또는 교부된 경우에, 채권자가 그 수표를 유상 또는 무상으로 타인에게 양도하였다고 하더라도 그에 의하여 바로 기존 원인채무가 소멸하는 것이 아니고, 수표를 양도한 채권자가 수표상의 상환의무를 종국적으로 면하게 될 때 비로소 기존 원인채무가 소멸한다고 보아야 한다.
기록에 의하면, 원고는 소외 2로부터 이 사건 매매잔대금 중 900만 원의 지급을 위하여 이 사건 수표들을 발행받은 다음 소외 4 등에게 기존채무의 변제를 위하여 이를 양도하게 되었는데, 소외 4 등이 위 수표를 지급기일에 지급장소에서 지급제시한 결과 모두 지급거절되었으나, 위 수표의 발행인인 소외 2는 부정수표단속법에 의한 처벌을 면하기 위하여 1998. 10. 29. 소외 4 등에게 위 부도된 수표금에 관하여 분할변제를 확약하는 채무변제(준소비대차)계약공정증서를 작성하여 준 다음 그들로부터 위 수표들을 모두 회수한 사실을 인정할 수 있는바, 사정이 이와 같다면 원고로부터 이 사건 수표를 양도받았던 소외 4 등으로서는 그 부도된 수표를 대가를 약속받고 수표발행인에게 반환함으로써 더 이상 그 전자에 해당하는 원고에게 소구권을 행사하는 등으로 상환청구를 할 수 없게 되었다고 봄이 상당하다고 할 것이므로, 원고는 수표상의 상환의무를 종국적으로 면하였다고 할 것이어서 원고의 피고에 대한 기존 원인채권도 소멸하였다고 보아야 할 것이다.

원심이 같은 취지에서 인수참가인은 피고에 대하여 이 사건 매매잔대금 중 위 액면금 상당인 900만 원의 지급을 청구할 수 없다고 판단한 것은 정당하고, 거기에 인수참가인이 상고이유로 주장하는 바와 같은 법리오해의 위법이 없으므로 이 부분 상고이유의 주장도 이유 없다.

4. 그러므로 상고를 기각하고, 상고비용은 패소자의 부담으로 하여 주문과 같이 판결한다.

대법관 이용우(재판장) 서성 배기원 박재윤(주심)

[판례 34] 전부금

(대법원 1994. 3. 25. 선고 94다2374 판결)

【판시사항】

원인채권 압류 전에 그 지급을 위하여 발행된 약속어음을 압류 후에 지급한 경우 압류채권자에 대항할 수 있는지 여부

【판결요지】

원인채권에 대한 압류의 효력이 발생하기 전에 원인채권의 지급을 위하여 약속어음을 발행하고 그것이 제3자에게 배서양도된 경우에 그 어음의 소지인에 대한 어음금의 지급이 원인채권에 대한 압류의 효력이 발생한 후에 이루어졌다 하더라도 그 어음을 발행하거나 배서양도한 원인채무자는 그 어음금의 지급에 의하여 원인채권이 소멸하였다는 것을 압류채권자에게 대항할 수 있다.

【참조조문】

어음법 제17조, 제77조, 민사소송법 제561조

【참조판례】

대법원 1984.7.24. 선고 83다카2062 판결(공1984,1476)

【전 문】

【원고, 상 고 인】 원고 소송대리인 변호사 김진홍
【피고, 피상고인】 피고 1 외 1인
【원심판결】 광주지방법원 1993.12.2. 선고 93나4423 판결

【주 문】

상고를 기각한다.
상고비용은 원고의 부담으로 한다.

【이 유】

상고이유에 대하여

원심이, 이 사건 피전부채권인 소외 주식회사 여수도계장(이하 소외 회사라 한다)의 피고들에 대한 매매대금채권은 이 사건 압류명령이 피고들에게 송달되기 이전에 피고들이 발행 또는 배서한 약속어음을 소외 회사에게 양도하고 그 후 위 각 약속어음이 제3자에게 배서양도되어 만기 또는 그 즈음에 정상적으로 지급된 사실을 인정한 후, 원인채권에 대한 압류의 효력이 발생하기 전에 원인채권의 지급을 위하여 약속어음을 발행하고 그것이 제3자에게 배서양도된 경우에 그 어음의 소지인에 대한 어음금의 지급이 원인채권에 대한 압류의 효력이 발생한 후에 이루어졌다 하더라도 그 어음을 발행하거나 배서양도한 원인채무자는 그 어음금의 지급에 의하여 원인채권이 소멸하였다는 것을 압류채권자에게 대항할 수 있다 하여 원고의 피고들에 대한 전부금지급청구를 배척하였는바, 원심의 이러한 판단은 옳고(당원 1984.7.24. 선고 83다카2062 판결 참조), 거기에 소론과 같은 법리오해나 심리미진의 위법이 있다고 할 수 없으므로 논지는 이유가 없다.

이에 상고를 기각하고 상고비용은 패소한 원고의 부담으로 하기로 관여 법관의 의견이 일치되어 주문과 같이 판결한다.

대법관   김상원(재판장) 윤영철 박만호(주심) 박준서

---

(4) 채무자가 원인채권의 지급을 위하여 제3자 발행의 어음을 교부한 경우 채권자의 상환청구권 보전 및 어음시효 중단조치 의무

| 판 례 |

[판례 35] 대여금

(대법원 1995. 10. 13. 선고 93다12213 판결)

【판시사항】

가. 기존 채무의 이행을 위하여 제3자 발행의 어음을 교부한 경우의 법률관계
나. 채권자가 기존 채무의 이행을 위하여 제3자 발행의 어음을 교부받은 경우, 그 어음에 대한 소구권 보전절차를 취할 의무를 부담하는지 여부
다. 채권자가 기존 채무의 이행을 위하여 교부받은 어음에 대한 소구권 보전의무를 게을리한 경우, 채무자가 이로 인한 손해배상 채권으로 기존 채무와 상계하기 위한 요건

【판결요지】

가. 채무자가 기존 채무의 이행에 관하여 채권자에게 어음을 교부하는 경우에 당사자 사이에 특별한 의사표시가 없고, 다른 한편 어음상의 주채무자가 원인관계상의 채무자와 동일하지 아니한 때에는 제3자인 어음상의 주채무자에 의한 지급이 예정되고 있으므

로, 이는 '지급을 위하여' 교부된 것으로 추정된다.
나. '가' 항의 경우, 채권자는 어음채권과 원인채권 중 어음채권을 먼저 행사하여 만족을 얻을 것을 당사자가 예정하였다고 할 것이므로, 채권자로서는 어음채권을 우선 행사하고 그에 의하여서는 만족을 얻을 수 없을 때 비로소 채무자에 대하여 기존의 원인채권을 행사할 수 있으며, 나아가 이러한 목적으로 어음을 배서양도받은 채권자는 특별한 사정이 없는 한 채무자에 대하여 원인채권을 행사하기 위하여는 어음을 채무자에게 반환하여야 하므로, 채권자가 채무자에 대하여 자기의 원인채권을 행사하기 위한 전제로서 지급기일에 어음을 적법히 제시하여 소구권 보전절차를 취할 의무가 있다고 보는 것이 양자 사이의 형평에 맞는다.
다. 채권자가 기존 채무의 이행을 위하여 교부받은 어음을 지급기일에 적법하게 지급제시를 하지 아니함으로써 소구권이 보전되지 아니하였더라도, 약속어음의 주채무자인 발행인이 자력이 있는 한 어음을 반환받은 채무자가 발행인에 대한 어음채권이나 원인채권을 행사하여 자기 채권의 만족을 얻을 수 있기 때문에 아직 손해는 발생하지 아니하고, 지급기일 후에 어음발행인의 자력이 악화되어 무자력이 됨으로써 채권자에게 자신의 채무를 이행하여야 할 채무자가 어음을 반환받더라도 발행인에 대한 어음채권과 원인채권의 어느 것도 받을 수 없게 된 때에야 비로소 자신의 채권에 대하여 만족을 얻지 못하게 되는 손해를 입게 되고, 이러한 손해는 어음 주채무자인 발행인의 자력의 악화라는 특별 사정으로 인한 손해로서 소구권 보전의무를 불이행한 어음소지인이 그 채무 불이행 당시인 어음의 지급기일에 장차 어음발행인의 자력이 악화될 것임을 알았거나 알 수 있었을 때에만 그 배상채권으로 상계할 수 있다.

【참조조문】

가. 민법 제460조, 어음법 제9조 제1항 나.민법 제390조, 제475조, 제536조 다. 민법제393조 제2항, 제763조, 어음법 제38조, 제43조

【참조판례】

가. 대법원 1970.6.30. 선고 70다517 판결(집18②민99)
1990.3.27. 자 89다카14110결정(공1990,1225)
가.나. 대법원 1993.11.9. 선고 93다11203,11210 판결(공1994상,65)
나. 대법원 1992.12.22. 선고 92다8712 판결(공1993상,555)
나.다. 대법원 1995.10.13. 선고 92다29603 판결(동지)
다. 대법원 1986.10.28. 선고 86다카218 판결(공1986,3112)

【전 문】

【원고, 피상고인】 원고 1 외 5인
【피고, 상 고 인】 피고
【원심판결】 대전지방법원 1993.2.3. 선고 92나4176 판결

【주 문】

상고를 기각한다.

상고비용은 피고의 부담으로 한다.

【이 유】

상고이유를 본다.

1. 상고이유 제1점에 대하여

   원심은, 원고들(원심 공동원고 소외 1 제외. 이하 같다)의 피상속인인 소외 2(1990.11.11. 사망)가 1990.7.20.경 피고로부터 소외 성인무역주식회사(이하 성인무역이라고만 한다) 발행의 액면 금 10,000,000원, 지급기일 같은 해 9.11.로 된 이 사건 약속어음 1장을 교부받고 피고에게 금 10,000,000원을 대여한 사실을 인정하였는바, 기록에 의하여 살펴보면 원심의 위와 같은 사실 인정은 정당하고, 거기에 소론과 같이 채증법칙을 위배하여 사실을 오인하였거나 어음할인에 관한 법리를 오해한 위법이 있다고 할 수 없으므로 논지는 이유 없다.

2. 상고이유 제2점 중 상계의 주장에 대하여

   가. 원심은, 위 소외 2가 위 약속어음을 그 지급기일에 적법하게 지급제시하였더라면 그 어음금을 지급받을 수 있었고, 그에 따라 피고의 위 차용금 채무도 소멸될 수 있었는데 위 소외 2가 그 지급제시기간이 지나도록 이를 지급제시하지 않고 있다가 위 발행인인 성인무역이 실질적으로 파산함으로 인하여 위 약속어음금을 지급받을 수 없게 되었고 그로 인하여 피고는 그 액면금 상당의 손해를 입게 되었으므로 위 소외 2의 재산상속인들인 원고들에 대한 손해배상채권으로써 위 대여금 채무와 상계한다는 피고의 주장에 대하여, 위 소외 2가 1990.8.30.경 위 약속어음을 분실하자 그 사위인 소외 3이 1990.9.20. 서울민사지방법원에 위 약속어음에 대한 공시최고 신청을 하여 1991.1.5. 위 법원에서 위 약속어음에 대한 제권판결이 선고되었는데 위 소외 3 등은 그 후 위 성인무역에 대하여 바로 위 약속어음상의 권리를 행사하지 아니하고 다시 위 성인무역으로부터 액면 금 10,000,000원, 지급기일 1991.2.25.로 된 약속어음 1장을 교부받아 소지하고 있다가 같은 해 2.25. 지급장소인 서울신탁은행 이촌동 지점에 지급제시하였으나 무거래로 지급거절된 사실은 인정되지만, 대여금 채권의 이행확보를 위하여 약속어음이 교부된 경우에 그 채권자는 대여금 채권이나 약속어음 채권 모두 시효로 소멸되기 전까지는 그 채권 중 어느 것이든 임의로 선택하여 자유롭게 행사할 수 있는 것이고, 반드시 그 약속어음의 지급기일에 어음상의 권리를 행사하여야 할 의무가 있는 것은 아니며, 위 성인무역이 실질적으로 파산된 것이 위 소외 2의 귀책사유로 인한 것이라는 점에 대한 주장 입증도 없으므로 가사 위 소외 2 또는 소외 3이 대여금 채권의 담보로 교부되었던 위 약속어음의 지급제시기간 내에 어음상의 권리를 행사하지 아니함으로 인하여 그 약속어음의 교부자인 피고가 손해를 입게 되었다 하더라도 위 소외 2가 이러한 손해를 배상하여야 할 의무가 있다고 할 수 없다고 하여 피고의 위 주장을 배척하였다.

   나. 이 사건에 있어서와 같이 채무자가 기존채무의 이행에 관하여 채권자에게 어음을 교부하는 경우에 당사자 사이에 특별한 의사표시가 없고, 다른 한편 어음상의 주채무자가 원인관계상의 채무자와 동일하지 아니한 때에는 제3자인 어음상의 주채무

자에 의한 지급이 예정되고 있으므로 이는 '지급을 위하여'교부된 것으로 추정할 것이다(대법원 1993.11.9. 선고 93다11203, 11210판결 참조).

그리고 이러한 경우에는 채권자는 어음채권과 원인채권 중 어음채권을 먼저 행사하여 만족을 얻을 것을 당사자가 예정하였다고 할 것이므로 채권자로서는 어음채권을 우선 행사하고, 그에 의하여서는 만족을 얻을 수 없을 때 비로소 채무자에 대하여 기존의 원인채권을 행사할 수 있다고 하여야 할 것이며, 나아가 이러한 목적으로 어음을 배서양도받은 채권자는 특별한 사정이 없는 한 채무자에 대하여 원인채권을 행사하기 위하여는 어음을 채무자에게 반환하여야 할 것이므로, 채권자가 채무자에 대하여 자기의 원인채권을 행사하기 위한 전제로서 지급기일에 어음을 적법히 제시하여 소구권 보전절차를 취할 의무가 있다고 보는 것이 양자 사이의 형평에 맞는 것이라고 할 것이다. 그러므로, 원심이 원고가 어음채권과 대여금채권 중 어느 것이든 임의로 선택하여 자유롭게 행사할 수 있어 약속어음의 지급기일에 지급제시를 할 의무가 없다는 취지로 설시한 것은 잘못이라고 할 것이다. 그러나. 채권자가 위의 의무를 위반하여 지급기일에 적법한 지급제시를 하지 아니함으로써 소구권이 보전되지 아니하였더라도 약속어음의 주채무자인 발행인이 자력이 있는 한 어음을 반환받은 채무자가 발행인에 대한 어음채권이나 원인채권을 행사하여 자기 채권의 만족을 얻을 수 있기 때문에 아직 손해는 발생하지 아니하는 것이고, 지급기일 후에 어음발행인의 자력이 악화되어 무자력이 됨으로써 채권자에게 자신의 채무를 이행하여야 할 채무자가 어음을 반환 받더라도 발행인에 대한 어음채권과 원인채권의 어느 것도 받을 수 없게 된 때에야 비로소 자신의 채권에 대하여 만족을 얻지 못하게 되는 손해를 입게 되는 것이고, 이러한 손해는 어음 주채무자인 발행인의 자력의 악화라는 특별 사정으로 인한 손해로서 소구권 보전의무를 불이행한 어음소지인이 그 채무 불이행 당시인 어음의 지급기일에 장차 어음발행인의 자력이 악화될 것임을 알았거나 알 수 있었을 때에만 그 배상채권으로 상계할 수 있는 것이라고 할 것이다(대법원 1986.10.28.선고 86다카218판결 참조).

그런데 이 사건에서 원고가 지급기일에 어음의 지급제시를 하지 아니함으로써 소구권 보전의무를 게을리하였고 그 후에 어음발행인으로서 주채무자인 성인무역이 무자력이 됨으로써 피고는 원고에 대하여 자신의 원인채무를 이행하더라도 피고 자신의 성인무역에 대한 어음채권 및 원인채권의 만족을 얻을 수 없게 되는 손해를 입었다고 할 것이지만, 기록을 살펴보아도 지급기일 당시에 원고가 장차 성인무역이 무자력이 될 것임을 알았거나 알 수 있었다고 인정할 아무런 자료가 없으므로 원고는 피고에 대하여 손해배상 책임을 부담하지 아니한다고 할 것이다. 따라서, 원심의 설시는 부적절한 부분이 없지 아니하지만 피고의 원고에 대한 손해배상 채권이 인정되지 아니한다고 하여 피고의 상계항변을 배척한 결론에 있어서 정당하고 앞에서 지적한 원심의 잘못도 판결의 결과에 영향을 미치지는 아니하는 것이어서 결국 상고논지는 이유 없음에 돌아간다.

3. 상고이유 제2점 중 상환이행의 주장에 대하여 원심은 위 약속어음을 반환받기 전에는 위 대여금 반환채무를 이행할 수 없다는 피고의 주장에 대하여, 위 약속어음에 관하여 1991.1.5. 제권판결이 선고됨으로써 위 약속어음은 무효로 되었다는 사실을 적법하게 확

정하여 피고의 위 주장을 배척하였다.

일반적으로 약속어음을 교부하고 돈을 차용한 채무자는 채권자의 차용금 반환청구에 대하여 약속어음의 반환과 상환으로만 그 반환의무를 이행하겠다는 주장을 할 수 있음은 소론과 같으나, 이 사건에 있어서처럼 그 약속어음에 대한 제권판결이 선고되어 약속어음의 효력이 상실된 경우에는 그러한 상환이행의 주장을 할 수는 없다고 보아야 할 것이다. 같은 취지로 판시한 원심판결은 정당하고, 거기에 어떤 위법이 있다고 할 수 없다. 논지는 이유 없다.

4. 그러므로 상고를 기각하고, 상고비용은 패소자의 부담으로 하기로 하여 관여 법관의 일치된 의견으로 주문과 같이 판결한다.

대법관 안용득(재판장) 천경송 지창권 신성택(주심)

[판례 36] 어음금

(대법원 2010. 7. 29. 선고 2009다69692 판결)

【판시사항】

[1] 판결원본과 같은 내용의 판결정본이 당사자 갑에게 송달되기 전에 그와 다른 주문이 기재된 판결정본이 먼저 갑에게 송달되어 갑이 먼저 송달된 판결정본의 내용을 원심판결로 보아야 한다는 취지로 주장한 사안에서, 원심의 판결선고기일에 재판장이 판결원본의 주문과 다른 내용의 판결을 선고하였음을 인정할 수 없다고 하여 이를 받아들이지 아니한 사례

[2] 기존채무의 지급을 위하여 교부된 어음상 권리가 시효완성으로 소멸한 경우, 채무자가 기존채무의 이행과 관련하여 어음상환의 동시이행항변을 할 수 있는지 여부(소극)

[3] 채권자가 기존채무의 이행을 위하여 채무자로부터 교부받은 약속어음을 적법하게 지급제시하였으나 그 후 어음상 권리보전에 필요한 소멸시효 중단의 조치를 취하지 아니함으로써 어음상 권리에 관한 소멸시효가 완성된 경우, 어음을 반환받은 채무자가 이로 인한 손해배상채권으로써 상계하기 위한 요건

【판결요지】

[1] 판결원본과 같은 내용의 판결정본이 당사자 갑에게 송달되기 전에 그와 다른 주문이 기재된 판결정본이 먼저 갑에게 송달되어 갑이 먼저 송달된 판결정본의 내용을 원심판결로 보아야 한다는 취지로 주장한 사안에서, 원심의 판결선고기일에 재판장이 판결원본의 주문과 다른 내용의 판결을 선고하였음을 인정할 수 없다고 하여 이를 받아들이지 아니한 사례.

[2] 기존의 원인채권과 어음채권이 병존하는 경우에 채권자가 원인채권을 행사함에 있어서 채무자는 원칙적으로 어음과 상환으로 지급하겠다고 하는 항변으로 채권자에게 대항할 수 있다. 그러나 채무자가 어음의 반환이 없음을 이유로 원인채무의 변제를 거절

할 수 있는 것은 채무자로 하여금 무조건적인 원인채무의 이행으로 인한 이중지급의 위험을 면하게 하려는 데 그 목적이 있고, 기존의 원인채권에 터잡은 이행청구권과 상대방의 어음반환청구권 사이에 민법 제536조에 정하는 쌍무계약상의 채권채무관계나 그와 유사한 대가관계가 있기 때문은 아니다. 따라서 어음상 권리가 시효완성으로 소멸하여 채무자에게 이중지급의 위험이 없고 채무자가 다른 어음상 채무자에 대하여 권리를 행사할 수도 없는 경우에는 채권자의 원인채권 행사에 대하여 채무자에게 어음상환의 동시이행항변을 인정할 필요가 없으므로 결국 채무자의 동시이행항변권은 부인된다.

[3] 채권자가 기존채무의 이행을 위하여 채무자로부터 교부받은 약속어음을 적법하게 지급제시하였으나 그 후 어음상 권리보전에 필요한 소멸시효 중단의 조치를 취하지 아니함으로써 어음상 권리에 관한 소멸시효가 완성된 경우 어음을 반환받은 채무자는 약속어음의 주채무자인 발행인, 소구의무자인 배서인 등에 대한 어음상 권리나 원인채무자(발행인 또는 배서인과 동일인일 수도 있고 어음상 의무자 아닌 제3자일 수도 있다)에 대한 자신의 원인채권을 행사하여 자기 채권의 만족을 얻을 수 있다면 아직 손해가 발생하였다고 하기 어렵다. 다만 채무자는 발행인이나 배서인 등 어음상 의무자가 각 소멸시효 완성 후 무자력이 되고 어음상 의무자 아닌 원인채무자도 현재 무자력이어서 채권자로부터 어음을 반환받더라도 어음상 권리와 자신의 원인채권 중 어느 것으로부터도 만족을 얻을 수 없게 된 때에야 비로소 자신의 채권에 관하여 만족을 얻지 못하는 손해를 입게 되었다고 할 것이다. 한편 이러한 손해는 어음상 의무자와 원인채무자의 자력 악화라는 특별한 사정으로 인한 손해로서 어음상 권리의 보전의무를 불이행한 어음소지인이 장차 어음상 의무자와 원인채무자가 무자력하게 될 것임을 알았거나 알 수 있었을 때에만 채무자는 그에 대하여 위 손해의 배상을 청구할 권리를 가지게 되어서, 이 손해배상채권으로써 상계할 수 있다.

【참조조문】

[1] 민사소송법 제154조 제6호, 제205조, 제206조 [2] 민법 제536조 [3] 민법 제393조, 제492조, 제763조

【참조판례】

[2] 대법원 1974. 12. 24. 선고 74다1296 판결
대법원 1993. 11. 9. 선고 93다11203, 11210(반소) 판결(공1994상, 65)
[3] 대법원 1995. 10. 13. 선고 93다12213 판결(공1995하, 3746)

【전 문】

【원고, 피상고인】 원고
【피고, 상 고 인】 피고
【원심판결】 수원지법 2009. 6. 16. 선고 2008나24552 판결

【주 문】

상고를 기각한다. 상고비용은 피고가 부담한다.

【이 유】

상고이유를 판단한다.

1. 상고이유 제1점에 대하여

  판결은 선고로 그 효력이 생기고, 그 선고는 재판장이 판결원본에 따라 주문을 읽음으로써 하며, 한편 조서에는 재판의 선고에 관한 사항을 기재하여야 한다(민사소송법 제205조, 제206조, 제154조 제6호).

  기록에 의하면, 이 사건 원심의 판결선고조서에는 "판결원본에 의하여 판결 선고"라고 기재되어 있고, 그 조서 뒤에 편철되어 있는 판결원본은 그 주문이 "피고의 항소를 기각한다"는 것이다. 그렇다면 원심 재판장은 판결선고기일에 위 판결원본에 따라 "피고의 항소를 기각한다"는 주문으로 판결을 선고한 것으로 인정된다.

  한편 이 부분 상고이유의 주장은 위 판결원본과 같은 내용의 판결정본이 당사자에게 송달되기 전에 "제1심판결을 취소한다. 원고의 청구를 기각한다"는 주문이 기재된 판결정본이 먼저 당사자에게 송달되었으므로 먼저 송달된 판결정본의 내용을 이 사건 원심판결로 보아야 한다는 취지이다. 그러나 그와 같은 사정만으로는 원심의 판결선고기일에 재판장이 위 판결원본의 주문과 다른 내용의 판결을 선고하였음을 인정할 수 없으므로(먼저 송달되었다는 판결정본은 원심법원이 작성한 판결서 시안들 중의 하나로 착오로 등록되어 송달된 것으로 보인다), 이 부분 상고이유는 받아들이지 아니한다.

2. 상고이유 제3점에 대하여

  원심은 그 판시 증거를 종합하여, 피고는 2002. 6. 5. 원고에게 원고가 피고 운영의 주식회사 무형자원연구소(이하 '이 사건 회사'라고 한다)에 투자하였던 4,000만 원을 2002. 8. 31.까지 반환하고 덧붙여 위 약정일부터 그 반환기일(2002. 8. 31.)까지 월 100만 원씩을 수익금 분할지급의 명목으로 원고에게 지급하기로 약정한 사실(이하 '이 사건 약정'이라고 한다), 피고가 2002년 7월경 위 약정금채무(이하 '이 사건 채무'라고 한다)와 관련하여 발행인 왕건석유 주식회사, 지급기일 2002. 10. 17., 제1배서인 재단법인 세기직업전문학교로 된 액면 4,500만 원의 약속어음(이하 '이 사건 어음'이라고 한다)에 제2배서인으로 배서하여 이를 원고에게 교부한 사실을 인정한 다음, 그 판시와 같은 사정을 종합하여 이 사건 어음은 이 사건 채무의 지급에 갈음하여 교부된 것이 아니라 그 지급을 위하여 교부된 것이라고 판단하였다.

  관련 법리 및 기록에 비추어 살펴보면, 원심의 위와 같은 판단은 정당한 것으로 수긍할 수 있다. 거기에 상고이유 주장과 같은 이 사건 어음교부의 목적에 관한 법리 오해 등의 위법이 있다고 할 수 없다.

3. 상고이유 제4점에 대하여

  이 부분 상고취지는 이 사건 어음금이 지급되지 아니하였다는 원심의 사실인정이 채증법칙을 위반하였다는 데 귀착한다.

  그러나 사실의 인정, 그리고 그 전제로 행하여지는 증거의 취사선택 및 평가는 자유심증주의의 한계를 벗어나지 아니하는 한 사실심 법원의 전권에 속하는 것이다. 기록에 비추어 원심판결을 살펴보아도 원심의 사실인정이 위 한계를 넘어섰다고 할 사유를 발견할 수 없는 이 사건에서, 위와 같은 상고논지는 원심법원의 전권에 속하는 사항을 비난하는 것에 불과하다.
4. 상고이유 제2점, 제5점에 대하여

원심은 그 판시와 같은 사실을 인정한 다음, 이 사건 채무는 피고(원심판결의 이 부분 판시 중 '원고'는 오기임이 명백하다)가 개인 자격에서 원고(원심판결의 '피고'는 오기임이 명백하다)에 대하여 투자금을 반환하기로 약정한 것에 기한 것이므로 민사상 채무에 해당하여 10년의 소멸시효가 적용된다고 판단하였다.

원심의 위와 같은 판단에는 이 사건 채무가 이 사건 회사의 채무라는 피고의 주장을 배척하는 판단이 포함되어 있음이 명백하다. 또한 관련 법리 및 기록에 비추어 살펴보면 원심의 위와 같은 판단은 정당한 것으로 수긍할 수 있다. 거기에 상고이유 주장과 같은 판단 유탈 또는 소멸시효에 관한 법리 오해의 위법이 있다고 할 수 없다.

5. 상고이유 제8점에 대하여

기존의 원인채권과 어음채권이 병존하는 경우에 채권자가 원인채권을 행사함에 있어서 채무자는 원칙적으로 어음과 상환으로 지급하겠다고 하는 항변으로 채권자에게 대항할 수 있다. 그러나 채무자가 어음의 반환이 없음을 이유로 원인채무의 변제를 거절할 수 있는 것은 채무자로 하여금 무조건적인 원인채무의 이행으로 인한 이중지급의 위험을 면하게 하려는 데 그 목적이 있고, 기존의 원인채권에 터잡은 이행청구권과 상대방의 어음반환청구권 사이에 민법 제536조에 정하는 쌍무계약상의 채권채무관계나 그와 유사한 대가관계가 있기 때문은 아니다 (대법원 1993. 11. 9. 선고 93다11203, 11210 판결 참조).

따라서 어음상 권리가 시효완성으로 소멸하여 채무자에게 이중지급의 위험이 없고 채무자가 다른 어음상 채무자에 대하여 권리를 행사할 수도 없는 경우에는 채권자의 원인채권 행사에 대하여 채무자에게 어음상환의 동시이행항변을 인정할 필요가 없으므로 결국 채무자의 동시이행항변권은 부인된다고 할 것이다(대법원 1974. 12. 24. 선고 74다1296 판결도 참조).

원심이 위와 같은 법리를 전제로 이 사건 어음상 권리가 시효완성으로 소멸하여 이중지급의 위험이 없는 이상 피고는 동시이행의 항변을 할 수 없다고 판단한 것은 정당한 것으로 수긍할 수 있다. 거기에 원인채권 행사에 대한 채무자의 어음상환의 동시이행항변에 관한 법리 오해의 위법이 있다고 할 수 없다.

6. 상고이유 제6점에 대하여

채권자가 기존채무의 이행을 위하여 채무자로부터 교부받은 약속어음을 적법하게 지급제시하였으나 그 후 어음상 권리보전에 필요한 소멸시효 중단의 조치를 취하지 아니함으로써 어음상 권리에 관한 소멸시효가 완성된 경우 어음을 반환받은 채무자는 약속어음의 주채무자인 발행인, 소구의무자인 배서인 등에 대한 어음상 권리나 원인채무자(발행인 또는 배서인과 동일인일 수도 있고 어음상 의무자 아닌 제3자일 수도 있다)에 대한 자신의 원인채권을 행사하여 자기 채권의 만족을 얻을 수 있다면 아직 손해가 발생하였다고 하기 어렵다.

다만 채무자는 발행인이나 배서인 등 어음상 의무자가 각 소멸시효 완성 후 무자력이 되고 어음상 의무자 아닌 원인채무자도 현재 무자력이어서 채권자로부터 어음을 반환받더라도 어음상 권리와 자신의 원인채권 중 어느 것으로부터도 만족을 얻을 수 없게 된 때에야 비로소 자신의 채권에 관하여 만족을 얻지 못하는 손해를 입게 되었다고 할 것이다. 한편 이러한 손해는 어음상 의무자와 원인채무자의 자력 악화라는 특별한 사정으로 인한 손해로서 어음상 권리의 보전의무를 불이행한 어음소지인이 장차 어음상 의무자와 원인채무자가 무자력하게 될 것임을 알았거나 알 수 있었을 때에만 채무자는 그에 대하여 위 손해의 배상을 청구할 권리를 가지게 되어서, 이 손해배상채권으로써 상계할 수 있다(어음소지인의 소구권보전의무 불이행에 관한 대법원 1995. 10. 13. 선고 93다12213 판결 등 참조).

원심은 그 판시와 같은 이유를 들어 원고가 이 사건 어음의 주채무자인 발행인의 자력이 악화될 것임을 알았거나 알 수 있었음을 인정할 증거가 없다는 취지로 판단한 다음 이 사건 어음상 권리의 소멸시효 완성으로 인한 손해배상채권을 자동채권으로 한 피고의 상계 항변을 배척하였다.

원고가 이 사건 어음의 주채무자인 발행인 또는 소구의무자이자 원인채무자인 제1배서인의 자력이 악화될 것임을 알았거나 알 수 있었음을 인정할 자료를 기록상 찾아볼 수 없는 이 사건에서, 위와 같은 원심의 판시는 적절하지 아니한 점이 있기는 하나 피고의 위 상계 항변을 배척한 결론에 있어서는 정당하다. 거기에 상고이유 주장과 같이 어음상 권리보전의무 해태로 인한 손해배상책임 발생에 관한 법리 오해, 석명권 불행사나 신의칙 위반으로 판결 결과에 영향을 미친 위법이 있다고 할 수 없다.

7. 상고이유 제7점에 대하여

피고는 이 사건 채무의 변제기는 이 사건 어음의 교부로 인하여 2002. 8. 31.에서 이 사건 어음의 지급기일인 2002. 10. 17.로 연기되었음에도 제1심판결이 2002. 9. 1.부터 2002. 10. 17.까지 이 사건 채무 중 4,000만 원에 대하여 연 5%의 지연손해금의 지급을 명한 것은 위법하다고 주장하였다. 이에 대하여 원심은 피고의 주장과 같이 이 사건 채무의 변제기가 2002. 10. 17.로 연기된 것으로 인정하게 되면 피고는 4,000만 원에 대한 2002. 9. 1.부터 2002. 10. 17.까지 연 5%의 지연손해금(월 166,000원 상당)의 지급을 면하는 대신 위에서 본 대로 이 사건 약정에 포함된 수익금 분할지급 약정에 의하여 2002. 10. 17.까지 월 100만 원을 지급하여야 하고 이러한 결과는 제1심판결보다 피고에게 불리한 것이어서 피고만 항소한 이 사건에서 불이익변경금지의 원칙상 그 주장을 받아들일 수 없다고 판단하였다.

기록에 비추어 살펴보면, 원심이 이 사건 채무의 변제기가 2002. 10. 17.로 연기되면 이 사건 약정상 피고는 2002. 9. 1.부터 2002. 10. 17.까지 월 100만 원을 지급할 의무가 있다고 판단한 것은 정당한 것으로 수긍할 수 있다. 그렇다면 원심이 피고의 변제기 연기 주장을 받아들이는 것은 피고에게 불이익할 뿐만 아니라, 원고가 이 사건 채무의 이행 및 그 중 4,000만 원에 대하여 2002. 9. 1.부터 다 갚는 날까지 연 20%의 비율에 의한 지연손해금을 청구하고 있는 이 사건에서 원고가 청구하지 아니한 월 100만 원의 수익금 지급의무를 인정하는 결과가 되어서 허용될 수 없다고 할 것이다.

결국 원심이 피고의 변제기 연기 주장을 받아들이지 아니한 것은 정당하고, 거기에 상고이유 주장과 같이 불이익변경금지의 원칙에 관한 법리 오해 등의 위법이 있다고 할 수 없다.

8. 결론

그러므로 상고를 기각하고 상고비용은 패소자가 부담하도록 하여, 관여 대법관의 일치된 의견으로 주문과 같이 판결한다.

대법관   김지형(재판장) 양승태 전수안 양창수(주심)

---

(5) 어음채권에 기한 청구에 의하여 원인채권의 소멸시효가 중단되는지 여부

| 판 례 |

[판례 37] 대여금

(대법원 1999. 6. 11. 선고 99다16378 판결)

【판시사항】

[1] 원인채권의 지급을 확보하기 위한 방법으로 어음이 수수된 경우, 원인채권의 행사가 어음채권의 소멸시효를 중단시키는 효력이 있는지 여부(소극)
[2] 원인채권의 지급을 확보하기 위한 방법으로 어음이 수수된 경우, 어음채권의 행사가 원인채권의 소멸시효를 중단시키는 효력이 있는지 여부(적극)

【판결요지】

[1] 원인채권의 지급을 확보하기 위한 방법으로 어음이 수수된 경우에 원인채권과 어음채권은 별개로서 채권자는 그 선택에 따라 권리를 행사할 수 있고, 원인채권에 기하여 청구를 한 것만으로는 어음채권 그 자체를 행사한 것으로 볼 수 없어 어음채권의 소멸시효를 중단시키지 못한다.
[2] 원인채권의 지급을 확보하기 위한 방법으로 어음이 수수된 경우, 이러한 어음은 경제적으로 동일한 급부를 위하여 원인채권의 지급수단으로 수수된 것으로서 그 어음채권의 행사는 원인채권을 실현하기 위한 것일 뿐만 아니라, 원인채권의 소멸시효는 어음금 청구소송에 있어서 채무자의 인적항변 사유에 해당하는 관계로 채권자가 어음채권의 소멸시효를 중단하여 두어도 채무자의 인적항변에 따라 그 권리를 실현할 수 없게 되는 불합리한 결과가 발생하게 되므로, 채권자가 원인채권에 기하여 청구를 한 것이 아니라 어음채권에 기하여 청구를 하는 반대의 경우에는 원인채권의 소멸시효를 중단시키는 효력이 있다고 봄이 상당하고, 이러한 법리는 채권자가 어음채권을 피보전권리로 하여 채무자의 재산을 가압류함으로써 그 권리를 행사한 경우에도 마찬가지로 적용된다.

【참조조문】

[1] 민법 제168조, 어음법 제7조, 제17조[2] 민법 제168조, 어음법 제7조, 제17조

【참조판례】

[1] 대법원 1967. 4. 25. 선고 67다75 판결(집15-1, 민342)
대법원 1994. 12. 2. 선고 93다59922 판결(공1995상, 426)
[2] 대법원 1961. 11. 9. 선고 4293민상748 판결(집9, 민72)

【전 문】

【원고, 상 고 인】 원고 (소송대리인 변호사 서정일)
【피고, 피상고인】 피고
【원심판결】 대전지법 1999. 2. 12. 선고 98나3939 판결

【주 문】

원심판결을 파기하고 사건을 대전지방법원 본원 합의부에 환송한다.

【이 유】

상고이유를 판단한다.

원심판결 이유에 의하면 원심은, 원고가 1982. 11. 2. 소외인에게 금 25,000,000원을 대여한 사실 및 소외인이 1987. 9. 18. 사망하여 그 처인 피고가 소외인의 채무 중 3분의 1을 상속한 사실을 인정한 다음, 피고의 소멸시효 항변을 받아 들이고, 나아가 원고가 피고의 상속채무에 관하여 1988. 1. 4. 대전지방법원 서산지원 87카1062호로써 피고의 소외 합자회사 ○○상사에 대한 사원지분권을 가압류함으로써 이 사건 대여금 채권의 소멸시효는 중단되었다는 원고의 재항변에 대하여 판단하기를, 위 가압류는 원고가 이 사건 대여금 채권과 관련하여 소외인으로부터 담보로 교부받아 둔 소외인 발행의 약속어음 채권을 피보전권리로 한 것으로서, 이 사건 대여금 채권과 위 약속어음금 채권은 동일한 채권을 목적으로 하는 것이지만 법률적으로는 별개의 채권이므로 위 가압류로써 이 사건 대여금 채권에 대한 소멸시효를 중단시키지는 못한다는 이유로 원고의 재항변을 배척하였다.

살피건대, 이 사건과 같이 원인채권의 지급을 확보하기 위한 방법으로 어음이 수수된 경우에 원인채권과 어음채권은 별개로서 채권자는 그 선택에 따라 권리를 행사할 수 있고, 원인채권에 기하여 청구를 한 것만으로는 어음채권 그 자체를 행사한 것으로 볼 수 없어 어음채권의 소멸시효를 중단시키지 못하는 것이지만(대법원 1967. 4. 25. 선고 67다75 판결, 1994. 12. 2. 선고 93다59922 판결 등 참조), 다른 한편, 이러한 어음은 경제적으로 동일한 급부를 위하여 원인채권의 지급수단으로 수수된 것으로서 그 어음채권의 행사는 원인채권을 실현하기 위한 것일 뿐만 아니라, 원인채권의 소멸시효는 어음금 청구소송에 있어서 채무자의 인적항변 사유에 해당하는 관계로 채권자가 어음채권의 소멸시효를 중단하여 두어도 채무자의 인적항변에 따라 그 권리를 실현할 수 없게 되는 불합리한 결과가 발생하게 되므로, 채권자가 어음채권에 기하여 청구를 하는 반대의 경우에는 원인채권의 소멸시효를 중단시키는 효력이 있다고 봄이 상당하고(대법원 1961. 11. 9. 선고 4293민상748 판결 참조), 이러한 법리는 채권자가 어음채권을 피보전권리로 하여 채무자의 재산을 가압류함으로써 그 권리를 행사한 경우에도 마찬가지로 적용된다고 할 것이다.

그럼에도 불구하고 원심이 이와 다른 견해에서 원고의 재항변을 배척한 것은 소멸시효 중

단의 법리를 오해한 위법을 저질렀다 할 것이고, 이러한 위법은 판결 결과에 영향을 미쳤음이 분명하므로, 이 점을 지적하는 상고이유 주장은 이유 있다.

그러므로 원심판결을 파기하고 사건을 다시 심리 $판단하게 하기 위하여 원심법원에 환송하기로 관여 법관들의 의견이 일치되어 주문과 같이 판결한다.

대법관   조무제(재판장) 정귀호 김형선(주심) 이용훈

[판례 38] 대여금

(대법원 2007. 9. 20. 선고 2006다68902 판결)

【판시사항】

이미 시효로 소멸한 어음채권을 피보전권리로 한 가압류 결정에 의하여 그 원인채권의 소멸시효가 중단되는지 여부(소극)

【판결요지】

원인채권의 지급을 확보하기 위하여 어음이 수수된 당사자 사이에서 채권자가 어음채권을 피보전권리로 하여 채무자의 재산을 가압류함으로써 그 권리를 행사한 경우에는 그 원인채권의 소멸시효를 중단시키는 효력을 인정하고 있는데, 원래 위 두 채권이 독립된 것임에도 불구하고 이와 같은 효력을 인정하는 이유는, 이러한 어음은 경제적으로 동일한 급부를 위하여 원인채권의 지급수단으로 수수된 것으로서 그 어음채권의 행사는 원인채권을 실현하기 위한 것이고 어음수수 당사자 사이에서 원인채권의 시효소멸은 어음금 청구에 대하여 어음채무자가 대항할 수 있는 인적항변 사유에 해당하므로, 채권자가 어음채권의 소멸시효를 중단하여 두어도 원인채권의 시효소멸로 인한 인적항변에 따라 그 권리를 실현할 수 없게 되는 불합리한 결과가 발생하게 되기 때문이다. 그러나 이미 소멸시효가 완성된 후에는 그 채권이 소멸하고 시효 중단을 인정할 여지가 없으므로, 이미 시효로 소멸한 어음채권을 피보전권리로 하여 가압류 결정을 받는다고 하더라도 이를 어음채권 내지는 원인채권을 실현하기 위한 적법한 권리행사로 볼 수 없을 뿐 아니라, 더 이상 원인채권에 관한 시효 중단 여부가 어음채권의 권리 실현에 영향을 주지 못하여 어떠한 불합리한 결과가 발생하지 아니한다는 점을 함께 참작하여 보면, 가압류 결정 이전에 이미 피보전권리인 어음채권의 시효가 완성되어 소멸한 경우에는 그 가압류 결정에 의하여 그 원인채권의 소멸시효를 중단시키는 효력을 인정할 수 없다.

【참조조문】

민법 제168조, 어음법 제7조, 제17조

【참조판례】

대법원 1999. 6. 11. 선고 99다16378 판결(공1999하, 1397)

【전 문】

【원고, 피상고인】 파산자 주식회사 신경기상호신용금고의 파산관재인 예금보험공사 (소송대리인 변호사 윤서욱)
【피고, 상 고 인】 피고 (소송대리인 변호사 김기현)
【원심판결】 수원지법 2006. 9. 7. 선고 2005나21484 판결

【주 문】

원심판결 중 피고 패소 부분을 파기하고, 이 부분 사건을 수원지방법원 본원 합의부에 환송한다.

【이 유】

상고이유(상고이유서 제출기간이 지난 후에 제출된 보충상고이유서는 상고이유를 보충하는 범위 내에서)를 판단한다.

1. 상고이유 제1점에 대하여

원심판결의 이유를 기록에 비추어 살펴보면, 원심이 그 채용 증거들에 의하여 소외인이 경기상호신용금고로부터 어음할인거래약정을 체결한 뒤 금 2억 원을 대출받았고 피고가 경기상호신용금고와 사이에 그 대출금채무에 대하여 연대보증계약을 체결하였다고 인정한 것은 정당하고, 거기에 상고이유에서 주장하는 바와 같은 판단 누락, 이유불비 등의 위법이 없다.

2. 상고이유 제2점에 대하여

원인채권의 지급을 확보하기 위하여 어음이 수수된 당사자 사이에서 채권자가 어음채권을 피보전권리로 하여 채무자의 재산을 가압류함으로써 그 권리를 행사한 경우에는 그 원인채권의 소멸시효를 중단시키는 효력을 인정하고 있는데, 원래 위 두 채권이 독립된 것임에도 불구하고 이와 같은 효력을 인정하는 이유는 이러한 어음은 경제적으로 동일한 급부를 위하여 원인채권의 지급수단으로 수수된 것으로서 그 어음채권의 행사는 원인채권을 실현하기 위한 것일 뿐만 아니라 어음수수 당사자 사이에서 원인채권의 시효소멸은 어음금 청구에 대하여 어음채무자가 대항할 수 있는 인적항변 사유에 해당하므로 채권자가 어음채권의 소멸시효를 중단하여 두어도 원인채권의 시효소멸로 인한 인적항변에 따라 그 권리를 실현할 수 없게 되는 불합리한 결과가 발생하게 되기 때문이다(대법원 1999. 6. 11. 선고 99다16378 판결 참조). 그러나 이미 소멸시효가 완성된 후에는 그 채권이 소멸되고 시효 중단을 인정할 여지가 없으므로, 이미 시효로 소멸된 어음채권을 피보전권리로 하여 가압류 결정을 받는다고 하더라도 이를 어음채권 내지는 원인채권을 실현하기 위한 적법한 권리행사로 볼 수 없을 뿐 아니라, 더 이상 원인채권에 관한 시효 중단 여부가 어음채권의 권리 실현에 영향을 주지 못하여 어떠한 불합리한 결과가 발생하지 아니한다는 점을 함께 참작하여 보면, 가압류 결정 이전에 이미 피보전권리인 어음채권의 시효가 완성되어 소멸된 경우에는 그 가압류 결정에 의하여 그 원인채권의 소멸시효를 중단시키는 효력을 인정할 수 없다고 할 것이다.

위 법리에 비추어 살펴보면, 원심이 인정한 바와 같이 이 사건 약속어음의 지급기일 이후인 1991. 9. 6. 적법한 지급제시가 있었고 그에 따라 배서인 소외인에 대한 소구권이 보전되었다 할지라도 소외인 소유의 자동차에 대한 판시 가압류 결정이 내려진 시점은

이미 그 소구권의 소멸시효기간인 1년이 도과한 때임이 역수상 명백한 이상 약속어음금채권을 피보전권리로 하는 판시 가압류 결정이 내려졌다고 하더라도 그 원인채권인 대출금채권의 소멸시효를 중단시키는 효력을 인정할 수는 없고, 따라서 나아가 대출금채권의 주채무자인 소외인에 대한 시효의 중단이 있음을 전제로 보증인인 피고에 그 시효 중단의 효력이 미친다고 볼 여지는 없다.

그럼에도 불구하고, 원심은 주채무자인 소외인에 대한 원고의 대출금채권의 시효 진행이 그에 대한 약속어음금채권을 피보전권리로 하는 판시 가압류 결정으로써 중단되었다고 보고, 나아가 가압류의 집행보전의 효력이 존속하는 동안 시효중단의 효력 역시 계속되며 이러한 주채무자에 대한 소멸시효 중단의 효력은 보증인인 피고에까지 미친다고 판단하여 피고의 소멸시효 항변을 배척하고 말았으니, 이러한 원심의 조치에는 어음채권을 피보전권리로 하는 가압류에 기한 소멸시효 중단의 효과에 대한 법리를 오해한 위법이 있다 할 것이고, 이 점을 지적하는 취지의 상고이유 부분은 이유 있다.

3. 결 론

그러므로 나머지 상고이유에 대한 판단을 생략한 채 원심판결 중 피고 패소 부분을 파기하고, 이 부분 사건을 원심법원에 환송하기로 하여 관여 대법관의 일치된 의견으로 주문과 같이 판결한다.

대법관 김황식(재판장) 김영란 이홍훈 안대희(주심)

(6) 채권자가 어음을 소지하고 있는 경우 원인채권의 소멸 인정 여부

| 판 례 |

[판례 39] 대여금

(대법원 1992. 6. 23. 선고 92다886 판결)

【판시사항】

가. 금원을 대여하면서 어음을 배서교부받은 경우 그 어음의 배서일자에 금원이 대여된 것으로 볼 수 있는지 여부

나. 채무자가 채권증서에 갈음하거나 채무의 이행확보를 위하여 채권자에게 약속어음을 교부한 경우 그 약속어음을 채권자가 소지하고 있는 사정과 채무이행의 인정 가부

【판결요지】

가. 채권자가 금원을 대여할 때에 채무자로부터 배서교부받은 어음의 배서일자 부분이 위조되거나 허위기재되었다는 등 그 기재의 진정성을 부정할 만한 수긍할 수 있는 반증

이 없는 한 채권자는 배서일자에 채무자에게 위 금원을 대여한 것으로 보아야 할 것이다.

나. 채무자가 채권증서에 갈음하거나 채무의 이행확보를 위하여 채권자에게 약속어음을 교부한 경우에는 채무를 이행함에 있어 그 약속어음을 반환받는 것이 상례이고 채무를 이행하고도 그 약속어음의 반환을 받지 않는다는 것은 극히 이례에 속하는 일이므로, 그 약속어음을 채권자가 소지하고 있다면 채무이행을 하고도 반환하지 않은 데에 대한 수긍할 만한 설명이 없는 한 아직도 채무이행은 안된 것으로 봄이 타당하다.

【참조조문】

민사소송법 제187조

【참조판례】

나. 대법원 1985.7.9. 선고 85다카297 판결(공1985,1113)
1990.2.27. 선고 88다카11916 판결(공1990,748)

【전 문】

【원고, 상 고 인】 원고 소송대리인 변호사 이희태
【피고, 피상고인】 피고 소송대리인 변호사 이찬욱 외 2인
【원심판결】 대구고등법원 1991.11.28. 선고 91나224 판결

【주 문】

원심판결 중 원고 패소부분을 파기하고 이 부분 사건을 대구고등법원에 환송한다.

【이 유】

원고소송대리인의 상고이유를 본다.

1. 원심판결 이유에 의하면 원심은 그 거시증거에 의하여 원고가 1980.5.30. 금 60,000,000원을 대여하면서 그 담보로 피고로부터 소외 1 발행의 액면금 60,000,000원, 지급기일 1980.8.30.로 된 약속어음 1매(이하 이 사건 어음이라고 한다)를 배서교부받은 사실을 인정하고 이에 반하는 갑 제2호증의 2의 일부기재(1980.6.10.이라는 기재부분) 등은 위 채용증거와 을 제9호증의 12의 기재 등에 비추어 믿을 수 없다고 배척한 다음, 피고가 1980.8.29. 원고에게 위 금 60,000,000원을 변제하였다고 항변한 데에 대하여, 그 거시증거에 의하면 피고는 원고로부터 위와 같이 금원을 차용함에 있어 원고에게 이 사건 약속어음을 교부함과 동시에 위 소외 1 발행의 지급기일이 1980.6.30., 같은 해 7.30. 같은 해 8.30.로 된 액면금 2,100,000원의 약속어음 3매를 위 차용금에 대한 3개월 동안의 이자조로 미리 교부하는 한편, 역시 같은 날 위 차용금에 대한 물적 담보로 소외 2, 소외 3, 소외 4 등의 공유인 대구 중구 (주소 생략) 대 211.6㎡에 관하여 가등기권자를 원고로 한 소유권이전청구권가등기를 마친 사실, 그 당시 피고는 위 소외 1과 동업으로 대구 중구 남일동 소재 미도백화점 빌딩을 건축중이었는데, 위 소외 2 등이 공동으로 운영하는 합동건축사무소가 위 건물의 설계를 하여 그 건축설계비용대금이 70,000,000원이었으나 위 소외 2 등은 피고로부터 위 미도백화점빌딩 11층 100평을 분양받아 그 분

양대금 120,000,000원에서 위 건축설계비용대금을 공제하여 그 당시 피고에게 50,000,000원의 분양대금 채무를 지고 있었으므로, 위 소외 2의 승낙을 받아 소외 2 등의 소유인 위 부동산에 관하여 위와 같이 원고 앞으로 가등기를 경료하게 된 사실, 그 후 피고는 이 사건어음의 지급기일 하루전인 1980.8.29. 위 소외 2로부터 금 50,000,000원을 지급받고 여기에 금 10,000,000원을 보태어 합계 금 60,000,000원을 원고에게 변제하고 위 소외인들 소유의 부동산에 담보조로 설정된 원고 명의의 가등기를 말소한 사실이 인정되므로, 피고의 원고에 대한 위 60,000,000원의 차용금 채무는 1980.8.29.자 피고의 변제로 인하여 소멸하였다고 판단하였다.

2. 위 원심판시는 요컨대 원고가 피고에게 이 사건 금원을 1980.5.30. 대여하고 그 날 그 담보로 소외 2 등의 소유부동산에 대하여 가등기를 경료하였다가 1980.8.29. 위 대여금을 변제받고 위 가등기를 말소하였다는 취지이다.

(1) 그러나 먼저 위 금원의 대여일자에 관하여 보건대, 원고가 이 사건 금원을 대여할 때에 피고로부터 배서교부받은 이 사건 어음배면(갑 제2호증의2) 기재를 보면 피고 명의의 배서일자가 1980.6.10.로 기재되어 있으므로, 이 배서일자 부분이 위조되거나 허위기재되었다는 등 그 기재의 진정성을 부정할 만한 수긍할 수 있는 반증이 없는 한 원고는 위 배서일자에 피고에게 위 금원을 대여한 것으로 보아야 할 것이다.

그런데 원심은 그 거시증거에 비추어 위 어음의 배서일자 기재의 신빙성을 배척하였으나, 그 거시증거 중 을 제3호증의 1, 2 및 을 제9호증의 6은 피고가 보관하고 있던 문서로서 그 성립 및 내용의 진정성을 담보할 만한 객관적인 자료가 없으며, 을 제9호증의 5는 피고 본인이 수사기관에서 한 진술을 담은 서면이고, 을 제9호증의 12는 국립과학수사연구소가 작성한 위 배서일자 기재부분에 대한 필적 감정서이나 위 기재부분중 '9'는 원고의 필적과 유사한 부분이 있는 반면 피고의 필적과는 다른 부분이 있다는 내용일 뿐이어서 위 기재부분이 피고의 필적과 다르다거나 위조되었다는 내용이 아니므로 위 기재부분의 진정을 부정할 수 있는 분명한 반증이 되지 못하며, 1심증인 소외 5의 증언은 피고가 원고로부터 위 금원을 차용하거나 이 사건 어음에 배서하는 것을 보지 못하였다는 내용이고, 그 밖에 갑 제1호증의 1, 2, 갑 제2호증의 1, 을 제1호증, 을 제3호증의 3은 위 배서일자 기재부분과는 아무런 관련이 없는 자료들이다.

결국 원심이 거시한 증거들은 위 어음의 배서일자 기재부분의 진정을 부정할 만한 분명하고도 수긍할 수 있는 반증이 되지 못함에도 불구하고, 원심이 위 배서일자 기재부분을 믿을 수 없다 하여 그 신빙성을 배척하고 원고가 피고에게 위 금원을 대여한 일자를 1980.5.30.이라고 인정한 것은 증거가치의 판단을 그르친 위법을 저지른 것이라고 할 것이다.

위에서 본 바와 같이 원고가 피고에게 이 사건 금원을 대여한 일자를 1980.5.30.로 볼 수 없고 1980. 6. 10.로 볼 수 밖에 없다고 한다면, 소외 2 등의 소유부동산에 관하여 1980.5.30. 원고 명의로 경료된 위 가등기를 피고의 원고에 대한 이 사건 대여금 60,000,000원에 대한 담보로 경료된 것이라고 볼 수 없게 되므로, 위 가등기가 말소된 사실은 이 사건 대여금의 변제를 인정할 자료가 되지 못하는 것이다.

(2) 또 채무자가 채권증서에 갈음하거나 채무의 이행확보를 위하여 채권자에게 약속어

음을 교부한 경우에는 채무를 이행함에 있어 그 약속어음을 반환받는 것이 상례이고 채무를 이행하고도 그 약속어음의 반환을 받지 않는다는 것은 극히 이례에 속하는 일이므로, 그 약속어음을 채권자가 소지하고 있다면 채무이행을 하고도 반환하지 않은 데에 대한 수긍할 만한 설명이 없는 한 아직도 채무이행은 안된 것으로 보는 것이 타당하다.

기록에 의하면 원고는 피고에게 이 사건 금원을 대여하고 그 이행확보를 위하여 배서교부받은 이 사건 어음을 현재 그대로 소지하고 있고 달리 위 어음금을 변제받았다는 영수증을 피고에게 발행교부한 바도 없을 뿐 아니라, 피고가 위 차용금을 원고에게 변제하고도 위 어음을 반환받지 않은데에 대하여 수긍할 만한 설명도 없으므로 위 어음을 현재 원고가 소지하고 있는 사실을 피고의 변제항변을 인정하는 데에 장애가 된다.

(3) 이 밖에 피고가 1980.8.29. 피고에게 50,000,000만원의 채무를 부담하고 있던 위 소외 2로부터 그 금원을 변제받고 여기에 10,000,000원을 보태어 원고에게 60,000,000원을 변제하였다는 원심판시사실에 부합하는 직접적인 증거로 피고본인, 소외 2, 소외 6의 진술을 담은 서면인 을 제9호증의 5, 7, 8, 17, 19의 기재와 원심증인 소외 2, 소외 6의 증언이 있으나, 소외 2는 피고의 친구이고 소외 6은 피고의 동생인 점, 원심이 채용한 을 제3호증의 2의 기재(특히 수취인이 '합동건축'이라는 기재부분)에 의하면 피고는 1980.5.30. 합동건축사무소에 금 60,000,000원의 채무에 대한 이자조로 약속어음 3매를 발행한 사실이 인정되는데, 합동건축사무소를 운영하는 소외 2 등이 1980.5.30.당시 피고에 대하여 금 50,000,000만원의 채무를 부담하고 있었다면 피고가 위와 같은 약속어음을 위 합동건축사무소에 발행한다는 것은 납득할 수 없는 점과 여기에 위에서 본 바와 같이 현재 이 사건 약속어음을 원고가 소지하고 있는 점을 합쳐 생각해 보면 위 증거들은 그 신빙성이 의심스럽다고 볼 수 밖에 없다. 그 밖에 1심증인 소외 5의 증언은 가등기가 말소된 사실에 비추어 피고가 원고에게 60,000,000원을 변제한 것으로 추측한다는 내용이므로 그 증거가치가 없고 그 밖의 원심이 채용하고 있는 증거들은 위 사실을 인정할 만한 자료가 되지 못한다.

(4) 결국 원심이 피고가 원고에게 60,000,000원을 변제하였다는 사실을 인정한 것은 채증법칙에 위반하여 사실을 오인함으로써 판결에 영향을 미친 위법을 저지른 것이므로 이 점을 지적하는 논지는 이유 있다.

3. 그러므로 원심판결 중 원고 패소부분을 파기환송하기로 하여 관여 법관의 일치된 의견으로 주문과 같이 판결한다.

대법관 배만운(재판장) 이회창 김석수

[판례 40] 약속어음금

(대법원 2003. 5. 30. 선고 2003다16214 판결)

【판시사항】

[1] 만기가 백지인 약속어음의 백지보충권의 소멸시효의 기산점 및 소멸시효기간
[2] 만기 이외의 어음요건이 백지인 약속어음의 백지보충권의 소멸시효의 기산점

【판결요지】

[1] 만기를 백지로 한 약속어음을 발행한 경우, 그 보충권의 소멸시효는 다른 특별한 사정이 없는 한 그 어음발행의 원인관계에 비추어 어음상의 권리를 행사하는 것이 법률적으로 가능하게 된 때부터 진행하고, 백지약속어음의 보충권 행사에 의하여 생기는 채권은 어음금 채권이며 어음법 제77조 제1항 제8호, 제70조 제1항, 제78조 제1항에 의하면 약속어음의 발행인에 대한 어음금 채권은 만기의 날로부터 3년간 행사하지 아니하면 소멸시효가 완성되는 점 등을 고려하면, 만기를 백지로 하여 발행된 약속어음의 백지보충권의 소멸시효기간은 백지보충권을 행사할 수 있는 때로부터 3년으로 보아야 한다.

[2] 만기 이외의 어음요건이 백지인 경우 그 백지보충권을 행사할 수 있는 시기는 다른 특별한 사정이 없는 한 만기를 기준으로 한다.

【참조조문】

[1] 어음법 제10조, 제70조 제1항, 제77조 제1항, 제78조 제1항 [2] 어음법 제10조, 제70조, 제77조 제1항, 제78조 제1항

【참조판례】

[1] 대법원 1997. 5. 28. 선고 96다25050 판결(공1997하, 1976)
대법원 2001. 10. 23. 선고 99다64018 판결(공2001하, 2523)
대법원 2002. 2. 22. 선고 2001다71507 판결(공2002상, 759)

【전 문】

【원고, 상 고 인】 원고 (소송대리인 법무법인 율촌 담당변호사 신성택)
【피고, 피상고인】 피고 (소송대리인 법무법인 겨레 담당변호사 최재호)
【원심판결】 서울고법 2003. 1. 29. 선고 2002나19508 판결

【주 문】

원심판결 중 예비적 청구 부분을 파기하고, 이 부분 사건을 서울고등법원으로 환송한다. 원고의 나머지 상고를 기각한다.

【이 유】

상고이유를 본다.

1. 주위적 청구에 관한 판단

지급기일을 공란으로 하여 약속어음을 발행하였거나 또는 사후에 지급기일을 당사자의 합의로 삭제한 경우에는 특별한 사정이 없는 한 그 어음은 일람출급의 어음으로 볼 것이 아니라 백지어음으로 보아야 할 것이고 이와 같은 백지어음을 교부하여 이를 보관시킨 때에는 후일 그 소지인으로 하여금 임의로 그 지급기일의 기재를 보충시킬 의사로서

교부·보관시킨 것이라고 추정할 것이다(대법원 1976. 3. 9. 선고 75다984 판결 참조). 그리고 이처럼 만기를 백지로 한 약속어음을 발행한 경우, 그 보충권의 소멸시효는 다른 특별한 사정이 없는 한 그 어음발행의 원인관계에 비추어 어음상의 권리를 행사하는 것이 법률적으로 가능하게 된 때부터 진행하고(대법원 1997. 5. 28. 선고 96다25050 판결, 대법원 2001. 10. 23. 선고 99다64018 판결 등 참조), 백지약속어음의 보충권 행사에 의하여 생기는 채권은 어음금 채권이며 어음법 제77조 제1항 제8호, 제70조 제1항, 제78조 제1항에 의하면 약속어음의 발행인에 대한 어음금 채권은 만기의 날로부터 3년간 행사하지 아니하면 소멸시효가 완성되는 점 등을 고려하면, 만기를 백지로 하여 발행된 약속어음의 백지보충권의 소멸시효기간은 백지보충권을 행사할 수 있는 때로부터 3년으로 봄이 상당하고(다만, 만기 이외의 어음요건이 백지인 경우 그 백지보충권을 행사할 수 있는 시기는 다른 특별한 사정이 없는 한 만기를 기준으로 할 것이다) , 당사자 사이에 백지를 보충할 수 있는 시기에 관하여 명시적 또는 묵시적 합의가 있는 경우에는 그 합의된 시기부터 백지보충권의 소멸시효가 진행된다고 볼 것이다.

원심판결 이유에 의하면, 원심은 원고의 이 사건 주위적 청구에 대하여, 그 채용 증거를 종합하여, 피고는 원고에게 1993. 1. 26. 액면금 1억 원, 지급일 1993. 7. 30. 지급지 및 발행지 각 인천시, 지급장소 경기은행 주안지점으로 된 약속어음 1매를, 1993. 4. 29. 액면금 1억 원, 지급일 1993. 12. 30. 지급지 및 발행지 각 인천시, 지급장소 경기은행 주안지점으로 된 약속어음 1매를 각 발행·교부한 사실(이하 위 두매의 어음들을 '이 사건 어음'이라고 한다), 그 후 피고는 1993. 8. 18. 뇌물공여죄로 입건되어 구속된 일이 있었는데, 피고가 구속 중이던 같은 달 하순경 처인 소외 1을 통하여 원고에게 위 각 어음을 은행에 지급제시하면 피고가 발행한 거액의 수표가 부도날 우려가 있으니 지급제시를 유예해 달라고 부탁하였고, 원고는 이에 응하면서 위 소외 1에게 위 각 어음상의 지급일을 변경하여 달라고 요청한 사실, 이에 소외 1은 위 각 어음의 지급일란에 두 줄의 횡선을 긋고 그 위에 피고의 인장을 날인하여 준 사실, 원고는 2000. 4.경 위 각 어음의 지급일을 2000. 4. 4.로 기재하여 지급제시하였으나 무거래로 지급거절된 사실 등을 인정한 다음, 위 인정 사실에 의하면, 피고는 다른 특별한 사정이 없는 한 원고에게 이 사건 어음금 2억 원을 지급할 의무가 있다고 판단한 다음, 원·피고 사이의 합의에 의하여 당초의 지급일이 삭제되었다 하더라도 원고의 위 지급일 보충은 보충권에 대한 소멸시효가 완성된 후에 이루어진 것이므로 이 사건 어음금청구권도 시효로 소멸하였다는 피고의 항변에 대하여, 위 인정 사실에 의하면, 피고가 자신의 구속을 이유로 원고에게 위 각 약속어음의 지급유예를 부탁한 다음 지급일란을 삭제하였다면 당시 원고와 피고 사이에는 피고가 구속에서 풀려난 후에 지급일을 보충하여 어음의 지급제시를 하여달라는 묵시적 합의가 있었다고 보아, 위 백지어음 보충권은 피고가 석방된 날인 1994. 1. 26.로부터 시효가 진행되어 그 시점으로부터 3년이 경과한 1997. 1. 26.에 시효로 소멸되었다 할 것이라는 이유로, 피고의 위 항변을 인용하는 한편, 피고가 위 석방 후 원고를 만날 때마다 위 각 어음금을 변제하겠다고 약속하였을 뿐 아니라 1999. 10. 30.경에는 원고의 사무실에 찾아와 곧 어음금을 변제하겠으니 조금만 더 기다려 달라고까지 하였으므로, 위 각 어음금청구권의 소멸시효는 피고의 승인으로 인하여 중단되었거나 피고가 그 시효이익을 포기한 것이라는 원고의 재항변에 대하여, 이를 인정할 증거가 없다는 이유로, 원고의 위 재항변을 배척함으로써, 결국 원고의 이 사건 주위적 청구를 기각하였다.

원심판결을 기록과 대조하여 살펴보면, 만기가 백지로 된 어음의 백지보충권의 소멸시효에 관한 위 법리를 전제로 한 원심의 위와 같은 사실인정과 판단은 수긍이 가고, 거기에 주장과 같은 백지보충권의 소멸시효기간에 관한 법리오해, 채증법칙 위배로 인한 사실오인, 심리미진, 석명권 불행사 등의 위법이 없다.

2. 예비적 청구에 관한 판단

가. 원심의 판단

원심판결 이유에 의하면, 원심은, 피고는 1990.경 원고로부터 3억 원을 차용하면서 원고에게 인천 서구 (주소 생략) 소재 상가 240평을 대물변제하기로 하였음에도 이에 반하여 이를 한국주택 주식회사 등에 임의 처분한 것에 대한 원고의 항의를 받고 원고에게 차용금 3억 원을 변제하면서 대물변제약정위반에 대한 손해배상조로 3억 원을 지급하겠다고 약정하면서 그 담보조로 이 사건 어음 2매를 포함한 액면 1억 원으로 된 약속어음 3장을 발행·교부하였다가 그 후 1억 원만을 변제하고 약속어음 1장을 회수해 간 사실이 있으므로 피고는 원고에게 위 약정에 따른 손해배상금 3억 원 중 미변제된 2억 원을 지급할 의무가 있다고 하는 원고의 이 사건 예비적 청구에 대하여, 원고의 위 주장사실에 부합하는 듯한 원심 증인 소외 2의 증언 및 갑 제4호증의 3, 8의 각 일부 기재와 일부 원고본인신문 결과는 믿기 어렵고, 갑 제1, 2호증의 각 1, 2, 갑 제5호증의 1 내지 7, 갑 제6호증의 1 내지 3, 갑 제10호증의 각 기재만으로는 원고의 위 주장사실을 인정하기에 부족하며, 달리 이를 인정할 증거가 없다는 이유로, 결국 원고의 위 예비적 청구도 배척하였다.

나. 이 법원의 판단

그러나 원심의 위와 같은 사실인정과 판단은 다음과 같은 이유로 수긍할 수 없다. 채무자가 채무의 이행확보를 위하여 채권자에게 약속어음을 교부한 경우에는 채무를 이행함에 있어 그 약속어음을 반환받는 것이 상례이고 채무를 이행하고도 그 약속어음의 반환을 받지 않는다는 것은 극히 이례에 속하는 일이므로, 그 약속어음을 채권자가 소지하고 있다면 채무이행을 하고도 반환하지 않은 데에 대한 수긍할 만한 설명이 없는 한 아직도 채무이행은 안된 것으로 봄이 타당하다고 할 것인바(대법원 1985. 7. 9. 선고 85다카297 판결, 1992. 6. 23. 선고 92다886 판결 등 참조), 원심이나 피고가 인정하고 있는 바에 의하더라도 피고가 원고에 대한 어떤 금전채무의 지급을 위하여 원고에게 이 사건 어음을 발행한 바 있었고 원고가 여전히 이 사건 어음을 계속 소지하고 있음이 명백한 이 사건에 있어서, 다른 특별한 사정이 없는 한 그 원인관계상 채권채무관계가 존속한다고 일단 볼 수 있다고 할 것인데, 원고가 주장하는 내용의 약정 손해배상채무를 부담한 바가 없었다거나 또는 변제를 통하여 어떤 원인관계상 금전채무를 모두 소멸시켰다고 다투는 피고로서는 원고가 이 사건 어음을 소지하고 있음에도 불구하고 그 원인관계상 채무가 존속하지 아니하는 점에 관하여 수긍할 만한 설명을 할 필요가 있다고 할 것이다.

그런데 기록에 의하면, 피고는 원고의 이 사건 예비적 청구에 대하여, ① 이 사건 제1심에서 제출한 최초의 답변서와 원고를 상대로 유가증권위조죄 등으로 고소한 관련 형사사건의 고소장에서는 피고가 원고로부터 2억 원을 차용하고 그 지급을 위하여 이 사건 어음을 발행한 사실을 인정하면서도 위 2억 원을 1993. 7.경까지 모두 7회에 걸쳐 분할하여 변제하였고, 다만 위 변제 당시 피고는 원고가 이 사건 어음을 분실하였다는 말을 믿고 어음을 반환받지 못하고 있었는데 원고가 이 사건 어음을 계속 소지하고 있음을 기화로 피고의 인장을 도용하여 이 사건 어음의 지급기일을 함부로 변조한 다음 이 사건 소를 제기하기에 이른 것이라고 주장하였다가, ② 위 관련 형사사건에서의 인영감정 결과 이 사건 어음의 지급기일이 정정되는 과정에서 날인된 피고의 인영과 발행인인 피고의 이름 옆에 날인된 피고 명의의 진정한 인영이 동일한 것으로 판명됨으로써 결과적으로 지급기일 정정 부분에 관한 피고의 위조주장이 상당 부분 근거가 없게 된데다가, 오히려 이 사건 어음의 지급기일이 1993. 8. 말경 피고측의 요청에 따라 정당하게 정정된 것이라는 원고의 주장이 점차 설득력이 있는 것으로 드러나게 되자(결국, 피고측은 원고에 대한 사기 부분에 대한 고소를 취소하기에 이르렀고, 원고는 관련 형사사건에서 무혐의처분을 받은 바 있다), 피고는 1993. 1. 26.자 및 같은 해 4. 29.자에 원고에게 이 사건 어음을 발행한 것은 사실이나, 2억 원만을 이 사건 어음발행 당일 차용하였다는 당초 고소장에서의 주장을 번복하여 그 각 발행 당일 원고로부터 금원을 차용한 것은 아니고 과거 원고와의 금전거래과정에서 발생한 미변제금 3억 원에 대한 담보용으로 이 사건 어음을 발행한 것이라고 진술하여 원인관계와 관련하여 상당 정도 원고의 주장에 접근하는 주장을 일시적으로 한 바 있었고, 다만 그 변제주장의 기본 취지만은 계속 고수하여 이 3억 원 중 1억 원은 1993. 8. 16.경 구속될 때까지 피고가 스스로 변제하였으며 나머지 2억 원은 그 이후 자신의 동생인 소외 3이 피고를 대신하여 모두 변제하였다고 주장하였으나, 여전히 구체적인 변제경위에 관하여 별다른 진술을 하지는 못하고 있음은 물론이고 1993. 7.경까지 기존채무를 모두 변제하였다는 변제시기에 관한 종전 주장 또한 번복하였고, ③ 피고의 고소를 대리한 소외 3 역시 피고와 마찬가지의 막연한 변제주장을 하면서도 형인 피고가 원고와 너무 잘 아는 처지라 원고에게 그 변제시에 영수증을 받거나 어음반환을 요구한 바도 없다고 진술하고 있으며, ④ 또 피고는 그 이후의 검찰조사에서는, 피고가 1986. 6.경부터 운영하던 건축사사무실의 운영경비 명목으로 수시로 금전을 차용하는 거래를 해 왔는데 항상 2억 원 정도의 잔존채무가 남아 있는 상태에서 견질용으로 어음을 맡겨 놓고 지급일자가 지나면 새로운 어음으로 대체하는 과정에서 이 사건 어음이 발행된 것이라고 진술하여 다시 종전 주장을 번복하였고, 종전에 피고가 위 심곡동 토지를 매입하여 사업을 추진하는 일이 문제로 되어 처벌받은 형사사건의 조사과정에서 피고는 그 토지의 매입자금 중 일부를 원고로부터 차용한 일이 있었음을 시인한 바 있었음에도(이 점에서 원고의 이 사건 예비적 청구의 주장사실과 부합한다.) 이 사건과 관련된 형사사건에서 이를 부인하는 이유가 무엇인가라는 추궁에 대하여 합당한 해명도 하지 못하고 있는데다가, ⑤ 한편, 피고는 2001. 9. 24.자 제1심 준비서면에서 피고가 피고의 원고에 대한 기존채무의 담보조로 이 사건 어음을 발행한 사실은 인정하면서도 다만 그 원인관계가 무엇인지는 명시적으로 언급하지 아니한 채 피고가 1993. 8. 18. 구속되고 난 이후 지급기일을 연장받은 다음 원고에게 어음금을 모두 변제하였다고 주장한 데 이어 소멸시효 완성, 불공정한 법률행위, 손해배상액 예정에 관한 감액 항변을 하였음도 알 수 있으므로, 피고의 주장 자체에 의하더라도 이 사건 어음에 관한 지급기일 연장시점인 1993. 8. 18.경까지는 이 사건 원인관계상 채무가 여전히 존속하고 있었음을 시인하고 있는 것으로 볼 수 있을 것이다. 위에서 본 바와 같이, 이 사건 및 관련 형사사건을 통하여 한 피고의 주장 자체에 의하더라도 그러한 어음이 발행된 원인관계상으로도 피고가 원고에 대하여 일정한 금전채무를 부담하고 있었음을 시인하고 있는 취지였음이 분명하다는 점, 특히 피고의 변제와 관련된 주장에 일관성도 없을 뿐만 아니라 그 변제에도 불구하고 이 사건 어음 미회수의 이유에 관하여 납득할 만한 설명을 하거나 이를 뒷받침할 만한 아무런 증빙도 제시하지 못하고 있는 점, 나아가 피고의 관련 형사사건에서 채무완제를 전제로 한 이 사건 약속어음의 지급기일이 원고에 의하여 변조되었다는 주장 역시 사실이 아님도 판명된 점 등 기록에서 나타나는 제반 사정을 두루 고려해 볼 때, 비록 원고가 이 사건 예비적 청구와 관련하여 손해배상약정에 관한 처분문서 등 직접적인 객관적 증빙을 제시하지 못한다고 하더라도, 원고의 이 사건 예비적 청구원인에 관한 일관성 있는 주장과 이에 부합하는 증거들을 피고의 주장만으로 가벼이 배척할 것은 아니라고 할 것이다.

다. 소 결

그럼에도 불구하고, 아무런 합리적인 이유를 설시함도 없이 원고의 이 사건 예비적 청구에 관한 주장에 부합하는 증거들 일체를 배척하여 원고의 이 사건 예비적 청구를 기각한 원심의 사실인정과 판단에는 판결 결과에 영향을 미친 채증법칙 위배로 인한 사실오인의 위법이 있다고 할 것이므로, 이 점을 지적하는 상고이유의 주장은 이유 있다.

3. 결 론

그러므로 원심판결 중 예비적 청구 부분을 파기하고, 이 부분 사건을 다시 심리·판단하게 하기 위하여 원심법원으로 환송하고, 원고의 나머지 상고를 기각하기로 하여 관여 법관의 일치된 의견으로 주문과 같이 판결한다.

대법관   조무제(재판장) 유지담 이규홍(주심) 손지열

다. 원인채권과 관련하여 어음이 수수됨에 있어서 제3자가 어음행위를 한 경우의 법률관계

(1) 배서 내지 어음보증을 한 경우

| 판 례 |

[판례 41] 어음보증금

(대법원 1998. 6. 26. 선고 98다2051 판결)

【판시사항】

[1] 어음보증이 어음상의 채무 외에 원인관계상의 채무까지 보증하는 것인지 여부(소극)
[2] 기술신용보증기금이 신기술사업금융지원에관한법률에 기하여 한 어음보증을 원인관계상의 채무까지 보증한 것으로 볼 수 있는지 여부(소극)

【판결요지】

[1] 다른 사람이 발행하는 약속어음에 명시적으로 어음보증을 하는 사람은 그 어음보증으로 인한 어음상의 채무만을 부담하는 것이 원칙이고, 특별히 채권자에 대하여 자기가 그 약속어음 발행의 원인이 된 채무까지 보증하겠다는 뜻으로 어음보증을 한 경우에 한하여 그 원인채무에 대한 보증책임을 부담하게 되므로, 타인이 물품공급계약을 맺은 공급자에게 물품대금 채무의 담보를 위하여 발행·교부하는 약속어음에 어음보증을 한 경우에도 달리 민사상의 원인채무까지 보증하는 의미로 어음보증을 하였다고 볼 특별한 사정이 없는 한, 단지 어음보증인으로서 어음상의 채무를 부담하는 것에 의하여 신용을 부여하려는 데에 지나지 아니하는 것이고, 어음보증 당시 그 어음이 물품대금 채무의 담보를 위하여 발행·교부되는 것을 알고 있었다 하여도 이와 달리 볼 수가 없다.
[2] 신기술사업금융지원에관한법률 제2조 제7호 (나)목, 제12조, 제17조, 제28조 제3호, 제29조 제1호, 같은법시행령 제4조 제2항 제3호 등의 규정에 의하면, 기술신용보증기금이 어음보증을 하면서 거래상의 채무를 적시하는 문구를 기재하였다고 하더라도 이는 어음이 담보어음으로 발행되는 것인 관계로 그 담보대상 거래를 특정하려는 취지로 해석될 뿐, 그로써 어음보증 외에 거래상의 채무에 대하여 직접 민법상의 연대보증을 하겠다는 뜻을 표시한 것으로는 볼 수 없고, 달리 기술신용보증기금이 어음보증을 함에 있어 그와 같은 뜻을 표시하지 않았다면, 기술신용보증기금이 보증한 어음이 물품대금 채무의 담보를 위하여 발행·교부되는 것이라는 것을 알고 있었다 하더라도 그 원인관계상의 물품대금 채무에 대하여 바로 민법상의 연대보증을 한 것으로는 볼 수가 없다.

【참조조문】

[1] 민법 제428조, 어음법 제15조, 제77조[2] 민법 제428조, 어음법 제15조, 제77조, 신기술사업금융지원에관한법률 제2조 제7호 (나)목, 제12조, 제17조, 제28조 제3호, 제29조 제1호,

신기술사업금융지원에관한법률시행령 제4조 제2항 제3호
【참조판례】
[1] 대법원 1994. 8. 26. 선고 94다5397 판결(공1994하, 2524)
대법원 1997. 12. 9. 선고 97다37005 판결(공1998상, 227)
【전 문】
【원고, 피상고인】 주식회사 엘지화학 (소송대리인 변호사 전정구)
【피고, 상 고 인】 기술신용보증기금 (소송대리인 중부종합법무법인 담당변호사 정재헌 외 1인)
【원심판결】 서울고법 1997. 12. 2. 선고 97나22869 판결
【주 문】
원심판결을 파기한다. 사건을 서울고등법원으로 환송한다.
【이 유】
상고이유를 판단한다.
다른 사람이 발행하는 약속어음에 명시적으로 어음보증을 하는 사람은 그 어음보증으로 인한 어음상의 채무만을 부담하는 것이 원칙이고, 특별히 채권자에 대하여 자기가 그 약속어음 발행의 원인이 된 채무까지 보증하겠다는 뜻으로 어음보증을 한 경우에 한하여 그 원인채무에 대한 보증책임을 부담하게 되므로, 타인이 물품공급계약을 맺은 공급자에게 물품대금 채무의 담보를 위하여 발행·교부하는 약속어음에 어음보증을 한 경우에도 달리 민사상의 원인채무까지 보증하는 의미로 어음보증을 하였다고 볼 특별한 사정이 없는 한, 단지 어음보증인으로서 어음상의 채무를 부담하는 것에 의하여 신용을 부여하려는 데에 지나지 아니하는 것이고, 어음보증 당시 그 어음이 물품대금 채무의 담보를 위하여 발행·교부되는 것을 알고 있었다 하여도 이와 달리 볼 수가 없다고 할 것이다(대법원 1994. 8. 26. 선고 94다5397 판결, 1997. 12. 9. 선고 97다37005 판결 등 참조).
그런데 원심판결 이유에 의하면, 원심은 그 판결에서 채용하고 있는 증거들을 종합하여, 소외 주식회사 규영상사(이하 소외 회사라고 한다)가 1993. 7. 19.경 원고와 사이에 은행도어음 등의 담보를 원고에게 제공하고 원고가 생산하는 석유화학제품을 공급받되, 소외 회사가 부도를 내거나 금융기관으로부터 당좌거래정지를 당하는 등의 사유가 발생하면 잔존 물품대금에 대한 기한의 이익을 상실함과 아울러 그에 대하여 시중은행의 일반대출금 연체이자율에 따른 지연손해금을 지급하기로 하는 이 사건 거래약정을 맺고 원고로부터 물품을 공급받아 오던 중, 그 대금채무의 담보를 위하여 1996. 4. 16.자로 지급기일이 1997. 4. 9.로 된 액면 금 200,000,000원의 약속어음(이하 이 사건 어음이라고 한다)을 원고에게 발행·교부한 사실, 피고는 같은 날 이 사건 어음이 위와 같이 물품대금 채무의 담보를 위하여 발행되는 것을 알면서 소외 회사가 이 사건 거래약정에 따른 물품거래로 인하여 원고에게 부담하게 되는 채무 중 보증일 이후 어음지급기일 이전에 발생한 채무에 대하여 어음금을 한도로 하여 어음보증을 하였다가, 소외 회사가 원고에 대하여 금 748,278,949원의 물품대금 채무를 부담하고 있는 상태에서 1996. 6. 25. 부도를 내고 금융기관으로부터

당좌거래정지를 당하게 되자, 1997. 4. 21.에 이르러 이 사건 어음의 액면 금액인 금 200,000,000원을 원고에게 지급한 사실을 각 인정한 다음, 피고가 이 사건 어음에 어음보증을 할 당시 이 사건 어음이 원고와 소외 회사 사이의 이 사건 거래약정에 기한 물품대금 채무의 지급을 담보하기 위하여 발행·교부된다는 것을 알고 있었던 이상, 피고는 소외 회사의 원고에 대한 원인관계상의 물품대금 채무에 대하여도 민법상의 연대보증을 한 것이라고 보아야 하므로, 피고는 이 사건 거래약정에 기한 지연손해금을 지급할 의무가 있다고 판단하여, 원고가 선택적으로 병합한 어음금 청구와 원인관계상의 청구 중 원인관계상의 청구에 기하여 원고가 구하는 지연손해금 부분을 인용하고 있다.

그러나 신기술사업금융지원에관한법률 제2조 제7호 (나)목, 제12조, 제17조, 제28조 제3호, 제29조 제1호, 같은법시행령 제4조 제2항 제3호 등의 규정에 의하면, 피고는 담보능력이 미약한 기업의 채무를 보증하여 기업에 대한 자금융통을 원활하게 하기 위하여 설립된 법인으로서, 그 설립목적의 실현을 위하여 일정 규모 이하의 기업에 대한 일반신용보증으로서, 납세, 어음의 발행 또는 유통, 공사·용역의 제공 등과 관련된 금전채무를 보증하되 그 보증방법은 위 법률 제17조에 의하여 구성되는 운영위원회가 의결하는 업무방법서에서 정하도록 위임하고 있고, 한편 기록에 의하여 살펴보면, 피고의 업무방법서(기록 88면 이하) 제6조 제2항 제6호, 제6호의 2 및 제7조 제1항은, 피고가 취급할 수 있는 일반신용보증은 신용보증서를 발급하는 방법에 의하는 것이나, 기업이 상거래와 관련하여 담보목적으로 발행한 어음상의 채무에 대한 어음보증은 그 어음면에 보증 사실을 표시하는 방법에 의하도록 되어 있는데, 피고는 이 사건 어음의 보전에 '발행인 소외 회사와 수취인 원고 간에 약정한 거래약정서에 의하여 발행인 소외 회사가 부담하는 채무 중 보증일 이후 어음지급기일 이전에 발생한 채무에 대하여 어음금액을 한도로 보증함'이라는 문구를 기재하는 방법으로 어음보증을 하였음을 알 수 있는바, 피고가 그 업무수행으로 하게 되는 어음보증에 관한 위와 같은 법령 규정이나 피고 자신의 업무방법서의 규정 내용에 비추어 볼 때, 피고가 이 사건 어음에 어음보증을 하면서 소외 회사와 원고 사이의 거래상의 채무를 적시하는 문구를 기재하였다고 하더라도 이는 원심이 인정한 바와 같이 이 사건 어음이 담보어음으로 발행되는 것인 관계로 그 담보대상 거래를 특정하려는 취지로 해석될 뿐, 그로써 어음보증 외에 거래상의 채무에 대하여 직접 민법상의 연대보증을 하겠다는 뜻을 표시한 것으로는 볼 수 없고, 기록을 살펴보아도 달리 피고가 이 사건 어음에 어음보증을 함에 있어 그와 같은 뜻을 표시하였다고 볼만한 자료가 없으므로, 피고가 그 당시 이 사건 어음이 소외 회사의 원고에 대한 물품대금 채무의 담보를 위하여 발행·교부되는 것이라는 것을 알고 있었다 하더라도, 피고가 그 원인관계상의 물품대금 채무에 대하여 바로 민법상의 연대보증을 한 것으로는 볼 수가 없다고 할 것이다.

그럼에도 불구하고 원심이 피고가 단지 이 사건 어음이 담보어음으로 발행·교부되는 것을 알고 있었다는 사정만으로 바로 원인관계상의 물품대금 채무에 대하여도 민법상의 연대보증을 한 것이라고 단정한 것은 결국 어음보증과 민법상의 연대보증에 관한 법리를 오해하였거나 증거 없이 사실을 인정하여 채증법칙을 위반한 위법을 저지른 것이라고 하지 않을 수 없다. 상고이유 중 이 점을 지적하는 부분은 이유 있다.

그러므로 원심판결을 파기하고, 사건을 다시 심리·판단케 하기 위하여 원심법원에 환송하기로 관여 법관의 의견이 일치되어 주문과 같이 판결한다.

대법관　박준서(재판장) 정귀호 김형선 이용훈(주심)

[판례 42] 대여금등

(대법원 1997. 12. 9. 선고 97다37005 판결)

【판시사항】

[1] 약속어음에 보증의 취지로 배서한 배서인이 어음상의 소구의무 외에 그 원인채무에 대한 보증책임까지도 부담하는 것으로 인정하기 위한 요건
[2] 어음의 배서인과 채권자 사이에 원인채무에 대한 보증계약이 성립된 것으로 볼 수 없다고 한 사례

【판결요지】

[1] 금전의 대여계약을 체결함에 있어서 그 대여금채무의 지급을 확보하기 위하여 채무자가 발행하는 약속어음에 배서인이 그러한 사실을 알면서 보증의 취지로 배서하였다고 하더라도 그러한 사실만으로는 원인채무인 대여금채무에 대하여 보증계약이 성립된 것으로 볼 수 없고, 이 경우 대주가 배서인과 직접 교섭하여 배서를 요구하였기 때문에 배서인이 약속어음 발행의 원인이 된 소비대차계약의 내용을 상세히 알게 되었고 또 대주의 면전에서 직접 대주의 요구에 응하여 배서하였다고 하더라도, 이러한 사실들은 배서인이 원인관계상의 채무에 대하여도 보증할 의사가 있었다고 인정하는 데 유력한 증거가 될 수 있을 뿐이고 그러한 사실들이 존재한다고 하여 원인관계상의 채무에 대한 보증계약의 성립이 추정된다고는 볼 수 없으며, 대주가 배서인에게 배서를 요구할 때 어음 발행의 원인이 된 대여금채무까지도 보증할 것을 요구하는 의사를 가지고 있었고 배서인도 대주의 그러한 의사를 인식하면서 배서에 응하였다는 사실, 즉 배서인이 소구의무를 부담한다는 형태로 대주에게 신용을 공여한 것이 아니라 원인관계상의 채무에 대하여도 신용을 공여한 것이라는 점이 배서를 전후한 제반 사정과 대주와 배서인이 처한 거래계의 실정 등에 의하여 추지될 수 있는 정도에 이르러야만 원인관계상의 대여금채무에 대한 보증계약의 성립을 인정할 수 있다.
[2] 약속어음에 담보의 취지로 배서한 배서인이 채권자와 채무자로부터 그의 배서가 필요한 배경이라든지 그 어음의 원인관계인 소비대차계약의 내용을 들어서 잘 알고 있었고, 특히 그 후 2차례의 어음 개서시에 그 어음금을 대여금채무의 원리금 합계액으로 증액하는 데 대하여 특별히 이의를 제기한 바도 없었다는 등의 사실은 배서인이 원인관계상의 채무에 대하여도 보증할 의사를 가졌다고 볼 수 있는 유력한 자료가 되지만, 배서인이 그 대여금에 대하여 책임을 질 것 같은 태도를 보이거나 언동을 하면서 채권자에게 금원을 대여할 것을 요청한 것이 아니라 오히려 채권자와 채무자 측으로부터 여러 날 동안 끈질긴 배서 요청을 받고서 결국 이를 거절하지 못하고 배서하기에 이르렀고, 채권자도 2차례의 어음 개서시에 대여금채무자에게는 대여원리금채무의 상환에 대한 각서에 서명할 것을 요구하였으면서도 배서인에게는 그 각서에 서명할 것

을 요구하지 않고 종전과 같이 개서 어음에 배서할 것만을 요구한 점 등에 비추어 볼 때, 채권자가 어음 발행의 원인이 된 대여금채무까지도 보증할 것을 요구하는 의사를 가지고 있었고 배서인도 채권자의 그러한 의사를 인식하면서 배서에 응하였다고는 보기 어렵다고 한 사례.

【참조조문】

[1] 어음법 제15조 제1항, 제77조 제1항 제1호, 민법 제428조 제1항[2] 어음법 제15조 제1항, 제77조 제1항 제1호, 민법 제428조 제1항

【참조판례】

[1][2] 대법원 1992. 12. 22. 선고 92다17457 판결(공1993상, 557)
대법원 1994. 8. 26. 선고 94다5397 판결(공1994하, 2524)
[1] 대법원 1993. 11. 23. 선고 93다23459 판결(공1994상, 177)
대법원 1994. 12. 2. 선고 93다59922 판결(공1995상, 426)

【전 문】

【원고, 상 고 인】 주식회사 삼호 (소송대리인 변호사 이석조)
【피고, 피상고인】 경남진흥 주식회사 (소송대리인 변호사 김상준)
【원심판결】 부산고법 1997. 7. 18. 선고 96나12047 판결

【주 문】

상고를 기각한다. 상고비용은 원고의 부담으로 한다.

【이 유】

상고이유를 본다.

원심은, 소외 주식회사 성원(이하 성원이라 한다)의 대표이사 소외 1은 새로 원고의 영남지역 본부장으로 임명되어 영남지방에서의 건설공사 수주를 책임지게 된 소외 2에게 아파트 부지의 매입대금으로 금 1,000,000,000원을 대여해 주면 성원이 계획하고 있는 부산 사하구 당리동에서의 아파트 신축공사 시공권과 분양대행권을 원고에게 주겠다고 제의한 사실, 소외 2는 성원 측의 요구대로 금 1,000,000,000원을 대여하고 위 공사를 수주하고자 하였으나, 그러기 위하여는 원고의 방침에 따라 인적 담보를 확보하여야만 하였던 사실, 이에 소외 2와 소외 1은 같은 지역의 건설업계 종사자로서 서로 친하게 지내던 피고의 대표이사 소외 3 및 전무이사 소외 4를 찾아가 장차 원고가 성원에게 금 1,000,000,000원을 대여하고 성원이 그에 대한 담보로 약속어음을 발행할 때 그 어음에 배서하여 줄 것을 여러 차례 간청하는 한편, 아직 그 배서에 대한 피고측의 승낙을 확보하지 못한 상태에서 같은 해 7. 2. 미리 작성일자를 백지로 한 공사 도급 및 분양 대행에 관한 약정서를 작성하게 되었는데, 그 약정서 제2조 제1항에 "주식회사 성원은 대여금 담보 조로 시중은행도 약속어음을 발행하되 보증인으로 피고 대표이사 소외 3의 배서를 하고 성원의 비용으로 공증하여 원고에게 교부한다."는 조항을 두었던 사실, 피고 대표이사 소외 3은 원고와 성원 사이에 위와 같은 약정서가 작성된 사실을 알지 못한 채 소외 1과 소외 2의 배서 요청에 선

뜻 응하지 않다가 마침내 같은 달 6. "지급기일까지 어음을 결제하지 못하였을 때에는 피고의 배서에 대한 책임과 보증을 소외 2가 책임지고 해결할 것을 보증 각서한다."는 내용의 소외 2 명의의 각서를 직접 작성하여 그 위에 소외 2의 날인을 받고서야 그 각서를 담보로 삼아 약속어음에 배서하는 데 승낙하고, 같은 날 성원이 지급기일을 같은 해 12. 31.로 하여 발행한 액면 금 1,000,000,000원의 약속어음에 제1배서인으로 배서를 하였고, 이에 원고와 성원도 미리 작성하여 둔 위 약정서의 날짜를 위 7. 6.으로 기재하여 넣었으며, 원고는 그 다음날 금 1,000,000,000원을 성원에 이율 월 1할 3푼, 지연손해금 월 1할 7푼, 변제기 1994. 12. 31., 최장 연장기한 1995. 3. 31.로 정하여 대여한 사실, 그런데 성원은 위 어음의 지급기일까지 위 대여금을 변제하기 어렵게 되자, 같은 해 12. 27. 액면 금액을 그 동안의 대여금 이자를 포함한 금 1,104,958,904원으로, 만기를 1995. 3. 31.로 한 약속어음으로 어음을 개서하였는바, 성원의 감사이자 위 아파트 분양사업에 관하여 실질적으로 성원의 동업자적인 지위에 있던 소외 5가 제1배서란에, 피고의 대표이사 소외 3이 제2배서란에 각 보증의 취지로 배서하였고, 소외 3은 이번에도 소외 2로부터 종전과 같은 내용의 각서를 작성받은 후에야 배서를 하였던 사실, 그런데 성원은 위 연장된 만기에도 어음금을 지급하지 못하게 되자 다시 액면 금액을 그 동안의 대여금 이자를 포함한 금 1,147,342,465원, 만기를 같은 해 6. 30.로 한 약속어음으로 어음을 개서하였는데, 이 때도 소외 5가 제1배서란에, 피고가 제2배서란에 각 배서하였으나 이번에는 소외 2로부터 종전과 같은 각서를 작성받지 아니하고 배서한 사실, 위와 같이 2차례 어음 개서를 할 때마다 성원은 원고의 요구로 원고에게 원리금 상환에 대한 각서를 제출하였는데, 제1차 어음 개서시에는 원고의 요구로 소외 5만이 그 각서에 지불보증인으로 날인하였고, 2차 어음 개서시에는 원고의 요구가 없어서 피고는 물론 소외 5도 그 각서에 날인하지 아니한 사실, 그 후 성원은 1995. 5. 2.자로 부도가 났고 결국 위 아파트 분양사업은 착수되지도 못하고 말았으며, 원고는 위 약속어음에 대한 적법한 지급제시를 하지 못하여 배서인들에 대한 소구권을 상실한 사실 등을 인정한 후, 위 약속어음 발행의 원인이 된 대여금채무에 대하여 피고에게 보증인으로서의 책임이 있다는 원고의 주장을 원심 판시와 같은 이유로 배척하였다.

금전의 대여계약을 체결함에 있어서 그 대여금채무의 지급을 확보하기 위하여 채무자가 발행하는 약속어음에 배서인이 그러한 사실을 알면서 보증의 취지로 배서하였다고 하더라도 그러한 사실만으로는 원인채무인 대여금채무에 대하여 보증계약이 성립한 것으로 볼 수 없고(당원 1992. 12. 22. 선고 92다17457 판결, 1993. 11. 23. 선고 93다23459 판결 등 참조), 이 경우 대주가 배서인과 직접 교섭하여 배서를 요구하였기 때문에 배서인이 약속어음 발행의 원인이 된 소비대차계약의 내용을 상세히 알게 되었고 또 대주의 면전에서 직접 대주의 요구에 응하여 배서하였다고 하더라도, 이러한 사실들은 배서인이 원인관계상의 채무에 대하여도 보증할 의사가 있었다고 인정하는 데 유력한 증거가 될 수 있을 뿐이고, 그러한 사실들이 존재한다고 하여 원인관계상의 채무에 대한 보증계약의 성립이 추정된다고는 볼 수 없으며, 대주가 배서인에게 배서를 요구할 때 어음 발행의 원인이 된 대여금채무까지도 보증할 것을 요구하는 의사를 가지고 있었고 배서인도 대주의 그러한 의사를 인식하면서 배서에 응하였다는 사실, 즉 배서인이 소구의무를 부담한다는 형태로 대주에게 신용을 공여한 것이 아니라 원인관계상의 채무에 대하여도 신용을 공여한 것이라는 점이 배서를 전후한 제반 사정과 대주와 배서인이 처한 거래계의 실정 등에 의하여 추지될 수 있는 정도에 이르러야만 원인관계상의 대여금채무에 대한 보증계약의 성립을 인정할 수 있다고 할 것이다.

원심이 확정한 사실관계에 의하면, 피고의 대표이사 소외 3이 채권자인 원고의 대표이사와 채무자인 성원의 대표이사로부터 이 사건 약속어음에 피고의 배서가 필요한 배경이라든지 장차 있게 될 소비대차계약의 내용을 들어서 잘 알고 있었고, 특히 2차례의 어음 개서시에 그 어음금을 대여금채무의 원리금 합계액으로 증액하는 데 대하여 특별히 이의를 제기한 바도 없었다는 등의 사실은 배서인이 원인관계상의 채무에 대하여도 보증할 의사를 가졌다고 볼 수 있는 유력한 자료가 된다고 할 것이지만, 피고의 대표이사가 이 사건 대여금에 대하여 책임을 질 것 같은 태도를 보이거나 언동을 하면서 원고에게 금원을 대여할 것을 요청한 것이 아니라, 오히려 원고와 성원 측으로부터 여러 날 동안 끈질긴 배서 요청을 받고서 결국 이를 거절하지 못하고 배서하기에 이르렀고, 원고도 2차례의 어음 개서시에 대여금채무자인 성원이나 제1배서인인 소외 5에게는 대여원리금채무의 상환에 대한 각서에 서명할 것을 요구하였으면서도 피고에게는 그 각서에 서명할 것을 요구하지 않고 종전과 같이 개서 어음에 배서할 것만을 요구한 점 등에 비추어 보면, 원고가 어음 발행의 원인이 된 대여금채무까지도 보증할 것을 요구하는 의사를 가지고 있었고 배서인인 피고의 대표이사도 원고의 그러한 의사를 인식하면서 배서에 응하였다고는 보기 어렵다 할 것이다.

원고가 상고이유로 내세우는 그 밖의 점들, 즉 제1차 어음 개서시에 소외 3이 개인 인감으로 배서란에 날인하려 하였다가 원고측의 강력한 항의를 받고 그날로 대표이사 인감과 인감증명을 서울에서 김해공항으로 공수하여 오게 하였고 원고의 직원들이 직접 김해공항에 나가 이를 받아 배서란에 날인하였다는 점이나, 피고가 이 사건으로 원고에게 어떤 책임을 질 것을 염려하여 그 자구책으로 성원이 시행하는 서울 광장동 빌라에 대한 공사를 피고 명의로 시행하게 한 사실 등은, 피고가 대여금채무에 대하여도 보증하였는지의 여부를 판단함에 있어서 영향을 미칠 수 있는 사유가 될 수 없다. 결국 같은 취지로 판단하여 원인채무에 대한 보증계약의 성립을 부정한 원심판결은 정당하고, 거기에 논하는 바와 같은 채증법칙 위반, 법리오해 등의 위법이 있다고 볼 수 없으므로, 논지는 모두 이유가 없다.

그러므로 상고를 기각하고 상고비용은 패소자의 부담으로 하기로 하여 관여 법관의 일치된 의견으로 주문과 같이 판결한다.

대법관 최종영(재판장) 이돈희 이임수(주심) 서성

(2) 발행을 한 경우

| 판 례 |

[판례 43] 대여금

(대법원 1998. 3. 13. 선고 97다52493 판결)

【판시사항】

[1] 제3자가 채무자를 위하여 어음이나 수표를 발행한 경우의 법률관계
[2] 제3자로부터 그 발행의 수표나 이자를 수령하였다는 사정만으로는 채권자가 면책적 채무인수의 약정을 승낙한 것으로 볼 수 없다고 한 사례

【판결요지】

[1] 금전소비대차계약으로 인한 채무에 관하여 제3자가 채무자를 위하여 어음이나 수표를 발행하는 것은 특별한 사정이 없는 한 동일한 채무를 중첩적으로 인수한 것으로 봄이 타당하다.
[2] 제3자가 대여금 채무를 지급하기 위하여 발행한 당좌수표를 채권자가 교부받았다거나 그 당좌수표를 채권자에게 발행한 이후 제3자가 매월 이자를 채권자에게 지급하여 왔다는 사정 등만으로는 제3자가 대여금 채무를 면책적으로 인수하였다거나 채권자가 채무자와 제3자 사이의 면책적 채무인수의 약정을 묵시적으로 승낙한 것으로 볼 수는 없다고 한 사례.

【참조조문】

[1] 민법 제453조, 제454조[2] 민법 제453조, 제454조

【참조판례】

[1] 대법원 1989. 9. 12. 선고 88다카13806 판결(공1989, 1399)
대법원 1996. 11. 8. 선고 95다25060 판결(공1997상, 713)
대법원 1996. 12. 20. 선고 96다41588 판결(공1997상, 371)
대법원 1997. 5. 7. 선고 97다4517 판결(공1997상, 1713)
[2] 대법원 1990. 3. 27. 선고 89다카15892 판결(공1990, 954)

【전 문】

【원고(재심원고), 피상고인】 원고(재심원고)
【피고(재심피고), 상 고 인】 피고(재심피고) (소송대리인 변호사 이정우)
【원심판결】 창원지법 1997. 10. 23. 선고 96재나84 판결

【주 문】

상고를 기각한다. 상고비용은 피고(재심피고)의 부담으로 한다.

【이 유】

상고이유를 본다.
1. 민사소송법 제422조 제1항 제7호 소정의 "증인의 허위진술이 판결의 증거로 된 때"라 함은, 증인의 허위진술이 판결 주문에 영향을 미치는 사실인정의 자료가 된 경우를 의미하나, 판결 주문에 영향을 미친다는 것은 만약 그 허위진술이 없었더라면 판결 주문이 달라질 수도 있었을 것이라는 개연성이 있는 경우를 말하고 변경의 확실성을 요구하는 것은 아니다(대법원 1992. 1. 21. 선고 91다5914 판결, 1995. 4. 14. 선고 94므604 판결 등 참조).

원심판결 이유에 의하면, 원심은, 원고(재심원고, 이하 원고라고 한다)가 피고(재심피고, 이하 피고라고 한다)를 상대로 제기한 창원지방법원 94가단9163호 대여금 청구사건에서 위 법원이 1995. 4. 19. 원고 승소판결을 선고하고, 피고가 이에 불복하여 항소하자, 창원지방법원(95나3071호)은 1995. 11. 17. 제1심 및 원심 증인 소외 1의 증언과 제1심 증인 소외 2의 증언에다가 원·피고 제출의 서증(갑 제3호증, 을 제3호증의 5, 8) 등을 종합하여 소외 한국기전 주식회사(이하 소외 회사라 한다)가 위 대여금 채무를 면책적으로 인수하였다는 내용의 사실인정을 함으로써 제1심판결을 취소하고 원고의 청구를 기각하는 재심대상판결을 선고하고, 그 판결은 1996. 3. 12. 상고가 기각됨으로써 확정된 사실, 그 후 위 소외 1은 위 94가단9163호 사건에서 사실은 소외 회사가 그 발행의 당좌수표를 피고의 원고에 대한 이 사건 대여금 채무의 담보로 교부한 것에 불과하고, 위 대여금 채무를 소외 회사가 면책적으로 인수한 것이 아님에도 불구하고, "소외 3 사장(소외 회사의 대표이사)과 증인은 피고와 같이 돈을 받을 사람인 원고의 자택을 찾아가 피고가 원고에게 지급할 돈을 소외 회사에서 대신 지급하겠다고 하였더니 원고도 쾌히 승낙하였다. 원고는 위 당좌수표를 받은 후 피고에게 이 건 차용증(갑 제1호증)을 돌려주고 피고는 이를 찢어 버렸는데 원고가 당시 제시한 차용증은 사본으로 보여진다."라는 취지의 허위진술을 하였다는 이유로 1996. 9. 19. 부산지방법원 동부지원에서 약식명령을 받아 같은 해 10. 22. 그 약식명령이 확정된 사실을 인정한 다음, 위 소외 1의 허위진술은 이 사건 재심대상판결의 사실인정에 관한 자료로 제공되었고, 이는 민사소송법 제422조 제1항 제7호 소정의 재심사유에 해당한다고 판단하였다.

기록과 위에서 본 법리에 비추어 살펴보면, 위 소외 1의 허위진술이 유죄로 확정되고 그 허위진술이 재심대상판결에서 사실인정에 관한 자료로 제공된 이 사건에 있어서, 그 허위진술이 없었더라면 판결의 주문이 달라질 수도 있을 것이라는 개연성이 농후하고, 그 허위진술을 제외한 나머지 증거들만에 의하여 판결 주문에 아무런 영향을 미치지 아니하는 경우로 볼 수 없으므로, 원심의 위 인정판단은 정당하고, 거기에 재심사유에 관한 법리오해의 위법이 없다.
2. 원심은, 재심대상판결의 정당 여부를 판단하면서, 원·피고와 소외 회사의 대표이사 소외 3과의 3자 합의에 의하여 이 사건 대여금 채무를 소외 회사가 면책적으로 인수하기로 하였다는 피고의 주장에 대하여, 이에 부합하는 판시 증거를 믿지 아니한다고 한 다음, 소외 회사가 1993. 2.경 액면 금 21,000,000원의 당좌수표를 원고에게 발행한 이후 매월 이자를 원고에게 지급하다가 같은 해 9. 21. 위 수표금을 지급하지 못하게 되자 위 수표를 회수하고 다시 발행일 1994. 3. 15. 액면 금 21,000,000원의 당좌수표 1장을 원고에게 발행하고, 원고가 그 지급기일을 2개월 더 연장해 주었다는 사정만으로는 피

고의 위 주장사실을 인정하기에 부족하다는 이유로 피고의 위 주장을 배척하고서 이 사건 재심대상판결을 취소하고 피고의 항소를 기각하였다.

기록에 비추어 살펴보면, 원심의 위 인정판단은 수긍이 가고, 피고와 소외 회사 사이에 피고의 이 사건 대여금 채무에 관한 면책적 채무인수의 약정이 있었다고 하더라도 채권자인 원고가 이를 승낙하지 아니하는 한 원고에 대하여 그 효력이 생기지 않는 것이며, 금전소비대차계약으로 인한 채무에 관하여 제3자가 채무자를 위하여 어음이나 수표를 발행하는 것은 특별한 사정이 없는 한 동일한 채무를 중첩적으로 인수한 것으로 봄이 타당하므로(대법원 1989. 9. 12. 선고 88다카13806 판결 참조), 소외 회사가 이 사건 대여금 채무를 지급하기 위하여 발행한 당좌수표를 원고가 교부받았다거나 그 당좌수표를 원고에게 발행한 이후 소외 회사가 매월 이자를 원고에게 지급하여 왔다는 사정 등만으로는 소외 회사가 이 사건 대여금 채무를 면책적으로 인수하였다거나 원고가 피고와 소외 회사 사이의 면책적 채무인수의 약정을 묵시적으로 승낙한 것으로 볼 수는 없다 할 것이다.

따라서 원심판결에 면책적 채무인수에 있어서의 채권자의 승낙에 관한 법리오해나 채증법칙 위배로 인한 사실오인의 위법이 있다고 할 수 없고, 상고이유에서 내세우고 있는 대법원판결은 이 사건과 사안을 달리하는 것으로 이 사건에 원용하기에 적절하지 아니하다.

상고이유의 주장은 모두 그 이유가 없다.

그러므로 상고를 기각하고, 상고비용은 패소자의 부담으로 하기로 하여 관여 법관의 일치된 의견으로 주문과 같이 판결한다.

대법관 천경송(재판장) 지창권 신성택(주심) 송진훈

5. 어음·수표의 소멸시효

가. 어음

주채무자(약속어음 발행인, 환어음 인수인)에 대한 어음금청구권의 소멸시효기간은 만기일부터 3년이다(어음법 제77조 제1항 제8호, 제78조 제1항, 제70조 제1항).

──────────── 법 령 ────────────

◇ 어음법

제70조 (시효기간) ① 인수인에 대한 환어음상의 청구권은 만기일부터 3년간 행사하지 아니하면 소멸시효가 완성된다.

제77조 (환어음에 관한 규정의 준용) ① 약속어음에 대하여는 약속어음의 성질에 상반되지 아니하는 한도에서 다음 각 호의 사항에 관한 환어음에 대한 규정을 준용한다.
   8. 시효(제70조와 제71조)

제78조 (발행인의 책임 및 일람 후 정기출급 어음의 특칙) ① 약속어음의 발행인은 환어음의 인수인과 같은 의무를 부담한다.

| 판 례 |

[판례 44] 채무부존재확인

(대법원 2004. 12. 10. 선고 2003다33769 판결)

【판시사항】

약속어음이 수취인 겸 소지인의 발행인에 대한 장래 발생할 구상채권을 담보하기 위하여 발행된 경우, 위 소지인의 발행인에 대한 약속어음상 청구권의 소멸시효 기산점(=구상채권이 현실적으로 발생한 때)

【판결요지】

발행인에 대한 약속어음상의 청구권의 소멸시효는 만기의 날로부터 진행하는 것이 원칙이나, 그 약속어음이 수취인 겸 소지인의 발행인에 대한 장래 발생할 구상채권을 담보하기 위하여 발행된 것이라면, 소지인은 발행인에 대하여 구상채권이 발생하지 않은 기간 중에는 약속어음상의 청구권을 행사할 수 없고, 구상채권이 현실로 발생한 때에 비로소 이를 행사할 수 있게 되는 것이므로, 그 약속어음의 소지인의 발행인에 대한 약속어음상의 청구권의 소멸시효는 위 구상채권이 현실적으로 발생하여 그 약속어음상의 청구권을 행사하는 것이 법률적으로 가능하게 된 때부터 진행된다고 봄이 상당하고 이러한 결과가 민법 제184조 제2항의 규정에 반하여 소멸시효를 가중하는 것이라고 할 수는 없다.

【참조조문】

어음법 제70조 제1항, 제77조 제1항 제8호, 민법 제166조 제1항, 제184조 제2항

【전 문】

【원고, 상 고 인】 원고 1 외 1인
【피고, 피상고인】 주식회사 한화
【원심판결】 부산지법 2003. 6. 12. 선고 2002나13857 판결

【주 문】

상고를 모두 기각한다. 상고비용은 원고들이 부담한다.

【이 유】

발행인에 대한 약속어음상의 청구권의 소멸시효는 만기의 날로부터 진행하는 것이 원칙이나, 그 약속어음이 수취인 겸 소지인의 발행인에 대한 장래 발생할 구상채권을 담보하기 위하여 발행된 것이라면, 소지인은 발행인에 대하여 구상채권이 발생하지 않은 기간 중에는 약속어음상의 청구권을 행사할 수 없고, 구상채권이 현실로 발생한 때에 비로소 이를 행사할 수 있게 되는 것이므로, 그 약속어음의 소지인의 발행인에 대한 약속어음상의 청구권의 소멸시효는 위 구상채권이 현실적으로 발생하여 그 약속어음상의 청구권을 행사하는 것이 법률적으로 가능하게 된 때부터 진행된다고 봄이 상당하다. 그리고 이러한 결과가 민법 제184조 제2항의 규정에 반하여 소멸시효를 가중하는 것이라고 할 수는 없다.

원심은 내세운 증거에 의하여, 소외인은 1997. 2. 17. 원고 1을 대리하여 중부리스금융 주식회사(이하 '중부리스'라고 한다)와 사이에 무연연삭기 2대에 관한 리스계약을 체결하고, 피고와 사이에 위 리스계약상의 채무의 상환보증을 위한 신용보증약정을 체결한 사실, 소외인은 1997. 5. 21. 원고들을 대리하여 피고에게 위 신용보증약정에 따라 장래에 발생할 구상채권을 담보하기 위하여 원고들 공동 명의로 만기가 일람출급으로 기재된 액면 금 3,500만 원의 약속어음을 발행한 사실, 그런데 원고 1이 리스료의 불입을 연체하여 1998. 11.경 위 리스계약이 해지되자, 피고가 1998. 12. 14. 위 신용보증약정에 따라 중부리스에 81,412,000원을 대위변제한 사실 등 그 판시와 같은 사실을 인정한 다음, 피고의 원고들에 대한 약속어음금채권의 소멸시효는 피고가 중부리스에 81,412,000원을 대위변제함으로써 구상채권을 취득한 1998. 12. 14.로부터 진행한다고 판단하였는바, 위에서 본 법리와 기록에 비추어 살펴보면, 원심의 판단은 정당한 것으로 수긍되고, 거기에 어음법 제34조 또는 민법 제184조에 관한 법리를 오해한 위법이 있다고 할 수 없다.

그러므로 상고를 모두 기각하기로 하여 관여 대법관의 일치된 의견으로 주문과 같이 판결한다.

대법관 배기원(재판장) 유지담 이강국 김용담(주심)

배서인에 대한 상환청구권의 소멸시효기간은 지급거절증서 작성일 내지 그 작성이 면제되어 있을 때에는 만기일부터 1년이다(어음법 제77조 제1항 제8호, 제70조 제2항). 재상환청구권의 소멸시효기간은 어음을 환수한 날 또는 제소된 날부터 6개월이다(어음법 제77조 제1항 제8호, 제70조 제3항).

제4장 기타 문제   379

법 령

◆ 어음법

제70조 (시효기간) ② 소지인의 배서인과 발행인에 대한 청구권은 다음 각 호의 날부터 1년간 행사하지 아니하면 소멸시효가 완성된다.
  1. 적법한 기간 내에 작성시킨 거절증서의 날짜
  2. 무비용상환의 문구가 적혀 있는 경우에는 만기일
③ 배서인의 다른 배서인과 발행인에 대한 청구권은 그 배서인이 어음을 환수한 날 또는 그 자가 제소된 날부터 6개월간 행사하지 아니하면 소멸시효가 완성된다.
[전문개정 2010. 3. 31.]

제77조 (환어음에 관한 규정의 준용) ① 약속어음에 대하여는 약속어음의 성질에 상반되지 아니하는 한도에서 다음 각 호의 사항에 관한 환어음에 대한 규정을 준용한다.
  8. 시효(제70조와 제71조)

제78조 (발행인의 책임 및 일람 후 정기출급 어음의 특칙) ① 약속어음의 발행인은 환어음의 인수인과 같은 의무를 부담한다.

판 례

[판례 45] 약속어음금

(대법원 1962. 1. 31. 선고 4294민상110,111 판결)

【판시사항】

백지 배서로서 된 약속어음 소지인의 백지 부문의 보충과 그 시기 및 어음을 정시하지 아니하고 재판상의 청구를 한 경우와 시효 중단

【판결요지】

가. 어음의 수취인란은 시효완성 후에도 보충할 수 있다
나. 어음상의 권리에 의한 재판상의 청구에 있어서는 어음을 정시하지 아니하여도 시효중단의 효력이 있다

【참조조문】

어음법 제77조 1항 1호, 제77조 1항 8호

【전 문】

【원고 상고인, 피상고인】 원고 (소송대리인 변호사 김준태)

【피고 피상고인, 상고인】 피고 (소송대리인 변호사 옥동형)
【원 판 결】 서울고등법원 1960. 4. 21. 선고 4292민공642, 643 판결

【주 문】

피고 상고를 기각한다.
상고 비용중 피고 상고에 관한 부분은 피고의 부담으로 한다.
원고의 상고에 의하여 원 판결 중 원고 상고 부분을 파기하고 그 파기 부분을 서울고등법원에 환송한다.

【이 유】

원고 및 피고 소송대리인의 상고 이유는 뒤에 붙인 각 상고 이유의 기재 내용과 같다.

1. 피고 상고이유 1, 2점에 대하여 살피건대 원판결에 의하면 원심은 본건 어음중 5백만환 건에 대하여 갑제1호증 증인 소외 1, 소외 2 등의 증언을 종합하여 원고가 지불기일 만료전인 4288. 8. 28. 소외 3으로부터 적법히 배서 양수 하였다는 사실과 증인 소외 1의 증언에 의하여 원고는 만기일에 피고에게 지급정지를 하였다는 사실을 인정하고 증인 소외 4의 증언을 배척 하였음이 명백한바 이상의 증거를 기록에 의하여 검토 하여도 아무 위법이 없을 뿐 아니라 소론의 증인 소외 5의 증언에 의하여도 본건 약속 어음의 진출 액수는 모른다 라고 하였으므로 원심이 소론의 제한령 초과 운운의 항변에 대하여 증거 없다 하여 배척하고 위의 증언에 대하여 판단하지 아니하였다 하더라도 판결 결과에 아무 영향이 없다. 그러므로 피고의 상고 이유는 어느것이나 채용할 수 없다.

2. 원고 상고 이유에 대하여 살피건대, 원판결에 의하면 원심은 본건 어음 중 액면 481 만환 및 219 만환 건에 대하여는 가 지급 기일인 4288. 8. 30. 부터 3년인 4291. 8. 29. 로서 시효가 완성 되는 바 그이후인 4292. 5. 7. 이후에 원고가 수취인란을 보충하였다는 사실을 자인하고 있는 이상 시효 완성후의 수취인란 보충의 어음은 효력이 없다 하여 원고 청구를 기각 하였음이 명백하다. 그러나 백지 배서로서 된 어음의 소지인은 그 백지 부분을 보충하고 아니 하고는 자유일 뿐 아니라 보충한다 하더라도 그 시기에 있어서 아무 제한이 없다 할 것이며 어음상의 권리에 의한 재판상의 청구에 있어서는 어음을 정시하지 아니하더라도 재판상의 청구로서 시효가 중단 된다고 해석 하여야 할 것임에도 불구하고 시효 완성 전에 제소 됨으로서 시효가 중단 되었음이 명백한 본건에 있어서(4291. 8. 26. 제소) 시효 완성 후의 보충은 무효라고 판단하였음은 그 법리를 오해한 위법이 있다.

그러므로 원고의 상고는 이유 있고 원심으로 하여금 다시 심리 판단케 할 필요가 있다고 인정되므로 관여 법관 전원의 일치된 의견으로서 주문과 같이 판결한다.

대법원판사 방순원(재판장) 홍순엽 양회경

[판례 46] 채무부존재확인

(대법원 1990. 11. 27. 선고 90다카21541 판결)

【판시사항】

어음시효 중단사유로서의 승인의 방법

【판결요지】

어음시효 중단사유로서의 승인은 시효이익을 받을 당사자인 어음채무자가 시효의 완성으로 권리를 상실하게 될 자에 대하여 그 권리가 존재함을 인식하고 있다는 뜻을 표시함으로써 족하고 반드시 기존 어음에 개서하거나 새로운 어음을 발행, 교부함을 요하지 아니하며, 또 채무승인에 관한 문서가 작성되어 있지 않다고 하여 채무승인을 인정할 수 없는 것은 아니다.

【참조조문】

어음법 제70조, 제71조, 민법 제168조

【전 문】

【원고, 상 고 인】 한정순 외 3인 원고들 소송대리인 변호사 정만조
【피고, 피상고인】 안민재 소송대리인 변호사 권종근
【원심판결】 서울고등법원 1990.6.13. 선고 89나40954 판결

【주 문】

상고를 모두 기각한다.
상고비용은 원고들의 부담으로 한다.

【이 유】

원고들의 상고이유를 본다.

어음시효 중단사유로서의 승인은 시효이익을 받을 당사자인 어음채무자가 시효의 완성으로 권리를 상실하게 될 자에 대하여 그 권리가 존재함을 인식하고 있다는 뜻을 표시함으로써 족하고 반드시 기존어음에 개서하거나 새로운 어음을 발행·교부함을 요하지 아니하며, 또 채무승인에 관한 문서가 작성되어 있지 않다고 하여 채무승인을 인정할 수 없는 것은 아니다.

이 사건에서 원심이 취사한 증거내용을 기록에 의하여 살펴보면, 이 사건 약속어음 2매의 발행 및 공증경위와 그 발행인인 소외 망 김윤업이 그후 1988.2.월경까지 여러 차례 피고가 귀국할 때마다 피고에게 이 사건 예탁금에 관하여 한 언질내용 등에 관한 원심의 사실인정과 그 사실에 의하여 위 망인이 이 사건 약속어음금 채무를 승인하였고 피고의 그 어음상의 청구권에 대한 소멸시효가 위 채무승인으로 중단되었다고 본 원심의 조치에 수긍이 가고, 거기에 소론과 같이 채증법칙위반과 심리미진으로 사실을 오인하거나 법령해석을 그르친 위법이 없으므로 논지는 모두 이유 없다.

그러므로 상고를 모두 기각하고, 상고비용은 패소자의 부담으로 하여 관여 법관의 일치된

의견으로 주문과 같이 판결한다.

대법관   김상원(재판장) 이회창 배석 김주한

나. 수표

───────────── 법 령 ─────────────

◆ **수표법**

제29조 (지급제시기간) ① 국내에서 발행하고 지급할 수표는 10일 내에 지급을 받기 위한 제시를 하여야 한다.
④ 제1항부터 제3항까지의 기간은 수표에 적힌 발행일부터 기산(起算)한다. [전문개정 2010. 3. 31.]

제40조 (거절증서 등의 작성기간) ① 거절증서 또는 이와 같은 효력이 있는 선언은 제시기간이 지나기 전에 작성시켜야 한다.
② 제시기간 말일에 제시한 경우에는 거절증서 또는 이와 같은 효력이 있는 선언은 그 날 이후의 제1거래일에 작성시킬 수 있다. [전문개정 2010. 3. 31.]

제60조 (수표에 관한 행위와 휴일) ① 수표의 제시와 거절증서의 작성은 거래일에만 할 수 있다.
② 수표에 관한 행위를 하기 위하여 특히 수표의 제시 또는 거절증서나 이와 같은 효력이 있는 선언의 작성을 위하여 법령에 규정된 기간의 말일이 법정휴일일 때에는 그 말일 이후의 제1거래일까지 기간을 연장한다. 기간 중의 휴일은 그 기간에 산입한다. [전문개정 2010. 3. 31.]

7. 선일자수표와 자기앞수표

가. 선일자수표

────────── 법 령 ──────────

◇ 수표법

제28조 (수표의 일람출급성) ② 기재된 발행일이 도래하기 전에 지급을 받기 위하여 제시된 수표는 그 제시된 날에 이를 지급하여야 한다.

제29조 (지급제시기간) ① 국내에서 발행하고 지급할 수표는 10일 내에 지급을 받기 위한 제시를 하여야 한다.
② 지급지의 국가와 다른 국가에서 발행된 수표는 발행지와 지급지가 동일한 주(洲)에 있는 경우에는 20일 내에, 다른 주에 있는 경우에는 70일 내에 이를 제시하여야 한다.
③ 제2항에 관하여는 유럽주의 한 국가에서 발행하여 지중해 연안의 한 국가에서 지급할 수표 또는 지중해 연안의 한 국가에서 발행하여 유럽주의 한 국가에서 지급할 수표는 동일한 주에서 발행하고 지급할 수표로 본다.
④ 제1항부터 제3항까지의 기간은 수표에 적힌 발행일부터 기산(起算)한다.
[전문개정 2010. 3. 31.]

| 판 례 |──────────

[판례 47] 부정수표단속법위반

(대법원 1974. 2. 12. 선고 73도3445 판결)

【판시사항】

선일자수표를 소지인이 특약에 반하여 그 발행일자 도래전에 제시한 경우 부정수표단속법 2조 2항의 적용여부

【판결요지】

선일자수표를 소지인이 특약에 반하여 그 발행일자 도래전에 제시한 경우 예금부족으로 지급되지 아니하면 부도수표단속법상의 부정수표로 보아야 한다.

【참조조문】

부정수표단속법 제2조

【전 문】

【피고인, 상고인】 피고인
【원심판결】 대전지방법원 1973.11.21. 선고 73노329 판결

【주 문】

이 상고를 기각한다.

【이 유】

피고인의 상고이유를 본다.
선일자수표를 소지인이 특약에 반하여 그 수표상의 발행일자 도래전에 지급을 위한 제시를 한 경우에 예금부족으로 그 지급이 되지 아니하면 이러한 수표도 부정수표단속법상의 부정수표로 보아야 된다(당원 1967.5.2 선고 67도117 판결 참조) 그리고 수표의 발행일부터 10일이 지난 뒤에 지급을 위한 제시를 한 것으로 되어 있는 일련번호(이 사건 제1심판결서 첨부목록 참조) 제 24, 25, 26의 수표 3매는 원심이 인용하고 있는 증거에 의하면 무거래상태가 된 뒤에 발행된 수표인 것이 인정된다.
그렇다면 논지는 이유없으므로 형사소송법 제390조에 의하여 이 상고를 기각하기로 한다. 이 판결에는 관여법관들의 견해가 일치되다.

대법관   한환진(재판장) 이영섭 양병호 김윤행

[판례 48] 보험금

(대법원 1989. 11. 28. 선고 88나카33367 판결)

【판시사항】

가. 최초의 보험료를 선일자수표로 지급한 경우 보험자의 보험금지급 책임의 발생시기
나. 단체의 대표자가 단체구성원을 피보험자로 한 생명보험을 일괄적으로 체결하는 경우 피보험자의 개별적인 동의 여부(적극)

【판결요지】

가. 선일자수표는 대부분의 경우 당해 발행일자 이후의 제시기간내의 제시에 따라 결제되는 것이라고 보아야 하므로 선일자수표가 발행 교부된 날에 액면금의 지급효과가 발생된다고 볼 수 없으니, 보험약관상 보험자가 제1회 보험료를 받은 후 보험청약에 대한 승낙이 있기 전에 보험사고가 발생한 때에는 제1회 보험료를 받은 때에 소급하여 그때부터 보험자의 보험금 지급책임이 생긴다고 되어 있는 경우에 있어서 보험모집인이 청약의 의사표시를 한 보험계약자로부터 제1회 보험료로서 선일자수표를 발행받고 보험료 가수증을 해주었더라도 그가 선일자수표를 받은 날을 보험자의 책임발생 시점이 되는 제1회 보험료의 수령일로 보아서는 안된다.
나. 타인의 사망을 보험사고로 하는 보험계약에는 피보험자의 동의를 얻어야 한다는 상법 제731조 제1항의 규정은 강행법규로 보아야 하므로 피보험자의 동의는 방식이야 어떻

든 당해 보험계약의 효력발생 요건이 되는 것이고, 그 입법취지에는 도박보험의 위험성과 피보험자 살해의 위험성 외에도 피해자의 동의를 얻지 아니하고 타인의 사망을 이른바 사행계약상의 요건으로 삼는다는 데서 오는 공서양속 침해의 위험성을 배제하기 위한 것도 들어 있다고 할 것이므로 단체 대형보장보험의 경우 그 단체의 대표자 내지 사용자가 일괄적으로 그 구성원을 피보험자로 하여 보험계약을 체결하는 것이어서 도박보험이나 피보험자 살해의 위험성이 없다는 이유만으로는 피보험자의 서면에 의한 동의를 요구하고 있는 단체대형보장보험의 약관의 통용성을 부정할 수는 없다고 봄이 타당하다.

【참조조문】

가. 수표법 제28조 제2항, 상법 제656조 나. 제731조 제1항

【전 문】

【원고, 피상고인】 원고
【피고, 상 고 인】 대한교육보험주식회사 소송대리인 변호사 박두환
【원 판 결】 부산고등법원 1988.11.17. 선고 88나1370 판결

【주 문】

원판결 가운데 피고의 패소부분을 파기하여 사건을 부산고등법원에 환송한다.

【이 유】

상고이유 제1, 3점에 대하여,

(1) 선일자 수표는 그 발행자와 수취인 사이에 특별한 합의가 없었더라도 일반적으로 수취인이 그 수표상의 발행일 이전에는 자기나 양수인이 지급을 위한 제시를 하지 않을 것이라는 약속이 이루어져 발행된 것이라고 의사해석함이 합리적이며 따라서 대부분의 경우 당해 발행일자 이후의 제시기간내의 제시에 따라 결제되는 것이라고 보아야 한다. 물론 선일자수표도 본질적으로 일람불(출급)성을 잃은 것은 아니므로 위에서 본 발행일자 이전에 지급을 위한 제시가 있을 때에는 그날에 지급하여야 되게 되어 있음은 수표법 제28조제2항에 의하여 분명하고 이것은 동시에 발행자에게 위험(부도, 과료 등)부담을 강요하는 것과 같은 측면이 없지 아니하나 그렇다고 해서 선일자 수표가 발행 교부된 날에 액면금의 지급효과가 발생된다고 볼 수 없다.

이 사건에 있어서와 같이 보험약관상에 보험자가 제1회 보험료를 받은 후 보험청약에 대한 승낙이 있기 전에 보험사고가 발생한 때에는 제1회 보험료를 받은 때에 소급하여 그때부터 보험자의 보험금지급 책임이 생긴다고 되어 있는 경우에 이 사건과 같은 생명보험의 모집인이 그의 권유에 응한 청약의 의사표시를 한 보험계약자로부터 제1회 보험료로서 선일자 수표를 발행받고 보험료 가수증을 해준 경우에는 비록 보험모집인이 소속 보험회사와의 고용계약이나 도급적 요소가 가미된 위임계약에 바탕을 둔 소속보험회사의 사용인으로서 보험계약의 체결대리권이나 고지수령권이 없는 중개인에 불과하다 하여도 오늘날의 보험업계의 실정에 비추어 제1회 보험료의 수령권이 있음을 부정할 수는 없으나 그렇더라도 그가 선일자 수표를 받은 날을 보험자의 책임발

생 시점이 되는 제1회 보험료의 수령일로 보아서는 안된다.
　　원심은 증거에 의하여 보험모집인이 소속 보험회사의 보험료를 수령함에 있어 현금 내지 수표는 물론 어음, 선일자 수표도 발행 교부받고 있음이 적지않게 관행되고 있다는 사실을 확정한 다음 이 사건에서와 같이 선일자 수표가 보험료로서 발행 교부되고 이에 대한 보험료 가수증이 작성 교부된 이상 보험모집인이 보험청약자인 원고에게 보험료지급을 선일자 수표의 발행일까지 유예함과 동시에 피고에 대하여는 즉시 자기가 위 보험료 전액을 대납하고 수표가 지급거절되는 등의 사고에 대하여는 자기스스로 책임을 부담하겠다는 취지이고 따라서 보험료지급전의 보험사고에 대하여도 피고 회사가 그 위험을 인수한 것으로 보여지므로 비록 원고가 선일자수표를 발행하였고 그 선일자 수표의 발행일이 도래하기 전에 이 사건 보험사고가 발생하였다 하더라도 피고는 보험금지급 책임이 있다 할 것이라고 판단하고 있는 바, 원심의 이와 같은 판단은 스스로 확정하고 있는 사실관계 아래에서는 보험모집인의 소속 보험업자 영업범위 확대에 대한 기여도에 비추어 혜택을 받고 있는 보험업자는 보험모집인의 정보 불전달규칙 불준수 등에 의한 불이익을 감내하여야 한다는 인식에 터잡고 있는 것으로 짐작되지만 피고 회사와 같은 보험기업자는 개개의 보험계약자에 의하여 집성된 공통준비재산의 합리적인 관리를 통하여 각 계약자의 우연한 사고로 인한 재산상의 수요를 충족시키고 있다는 사회적 공공성의 특성을 부정할 수 없다는 점과 아울러 선일자 수표발행자의 발행일자 이후에 지급을 위한 제시가 있으리라는 기대가 갖는 금융관계상의 이익등에 비추어 볼 때 원심의 위와 같은 판단은 옳다고 볼 수 없다.
(2) 타인의 사망을 보험사고로 하는 보험계약에는 피보험자의 동의를 얻어야 함은 상법 제731조 제1항에 의하여 명백한 바 이 규정은 강행법규로 보아야하므로 피보험자의 동의는 방식이야 어떻든 당해 보험계약의 효력발생 요건이 되는 것이다.
　　그런데 이 사건 단체대형보장 보험약관에는 피보험자의 서면에 의한 동의를 요구하고 있는 바 이에 대하여 원심은 판단하기를 타인의 사망보험에 대하여 피보험자의 동의를 요하게 한 것은 도박보험의 위험성과 피보험자 살해의 위험성 등을 배제하기 위함인 것인데 단체대형 보장보험의 경우에는 그 단체의 대표자 내지 사용자가 일괄적으로 그 구성원을 피보험자로 하여 보험계약을 체결하는 것이어서 위와 같은 우려가 없어 피보험자의 개별적인 명시적 동의를 요하지 아니하고 묵시적 동의 내지 추정적 동의의사만으로 족하다 할 것인데 피고 회사가 위 보험약관으로 피보험자의 서면동의까지 요구한 것은 보험청약자 내지 보험계약자의 형식이나 요건에 대하여 부당하게 엄격하게 제한을 가한 것이므로 신의칙 내지 공평의 원칙에 비추어 무효라 할 것이라고 설시한 다음 따라서 원고가 피보험자인 선원들의 묵시적 승낙하에 위 단체대형보장보험을 청약한 이상 피고로서는 그 보험금을 지급할 의무가 있는 것이라고 하였다.
　　그러나 위에서 본 상법 제731조 제1항의 입법취지는 원심이 밝힌 위험성 외에도 인격적 침해의 위험성 즉 일반사회의 윤리에 비추어 피해자의 동의를 얻지아니하고 타인의 사망을 이른바 사행계약상의 조건으로 삼는데서 오는 공서양속침해의 위험성을 배제하기 위한 것도 들어 있다 할 것이고 더우기 위와같은 위험성들은 언제나 똑같은 비중으로 취급될 수는 없다 할 것이나 그렇다고 해서 원심설시와 같은 이유만으로는 이 사건 단체대형보장보험의 위와 같은 약관의 통용성을 부정할 수는 없다고 봄이 타당하다.

원심의 위와 같은 판단은 보통거래약관의 법리를 오해한 것이라고 하지 않을 수 없다.
(3) 이상에서 본바 대로 원판결 가운데 피고의 패소부분은 부당하고 이는 현저히 사회정의와 형평에 반하는 중대한 법령위반이라 할 것이므로 이 점을 지적하는 논지들은 이유 있어 나머지 논점에 대한 판단을 할 것까지도 없이 원판결 중 해당부분을 파기하여 다시 심리판단케 하기 위하여 원심법원에 환송하기로 관여 법관의 의견이 일치되어 주문과 같이 판결한다.

대법관   김주한(재판장) 이회창 배석 김상원

나. 자기앞수표

자기앞수표라 함은 은행이 자신을 지급인으로 하여 발행하는 수표이다(수표법 제6조 제3항).

─────────── 법 령 ───────────

◇ **수표법**
제6조 (자기지시수표, 위탁수표, 자기앞수표) ③ 수표는 발행인 자신을 지급인으로 하여 발행할 수 있다. [전문개정 2010. 3. 31.]

8. 이득상환청구권

가. 의의

이득상환청구권이라 함은 어음에서 생긴 권리가 절차의 흠결로 인하여 소멸한 때나 그 소멸시효가 완성된 경우 발행인, 인수인, 배서인, 지급보증인을 상대로 그가 받은 이익의 상환을 청구하는 권리를 말한다(어음법 제79조, 수표법 제63조).

법 령

◆ 어음법
부칙 <법률 제1001호, 1962. 1. 20.>
제79조 (이득상환청구권) 환어음 또는 약속어음에서 생긴 권리가 절차의 흠결로 인하여 소멸한 때나 그 소멸시효가 완성한 때라도 소지인은 발행인, 인수인 또는 배서인에 대하여 그가 받은 이익의 한도내에서 상환을 청구할 수 있다.

◆ 수표법
부칙 <법률 제1002호, 1962. 1. 20.>
제63조 (이득상환청구권) 수표에서 생긴 권리가 절차의 흠결로 인하여 소멸한 때나 그 소멸시효가 완성한 때라도 소지인은 발행인, 배서인 또는 지급보증을 한 지급인에 대하여 그가 받은 이익의 한도내에서 상환을 청구할 수 있다.

판 례

[판례 49] 약속어음금

(대법원 1993. 3. 23. 선고 92다50942 판결)

【판시사항】

가. 약속어음의 배서인으로서의 담보책임을 묻다가 사망한 발행인의 상속인으로서의 책임을 묻는 소로 청구원인을 변경한 경우 당초의 제소가 변경된 청구원인에 대하여도 시효중단의 효력이 있는지 여부(소극)

나. 채권의 지급을 확보하기 위하여 발행된 약속어음의 최후 소지인이 어음상의 권리를 상실한 경우 바로 이득상환청구권이 발생하는지 여부(소극)

【판결요지】

가. 약속어음의 소지인이 당초 제출한 소장에 기재된 청구원인은 피고에 대하여 배서인으로서 어음금을 지급할 것을 구하는 것으로서 그 소장의 제출로써 그 후 피고에 대하여 발행인의 상속인으로서 어음금 중 상속비율에 해당하는 돈의 지급을 구하는 변경된 청구원인에 대하여는 시효중단의 효력이 생긴다고 보기 어렵다.

나. 어음법에 의한 이득상환청구권이 발생하기 위하여는 모든 어음상 또는 민법상의 채무자에 대하여 각 권리가 소멸되어야 하는 것인바, 원인관계에 있는 채권의 지급을 확보하기 위하여 발행된 약속어음이 전전양도되어 최후의 소지인이 어음상의 권리를 상실한 경우라도 원인채무는 그대로 존속하는 것이므로 발행인이 바로 어음금액 상당의 이득을 얻고 있다고는 할 수 없다.

【참조조문】

가. 민법 제170조 제1항, 어음법 제70조, 제71조 나. 어음법 부칙 제79조

【참조판례】

나. 대법원 1970.3.10. 선고 69다1370 판결(집18①민191)
1974.7.23. 선고 74다131 판결(공1974,8009)
1992.3.31. 선고 91다40443 판결(공1992,1417)

【전 문】

【원고, 상 고 인】 원고 소송대리인 서초합동법률사무소 담당변호사 윤성원 외 2인
【피고, 피상고인】 피고
【원심판결】 서울민사지방법원 1992.10.21. 선고 92나17869 판결

【주 문】

상고를 기각한다.
상고비용은 원고의 부담으로 한다.

【이 유】

상고이유를 본다.
1. 제1점에 대하여

원심판결 이유에 의하면 원심은 제1심판결을 인용하여, 소외 1이 1989.1.10. 피고를 수취인으로 하여 액면 금 2,000만원, 발행일 1989.1.10. 지급기일 1989.4.24. 지급장소 한국주택은행 서초동지점으로 된 약속어음 1장을 발행하였고 위 어음은 피고, 소외 2, 소외 3 등이 순차 배서양도하여 원고가 그 최종소지인이 되었으며 원고가 위 어음을 지급기일에 지급장소에 제시하였으나 지급이 거절된 사실, 위 소외 1은 위 어음을 발행한 뒤 같은 해 1.30. 사망하고 그의 재산은 그 남편인 피고와 딸인 소외 4가 공동으로 상속한 사실을 인정한 다음, 약속어음의 경우 소지인의 발행인에 대한 어음상의 청구권은 만기의 날로부터 3년간 행사하지 아니하면 소멸시효가 완성한다 할 것인데 원고가 피고에 대하여 위 어음의 발행인인 소외 1의 상속인으로서 위 어음금중 상속비율에 해당하는 돈의 지급을 구하는 소변경신청서를 제1심법원에 제출한 날은 만기일로부터 3년이 지난 1992.5.11.임이 기록상 명백하고, 원고가 1991.12.11. 이 사건 소장을 제출하였으나 그 소장에 기재된 청구원인은 피고에 대하여 배서인으로서 위 어음금을 지급할 것을 구하는 것으로서 그 소장의 제출로써 위 변경된 청구권인에 대하여도 시효중단의 효력이 생긴다고 보기 어렵다고 판단하였는 바, 기록에 비추어 보면 원심의 위 인정과 판단은 옳고 거기에 소론과 같은 소멸시효중단에 관한 법리오해의 위법이 있다고 할 수 없다. 논지는 이유 없다.

2. 제2점에 대하여

어음법에 의한 이득상환의 청구권이 발생하기 위하여는 모든 어음상 또는 민법상의 채무자에 대하여 각 권리가 소멸되어야 하는 것인 바, 원인관계에 있는 채권의 지급을 확

보하기 위하여 발행된 약속어음이 전전양도되어 최후의 소지인이 어음상의 권리를 상실한 경우라도 원인채무는 그대로 존속하는 것이므로 발행인이 바로 어음금액 상당의 이득을 얻고 있다고는 할 수 없다 할 것이다(당원 1970.3.10. 선고 69다1370 판결; 1974.7.23. 선고 74다131 판결 등 참조).

기록에 의하면 원고는 예비적 청구로서 피고는 위 어음의 실질적 발행인이자 제1배서인으로서 땅값으로 이를 교부한 것인데 위 어음의 정당한 권리자인 원고가 위 어음의 발행인과 배서인들에 대하여 갖고 있던 어음상의 청구권이 모두 시효완성으로 소멸함으로써 위 어음금액 상당의 이득을 얻었으므로 이를 원고에게 상환하여야 한다고 주장하고 있는 바, 원고의 주장에 의하더라도 특별한 사정이 없는 한 위 어음은 채무의 지급에 갈음하여 교부된 것이 아니라 그 지급을 위하여 교부된 것으로 보아야 할 것이고 따라서 설령 피고가 원고의 주장과 같이 위 어음의 실질적인 발행인이라고 하더라도 원고의 위 어음상권리의 소멸로 인하여 피고의 원인관계의 채무까지 소멸되는 것은 아니므로 원심이 같은 취지에서 피고가 위 어음금액 상당의 이득을 얻었다고 볼 수 없다고 판단한 것은 옳고 거기에 소론과 같은 채증법칙위반 또는 심리미진의 위법이 있다고 할 수 없다. 논지는 이유 없다.

3. 그러므로 상고를 기각하고 상고비용은 패소자의 부담으로 하기로 하여 관여 법관의 일치된 의견으로 주문과 같이 판결한다.

대법관 천경송(재판장) 김주한(주심) 김용준

[판례 50] 어음금

(대법원 2000. 5. 26. 선고 2000다10376 판결)

【판시사항】

원인관계상의 채무를 담보하기 위하여 발행되거나 배서된 어음의 어음채권과 그 원인채권이 모두 시효로 소멸한 경우, 발행인 또는 배서인에 대한 이득상환청구권의 발생 여부(소극)

【판결요지】

원인관계상의 채무를 담보하기 위하여 어음이 발행되거나 배서된 경우에는 어음채권이 시효로 소멸되었다고 하여도 발행인 또는 배서인에 대하여 이득상환청구권은 발생하지 않는다고 할 것인바, 이러한 이치는 그 원인관계상의 채권 또한 시효 등의 원인으로 소멸되고 그 시기가 어음채무의 소멸 시기 이전이든지 이후이든지 관계없이 마찬가지이다.

【참조조문】

어음법 제79조

【참조판례】

대법원 1963. 5. 15. 선고 63다155 판결(집11-1, 민320)
대법원 1992. 3. 31. 선고 91다40443 판결(공1992, 1417)
대법원 1993. 10. 22. 선고 93다26991 판결(공1993하, 3154)

【전 문】

【원고, 피상고인】 원고

【피고, 상 고 인】 피고

【원심판결】 부산지법 2000. 1. 21. 선고 99나18807 판결

【주 문】

원심판결을 파기하고, 사건을 부산지방법원 본원 합의부에 환송한다.

【이 유】

상고이유를 본다.

1. 원심판결 이유에 의하면, 원심은 그 채택한 증거들을 종합하여, 상인인 소외인이 1994년 5월경 그의 원고에 대한 철강재 등 물품대금채무 금 32,800,000원의 지급을 위하여 원고에게 소외 남성강업 주식회사 발행, 지급기일 1994. 10. 12.로 된 액면금 19,800,000원의 약속어음을 배서·교부하려 하자, 원고는 위 채무에 대한 타인의 연대보증을 요구하여 피고가 위 채무를 연대보증하면서 그 담보의 목적으로 주채무자인 위 소외인과 함께 위 약속어음에 순차 배서하여 원고에게 교부한 사실, 원고는 위 약속어음의 지급기일에 지급제시하였으나 무거래로 지급거절된 사실, 그런데 피고가 위 약속어음에 배서하게 된 원인은 위 소외인의 원고에 대한 위 채무를 보증하기 위한 것으로서 원고의 위 보증채권의 소멸시효는 위 어음금 채권과 마찬가지로 3년이라고 할 것이므로, 원고의 위 각 채권은 위 어음의 지급기일인 1994. 10. 12.부터 3년이 지난 1997. 10. 12.경 그 소멸시효가 완성되어 모두 소멸된 사실을 인정한 다음, 위 인정 사실에 의하면 위 약속어음상 유효하게 존재하였던 권리는 원고가 그 행사를 해태함으로써 시효로 소멸되었다 할 것이고, 어음법상 및 민법상의 다른 구제방법도 존재하지 아니하여, 어음상의 권리가 시효로 소멸함으로써 피고는 위 액면금 중 이미 일부 변제된 금원을 제외한 금 9,000,000원 상당의 이득을 얻었다는 이유로 원고에게 위 금원 상당의 이득상환청구권이 발생하였다고 판단하였다.

2. 그러나 원인관계상의 채무를 담보하기 위하여 어음이 발행되거나 배서된 경우에는 어음채권이 시효로 소멸되었다고 하여도 발행인 또는 배서인에 대하여 이득상환청구권은 발생하지 않는다고 할 것인바, 이러한 이치는 그 원인관계상의 채권 또한 시효 등의 원인으로 소멸되고 그 시기가 어음채무의 소멸 시기 이전이든지 이후이든지 관계없이 마찬가지라고 보는 것이 당원의 견해이다(대법원 1993. 10. 22. 선고 93다26991 판결, 대법원 1992. 3. 31. 선고 91다40443 판결, 대법원 1963. 5. 15. 선고 63다155 판결 등 참조).

따라서 위 판례의 법리에 의하면, 원심 인정대로 피고의 위 어음에의 배서가 피고의 원고에 대한 보증채무의 담보를 위한 것이라면, 피고의 배서인으로서의 어음채무가 시효로 소멸되었다고 하여도 피고에 대한 이득상환청구권은 발생하지 않는다고 할 것이다.

그럼에도 불구하고, 원심이 위 어음채권과 그 원인채권이 모두 시효로 소멸되었으므로

그 소지인인 원고에게 피고에 대한 이득상환청구권이 발생하였다고 해석한 것은 소액사건심판법 제3조 제2호 소정의 이른바 구체적인 당해 사건에 적용할 법령의 해석에 관하여 대법원이 내린 판단과 상반되는 해석을 한 경우로서 이는 판결 결과에 영향을 미쳤음이 분명하고, 이 점을 지적하는 상고이유의 주장은 이유 있다.
3. 그러므로 다른 상고이유에 나아가 판단할 필요 없이 원심판결을 파기하고, 사건을 다시 심리·판단하게 하기 위하여 원심법원에 환송하기로 하여 관여 대법관의 일치된 의견으로 주문과 같이 판결한다.

대법관 이용훈(재판장) 김형선 조무제 이용우(주심)

[판례 51] 가압류이의

(대법원 1996. 12. 20. 선고 96다41588 판결)

【판시사항】

[1] 채권자가 기존 채무의 이행에 관하여 어음 또는 수표를 교부받은 경우의 법률관계
[2] 채권자가 기존 채무의 이행에 관하여 교부받은 어음 또는 수표를 채무자에게 반환한 경우, 기존 채무 변제의 추정 여부(적극)
[3] 채권자가 기존 채무의 이행에 관하여 교부받은 어음을 반환한 것이 기존 채무의 변제와 상환으로 이루어진 것이 아님이 밝혀진 경우, 기존 채무의 변제에 대한 입증책임의 소재

【판결요지】

[1] 채무자가 채권자에게 기존 채무의 이행에 관하여 어음이나 수표를 교부하는 경우 당사자 사이에 특약이 없는 한 '지급을 위하여' 또는 '지급 확보를 위하여' 교부하는 것으로 추정할 것이고, 따라서 특별한 사정이 없는 한 기존의 원인채무는 소멸하지 아니하고 어음, 수표상의 채무와 병존한다.
[2] 기존의 원인채권과 어음, 수표 채권이 병존하는 경우 채권자가 기존의 원인채권을 행사함에 있어서는 어음이나 수표를 채무자에게 반환하여야 하므로, 채권자가 기존 채무의 이행에 관하여 채무자로부터 어음을 교부받은 후 이를 다시 채무자에게 반환하였다면 특단의 사정이 없는 한 채무자로부터 기존의 원인채권을 변제받은 사실을 추정할 수 있다.
[3] 채권자가 기존 채무의 이행에 관하여 교부받은 어음을 그 지급기일이 장기라는 이유로 채무자에게 반환한 경우, 이는 기존의 원인채무의 변제와 상환으로 이루어진 것이 아니라 오히려 그 어음을 기존의 원인채무의 '지급을 위하여' 또는 '지급 확보를 위하여' 교부받기를 거부하는 채권자의 의사에 기하여 이루어진 것이므로, 채권자가 어음을 교부받으면서 채무자에게 작성하여 준 어음 액면 합계액의 입금표를 회수하지 아니하였다거나 채무자가 채권자에게 그 어음 대신 같은 액면의 다른 어음을 교부하였다는 증거가 없다는 점을 들어 채무자가 원인채무를 변제한 사실을 곧바로 추정할 수

는 없고, 그 기존 원인채무의 변제 사실은 여전히 이를 주장하는 채무자가 입증하여야 한다.

【참조조문】

[1] 민법 제460조, 어음법 제9조 제1항[2] 민법 제475조, 제536조[3] 민사소송법 제261조, 민법 제475조, 제536조

【참조판례】

[1][2] 대법원 1993. 11. 9. 선고 93다11203, 93다11210 판결(공1994상, 65)
대법원 1995. 10. 13. 선고 93다12213 판결(공1995하, 3746)
[1] 대법원 1976. 11. 23. 선고 76다1391 판결(공1977, 9629)
대법원 1990. 3. 27.자 89다카14110 결정(공1990, 1225)
[2] 대법원 1992. 12. 22. 선고 92다8712 판결(공1993상, 555)

【전 문】

【신 청 인(상고인겸피상고인)】 한국네슬레 주식회사 (소송대리인 변호사 이재후 외 1인)
【피신청인(피상고인겸상고인)】 유용남 (소송대리인 변호사 이준봉)
【원심판결】 서울고법 1996. 8. 23. 선고 95나42487 판결

【주 문】

원심판결의 신청인 패소 부분 중 서울지방법원 북부지원 94카합1892호 부동산가압류신청 사건에서 위 법원이 1994. 12. 12. 별지목록 기재 부동산에 대하여 한 가압류결정에 관한 청구금액 금 26,000,000원에 해당하는 취소 부분을 파기하고, 이 부분 사건을 서울고등법원에 환송한다. 신청인의 나머지 상고 및 피신청인의 상고를 각 기각한다. 피신청인의 상고로 인한 상고비용은 피신청인의 부담으로 한다.

【이 유】

상고이유를 본다.
1. 피신청인의 상고이유에 대하여
 원심판결 이유에 의하면, 원심은 거시 증거에 의하여 신청인은 커피 등을 제조, 판매하는 회사로서 1994. 1. 10. 고향상사라는 상호로 커피 등을 판매하는 신청외 정재훈과 사이에 신청인이 위 정재훈에게 커피 등 제품을 공급하기로 하는 계약을 체결하고, 그 때쯤부터 같은 해 5. 12.경까지 위 물품을 공급하여 왔는데, 위 정재훈은 같은 해 5. 12. 그가 경영하던 점포의 임대차보증금, 차량 등 비품, 외상매출금 등을 포함한 영업 일체를 모두 피신청인에게 양도하였고, 피신청인은 위 점포를 양수할 당시 신청인과의 사이에 위 정재훈이 신청인에 대하여 부담하는 물품대금채무를 인수한 사실을 인정하였는 바, 관계 증거를 기록과 대조하여 살펴보면 원심의 위와 같은 사실인정은 정당하고, 거기에 소론과 같은 채증법칙 위배, 이유불비 및 이유모순의 위법이 있다 할 수 없다. 논지는 이유 없다.
2. 신청인의 상고이유에 대하여

가. 원심판결 이유에 의하면 원심은 거시 증거에 의하여 신청인은 피신청인에 대하여 위 정재훈으로부터 지급받지 못한 물품대금 60,105,613원과 피신청인에게 1994. 5. 14.경부터 같은 해 11. 30.까지 사이에 공급한 물품대금채권 금 357,078,659원을 합한 금 417,184,272원의 채권이 있고, 피신청인은 신청인에게 1994. 5. 13.부터 같은 해 12. 31.까지 사이에 물품대금으로 합계 금 386,770,531원을 변제한 사실을 인정한 다음, 위 변제금 중 금 26,000,000원은 신청인이 1994. 6. 4. 피신청인으로부터 물품대금으로 액면 금 11,000,000원, 금 10,000,000원, 금 5,000,000원인 3장의 어음을 교부받고 위 액면 합계액에 상당하는 신청인 발행의 입금표(소을 제25호증의 3)를 피신청인에게 작성하여 준 것인데, 그 후 신청인은 위 각 어음의 지급기일이 너무 멀기 때문에 이를 피신청인에게 돌려주고 대신에 지급기일이 1월 이내인 같은 액면의 다른 어음을 교부받고 위 입금표와는 별도로 다시 입금표를 작성하여 주면서 착오로 앞서 발행하였던 위 입금표를 회수하지 못하였으며 또 신청인이 새로 교부받은 위 어음의 액면 상당 금원은 다른 항목에서 변제된 것으로 계상되었으므로, 결국 신청인이 피신청인에게 돌려 준 위 어음 3장의 액면 합계금인 위 금 26,000,000원은 변제된 것이 아니고, 위 변제금 중 금 15,400,000원은 같은 해 11. 7. 피신청인으로부터 물품대금으로 액면 금 15,400,000원인 어음 1장을 교부받고 신청인 발행의 입금표(소을 제30호증의 2)를 피신청인에게 교부하였는데 그 후 위 어음이 지급기일에 지급되지 아니하여 피신청인으로부터 금 9,000,000원만을 지급받고 위 어음을 피신청인에게 반환하여 준 것이므로 위 금 15,400,000원에서 위 금 9,000,000원을 공제한 나머지 금 6,400,000원은 변제받지 못하였다고 하는 신청인의 주장에 대하여, 거시 증거에 의하면 신청인은 위 어음들 이외에도 피신청인으로부터 물품대금으로 같은 해 10. 5. 액면 금 15,000,000원인 어음 1장을 교부받고 신청인 발행의 입금표(소을 제29호증의 1)를 교부하였고, 같은 해 12. 22. 액면 금 16,000,000원인 어음 1장을 교부받고 역시 신청인 발행의 입금표(소을 제31호증의 1)를 교부하였는데, 위 액면 금 15,000,000원인 어음이 같은 해 11. 30. 부도가 나자 피신청인은 신청인에게 위 액면금 상당을 현금으로 지급하고 이를 회수하였으며, 위 액면 금 16,000,000원인 어음 역시 그 지급기일에 지급되지 아니하여 피신청인이 1995. 5. 3. 위 액면금 상당을 현금으로 지급하고 이를 회수한 사실을 인정할 수 있고 반증이 없는 반면에, 신청인이 위 액면 합계 금 26,000,000원 상당의 어음 3장을 돌려주면서 그 대신 지급기일이 1월 이내인 같은 액면의 다른 어음을 교부받았음을 인정할 아무런 자료가 없는바, 그렇다면 위와 같이 피신청인이 물품대금 채무의 변제를 위하여 신청인에게 교부하였던 위 어음들을 신청인이 위에서 자인하는 바와 같이 다시 회수하여 소지하고 있는 점은 피신청인이 그 액면금을 전액 변제한 사실을 추인할 수 있는 유력한 근거가 된다고 할 것이고 달리 이를 번복할 만한 자료가 없다는 이유로 이를 배척하고 있다.

나. 채무자가 채권자에게 기존 채무의 이행에 관하여 어음이나 수표를 교부하는 경우 당사자 사이에 특약이 없는 한 '지급을 위하여' 또는 '지급 확보를 위하여' 교부하는 것으로 추정할 것이고, 따라서 특별한 사정이 없는 한 기존의 원인채무는 소멸하지 아니하고 어음, 수표상의 채무와 병존한다고 보아야 하는바, 기존의 원인채권

과 어음, 수표 채권이 병존하는 경우에 채권자가 기존의 원인채권을 행사함에 있어서는 어음이나 수표를 채무자에게 반환하여야 하는 것이므로(당원 1993. 11. 9. 선고 93다11203, 93다11210 판결, 1995. 10. 13. 선고 93다12213 판결 등 참조), 채권자가 기존 채무의 이행에 관하여 채무자로부터 어음을 교부받은 후 이를 다시 채무자에게 반환하였다면 특단의 사정이 없는 한 채무자로부터 기존의 원인채권을 변제받은 사실을 추정할 수 있다 할 것이다.

기록에 의하면 피신청인은 1994. 5. 14.경부터 같은 해 11. 30.까지 사이에 신청인으로부터 커피 등 신청인 생산의 제품을 공급받아 이를 판매하고 그 대금을 수시로 현금 또는 어음으로 신청인에게 지급하는 거래를 하여 오던 중, 같은 해 11. 7. 신청인에게 위 물품대금으로 액면 금 15,400,000원(어음번호 자가 01443692, 소을 제6호증의 1, 2)인 약속어음 1장을 교부하고 신청인 발행의 입금표(소을 제30호증의 2)를 교부받았는데 위 어음이 지급기일에 지급되지 아니하였고, 그 뒤 피신청인은 위 어음을 신청인으로부터 반환받았으며 위 입금표도 그대로 피신청인이 소지하고 있는 사실을 알 수 있으므로, 특단의 사정이 없는 한 위 어음 액면금 상당의 위 물품대금채무는 피신청인이 신청인으로부터 위 어음을 반환받을 때 이를 변제한 사실을 추정할 수 있다 할 것이고, 따라서 같은 취지의 원심의 이 부분에 관한 사실인정은 정당하다 할 것이다.

그러나 한편, 기록에 의하면 피신청인은 1994. 6. 9. 신청인에게 위 물품대금으로 액면 금 11,000,000원, 금 10,000,000원, 금 5,000,000원인 3장의 어음을 교부하고 신청인으로부터 위 액면 합계액에 상당하는 입금표(소을 제25호증의 3)를 교부받았으나, 그 후 위 어음들의 지급기일까지의 기간이 너무 장기라는 이유로 신청인이 이를 피신청인에게 반환한 사실은 당사자 사이에 다툼이 없음을 알 수 있는바, 위와 같이 피신청인이 신청인으로부터 위 어음들을 반환받은 것이 기존의 물품대금채무의 변제와 상환으로 이루어진 것이 아니라 오히려 위 어음들을 기존의 물품대금채무의 지급을 위하여 또는 지급 확보를 위하여 교부받기를 거부하는 신청인의 의사에 기하여 이루어진 것임이 밝혀진 이상, 신청인이 피신청인에게 작성하여 준 위 어음들 액면 합계액의 입금표를 신청인이 회수하지 아니하였다는 점이나 피신청인이 신청인에게 위 어음들 대신 같은 액면의 어음을 교부하였다는 증거가 없다는 점을 들어 피신청인이 위 어음들 액면 합계액 상당의 위 물품대금채무를 변제한 사실을 곧바로 추정할 수는 없다 할 것이고, 피신청인이 위 물품대금채무를 변제하였다는 점은 여전히 이를 주장하는 피신청인이 입증하여야 한다 할 것이다.

따라서 원심으로서는 위 어음들 액면 합계액 금 26,000,000원 상당의 위 물품대금채무가 변제된 점에 관하여 피신청인에게 입증을 촉구하는 등 좀더 심리하여야 하는데도 불구하고 판시와 같은 이유를 들어 그 채무변제 사실을 추인하였으니, 원심에는 채증법칙을 위배하였거나 심리를 다하지 아니하여 판결에 영향을 미친 위법이 있다 할 것이다. 논지는 위 인정 범위 내에서 이유 있다.

3. 그러므로 원심판결의 신청인 패소 부분 중 서울지방법원 북부지원 94카합1892호 부동산가압류신청사건에서 위 법원이 1994. 12. 12. 별지목록 기재 부동산에 대하여 한 가압류결정에 관한 청구금액 금 26,000,000원에 해당하는 취소부분을 파기하고, 이 부분 사

건을 원심법원에 환송하며, 신청인의 나머지 상고 및 피신청인의 상고를 각 기각하고 피신청인의 상고로 인한 상고비용은 피신청인의 부담으로 하기로 하여 관여 법관의 일치된 의견으로 주문과 같이 판결한다.

대법관   김형선(재판장) 박준서(주심) 이용훈

[판례 52] 수표금

(대법원 1961. 12. 21. 선고 4294민상324 판결)

【판시사항】

법정정시기간 경과후 정시한 소위 자기앞 수표에 관하여 소절수법 또는 민법상 모든 청구권이 상실되었다는 입증책임의 소재를 그릇한 실례

【판결요지】

상품을 판매하고 이른바 자기앞 수표를 받은 경우 상품 대금지불 대신 거래되었다고 추정 못할 바 아니고 위 자기앞 수표를 법정제시기간 경과 후에 제시하였다면 수표 소지인은 수표법상 또는 민법상 모든 청구권이 상실되었다고 주정할 수 있다.

【전 문】

【원고, 상 고 인】 원고
【피고, 피상고인】 주식회사 한국상업은행
【원심판결】 제1심 서울지방, 제2심 서울고등 1961. 2. 22. 선고 60민공845 판결

【이 유】

원판결 이유에 의하면 원고가 본건 수표에 관하여 소절수법상 또는 민법상 모든 청구권이 상실되어 구제방법이 없다는 점에 대한 하등의 입증이 없다는 이유로서 이득상환 청구권이 없다하여 원고 청구를 기각한 취지가 분명한 바 일건 기록에 의하여 원 피고의 변론을 보면 원고는 본건 수표를 종래부터 상거래가 있던 소외인으로 부터 포목대금 350,000환을 영수하는 대신으로 동년 10월 21일 피고 은행 남대문 지점장이 동 지점을 영수인으로 하는 소위 자기앞 지참인 불수표를 받고 차액150,000환을 거슬러 주고 선의 무과실로 이를 취득하여 동년 11월 13일 농업은행 청량리 지점으로 하여금 피고 은행에 정시케 하였던 바 분실신고가 있었다는 이유로 피고가 그 지불을 거부하고 동 수표액면 금원이 피고 은행에 예치되고 있다는 것이므로 원고의 정시는 법정 정시기간인 10일을 경과한 것이고 또 거래의 통념상 소위 일반은행의 자기앞 수표는 현금과 동일시하여 현금과 같이 거래되므로 원고가 취득한 본건 수표 적시 소외인의 상품대금의 지불이행을 확보하기 위하여 받은 것이 아니고 상품대금 지불대신 거래되었다고 추정 못할 바 아니므로 원고가 소절수법 또는 민법상 모든 청구권이 상실되었다고 추정할 수 있다할 것인 바 원심이 이와 반대의 견해에서 모든 청구권이 상실되었다는 입증책임을 원고에게 과하여 청구를 배척하였음은 위

법이고 이 점에 있어 파기를 면치 못한다.

대법관   홍순엽(재판장) 방순원 나항윤

[판례 53] 공사대금

(대법원 1996. 11. 8. 선고 95다25060 판결)

【판시사항】

[1] 기존 채무의 이행을 위하여 제3자 발행의 어음을 교부한 경우의 법률관계
[2] 채권자가 기존 채무의 이행을 위하여 제3자 발행의 어음을 교부받은 경우, 그 어음에 대한 소구권 보전절차를 취할 의무를 부담하는지 여부(적극)
[3] 채권자가 기존 채무의 이행을 위하여 교부받은 어음에 대한 소구권 보전의무를 게을리한 경우, 채무자가 이로 인한 손해배상채권으로 기존 채무와 상계하기 위한 요건

【판결요지】

[1] 기존 채무의 이행에 관하여 채무자가 채권자에게 어음을 교부할 때의 당사자의 의사는 기존 원인채무의 '지급에 갈음하여', 즉 기존 원인채무를 소멸시키고 새로운 어음채무만을 존속시키려고 하는 경우와, 기존 원인채무를 존속시키면서 그에 대한 지급방법으로서 이른바 '지급을 위하여' 교부하는 경우 및 단지 기존 채무의 지급 담보의 목적으로 이루어지는 이른바 '담보를 위하여' 교부하는 경우로 나누어 볼 수 있는데, 당사자 사이에 특별한 의사표시가 없으면 어음의 교부가 있다고 하더라도 이는 기존 원인채무는 여전히 존속하고 단지 그 '지급을 위하여' 또는 그 '담보를 위하여' 교부된 것으로 추정할 것이며, 따라서 특별한 사정이 없는 한 기존의 원인채무는 소멸하지 아니하고 어음상의 채무와 병존한다고 보아야 할 것이고, 이 경우 어음상의 주채무자가 원인관계상의 채무자와 동일하지 아니한 때에는 제3자인 어음상의 주채무자에 의한 지급이 예정되고 있으므로 이는 '지급을 위하여' 교부된 것으로 추정하여야 한다.
[2] 어음이 '지급을 위하여' 교부된 경우에는 채권자는 어음채권과 원인채권 중 어음채권을 먼저 행사하여 만족을 얻을 것을 당사자가 예정하였다고 할 것이므로 채권자로서는 어음채권을 우선 행사하고, 그에 의하여서는 만족을 얻을 수 없을 때 비로소 채무자에 대하여 기존의 원인채권을 행사할 수 있다고 하여야 하며, 나아가 이러한 목적으로 어음을 배서양도받은 채권자는 특별한 사정이 없는 한 채무자에 대하여 원인채권을 행사하기 위하여는 어음을 채무자에게 반환하여야 하므로, 채권자가 채무자에 대하여 자기의 원인채권을 행사하기 위한 전제로서 지급기일에 어음을 적법히 제시하여 소구권 보전절차를 취할 의무가 있다고 보는 것이 양자 사이의 형평에 맞는다.
[3] 위 [2]항의 경우, 채권자가 소구권 보전의무를 위반하여 지급기일에 적법한 지급제시를 하지 아니함으로써 소구권이 보전되지 아니하였더라도 약속어음의 주채무자인 발행인이 자력이 있는 한 어음을 반환받은 채무자가 발행인에 대한 어음채권이나 원인채권을 행사하여 자기 채권의 만족을 얻을 수 있기 때문에 아직 손해는 발생하지 아니하

는 것이고, 지급기일 후에 어음발행인의 자력이 악화되어 무자력이 됨으로써 채권자에게 자신의 채무를 이행하여야 할 채무자가 어음을 반환받더라도 발행인에 대한 어음채권과 원인채권의 어느 것도 받을 수 없게 된 때에야 비로소 자신의 채권에 대하여 만족을 얻지 못하게 되는 손해를 입게되는 것이고, 이러한 손해는 어음 주채무자인 발행인의 자력의 악화라는 특별 사정으로 인한 손해로서 소구권 보전의무를 불이행한 어음소지인이 그 채무 불이행 당시인 어음의 지급기일에 장차 어음발행인의 자력이 악화될 것임을 알았거나 알 수 있었을 때에만 그 배상채권으로 상계할 수 있다.

【참조조문】

[1] 민법 제460조, 어음법 제9조 제1항[2] 민법 제390조, 제475조, 제536조[3] 민법 제393조 제2항, 제763조, 어음법 제38조, 제43조

【참조판례】

[1][2][3] 대법원 1995. 10. 13. 선고 93다12213 판결(공1995하, 3746)
[1] 대법원 1970. 6. 30. 선고 70다517 판결(집18-2, 민99)
대법원 1990. 3. 27. 선고 89다카14110 판결(공1990, 1225)
대법원 1993. 11. 9. 선고 93다11203, 11210 판결(공1994상, 65)
대법원 1996. 12. 20. 선고 96다41588 판결(공1997상, 371)
[2] 대법원 1992. 12. 22. 선고 92다8712 판결(공1993상, 555)
[3] 대법원 1986. 10. 28. 선고 86다카218 판결(공1986, 3112)

【전 문】

【원고, 피상고인】 벽산건설 주식회사 (소송대리인 변호사 정경철 외 1인)

【피고, 상 고 인】 덕구온천개발 주식회사 외 1인 (피고들 소송대리인 변호사 김광년 외 1인)

【원심판결】 서울고법 1995. 4. 11. 선고 94나25492 판결

【주 문】

상고를 모두 기각한다. 상고비용은 피고들의 부담으로 한다.

【이 유】

1. 원심판결 이유의 요지

원심은, 피고 권재호는 자신이 연대보증한 피고 덕구온천개발 주식회사(이하, 피고 회사라고 한다)의 원고 회사에 대한 공사대금 채무를 지급하기 어려운 상황에 이르게 되자, 원고 회사의 권유에 따라 피고 권재호 자신이 소유하고 있던 소외 덕구온천콘도 주식회사의 주식을 매각하여 그 대금으로 원고 회사에게 공사대금을 지급하기로 하고, 이에 따라 피고 권재호는 1991. 10. 10. 그 소유의 덕구온천콘도 주식회사의 주식을 소외 박철안에게 매도한바, 같은 달 29. 피고들, 원고 회사, 덕구온천콘도 주식회사, 소외 주식회사 삼아주택 사이에 박철안의 피고 권재호에 대한 주식매매대금을 변제하기 위하여 박철안이 대표이사로 있는 주식회사 삼아주택은 이 사건 약속어음 8매 액면 합계

금 3,900,000,000원 상당을 발행하고, 덕구온천콘도 주식회사가 제1 배서인으로, 피고 권재호가 제2 배서인으로 각 배서한 후 이를 위 공사대금에 충당하기 위하여 원고에게 교부하였는바, 원고 회사는 이 사건 약속어음 중 원심 별지목록 제1 내지 4 기재 각 약속어음에 관하여는 지급제시하여 이미 합계 금 1,600,000,000원 상당의 공사대금을 변제받았으나, 그 후 주식회사 삼아주택으로부터 원심 별지목록 제5 내지 8 기재 약속어음 4매에 관하여는 그 지급기일 전에 지급기일을 연장시켜 달라는 부탁을 받고, 그 중 제5, 6 기재 각 약속어음에 대하여는 지급기일을 1992. 9. 30.로 연장하여 액면 금 1,000,000,000원의 약속어음 1매로, 제7 기재 약속어음에 대하여는 같은 해 9. 30.로, 제8 기재 약속어음에 대하여는 같은 해 9. 8.로 각 지급기일을 연장하여 주식회사 삼아주택으로부터 덕구온천콘도 주식회사가 제1 배서인, 박철안이 제2 배서인으로 각 배서된 액면 합계 금 2,300,000,000원 상당의 약속어음 3매를 재발행받고, 위 제5 내지 8 기재 각 약속어음을 주식회사 삼아주택에 반환하였으며, 그 후 주식회사 삼아주택이 재발행한 위 약속어음 3매는 모두 1992. 8. 28. 무거래 사유로 지급거절된 사실 등을 인정한 다음 (원고 회사로부터 위 제5 내지 8 기재 각 약속어음을 반환받은 주식회사 삼아주택은 이를 지급장소인 주식회사 한일은행 종로3가 지점에 반환하여, 위 은행에서는 위 제5, 7, 8 기재 각 약속어음에 대하여는 1992. 4. 23., 제6 기재 약속어음에 대하여는 같은 해 1. 20. 각 폐기처분하였음), 피고 회사 및 피고 회사의 원고 회사에 대한 공사대금 채무의 연대보증인인 피고 권재호는 특별한 사정이 없는 한 연대하여 공사대금 중 원고 회사가 이미 지급받았음을 자인하는 금원을 제외한 나머지 금원 및 이에 대한 지연손해금을 지급할 의무가 있다고 판단한 후, 원고 회사의 피고들에 대한 이 사건 공사대금 채권이 소멸하였다는 등의 피고들의 주장을 모두 배척하였다.

2. 상고이유(그 보충이유는 이를 보충하는 범위 내에서)에 대한 판단

가. 제1점에 대하여

기존 채무의 이행에 관하여 채무자가 채권자에게 어음을 교부할 때의 당사자의 의사는 기존 원인채무의 '지급에 갈음하여', 즉 기존 원인채무를 소멸시키고 새로운 어음채무만을 존속시키려고 하는 경우와, 기존 원인채무를 존속시키면서 그에 대한 지급방법으로서 이른바 '지급을 위하여' 교부하는 경우 및 단지 기존 채무의 지급담보의 목적으로 이루어지는 이른바 '담보를 위하여' 교부하는 경우로 나누어 볼 수 있는데, 당사자 사이에 특별한 의사표시가 없으면 어음의 교부가 있다고 하더라도 이는 기존 원인채무는 여전히 존속하고 단지 그 '지급을 위하여' 또는 그 '담보를 위하여' 교부된 것으로 추정할 것이며, 따라서 특별한 사정이 없는 한 기존의 원인채무는 소멸하지 아니하고 어음상의 채무와 병존한다고 보아야 할 것이고, 이 경우 어음상의 주채무자가 원인관계상의 채무자와 동일하지 아니한 때에는 제3자인 어음상의 주채무자에 의한 지급이 예정되고 있으므로 이는 '지급을 위하여' 교부된 것으로 추정할 것이다(당원 1995. 10. 13. 선고 93다12213 판결, 1993. 11. 9. 선고 93다11203, 11210 판결 참조).

원심이 같은 취지에서, 주식회사 삼아주택이 발행하고 덕구온천콘도 주식회사와 피고 권재호가 배서한 이 사건 약속어음 8매가 피고들의 원고 회사에 대한 공사대금 채무의 지급에 갈음하여 원고 회사에게 교부되었다는 피고들의 주장을 배척하였음

은 옳고, 거기에 소론과 같은 채증법칙 위배나 심리미진으로 인한 사실오인 및 어음행위의 성질에 관한 법리오해의 위법이 있다고 할 수 없다. 논지는 이유가 없다.
  나. 제2점에 대하여
    원심이, 덕구온천콘도 주식회사가 피고들의 원고 회사에 대한 공사대금 채무를 면책적으로 인수함으로써 피고들의 원고 회사에 대한 공사대금 채무는 소멸되었다는 피고들의 주장을 배척한 데에 소론과 같은 채증법칙 위배나 심리미진으로 인한 사실오인 및 채무인수에 관한 법리오해의 위법이 있다고 할 수 없다. 논지도 이유가 없다.
  다. 제3점에 대하여
    원심이, 원고 회사와 피고들 사이에 이 사건 온천장 도급계약과 이 사건 단지조성공사 도급계약을 체결할 당시에는 공사대금은 온천장 건물 및 콘도 분양 수입금 범위 내에서 지급하기로 하였으나, 그 후 1991. 10. 29. 피고들은 원고 회사에 대하여 공사대금을 위 분양과 관계없이 이 사건 약속어음의 지급기일까지 지급하기로 약정한 사실에 터잡아, 이 사건 공사대금 채무는 아직 변제기가 도래하지 아니하였다는 피고들의 주장을 배척하였음은 옳고, 거기에 소론과 같은 채증법칙 위배로 인한 사실오인이나 법률행위의 해석에 관한 법리오해의 위법이 있다고 할 수 없다. 논지도 이유가 없다.
  라. 제5점에 대하여
    원심이, 원고 회사는 원심 별지목록 제5 내지 8 기재 각 약속어음을 다른 약속어음과 교환하였고 이러한 어음교환행위는 일종의 경개계약으로서 구어음상의 권리는 소멸되고 따라서 그에 따른 원인관계상의 위 공사대금 채권도 소멸되었다는 피고들의 주장에 대하여, 원고 회사가 기존 채무의 지급을 위하여 발행된 위 제5 내지 8 기재 각 약속어음을 주식회사 삼아주택이 재발행하고, 덕구온천콘도 주식회사가 제1 배서인, 소외 박철안이 제2 배서인으로 각 배서한 약속어음 3매와 교환한 것은 지급기일을 연장시켜 주기 위한 것으로서 기존 채무 자체의 중요 부분을 변경하는 새로운 경개계약으로 볼 수 없을 뿐만 아니라, 위 재발행된 약속어음도 원고 회사에 대하여는 피고들의 원고 회사에 대한 공사대금 채무를 변제하기 위한 것이고, 피고 권재호에 대하여는 박철안의 위 피고에 대한 주식매매대금 지급채무의 변제를 위한 것으로 인정되므로, 원고 회사가 위 제5 내지 8 기재 각 약속어음을 위 약속어음 3매와 교환하였다는 사실만으로 원고 회사의 피고들에 대한 원인관계상의 공사대금 채권이 소멸된다고는 볼 수 없다고 판단하였음은 옳고, 거기에 소론과 같은 채증법칙 위배로 인한 사실오인이나 경개에 관한 법리오해 등의 위법이 있다고 할 수 없다. 논지 역시 이유가 없다.
  마. 제4, 6, 7점에 대하여
    (1) 원심은 피고들의 다음과 같은 주장, 즉 "① 원심 별지목록 제5 내지 8 기재 각 약속어음이 공사대금 지급을 위하여 원고 회사에 교부된 것이라고 하더라도, 원고 회사는 어음상의 권리를 행사하지 아니하고 그 권리보전절차를 게을리하여 어음상의 권리를 상실시켰으므로, 원고 회사의 피고들에 대한 공사대금 채권은 소멸되었거나 원고 회사가 원인관계상의 채권을 행사하는 것은 권리남용에 해

당하여 허용될 수 없다. ② 원고 회사가 피고들에게 위 각 약속어음을 반환할 수 없게 되었으므로, 원고 회사의 피고들에 대한 공사대금 채권은 소멸되었다. ③ 원고 회사가 위 각 약속어음을 지급기일에 지급제시를 하지 아니하여 피고 권재호는 소구권을 상실하였으므로 피고 권재호는 원고 회사에 대하여 그 액면금 상당의 손해배상채권을 취득하였는바, 피고 권재호의 원고 회사에 대한 위 손해배상채권과 원고 회사의 피고들에 대한 이 사건 공사대금 채권을 대등액에서 상계한다."는 주장에 대하여, 위 각 약속어음은 피고들의 원고 회사에 대한 공사대금 채무의 변제 확보 내지 그 지급방법으로 교부된 것이고, 이러한 경우 채권자가 교부받은 약속어음상의 권리를 행사하지 아니하거나 그 권리보전절차를 게을리하여 약속어음을 교부한 채무자에게 손해가 발생하였을 경우에는 채권자가 원인관계상의 채권을 행사할 수 없는 것이지만, 위 각 약속어음은 피고 권재호에 대한 관계에서는 박철안의 위 피고에 대한 덕구온천콘도 주식회사의 주식매매대금 지급채무의 변제 확보 내지 그 지급방법으로 교부되었다고 할 것이고, 주식회사 삼아주택 및 덕구온천콘도 주식회사는 박철안의 위 피고에 대한 위 주식매매대금 지급채무의 중첩적 인수 내지 보증을 위하여 위 각 약속어음을 발행하거나 이에 배서한(원심은 주식회사 삼아주택도 위 각 약속어음에 배서한 것처럼 설시하였으나, 이는 오기임이 명백하다) 것으로 인정되므로, 비록 원고 회사가 위 각 약속어음에 대한 어음상의 권리를 행사하지 아니하고 그 권리보전절차를 게을리하여 피고 권재호가 위 각 약속어음상의 소구권 등을 행사하지 못한다고 하더라도, 그로 인하여 위 피고가 박철안 및 그 중첩적 채무인수 내지 보증인인 주식회사 삼아주택과 덕구온천콘도 주식회사에 대하여 원인관계상의 채권을 행사할 수 없는 것은 아니므로, 위 피고가 그로 인하여 경제적 손해를 입은 바는 없다는 이유로 피고들의 위 주장들을 모두 배척하였다.

(2) 그러나 어음행위를 한 자는 특별한 사정이 없는 한 어음상의 문언에 따라 어음상의 채무만을 부담하게 되므로(당원 1987. 4. 28. 선고 86다카2630 판결, 1994. 8. 26. 선고 94다5397 판결 등 참조), 주식회사 삼아주택이 그 대표이사인 박철안의 주식매매대금 지급채무의 변제를 위하여 이 사건 각 약속어음을 발행하고 덕구온천콘도 주식회사가 이에 배서한 바 있다고 하더라도, 특별한 사정이 없는 한 주식회사 삼아주택이나 덕구온천콘도 주식회사가 박철안의 피고 권재호에 대한 주식매매대금 지급채무를 중첩적으로 인수하거나 보증하였다고는 볼 수 없다고 할 것이다.

그런데도 원심이 별다른 특별한 사정을 내세우지도 아니하면서 주식회사 삼아주택과 덕구온천콘도 주식회사가 박철안의 피고 권재호에 대한 주식매매대금 지급채무를 중첩적으로 인수하거나 보증하였다고 인정한 것은 잘못이라 할 것이다.

(3) 또한 이 사건에 있어서와 같이 어음이 '지급을 위하여' 교부된 경우에는 채권자는 어음채권과 원인채권 중 어음채권을 먼저 행사하여 만족을 얻을 것을 당사자가 예정하였다고 할 것이므로 채권자로서는 어음채권을 우선 행사하고, 그에 의하여서는 만족을 얻을 수 없을 때 비로소 채무자에 대하여 기존의 원인채권

을 행사할 수 있다고 하여야 할 것이며, 나아가 이러한 목적으로 어음을 배서양도받은 채권자는 특별한 사정이 없는 한 채무자에 대하여 원인채권을 행사하기 위하여는 어음을 채무자에게 반환하여야 할 것이므로, 채권자가 채무자에 대하여 자기의 원인채권을 행사하기 위한 전제로서 지급기일에 어음을 적법히 제시하여 소구권 보전절차를 취할 의무가 있다고 보는 것이 양자 사이의 형평에 맞는 것이라고 할 것이나, 채권자가 위의 의무를 위반하여 지급기일에 적법한 지급제시를 하지 아니함으로써 소구권이 보전되지 아니하였더라도 약속어음의 주채무자인 발행인이 자력이 있는 한 어음을 반환받은 채무자가 발행인에 대한 어음채권이나 원인채권을 행사하여 자기 채권의 만족을 얻을 수 있기 때문에 아직 손해는 발생하지 아니하는 것이고, 지급기일 후에 어음발행인의 자력이 악화되어 무자력이 됨으로써 채권자에게 자신의 채무를 이행하여야 할 채무자가 어음을 반환받더라도 발행인에 대한 어음채권과 원인채권의 어느 것도 받을 수 없게 된 때에야 비로소 자신의 채권에 대하여 만족을 얻지 못하게 되는 손해를 입게 되는 것이고, 이러한 손해는 어음 주채무자인 발행인의 자력의 악화라는 특별 사정으로 인한 손해로서 소구권 보전의무를 불이행한 어음소지인이 그 채무불이행 당시인 어음의 지급기일에 장차 어음발행인의 자력이 악화될 것임을 알았거나 알 수 있었을 때에만 그 배상채권으로 상계할 수 있는 것이라고 할 것이다(당원 1995. 10. 13. 선고 93다12213 판결, 1986. 10. 28. 선고 86다카218 판결 참조).

(4) 그런데 이 사건에서 원고 회사가 원심 별지목록 제5 내지 8 기재 각 약속어음의 지급기일을 실질적으로 연장시켜 주는 방편으로 위 각 약속어음을 발행인인 주식회사 삼아주택에 반환하고 새로운 어음을 3매 교부받음으로써 위 반환된 어음의 소구권보전의무를 게을리 하였고, 그 후에 어음발행인인 주식회사 삼아주택이 무자력이 됨으로써 위 반환된 어음의 배서인이었던 피고 권재호는 원고 회사에 대하여 자신의 원인채무를 이행하더라도 위 피고 자신의 주식회사 삼아주택 및 덕구온천콘도 주식회사에 대한 어음채권의 만족을 얻을 수 없게 되는 손해를 입었다고 할 것이지만 피고 권재호는 원인채권인 박철안에 대한 주식매매대금 채권을 행사할 수 있을 뿐만 아니라(기록상 박철안이 무자력이 되었다고 볼 아무런 자료가 없다), 기록을 살펴 보아도 원고 회사가 위 제5 내지 8 기재 각 약속어음을 주식회사 삼아주택에 반환하고 새로운 어음을 교부받을 당시에 장차 주식회사 삼아주택이 무자력이 될 것임을 알았거나 알 수 있었다고 인정할 아무런 자료가 없으므로, 원고 회사는 피고 권재호에 대하여 손해배상 책임을 부담하지 아니한다고 할 것이다.

(5) 따라서 원심의 설시에 다소 부적절한 부분이 없지 아니하나 피고 권재호의 원고 회사에 대한 손해배상채권이 인정되지 아니한다고 하여 피고들의 위 주장을 모두 배척한 결론은 옳고, 앞서 지적한 원심의 잘못도 판결의 결과에는 영향이 없으므로 논지들도 모두 이유가 없음에 돌아간다.

3. 이에 상고를 모두 기각하고 상고비용은 패소한 피고들의 부담으로 하기로 관여 법관의 의견이 일치되어 주문과 같이 판결한다.

대법관   김형선(재판장) 박만호(주심) 박준서 이용훈

나. 자기앞수표와 이득상환청구권

(1) 이득상환청구권을 행사할 수 있는 자

이득상환청구를 할 수 있는 수표소지인이란 수표상의 권리가 소멸될 당시의 소지인으로 수표상의 권리를 행사할 수 있는 자를 말한다(대법원 1964. 7. 14. 선고 64다63 판결).

| 판 례 |

[판례 54] 수표금

(대법원 1964. 7. 14. 선고 64다63 판결)

【판시사항】

수표상의 이득상환 청구권을 취득할 수 있는 소지인의 범위.

【판결요지】

이득상환청구권이 있는 수표소지인은 그 수표상의 권리가 소멸할 당시의 소지인으로서 그 수표상의 권리를 행사할 수 있었던 자를 가리킨다.

【참조조문】

수표법 제63조, 수표법 제29조 제1항

【전 문】

【원고, 피상고인】 원고
【피고, 상 고 인】 주식회사 한국상업은행
【피고보조참가인, 상고인】 피고보조참가인
【원심판결】 서울민사지방법원 1963. 11. 20. 선고 63나524 판결

【주 문】

원심판결중 피고의 패소부분을 파기하고 이 부분을 서울민사지방법원으로 환송한다.

【이 유】

피고 보조참가인의 상고이유를 본다. 대체로 수표상의 이득상환을 청구할 수 있는 소지인

이라 함은 수표상의 권리가 소멸할 당시의 소지인으로서 그 수표상의 권리를 행사할 수 있었던 자를 가리키는 것이라 할 것이므로 원심이 원고에게 본건 수표로 인한 이득상환청구권이 있다고 단정하려면 우선 원고가 본건 수표를 수취할 당시에 이 수표상의 권리를 행사할 수 있었던 것인지의 여부를 가려야 될 일이다. 그런데 본건에서 원고는 다만 1963.1.28 본건 수표의 소지인으로서 피고에게 그 지급을 위하여 제시하였으나 분실된 수표라하여 지급이 거절되었 노라고만 주장할 뿐 원고가 언제 이 수표를 수취하였는지에 관하여는 전혀 그 주장과 인증이 없을 뿐더러 원심도 그 점에 관하여 심리를 하지 않고 있는 것이다. 만일 원고가 본건수표를 그 제시기간인 1963.1.22(발행일이 1963.1.12)이 지낸 뒤에 수취한 것이라면 수표법 제29조 제1항에 비추어 이미 이 수표상의 권리는 소멸되었다 할 것이므로(대법원 1960.6.9. 선고 4292민상758 판결) 본건 원고는 본건 수표상의 권리가 소멸할 당시의 이 수표 소지인으로서 이 수표상의 권리를 행사할 수 있었던 자라고는 볼 수 없을 것이요 따라서 위에서 본 법리에 의하여 원고는 본건 수표상의 이득상환청구권을 취득할 수 없다 할 것이다. 이와 같이 원고가 이득상환청구권을 행사함에 있어서 원고가 어느때의 본건 수표를 취득하였느냐는 점은 원고가 주장 입증하여야 된다 할 것이므로 원심으로서는 마땅히 이 점을 석명시켜 심리판단 하지 않고서는 원고의 청구를 인용할 수 없다 할 것이다

이리하여 본건상고는 이유있다 하겠으므로 원심판결중 피고의 패소부분을 파기하고 이 부분을 원심인 서울민사지방법원으로 환송하기로 한다.

이 판결에는 관여법관들의 의견이 일치되다.

대법원판사　방준경(재판장)　홍순엽　양회경　이영섭

---

(2) 이득상환청구권의 발생시기

| 판　례 |

[판례 55] 수표금

(대법원 1980. 5. 13. 선고 80다537 판결)

【판시사항】

이득상환청구권이 선의취득의 대상이 되는지 여부

【판결요지】

이득상환청구권은 선의취득의 대상이 될 수 없다.

【참조조문】

민법 제249조

【전 문】

【원고, 상 고 인】 원고
【피고, 피상고인】 주식회사 조흥은행 외 1인
【피고보조참가인】 피고보조참가인
【원 판 결】 서울민사지방법원 1980.2.8. 선고 79나391 판결

【주 문】

상고를 기각한다.
상고비용은 원고의 부담으로 한다.

【이 유】

원고의 상고이유를 판단한다.
원심이 그 적시한 증거자료에 의하여 이건 수표 3매는 피고 보조참가인이 소지하고 있던 중 1978.8.19. 22:10경 소외인 등으로부터 소매치기 당한 사실을 인정한 조치는 정당하고 동 수표 등은 위 소매치기 당할 당시에 이미 지급제시 기간이 경과되었음이 분명하므로 수표상의 권리가 소멸되고 이득상환청구권이 발생하여 있었으나 원고는 동 청구권을 적법한 절차에 의하여 양수한 것이 아님이 분명하고 또 이득상환청구권은 선의취득의 대상이 될 수 없다 할 것이니 이와 같은 취지로 판단하여 원고의 청구를 배척한 원심의 조치는 정당하여 논지는 그 이유없으므로 관여법관의 일치된 의견으로 주문과 같이 판결한다.

대법관   강안희(재판장) 주재황 임항준

---

(3) 이득의 증명책임

| 판 례 |

[판례 56] 수표금

(대법원 2008. 5. 15. 선고 2006다8481 판결)

【판시사항】

[1] 수표에 대한 지급금지가처분결정의 효력이 제3취득자에게 미치는지 여부(소극)
[2] 수표에 대한 지급금지가처분결정이 있더라도 가처분채무자나 제3취득자가 수표발행인인 제3채무자를 상대로 그 이행을 구하는 소송을 제기할 수 있는지 여부(적극)
[3] 수표발행인이 보유하고 있는 수표대금 상당이 이득상환청구권의 대상이 되는지 여부(적극)

【참조조문】

[1] 수표법 제22조, 민사집행법 제300조 [2] 수표법 제22조, 민사소송법 제248조[소의제기], 민사집행법 제300조 [3] 수표법 제63조

【전 문】

【원고, 피상고인】 원고 (소송대리인 변호사 오용호)
【피 고】 주식회사 조흥은행 (합병 후 상호 : 주식회사 신한은행)
【피고 보조참가인, 상고인】 대한민국
【원심판결】 서울중앙지법 2005. 12. 8. 선고 2005나13782 판결

【주 문】

피고 보조참가인의 상고를 기각한다. 상고비용은 피고 보조참가인이 부담한다.

【이 유】

상고이유를 판단한다.
1. 상고이유 제1점에 대하여

　수표의 유통증권성과 인적 항변의 절단이라는 수표법상의 원리에 비추어 볼 때, 수표금 추심 및 지급금지 가처분을 명하면서 제3취득자가 가처분채무자로부터 수표를 취득하여 이를 제시하는 경우까지 수표발행인인 제3채무자에게 그 지급을 금지하는 것은 수표소지인의 권리를 부당하게 제한하는 것이어서 가처분채무자가 아닌 제3취득자에 대하여 지급금지를 명하는 가처분은 허용되지 않는다고 할 것이므로, 비록 가처분결정에서 "제3채무자는 이 사건 수표에 대한 지급을 하여서는 아니된다"고 표시하여 지급금지의 상대방을 가처분채무자에 한정하지 아니하고 있다 하더라도 그 결정의 효력이 제3취득자에게 미치지는 아니한다 할 것이다. 또한, 수표에 대한 지급금지가처분결정이 있더라도 이는 제3채무자가 가처분채무자에게 현실로 수표금을 지급하는 것만을 금지하는 것이므로 가처분채무자나 그로부터 수표를 양수한 제3취득자가 수표발행인인 제3채무자를 상대로 그 이행을 구하는 소송을 제기할 수 있고, 법원은 가처분이 되어 있음을 이유로 이를 배척할 수 없다 할 것이다.

　원심이 위와 같은 취지에서 피고가 이 사건 가처분결정이 있음을 이유로 원고에게 이 사건 각 수표의 지급을 거절할 수 없다고 판단한 것은 정당하고, 거기에 가처분결정의 효력 범위에 관한 법리오해의 위법이 없다.

2. 상고이유 제2점에 대하여

　자기앞수표의 수표상 권리가 소멸함에 따른 이득상환청구권에 있어서 이득이란 수표발행의뢰인이 수표대금을 입금하는 자금관계에 의하여 발생하는 것이므로, 발행인이 수표대금을 보유하고 있는 이상 수표대금 상당의 이득을 보유하고 있는 것으로 추정된다. 원심이 이 사건 각 자기앞수표는 착오로 발행되어 원인관계가 없고, 피고는 가처분결정에 따라 이 사건 각 자기앞수표에 대한 수표금을 피고 보조참가인에게 반환할 의무가 있으므로, 피고에게는 이 사건 각 수표금의 지급을 면함으로 인하여 얻은 이득이 없다는 피고 보조참가인의 주장에 대하여, 피고가 이 사건 각 수표금의 지급을 면함으로써

수표대금 상당의 이득을 보유하고 있으며, 피고가 피고 보조참가인에게 이 사건 각 수표대금을 반환하여야 할 의무가 있음을 인정할 만한 증거가 없다는 이유로 이를 배척한 것은 정당하고, 거기에 소론이 지적하는 당원 1967. 6. 13. 선고 67다541 판결과 상반된 잘못이 있다고 할 수 없다.

3. 상고이유 제3점에 대하여

피고 보조참가인은 원심의 사실인정에 채증법칙 위배로 인한 사실오인의 위법이 있다고 주장하면서도 구체적인 채증법칙 위반사유를 명시하지 않고 있으며, 피고 보조참가인이 주장하는 사유는 사실심의 전권에 속하는 사실인정을 탓하는 것에 불과하여 적법한 상고이유라고 보기 어려울 뿐 아니라, 기록에 비추어 살펴보아도 원심이, 원고가 이 사건 각 수표를 취득한 것이 악의 또는 중과실에 기한 것이어서 이득상환청구권을 행사할 수 없다거나, 소외인과의 통정에 의한 허위표시에 해당하여 무효라는 피고 보조참가인의 주장에 대하여, 이를 인정할 증거가 없다는 이유로 이를 배척함에 있어 심리미진이나 채증법칙 위배의 위법이 없다.

4. 결 론

그러므로 피고 보조참가인의 상고를 기각하기로 하여 관여 대법관의 일치된 의견으로 주문과 같이 판결한다.

대법관 김지형(재판장) 고현철 전수안 차한성(주심)

---

(4) 이득상환청구권의 양도방법

| 판 례 |

[판례 57] 이득상환금

(대법원 1970. 3. 10. 선고 69다1370 판결)

【판시사항】

가. 이득상환 청구권이 발생하는 데 있어서는 모든 어음상의 또는 민법상의 채무자에 대하여 각 권리가 소멸되었음을 요한다.

나. 이득상환청구권은 지명채권 양도의 방법에 의하여서만 양도할 수 있다.

【판결요지】

가. 이득상환 청구권이 발생하는 데 있어서는 모든 어음상의 또는 민법상의 채무자에 대하여 각 권리가 소멸되었음을 요한다.

나. 이득상환청구권은 지명채권양도의 방법에 의하여 양도할 수 있고 약속어음상의 권리

가 소멸된 이후 배서양도만으로서는 양도의 효력이 없다.

【참조조문】

어음법 제79조

【참조판례】

1959.9.10. 선고 4291민상717 판결

【전 문】

【원고, 상 고 인】 원고
【피고, 피상고인】 학교법인 숭의학원
【원심판결】 제1심 광주지방, 제2심 광주고등 1969. 6. 24. 선고 68나335 판결

【주 문】

상고를 기각한다.
상고 비용은 원고의 부담으로 한다.

【이 유】

원고 대리인들의 상고이유에 대한 판단

(1) 「어음법에 약속어음의 소지인의 발행인에게 대한 이득상환의 청구권을 인정함은 소지인이 타에 어음상 또는 민법상 하등의 구제방법이 없을 경우에 발행인으로 하여금 그 이득을 취득시킴은 불공평하다는 원칙에서 나온 것이므로 이득상환의 청구권이 발생히는데 있어서는 모든 어음상 또는 민법상의 채무자에 대하여 각 권리가 소멸되었음을 요한다 함이 당원의 견해(대법원 1959.9.10. 선고 4291민상717 판결 참조)인바」 기록을 검토하면 원심은 위와 같은 견해로서 적법한 거시의 각 증거에 의하여 원고는 원판시 특약에 따른 주식반환청구권(그 이행불능시는 손해배상청구권) 또는 주식매매대금 청구권 등(채무불이행으로 인한 손해배상청구권 또는 부당이득반환청구권이 인정될 경우도 있을 것임) 민법상의 청구권이 있다고 보여지는 본건에 있어서 특별한 사유가 없는 한 원고는 본건 약속어음상의 권리가 시효에 의하여 소멸하였다 하더라도 원고가 이와 병존하는 민법상의 권리를 행사할 수 있는 이상 그 이득상환청구를 할 수 없다고 한 원심판단은 정당하고 논지는 반대의 견해로서 원심의 정당한 판단을 비난하는데 불과하므로 받아드릴 수 없다.

(2) 이득상환청구권은 법률의 직접 규정에 의하여 어음의 효력소멸 당시의 소지인에게 부여된 지명채권에 속하므로 지명채권 양도의 방법에 의하여 양도할 수 있는 것이고 약속어음상의 권리가 소멸된 이후에 배서양도만으로서는 양도의 효력이 없다 할 것이므로 논지는 이유없다.

그러므로 상고를 기각하기로 하고 상고 비용의 부담에 관하여는 패소자의 부담으로 하여 관여법관의 일치된 의견으로 주문과 같이 판결한다.

대법원판사 양병호(재판장) 김치걸 사광욱 홍남표 김영세

[판례 58] 수표금

(대법원 1976. 1. 13. 선고 70다2462 전원합의체 판결)

【판시사항】

은행 또는 기타 금융기관이 발생한 자기앞수표의 소지인이 수표법상의 보전절차를 취함이 없이 제시기간을 도과하여 수표상의 권리가 소멸된 수표를 전전양도한 경우에 양도행위의 내용과 수표의 정당한 소지인의 발행은행에 대한 이득상환청구권

【판결요지】

은행 또는 기타 금융기관 발행의 자기앞수표는 제시기간내는 물론 제시기간후에도 발행은행에서 또는 그외의 금융기관에서 쉽게 지급받을 수 있다는 거래상의 확신에 의해서 현금과 같이 널리 유통되고 있고 또한 수표의 양도는 거래의 일반적인 인식으로서는 수표에 표시된 액면상당의 금원을 발행은행으로부터 지급받을 수 있는 권리가 수표상의 권리이던 또는 이득상환권이던 간에 구별없이 또 이를 구별하려고도 않고 양도 양수한다는 거래의 실정에 비추어 볼 때 수표소지인이 수표법상의 보전절차를 취함이 없이 제시기간 도과후에 수표상의 권리가 소멸된 수표를 양도하는 행위는 수표금액의 지급수령권한과 아울러 특별한 사정이 없는한 수표상의 권리의 소멸로 인해서 소지인에게 발생한 이득상환청구권까지도 이를 양도하는 동시에 그에 수반해서 이득을 한 발행인인 은행에 대하여 소지인을 대신해서 그 양도에 관한 통지를 할 수 있는 권능을 부여하는 것이라고 하여야 할 것이고 위 양도받은 수표를 양수인이 다시 제3자에게 양도하는 행위는 이와 같이 양도받은 수표금액의 지급수령권 한 및 이득상환청구권을 위 소지인으로부터 수권된 이득을 한 채무자인 발행은행에 대한 통지의 권능이 수반된 상태로 이전하는 행위라 할 것이고 이와 같은 수표의 정당한 소지인은 발행은행에 대하여 그가 받은 이익의 한도에서 이득상환청구권을 행사할 수 있고 또 채무자인 발행은행도 동수표의 소지인에게 변제하므로서 유효가에 동 채무를 면하게 된다.

【전 문】

【원고, 상고인】 대한민국 법률상대표자 법무부장관 황산덕 소송수행자 김한배, 이진구
【피고, 피상고인】 주식회사제일은행
【원 판 결】 서울민사지방법원 1970.9.17. 선고 69나605 판결

【주 문】

원판결을 파기하고 본건을 서울민사지방법원 본원 합의부로 환송한다.

【이 유】

본건 상고이유의 요지는
첫째 수표상의 권리에 대하여는 지급제시 기간 경과 후에도 공시최고 절차에 의한 제권판결에 의하지 않는 한 발행인은 최종적으로 수표소지인에게 지급하여야 할 것이고 둘째 본건 수표는 원고의 동 액면상당의 출연에 의하여 취득한 것이므로 피고는 동 수표의 정당한 소지인인 원고에게 동 수표금을 지급하여야 하며 또 피고는 동 수표금의 지급을 거절

하므로서 동 액면상당의 이익을 하등의 법률상 원인없이 이득하였으므로 동 이익금을 마땅히 원고에게 반환하여야 할 것이라는데 있는바 수표는 그 지급기간내에 지급을 위하여 지급인에게 제시되었으나 지급이 거절되었을 때에 거절증서의 작성이 면제된 경우를 제외하고는 소정기간내에 거절증서를 작성하거나 또는 지급거절의 선언을 받는 등 권리보전절차를 취하지 않는한 발행인에게 수표금을 소급청구를 할 수 없으며 이와 같은 이치는 소지인이 그 수표를 취득하는데 있어서 그 액면상당의 출연을 하던 안하던 간에 차이가 있을 수 없으므로 이점에 관한 논지는 이유없으며 끝으로 이득상환청구에 관한 점에 대하여 살펴보기로 한다. 원고는 제1심에서 본건 수표의 소지인으로서 지급인이고 발행인인 피고에게 지급제시를 하였으나 거절을 당하였음을 청구이유로 하는데 제1심에서는 원고의 위 지급제시가 제시기간 경과후에 행하여졌다는 이유로서 청구를 기각하였는바 원고는 원심에서 동 청구를 이득상환청구로 변경하였으나 원심은 원고가 동 수표를 취득한 것은 제시기간 경과후였음이 명백하여 원고는 동 수표상의 권리가 소멸된 당시의 소지인이 아니였다는 이유로 동 청구를 배척하였음은 원심 및 제1심판결에 의해서 명백한바 원고가 원심 1970.2.12 구술변론에서 진술한 동년 1월22일 접수된 준비서면의 기재에는 피고는 「해수표의 지급인인 동시에 발행인으로서 액면금 100,000원정의 이득을 하고 있는 것이 명백하므로 동 이득은 해수표의 청(정)당한 소지인인 항소인에게 상환하는 것이 마땅함으로 동 이득의 상환을 받기 위하여 청구함」으로 되어 있는데 제1심판결후 원심에서의 위 주장은 그 취지가 원고는 본건 수표의 정당한 소지자로서 동 수표의 발행인인 피고에게 동 수표상의 권리가 소멸하였으므로 그가 받은 이득의 상환을 구하려는데 있다고 하여야 할 것이다. 그런데 수표상의 권리가 절차의 흠결로 인해서 또는 소멸시효의 완성으로 말미암아 소멸되었을 때 당시의 동 수표의 정당한 소지인은 이득을 한 수표상의 의무자에 대하여 그가 받은 이익의 한도에서 상환을 구할 수 있으며 한편, 은행 또는 기타 금융기관이 발행한 자기앞수표(이하 단순히 은행의 자기앞수표라고 약칭한다)는 제시기간내에서는 물론이거니와 제시기간 후에도 발행은행에서 또는 그 외의 금융기관에서 쉽게 지급받을 수 있다는 거래상의 확신에 의해서 현금과 같이 널리 유통되고 있을 뿐만 아니라 수표의 양도는 거래의 일반적인 인식으로서는 수표의 표시되어 있는 액면상당의 금원을 발행은행으로부터 지급받을 수 있는 권리를 그것이 수표상의 권리이던 또는 그렇지 않고(어느 의미에 있어서는)등 권리의 변형물이라고도 할 수 있는 동권리의 소멸로 인해서 발생되는 이득상환권이던 간에 구별함이 없이 또 그것을 구별하려고도 하지 않고 양도하고 양도받는 것이 거래의 실정이라고 할 것이므로 이와같은 거래의 실정에 비추어 볼 때 수표소지인이 수표법상의 보전절차를 취함이 없이 제시기간을 도과하여 수표상의 권리가 소멸된 수표를 양도하는 행위는 수표금액의 지급수령권한과 아울러 특별한 사정이 없으면은 수표상의 권리의 소멸로 인해서 소지인에게 발생한 이득상환청구권까지도 이를 양도하는 동시에 그에 수반해서 이득을 한 발행인인 은행에 대하여 소지인을 대신해서 그 양도에 관한 통지를 할 수 있는 권능을 부여하는 것이라고 하여야 할 것이고 그렇게 양도받은 수표를 양수인이 다시 제3자에게 양도하는 행위는 이와같이 양도받은 수표금액의 지급수령권한과 아울러 이득상환청구권을 위 소지인으로부터 수권된 이득을 한 채무자인 발행은행에 대한 통지의 권능이 수반된 상태로 이전하는 행위라 할 것이고, 그렇게 하는 것이 특별한 사정이 없는 한 당사자들의 의사에 합치될 뿐만 아니라 거래의 실정에 적합하고 나아가서는 이와 같은 수표의 양도로 인해서 야기될 수 있는 법률관계를 간결하고 타당하게 해결할 수 있는 것이라고 할 것이므로 이와 같은 수표의 정당한 소지인은 발행은행에 대하여 그가 받는 이익의 한도에서 이득상환청구권을 행사할 수 있고 또 채무자인 발행은행도 동 수표의 소지인에게 변제하므로서 유효하게 동 채무를 면하게 된다고 할 것이다.

당원의 판례(1970.1.27. 선고 69다1390호 판결)는 이상의 취지에 저촉되는 한도에서 본 판결에 의해 변경된 것으로 보아야 할 것이다.

그러므로 본건에 관해서 살펴보면 본건 수표상의 권리가 절차상의 흠결로 인하여 소멸되었으며 원고가 동 수표의 정당한 소지인이고 동 수표의 발행인인 피고은행이 동 수표발행에 관련해서 이득을 하였다며는 특별한 사정이 없는한 원고는 피고에 대하여 그가 받은 이익의 한도에서 그의 상환을 구할 수 있다고 하여야 할 것이므로 본건에 있어서 앞서 말한 바와 같이 원고가 변론에서 이득상환청구의 취지로 인정할 수 있는 진술을 한 이상 원심으로서는의당 이점에 대해서 석명권을 행사하는 등에 의해서 원고가 본건 수표의 정당한 소지인인지의 여부, 피고은행의 이득의 유무, 그리고 전시한 바와 같이 특별한 사정이 있는가 없는가 등에 관해서 심리판단을 하였어야 할 것인데도 불구하고 원심은 이에 이르지 못하고 원고의 청구를 기각한 제1심판결을 유지한 것은 위법하다 아니할 수 없고 위 위법은 동 판결에 영향을 미친 것이 명확하므로 원판결은 민사소송법 400조, 406조 1항에 의하여 파기하고 위 각 사정에 대하여 더 심리할 필요가 있으므로 사건을 원심인 서울민사지방법원 본원 합의부에 환송하기로 하고 대법원판사 홍순엽, 동 이영섭, 동 김영세, 동 양병호, 동 안병수, 동 이일규, 동 김용철의 반대의견이 있는 외에 관여법관의 일치된 의견으로 주문과 같이 판결한다.

대법원판사 홍순엽, 동 이영섭, 동 김영세, 동 양병호, 동 안병수,동 이일규, 동 김용철의 반대의견

다수의견의 요지는 은행이나 그밖의 금융기관이 발행한 자기앞수표는 제시기간내에서는 물론 제시기간 후에도 발행인으로부터 쉽게 지급받을 수 있다는 거래상의 확신에 의하여 현금과 같이 널리 유통되고 있을 뿐만 아니라 수표의 양도는 거래의 일반적인 신식으로서는 수표에 표시되어 있는 액면의 금원을 발행은행으로부터 지급받을 수 있는 권리를 그것이 수표상의 권리던 또는 동 권리의 변형물이라고 할 수 있는 등 권리의 소멸로 인하여 발생되는 이득상환권이던 간에 구별함이 없이 양도하고 양도받는 것이 거래의 실정이라고 할 것이므로 이러한 실정에 비추어 볼 때 수표소지인이 보전절차를 취함이 없이 제시기간을 도과하여 수표상의 권리가 소멸된 수표를 양도하는 행위는 수표금액의 지급수령권한과 아울러 특별한 사정이 없으면 수표상의 권리의 소멸로 인하여 소지인에게 발생한 이득상환청구권까지도 이를 양도하는 동시에 그에 수반하여 이득을 한 발행인인 은행에 대하여 그 소지인을 대신하여 그 양도에 관한 통지를 할 수 있는 권능을 부여하는 것이라고 하여야 하고 그 수표 양수인이 다시 제3자에게 이를 양도하는 행위도 위와 같이 양도받은 수표금액의 지급수령권한과 아울러 위 소지인으로부터 수권받은 권능인 이득을 한 채무자인 발행은행에 대한 통지권능의 양자를 이전하는 행위라고 해석하여야 하고 이렇게 해석하는 것이 특별한 사정이 없는 한 당사자들의 의사에 합치되고 거래의 실정에도 적합하며 이와 같은 수표의 양도로 인하여 야기될 수 있는 법률관계를 간결하게 해결할 수 있는 것이라는 취지로 파악할 수 있다. 요컨대 다수의견은 은행과 그밖의 금융기관이 발행한 자기앞

수표에 있어서 그 수표상의 권리가 법정기간내에 보전절차를 밟지 않으므로 인하여 소멸한 경우에 생기는 이득상환청구권을 지명채권에 속하는 것으로 보면서 그 수표상의 권리가 소멸할 당시의 수표소지인에게 부여되었던 지명채권에 속하는 이득상환청구권을 그 수표소지인이 다른 사람에게 양도하거나 그 양수인이 이를 제3자에게 양도함에 있어서는 특별한 경우를 제외하고는 그 소지인이 수표지급인에 대하여 가지고 있던 지명채권인 이득상환청구권양도에 관한 통지를 할 권한이 그 양도행위 자체로서 당연히 그 양수인들에게 전전 이전되고 따라서 그 양수인은 당초의 이득상환청구권취득자인 그 수표상의 권리소멸 당시의 소지인을 대신하여 그 양도통지를 할 수 있게 된다는 해석으로 풀이되고 이렇게 본다면 이득상환청구권을 양수한 사람은 위의 소지인을 대신하여 이득있는 지급인(채무자)에게 이득상환청구권양도에 관한 통지만 하면 그 양도에 따른 대항요건을 구비한 것이 될 것이고 그 결과는 특별한 경우를 제외한 대부분의 경우에 법정기간내에 보전절차를 밟아서 어음상의 권리를 행사하는 어음금청구권행사의 경우와 어음법상의 권리에 불과한 이득상환청구권행사의 경우가 위 설시의 권리행사면에서는 같아지고마는 결론이 될 것이다. 그런데 이득상환청구권은 어음법 또는 수표법의 직접규정에 의하여 인정되는 특수한 권리인 지명채권에 속한다는 것이 본원의 종래의 판례(1970.3.10. 선고 69다1370, 1972.5.9. 선고 70다2994 각 판결)이고 이 판례에 의하면 실효된 어음이나 수표는 이득상환청구권을 증명하는 증서에 불과한 것이어서 이득상환청구권행사에 어음이나 수표의 소지 또는 제권판결을 필요로 하지 않게 될 것이므로 이득상환청구권의 양도에 있어서도 이중변제의 위험을 방지하기 위하여 지명채권양도 방법에 따른 별도의 대항요건을 밟게 할 필요가 있는 것이며(이득상환
청구권을 어음상 권리의 변형물이라고 보는 학설도 이득상환청구권행사 및 양도에 어음 또는 수표의 소지 또는 제권판결이 있어야 한다는 것에 지나지 않는 것이어서 이것이 이득상 환청구권 양도행위 자체에 그 양도인의 양도통지권 이전의 효력이 생긴다는 이론적 근거는 될 수 없는 것이라 할 것이다) 그뿐만 아니라 일반적으로 채권의 양도가 있으면 당연히 양도인이 양수인에게 통지권의 위임까지 한 것이라고 보기는 어려울 것이며 은행 또는 그밖의 금융기관이 발행한 자기앞수표가 그러한 수표가 아닌 다른 수표에 비하여 지급될 가능성이 많다고 하여 또는 위와 같은 자기앞수표가 수표상의 권리를 상실한 후에도 거래계에 유통되고 있는 사례가 있다고 하여 이득상환청구권의 양도인과 양수인 간에 있어서 양도인이 가지고 있던 채권양도의 통지권 이전의 의사가 그 양도행위 자체에 당연히 포함된 것으로 해석함은 논리에 어긋나는 것이라 할 것이고 더우기 지명채권양도의 대항요건 문제는 채무자를 보호하기 위하여 마련된 것이므로 양도인과 양수인간의 이득상환청구권 양도행위 자체에 양도인의 지급인에 대한 채권양도통지권이 당연히 수반되어 위임된 것이라고 보는 것은 논리의 비약이라 아니할 수 없고 수표는 지급제시기간 경과 후에도 지급위탁의 취소가 없는한 지급인이 지급할 수 있고(수표법 제32조) 지급인의 적법한 지급이 있으면 지급인은 그 지급의 책임을 면할 수 있을 것이나 이는 지급인이 그를 지급할 수 있음에 불과한 것일 뿐만 아니라 위와 같은 자기앞수표의 경우에 있어서도 자금제공자인 수표의 수취인의 지급정지 의뢰에 의하여 지급인이 지급을 거절하는 경우도 있을 것이고 위와 같은 자기앞수표의 경우에는 수표상의 권리가 소멸된 수표가 지급될 경우가 많다고 하더라도 이는 다수의견과 같이 제시기간경과로서 이득상환청구권이 소멸한다는 전제

라면 지급인의 그 지급으로 인하여 일단 발생한 이득상환청구권이 변제로 인하여 소멸되는 경우가 위의 자기앞수표가 다른 수표보다 많아질 수 있는 것이라는 결론에 불과할 것이므로 이것이 위의 자기앞수표의 이득상환청구권 양도행위를 달리 해석하여야 한다는 이론적 근거는 될 수 없는 것이라 할 것이다.

더우기 이득상환청구권은 어음(수표)상 또는 민사상 아무런 구제방법이 없는 경우에 한하여 발생하는 최종적인 구제조처로서 인정될 권리이므로 어음상 청구권과는 그 권리행사면에 있어서 엄연히 구별될 뿐만 아니라 이득상환청구권의 양도행위를 민사상 다른 지명채권양도행위와 달리 해석할 필요는 없을 것이고 위의 자기앞수표의 경우라고 하여 예외가 될 수는 없을 것이며 또 다수의견은 위의 자기앞수표의 경우에 있어서 특별한 사정이 있는 경우와 그렇지 않는 경우를 구별하여 논하고 있는 바 어떤 경우가 특별한 사정이 있는 경우에 해당하는 것인지를 가리기가 어려울 뿐더러 특별한 사정이 있는 경우를 제외하고 논하므로써 위와 같은 자기앞수표양도에 따른 법률관계를 해결하는데 있어서 획일성을 결여하게 되는 것이라고 할 것이다. 그러니 위와 같은 자기앞수표의 경우에 있어서도 이득상환청구권의 양도행위외에 지명채권양도의 대항요건을 별도로 밟아야 하는 것으로 해석함이 타당하다 할 것이다.

대법원판사 강안희의 보충의견

다수의견 설시에 대하여는 다음과 같은 의견이 있을 수 있다.

1. 지급제시기간 경과후의 수표의 양도행위를 기히 발생한 이득상환청구권을 이전하는 취지로 풀이하는 것은 좋으나 채무자에 대한 그의 양도의 통지를 할 권능까지 수여하였다고 보는 것은 지나친 의제라 아니할 수 없다는 것이다. 그러나 전시한 바와 같이 은행의 자기앞수표는 지급제시기간 경과후에도 전전 이전되어 현금과 같이 널리 지급수단으로 유통되고 있는 것이 거래의 실정이고 또 그와 같은 수표를 양도하는 자나 양도받는 자나 할 것 없이 그들의 사실상의 의사는 양도받은 자(소지인이 되는 자)가 그 수표에 표시된 금액에 상당한 금원은 발행은행으로부터 지급받도록끔 하기 위해서 양도하고 양도받는데 있다고 할 수 있으므로 이와같은 행위를 한 당사자의 의사의 참뜻은 이득상환청구권만 양도하고 채무자에 대한 양도통지의 권능은 양도자가 보유하는 뜻이라고 보기 어렵고 오히려 특별한 예외적인 사정이 없으면 양도인이나 양수인이나 다같이 수표상의 권리던 그렇지않고 이득상환청구권이던 간에 그 수표에 표시된 금액에 상당한 금원을 발행은행으로부터 지급받는데 필요한 모든 조치를 할 수 있는 권능을 전부 양도양수하는 뜻에서 그와 같은 수표를 양도양수하는 것이라고 하는 것이 그의 진의라고 할 수 있고 따라서 특별한 예외적인 사정이 없는데도 불구하고 이상과 같이 이득상환청구권과 채무자에 대한 통지의 권능을 분리해서 별개로 취급하려는 것이 오히려 당사자의 진의를 무시한 지나친 기교이며 의제라고 할 수 있고 만약 양도행위를 이득상환청구권만 이전하고 통지의 권능은 일반지명채권과 동일하게 채권자인 양도인이 그대로 보유하는 취지로 해석한다며는 그리 해석하는 실익은 거의 전부 상실되어 무의미하게 될 것이다.

2. 은행의 자기앞수표와 그렇지 않은 수표(이하 일반수표라고 약칭한다)와를 구별해서 유독 은행의 자기앞수표에 한해서 특별한 취급을 하려는 것은 근거없는 논이라는 것이다. 그러나 은행의 자기앞수표와 일반수표와는 그 유통의 실태가 전연 다르다.

은행의 자기앞수표는 지급위탁의 취소라던가 또는 극단의 경우를 상상하지 않고는 자금부족으로 지급을 거절당하는 소위 부도라는 것을 우려할 필요는 거의 없으며 따라서 그 유통에 있어서도 거의 현금과 동일시되는 것이 거래의 실정인데 반하여 일반수표는 그의 지급의 확실도 천차만별이어서 그의 양도에 대한 일반거래상의 인식도 발행인의 신용에 대한 신뢰도 물론이거니와 그보다도 양도인의 신용에 대한 신뢰에 의해서 이루워지는 경우가 많다고 할 수 있어서 양도에 있어서 은행의 자기앞수표의 경우와는 달리 특별한 사정이 없는한 양도인의 개인성이 큰 비중으로 작용된다고 할 수 있을 뿐만 아니라 일반수표로서 지급기간경과 후에도 은행의 자기앞수표처럼 전전이 전된다는 것은 극히 드문 예에 속한다고 할 것이므로 이와 같은 양자에 대한 거래상의 실정에 차가 있는 이상 그것을 법률적으로 동일하게 취급하는 것은 오히려 불합리하고 지급기간이 경과한 일반수표의 양도는 그때 그때 구체적 사정에 따라서 그의 법적인 의미를 결정하면 족하고 그것을 은행의 자기앞수표와 마찬가지로 다룰 이유도 없으며 그리할 필요도 없는 것이다.

따라서 제시기간이 경과한 일반수표의 양도에 있어서 이득상환청구권은 물론 그에 수반해서 채무자에 대한 통지의 권능까지 위임하였다고 인정할 만한 특별한 사정이 있으면 그와 같은 구체적 사정에 상응해서 처리하면 족하다 할 것이다.

3. 지급제시기간 경과후의 은행의 자기앞수표에 대한 이상과 같은 취급은 단기 지급제시기간을 정한 수표법의 취지에 어긋난다는 것이다.

그러나 일반수표에 있어서도 지급위탁이 취소되지 않는한 지급인은 지급 제시기간 경과후에도 발행인의 계산으로 유효하게 지급할 수 있으며 특히 전시한 바와 같이 은행은 그가 발행한 자기앞수표에 대하여 극히 예외적인 특별한 사정이 없는한 지급제시기간에 구애됨이 없이 신속하게 지급하고 있는 관행이 있으며 이와 같은 관행은 법이 금하고 있는 것도 아니고 한편 수표상의 권리의 소멸로 인해서 발생되는 이득상환청구권은 그 방법과 효력에 있어서 지명채권의 그것에 따르고 있기는 하지만 아무 제한없이 전전 이전될 수 있는 점등 현제도하에서 지급제시기간 경과후의 양도행위를 그의 무시 못할 거래상의 현실적인 기능에 비추어 이상과 같이 그의 법적의미를 구성(풀이)하는데 있어서 수표의 지급제시기간을 거론할 필요는 없다 할 것이다.

4. 끝으로 지급제시기간 경과후의 양도행위는 이상과 같이 수표금 지급수령권능과 더불어 이득상환청구권 및 이에 수반해서 채무자인 발행은행에 대한 양도에 관한 통지를 할 수 있는 권능의 위임 내지 이전으로 볼 수 있는 관습법 또는 법적근거가 없다는 것이다.

그러나 이상은 앞서 설명한 바와 같이 은행의 자기앞수표가 지급제시기간에 구애됨이 없이 극히 예외적인 특별한 사정이 없는한 발행은행에서는 물론이고 기타 금융기관에서도 신속히 지급되기 때문에 지급제시기한의 전후를 통하여 현금과 같이 지급수단으로서 널리 유통되고 있는 거래의 실정에 비추어 그의 양도행위에 대한 법적 의미를 이상과 같이 구성(풀이)하려는 말하자면 동 양도행위의 해석에 관한 문제에 관한 것이고 그에 관한 관습법의 존재를 주장하고 그것을 전제로 해서 입론하려는 것도 아니므로 이에 대한 법적근거를 기여히 제시하여야 한다면은 법률행위의 해석에 관한 원리를 제시하는 이외에 방도는 없을 상 싶다.

이상과 같이 은행의 자기앞 수표는 지급제시기간 경과후에도 그전에서와 같이 전전 유통되고 있어서 그의 양도행위에는 보통의 일반채권양도의 전형적인 방식에 대한 어떤 고정적인 관념에만 집착하는 한 좀처럼 다루기 어려운 특수한 면이 있는 것이며 따라서 그의 유통의 실태와 거래상의 기능을 직시하고 그에 상응해서 그 유통과정의 일완을 이룩하고 있는 양도행위에 대하여 그 양도당사자의 사실상의 의사에 적응하면서 그에 적절한 법적의미를 부여하는 것은 당연하다고 하여야 할 것이므로 이런 점에서 볼 때 반대의견은 좀처럼 이해하기가 어렵다.

1. 반대의견은 은행의 자기앞수표를 권리보전절차를 취함이 없이 지급제시기간 경과후에 양도하는 행위(이하 단순히 양도행위라고 약칭한다)를 이상과 같이 풀이하면은 법정기간내에 권리보전절차를 취한 수표상의 권리와 이득상환청구권이 권리행사면에서 같아지는 결과가 된다는 것을 문제 삼으려고 하는 듯하나 그와 같은 것을 문제 삼으려는 그 자체에 오히려 문제가 있다고 할 것이다. 권리보전절차를 취한 수표상의 권리나 수표상의 권리의 소멸로 인하여 발생되는 이득상환청구권이나 그 권리의 내용과 요건은 다를망정 다같이 지명채권의 양도의 효력과 방법에 의해서 전전양도될 수 있는데 있어서는 다를 점이 없으므로 결과적으로 그 권리의 행사가 사실상 같아질 수도 있을 것은 당연하다고 할 것이고 이것을 구태여 이상하게 생각할 필요는 없을 것이고 이렇듯 경우에 따라서는 그 권리행사면에 있어서 사실상 그 결과가 같게 되는 것이 왜 못마땅 하다고 하여야 할 것이며 또 그것이 어찌하여 양도행위에 대한 이상과 같은 풀이를 탓할 사유가 될 수 있다는 것인지 이해하기가 어렵다.

2. 반대의견은 당원의 판례에 의하면 절차의 흠결등으로 실효된 수표는 이득상환청구권을 증명하는 하나의 증서에 불과하고 그와 같은 수표의 소지는 위 권리를 행사하는데 반드시 필요한 것이 아니므로 이중 변제의 위험을 방지하기 위하여 그 양도에 있어서는 지명채권양도방법에 따르는 별도의 대항요건을 밟게 할 필요가 있다는 것이다. 그러나 이득상환청구권에 한해서만 논한다면은 이상 설명한 바와 같이 은행의 자기앞수표를 지급 제시기간 경과후에 권리보전절차를 취함이 없이 양도하는 행위는 동 행위에 의하여 ① 이득상환청구권양도의 의사만을 표시하는 것으로만 볼 수도 있고 ② 그와 아울러 상환의무자에 대한 양도의 통지를 할 수 있는 권능까지 부여하는 의사까지 포함하여 표시하는 것으로도 볼 수 있고 또 ③ 그렇지 않고 양도의 의사는 따로히 표시하고 그 증거로서 그 수표를 교부하는데 불과한 것으로도 볼 수 있어서 그 어느 것에 속하느냐는 당사자의 의사해석에 관한 문제에 속한다고 할 것은 두말할 나위도 없겠으나 앞서 비친 바와 같이 거래의 실정과 양도 당사자의 사실상의 의사에 비추어 특수한 경우를 제외하고는 일반적으로 당사자는 그와 같은 수표를 양도하는 행위에 의하여 이득상환청구권을 양도하는 의사와 그와 아울러 상환의무자에 대한 양도통지를 할 수 있는 권능까지 부여하려는 의사까지도 그에 포함해서 표시하는 것이라고 풀이하는 것이 당사자의 참뜻에 합치되는 것으로 보려는 것이고 따라서 그와 같은 수표가 한낱 증명의 수단에 불과한 증서라는 것과 그와 같은 증서를 양도하는 행위를 법적으로 위와 같이 그 의미를 풀이해서 파악하려는 것과는 이론상 결코 양립할 수 없는 것은 아니며 또 이중변제의 위험을 방지하기 위해서 별도의 대항요건을 밟게할 필요가 있다고 하는 것도 원래 대항요건의 문제는 주로 채무자를 보호하기 위한 채무자에 대한 문제이므로 이와 같은 대항요건이 구비되지 않은 경우에

도 채무자는 스스로 양도행위를 시인하고 유효하게 변제할 수 있을 것인데 이점은 잠시 차치하고 대항요건을 별도로 밟게할 필요가 있다는 것이 어떠한 의미에서인지도 그 취지가 불명확하나 그 취지가 (ㄱ) 채권양도 통지를 양도인이 스스로 직접(대리인등에 의하지 않고) 하여야 한다는 것이라면 그것은 근거가 없는 논이 될 것이고 그렇지 않고 양도인 스스로는 물론이거니와 그 대리인등 그 권능을 수여받은 자에 의하여 따로히 양도통지를 하여야 한다는 것이라면 양수인이 양도인의 대리인이 되는등 그의 권능을 부여받어 양도통지를 할 수 없다는 이유는 없으므로 유독 이득상환청구권의 양도에 한해서 예외로 취급하지 아니하면 안될 필요는 없는 것이라고 할 것이고 그뿐만 아니라 수표상의 권리가 보전절차의 흠결등으로 소멸되었다 하더라도 그 수표는 이득상환청구권에 대한 채권증서로서의 성격을 갖게 되는 것이고 그 소지인은 이득상환청구권의 준 점유자라고 할 것이므로 상환의무자의 보호를 거론할 필요가 있으면 이 점도 의당 고려에 넣어 생각할 필요가 있는 것이다.

3. 이득상환청구권은(어떤 의미에 있어서는) 수표상의 권리의 변형물이라고도 할 수 있다는 취지의 설시에 대하여 반대의견은 이득상환청구권의 성격에 대한 위와 같은 이해와 지급제시기간 경과후의 양도행위에 대한 앞서 설시한 바와 같은 풀이와의 간에 어느 논리적인 필연관계가 있는 것 같이 이해하고 있는 듯하나 이득상환청구권이(어느 의미에 있어서는) 수표상의 권리의 변형물이라고도 할 수 있다는 것과 권리보전절차를 취함이 없이 지급제시기간을 경과한 수표를 양도하는 행위를 위에 설시한 바와 같은 의미로서 풀이하고 파악하려는 것과의 간에는 어떤 논리적인 필연관계가 있는 것이 아니고 본 설시도 결코 그와 같은 필연관계를 전제로 한 결론이 아님은 하등 의심할 여지가 없는데 만약 반대의견이 본 설시가 위와 같은 필연관계를 전제로 한 입논이라고 이해하였다며는 그것은 큰 오해라 아니할 수없다.

4. 반대의견은 보통의 일반채권과 이득상환청구권과를 또는 은행의 자기앞수표와 일반개인이 발행한 수표와를 그 양도에 있어서 동일하게 취급하지 않는 것을 못마땅하게 생각하는 모양이나 앞서 설시한 바와 같이 다수의견의 취지는 은행의 자기앞수표는 보전절차의 흠결 등 사유로 인하여 그 수표상의 권리가 상실된 후에도(지급인이 지급할 가능성이 남아있는 탓도 곁들여) 그전과 마찬가지로 전전 이전되고 현금과 같이 유통되는 무시못할 거래상의 실정에 적응해서 그에 참여하는 당사자의 의사를 합리적으로 이해하고 그에 상응해서 그의 법적 의미를 앞서 설시한 바와 같이 (그와 같은 수표도 위 설시한 바와 같이 지급인에 의하여 지급될 가능성이 있으므로) 수표금을 수령할 수 있는 권능과 더불어 수표상의 권리가 권리보전절차의 흠결 등으로 인하여 상실되는 경우에 이득을 한 발행인등에 대하여 이득의 상환을 구할 수 있는 권리(이득상환청구권)를 양도하고 이와 아울러 상환의무자에 대한 양도통지의 권능을 수여하는 것으로 풀이하려는 것이고 그것은 어디까지나 앞서 비친 바와 같이 거래에서의 그의 특수한 기능과 그에 대한 일반적인 관념에 상응해서 양도 당사자의 의사를 합리적으로 풀이하려는 것인데 위와 같은 은행이 자기앞수표의 양도행위에는 보통의 일반지명채권의 양도에 있어서의 그의 전형적인 방식에 대한 어느 고정된 관념으로서는 좀처럼 다루기 곤란한 면이 있으며 또 은행의 자기앞수표와 일반개인이 발행하는 수표와는 다같이 수표이긴하나 지급제시기한 전, 후를 통하여

더우기 그가 권리보전절차를 취하지 않은 채 유통되는데 있어서(다시 말해서 거래상의 취급에 있어서) 도저히 동일시할 수 없는 정도의 큰 차가 있고 거래에서의 그의 기능을 달리하고 있는 것이므로 이들의 양도행위에 대한 법적의미를 풀이하고 결정하는데 있어서 일반적으로 이들을 동일하게 다룰 수 없을 것이고 따라서 그에 대한 법적인 취급을 달리하려고 하는 것은 당연하다고 할 것이고 그리하는 것이 이론상으로나 실제상으로나 불합리하다고는 할 수 없는 것이며 오히려 거래상의 기능의 특수성을 무시하고 더구나 경우를 가리지 않고 획일적으로 (ㄱ) 위와 같은 수표의 양도행위에 보통의 일반지명채권의 양도의 전형적인 방식을 그대로 적용하려고 한다던가 혹은 (ㄴ) 은행의 자기앞수표와 일반개인이 발행하는 수표를 동일시 하려고 하는 것 등의 무리라고 할 것이다.

5. 이렇듯 은행의 자기앞수표는 그것이 권리의 보전절차를 밟지 않은 채로 지급제시기간을 상당히 경과 하더라도 그전의 것과 마찬가지로 전전양도되고 현금 같이 유통되고 있는 것이 일반적인 거래에 있어서의 부인할 수 없는 현실이고 관행이므로 이와 같은 일반적인 현실과 관행을 배경으로 하고 그와 같은 수표를 양도하고 양도받는 당사자의 현실적인 의사를 합리적으로 이해하고 그에 상응해서 그 의사를 앞서 설명한 바와 같이 수표금의 수령권능과 더불어 이득상환청구권을 양도하고 이에 수반해서 양도인의 상환의무자에 대한 통지의 권능까지 수여하는 뜻으로 받아들이려는 것이 특수한 예외적인 경우를 제외하고는 당사자의 참뜻에 부응하는 것이라고 하고 그에 맞추어 법적의미를 부여하려는 것이 어찌하여 논리에 어긋나는 것이라고 하여야 할 것이며 당사자의 의사를 위와 같이 파악하고 그에 적절하게 법적취급을 하려는 것이 그와 같은 수표의 유통에 대한 거래관념에도 일치된다고 할 수 있을 것이어늘 어찌하여 이를 논리의 비약이라고 하여야 할 것인지 이해하기가 곤란하다.

거래의 실정을 참작하고 그 관념에 상응해서 당사자의 의사를 합리적으로 파악(풀이)하려는 것은 채무자에 대한 양도통지의 제도가 주로 채무자를 보호하기 위하여 마련된 것이라는 것을 부정하려는 것은 결코 아니고 오히려 그와 같은 제도를 전제로 하고 특별한 예외적인 사정이 없는한 양도당사자의 의사에는 상환의무자에 대한 통지의 권능을 수여하는 것까지 포함된 것이라고 풀이하는 것이 당사자의 참뜻에 상응하는 것으로 보려는 것이므로 양도통지제도의 취지를 들어 양도행위에 대한 위와 같은 파악태도를 논리의 비약이라고 논난하려는 것은 좀처럼 이해가 가지 않는다.

6. 반대의견중 지급제시기간경과 후에도 지급위탁의 취소가 없는한 지급인은 지급할 수 있으며 또 은행의 자기앞수표의 수취인이 지급정지의 의뢰에 의하여 지급을 거절하는 경우(이점에 대하여는 문제가 없는 바는 아니지만 여기서는 이에 대하여 논급하지 않는다) 운운의 구절에 대하여는 그 논지를 파악하기가 곤란할 뿐만 아니라 가사 반대의견과 같이 이득상환청구제도가 최종적인 구제제도이고 또 이득상환청구권이 수표상의 청구권과는 그 권리행사면에서 엄연히 구별되는 것이라고 하더라도 이와 같은 것은 위 양도행위를 풀이하고 그의 법적의미를 결정하는 것과는 어떤 논리적인 관계가 있는 것이 아니므로 이득상환청구제도가 최종적인 구제제도로서 마련되었다던가 또는 권리행사면에서 이득상환청구권은 수표상의 청구권과 다르다는 그것으로서 양도행위에 대하여 위와 같이 풀이하려는 태도를 논난할 근거로 삼을 수는 없는

것이다.
　또 이상의 견해는 어디까지나 당사자의 의사를 풀이하는데 관한 문제이므로 당사자의 의사가 일반적인 경우와 다른 경우에 있어서는 그에 상응해서 달리 취급하게 될 것은 당연하며 지명채권의 효력과 방법으로서 이전되는 상환청구권의 양도행위를 반드시 획일적으로 다루지 않으면 안될 이유도 없는 것이고 다수의견은 어디까지나 위와 같은 은행의 자기앞수표의 양도행위의 일반적인 경우를 입론의 대상으로 하고 그에 대하여 부여하여야 할 법적 의미를 합리적으로 구성하려는 것이므로 따로히 특수한 예외적 경우에 있어서는 그에 상응해서 법적인 취급을 하면 그것으로써 족하게 되는 것이다.

7. 다음 반대의견은 은행의 자기앞수표를 권리보전절차를 취함이 없이 지급제시기간이 경과된 후에 양도하는 행위에 대하여 그 의미를 어떻게 이해하려고 하고 있는지 그 취지가 불명확한데 만약에 그 취지가 (ㄱ) 이와 같은 수표의 양도행위에는 이득상환청구권의 양도행위로서의 법적의미를 인정할 수 없다고 하고 이득상환청구권의 양도에는 반드시 수표의 양도와는 따로이 그에 대한 양도의 의사표시를 따로이 하고 그 외에 지명채권양도의 대항요건을 별도로 밟아야 하며 수표의 양도는 단지 그에 대한 증거물의 교부에 불과하다는 것이라면 이는 앞서 말한 바와 같이 은행의 자기앞수표는 하등 권리보전의 절차를 취하지 않아도 지급제시기간 경과 후 상당기간을 마치 현금과도 같이 전전 유통되고 있는 거래의 실정과 일반적인 경우에 있어서의 그와 같은 수표를 양도하고 양도받는 당사자의 현실적인 의사와는 매우 거리가 먼 이론구성이라고 아니할 수 없으며 그렇지 않고 (ㄴ) 위와 같은 수표의 양도행위는 이득상환청구권을 양도하는 의미로서 이해될 수는 있으나 동 행위에 상환의무자에 대한 양도통지를 할 수 있는 권능을 부여하는 의사가 거기에 당연히 포함되었다고까지는 인정할 수 없다는 것이라면 특별한 예외적인 경우를 제외하고는 이와 같은 취지로서의 풀이는 앞서 말한 바와 같이 거래의 실정에 비추어 어느 만큼의 실익이 있고 의의가 있게 될는지 자못 의심스럽다고 하지 않을 수 없다. 물론 당사자의 의사가 반대의견과 같은 경우에 있어서는 앞서 말한 바와 같이 그에 상응해서 법적 취급을 하여야 할 것은 당연하나 이와 같은 경우는 거래의 실정에 비추어 특수한 예외적인 경우(전시한 위 ① ③의 경우)에 속한다고 하여야 할 것이고 여기서 입론의 대상으로 삼고 있는 일반적인 경우에는 속한다고는 할 수 없다.

8. 끝으로 물론 은행의 자기앞수표는 은행에 대한 고도의 신용을 위하여 발행은행에서 특별한 예외적인 사정이 없는 한 권리보전절차를 취함이 없이 지급기간을 도과한 것이라도 거의 그에 구애됨이 없이 신속히 그리고 쉽게 지급되는 것이 관행으로 되어 있어서 이득상환에 대하여는 사실상 그것이 문제가 되는 예는 극히 드물다고 할 것이며 은행의 이와 같은 관행적인 취급은 은행의 자기앞수표로 하여 금 지급제시기간 경과후에도 그전과 마찬가지로 현금과 같이 전전유통케 하고 있다고 할 것이므로 그 유통의 일완을 이룩하고 있는 양도행위를 풀이하는데 있어서 은행이 임의로 지급하는 경우에 그 지급을 받을 수 있는 권한을 부여하는 것을 그에 관련시키면 족하지 구태여 이득상환의 문제까지 관련시킬 필요가 과연 있겠는가 하는 의심이 있을상 싶으나 위와 같은 거래의 실정이 은행의 임의 지급의 관행에 뒷받침되어 생기게 되었

다는 것은 의심의 여지가 없겠으나 그와 같은 거래의 실정에 대한 관념을 바탕으로 하고 행하여지는 양도행위를 풀이하는데 있어서는 은행의 임의 지급에 따르는 수표금의 수령권능과 더불어 매우 드문 예에 속하긴 하지만 본건과 같이 은행이 바로 권리보전절차의 흠결 그것을 이유로 하고 지급을 거절하는 경우도 있으므로 이와 같은 경우도 상정하고 이득상환까지도 관련시킬 필요는 충분히 있다고 하여야 할 것이다.

대법관 민복기(재판장) 홍순엽 이영섭 주재황 김영세 민문기 양병호 이병호 한환진
임항준 안병수 김윤행 이일규 강안희 라길조 김용철

[판례 59] 수표에의한이득상환

(대법원 1981. 6. 23. 선고 81다167 판결)

【판시사항】

가. 중대한 과실로 인하여 자기앞수표를 취득하였다고 하여 선의취득을 부정한 예
나. 자기앞수표의 이득상환청구권을 양수함에 있어서 지명채권양도의 방법에 따른 절차를 밟아야만 할 경우

【판결요지】

1. 자칭 남원거주의 면식없는 사람으로부터 이리발행의 자기앞수표를 서울에서 취득함에 있어서 그 소지인의 인적 사항을 확인하지 아니하였음은 일반거래상의 중대한 과실이 있으므로 동 수표를 선의취득하였다고 할 수 없다.
2. 자기앞수표의 제시기간 경과 당시 그 소지인이 누구인지, 또 그 소지인이 정당한 수표소지인인지 알 수 없는 경우에는 동 수표의 이득상환청구권을 양수함에 있어서는 지명채권양도의 방법에 따른 절차를 밟아야만 동 양수를 발행인에게 주장할 수 있다.

【참조조문】

수표법 제21조, 제63조

【참조판례】

대법원 1978.6.13. 선고 78다568 판결
1976.1.13. 선고 70다2462 판결

【전 문】

【원고, 상고인】 원고 소송대리인 변호사 이재성
【피고, 피상고인】 주식회사제일은행 소송대리인 변호사 박철
【원심판결】 서울고등법원 1980.12.9. 선고 80나1665 판결

【주 문】

상고를 기각한다.
상고 소송비용은 원고의 부담으로 한다.

【이 유】

상고이유를 판단한다.
1. 기록에 의하면, 본건 수표들은 피고 은행 이리지점에서 소외 1의 의뢰에 의하여 발행된 자기앞수표로서 소외 1이 소지 중 도난당한 것이며 서울 거주의 원고가 이를 취득하게 된 것은 전북 남원에서 소외 2라고 칭하는 사람으로부터 장거리전화로 물품대금으로 은행의 자기앞수표로써 지급하여도 되겠는가, 자기 아니면 가족을 보내겠다는 문의 상담을 받은 후 위 소외 2의 처라고 자칭하는 여인이 원고 점포에 내도하여 사진기재의 구입대금 2,120,000원의 지급수단으로 본건 합계 액면 금 2,200,000원의 본건 수표를 교부하였는데 그 당시 원고는 그 여인에게 주민등록증의 제시를 요구하였을 뿐, 이에 응하지 아니하는 그 여인이나 위 소외 2의 인적 사항을 확인 아니하였음이 분명한바, 위와 같이 이리 발행의 수표로서 자칭 남원거주의 면식 없는 사람과 서울에서 거래하면서 그 소지인의 인적 사항을 확인 아니하였음은 본건 수표의 취득에 있어 일반거래상의 중대한 과실이 있다고 할 것이니 이런 취지에서 원고는 중과실 취득자라고 한 원심판결의 조치를 수긍할 수 있고 거기에 소론과 같은 선의취득에 관한 법리오해 있다고 할 수 없다.
2. 본건 수표 중 액면 금 400,000원의 자기앞수표는 그 발행이 1980.1.15이므로 원고가 이를 취득한 같은 달 26은 제시기간 경과 후임이 분명한바, 원래 수표금의 이득상환청구권이 있는 수표소지인이라 함은 그 수표상의 권리가 소멸할 당시의 정당한 소지인으로서 그 수표상의 권리를 행사할 수 있었던 자를 가리킨다 할 것이므로 (당원 1978.6.13. 선고 78다568 판결 참조) 은행 또는 금융기관의 발행한 자기앞수표 소지인이 수표법상의 보전절차를 취함이 없이 제시기간을 도과하여 수표상의 권리가 소멸된 수표를 양도하는 경우에 특별한 사정이 없으면 수표상의 권리의 소멸로 인해서 소지인에게 발생한 이득상환청구권을 양도함과 동시에 그에 수반해서 이득을 한 발행인인 은행에 대하여 소지인을 대신해서 그 양도에 관한 통지를 할 수 있는 권능을 부여하는 것이라(당원 1976.1.13. 선고 70다2462 판결 참조)고 할지라도 이는 정당한 수표소지인이 수표를 양도하는 경우에 한한다 할 것이다. 기록을 살펴보아도 위 수표의 제시기간 경과 당시의 소지인이 위 소외 2 또는 그 처라는 여인인지 혹은 다른 사람인지 알 수 없고 그 소지인이라는 위 소외 2나 위 여인 또는 어떤 소지인이 정당한 수표소지인인지를 가려볼 자료가 없는 본건에 있어 원고는 제시기간 경과 후의 본건 액면 금 400,000원의 자기앞수표(수표법 제24조 참조)의 양수에 관하여는 지명채권양도의 방법에 따른 절차를 밟음이 없는 한 이득상환청구권을 양도받았음을 발행인 피고에게 주장할 수 없음이 분명하니 이런 취지에서 한 원심의 판단은 정당하고 거기에 판례위반의 잘못이 있다고 할 수 없다.

그러므로 상고를 기각하고, 상고 소송비용은 패소자의 부담으로 하기로 관여 법관의 의견이 일치되어 주문과 같이 판결한다.

대법관 전상석(재판장) 이일규 이성렬 이회창

9. 사고신고담보권

가. 의의

사고신고담보금이라 함은 어음채무자가 어음의 도난·분실 등의 이유로 지급은행에 사고신고와 함께 그 어음금의 지급정지를 의뢰하면서 예탁하는 별단예금을 말한다.

| 판 례 |

[판례 60] 예금반환

(대법원 1998. 11. 24. 선고 98다33154 판결)

【판시사항】

[1] 사고신고담보금의 제도적 취지
[2] 지급은행이 어음발행인에게 사고신고담보금을 반환하기 위한 요건
[3] 제3자가 배서인을 채무자, 지급은행을 제3채무자로 하여 사고신고담보금에 대하여 채권압류 및 전부명령을 받은 경우, 제3자가 받은 위 압류 및 전부명령의 송달만으로는 사고신고담보금의 처리를 위한 약정서상의 소송계속중임을 증명하는 서면이 제출된 것으로 볼 수 없다고 한 사례

【판결요지】

[1] 약속어음의 채무자가 어음의 도난·분실 등의 이유로 지급은행에 사고신고와 함께 그 어음금의 지급정지를 의뢰하면서 예탁하는 사고신고담보금은 일반의 예금채권과는 달리 사고신고 내용의 진실성과 어음발행인의 자력을 담보로 하여 부도제재회피를 위한 사고신고의 남용을 방지함과 아울러 어음소지인의 어음상의 권리가 확인되는 경우에는 당해 어음채권의 지급을 담보하려는 데 그 제도의 취지가 있다.

[2] 어음발행인과 지급은행 사이에 체결된 사고신고담보금의 처리를 위한 약정서상에 지급은행이 어음발행인에게 담보금을 지급하는 경우의 하나로 '당해 어음과 관련하여 이해관계인이 소송계속중임을 입증하는 서면을 지급은행에 제출한 바가 없고 지급제시일로부터 6개월이 경과한 경우'를 정하고 있다면, 이로써 사고신고담보금 예치계약의 당사자인 어음발행인에게 동 계약에 대한 해지권을 부여하는 데에 있다고 할 것이므로, 이러한 소정의 사유가 발생한 경우, 그로 인하여 사고신고담보금의 반환청구권이 곧바로 어음발행인에게 확정적으로 귀속하는 것은 아니라고 할지라도, 그 후 정당한 어음권리자로 판명된 어음소지인이 수익의 의사표시를 하여 오는 등의 특별한 사정이 없는 한, 지급은행으로서는 어음발행인의 지급청구에 따라 사고신고담보금을 반환할 의무가 있다.

[3] 제3자가 배서인을 채무자, 지급은행을 제3채무자로 하여 사고신고담보금에 대하여 채

권압류 및 전부명령을 받은 경우, 제3자가 받은 위 압류 및 전부명령의 송달만으로는 사고신고담보금의 처리를 위한 약정서상의 소송계속중임을 증명하는 서면이 제출된 것으로 볼 수 없다고 한 사례.

【참조조문】

[1] 민법 제539조, 제702조[2] 민법 제539조, 제702조[3] 민법 제539조, 제702조

【참조판례】

[1] 대법원 1994. 4. 15. 선고 93다61000 판결(공1994상, 1442)
대법원 1994. 10. 21. 선고 94다16816 판결(공1994하, 3069)
대법원 1995. 1. 24. 선고 94다40321 판결(공1995상, 1132)
대법원 1995. 12. 5. 선고 94다44835 판결(공1996상, 183)
[2] 대법원 1994. 4. 15. 선고 93다61000 판결(공1994상, 1442)
대법원 1996. 3. 12. 선고 95다47732 판결(공1996상, 1247)

【전 문】

【원고, 피상고인】 주식회사 우주종합건설 (소송대리인 법무법인 덕수합동법률사무소 담당변호사 진영진 외 1인)
【피고】 주식회사 한국외환은행
【피고보조참가인,상고인】 피고보조참가인 (소송대리인 변호사 임창원)
【원심판결】 광주고법 1998. 6. 12. 선고 (제주)97나869 판결

【주 문】

상고를 기각한다. 상고비용은 피고보조참가인의 부담으로 한다.

【이 유】

상고이유를 본다.

약속어음의 채무자가 어음의 도난·분실 등의 이유로 지급은행에 사고신고와 함께 그 어음금의 지급정지를 의뢰하면서 예탁하는 사고신고담보금은 일반의 예금채권과는 달리 사고신고 내용의 진실성과 어음발행인의 자력을 담보로 하여 부도제재회피를 위한 사고신고의 남용을 방지함과 아울러 어음소지인의 어음상의 권리가 확인되는 경우에는 당해 어음채권의 지급을 담보하려는 데 그 제도의 취지가 있는 것인바, 서울어음교환소규약에 근거하여 어음발행인과 지급은행 사이에 체결된 사고신고담보금의 처리를 위한 약정서상에 지급은행이 어음발행인에게 담보금을 지급하는 경우의 하나로 '당해 어음과 관련하여 이해관계인이 소송계속중임을 입증하는 서면을 지급은행에 제출한 바가 없고 지급제시일로부터 6개월이 경과한 경우'를 정하고 있다면, 이로써 사고신고담보금 예치계약의 당사자인 어음발행인에게 동 계약에 대한 해지권을 부여하는 데에 있다고 할 것이므로, 이러한 소정의 사유가 발생한 경우, 그로 인하여 사고신고담보금의 반환청구권이 곧바로 어음발행인에게 확정적으로 귀속하는 것은 아니라고 할지라도, 그 후 정당한 어음권리자로 판명된 어음소지인이 수익의 의사표시를 하여 오는 등의 특별한 사정이 없는 한, 지급은행으로서는 어

음발행인의 지급청구에 따라 사고신고담보금을 반환할 의무가 있다고 할 것이다(대법원 1994. 4. 15. 선고 93다61000 판결, 1996. 3. 12. 선고 95다47732 판결 등 참조).

원심판결의 이유에 의하면, 원심은 거시 증거에 의하여 이 사건 약속어음의 발행인인 원고가 지급은행인 피고와 사이에 사고신고담보금 예치계약을 체결함에 있어서 '이 사건 어음과 관련하여 이해관계인이 소송계속중임을 입증하는 서면을 피고에게 제출한 바 없이 지급제시일로부터 6개월이 경과한 경우 등에는 피고가 어음발행인인 원고의 청구에 따라 그에게 사고신고담보금을 지급하기로 하는 내용'의 약정을 체결한 사실, 그런데 이 사건 약속어음의 지급제시일인 1996. 12. 31.로부터 6개월이 경과하도록 이해관계인으로부터 소송계속중임을 증명하는 서면이나 그 소지인이 어음에 대한 정당한 권리자임을 증명하는 판결확정증명 등이 전혀 제출되지 않았고, 다만 피고보조참가인이 1997. 4. 7. 제주합동법률사무소 97년 증서 제228호 집행증서에 기하여 배서인인 소외인을 채무자, 피고를 제3채무자로 하여 이 사건 사고신고담보금에 대하여 채권압류 및 전부명령을 받아 그 무렵 동 명령이 피고에게 송달된 사실을 인정한 다음, 어음소지인의 채권자인 피고보조참가인이 받은 압류 및 전부명령의 송달만으로는 소송계속중임을 증명하는 서면이 제출되었다고 볼 수 없으므로 피고는 위 사고신고담보금처리약정에 따라 특별한 사정이 없는 한 원고에게 이 사건 사고신고담보금을 지급할 의무가 있다고 판단하는 한편, 이 사건 약속어음을 현재 소지하고 있는 위 소외인이 정당한 어음권리자라는 피고보조참가인의 주장에 대하여는, 이를 인정할 증거가 없다는 이유로 배척하였는바, 기록에 의하면 원심의 이러한 사실인정과 판단은 수긍이 가고, 거기에 소론과 같은 채증법칙 위배로 인한 사실오인 등의 위법이 있다고 할 수 없다. 논지는 이유 없다.

그러므로 상고를 기각하고 상고비용은 패소자의 부담으로 하기로 하여 관여 법관의 일치된 의견으로 주문과 같이 판결한다.

대법관   이임수(재판장) 박준서(주심) 이돈희 서성

나. 사고신고담보금 약정의 성질

| 판 례 |

[판례 61] 어음금

(대법원 2017. 2. 3. 선고 2016다41425 판결)

【판시사항】

[1] 약속어음의 채무자가 지급은행에 사고신고와 함께 어음금 지급정지를 의뢰하면서 예탁하는 사고신고담보금의 제도적 취지 및 이 경우 어음발행인과 지급은행이 체결하는

사고신고담보금의 처리에 관한 약정의 법적 성질(=제3자를 위한 계약)
[2] 어음발행인이 지급기일에 사고신고를 하면서 어음액면금 상당의 사고신고담보금을 지급은행에 예치한 경우, 어음소지인에 대한 변제공탁의 효력 또는 이자나 지연손해금의 발생을 저지하는 효력이 있는지 여부(소극) 및 이는 어음소지인이 나중에 사고신고담보금을 지급받은 경우에도 마찬가지인지 여부(적극)

【판결요지】

[1] 약속어음의 채무자가 어음의 도난·분실 등의 이유로 지급은행에 사고신고와 함께 어음금의 지급정지를 의뢰하면서 예탁하는 사고신고담보금은 사고신고 내용의 진실성과 어음발행인의 자력을 담보로 하여 부도제재회피를 위한 사고신고의 남용을 방지함과 아울러 어음소지인의 어음상 권리가 확인되는 경우에는 당해 어음채권의 지급을 담보하려는 데 제도의 취지가 있다. 이 경우 어음발행인과 지급은행 사이에 체결되는 '어음소지인이 어음금지급청구소송에서 승소하고 판결확정증명 또는 확정판결과 동일한 효력이 있는 것으로 지급은행이 인정하는 증서를 제출한 경우 등에는 지급은행이 어음소지인에게 사고신고담보금을 지급한다'는 내용의 사고신고담보금의 처리에 관한 약정은 제3자를 위한 계약에 해당한다.
[2] 어음발행인이 지급기일에 피사취신고 등 사고신고를 하면서 어음액면금 상당의 사고신고담보금을 지급은행에 예치하였다 하더라도, 어음소지인에 대한 변제공탁으로서 효력을 갖는다고 볼 수는 없고, 지급기일부터의 이자나 지연손해금의 발생이 저지되는 효력이 생긴다고 볼 수도 없다. 그리고 이는 어음소지인이 나중에 지급은행으로부터 사고신고담보금을 지급받았다고 하여 달리 볼 것도 아니다.

【참조조문】

[1] 민법 제539조, 제702조 [2] 민법 제387조, 제487조, 제539조, 제702조

【참조판례】

[1] 대법원 1998. 11. 24. 선고 98다33154 판결(공1999상, 17)
대법원 2005. 3. 24. 선고 2004다71928 판결(공2005상, 642)

【전 문】

【원고, 상 고 인】 원고 (소송대리인 법무법인(유한) 동헌 담당변호사 신용석 외 1인)
【피고, 피상고인】 피고 (소송대리인 법무법인(유한) 바른 담당변호사 이보상 외 1인)
【환송판결】 대법원 2015. 10. 29. 선고 2015다35539 판결
【원심판결】 의정부지법 2016. 8. 19. 선고 2015나12780 판결

【주 문】

원심판결을 파기하고, 사건을 의정부지방법원 본원 합의부에 환송한다.

【이 유】

상고이유(상고이유서 제출기간이 지난 후에 제출된 상고이유보충서 기재는 상고이유를 보

충하는 범위 내에서)를 판단한다.
1. 원심판결 이유에 의하면, 원심은 그 판시와 같은 사정을 종합하여, 이 사건 각 사고신고담보금은 적어도 원고 또는 원고로부터 위임을 받아 이 사건 각 약속어음을 소지하고 있던 사람으로부터 이를 회수하고 그에게 지급되었다고 봄이 타당하다고 판단하였다.

   관련 법리와 기록에 비추어 살펴보면, 원심의 위와 같은 판단은 정당한 것으로 수긍할 수 있고, 거기에 상고이유 주장과 같은 법리오해나 판단유탈 등의 위법이 없다.

2. 약속어음의 채무자가 어음의 도난·분실 등의 이유로 지급은행에 사고신고와 함께 그 어음금의 지급정지를 의뢰하면서 예탁하는 사고신고담보금은 일반의 예금채권과는 달리 사고신고 내용의 진실성과 어음발행인의 자력을 담보로 하여 부도제재회피를 위한 사고신고의 남용을 방지함과 아울러 어음소지인의 어음상의 권리가 확인되는 경우에는 당해 어음채권의 지급을 담보하려는 데 그 제도의 취지가 있다(대법원 1998. 11. 24. 선고 98다33154 판결 등 참조). 그리고 이 경우 어음발행인과 지급은행 사이에 체결되는 "어음소지인이 어음금지급청구소송에서 승소하고 판결확정증명 또는 확정판결과 동일한 효력이 있는 것으로 지급은행이 인정하는 증서를 제출한 경우 등에는 지급은행이 어음소지인에게 사고신고담보금을 지급한다."는 내용의 사고신고담보금의 처리에 관한 약정은 제3자를 위한 계약에 해당한다(대법원 2005. 3. 24. 선고 2004다71928 판결 등 참조).

   따라서 어음발행인이 지급기일에 피사취신고 등 사고신고를 하면서 어음액면금 상당의 사고신고담보금을 지급은행에 예치하였다 하더라도, 그것이 어음소지인에 대한 변제공탁으로서의 효력을 갖는다고 볼 수는 없고, 지급기일로부터의 이자나 지연손해금의 발생이 저지되는 효력이 생긴다고 볼 수도 없다. 그리고 이는 어음소지인이 나중에 지급은행으로부터 사고신고담보금을 지급받았다고 하여 달리 볼 것도 아니다.

   이와 달리 그 판시와 같은 이유만으로, 어음발행인이 사고신고담보금을 예치하면 그 어음금에 대한 지연손해금은 발생하지 않고 어음소지인이 이를 지급받으면 그 어음에 따른 권리는 모두 소멸한다고 본 원심의 판단에는, 사고신고담보금에 관한 법리를 오해하여 판결에 영향을 미친 잘못이 있다. 이를 지적하는 상고이유 주장은 이유 있다.

3. 그러므로 원심판결을 파기하고, 사건을 다시 심리·판단하도록 원심법원에 환송하기로 하여, 관여 대법관의 일치된 의견으로 주문과 같이 판결한다.

대법관   박상옥(재판장) 이상훈 김창석(주심) 조희대

다. 사고신고담보금에 대한 어음소지인의 우선적 지위

| 판 례 |

[판례 62] 담보금지급

(대법원 1998. 1. 23. 선고 97다37104 판결)

【판시사항】

사고신고담보금을 수동채권으로 하는 지급은행의 상계가 정당한 어음상의 권리자에 대한 관계에서 권리남용에 해당하여 무효인지 여부(적극)

【판결요지】

사고신고담보금은 어음 채무자가 지급은행에 하는 일종의 예금이기는 하지만 일반의 예금채권과는 달리 어음 발행인이 어음금 지급자금 부족을 은폐하고 거래정지처분을 면탈하기 위한 것이 아님을 보장하여 부도 제재 회피를 위한 사고 신고의 남용을 방지함과 아울러, 어음 소지인의 어음상의 권리가 확인되는 경우에는 당해 어음채권의 지급을 담보하려는 데 그 제도의 취지가 있으므로, 사고신고담보금을 예치받은 지급은행으로서는 어음 소지인이 정당한 어음상의 권리자임이 판명된 경우에는 언제든지 그의 지급 청구에 따라 사고신고담보금을 반환하는 것이 원칙이고, 어음 소지인이 정당한 권리자가 아니라고 판명되기도 전에 이를 어음 발행인에게 반환하거나 그에 대한 반대채권과 상계하는 것은 사고신고담보금을 별단예금으로 예치하게 한 취지에 어긋난다고 할 것이므로, 그 예금채권을 수동채권으로 한 지급은행의 상계는 정당한 어음상의 권리자임이 판명된 당해 어음 채권자에 대한 관계에서는 상계에 관한 권리를 남용하는 것으로서 무효이고, 이는 비록 어음 소지인이 약속어음의 지급제시일로부터 6개월 이내에 소송 계속중임을 입증하는 서면을 지급은행에 제출한 바가 없고, 지급은행이 상계 처리를 한 이후에 사고신고담보금의 지급을 청구하였다고 하여도 마찬가지이다.

【참조조문】

민법 제2조, 제492조, 제539조, 제541조, 제702조

【참조판례】

대법원 1992. 10. 27. 선고 92다25540 판결(공1992, 3282)
대법원 1993. 6. 8. 선고 92다54272 판결(공1993하, 2000)
대법원 1996. 3. 12. 선고 95다47732 판결(공1996상, 1247)

【전 문】

【원고, 피상고인】 원고 (소송대리인 법무법인 치악 담당변호사 박태신 외 1인)
【피고, 상 고 인】 농업협동조합중앙회 (소송대리인 변호사 정경철)
【원심판결】 서울고법 1997. 7. 16. 선고 96나46240 판결

【주 문】

상고를 기각한다. 상고비용은 피고의 부담으로 한다.

【이 유】

상고이유를 본다.

1. 기록에 의하여 살펴보면, 원심이 제1심판결 이유를 인용하여, 소외인이 소외 삼기레미콘 주식회사(이하 소외 회사라고 한다)에 발행·교부한 이 사건 약속어음에 대한 지급정지를 피고에게 의뢰함과 아울러 피고에게 사고신고담보금을 별단예금으로 예치하면서, 어음교환소 규약이 정한 바에 따라 피고와 사이에 어음 소지인이 어음금 청구소송에서 승소하고 그 판결확정증명 등의 증서를 제출하는 경우에는 사고신고담보금을 어음 소지인에게 지급하고, 당해 어음과 관련하여 이해관계인이 소송 계속중임을 입증하는 서면을 제출한 바가 없고 지급제시일로부터 6개월이 지난 경우에는 사고신고담보금을 어음 발행인에게 지급하기로 약정하였고, 한편 소외 회사가 이 사건 약속어음을 그 지급기일에 지급제시하였으나 지급거절된 사실, 원고가 소외 회사의 이 사건 약속어음 채권을 전부받았다는 이유로 소외인을 상대로 전부금 청구소송을 제기하여 1995. 11. 14. 승소판결을 받아 그 무렵 판결이 확정된 사실을 확정하고서, 원고는 어음교환소 규약이 정한 '어음금 청구소송에서 승소하고 그 판결확정증명을 제출한 자'에 해당한다고 판단한 것은 정당하고, 거기에 상고이유에서 주장하는 바와 같은 어음교환소 규약 등의 해석을 그르친 위법이 있다고 할 수 없다.

2. 위와 같은 사고신고담보금은 어음 채무자가 지급은행에 하는 일종의 예금이기는 하지만 일반의 예금채권과는 달리 어음 발행인이 어음금 지급자금 부족을 은폐하고 거래정지처분을 면탈하기 위한 것이 아님을 보장하여 부도 제재 회피를 위한 사고 신고의 남용을 방지함과 아울러, 어음 소지인의 어음상의 권리가 확인되는 경우에는 당해 어음채권의 지급을 담보하려는 데 그 제도의 취지가 있는 것이므로, 사고신고담보금을 예치받은 지급은행으로서는 어음 소지인이 정당한 어음상의 권리자임이 판명된 경우에는 언제든지 그의 지급 청구에 따라 사고신고담보금을 반환하는 것이 원칙이고, 어음 소지인이 정당한 권리자가 아니라고 판명되기도 전에 이를 어음 발행인에게 반환하거나 그에 대한 반대채권과 상계하는 것은 사고신고담보금을 별단예금으로 예치하게 한 취지에 어긋난다고 할 것이므로, 그 예금채권을 수동채권으로 한 지급은행의 상계는 정당한 어음상의 권리자임이 판명된 당해 어음 채권자에 대한 관계에서는 상계에 관한 권리를 남용하는 것으로서 무효이고, 이는 비록 어음 소지인이 약속어음의 지급제시일로부터 6개월 이내에 소송 계속중임을 입증하는 서면을 지급은행에 제출한 바가 없고, 지급은행이 상계 처리를 한 이후에 사고신고담보금의 지급을 청구하였다고 하여도 마찬가지라고 할 것이다(대법원 1996. 3. 12. 선고 95다47732 판결 등 참조).

같은 취지에서 원심이 제1심판결 이유를 인용하여, 이 사건 약속어음에 관한 이해관계인이 지급제시일로부터 6개월 이내에 소송 계속중임을 입증하는 서면을 제시하지 아니하여 피고는 소외인의 요청에 따라 1993. 6. 18. 소외인에 대한 판시 채권을 자동채권으로 하여 소외인의 피고에 대한 사고신고담보금 반환채권과 상계함으로써 피고의 사고신고담보금 채무는 소멸하였다는 주장을 배척한 것은 정당하고, 거기에 상고이유에서 주장하는 바와 같은 어음교환소 규약 등의 해석을 그르친 위법이 있다고 할 수 없다.
3. 기록에 의하여 살펴보면, 원심이, 피고가 그 이행의무의 존부나 범위에 관하여 항쟁함이 상당하다고 인정되지 않는다고 보아 소송촉진등에관한특례법 제3조 제1항을 적용하여 이 사건 소장부본 송달 다음날부터 연 2할 5푼의 비율에 의한 지연손해금의 지급을 명한 것은 정당하고, 거기에 상고이유에서 주장하는 바와 같은 소송촉진등에관한특례법에 관한 법리오해의 위법이 있다고 할 수 없다.
4. 그러므로 상고를 기각하고, 상고비용은 패소자의 부담으로 하기로 하여 관여 법관의 일치된 의견으로 주문과 같이 판결한다.

대법관　지창권(재판장) 천경송 신성택 송진훈(주심)

10. 전자어음

가. 의의

전자어음이라 함은 전자문서{전자문서 및 전자거래기본법(이하 '전자문서법'이라 한다) 제2조 제1호에 따라 정보처리시스템에 의하여 선사석 형태로 작성, 송신·수신 또는 저장된 정보}로 작성되고 전자어음관리기관에 등록된 약속어음을 말한다{전자어음의 발행 및 유통에 관한 법률(이하 '전자어음법'이라 한다) 제2조 제2호}.

─────────── 법　령 ───────────

◆ 전자어음의 발행 및 유통에 관한 법률
제2조 (정의) 이 법에서 사용하는 용어의 정의는 다음과 같다. <개정 2010. 5. 17., 2012. 6. 1., 2020. 6. 9.>
　　1. "전자문서"란 「전자문서 및 전자거래 기본법」 제2조제1호에 따라 정보처리시스템에 의하여 전자적 형태로 작성, 송신·수신 또는 저장된 정보를 말한다.
　　2. "전자어음"이란 전자문서로 작성되고 제5조제1항에 따라 전자어음관리기관에 등록된 약속어음을 말한다.

나. 전자어음에 관한 특칙

(1) 발행

───────────────── 법 령 ─────────────────

◆ 전자어음의 발행 및 유통에 관한 법률
제6조 (전자어음의 발행) ② 제1항제2호에 따른 금융기관이 있는 지역은 「어음법」 제75조제4호에 따른 지급지(支給地)로 본다.
  ③ 발행인이 제1항의 전자어음에 전자서명을 한 경우에는 「어음법」 제75조제7호에 따른 기명날인 또는 서명을 한 것으로 본다. <개정 2020. 6. 9.>
  ④ 발행인이 타인에게 「전자문서 및 전자거래 기본법」 제6조제1항에 따라 전자어음을 송신하고 그 타인이 같은 조 제2항에 따라 수신한 때에 전자어음을 발행한 것으로 본다. <개정 2012. 6. 1.>
  ⑤ 전자어음의 만기는 발행일부터 3개월을 초과할 수 없다. <개정 2016. 5. 29.>
  ⑥ 「어음법」 제10조(같은 법 제77조에서 인용하는 경우의 해당 조항을 말한다)에 따른 백지어음은 전자어음으로 발행할 수 없다.
[전문개정 2009. 1. 30.]

───

(2) 배서

전자어음에 배서를 하는 경우에는 전자어음에 배서의 뜻을 기재한 배서전자문서를 첨부하여야 한다(전자어음법 제7조 제1항)

───────────────── 법 령 ─────────────────

◆ 전자어음의 발행 및 유통에 관한 법률
제7조 (전자어음의 배서) ① 전자어음에 배서를 하는 경우에는 전자어음에 배서의 뜻을 기재한 전자문서(이하 "배서전자문서"라 한다)를 첨부하여야 한다.

제7조의2 (전자어음의 분할배서) ① 「어음법」 제12조제2항에도 불구하고 전자어음을 발행받아 최초로 배서하는 자에 한하여 총 5회 미만으로 어음금을 분할하여 그 일부에 관하여 각각 배서할 수 있다. 이 경우 분할된 각각의 전자어음은 제7조에 따른 배서의 방법을 갖추어야 한다.

───

(3) 지급

───────────── 법 령 ─────────────

◆ 전자어음의 발행 및 유통에 관한 법률

제9조 (지급 제시) ① 전자어음의 소지인이 전자어음 및 전자어음의 배서에 관한 전자문서를 첨부하여 지급청구의 뜻이 기재된 전자문서를 제6조제1항제2호의 지급을 청구할 금융기관에 송신하고 그 금융기관이 수신한 때에는 「어음법」 제38조제1항에서 규정한 지급을 위한 제시를 한 것으로 본다. 다만, 전자어음관리기관에 대한 전자어음의 제시는 지급을 위한 제시와 같은 효력이 있으며 전자어음관리기관이 운영하는 정보처리조직에 의하여 전자어음의 만기일 이전에 자동으로 지급 제시되도록 할 수 있다.
④ 제1항에 따른 지급 제시를 받은 금융기관이 어음금을 지급할 때에는 전자어음관리기관에 지급사실을 통지하여야 한다. 다만, 전자어음관리기관에서 운영하는 정보처리조직에 의하여 지급이 완료된 경우에는 그러하지 아니하다. [전문개정 2009. 1. 30.]

제10조 (어음의 소멸) 제9조제4항에 따른 통지가 있거나 전자어음관리기관의 정보처리 조직에 의하여 지급이 완료된 경우 어음 채무자가 해당 어음을 환수한 것으로 본다. [전문개정 2009. 1. 30.]

11. 주권

주권이라 함은 주식, 즉 주주권을 표창하는 유가증권을 말한다. 주권이 발행된 주식의 경우 주권의 교부만에 의하여 주식을 양도할 수 있다(상법 제336조 제1항).

───────────── 법 령 ─────────────

◆ 상법

제336조 (주식의 양도방법) ① 주식의 양도에 있어서는 주권을 교부하여야 한다.

가. 효력발생시기

| 판 례 |

[판례 63] 주주권확인등

(대법원 2000. 3. 23. 선고 99다67529 판결)

【판시사항】

[1] 회사 성립 후 6개월이 경과된 후에 이루어진 주권발행 전 주식양도 사실을 통지 받은 회사가 그 주식에 관하여 양수인 아닌 제3자에게 주주명부상의 명의개서절차를 마치고 기명식 주권을 발행한 경우, 주식양수인의 주주권 상실 여부(소극)
[2] 주권발행의 효력발생 시기

【판결요지】

[1] 주권발행 전의 주식양도라 하더라도 회사 성립 후 6월이 경과한 후에 이루어진 때에는 회사에 대하여 효력이 있으므로 그 주식양수인은 주주명부상의 명의개서 여부와 관계없이 회사의 주주가 되고, 그 후 그 주식양도 사실을 통지받은 바 있는 회사가 그 주식에 관하여 주주가 아닌 제3자에게 주주명부상의 명의개서절차를 마치고 나아가 그에게 기명식 주권을 발행하였다 하더라도, 그로써 그 제3자가 주주가 되고 주식양수인이 주주권을 상실한다고는 볼 수 없다.
[2] 상법 제355조의 주권발행은 같은 법 제356조 소정의 형식을 구비한 문서를 작성하여 이를 주주에게 교부하는 것을 말하고 위 문서가 주주에게 교부된 때에 비로소 주권으로서의 효력을 발생하는 것이므로 회사가 주주권을 표창하는 문서를 작성하여 이를 주주가 아닌 제3자에게 교부하여 주었다 할지라도 위 문서는 아직 회사의 주권으로서의 효력을 가지지 못한다.

【참조조문】

[1] 상법 제335조 제3항, 제337조 제1항[2] 상법 제355조, 제356조

【참조판례】

[1] 대법원 1996. 6. 25. 선고 96다12726 판결(공1996하, 2309)
대법원 1996. 8. 20. 선고 94다39598 판결(공1996하, 2779)
대법원 1999. 7. 23. 선고 99다14808 판결(공1999하, 1730) /[2] 대법원 1977. 4. 12. 선고 76다2766 판결(공1977, 10005)
대법원 1987. 5. 26. 선고 86다카982, 983 판결(공1987, 1052)

【전 문】

【원고, 피상고인】 원고 (소송대리인 변호사 정만조)
【피고, 상 고 인】 피고 1 외 1인 (소송대리인 일신법무법인 담당변호사 김교창 외 1인)
【원심판결】 서울고법 1999. 11. 12. 선고 99나28533 판결

【주 문】

상고를 모두 기각한다. 상고비용은 피고들의 부담으로 한다.

【이 유】

상고이유를 본다

1. 상고이유 제1, 2, 3점에 대하여

　원심판결과 원심이 인용하고 있는 제1심판결은 그 채택한 증거를 종합하여, 피고 1이 보유하고 있던 피고 회사 발행의 이 사건 주식에 관하여 피고 회사의 주주명부상에 원고의 장인인 소외인의 명의로 등재되게 된 경위에 관한 판시 각 사실을 인정한 다음, 그 인정 사실에 의하면, 이 사건 주식은 원고가 피고 1로부터 양도받아 위 소외인에게 명의신탁한 것으로서 그 실제 주주는 원고라고 판단하는 한편, 피고들의 항변에 대한 판단으로는, (1) 피고 1이 이 사건 주식을 원고에게 양도하였다고 하더라도 이는 서면에 의하지 아니한 증여계약에 따른 것으로서, 피고 1이 1996. 10. 9. 민법 제555조에 따라 이 사건 주식 증여계약을 해제하였다는 주장에 대하여는, 이 사건 주식의 양도 당시는 피고 회사의 성립일로부터 6월이 경과한 후이고, 주권이 발행되기 전이어서, 주권교부나 명의개서 여부와 상관없이 피고 1의 이 사건 주식의 양도 의사표시만으로 원고에게 양도되어 증여의 이행이 완료되었다고 할 것이니 그 이후에 이루어진 위 해제는 민법 제558조에 의하여 결국 효력이 없다고 하여 배척하고, (2) 다음으로, 수증자인 원고가 증여자인 피고 1에게 가해행위를 하였으므로 피고 1이 원심에서 제출한 1999. 9. 14.자 준비서면의 송달로써 이 사건 주식 증여계약을 취소하였다는 주장에 대하여는, 위 주장은 민법 제556조 규정의 해제권을 주장하는 취지로 보아야 할 것인데, 위 해제권은 같은 조 제2항에 따라 그 제척기간이 그 원인 있음을 안 날로부터 6개월이므로, 가사 피고들 주장의 가해행위가 인정된다고 하더라도 피고 1의 해제 주장은 그 제척기간이 훨씬 지난 뒤의 것으로서 이유 없다고 하여 배척하였다.

　기록에 비추어 살펴보면, 원심의 위와 같은 사실인정 및 판단은 정당하고 거기에 상고이유에서 주장하는 바와 같은 법리오해 또는 채증법칙 위배의 잘못이 있다고 할 수 없다.

　그리고 피고들이 가해행위를 원인으로 한 증여계약의 해제를 위 준비서면의 송달 이전에도 1995년 이래 수차례 해왔다는 주장은 상고심에 이르러 비로소 제기된 주장으로서 적법한 상고이유가 아닐 뿐만 아니라, 이 사건 주식 증여에 관한 이행행위가 피고 1의 의사표시만으로 이미 완료되었다고 본 원심의 판단이 옳은 이상, 민법 제558조에 의하여도 피고들의 위 해제 주장을 받아들일 수 없음이 명백하다.

2. 상고이유 제4점에 대하여

　주권발행 전의 주식양도라 하더라도 회사 성립 후 6월이 경과한 후에 이루어진 때에는 회사에 대하여 효력이 있으므로 그 주식양수인은 주주명부상의 명의개서 여부와 관계없이 회사의 주주가 되고, 그 후 그 주식양도 사실을 통지받은 바 있는 회사가 그 주식에 관하여 주주가 아닌 제3자에게 주주명부상의 명의개서절차를 마치고 나아가 그에게 기명식 주권을 발행하였다 하더라도, 그로써 그 제3자가 주주가 되고 주식양수인이 주주권을 상실한다고는 볼 수 없으며(대법원 1996. 8. 20. 선고 94다39598 판결 참조), 상법 제355조의 주권발행은 동법 제356조 소정의 형식을 구비한 문서를 작성하여 이를 주주에게 교부하는 것을 말하고 위 문서가 주주에게 교부된 때에 비로소 주권으로서의 효력을 발생하는 것이므로 회사가 주주권을 표창하는 문서를 작성하여 이를 주주가 아닌 제3자에게 교부하여 주었다 할지라도 위 문서는 아직 회사의 주권으로서의 효력을 가지지 못한다(대법원 1987. 5. 26. 선고 86다카982, 983 판결 참조).

원심이 인용한 제1심판결은 피고 1이 이 사건 주식을 그 후 제3자에게 양도하여 그 명의개서절차를 마치고 주권도 작성·교부하였으므로 원고가 이 사건 주식의 실제 주주라고 하더라도 주주권을 귀속시킬 수 없는 이행불능의 상태가 되었다는 피고들의 주장에 대하여 이 사건 주식의 실제 주주가 원고인 이상, 무권리자인 피고 1에 의하여 이 사건 주식이 양도되어 명의개서되는 등 사정이 피고들 주장과 같다고 하더라도 이 사건 주식을 양수한 그 제3자가 이 사건 주식의 주주가 될 수는 없는 것이어서 원고에게 이 사건 주식의 주주권을 귀속시키는 것이 불가능한 상태가 되었다고 할 수 없다고 판단하여 피고들의 위 주장을 배척하였는바, 원심의 이와 같은 판단은 위에서 본 법리에 따른 것으로서 정당하고, 거기에 상고이유에서 주장하는 바와 같은 법리오해의 위법이 있다고 할 수 없다.

3. 그러므로 상고를 모두 기각하고 상고비용은 패소자들의 부담으로 하기로 하여 관여 대법관의 일치된 의견으로 주문과 같이 판결한다.

대법관   김형선(재판장) 조무제 이용우(주심)

나. 선의취득

상법은 주권에 관하여 수표법 제21조를 준용함으로써(제359조) 주권의 선의취득을 인정한다.

(1) 요건

주권을 선의취득하기 위하여는 ① 유효하게 발행된 주권일 것, ② 양도인이 무권리자이거나 무권대리인일 것(대법원 1997. 12. 12. 선고 95다49646 판결), ③ 주권의 유통방법(주권의 교부)에 의하여 주권을 양수하였을 것, ④ 양수인이 주권의 취득 시에 악의 또는 중대한 과실이 없을 것, 위 네 가지 요건을 갖추어야 한다.

─────────────── 법　령 ───────────────

◇ **수표법**

제21조 (수표의 선의취득) 어떤 사유로든 수표의 점유를 잃은 자가 있는 경우에 그 수표의 소지인은 그 수표가 소지인출급식일 때 또는 배서로 양도할 수 있는 수표의 소지인이 제19조에 따라 그 권리를 증명할 때에는 그 수표를 반환할 의무가 없다. 그러나 소지인이 악의 또는 중대한 과실로 인하여 수표를 취득한 경우에는 그러하지 아니하다. [전문개정 2010. 3. 31.]

◇ **상법**

제359조 (주권의 선의취득) 수표법 제21조의 규정은 주권에 관하여 이를 준용한다. [전문개정 1984. 4. 10.]

제5장 어음·수표 관련 형사판례

1. 유가증권위조

[판례 1] 유가증권위조, 동행사, 사기

(대법원 1989. 12. 12. 선고 89도1264 판결)

【판시사항】

백지어음보충권의 한도가 특정되어 있지 아니하고 그 행사방법에 대하여도 특별한 정함이 없는 경우 결과적으로 그 범위를 일탈한 보충권의 행사와 유가증권위조죄

【판결요지】

백지어음에 대하여 취득자가 발행자와의 합의에 의하여 정하여진 보충권의 한도를 넘어 보충을 한 경우에는 발행인의 서명날인 있는 기존의 약속 어음용지를 이용하여 새로운 약속어음을 발행하는 것에 해당하므로 위와 같은 보충권의 남용행위는 유가증권위조죄를 구성하는 것이나, 그 보충권의 한도자체가 처음부터 일정한 금액 등으로 특정되어 있지 아니하고 그 행사방법에 대하여도 특별한 정함이 없어서 다툼이 있는 경우에는 결과적으로 보충권의 행사가 그 범위를 일탈하게 되었다 하더라도 그 점만 가지고 바로 백지보충권의 남용 또는 그에 대한 범의가 있다고 단정할 수는 없다 할 것이고 그 보충권일탈의 정도, 보충권행사의 원인 및 경위 등에 관한 심리를 통하여 신중히 이를 인정하여야 한다.

【참조조문】

형법 제214조

【참조판례】

대법원 1972.6.13. 선고 72도897 판결

【전 문】

【피 고 인】 피고인
【상 고 인】 피고인
【변 호 인】 변호사 한광세
【원심판결】 서울형사지방법원 1989.6.8. 선고 88노5091 판결

【주 문】

원심판결을 파기하여 사건을 서울형사지방법원 합의부에 환송한다.

【이 유】

각 상고이유에 대하여,

원심은 피고인의 항소이유에 대한 판단을 통해서 이 사건 백지어음은 피고인이 신축하는

목욕탕 및 여관 건물의 설비공사에 관하여 도급인인 피고인이 수급인인 고소인 공소외 1이 경영하는 공소외 2 회사의 귀책사유로 인하여 입게 될 모든 손해를 담보하기 위하여 피고인이 그 손해상당액을 액면금으로 보충하여 유통시킬 수 있는 보충권을 수여하여 발행교부된 사실, 그런데 고소인은 위 설비공사를 하면서 그 설시와 같이 위 건물 지하실의 배수관에서 누수되게 하였고 옥상의 물탱크 등을 설계용량에 미달되게 하였으며 온수배수관의 일부 등을 누락시킨 사실, 또한 위 공사도중 이 사건 누수하자가 발견되어 피고인과 고소인, 방수업자인 공소외 3 사이에 1986.2.8.까지 이를 보수하고 같은 날까지 보수를 마치지 아니하면 고소인은 1일 50만원의 비율에 의한 손해배상금을 지급하기로 약정하면서 그와 같은 취지의 각서까지 피고인에게 작성하여 주었으나 다툼이 계속되어 같은 해 6.10.까지 보수공사가 시행되지 않고 있던 중 피고인은 같은 해 5.2. 고소인에게 같은 달 10.까지 위 하자보수공사를 하지 아니하면 피고인 스스로 보수공사를 시행하겠다고 통고한 후 다른 공사업자를 선정하여 약 20일간 1,200만원 정도의 비용을 들여 위 보수공사를 마친 사실,그리고 피고인은 같은 해 6.10. 그 설시와 같이 이 사건 백지어음에 액면금을 6,470만원으로 보충하여 이를 유통시키고 공소외 4로부터 할인금 명목의 금원을 교부받은 사실 등을 확정한 다음 피고인은 고소인의 귀책사유로 말미암아 규격미달의 용기설치 등으로 인한 공사대금 감액요인 1,670만원과 누수하자 보수비용 1,200만원 및 손해배상약정에 따라 1986.2.9.부터 피고인의 하자보수공사 개시일인 같은 해 6.10.까지 122일간 1일 50만원의 비율에 의한 손해배상액 6.100만원을 합한 8,970만원에서 나머지 공사대금 채무액 2,500만원을 공제한 6,470만원의 손해배상채권을 고소인에 대하여 취득하게 되었으므로 이를 액면금으로 보충하여 이 사건 백지어음을 행사한 것이라는 피고인의 주장에 대하여 고소인이 옥상 물탱크 등을 당초의 설계용량에 미달하게 설치한 것은 피고인의 설계변경에 따른 것이고 위 하자보수약정에 따라 보수공사를 시행하지 않은 것도 피고인의 일방적인 방해로 인한 것이어서 고소인에게만 귀책사유가 있었던 것이 아니며 또한 1일 50만원의 비율에 의한 손해배상금은 여관개업이 지연됨으로써 피고인이 입을 손해를 배상하기로 한 것인데 고소인이 하자보수공사를 하였다고 하더라도 1986.4. 초순경에야 비로서 여관개업이 가능하였던 사정이엿보이며 1,200만원의 하자보수비용도 고소인이 보수의무를 부담하고 있었던 범위를 넘는 것이어서 결국 피고인이 이 사건 약속어음에 6,470만원으로 액면금을 보충한 것은 실제로 입은 손해액의 상당범위를 넘는 것이므로 위 보충행위는 유가증권위조죄를 구성하고 정당하게 보충된 약속어음인 것처럼 이를 위 공소외 4에게 제시하고 할인받은 행위는 위조유가증권행사죄 및 사기죄를 구성한다고 판단하여 피고인을 위 각 죄의 경합범으로 처단하고 있다.

어음취득자로 하여금 후일 어음요건을 보충시키기 위하여 미완성으로 발행된 이른바, 백지어음에 대하여 취득자가 발행자와의 합의에 의하여 정해진 보충권의 한도를 넘어 보충을 한 경우에는 발행인의 서명날인 있는 기존의 약속어음 용지를 이용하여 새로운 약속어음을 발행하는 것에 해당하는 것이므로 위와 같은 보충권의 남용행위는 유가증권위조죄을 구성하는 것이고 (당원 1972.6.13. 선고 72도897 판결 참조) 나아가 이를 정당하게 보충된 약속어음인 것처럼 상대방에게 제시하여 할인명목의 돈을 교부케 한 행위는 위조유가증권행사죄 및 사기죄를 구성하는 것이다.

그러나 이 사건과 같이 그 보충권의 한도 자체가 처음부터 일정한 금액 등으로 특정되어 있지 아니하고 그 행사방법에 대하여도 특별한 정함이 없어서 다툼이 있는 경우에는 결과적으로 보충권의 행사가 그 범위를 일탈하게 되었다 하더라도 그 점만 가지고 바로 백지보충권의 남용 또는 그에 대한 범의가 있다고 단정할 수는 없다 할 것이고 그 보충권일탈의 정도, 보충권행사의 원인 및 경위 등에 관한 심리를 통하여 신중히 이를 인정하여야 할 것인 바, 기록에 의하면 피고인은 보충한 위 액면금 6,470만원 중 규격미달의 용기설치 등으로 인한 공사대금 감액요인 1,670만원에 대하여는 그가 이른바 정산감리를 시켰다는 공소외 5를 내세워 그 금액의 내역을 주장하고 있고(공판기록 96, 106쪽) 비록 액수는 확정하지 않았으나 이미 1986.5.2. 고소인에게 내용증명을 보내어 그 지급을 청구하고 있었으며 또한 이 사건 누수하자보수비용 1,200만원과 손해배상약정에 따른 1일 50만원의 비율에 의한 손해배상액 6,100만 원에 대하여는 피고인은 고소인이 위 보수공사를 불성실하게 시행하려 하기에 이를 제지한 것일 뿐 일방적으로 위 보수공사시행을 방해한 것은 아니라고 주장하고 있고(수사기록 403쪽, 공판기록 315쪽) 제1심증인 공소외 6(공판기록 202쪽), 공소외 5(공판기록98쪽), 공소외 3(공판기록 173쪽), 원심증인 공소외 7(공판기록 361쪽)의 각 증언도 이에 부합하고 있으며 한편 고소인은 각서까지 작성하여 자기의 잘못을 시인하고 다시 이를 다투자 피고인은 1986.3.8.경 위 건물의 설계자 겸 건축사인 공소외 8에게 위 하자부분에 대한 감정을 의뢰하여 위 하자는 고소인의 귀책사유로 인한 것이고 재시공을 하여야 한다는 감정결과가 나오자(수사기록 66, 20쪽) 1986.5.2. 고소인에게 누수하자보수를 위한 전면재시공을 같은 해 5.10.까지 착공하지 아니하면 스스로 착공할 것과 1일 50만원의 비율에 의한 지체배상금 및 설계도면과 달리 시공함으로써 생긴 차액의 보상금 등을 청구하는 내용증명을 보내었으나(수사기록 17쪽) 고소인이 같은 해 5.26. 역시 내용증명을 통하여 이를 거절하자 피고인 스스로 하자보수공사를 하고 이 사건 약속어음을 보충하여 행사한 사실이 인정되며, 또한 고소인이 작성한 이 사건 하자보수각서(수사기록70쪽) 에 의하면 위 보수약정은 1986.2.8. 여관을 개업치 못하면 고소인은 그 이튿날부터 1일 금 50만원의 비율에 의한 금원을 실제로 피고인이 입게 되는 손해액에 관계없이 배상하기로 약정한 손해배상액의 예정으로서 이 사건 건물의 여관개업이 1986.4. 초순경에야 비로서 가능하였던 사정은 위 손해배상의 기준이 되는 일자를 정함에 있어 고려의 대상이 되지 아니하는 것으로 보이는 점 등 이 사건 백지어음의 보충원인 및 그 경위 등에 비추어 보면 비록 피고인이 보충한 이 사건 어음의 액면금은 피고인이 일방적으로 의뢰한 감정서 등에 산출근거를 둔 것이어서 실제로는 원심설시와 같이 고소인이 부담하여야 할 손해배상채무액을 넘는 것이었고, 또한 고소인으로부터 공사도급계약서의 조항대로 분쟁을 제3자의 중재에 따르자는 제의를 받고도 이에 따르지 아니하고 보충권을 행사한 것이라 할지라도 원심설시와 같이 고소인에게도 이 사건 분쟁의 근본원인인 위 불실공사나 공사지연의 일부 귀책사유가 있었던 것이고 그로 말미암아 피고인이 실제로 상당액의 수리비용을 지출하는 등 손해를 입고 있었으며 당사자사이에 그 책임의 존부나 범위에 관하여 다툼이 있는 중에 피고인은 나름대로의 근거를 내세워 고소인에게 그 하자보수의 이행 등을 독촉하다가 끝내 고소인이 이에 응하지 아니하자 이 사건 어음보충행위에 이르게 되었다면 고소인이 민사상 그 손해배상채무액에 대한 별도의 확정절차를 거쳐서 이 사건 어음금과의 정산을 볼 수 있는 것은 별론으로 하고 피고인이 위 어음을 보충한 것이 백지보충권남용에 해당되고 나아가 이에 대한 범의가 있었다고 단정하여 피고인에게 형사책임을 지우기는 어렵다 할 것이다.

그럼에도 불구하고 원심이 이 사건 어음의 액면금액이 그 보충권의 범위를 상당정도 넘었으리라는 점만 가지고 피고인에게 백지어음보충권 남용에 대한 범의가 인정된다는 전제아래 유가증권위조죄와 동행사죄 및 사기죄가 구성된다고 판단한 것은 판결에 영향을 미친 백지어음보충권 남용의 범의에 대한 법리오해가 아니면 심리미진 또는 채증법칙위배로 인한 사실오인의 위법을 저지른 것이라 할 것이므로 이 점을 지적하는 논지는 이유있다.

그러므로 원심판결을 파기하고, 사건을 원심인 서울형사지방법원 합의부로 환송하기로 관여법관의 의견이 일치되어 주문과 같이 판결한다.

대법관 김주한(재판장) 이회창 배석 김상원

[판례 2] 사기·유가증권위조·유가증권위조행사

(대법원 1982. 6. 22. 선고 82도677 판결)

【판시사항】

위조된 백지어음이란 정을 알면서 이를 구입하여 백지인 액면란에 금액을 기입하는 행위가 유가증권 위조죄를 구성하는지 여부(적극)

【판결요지】

타인이 위조한 액면과 지급기일이 백지로 된 약속어음을 구입하여 행사의 목적으로 백지인 액면란에 금액을 기입하여 그 위조어음을 완성하는 행위는 백지어음 형태의 위조행위와는 별개의 유가증권위조죄를 구성한다.

【참조조문】

형법 제214조

【참조판례】

대법원 1972.6.13. 선고 72도897 판결

【전 문】

【피고인, 상고인】 피고인 1 외 2인
【피 고 인】 피고인 4 외 1인
【상 고 인】 검사(피고인 4, 피고인 3, 피고인 5에 대한)
【원심판결】 서울형사지방법원 1982.2.11. 선고 81노7162 판결

【주 문】

원심판결 중 피고인 4, 피고인 3, 피고인 5에 대한 각 무죄 부분을 파기하고, 이 부분 사건을 서울형사지방법원 합의부에 환송한다.

피고인 1, 피고인 2, 피고인 3의 상고를 모두 기각한다.

제5장 어음·수표 관련 형사판례   439

피고인 1, 피고인 2에 대하여는 상고 후의 미결구금일수 중 각 65일을 그 본형에 각 산입한다.

【이   유】

1. 검사의 상고이유를 판단한다.

　　기록과 원심판결 이유에 의하면, 피고인 4, 피고인 3, 피고인 5에 대한 유가증권위조죄 부분의 공소사실의 요지는 "동 피고인 등은 상피고인 1, 피고인 2가 위조한 어음을 그 정을 알면서도 이를 순차로 매도하여 위조, 행사할 것을 결의하고 1982.5.11경 피고인 4는 피고인 2로부터 액면과 지급기일이 공란으로 된 약속어음 1매를 금 600,000원에 매수하고 피고인 3은 피고인 4로부터 이를 다시 금 700,000원에 매수하고, 피고인 5는 동년 5.12 서울 ○○○구 △△동 소재 □□다방에서 이를 다시 금 800,000원에 매수하여, 그 자리에서 피고인 3은 피고인 5의 요청에 따라 위 약속어음에 액면 금 15,300,000원이라고 기재하여 동 약속어음 1매를 위조한 것이다"라고 함에 있고, 이에 대하여 원심은 위 어음은 상피고인 1 등이 기히 그 발행인 명의를 모용하여 위조 작성하고 다만 그 액면과 지급기일만이 공란으로 되어 있는 위조된 약속어음이 명백하므로, 피고인 4, 피고인 3, 피고인 5 등이 위 공소사실 기재와 같이 위 어음을 타에 행사함에 있어 백지로 된 액면란을 추가로 기재하여 넣었다 하더라도, 그 소위는 위의 위조어음을 행사하는 방법으로서 금액란을 보충한 것 뿐이고, 이로써 별도로 새로이 약속어음위조죄를 구성하지 않는다는 이유로 위 부분에대하여 무죄를 선고하였음을 알 수 있다.

　　그러나 타인이 위조한 액면과 지급기일이 백지로 된 약속어음을 그것이 위조 약속어음인 정을 알고도 이를 구입하여 행사의 목적으로 기존의 위조어음의 액면란에 금액을 기입하여 그 어음위조를 완성하는 행위는 백지어음 형태의 위조행위와는 별개의 유가증권위조죄를 구성한다 할 것이고 이는 진정하게 성립된 백지어음의 액면란을 보충권 없이 함부로 기입하는 행위가 유가증권위조죄에 해당한다는 법리와 조금도 다를 바 없다고 할 것인 즉, 원심으로서는마땅히 위 공소사실이 인정되는지 여부를 따져보고 위 사실이 인정되는 경우에는(원심판결 이유 중, 같은 피고인들에 대한 유죄부분의 설시를 보면 원심은 위 공소사실을 인정하고 있는 것으로 보인다) 위 액면기입 행위에 직접 가담한 피고인 3, 피고인 5에 대하여는 유가증권위조죄의 공동정범으로, 피고인 4에 대하여는 그 가공의 정도를 심리하여 유가증권위조죄의 공동정범 또는 방조범으로 각 처단하였어야 옳았다고 할 것인데, 원심은 이에 이르지 않고 위와 같은 행위는 유가증권위조죄를 구성하지 않는다고 하여 무죄를 선고하였으니, 이는 필경 유가증권위조죄의 법리를 오해한 잘못을 저질렀다고 할 것이고 그 위법을 판결에 영향을 미쳤다고 할 것이니 이 점을 지적하는 논지는 이유있고 이 부분의 원심판결은 파기를 면치 못한다 할 것이다.

2. 피고인 1, 피고인 2의 상고이유를 판단한다.

　　기록에 의하여 원심판결을 검토하여 보면, 원심이 그 거시의 증거들을 종합하여 같은 피고인들에 대한 이 사건 공소사실을 모두 유죄로 인정한 조치는 정당한 것으로 보여지고, 거기에 소론의 채증법칙위배, 심리미진, 또는 법리오해의 위법이 있다고는 할 수 없다. 또 이 사건은 필요적 변론사건도 아니고 피고인의 청구없이 국선변호인을 선임하여야 할 사건도 아니므로 제1심에서 국선변호인이 선임되지 않았다하여 그 소송절차를 위법이라고 할 수 없고, 기록에 의하면 원심에서 피고인 2의 청구에 따라 선임된 국선변호인이 원심의 공판기일에 출석하여 그 심리에 참여하였고 최후 변론을 한 사실도 인정되므로 국선변호인에게 심리에 참여하고 변론할 기회를 주지 않았다고 논난하는 피고인 2의 상고이유로 받아들일 수 없고, 또한 원심의 양형이 과중하여 부당하다는 피고인 1의 주장은 이 사건의 경우 형사소송법상의 적법한상고이유가 되지 아니한다.

3. 피고인 3의 상고이유를 판단한다.

기록에 의하여 원심판결을 검토하여 보면, 원심이 그 거시의 증거들을 종합하여 같은 피고인이 상피고인 5와 공모하여 원심판시와 위조유가증권행사 및 사기죄의 범행을 저질렀다고 인정한 조치는 정당하고 거기에 소론의 공동정범에 관한 법리오해 등의 위법이 있다고는 인정되지 아니한다. 논지는 이유없다.

4. 그러므로 원심판결 중 피고인 4, 피고인 3, 피고인 5에 대한 각 무죄부분을 파기하여 이 부분 사건을 원심법원에 환송하고, 피고인 1, 피고인 2, 피고인 3의 상고는 모두 기각하고, 상고 후의 미결구금일수의 산입에 관하여는 형법 제57조, 소송촉진등에 관한 특례법 제24조를 각 적용하여 관여 법관의 일치된 의견으로 주문과 같이 판결한다.

대법관 김중서(재판장) 강우영 이정우 신정철

[판례 3] 주거침입절도, 유가증권위조, 유가증권위조행사

(대법원 1976. 1. 27. 선고 74도3442 판결)

【판시사항】

가. 발행자가 회수하여 세조각으로 찢어 버림으로서 객관적 가치가 경미하여 교환가격을 갖지 않는 약속어음의 소지를 침해한 경우에 절도죄의 성부
나. 찢어서 폐지로 된 타인발행 명의의 약속어음 파지면을 이용 조합하여 어음의 외형을 갖춘 경우에 유가증권위조죄의 성부

【판결요지】

가. 재산죄의 객체인 재물은 반드시 객관적인 금전적 교환 가치를 가질 필요는 없고 소유자 점유자가 주관적인 가치를 가지고 있음으로서 족하고 주관적 경제적 가치 유무의 판별은 그것이 타인에 의하여 이용되지 않는다고 하는 소극적 관계에 있어서 그 가치가 성립하는 경우가 있을 수 있는 것이니 발행자가 회수하여 세조각으로 찢어버림으로서 폐지로 되어 쓸모없는 것처럼 보이는 약속어음의 소지를 침해하여 가져갔다면 절도죄가 성립한다.
나. 찢어서 폐지로 된 타인발행 명의의 약속어음 파지면을 이용 조합하여 어음의 외형을 갖춘 경우에는 새로운 약속어음을 작성한 것으로서 그 행사의 목적이 있는 이상 유가증권 위조죄가 성립한다.

【전 문】

【피고인, 상고인】 피고인
【검 사】 조태영
【원 판 결】 광주지방법원 1974.10.17. 선고, 73노1325 판결

【주 문】

상고를 기각한다.

【이 유】

피고인 상고이유 제1점에 대하여

재산죄의 객체인 재물은 반드시 객관적인 금전적 교환가치를 가질 필요는 없고 소유자, 점유자가 주관적인 가치를 가지고 있음으로서 족하다고 볼 것이므로 그것이 제3자에 대한 관계에 있어서 객관적 가치가 경미하여 교환 가격을 갖지 않는다 하더라도 당사자간에 있어서 경제적 가치가 상당한 것이라면 재물인 성질을 잃지 않는 것이고 주관적 경제적 가치의 유무를 판별함에 있어서는 그것이 타인에 의하여 이용되지 않는다고 하는 소극적 관계에 있어서 그 가치가 성립하는 경우가 있을 수 있는 것이니만치 본건에 있어서 발행자가 회수한 약속어음을 세조각으로 찢어버림으로서 폐지로 되어 쓸모없는 것처럼 보인다 하더라도 그것이 타인에 의하여 조합되어 하나의 새로운 어음으로 이용되지 않는 것에 대하여 소극적인 경제적 가치를 가지는 것이므로 피고인이 그 소지를 침해하여 이를 가져갔다면 절도죄가 성립한다고 해석함이 상당하다 할 것이다. 논지 이유없다.

상고이유 제2점에 대하여

찢어서 폐지로 된 타인발행명의의 약속어음 파지면을 이용하여 이를 조합하여 어음의 외형을 갖춘 경우에는 새로운 약속어음을 작성한 것으로서 그 행사의 목적이 있는 이상 유가증권위조죄가 성립하는 것이므로 조합된 것임을 용이하게 식별할 수 있다 하여도 동 죄의 성립에 아무런 소장이 있을 수 없다.

논지 역시 이유없다.

같은 상고이유 제3점에 대하여,

범죄의 목적으로 타인의 주거에 침입한 경우에는 주거침입죄가 성립한다고 함은 당원의 판례로 하는 바이고(1952.5.20. 선고 85형상80호 1958.5.23. 선고 91형상117호 및 1967.12.26. 선고 67도1439호 각 판결 참조)피고인이 당초에 피해자의 승락없이 그 주거에 들어가 재물을 절취한 이상 그 정을 모르는 피해자가 피고인과 잠깐 대면하거나 합석한 일이 있다손 치더라도 전체적으로 볼 때 피고인은 피해자의 주거의 평온을 해한 것이 되므로 주거침입죄의 성립에 아무런 소장이 있다 할 수 없으며 이러한 상황하에서 피해자가 피고인의 주거침입에 대한 묵시의 승락을 한 것이라고는 볼 수 없다.

논지는 채택될 수 없다.

따라서 형사소송법 제390조에 의하여 관여법관의 일치된 의견으로 주문과 같이 판결한다.

대법관 강안희(재판장) 홍순엽 양병호 이일규

[판례 4] 유가증권위조·위조유가증권행사·사문서위조·위조사문서행사·상습도박

(인정된죄명:도박)

(대법원 2015. 11. 27. 선고 2014도17894 판결)

【판시사항】

주식회사의 대표이사가 대표 자격을 표시하는 방식으로 문서를 작성한 행위가 위조에 해당하는지 판단하는 기준(=작성권한의 유무) 및 대표이사가 허위로 또는 대표권을 남용하여 주식회사 명의의 문서를 작성한 경우, 자격모용사문서작성죄 또는 사문서위조죄에 해당하는지 여부(소극) / 이러한 법리는 대표이사가 대표 자격을 표시하는 방식으로 약속어음 등 유가증권을 작성하는 경우에도 마찬가지로 적용되는지 여부(적극)

【참조조문】

형법 제214조 제1항, 제215조, 제231조, 제232조

【참조판례】

대법원 2008. 11. 27. 선고 2006도2016 판결(공2008하, 1820)
대법원 2008. 12. 24. 선고 2008도7836 판결
대법원 2010. 5. 13. 선고 2010도1040 판결(공2010상, 1184)

【전 문】

【피 고 인】 피고인
【상 고 인】 피고인
【변 호 인】 법무법인 민 담당변호사 구중권 외 3인
【원심판결】 서울중앙지법 2014. 12. 12. 선고 2014노110 판결

【주 문】

원심판결 중 유가증권위조, 위조유가증권행사, 사문서위조, 위조사문서행사의 점에 대한 부분을 파기하고, 이 부분 사건을 서울중앙지방법원 합의부에 환송한다. 나머지 상고를 기각한다.

【이 유】

1. 유가증권위조, 위조유가증권행사의 점에 관한 상고이유를 판단한다.

   (1) 주식회사의 대표이사가 그 대표 자격을 표시하는 방식으로 작성한 문서에 표현된 의사 또는 관념이 귀속되는 주체는 대표이사 개인이 아닌 주식회사이므로 그 문서의 명의자는 주식회사라고 보아야 한다. 따라서 위와 같은 문서 작성행위가 위조에 해당하는지는 그 작성자가 주식회사 명의의 문서를 적법하게 작성할 권한이 있는지에 따라 판단하여야 하고, 문서에 대표이사로 표시되어 있는 사람으로부터 그 문서 작성에 관하여 위임 또는 승낙을 받았는지에 따라 판단할 것은 아니다(대법원 2008. 12. 24. 선고 2008도7836 판결 참조).
   원래 주식회사의 적법한 대표이사는 회사의 영업에 관하여 재판상 또는 재판외의 모든 행위를 할 권한이 있으므로, 대표이사가 직접 주식회사 명의의 문서를 작성하

는 행위는 자격모용사문서작성 또는 위조에 해당하지 않는 것이 원칙이다. 이는 그 문서의 내용이 진실에 반하는 허위이거나 대표권을 남용하여 자기 또는 제3자의 이익을 도모할 목적으로 작성된 경우에도 마찬가지이다(대법원 2010. 5. 13. 선고 2010도1040 판결 참조).

이러한 법리는 주식회사의 대표이사가 대표 자격을 표시하는 방식으로 약속어음 등 유가증권을 작성하는 경우에도 마찬가지로 적용된다.

(2) 이 부분 공소사실의 요지는 다음과 같다.

피고인은 2012. 7. 2.경 공소외 1 주식회사(이하 '공소외 1 주식회사'라 한다)의 공동대표이사로 새로 선임한 공소외 2의 제안에 따라, 당시 그 양도대금 중 잔금 이행 문제로 공소외 3과 분쟁 중이던 공소외 1 주식회사에 대한 채권 확보를 위해 공소외 1 주식회사 공동대표이사 공소외 4의 법인 인감과 인감증명서를 직원인 공소외 5를 통해 공소외 2에게 전달하여 공소외 1 주식회사 명의의 약속어음을 발행하고 공증을 받기로 하였다.

이에 따라 공소외 2는 2012. 7. 2.경 서울 이하 불상지에서 약속어음 용지의 수취인란에 "공소외 6 주식회사", 금액란에 "일백억 원정", 발행일란에 "2012. 7. 2.", 발행인 성명란에 "공소외 1 주식회사 대표이사 공소외 4" 등으로 기재하고 공소외 4 이름 옆에 공소외 1 주식회사의 법인인감을 날인하였다. 이로써 피고인은 공소외 2와 공모하여, 행사할 목적으로 유가증권인 공소외 1 주식회사 대표이사 공소외 4 명의로 된 약속어음 1장을 위조하였다.

이어서 공소외 2는 2012. 7. 16. 서울 서초구에 있는 공증인가법인인 공소외 7 법무법인에서 그 위조 사실을 모르는 변호사 공소외 8에게 공증을 받기 위하여 위와 같이 위조한 약속어음을 마치 진정하게 발행된 것처럼 제시하였다. 이로써 피고인은 공소외 2와 공모하여 위와 같이 위조한 유가증권을 행사하였다.

(3) 원심은, 공소외 2가 공소외 1 주식회사의 다른 각자 대표이사인 공소외 4를 표시하여 약속어음을 작성하기 위해서는 공소외 4의 개별적·구체적인 위임 또는 승낙이 있어야만 할 것인데, 피고인과 공소외 2가 공모하여 공소외 4로부터 위 약속어음 작성에 관하여 개별적·구체적인 위임 또는 승낙을 받지 못한 채 이 사건 약속어음을 작성한 것은 유가증권위조에 해당하고, 이를 제시한 것은 위조유가증권행사에 해당한다고 판단하였다.

(4) 그러나 원심의 판단은 받아들이기 어렵다.

원심판결 이유에 의하더라도, 공소외 2는 공소외 4와 함께 공소외 1 주식회사의 각자 대표이사라는 것이므로, 특별한 사정이 없는 한 단독 대표이사와 마찬가지로 공소외 1 주식회사의 영업에 관하여 재판상 또는 재판외의 모든 행위를 단독으로 할 권한이 있다. 따라서 앞에서 본 법리에 의하여 살펴보면, 공소외 2가 공소외 1 주식회사의 영업에 관하여 공소외 1 주식회사 명의의 이 사건 약속어음을 작성한 것은 그의 적법한 권한에 따른 것이므로, 설령 공소외 4가 공소외 1 주식회사를 대표하여 이 사건 약속어음을 발행한 것처럼 기재한 점에 허위가 있다고 하더라도 유가증권위조죄가 성립하지 아니하고, 이를 전제로 한 위조유가증권행사죄 역시 성립하지 아니한다. 그리고 공소외 2는 공소외 4로부터 이 사건 약속어음의 작성에 관하여 위임 또는 승낙을 받은 자의 지위가 아니라 공소외 1 주식회사의 각자 대표이사 지위에서 이 사건 약속어음을 작성한 것이므로, 공소외 4로부터 개별적·구체적 위임이나 승낙은 물론 포괄적 위임이나 승낙 없이도 이 사건 약속어음을 단독으로 적법하게 작성할 수 있다고 보아야 하고, 공소외 4로부터 개별적·구체적 위임이나 승낙을 받지 아니하였다고 하여 이 사건 약속어음 작성이 유가증권위조죄에 해당한다고 볼 수 없다.

그런데도 원심이 그 판시와 같은 이유로 유가증권위조죄와 위조유가증권행사죄가 성립한다고 판단한 데에는 주식회사와 그 대표자를 표시하여 작성한 유가증권의 명의인과 유가증권위조죄 및 위조유가증권행사죄에 관한 법리를 오해하여 판결에 영향을 미친 위법이 있다.

2. 사문서위조, 위조사문서행사의 점에 관한 상고이유 판단에 앞서 직권으로 본다.
  (1) 이 부분 공소사실의 요지는 다음과 같다.
   피고인은 앞서 본 바와 같이 공소외 2의 제안에 따라 공소외 1 주식회사 명의의 약속어음을 발행하여 공증받기로 하였다.
   이에 따라 공소외 2는 위 위조유가증권행사의 점에 관한 공소사실 기재 일시, 장소와 같은 일시, 장소에서 이 사건 약속어음을 공증받기 위하여 "다음 어음의 지급을 연체할 경우에는 즉시 강제집행을 받아도 이의없다는 취지 내용의 공정증서 작성 촉탁에 관한 일체의 권한을 위임합니다."라는 고정문자가 인쇄된 위임장 용지의 수임인 성명란에 "공소외 2", 액면금란에 "일백억", 수취인란에 "공소외 6 주식회사", 위임인 성명란에 "공소외 1 주식회사 대표이사 공소외 4"라고 기재하고 공소외 4 이름 옆에 공소외 1 주식회사의 법인인감을 찍었다. 이로써 피고인은 공소외 2와 공모하여, 행사할 목적으로 권리의무에 관한 사문서인 공소외 1 주식회사 대표이사 공소외 4 명의의 위임장 1장을 위조하였다.
   이어서 공소외 2는 같은 일시, 장소에서 그 위조 사실을 모르는 변호사 공소외 8에게 위와 같이 위조한 위임장을 마치 진정하게 성립한 것처럼 교부하였다. 이로써 피고인은 공소외 2와 공모하여 위와 같이 위조된 위임장을 행사하였다.
  (2) 원심은 이 부분 공소사실을 유죄로 판단한 제1심의 판단을 그대로 유지하였으나, 원심의 위와 같은 판단은 앞서 유가증권위조, 위조유가증권행사의 점에 관하여 살핀 것과 같은 이유로 받아들이기 어렵다.
   그런데도 원심이 그 판시와 같은 이유로 사문서위조죄와 위조사문서행사죄가 성립한다고 판단한 데에는 주식회사와 그 대표자를 표시하여 작성한 문서의 명의인과 사문서위조죄 및 위조사문서행사죄에 관한 법리를 오해하여 판결에 영향을 미친 위법이 있다.
3. 도박의 점에 관하여 본다.
  피고인은 원심판결 중 도박의 점에 관한 부분에 대하여도 상고하였으나, 상고장에 그 이유를 기재하지 아니하였고, 상고이유서에도 이에 관한 불복이유의 기재를 찾아볼 수 없다.
  한편 원심은 도박죄에 대하여, 유죄로 인정한 나머지 유가증권위조죄, 위조유가증권행사죄, 사문서위조죄, 위조사문서행사죄와 별개로 벌금형을 선고하였으므로, 도박죄 부분은 나머지 부분과 소송상 별개로 분리 취급되어야 한다(대법원 2009. 4. 23. 선고 2008도11921 판결 참조).
4. 결론
그러므로 나머지 상고이유에 대한 판단을 생략한 채 원심판결 중 유가증권위조, 위조유가증권행사, 사문서위조, 위조사문서행사의 점에 대한 부분을 파기하고 이 부분 사건을 다시 심리·판단하도록 원심법원에 환송하며, 나머지 상고를 기각하기로 하여, 관여 대법관의 일치된 의견으로 주문과 같이 판결한다.

대법관 이상훈(재판장) 김창석 조희대(주심) 박상옥

2. 유가증권변조

[판례 1] 사기·유가증권위조(변경된죄명:유가증권변조)·위조유가증권행사(변경된죄명:변조유가증권행사)

(대법원 2006. 1. 26. 선고 2005도4764 판결)

【판시사항】

[1] 위조 유가증권에 대한 유가증권변조죄의 성립 여부(소극)
[2] 약속어음의 액면금액을 권한 없이 변경하는 경우의 죄책(=유가증권변조죄)

【판결요지】

[1] 유가증권변조죄에 있어서 변조라 함은 진정으로 성립된 유가증권의 내용에 권한 없는 자가 그 유가증권의 동일성을 해하지 않는 한도에서 변경을 가하는 것을 말하므로, 이미 타인에 의하여 위조된 약속어음의 기재사항을 권한 없이 변경하였다고 하더라도 유가증권변조죄는 성립하지 아니한다.
[2] 약속어음의 액면금액을 권한 없이 변경하는 것은 유가증권변조에 해당할 뿐 유가증권위조는 아니므로, 약속어음의 액면금액을 권한 없이 변경하는 행위가 당초의 위조와는 별개의 새로운 유가증권위조로 된다고 할 수 없다.

【참조조문】

[1] 형법 제214조 제1항 [2] 형법 제214조 제1항

【참조판례】

[1] 대법원 1984. 11. 27. 선고 84도1862 판결(공1985, 103)
대법원 1986. 11. 11. 선고 86도1984 판결(공1987, 51)
대법원 2003. 1. 10. 선고 2001도6553 판결

【전 문】

【피 고 인】 피고인 1외 1인
【상 고 인】 피고인 2및 검사(피고인 1에 대하여)
【원심판결】 서울동부지법 2005. 6. 16. 선고 2005노396 판결

【주 문】
검사의 상고와 피고인 2의 상고를 모두 기각한다.

【이 유】

1. 피고인 2의 상고이유에 대하여
   원심판결과 원심이 인용한 제1심판결의 채용 증거들을 기록에 비추어 살펴보면, 피고인 2에 대한 이 사건 범죄사실을 충분히 인정할 수 있고, 원심판결에 심리를 다하지 아니하고 채증법칙을 위반하여 사실을 잘못 인정하는 등의 위법이 있다고 할 수 없다.

2. 검사의 상고이유에 대하여
   유가증권변조죄에 있어서 변조라 함은 진정으로 성립된 유가증권의 내용에 권한 없는 자가 그 유가증권의 동일성을 해하지 않는 한도에서 변경을 가하는 것을 말하므로(대법원 1984. 11. 27. 선고 84도1862 판결, 2003. 1. 10. 선고 2001도6553 판결 등 참조), 이미 타인에 의하여 위조된 약속어음의 기재사항을 권한 없이 변경하였다고 하더라도 유가증권변조죄는 성립하지 아니한다고 할 것이다.
   그리고 약속어음의 액면금액을 권한 없이 변경하는 것은 유가증권변조에 해당할 뿐 유가증권위조는 아니므로, 약속어음의 액면금액을 권한 없이 변경하는 행위가 당초의 위조와는 별개의 새로운 유가증권위조로 된다고 할 수도 없다.
   상고이유에서 드는 대법원 1982. 6. 22. 선고 82도677 판결은 액면란이 백지인 위조 약속어음의 액면란에 권한 없이 금액을 기입하여 그 위조어음을 완성하는 행위가 당초의 위조행위와는 별개의 유가증권위조죄를 구성한다고 판시한 것으로서, 이 사건과는 사안을 달리하여 적절한 선례가 될 수 없다.
   같은 취지에서 위조된 약속어음의 금액란을 임의로 변경한 피고인 1의 행위를 무죄로 본 원심의 판단은 정당하고, 반대의 견해에서 위조 약속어음의 액면금액 변경이 새로운 유가증권위조에 해당함을 전제로 하는 검사의 상고는 받아들일 수 없다.

3. 결 론
   그러므로 검사의 상고와 피고인 2의 상고를 모두 기각하기로 하여 관여 법관의 일치된 의견으로 주문과 같이 판결한다.

대법관 박시환(재판장) 이강국 손지열(주심) 김용담

[판례 2] 유가증권변조·변조유가증권행사

(대법원 2003. 1. 10. 선고 2001도6553 판결)

【판시사항】

어음의 발행인이 약속어음을 회수한 후 지급일자를 임의로 변경한 행위가 형법 제214조 제2항 소정의 유가증권 변조에 해당하는지 여부

【참조조문】

[1] 형법 제214조 제2항

【전 문】

【피고인】 피고인
【상고인】 피고인
【원심판결】 서울지법 2001. 11. 21. 선고 2001노7642 판결

【주 문】

상고를 기각한다.

【이 유】

형법 제214조 제2항에 규정된 '유가증권의 권리의무에 관한 기재를 변조한다'는 것은 진정하게 성립된 타인 명의의 부수적 증권행위에 관한 유가증권의 기재내용에 작성권한이 없는 자가 변경을 가하는 것을 말하고(대법원 1989. 12. 8. 선고 88도753 판결 참조), 어음 발행인이라 하더라도 어음상에 권리의무를 가진 자가 있는 경우에는 이러한 자의 동의를 받지 아니하고 어음의 기재 내용에 변경을 가하였다면 이는 유가증권의 권리의무에 관한 기재를 변조한 것에 해당한다 할 것이다.

기록에 의하면, 피고인은 공소외 주식회사 미륭상사에게 물품대금의 지급담보조로 자신이 발행한 약속어음 8매를 교부하였다가 그 대금을 지급하거나 새로운 어음으로 교체하는 방법으로 위 어음들을 회수한 후 어음에 남아있는 미륭상사 명의 배서의 담보적 효력을 이용하기 위하여 이미 경과된 지급기일을 임의로 그 후의 날짜로 변경한 후 공소외 이복환에게 이를 교부하였다는 것이므로 원심이 이러한 피고인의 행위가 형법 제214조 제2항 소정의 유가증권변조죄에 해당한다고 판단한 것은 위 법리에 따른 것으로 정당하고, 거기에 유가증권변조죄에 관한 법리오해의 위법이 없다.

상고인이 들고 있는 대법원 1980. 4. 22. 선고 79도3034 판결은 사안을 달리하므로 이 사건에서 원용할 수는 없다.

그러므로 상고를 기각하기로 하여 관여 대법관의 일치된 의견으로 주문과 같이 판결한다.

대법관 손지열(재판장) 조무제 유지담(주심) 강신욱

3. 사기

[판례 1] 특정경제범죄가중처벌등에관한법률위반(사기·횡령·배임·증재)·사기·
업무상횡령·부정수표단속법위반·상법위반·공정증서원본불실기재·
불실기재공정증서원본행사·뇌물공여·근로기준법위반

(대법원 1997. 2. 14. 선고 96도2904 판결)

【판시사항】

[1] 특별한 자금공급 없이는 도산이 불가피한 상황에서 신용과대조작, 변태적 지급보증 및 재력과시 등의 방법으로 변제자력을 가장하여 대출, 지급보증 및 어음할인을 받은 행위가 사기죄에 해당한다고 한 사례
[2] 채권자를 기망하여 이루어진 채무변제기의 연장 또는 대환의 사기죄 성부(적극)
[3] 어음할인 행위가 사기죄로 되는 경우
[4] 주금납입금을 설립등기 또는 증자등기 후 즉시 인출하였으나 회사를 위하여 사용한 경우, 납입가장죄의 성부(소극)

【판결요지】

[1] 특별한 자금공급 없이는 도산이 불가피한 상황에서 신용과대조작, 변태적 지급보증 및 재력과시 등의 방법으로 변제자력을 가장하여 대출, 지급보증 및 어음할인을 받은 행위가 사기죄에 해당한다고 한 사례.
[2] 대환이라 함은 현실적인 자금이 수수 없이 형식적으로만 신규대출을 하여 기존채무를 변제하는 것으로서 특별한 사정이 없는 이상 대환은 형식적으로는 별도의 대출에 해당하나 실질적으로는 기존채무에 대한 변제기의 연장에 해당하는 것이고, 기망에 의하여 채무의 변제기를 연장받은 경우에도 사기죄가 성립하므로, 타인을 기망하여 대출을 받은 것이 신규대출이 아니라 대환에 해당한다고 하더라도 사기죄로 의율함에 지장이 없다.
[3] 어음이 지급기일에 결제되지 않으리라는 점을 예견하였거나 지급기일에 지급될 수 있다는 확신이 없으면서도 그러한 내용을 수취인에게 고지하지 아니하고 이를 속여서 할인을 받았다면 사기죄가 성립한다.
[4] 상법 제628조 제1항 소정의 납입가장죄는 회사의 자본충실을 기하려는 법의 취지를 유린하는 행위를 단속하려는 데 그 목적이 있는 것이므로, 당초부터 진실한 주금납입으로 회사의 자금을 확보할 의사 없이 형식상 또는 일시적으로 주금을 납입하고 이 돈을 은행에 예치하여 납입의 외형을 갖추고 주금납입증명서를 교부받아 설립등기나 증자등기의 절차를 마친 다음 바로 그 납입한 돈을 인출한 경우에는, 이를 회사를 위하여 사용하였다는 특별한 사정이 없는 한 실질적으로 회사의 자본이 늘어난 것이 아니어서 납입가장죄 및 공정증서원본불실기재죄와 불실기재공정증서원본행사죄가 성립하고, 다만 납입한 돈을 곧바로 인출하였다고 하더라도 그 인출한 돈을 회사를 위하여 사용한 것이라면 자본충실을 해친다고 할 수 없으므로 주금납입의 의사 없이 납입한

제5장 어음·수표 관련 형사판례 449

것으로 볼 수는 없다.

【참조조문】

[1] 구 형법(1995. 12. 29. 법률 제5057호로 개정되기 전의 것) 제347조[2] 구 형법(1995. 12. 29. 법률 제5057호로 개정되기 전의 것) 제347조[3] 구 형법(1995. 12. 29. 법률 제5057호로 개정되기 전의 것) 제347조[4] 상법 제628조 제1항, 구 형법(1995. 12. 29. 법률 제5057호로 개정되기 전의 것) 제228조

【참조판례】

[3] 대법원 1996. 5. 14. 선고 96도481 판결(공1996하, 1959)
[4] 대법원 1986. 8. 19. 선고 85도2158 판결(공1986, 1256)
대법원 1986. 9. 9. 선고 85도2297 판결(공1986, 1419)
대법원 1993. 8. 24. 선고 93도1200 판결(공1993하, 2679)

【전 문】

【피고인】 피고인 1 외 1인
【상고인】 피고인들
【변호인】 변호사 이정락 외 2인
【원심판결】 서울고법 1996. 10. 18. 선고 95노2811 판결

【주 문】

피고인들의 상고를 모두 기각한다. 피고인 1에 대하여 상고 후의 구금일수 중 110일을 원심 판시 별지 16 기재 제2의 죄에 대한 본형에 산입한다.

【이 유】

1. 피고인들 변호인들의 각 상고이유에 대하여 판단한다.
  가. 피고인 1 및 피고인들의 각 사기의 점(제1심판결 판시 제1의 가. 및 제2의 다.의 범죄사실)에 대하여
    (1) 피고인 1의 편취의 범의 및 기망행위의 점에 대하여
      기록에 의하면, 피고인 1이 경영하던 공소외 1 회사는 1994. 9월 말 현재 무리한 기업확장과 만성적인 적자누적으로 인하여 그 보유자산이 1,100억 원 정도에 불과한 반면 그 순부채액이 5,000억 원에 이르렀을 뿐만 아니라, 월 60억 원에 불과한 경상수입에 비하여 채무원리금상환 등 과중한 자금수요로 인하여 매월 100억 원 이상의 채무가 누적되어 가는 형편이어서 특별한 자금공급이 이루어지지 않는 한 도산이 불가피한 상황에 있었던 사실, 그럼에도 불구하고 피고인 1은 위와 같은 사정을 감추고서 신용과대조작(가장납입에 의한 사세의 위장과시 및 금융차입금의 결산서·감사보고서상의 기재 누락), 변태적 지급보증 및 재력과시 등의 방법으로 변제할 자력이 있는 것처럼 가장하여 제1심판결 별지 1 내지 2-1 기재와 같이 각 금융기관 등으로부터 대출 및 지급보증을 받거나 어음할인을 받은 사실을 알 수 있는바, 위와 같이 피고인 1이 그가 경영하는 공소외 1

회사의 도산이 불가피한 상황에서 이와 같은 사정을 감추고서 변제할 자력이 있는 것처럼 가장하여 각 금융기관 등으로부터 공소외 1 회사 계열회사들 명의로 대출 및 지급보증을 받거나 어음할인을 받았다면 위 피고인은 특정경제범죄가중처벌등에관한법률위반죄(사기) 내지 사기죄의 죄책을 면할 수 없다 할 것이다.

비록 피고인 1이 공소외 1 회사 계열회사의 명의로 위와 같이 대출 등을 받을 당시 피고인 2가 경영하는 ○○○○○그룹 계열회사인 공소외 2 주식회사 및 공소외 3 주식회사가 연대보증이나 지급보증을 하였다고 하더라도, 기록에 의하면 공소외 2 주식회사는 1994. 9월 말 현재 금융기관 등으로부터의 자체 대출금채무가 약 1,500억 원, ○○○○○그룹 계열회사 등에 대한 보증채무액이 약 2,000억 원, 공소외 1 회사에 대한 지급보증채무가 2,340억 원에 이르고 있었고, 공소외 3 주식회사 역시 같은 시기에 금융기관 등으로부터의 자체 대출금채무가 약 900억 원, ○○○○○그룹 계열회사 등의 채무에 대한 보증채무액이 약 2,300억 원, 공소외 1 회사에 대한 지급보증채무가 1,813억 원에 이르고 있었던 관계로, 만약 공소외 1 회사가 도산할 경우 보증인인 공소외 2 주식회사 등도 공소외 1 회사 계열회사에 대한 보증채무까지는 변제할 수 없는 상황이었던 사실을 인정할 수 있는바, 사실관계가 위와 같다면 공소외 2 주식회사 및 공소외 3 주식회사가 공소외 1 회사 계열회사의 대출금채무 등을 연대보증 또는 지급보증하였다고 하더라도 그와 같은 사정만으로는 보증인인 공소외 2 주식회사 등이 충분한 담보를 제공하였다고 할 수 없으므로, 위와 같은 보증사실이 위 피고인의 편취의 범의를 인정함에 장애가 될 수 없다 할 것이다.

이와 같은 취지의 원심판단은 정당하고, 원심판결에 소론과 같은 위법이 있다고 볼 수 없다. 논지는 모두 이유가 없다.

(2) 대환에 해당한다는 주장에 대하여

대환이라 함은 현실적인 자금의 수수 없이 형식적으로만 신규대출을 하여 기존 채무를 변제하는 것으로서 특별한 사정이 없는 이상 대환은 형식적으로는 별도의 대출에 해당하나 실질적으로는 기존채무에 대한 변제기의 연장에 해당하는 것이고, 기망에 의하여 채무의 변제기를 연장받은 경우에도 사기죄가 성립하므로, 타인을 기망하여 대출을 받은 것이 신규대출이 아니라 대환에 해당한다고 하더라도 사기죄로 의율함에 지장이 없다 할 것이다. 논지도 이유가 없다.

(3) 피고인 2의 편취의 범의에 대하여

어음이 지급기일에 결제되지 않으리라는 점을 예견하였거나 지급기일에 지급될 수 있다는 확신이 없으면서도 그러한 내용을 수취인에게 고지하지 아니하고 이를 속여서 할인을 받았다면 사기죄가 성립한다 할 것인바, 원심이 인용한 제1심판결이 채용한 증거들에 의하면 피고인 2는 이 사건 어음을 할인받을 당시 그 어음이 지급기일에 결제되지 않으리라는 점을 예견한 사실이 인정되므로, 원심이 위 피고인의 이 사건 특정경제범죄가중처벌등에관한법률위반(사기) 범행을 유죄로 인정한 것은 정당하고, 원심판결에 소론과 같은 위법이 있다고 볼 수 없다. 논지도 이유가 없다.

나. 피고인들의 각 횡령의 점(제1심판결 판시 제1의 다. 및 제3의 가.의 범죄사실)에 대

하여

원심이 인용한 제1심판결이 채용한 증거들을 기록에 의하여 검토하여 보면, 원심이 피고인들의 이 사건 각 특정경제범죄가중처벌등에관한법률위반(횡령) 내지 업무상 횡령 범행을 유죄로 인정한 것은 정당하고, 원심판결에 소론과 같은 위법이 있다고 볼 수 없다. 소론이 지적하는 대법원판결은 사안을 달리하는 이 사건에 적절한 것이 아니다. 논지는 모두 이유가 없다.

다. 피고인들의 공동배임의 점(제1심판결 판시 제2의 가. 나.의 범죄사실)에 대하여

(1) 배임행위와 배임의 범의 등에 대하여

원심이 인용한 제1심판결이 채용한 증거들에 의하면, 공소외 1 회사는 1992. 3월 현재 이미 소극재산이 적극재산을 초과하고 있을 뿐만 아니라 만성적인 적자로 손실액 및 채무액이 누적되어 가고 있는 형편이어서 그 당시 이미 그 재무구조가 상당히 불량한 상태에 이른 사실, 피고인 2는 위와 같은 사정을 알면서도 아들인 피고인 1의 간곡한 요청에 못이겨 공소외 2 주식회사 및 공소외 3 주식회사의 이사회의 결의도 거치지 아니한 채 위 각 회사들의 이름으로 자력이 불충분한 공소외 1 회사 계열회사들의 채무를 연대보증 또는 지급보증하거나 위 계열회사들에게 대여를 한 사실을 인정할 수 있는바, 사실관계가 위와 같다면 피고인들은 공범으로서 특정경제범죄가중처벌등에관한법률위반죄(배임)의 죄책을 면할 수 없다 할 것이다. 위와 같은 취지의 원심판단은 정당하고, 원심판결에 소론과 같은 위법이 있다고 볼 수 없다. 소론이 지적하는 대법원판결은 사안을 달리하는 이 사건에 적절한 것이 아니다. 논지는 모두 이유가 없다.

(2) 피해액이 이중으로 계산되었다는 점에 대하여

기록에 의하면, 변호인들이 주장하는 바와 같이 피고인 2가 임무에 위배하여 공소외 2 주식회사 명의로 보증한 피보증채무와 공소외 3 주식회사 명의로 보증한 피보증채무는 금 136,497,000,000원 범위 내에서는 동일한 채무를 보증한 것으로 보이지만, 배임죄에 있어서 각 피해자의 보호법익이 독립한 것인 이상, 각 배임행위로 인한 손해액이나 이득액은 각 피해자별로 독립하여 계산하여야 할 것이다. 논지도 이유가 없다.

(3) 대환에 해당한다는 주장에 대하여

변호인들의 주장에 따르더라도 피고인 2는 공소외 2 주식회사의 이름으로 공소외 1 회사 계열회사들에 자금을 대여하여 공소외 1 회사 계열회사들이 기왕에 공소외 2 주식회사의 지급보증을 받아 채권자인 공소외 4 회사 등으로부터 차용한 대출금채무의 변제에 사용하였다는 것인바, 대환이라 함은 현실적인 자금의 수수 없이 형식적으로만 신규대출을 하여 대출받은 자의 대출자에 대한 기존채무를 변제하는 것인 이상 피고인 2의 위와 같은 대여행위가 대환에 해당한다고 볼 수는 없고, 뿐만 아니라 기록에 의하면 위 피고인은 기왕에 있었던 임무위배의 보증행위로 인한 보증채무금을 채권자인 공소외 4 회사 등에게 직접 지급하여 변제한 것이 아니라, 위 피고인이 자금부족을 겪고 있던 공소외 1 회사 계열회사들에게 임무에 위배하여 대여를 하였더니 위 계열회사들이 그 대여받은 자금 일부를 임의로 위 공소외 4 회사 등에 대한 대출금채무의 변제에 사

용한 것으로 인정되는바, 사정이 위와 같다면 위 피고인은 위 임무위배의 대여행위로 인한 죄책을 면할 수 없다 할 것이다. 소론이 지적하는 대법원판결은 사안을 달리하는 이 사건에 적절한 것이 아니다. 논지도 모두 이유가 없다.

라. 피고인 1의 상법위반·공정증서원본불실기재 및 불실기재공정증서원본행사의 점(제1심판결 판시 제1의 나.의 범죄사실)에 대하여

상법 제628조 제1항 소정의 납입가장죄는 회사의 자본충실을 기하려는 법의 취지를 유린하는 행위를 단속하려는 데 그 목적이 있는 것이므로, 당초부터 진실한 주금납입으로 회사의 자금을 확보할 의사 없이 형식상 또는 일시적으로 주금을 납입하고 이 돈을 은행에 예치하여 납입의 외형을 갖추고 주금납입증명서를 교부받아 설립등기나 증자등기의 절차를 마친 다음 바로 그 납입한 돈을 인출한 경우에는, 이를 회사를 위하여 사용하였다는 특별한 사정이 없는 한 실질적으로 회사의 자본이 늘어난 것이 아니어서 납입가장죄 및 공정증서원본불실기재죄와 불실기재공정증서원본행사죄가 성립하고, 다만 위와 같이 납입한 돈을 곧바로 인출하였다고 하더라도 그 인출한 돈을 회사를 위하여 사용한 것이라면 자본충실을 해친다고 할 수 없으므로 주금납입의 의사 없이 납입한 것으로 볼 수는 없다 할 것이다.

그런데 원심이 인용한 제1심판결이 채용한 증거들에 의하면, 피고인 1은 17회에 걸쳐 공소외 1 회사 계열회사를 설립하거나 증자를 함에 있어 일단 주금을 납입하였다가 법인설립 또는 증자등기를 마치자 마자 곧바로 주금납입금을 인출한 사실, 위 피고인은 공소외 1 회사 계열회사의 자금을 주주 등에 대한 가지급금 형식으로 빼내어 위 자금으로 위와 같이 주금을 납입하였다가 이를 곧 인출한 다음 그 인출금으로 위 가지급금을 변제한 것으로 인정되는바, 사실관계가 위와 같다면 위 피고인은 납입가장죄 및 공정증서원본불실기재죄와 불실기재공정증서원본행사죄의 죄책을 면할 수 없다 할 것이다. 논지도 이유가 없다.

마. 피고인 2의 부정수표단속법위반의 점(제1심판결 판시 제3의 나. 및 다.의 범죄사실)에 대하여

원심이 인용한 제1심판결이 채용한 증거들을 기록에 의하여 검토하여 보면, 원심이 피고인 2의 이 사건 부정수표단속법위반 범행을 유죄로 인정한 것은 정당하고, 원심판결에 소론과 같은 위법이 있다고 볼 수 없다. 논지도 이유가 없다.

2. 그러므로 피고인들의 상고를 모두 기각하고, 피고인 1에 대하여 상고 후의 구금일수 중 일부를 원심 판시 별지 16 기재 제2의 죄에 대한 본형에 산입하기로 관여 법관의 의견이 일치되어 주문과 같이 판결한다.

대법관   신성택(재판장) 천경송 안용득(주심) 지창권

[판례 2] 특정경제범죄가중처벌등에관한법률위반(사기)·사기·공문서위조·위조 공문서행사·공직선거및선거부정방지법위반

(대법원 1997. 7. 25. 선고 97도1095 판결)

【판시사항】

[1] 어음이 지급기일에 결제되지 않으리라는 점을 예견하면서도 그 내용을 수취인에게 고지하지 아니하고 이를 속여 할인을 받은 경우, 사기죄의 성부(적극)
[2] 융통어음을 진성어음인 것처럼 속여 할인 받으면서 일부 담보를 제공한 경우, 사기죄의 성부(적극)
[3] 채무이행을 연기받을 목적으로 어음을 발행한 경우, 사기죄의 성부(적극)
[4] 재산상 이익 취득의 사기죄에 있어서 이익의 수액을 명시하지 않은 것이 위법인지 여부(소극)
[5] 형법 제347조 제2항의 사기죄에 해당하는 범죄사실에 대하여 형법 제347조 제1항으로 의율한 것이 판결에 영향을 미친 위법에 해당하는지 여부(소극)
[6] 공직선거및선거부정방지법 제141조 제4항에 의하여 기부행위에 해당하지 아니하는 '통상적인 범위 안에서의 다과·떡'의 의미

【판결요지】

[1] 어음이 지급기일에 결제되지 않으리라는 점을 예견하였거나 지급기일에 지급될 수 있다는 확신이 없으면서도 그러한 내용을 수취인에게 고지하지 아니하고 이를 속여서 할인을 받았다면 사기죄가 성립한다.
[2] 융통어음을 할인함에 있어 그 상대방에 대하여 그 어음이 이른바 진성어음인 것처럼 하기 위하여 적극적인 위장수단을 강구하는 것은 명백한 기망행위에 해당되어 상대방으로 하여금 그 뜻을 오신케 하고 할인명목으로 돈을 교부케 한 행위도 사기죄를 구성하고, 그 할인을 받음에 있어 일부의 담보를 제공하였다 하여 결론이 달라지는 것은 아니므로, 담보가액을 공제하지 아니한 편취 금액 전부에 대하여 사기죄가 성립한다.
[3] 사기죄에 있어서 채무이행을 연기받는 것도 재산상의 이익이 되므로, 채무자가 채권자에 대하여 소정기일까지 지급할 의사와 능력이 없음에도 종전 채무의 변제기를 늦출 목적에서 어음을 발행 교부한 경우에는 사기죄가 성립한다.
[4] 사기죄에 있어서 재산상의 이익은 계산적으로 산출할 수 있는 이익에 한정하지 아니하므로 범죄사실을 판시함에 있어서도 그 이익의 수액을 명시하지 않았다 하더라도 위법이라고 할 수 없다.
[5] 피고인들의 행위가 형법 제347조 제1항의 죄가 성립하지 아니하고 제3자로 하여금 재물을 교부받게 한 경우로서 같은 법 제347조 제2항의 죄가 성립하는 것이라 하더라도 위 제347조 제1항의 죄와 그 제2항의 죄는 그 형이 같아 판결 결과에 영향을 미치는 것은 아니다.
[6] 선거기간 개시일 전일까지의 당원집회에 참석한 당원들에게 통상적인 범위 안에서 다과·떡 등을 제공하는 행위는 공직선거및선거부정방지법 제141조 제4항에 의하여 같은 법 제113조 소정의 기부행위에 해당하지 아니한다 할 것이나, 여기서 '통상적인 범위

안에서 다과·떡'이라는 것은 일상적인 예를 갖추는 데 필요한 정도로 현장에서 소비될 것으로 제공하는 것을 말하고, 기념품 또는 선물 등은 제외되는 것이므로, 당원들에게 지급하였다는 카스테라가 그 크기가 가로 약 40cm, 세로 약 15cm되는 빵 두 개를 한 봉지에 담은 것이고, 그것도 당원교육을 하면서 소비된 것이 아니라 교육을 받은 당원들이 교육장을 나가면서 1개씩 들고 나간 것이라면, 그 카스테라는 같은 법 제141조 제4항에서 말하는 통상적인 범위 안에서 제공이 허용하는 '다과·떡'에 대용되는 것이라고 볼 수 없다.

【참조조문】

[1] 형법 제347조[2] 형법 제347조[3] 형법 제347조[4] 형법 제347조[5] 형법 제347조, 형사소송법 제383조[6] 공직선거및선거부정방지법 제112조 제2항 제2호, 제113조, 제141조 제4항

【참조판례】

[1][2] 대법원 1993. 7. 27. 선고 93도1408 판결(공1993하, 2478)
[1] 대법원 1985. 3. 12. 선고 84도1461 판결(공1985, 576)
[2] 대법원 1987. 6. 9. 선고 86도2759 판결(공1987, 1162)
[3] 대법원 1983. 11. 8. 선고 83도1723 판결(공1984, 54)
대법원 1986. 10. 14. 선고 86도1501 판결(공1986, 3070)
대법원 1997. 2. 14. 선고 96도2904 판결(공1997상, 850)
[5] 대법원 1985. 2. 26. 선고 84도2877 판결(공1985, 523)

【전 문】

【피고인】 피고인 1 외 1인
【상고인】 피고인들
【변호인】 변호사 문형식 외 3인
【원심판결】 서울고법 1997. 4. 15. 선고 96노2396 판결

【주 문】

상고를 모두 기각한다. 상고 후의 각 구금일수 중 90일씩을 각 본형에 산입한다.

【이 유】

1. 피고인 1 및 변호인 변호사 윤영철, 문형식의 각 상고이유 중 공직선거및선거부정방지법위반의 점에 관한 부분을 제외한 나머지 부분(제출기간 경과 후에 제출된 변호인 이정락 변호사의 상고이유보충서 기재는 상고이유를 보충하는 범위 내에서)을 함께 판단한다.

가. 어음이 지급기일에 결제되지 않으리라는 점을 예견하였거나 지급기일에 지급될 수 있다는 확신이 없으면서도 그러한 내용을 수취인에게 고지하지 아니하고 이를 속여서 할인을 받았다면 사기죄가 성립하고(대법원 1993. 7. 27. 선고 93도1408 판결 참조), 융통어음을 할인함에 있어 그 상대방에 대하여 그 어음이 이른바 진성어음인 것처럼 하기 위하여 적극적인 위장수단을 강구하는 것은 명백한 기망행위에 해

당되어 상대방으로 하여금 그 뜻을 오신케 하고 할인명목으로 돈을 교부케 한 행위도 사기죄를 구성한다 할 것이다(대법원 1987. 6. 9. 선고 86도2759 판결 참조).

원심판결 이유에 의하면, 원심은 그 명시한 증거들에 의하여 공소외 1 주식회사(이하 공소외 1 회사라고 한다)는 1988. 2.경 회사정리개시결정에 의하여 법정관리를 받게 되어 초기에는 주거래은행인 공소외 2 회사의 공소외 3 이사가 관리인으로서 회사를 관리하였으나 경영 악화로 더 이상 회사를 유지하기 어렵게 되자, 1990. 9.경 공소외 1 회사의 전 사주이자 피고인 1의 동생인 공소외 4가 공소외 1 회사의 경영을 사실상 맡게 되었으나, 유제품 생산업체의 난립과 시설투자의 부진 등으로 빙과류 등 제품의 매출실적이 수년간 저하되었고 물품원가 및 인건비는 상승하여 공소외 1 회사의 경영 악화는 해소되지 않은 사실, 이에 법정관리중인 공소외 1 회사의 차재행위는 법원의 허가를 얻어야 하도록 되어 있음에도 불구하고 매출실적의 부진과 적자의 증가로 법원으로부터 차재허가를 받기 어려운 형편에 이르자 공소외 1 회사는 회사 운영자금의 조달과 어음결제자금을 마련하기 위하여 법원의 허가 없이 융통어음을 발행한 사실, 또한 공소외 1 회사 명의로는 금융기관으로부터 자금을 대출받기 어려웠으므로 사실상 유령회사인 공소외 5 주식회사(이하 공소외 5 회사라고 한다)를 설립하고 판시와 같이 세무서장 명의의 공소외 5 회사에 대한 재무제표증명과 부가가치세과세표준증명서 등을 위조하는 방법으로 회사의 신용도를 높게 조작한 다음 공소외 1 회사 발행 어음에 공소외 5 회사의 배서를 받아 주로 사채시장에서 고율의 이자로 단기 어음할인을 받아 회사의 운영자금을 조달할 수밖에 없는 형편에 이른 사실, 이러한 상황에서 1995년 여름의 기상이변으로 공소외 1 회사의 빙과류 매출이 격감하고 재고가 누적되어 자금사정이 더욱 악화됨으로써 1995. 8.말경 공소외 1 회사의 자산은 약 금 80,000,000,000원 정도에 불과하였으나 회사정리채무 금 64,200,000,000원을 포함한 총채무가 금 110,700,000,000원에 이른 사실, 또한 공소외 1 회사의 채무 가운데 정리채무를 제외한 금 46,500,000,000원의 채무 중 약 금 28,000,000,000원은 만기 3 내지 6개월, 이자 연 17.5% 내지 42%의 단기 어음할인채무일 뿐만 아니라, 위 채무에 대한 원리금 상환액·회사 경상비 등 회사 운영자금이 매월 금 7,000,000,000원 이상 소요되는 반면 월 매출액은 금 3,500,000,000원 정도에 불과하여 매월 금 3,500,000,000원 상당의 적자가 예상되었고, 특히 빙과류 등의 매출이 대폭 감소하는 겨울이 되면 더 이상 회사를 운영하기 어려운 상황이 되자, 위 공소외 4는 1995. 8.말경 피고인 1과 법정관리인 대리로서 공소외 1 회사의 전무인 피고인 2 등에게 더 이상 어음을 계속 발행하면 부도가 날 것이 자명하니 이 시점에서 회사를 부도처리한 후 재건할 수 있는 방법을 모색하여야 하겠다는 의견을 제시한 사실, 그러나 제15대 국회의원 선거에 여당의 공천을 받아 청주시 흥덕구에서 출마하기 위하여 준비중에 있던 피고인 1은 청주지역을 기반으로 창립되어 성장한 공소외 1 회사가 부도처리될 경우 자신의 공천 및 선거에 나쁜 영향을 줄 것을 우려하여 위 공소외 4로부터 공소외 1 회사의 경영권을 인수하는 한편, 1995. 9. 5.부터 피고인 2로 하여금 공소외 1 회사를 경영하도록 한 사실, 그 이후 피고인 1은 공소외 1 회사의 사실상 사주 겸 회장으로서, 피고인 2는 전무 겸 법정관리인 대리로서 공소외 1 회사의 경영을 책임져 온 사실, 피고인들이 공소외 1 회사의 경영을 맡은 이후 공소외 1 회사의 자금사정이 계속 악화되자, 피고인들은 법원의 허가를 받지 않고 발행하는 융통어음의 양을 더욱 늘려 이를 진성어음으로 위장하는 수법으로 사채시장 등지에서 할인하여 자금을 조달하였는데, 그 과정에서 피고인 2는 공소외 1 회사 발행 어음에 배서한 공소외 5 회사의 신용도를 높이기 위하여 제1심 공동피고인 3(공소외 1 회사 경리담당 이사), 제1심 공동피고인 4(공소외 1 회사 경리부 차장)와 공모하여 공소외 5 회사의 재무제표증명 등을 위조하는 외에 법원의 물품대금지급 허가서까지 위조하여 행사한 사실, 하지만 공소외 1 회사는 계속되는 매출부진과 늘어나는 이자 지급 부담을 이기지 못하고 결국 1996. 4. 16.을 전후하여 원심판결 별지 범죄일람표 1 기재 약속어음금 33,841,193,000원과 같은 범죄일람표 2 기재 약속어음금 6,614,526,785원 등 합계 금 40,455,719,785원의 약속어음을 최종 부도처리한 사실, 피고인들이 위와 같이 융통어음을 할인하여 자금을 조달하는 과정에서 그들 소유의 부동산과 주식 등을 담보로 제공하였지만, 피고인들의 주장을 모두 인정한다 하여도 담보 제공 액수가 이 사건 융통어음 발행금액 33,841,193,000원의 약 15%에 불과한 금 5,155,818,490원밖에 안 되는데, 피고인들은 위 담보로 제공하였다는 재산 이외에 달리 위 어음금을 변제할 수 있는 자력이 없는 사실을 각 인정한 다음, 위와 같이 피고인들이 감당하기 어려운 자금 압박과 매출부진으로 곧 부도가 날 것임이 충분히 예견되는 공소외 1 회사의 경영권을 위 공소외 4로부터 인수한 시점이 유제품 및 빙과류 제조판매업체인 공소외 1 회사로서는 성수기를 지나 매출 감소가 예상되는 가을이었던 점, 피고인들이 공소외 1 회사의 경영권을 인수한 이후 누적된 적자로 인한 자본 잠식과 매출 부진으로 더 이상의 채무변제가 곤란하였던 공소외 1 회사의 재무상태를 무시하고 고리의 단기 사채를 대규모로 사용한 점, 이처럼 무리하게 자금을 조달하는 과정에서 공소외 1 회사가 정리회사임에도 불구하고 법원의 허가를 받지 않았음은 물론, 세무서장 명의의 공문서와 법원의 허가서 등을 위조하여 사실상 유령회사인 공소외 5 회사의 매출규모를 위장하고 그 배서를 받는 등 융통어음을 할인함에 있어 적극적인 위장수단을 강구한 점, 위와 같이 공소외 1 회사는 물론 피고인들도 그들이 발행한 공소외 1 회사 명의의 약속어음금을 변제할 수 있는 자력이 없었던 점(피고인 1은 당시 항소심에 계류중이었던 공소외 6 주식회사의 주식반환청구소송에서 승소하면 약 금 50,000,000,000원 상당의 주식을 환수받을 수 있었기 때문에 충분한 자력이 있었다고 주장하나, 위 피고인은 이 사건 범행 이전인 1991. 11.경 이미 위 소송1심에서 패소한 상태였고, 항소심에서도 1996. 3. 27. 피고인의 항소가 기각되었는바, 이와 같이 승소 여부가 불투명하고 결국 항소심에서도 패소한 소송이 계속중이었다는 사정만으로 피고인 1이 고리의 단기자금을 융통함에 있어 변제 자력이 있었다고 인정하기 어렵다) 등 여러 사정을 종합하여 보면, 피고인들에게 공소외 1 회사의 융통어음을 할인하여 그 할인금을 편취할 범의가 있었음을 인정할 수 있다고 판단하고, 요컨대 피고인들이 공모하여 공소외 1 회사 명의의 약속어음을 발행하여 할인하는 방법으로 판시 피해자들로부터 금 30,130,289,142원을 편취하고, 판시와 같이 31회에 걸쳐 금액 합계 금 1,574,000,000원의 상당의 약속어음을 새로 발행하여 피해자 공소외 7과 공소외 8로부터 기존 약속어음채무의 이행을 연기받아 재산상의 이익을 취득하였다는 요지의 범죄사실을 모두 유죄로 인정하였는바, 기록과 앞서 본 법리에 비추어 보면 원심의 이러한 사실인정과 판단은 옳다고 여겨지고, 거기에 상고이유의 주장과 같은 심리미진, 채증법칙 위배, 공모공동정범에 관한 법리오해와 정리회사 경영권에 관한 법리오해, 사기죄의 범의에 관한 법리오해 등의 위법이 있다고 할 수 없다.

한편 앞서 인정한 범죄사실 중 '피고인들이 위 31회에 걸쳐 약속어음을 발행하여 기존 약속어음채무의 이행을 연기받아 재산상의 이익을 취득하였다'는 부분의 범죄사실에 대한 당초의 공소사실은 '피고인들이 위와 같은 어음할인의 방법으로 금 1,574,000,000원을 편취한 것이다'라고 되어 있었던 것인데 원심이 이를 재산상의 이익을 취득한 것으로 공소장 변경절차 없이 인정한 것인바, 기록에 의하면 위 양자는 사기범행의 피해 내용만이 어음 할인금이냐 어음채무의 기한의 이익이냐 하는 점에 차이가 있을 뿐 그 밖에 기망의 일시와 장소·방법 등 기본적 사실에 아무런 차이가 없는 것이어서 원심의 인정사실이 공소사실의 동일성을 벗어난 것도 아닐 뿐더러 피고인의 방어권행사에 어떠한 실질적인 불이익을 주었다고 볼 수도 없으므로(대법원 1984. 9. 25. 선고 84도312 판결 참조) 비록 원심이 공소장 변경절차 없이 그 편취 내용을 재산상의 이익을 취한 것으로 인정하였다 하여도 거기에 상고이유의 주장과 같은 불고불리의 원칙을 위배한 위법이 있다고도 할 수 없다.

나. 그리고 위와 같이 이 사건 약속어음을 이른바 진성어음인양 가장하고 변제기에 그 어음금이 지급될 것처럼 피해자들을 기망하여 어음할인을 받은 이상 그 할인을 받음에 있어 일부의 담보를 제공하였다 하여 결론이 달라지는 것은 아니라 할 것이므로(대법원 1993. 7. 27. 선고 93도1408 판결 참조) 원심이 같은 취지에서 피고인들이 제공한 담보가액을 공제하지 아니한 판시 편취 금액 전부에 대하여 피고인들에 대한 사기죄를 인정한 조치는 옳다고 여겨지고, 또한 기록에 비추어 살펴보면 원심이 피해자 공소외 7과 공소외 8에 대한 판시 31장의 약속어음에 대하여만 기존의 채무의 이행을 연기받기 위하여 발행한 것으로 인정한 조치도 옳다고 여겨진다. 따라서 이 점을 다투는 상고이유의 주장은 모두 이유 없다 할 것이다.

다. 또한 사기죄에 있어서 채무이행을 연기받는 것도 재산상의 이익이 되므로(대법원 1986. 10. 14. 선고 86도1501 판결 참조) 채무자가 채권자에 대하여 소정기일까지 지급할 의사와 능력이 없음에도 종전 채무의 변제기를 늦출 목적에서 어음을 발행 교부한 경우 사기죄가 된다 할 것인바(대법원 1983. 11. 8. 선고 83도1723 판결 참조), 원심이 피고인들이 피해자 공소외 7과 공소외 8에게 지급하여야 할 판시 약속어음 만기일에 새로 약속어음을 발행하고 그 지급기일을 연장받은 것을 재산상의 이익을 취득한 것으로 인정한 조치는 옳다고 여겨지고(변호인 변호사 윤영철은 마치 원심이 위 피해자들로부터 금 1,574,000,000원 상당의 재산상의 이익을 취득한 것으로 사실인정하였음을 전제로 원심을 비난하고 있으나, 원심판결 전체를 살펴보면 원심은 기존 채무의 이행을 연기받은 것 자체를 피고인들이 취득한 재산상 이익으로 본 것이고 위 금액 상당의 재산상 이익을 취득한 것으로 인정한 것이 아님을 넉넉히 알 수 있어 위 주장은 이유 없다), 사기죄에 있어서 재산상의 이익은 계산적으로 산출할 수 있는 이익에 한정하지 아니하므로 범죄사실을 판시함에 있어서도 그 이익의 수액을 명시하지 않았다 하더라도 위법이라고 할 수 없는 것이어서 원심이 비록 그 재산상의 이익을 구체적으로 설시하지 않았다 하더라도 거기에 상고이유의 주장과 같은 잘못이 있다고 할 수 없다.

2. 피고인 2 및 그의 변호인의 각 상고이유 중 공직선거및선거부정방지법위반의 점에 관한 부분을 제외한 나머지 부분을 함께 판단한다.

원심판결 이유에 의하면, 원심은, 피고인 2가 피고인 1과 공모하여 법정관리회사인 공소외 1 회사 명의의 약속어음을 발행·할인하는 방법으로 판시 피해자들로부터 합계 금 30,130,289,142원을 편취하고, 피해자 공소외 7과 공소외 8로부터 기존 약속어음채무의 이행을 연기받아 재산상의 이익을 취득하였다는 점을 유죄로 인정하였는바, 원심판결 명시의 증거들과 앞서 본 법리 등에 비추어 보면 원심의 이러한 인정과 판단은 옳다고 여겨지고, 거기에 상고이유로 주장하는 바와 같은 심리미진, 채증법칙 위배, 회사정리법, 민법 및 어음법에 관한 법령해석 적용상의 위법, 공모공동정범에 관한 법리오해와 정리회사 경영권에 관한 법리오해, 편취의 범의에 관한 법리오해 등의 위법이 있다고 할 수 없다.

그리고 사기죄는 타인을 기망하여 피해자의 하자있는 처분행위로 인하여 재물을 취득하거나 재산상의 이익을 얻고 또는 제3자로 하여금 재물의 교부를 받게 하거나 재산상의 이익을 취득하게 함으로써 성립되는 범죄이므로, 이 사건 사기죄는 피고인들이 판시 약속어음을 피해자들로부터 할인받는 방식으로 금전을 수령하였을 때 성립하고 그 후 이 금전을 위 공소외 1 회사의 운영자금으로 사용하였다 하더라도 이는 사기죄 성립 후의 사후행위에 불과할 뿐 이를 들어 이들 금전을 피고인들이 편취한 것이 아니라고 할 수 없을 뿐 아니라, 가령 상고이유의 주장과 같이 피고인들의 이와 같은 행위가 형법 제347조 제1항의 죄가 성립하지 아니하고 제3자인 위 공소외 1 회사로 하여금 재물을 교부받게 한 경우로서 같은 법 제347조 제2항의 죄가 성립하는 것이라 하더라도 위 제347조 제1항의 죄와 그 제2항의 죄는 그 형이 같아 판결 결과에 영향을 미치는 것이 아니므로 (대법원 1985. 2. 26. 선고 84도2877 판결 참조) 이 점에 관한 상고이유의 주장도 독자적인 견해에 불과하여 채용될 것이 되지 못한다. 따라서 이 점을 지적하는 상고이유의 주장도 받아들일 수 없다.

3. 피고인들과 피고인 1의 변호인 변호사 윤영철, 문형식 및 피고인 2의 변호인의 각 공직선거및선거부정방지법위반의 점에 관한 상고이유를 함께 판단한다.

원심판결 명시의 증거들을 기록에 비추어 검토하여 보면, 피고인들의 판시 공직선거및선거부정방지법위반의 범죄사실을 유죄로 인정한 조치는 옳다고 여겨지고, 거기에 상고이유의 주장과 같은 채증법칙 위배나 공직선거및선거부정방지법위반의 죄에 관한 공모공동정범에 관한 법리오해의 위법이 있다고 할 수 없다.

그리고 상고이유의 주장과 같이 제15대 국회의원 선거기간이 시작되기 이전인 1996. 3. 25.까지의 당원집회에 참석한 당원들에게 통상적인 범위 안에서 다과·떡 등을 제공하는 행위는 같은 법 제141조 제4항에 의하여 같은 법 제113조 소정의 기부행위에 해당하지 아니한다 할 것이나, 여기서 '통상적인 범위 안에서 다과·떡'이라는 것은 일상적인 예를 갖추는 데 필요한 정도로 현장에서 소비될 것으로 제공하는 것을 말하고, 기념품 또는 선물 등은 제외되는 것인데(같은 법 제112조 제2항 제2호의 후단), 기록에 의하면 피고인들이 1996. 3. 4.부터 같은 해 3. 25.까지 당원들에게 지급하였다는 카스테라는 그 크기가 가로 약 40㎝, 세로 약 15㎝되는 빵 두 개를 한봉지에 담은 것이고, 그것도 당원교육을 하면서 소비된 것이 아니라 교육을 받은 당원들이 교육장을 나가면서 1개씩 들고 나갔다는 것인바(수사기록 339, 340면), 사정이 위와 같다면 위 카스테라는 같은 법 제141조 제4항에서 말하는 통상적인 범위 안에서 제공이 허용하는 '다과·떡'에 대용되는 것이라고 볼 수 없다 .

따라서 원심이 같은 취지에서 위 기간 동안 피고인들이 당원들에게 지급한 카스테라를 선물용으로 보고 같은 법 제113조를 적용하여 처단한 조치는 옳다고 여겨지고, 거기에 상고이유의 주장과 같은 심리미진이나 채증법칙 위배, 같은 법 제113조 소정의 기부행위에 관한 법리오해의 위법이 있다고 할 수 없다.

3. 그러므로 상고를 모두 기각하고, 상고 후의 각 구금일수 중 90일씩을 각 본형에 산입하기로 관여 법관들의 의견이 일치되어 주문과 같이 판결한다.

　　　　　대법관　　이용훈(재판장) 박준서 김형선(주심)

[판례 3] 사기미수

(대법원 1999. 12. 10. 선고 99도2213 판결)

【판시사항】

원인관계가 소멸한 약속어음 공정증서에 기하여 강제집행을 하는 경우, 사기죄의 성부(적극)

【판결요지】

채무자가 강제집행을 승낙한 취지의 기재가 있는 약속어음 공정증서에 있어서 그 약속어음의 원인관계가 소멸하였음에도 불구하고, 약속어음 공정증서 정본을 소지하고 있음을 기화로 이를 근거로 하여 강제집행을 하였다면 사기죄를 구성한다.

【참조조문】

형법 제347조 제1항

【참조판례】

대법원 1988. 4. 12. 선고 87도2394 판결(공1988, 862)
대법원 1992. 12. 22. 선고 92도2218 판결(공1993상, 655)

【전　문】

【피고인】 피고인
【상고인】 피고인
【원심판결】 서울지법 1999. 5. 12. 선고 97노7138 판결

【주 문】

상고를 기각한다.

【이 유】

상고이유를 판단한다.

채무자가 강제집행을 승낙한 취지의 기재가 있는 약속어음 공정증서에 있어서 그 약속어음의 원인관계가 소멸하였음에도 불구하고, 약속어음 공정증서 정본을 소지하고 있음을 기화로 이를 근거로 하여 강제집행을 하였다면 사기죄를 구성한다고 할 것이다(대법원 1992. 12. 22. 선고 92도2218 판결 참조).

원심이 인용한 제1심판결 명시의 증거들을 기록에 비추어 검토하여 보면, 피고인이 대표이사로 있는 공소외 주식회사(이하 공소외 회사라고 한다)이 피해자 구정환으로부터 빌딩신축공사를 도급받아 진행하던 중 1992. 6. 22. 구정환에게 그가 위 공사대금 지급을 위하여 그가 경영하는 상운물산 주식회사 소유의 부동산을 주식회사 벽산상호신용금고에 담보로 제공하고 위 상운물산 주식회사 명의로 어음할인 방식에 의하여 돈을 대출받는 데 사용하도록 하기 위하여 공소외 회사 명의의 금액 270,000,000원, 지급기일 같은 해 9. 20.로 된 약속어음 1장을 빌려주고 그에 대한 담보조로 구정환 및 공소외 김현홍이 공동 발행한 금액 270,000,000원, 지급기일 같은 해 8. 30., 수취인 피고인으로 된 약속어음 1장에 강제집행을 승낙한 취지의 기재가 있는 공정증서를 부착하여 교부받은 사실, 그 후 구정환이 같은 해 8. 27. 주식회사 벽산상호신용금고로부터 공소외 회사 명의의 위 약속어음 1장을 회수한 뒤, 피고인측에 위 약속어음 공정증서를 반환하여 줄 것을 요청하였으나 피고인은 이를 미루어 오다가 1993. 2. 중순경 서울지방법원에 위 약속어음 공정증서에 기하여 김현홍 소유의 부동산에 대한 강제경매신청서를 제출하여 강제경매 개시결정을 받았으나 그 후 김현홍의 청구이의 신청이 받아들여져 위 강제경매 개시결정이 취소된 사실을 인정할 수 있으므로, 원심이 이 사건 사기미수 범죄사실을 유죄로 인정한 조치는 옳다고 여겨지고 거기에 상고이유로 주장하는 채증법칙 위배로 인한 사실오인의 위법이나 사기죄에 관한 법리오해의 위법이 있다고 할 수 없다.

그리고 기록에 의하면, 피고인이 1993. 2.경 위 강제경매신청서를 제출할 무렵에 공소외 회사가 구정환에 대하여 위 빌딩신축공사로 인한 공사대금채권이 남아 있었던 사실을 알아볼 수 있으나, 다른 한편 김현홍은 구정환의 처남이기는 하지만 위 빌딩신축공사와는 아무런 관계가 없고 단지 위와 같은 경위로 발행된 약속어음에 보증하는 취지에서 공동발행인이 되었을 뿐이고 피고인도 이러한 사실을 잘 알고 있었다고 보여지므로, 피고인이 위 공사대금채권의 추심을 위하여 강제집행에 나아간 것이니 그 편취의 범의가 있다고 할 수 없다는 취지의 상고이유의 주장은 받아들일 수 없다.

그러므로 상고를 기각하기로 관여 법관들의 의견이 일치되어 주문과 같이 판결한다.

대법관 조무제(재판장) 김형선(주심) 이용훈 이용우

[판례 4] 특정경제범죄가중처벌등에관한법률위반 사기(인정된 죄명 : 사기)

(대법원 1998. 2. 10. 선고 97도3040 판결)

【판시사항】

이른바 딱지어음 등이 전전유통된 경우, 그 발행인을 최종 소지인에 대한 관계에서 사기죄로 처벌할 수 있는지 여부(소극)

【판결요지】

어음, 수표의 발행인이 그 지급기일에 결제되지 않으리라는 정을 예견하면서도 이를 발행하고, 거래상대방을 속여 그 할인을 받거나 물품을 매수하였다면 위 발행인의 사기행위는 이로써 완성되는 것이고, 위 거래상대방이 그 어음, 수표를 타에 양도함으로써 전전유통되고 최후소지인이 지급기일에 지급제시하였으나 부도되었다고 하더라도 특별한 사정이 없는 한 그 최후소지인에 대한 관계에서 발행인의 행위를 사기죄로 의율할 수 없다.

【참조조문】

형법 제347조 제1항

【참조판례】

대법원 1981. 12. 22. 선고 81도2605 판결(공1982, 232)
대법원 1990. 2. 27. 선고 89도2542 판결(공1990, 837)
대법원 1997. 9. 12. 선고 97도1706 판결(공1997하, 3215)

【전 문】

【피고인】 피고인
【상고인】 검사 및 피고인
【변호인】 변호사 정광진
【원심판결】 부산고법 1997. 11. 6. 선고 97노529 판결

【주 문】

상고를 모두 기각한다.

【이 유】

1. 먼저 피고인 및 그 변호인의 상고이유를 함께 본다.

    원심이 취사선택한 증거관계를 기록에 비추어 검토하여 보면, 원심이 내세운 증거에 의하여, 피고인이 공소외 1 등과 공모하여 약속어음을 할인받거나 물품대금조로 지급하는 방법으로 그 할인금 또는 물품을 편취하였다는 판시 범죄사실을 인정한 조치는 옳다고 수긍이 되고, 그 과정에 채증법칙을 위배하여 사실을 오인한 위법이 없다.

    상고이유는 받아들일 수 없다.

2. 다음에 검사의 상고이유를 본다.

    어음, 수표의 발행인이 그 지급기일에 결제되지 않으리라는 정을 예견하면서도 이를 발

행하고, 거래상대방을 속여 그 할인을 받거나 물품을 매수하였다면 위 발행인의 사기행위는 이로써 완성되는 것이고, 위 거래상대방이 그 어음, 수표를 타에 양도함으로써 전전유통되고 최후소지인이 지급기일에 지급제시하였으나 부도되었다고 하더라도 특별한 사정이 없는 한 그 최후소지인에 대한 관계에서 발행인의 행위를 사기죄로 의율할 수 없다 할 것이다(대법원 1981. 12. 22. 선고 81도2605 판결, 1990. 2. 27. 선고 89도2542 판결 등 참조).

원심판결 이유에 의하면, 원심은, 피고인이 부도를 예상하고서도 이른바 딱지어음이나 당좌수표를 발행함으로써 그것이 전전유통되어 최종소지인들에 의하여 지급제시되었으나 예금부족 등의 사유로 지급거절되었지만, 이 사건 어음, 수표 중 원심이 피해자 공소외 2, 공소외 3에 대한 판시 사기죄의 성립을 인정한 어음, 수표를 제외한 나머지 제1심판결문 첨부 범죄일람표 기재 어음, 수표의 소지인(입금자 또는 피해자)들은 피고인과의 직접적인 거래상대방이 아니라, 그 어음, 수표가 전전유통되고 난 이후 이를 취득한 최종소지인에 불과하고, 달리 피고인이 그 거래상대방과 사이에 위 어음, 수표를 이용하여 물품대금의 지급 또는 할인 등의 방법으로 그 액면금 상당을 편취하기로 공모하였거나 어음, 수표의 최종소지인들의 전자들을 간접정범의 방법에 의한 도구로 이용하였다고 인정할 만한 아무런 증거도 없으므로, 피고인의 이 부분 사기행위에 대한 공소사실은 결국 범죄의 증명이 없는 때에 해당한다는 이유로 무죄를 선고하였는바, 원심이 취사선택한 증거관계를 기록에 비추어 검토하여 보면, 위와 같은 원심의 사실인정 및 판단은 옳다고 수긍이 가고, 거기에 사기죄의 인과관계에 관한 법리를 오해하였거나 채증법칙을 위배하여 사실을 오인한 위법이 없다.

상고이유는 받아들일 수 없다.

그러므로 상고는 모두 이유 없어 기각하기로 관여 법관의 의견이 일치되어 주문과 같이 판결한다.

대법관　서성(재판장) 최종영 이돈희(주심) 이임수

[판례　5] 업무상배임·사기

(대법원 1995. 12. 22. 선고 94도3013 판결)

【판시사항】

[1] 배임죄에서의 '배임행위'와 '재산상 손해를 가한 때'의 의미
[2] 무효인 약속어음공정증서가 사기죄의 객체가 되는지 여부

【판결요지】

[1] 배임죄는 타인의 사무를 처리하는 자가 그 임무에 위배하는 행위로써 재산상 이익을 취득하거나 제3자로 하여금 이를 취득하게 하여 본인에게 손해를 가함으로써 성립하므로 배임죄의 주체는 타인의 사무를 처리하는 지위 또는 신분이 있는 자이고, 이 경우 그 임무에 위배하는 행위라 함은 처리하는 사무의 내용, 성질 등 구체적 상황에 비

추어 법률의 규정, 계약의 내용 혹은 신의칙상 당연히 할 것으로 기대되는 행위를 하지 않거나 당연히 하지 않아야 할 것으로 기대하는 행위를 함으로써 본인과 사이의 신임관계를 저버리는 일체의 행위를 포함하며 그러한 행위가 법률상 유효한가 여부는 따져 볼 필요가 없고, 한편 배임죄에 있어 재산상의 손해를 가한 때라 함은 현실적인 손해를 가한 경우뿐만 아니라 재산상 실해 발생의 위험을 초래한 경우도 포함되고, 재산상 손해의 유무에 대한 판단은 본인의 전 재산 상태와의 관계에서 법률적 판단에 의하지 아니하고 경제적 관점에서 파악하여야 하며, 따라서 법률적 판단에 의하여 당해 배임행위가 무효라 하더라도 경제적 관점에서 파악하여 배임행위로 인하여 본인에게 현실적인 손해를 가하였거나 재산상 실해발생의 위험을 초래한 경우에는 재산상의 손해를 가한 때에 해당되어 배임죄를 구성한다.
[2] 약속어음공정증서에 증서를 무효로 하는 사유가 존재한다고 하더라도 그 증서 자체에 이를 무효로 하는 사유의 기재가 없고 외형상 권리의무를 증명함에 족한 체제를 구비하고 있는 한 그 증서는 형법상의 재물로서 사기죄의 객체가 됨에 아무런 지장이 없다.

【참조조문】

[1] 형법 제355조 제2항, 구 형법(1995. 12. 29. 법률 제5057호로 개정되기 전의 것) 제356조 [2] 구 형법(1995. 12. 29. 법률 제5057호로 개정되기 전의 것) 제347조

【참조판례】

[1] 대법원 1987. 4. 28. 선고 83도1568 판결(공1987, 918)
대법원 1992. 5. 26. 선고 91도2963 판결(공1992, 2062)

【전 문】

【피고인】 피고인
【상고인】 피고인
【변호인】 변호사 이택수
【원심판결】 춘천지법 1994. 11. 3. 선고 94노374 판결

【주 문】

상고를 기각한다.

【이 유】

상고이유를 판단한다.

1. 제1점에 대하여

배임죄는 타인의 사무를 처리하는 자가 그 임무에 위배하는 행위로써 재산상 이익을 취득하거나 제3자로 하여금 이를 취득하게 하여 본인에게 손해를 가함으로써 성립하므로 배임죄의 주체는 타인의 사무를 처리하는 지위 또는 신분이 있는 자이고, 이 경우 그 임무에 위배하는 행위라 함은 처리하는 사무의 내용, 성질 등 구체적 상황에 비추어 법률의 규정, 계약의 내용 혹은 신의칙상 당연히 할 것으로 기대되는 행위를 하지 않거나 당연히 하지 않아야 할 것으로 기대하는 행위를 함으로써 본인과 사이의 신임관계

를 저버리는 일체의 행위를 포함하며 그러한 행위가 법률상 유효한가 여부는 따져 볼 필요가 없다 할 것이고(대법원 1987. 4. 28. 선고 83도1568 판결 참조), 한편 배임죄에 있어 재산상의 손해를 가한 때라 함은 현실적인 손해를 가한 경우뿐만 아니라 재산상 실해 발생의 위험을 초래한 경우도 포함되고, 재산상 손해의 유무에 대한 판단은 본인의 전 재산 상태와의 관계에서 법률적 판단에 의하지 아니하고 경제적 관점에서 파악하여야 하며, 따라서 법률적 판단에 의하여 당해 배임행위가 무효라 하더라도 경제적 관점에서 파악하여 배임행위로 인하여 본인에게 현실적인 손해를 가하였거나 재산상 실해발생의 위험을 초래한 경우에는 재산상의 손해를 가한 때에 해당되어 배임죄를 구성하는 것이다(대법원 1992. 5. 26. 선고 91도2963 판결 참조).

따라서 원심이 유지한 제1심판결 이유와 같이 공소외 학교법인의 이사인 피고인이 위 학교법인의 이사장인 원심 상피고인 1과 공모하여 위 학교법인의 전 이사장인 원심 상피고인 2 개인명의의 당좌수표를 회수하기 위하여 위 학교법인 명의로 이 사건 약속어음 6매를 발행하고 그 중 5매에 대하여 강제집행인락공증을 해 준 이상, 당시 위 어음을 발행함에 있어서 이사회의 적법한 결의를 거치지 아니하고 관할청의 허가를 받지 아니하여 법률상 당연 무효라고 하더라도 배임행위가 성립함에 아무런 지장이 없고, 위와 같은 행위로 인하여 위 학교법인이 민법 제35조 제1항에 의한 손해배상의 책임을 부담할 수 있으므로 위 배임행위로 인하여 위 학교법인에게 제1심 판시와 같은 그 어음금 상당의 손해를 가한 것에 해당한다고 보아야 할 것이므로 같은 취지의 원심의 판단은 정당하다 할 것이고, 거기에 배임죄의 주체나 재산상의 손해에 관한 법리오해의 위법이 있다고 할 수 없다. 이 점을 지적한 상고이유는 받아들일 수 없다.

2. 제2점에 대하여

원심판결 이유를 기록에 비추어 살펴보면, 원심이 피고인이 원심 원심 상피고인 1과 공모하여 이 사건 각 약속어음공정증서를 편취한 사실을 인정한 제1심의 조치를 그대로 유지한 것은 정당한 것으로 수긍이 가고, 거기에 상고이유에서 지적한 바와 같은 채증법칙을 위배한 잘못이 있다고 할 수 없다.

한편 이 사건 각 약속어음공정증서에 앞서 본 바와 같이 증서를 무효로 하는 사유가 존재한다고 하더라도 그 증서 자체에 이를 무효로 하는 사유의 기재가 없고 외형상 권리의무를 증명함에 족한 체제를 구비하고 있는 한 그 증서는 형법상의 재물로서 사기죄의 객체가 됨에 아무런 지장이 없다 할 것인바, 이 사건 각 약속어음공정증서는 권리의무를 증명함에 족한 형식을 구비하고 있고 그 증서를 무효로 하는 사유의 기재가 없음이 원심이 유지한 제1심판결이 인정한 사실에 비추어 명백하므로 원심이 이를 편취한 행위를 사기죄로 인정한 제1심의 조치를 그대로 유지한 것은 정당하고, 거기에 상고이유에서 지적한 바와 같은 사기죄에 관한 법리를 오해한 위법이 있다고 할 수 없다. 상고이유 제2점도 모두 받아들일 수 없다.

3. 그러므로 상고를 기각하기로 관여 법관의 의견이 일치되어 주문과 같이 판결한다.

대법관   박준서(재판장) 박만호 김형선 이용훈(주심)

[판례 6] 특정경제범죄가중처벌등에관한법률위반(사기), 사기, 사기미수

(대법원 1994. 9. 9. 선고 94도2032 판결)

【판시사항】

유가증권 사기범행의 이득액

【판결요지】

유가증권을 편취한 사기범행의 이득액은 그 유가증권의 액면가액이다.

【참조조문】

특정경제범죄가중처벌등에관한법률 제3조 제1항, 형법 제347조

【참조판례】

대법원 1992.10.23. 선고 92도1983 판결(공1992,3334)

【전 문】

【피 고 인】 피고인 1 외 1인
【상 고 인】 피고인 들
【변 호 인】 변호사 조정제 외 1인
【원심판결】 서울고등법원 1994.6.30. 선고 94노1215 판결

【주 문】

상고를 모두 기각한다.
상고 후의 구금일수 중 40일씩을 피고인들에 대한 본형에 각 산입한다.

【이 유】

변호인들과 피고인 2의 각 상고이유에 대하여 함께 판단한다.

1. 원심이 인용한 제1심판결이 채용한 증거들을 기록과 대조하여 검토하면, 피고인들의 이 사건 각 범죄사실을 인정할 수 있고, 원심판결에 소론과 같이 채증법칙을 위반하여 사실을 잘못 인정한 위법이 있다고 볼 수 없으므로 논지는 이유가 없다.
2. 피고인들이 원심이 적법하게 확정한 바와 같이 피해자들을 각 기망하고 금원의 지급을 요구하거나 약속어음이나 당좌수표 또는 예금통장 등의 교부를 요구하였다면 피고인들은 판시 각 사기범행의 실행에 착수한 것으로 보아야 할 것이므로 이와 같은 취지의 원심판단은 정당하고 원심판결에 소론과 같은 법령의 해석적용을 잘못한 위법이 있다고 볼 수 없다. 논지도 이유가 없다.
3. 이 사건 약속어음, 당좌수표 및 예금통장은 모두 재물로서 사기죄의 객체가 된다고 할 것이므로 원심판결에 소론과 같은 법령의 해석적용을 잘못한 위법이 있다고 볼 수 없다. 논지도 이유가 없다.
4. 유가증권을 편취한 사기범행의 이득액은 그 유가증권의 액면가액이라고 할 것이므로 이와 같은 취지에서 원심이 피고인들의 제1심판시 제2. 사기범행에 대하여 특정경제범

죄가중처벌등에관한법률 제3조 제1항 제1호를 적용하여 처단한 것은 정당하고, 원심판결에 소론과 같은 법령의 해석적용을 잘못한 위법이 있다고 볼 수 없다. 논지도 이유가 없다.
5. 그러므로 상고를 모두 기각하고 상고 후의 구금일수 중 40일씩을 피고인들에 대한 원심판결의 본형에 각 산입하기로 관여 법관의 의견이 일치되어 주문과 같이 판결한다.

대법관 신성택(재판장) 천경송 안용득(주심) 지창권

[판례 7] 사기

(대법원 1982. 9. 28. 선고 82도1759 판결)

【판시사항】

기존채무의 변제조로 위조어음을 교부한 경우 사기죄의 성부

【판결요지】

기존채무에 관하여 약속어음을 발행한 경우에는 당사자 사이에 특별한 약정이 없으면 채무의 확보 또는 그 지급방법으로 이를 발행한 것으로 추정할 것인바, 피고인이 피해자에게 위조한 약속어음을 마치 진정한 어음인 것처럼 기망하여 밀린 물품대금 채무의 변제조로 이를 교부하였다 하여도 이로 인하여 피해자가 피고인의 물품대금 채무를 소멸시키는 등 어떠한 처분행위를 한 사실을 인정할 증거가 없다면 사기죄가 성립될 수 없다.

【참조조문】

형법 제347조

【참조판례】

대법원 1967.2.21. 선고 66다2355 판결

【전 문】

【피 고 인】 피고인
【상 고 인】 검사
【원심판결】 서울형사지방법원 1982.5.7. 선고 82노810 판결

【주 문】

상고를 기각한다.

【이 유】

상고이유를 판단한다.
1. 기존 채무에 관하여 약속어음을 발행한 경우에 당사자 사이에 특별한 약정이 없으면 채무의 확보 또는 그 지급방법으로 이를 발행한 것으로 추정할 것이다. (당원

1967.2.21. 선고 66다2355 판결 참조)
2. 원심판결은 피고인이 공소사실과 같이 공소외인에게 위조한 액면 금 250만원의 약속어음이 마치 진정한 약속어음인 것처럼 기망 그간 밀린 물품대금 채무인 금 250만원의 변제조로 이를 교부하였다 하여도 이로 인하여 피해자가 피고인의 위 물품대금 채무를 소멸시키는 등 어떠한 처분행위를 한 사실을 인정할 수 있는 증거가 없으니 사기죄가 성립될 수 없다고 판단하고 있는바, 기록에 의하여 살펴보면 위 사실인정은 수긍이 가고 그렇다면 사기죄의 성립을 부정한 원심의 조치 역시 정당하다고 할 것이므로 이와 반대의 논지는 채용할 수 없다.

그러므로 상고를 기각하기로 하여 관여법관의 일치된 의견으로 주문과 같이 판결한다.

대법관   이회창(재판장) 이일규 이성렬 전상석

[판례 8] 사기

(대법원 2003. 12. 26. 선고 2003도4914 판결)

【판시사항】

[1] 자기앞수표를 교부한 자가 이를 분실하였다고 허위로 공시최고신청을 하여 제권판결을 선고받아 확정된 경우, 이로써 사기죄에 있어서의 재산상 이익을 취득한 것으로 볼 수 있는지 여부(적극)
[2] 피해자의 현실적 손해발생이 사기죄의 구성요건인지 여부(소극)
[3] 기망행위를 수단으로 한 권리행사가 사기죄를 구성하는 경우
[4] 자기앞수표를 갈취당한 자가 이를 분실하였다고 허위로 공시최고신청을 하여 제권판결을 선고받은 경우, 그 수표를 갈취하여 소지하고 있는 자에 대한 사기죄가 성립된다고 한 사례

【판결요지】

[1] 자기앞수표를 교부한 자가 이를 분실하였다고 허위로 공시최고신청을 하여 제권판결을 선고받아 확정되었다면, 그 제권판결의 적극적 효력에 의해 그 자는 그 수표상의 채무자인 은행에 대하여 수표를 소지하지 않고도 수표상의 권리를 행사할 수 있는 지위를 취득하였다고 할 것이므로, 이로써 사기죄에 있어서의 재산상 이익을 취득한 것으로 보기에 충분하다고 할 것이고, 이는 제권판결이 그 신청인에게 수표상의 권리를 행사할 수 있는 형식적 자격을 인정하는 데 그치고, 그를 실질적 권리자로 확정하는 것이 아니라는 점만으로 달리 볼 수는 없다.
[2] 사기죄는 타인을 기망하여 그로 인한 하자있는 의사에 기하여 재물의 교부를 받거나 재산상의 이익을 취득함으로써 성립하고 사기죄의 본질은 기망에 의한 재물이나 재산상 이익의 취득에 있고 이로써 상대방의 재산이 침해되는 것이므로, 상대방에게 현실적으로 재산상 손해가 발생함을 요하지 아니한다.
[3] 기망행위를 수단으로 한 권리행사의 경우 그 권리행사에 속하는 행위와 그 수단에 속

하는 기망행위를 전체적으로 관찰하여 그와 같은 기망행위가 사회통념상 권리행사의 수단으로서 용인할 수 없는 정도라면 그 권리행사에 속하는 행위는 사기죄를 구성한다.

[4] 자기앞수표를 갈취당한 자가 이를 분실하였다고 허위로 공시최고신청을 하여 제권판결을 선고받은 경우, 그 수표를 갈취하여 소지하고 있는 자에 대한 사기죄가 성립된다고 한 사례.

【참조조문】

[1] 형법 제347조 제1항, 민사소송법 제497조[2] 형법 제347조 제1항[3] 형법 제347조 제1항[4] 형법 제347조 제1항

【참조판례】

[2] 대법원 1983. 2. 22. 선고 82도3139 판결(공1983, 629)
대법원 1985. 11. 26. 선고 85도490 판결(공1986, 168)
대법원 1988. 6. 28. 선고 88도740 판결(공1988, 1125)
대법원 1994. 10. 21. 선고 94도2048 판결(공1994하, 3158)
대법원 1998. 11. 10. 선고 98도2526 판결(공1998하, 2903) /[3] 대법원 1969. 12. 23. 선고 65도1544 판결(집17-4, 형36)
대법원 1997. 10. 14. 선고 96도1405 판결(공1997하, 3551)
대법원 2002. 12. 24. 선고 2002도5085 판결
대법원 2003. 6. 13. 선고 2002도6410 판결(공2003하, 1557)

【전 문】

【피고인】 피고인
【상고인】 피고인
【원심판결】 광주지법 2003. 7. 25. 선고 2003노709 판결

【주 문】

상고를 기각한다.

【이 유】

1. 원심판결 이유에 의하면, 원심은, 피고인은 사실은 피해자 공소외 1에게 광주은행 ○○지점 발행의 수표번호 (수표번호 생략), 액면 800만 원인 자기앞수표를 의장권등록무효소송과 관련한 합의금 명목으로 교부하였음에도 불구하고, 2001. 4. 25. 광주지방법원에서 피해자가 소지하고 있던 그 자기앞수표에 대하여 허위사실인 분실을 원인으로 한 공시최고신청을 하여 같은 해 8. 13. 같은 법원에서 2001카공395호로 제권판결을 선고받아 그 시경 확정됨으로써 수표 액면금인 800만 원 상당의 재산상 이익을 취득하였다는 이 사건 공소사실에 대하여, 그 판시와 같은 사실을 인정한 뒤, 다음과 같이 판단하여, 무죄를 선고한 제1심판결을 파기하고 유죄를 인정하였다.

가. 우선, 피고인이 이 사건 수표에 대하여 제권판결을 선고받음으로써 재산상 이득을 취득하였는지 여부에 관하여 보건대, 피고인은 2001. 8. 16. 그 제권판결을 제출하여

광주은행 △△△지점으로부터 공소외 2의 예금통장으로 이 사건 수표의 액면금인 800만 원을 입금받아 그 금액 상당의 재산상 이득을 취득하였음이 인정된다.
나. 다음, 피해자에게 재산상 손해가 발생하였는지 여부에 관하여 보건대, 공소외 1이 이 사건 수표를 피고인으로부터 갈취하였다고 하더라도 피고인이 공소외 1에 대하여 이 사건 수표 발행행위에 대한 의사표시를 취소한 바 없어, 공소외 1은 유효하게 이 사건 수표에 대한 권리를 행사할 수 있었다고 보아야 하는데, 그 제권판결의 소극적 효과로서 소지하고 있던 수표가 무효가 되어 그 수표상의 권리를 행사할 수 없게 되고, 또 적법한 수표 소지인임을 전제로 한 이득상환청구권도 행사할 수 없게 되는 손해를 입게 되었다고 보아야 한다.
2. 가. 살피건대, 원심 판시와 같이 피고인이 그 자기앞수표에 대하여 공시최고신청을 하여 제권판결을 선고받아 확정되었다면, 그 제권판결의 적극적 효력에 의해 피고인은 그 수표상의 채무자인 광주은행에 대하여 수표를 소지하지 않고도 수표상의 권리를 행사할 수 있는 지위를 취득하였다고 할 것이므로, 이로써 사기죄에 있어서의 재산상 이익을 취득한 것으로 보기에 충분하다고 할 것이고, 이는 제권판결이 그 신청인에게 수표상의 권리를 행사할 수 있는 형식적 자격을 인정하는 데 그치고, 그를 실질적 권리자로 확정하는 것이 아니라는 점만으로 달리 볼 수 없다.

따라서 피고인이 제권판결을 선고받아 확정된 뒤 2001. 8. 16. 그 제권판결을 제출하여 광주은행 △△△지점으로부터 공소외 2의 예금통장으로 이 사건 수표의 액면금인 800만 원을 입금받았는지 여부에 관계없이, 피고인은 그 제권판결을 선고받아 확정된 때에 재산상 이익을 취득하였다고 할 것이다.
나. 사기죄는 타인을 기망하여 그로 인한 하자있는 의사에 기하여 재물의 교부를 받거나 재산상의 이익을 취득함으로써 성립하고 사기죄의 본질은 기망에 의한 재물이나 재산상 이익의 취득에 있고 이로써 상대의 재산이 침해되는 것이므로, 상대방에게 현실적으로 재산상 손해가 발생함을 요하지 아니한다(대법원 1998. 11. 10. 선고 98도2526 판결 등 참조). 또 기망행위를 수단으로 한 권리행사의 경우 그 권리행사에 속하는 행위와 그 수단에 속하는 기망행위를 전체적으로 관찰하여 그와 같은 기망행위가 사회통념상 권리행사의 수단으로서 용인할 수 없는 정도라면 그 권리행사에 속하는 행위는 사기죄를 구성한다(대법원 2003. 6. 13. 선고 2002도6410 판결 등 참조).

그런데 피고인은 이 사건 자기앞수표를 갈취한 공소외 1에 대하여 그 수표 교부의 원인이 된 합의서상의 의사표시를 취소한 뒤 그 수표의 반환을 청구할 수 있는 권리가 있고, 그 경우 그 수표상의 채무자, 즉 발행인인 광주은행은 공소외 1에 대하여 이른바 '무권리(무권리)의 항변'으로 대항할 수 있었지만, 기록에 나타난 증거만으로는 그 제권판결 선고시까지 수표 교부의 원인이 된 합의서상의 의사표시가 적법하게 취소되었다고 단정할 수 없을 뿐만 아니라, 그 수표의 소지인인 공소외 1는 그 원인관계의 흠결이나 하자에 관계없이 수표상의 권리를 행사할 수 있는 자격이 있으므로(다만, 그 수표상의 채무자가 원인관계의 흠결 등을 들어 인적 항변을 할 수 있을 뿐이다.), 피고인이 그와 같이 위법하게 제권판결을 선고받아 그 수표(증권)를 무효로 하였다면, 이로써 공소외 1에게 현실적·경제적으로 재산상 손해가 생겼는지 여부에 관계없이, 공소외 1의 수표상의 권리를 침해하여 재산상 손해를 입혔다고 보아야 할 것이다.

다. 원심판결은 그 이유를 이와 달리 하고 있으나, 이 사건 공소사실을 유죄로 인정한 결론은 옳은 것으로 수긍할 수 있고, 거기에 사실을 오인하거나 법리를 오해한 위법이 있다고 할 수 없다.

3. 그러므로 상고를 기각하기로 하여 관여 법관의 일치된 의견으로 주문과 같이 판결한다.

대법관   윤재식(재판장) 변재승 강신욱 고현철(주심)

4. 횡령

[판례 1] 횡령

(대법원 1983. 11. 8. 선고 83도2346 판결)

【판시사항】

가. 피해자를 속여서 승낙받아 어음할인한 후 할인금액을 소비한 경우 횡령죄의 성부
나. 어음할인 행위 자체가 불법영득의사의 실현인 경우 횡령액수(=어음액면금)

【판결요지】

가. 피고인이 보관중인 약속어음을 불법영득의사로서 현금으로 할인한 경우, 설사 피고인이 그 정을 모르는 피해자를 속여 현금할인에 관하여 승낙을 받았더라도 횡령죄의 성립에 하등 영향이 없다.
나. 소개인인 피고인이 매매잔대금조로 교부받아 보관하던 약속어음을 현금으로 할인한 자체가 불법영득의사의 실현인 경우, 횡령액은 어음을 할인한 현금액이 아니라 횡령한 약속어음의 액면금 상당액인 것이다.

【참조조문】

가. 형법 제355조 제1항 나. 소송촉진등에관한특례법 제25조 제3항

【전 문】

【피 고 인】 피고인
【상 고 인】 피고인
【변 호 인】 변호사 김기홍
【배상신청인】 배상신청인 1 외 5인
【원심판결】 서울형사지방법원 1983.7.21 선고 83노2492 판결

【주 문】

상고를 기각한다.

상고후의 미결구금일수중 55일을 그 본형에 산입한다.

【이 유】

피고인 및 변호인의 상고이유를 함께 판단한다.

(1) 원심판결 및 원심이 인용한 제1심판결이 들고 있는 증거들을 기록에 대조하여 검토하여 보아도 원심이 피고인이, 배상신청인 1 및 그 가족 6인의 공동소유인 이사건 대지 273평을 공소외 1 주식회사에 평당 280만원씩 도합 764,400,000원에 매매계약을 알선하고 매수인 측으로 부터 매매잔대금조로액면 금 20,000,000원짜리 약속어음 10매, 액면 금 10,000,000원 짜리 약속어음 10매, 액면금 8,400,000원짜리 약속어음 1매등, 도합 액면 금 308,400,000원의 약속어음 21매를 교부받아 보관중 그 자신의 용도에 소비할 목적으로 이를 사채업자를 통하여 현금으로 할인하여 횡령한 것으로 인정한 조치는 정당한 것으로 보여지고 달리 원심의 채증과정에 소론과 같은 채증법칙 위배의 위법이나 심리미진에 의한 사실오인의 위법이 있다고는 할 수 없다.

소론의 이 사건 토지에 경료된 근저당권설정등기의 말소절차비용과 공소외 2 명으로 소유권이전 등기를 경유하는데 소요된 비용 및 동인에 대한 명의대여사례금에 대하여는 원심은 위 배상신청인 1이 피고인에게 모두 지급한 것으로 적법하게 인정하고 있으며, 또 소론과 같이 비록 위 회사와 간에 체결한 매매계약서 2통을 모두 피고인이 소지하고 있다거나, 이 사건 매매에 따른 양도소득세가 시가표준액을 기준으로 한 금액 이상으로 과세되면 피고인이 책임지겠다는각서를 작성, 배상신청인 1에게 제출한 바 있다 하여도 원심이 인정하고 있는 피고인이 위 매매의 소개인으로서, 당초 양도소득세 관계로 매매를 꺼리는 위 배상신청인 1을 설득하여 이 사건 매매계약을 체결하게 하였고, 또 해외이주예정자인 공소외 2 명으로 일단 소유권이전등기를 경유한 후 동인 명의로 위 회사에 매도하게 되면 배상신청인 1 등에게는 시가표준액이 양도가액으로 인정되어 이를 기준으로 양도소득세가 과세될 가능성이 많았던 점과 실제로 피고인이 공소외 2를 대리하는 형식으로 위 회사와 매매계약을 체결하고 그 계약서 2통을 소지하기에 이른 경위사실 등에 비추어 볼때 위와 같은 사실만으로 이 사건 매매계약을 피고인이 배상신청인 1로부터 평당 2,000,000원씩에 외상으로 매수하여전매한 것이라거나, 위 잔대금 308,400,000원중 금 90,000,000원을 제외한 금 218,400,000원을 피고인이 차지하기로 약정하였다고는 인정되지 아니하고 또원심판시 취지는 피고인은 위 잔대금조로 받아 보관중인 액면 합계 금 308,400,000원의 약속어음 21매를 불법영득의 의사로서 현금으로 할인하였다는 것이므로, 설사 피고인이 그 정을 모르는 위 배상신청인 1을 속여 현금할인에 관하여 승낙을 받았다 하더라도 횡령죄의 성립에는 하등의 영향이 없다 할 것이다.

(2) 원심 판결 설시이유에 의하면, 원심은 피고인이 매매잔대금조로 교부받아 보관하던 위 약속어음을 현금으로 할인한 자체를 불법영득의사의 실현으로서횡령죄에해당한다고 보고 있고, 또 위 배상신청인 1은 피고인에게 위 매매알선을 의뢰함에 있어 공소외 2 명의로 소유권이전등기를 경유하는데 소요되는 비용일체를 상환하여 주는 외에 그 소개비조로 금 10,000,000원을 지급하기로 약정하고 그후 위 제반경비조로 도합 15,000,000원을 피고인에게 지급하였으나위약정소개비 금 10,000,000원은 지급되지 아

니하였다고 함에 있으며 위 사실은 원심판결 거시의 각 증거에 의하여 충분히 인정되므로 피고인이 횡령한 위약속어음 액면금 상당액인 금 308,400,000원에서 위 약정소개비 금 10,000,000원을 공제한 금 298,400,000원을 배상할 책임이 있다고 판단한 조치는 옳고 소론은 원심인정과는 달리 피고인의 횡령액을 금 90,000,000원으로 보고 또는위 약속어음을 할인한 현금액이 횡령액임을 전제로 하여 원심판결을 비난하는것으로서 받아들일 수 없다. 논지는 모두 이유없다.

그러므로 상고를 기각하고, 상고후의 미결구금일수의 산입에 관하여는 형법 제57조, 소송촉진등에관한특례법 제24조를 각 적용하여 관여법관의 일치된의견으로 주문과 같이 판결한다.

대법관 김중서(재판장) 강우영 이정우 신정철

[판례 2] 횡령

(대법원 1983. 4. 26. 선고 82도3079 판결)

【판시사항】

가. 수탁자가 할인을 위하여 교부받은 약속어음을 자신의 채무변제에 충당한 경우 횡령죄의 성부(적극)

나. 사취한 어음을 피해자에 대한 피고인의 채권변제에 충당한 경우 별도의 횡령죄의 성부(소극)

【판결요지】

가. 약속어음을 할인을 위하여 교부받은 수탁자는 위탁의 취지에 따라 보관하는 것에 불과하고 위 약속어음을 교부할 당시에 그 할인의 편의를 위하여 배서양도의 형식을 취하였다 하더라도 다를 바 없다 할 것이므로 배서양도의 형식으로 위탁된 약속어음을 수탁자가 자신의 채무변제에 충당하였다면 이와 같은 수탁자의 행위는 위탁의 취지에 반하는 것으로서 횡령죄를 구성한다.

나. 피고인이 당초부터 피해자를 기망하여 약속어음을 교부받은 경우에는 그 교부받은 즉시 사기죄가 성립하고 그 후 이를 피해자에 대한 피고인의 채권의 변제에 충당하였다 하더라도 불가벌적 사후행위가 됨에 그칠 뿐, 별도로 횡령죄를 구성하지 않는다.

【참조조문】

가. 형법 제355조 나. 제347조

【전 문】

【피 고 인】 피고인
【상 고 인】 피고인
【변 호 인】 변호사 이재인

【원심판결】 서울형사지방법원 1982.11.4 선고 82노3404 판결

【주 문】

상고를 기각한다.

【이 유】

피고인의 변호인의 상고이유를 판단한다.

약속어음을 할인을 위하여 교부받은 경우에 수탁자가 그 약속어음을 할인하였을 때에는 그로 인하여 생긴 돈을, 그 할인이 불가능하거나, 할인하여 줄 의사를 철회하였을 때에는 약속어음 그 자체를 위탁자에게 반환하여야 하고 그 약속어음이 수탁자의 점유하에 있는 동안에도 다른 특별한 사정이 없는 이상 그 소유권은 위탁자에게 있고, 수탁자는 위탁의 취지에 따라 이를 단지 보관하는 것으로 볼 것이고, 위탁자가 수탁자에게 위 약속어음을 교부할 당시에 그 할인의 편의를 위하여 배서양도의 형식을 취하였다 하더라도 다를 바 없다 할 것인바, 원심이 적법하게 확정한 사실에 의하면, 공소외 1은 공소외 2로부터 이 사건 약속어음 2매를 할인하여 달라는 부탁과 함께 교부받고 다시 피고인에게 그 할인을 부탁하고 이를 교부함에 있어서 피고인의 요구에 따라 배서양도하는 형식을 취하였으며 한편 공소외 1에 대하여 대여금채권을 갖고 있던 피고인은 위 약속어음을 교부받은 후부터는 이를 채권변제에 충당한다면서 할인을 하여 주지 않고 있던 중에 공소외 1과 공소외 2로부터 위 약속어음은 원래 공소외 2의 소유로서 공소외 1을 거쳐서 피고인에게 교부된 것이니 반환해 달라는 항의를 받게되자 그 반환조건으로 공소외 1의 위 차용금 지불에 대한 각서 및 담보제공을 요구하기에 이르러 이를 모두 제공받고도, 그것만으로는 채권확보에 미흡하다고 하면서 피고인 자신의 채권자인 공소외 3에게 위 약속어음 2매를 교부하여 그 채권변제에 충당하였다는 것으로서, 피고인의 위와 같은 소위는 위탁의 취지에 반하는 것으로서 횡령죄를 구성한다고 봄이 상당하다 할 것이다.

원심이 이와 같은 취지에서 공소사실을 유죄로 인정한 조치는 정당하고 거기에 소론의 이유모순이나 법리오해의 위법이 있다고 할 수 없다.

소론과 같이 원심판결에는 위와 같은 사실을 인정한 뒤에 피고인이 당초부터 할인하여 줄 의사가 없으면서 있는 것처럼 공소외 1을 기망하여 위 약속어음을 교부받은 사실을 엿볼 수 있다고 설시한 대목이 있고, 과연 피고인이 당초부터 공소외 1을 기망하여 위 약속어음을 교부받은 것이라면 그 교부받은 즉시 사기죄가 성립하고 그후 이를 공소외 1에 대한 피고인의 채권의 변제에 충당하였다 하더라도 불가벌적 사후행위가 됨에 그칠 뿐, 별도로 횡령죄를 구성하지는 않는다고 할 것임은 소론과 같으나 원심판결을 전체적으로 자세히 살펴보면 피고인은, 당초에는 위 약속어음을 할인하여 줄 의사를 가졌다가 나중에 철회하였다는 취지로 판시한 것으로 보여지고 또 기록상 피고인의 기망행위를 인정할만한 뚜렷한 증거도 찾아 볼 수 없고, 원심은 결론에 있어서도 사기죄의 성립을 부정하고 횡령죄를 인정하고 있는 만큼 피고인에게 당초부터 기망의 의사가 있었음을 인정하는 듯한 설시의 잘못은 판결결과에 영향을 미치지는 않았다고 할 것이므로 이점을 들어 비난하는 논지는 이유없다.

그러므로 상고를 기각하기로 관여법관의 일치된 의견으로 주문과 같이 판결한다.

대법관 김중서(재판장) 강우영 이정우 신정철

5. 배임

[판례 1] 특정경제범죄가중처벌등에관한법률위반(배임)

(대법원 2017. 7. 20. 선고 2014도1104 전원합의체 판결)

【판시사항】

[1] 배임죄의 성립요건 및 실행의 착수시기와 기수시기
[2] 주식회사의 대표이사가 대표권을 남용하는 등 임무에 위배하여 약속어음 발행을 한 행위가 배임죄의 기수 또는 미수에 해당하는지 판단하는 기준
[3] 갑 주식회사 대표이사인 피고인이, 자신이 별도로 대표이사를 맡고 있던 을 주식회사의 병 은행에 대한 대출금채무를 담보하기 위해 병 은행에 갑 회사 명의로 약속어음을 발행하여 줌으로써 병 은행에 재산상 이익을 취득하게 하고 갑 회사에 손해를 가하였다고 하여 특정경제범죄 가중처벌 등에 관한 법률 위반(배임)으로 기소된 사안에서, 약속어음 발행행위가 배임죄의 기수에 이르렀음을 전제로 공소사실을 유죄로 판단한 원심판결에 배임죄의 재산상 손해 요건 및 기수시기 등에 관한 법리오해의 잘못이 있다고 한 사례

【판결요지】

[1] 형법 제355조 제2항은 타인의 사무를 처리하는 자가 그 임무에 위배하는 행위로써 재산상 이익을 취득하거나 제3자로 하여금 이를 취득하게 하여 본인에게 손해를 가한 때에 배임죄가 성립한다고 규정하고 있고, 형법 제359조는 그 미수범은 처벌한다고 규정하고 있다. 이와 같이 형법은 타인의 사무를 처리하는 자가 그 임무에 위배하는 행위를 할 것과 그러한 행위로 인해 행위자나 제3자가 재산상 이익을 취득하여 본인에게 손해를 가할 것을 배임죄의 객관적 구성요건으로 정하고 있으므로, 타인의 사무를 처리하는 자가 배임의 범의로, 즉 임무에 위배하는 행위를 한다는 점과 이로 인하여 자기 또는 제3자가 이익을 취득하여 본인에게 손해를 가한다는 점에 대한 인식이나 의사를 가지고 임무에 위배한 행위를 개시한 때 배임죄의 실행에 착수한 것이고, 이러한 행위로 인하여 자기 또는 제3자가 이익을 취득하여 본인에게 손해를 가한 때 기수에 이른다.
[2] [다수의견] (가) 배임죄로 기소된 형사사건의 재판실무에서 배임죄의 기수시기를 심리·판단하기란 쉽지 않다. 타인의 사무를 처리하는 자가 형식적으로는 본인을 위한 법률행위를 하는 외관을 갖추고 있지만 그러한 행위가 실질적으로는 배임죄에서의 임무위배행위에 해당하는 경우, 이러한 행위는 민사재판에서 반사회질서의 법률행위(민법 제103조 참조) 등에 해당한다는 사유로 무효로 판단될 가능성이 적지 않은데, 형사재판

에서 배임죄의 성립 여부를 판단할 때에도 이러한 행위에 대한 민사법상의 평가가 경제적 관점에서 피해자의 재산 상태에 미치는 영향 등을 충분히 고려하여야 하기 때문이다. 결국 형사재판에서 배임죄의 객관적 구성요건요소인 손해 발생 또는 배임죄의 보호법익인 피해자의 재산상 이익의 침해 여부를 판단할 때에는 종래의 대법원판례를 기준으로 하되 구체적 사안별로 타인의 사무의 내용과 성질, 임무위배의 중대성 및 본인의 재산 상태에 미치는 영향 등을 종합하여 신중하게 판단하여야 한다.

(나) 주식회사의 대표이사가 대표권을 남용하는 등 그 임무에 위배하여 회사 명의로 의무를 부담하는 행위를 하더라도 일단 회사의 행위로서 유효하고, 다만 상대방이 대표이사의 진의를 알았거나 알 수 있었을 때에는 회사에 대하여 무효가 된다. 따라서 상대방이 대표권남용 사실을 알았거나 알 수 있었던 경우 그 의무부담행위는 원칙적으로 회사에 대하여 효력이 없고, 경제적 관점에서 보아도 이러한 사실만으로는 회사에 현실적인 손해가 발생하였다거나 실해 발생의 위험이 초래되었다고 평가하기 어려우므로, 달리 그 의무부담행위로 인하여 실제로 채무의 이행이 이루어졌다거나 회사가 민법상 불법행위책임을 부담하게 되었다는 등의 사정이 없는 이상 배임죄의 기수에 이른 것은 아니다. 그러나 이 경우에도 대표이사로서는 배임의 범의로 임무위배행위를 함으로써 실행에 착수한 것이므로 배임죄의 미수범이 된다.

그리고 상대방이 대표권남용 사실을 알지 못하였다는 등의 사정이 있어 그 의무부담행위가 회사에 대하여 유효한 경우에는 회사의 채무가 발생하고 회사는 그 채무를 이행할 의무를 부담하므로, 이러한 채무의 발생은 그 자체로 현실적인 손해 또는 재산상 실해 발생의 위험이라고 할 것이어서 그 채무가 현실적으로 이행되기 전이라도 배임죄의 기수에 이르렀다고 보아야 한다.

(다) 주식회사의 대표이사가 대표권을 남용하는 등 그 임무에 위배하여 약속어음 발행을 한 행위가 배임죄에 해당하는지도 원칙적으로 위에서 살펴본 의무부담행위와 마찬가지로 보아야 한다. 다만 약속어음 발행의 경우 어음법상 발행인은 종전의 소지인에 대한 인적 관계로 인한 항변으로써 소지인에게 대항하지 못하므로(어음법 제17조, 제77조), 어음발행이 무효라 하더라도 그 어음이 실제로 제3자에게 유통되었다면 회사로서는 어음채무를 부담할 위험이 구체적·현실적으로 발생하였다고 보아야 하고, 따라서 그 어음채무가 실제로 이행되기 전이라도 배임죄의 기수범이 된다. 그러나 약속어음 발행이 무효일 뿐만 아니라 그 어음이 유통되지도 않았다면 회사는 어음발행의 상대방에게 어음채무를 부담하지 않기 때문에 특별한 사정이 없는 한 회사에 현실적으로 손해가 발생하였다거나 실해 발생의 위험이 발생하였다고도 볼 수 없으므로, 이때에는 배임죄의 기수범이 아니라 배임미수죄로 처벌하여야 한다.

[대법관 박보영, 대법관 고영한, 대법관 김창석, 대법관 김신의 별개의견] (가) 배임죄는 위험범이 아니라 침해범으로 보아야 한다. 배임죄를 위험범으로 파악하는 것은 형법규정의 문언에 부합하지 않는 해석이다. 즉 형법 제355조 제2항은 임무에 위배하는 행위로써 재산상의 이익을 취득하거나 제3자로 하여금 이를 취득하게 하여 본인에게 손해를 가한 때에 배임죄가 성립한다고 규정하고 있고, 여기서 '손해를 가한 때'란 문

언상 '손해를 현실적으로 발생하게 한 때'를 의미한다. 그럼에도 종래의 판례는 배임죄의 '손해를 가한 때'에 현실적인 손해 외에 실해 발생의 위험을 초래한 경우도 포함된다고 해석함으로써 배임죄의 기수 성립 범위를 넓히고 있다. 실해 발생의 위험을 가한 때는 손해를 가한 때와 전혀 같지 않은데도 이 둘을 똑같이 취급하는 해석은 문언해석의 범위를 벗어난 것일 뿐만 아니라, 형벌규정의 의미를 피고인에게 불리한 방향으로 확장하여 해석하는 것으로서 죄형법정주의 원칙에 반한다.

또한 형법은 다른 재산범죄와 달리 배임죄의 경우에는 재산상 손해를 가할 것을 객관적 구성요건으로 명시하고 있는데, 이는 타인의 사무를 처리하는 자가 임무에 위배한 행위를 하더라도 본인에게 현실적인 재산상 손해를 가하지 않으면 배임죄의 기수가 될 수 없다는 점을 강조하기 위한 입법적 조치로 이해된다. 따라서 재산상 손해가 구성요건으로 명시되어 있지 않은 사기죄나 횡령죄 등 다른 재산범죄의 재산상 이익이나 손해에 관한 해석론을 같이하여야 할 필요가 없다. 배임죄의 경우에는 구성요건의 특수성과 입법 취지 등을 고려하여 임무에 위배한 행위가 본인에게 현실적인 재산상 손해를 가한 경우에만 재산상 손해 요건이 충족된다고 해석하여야 한다.

(나) 의무부담행위에 따라 채무가 발생하거나 민법상 불법행위책임을 부담하게 되더라도 이는 손해 발생의 위험일 뿐 현실적인 손해에는 해당하지 않는다고 보아야 한다. 배임죄는 재산권을 보호법익으로 하는 범죄이므로 배임죄를 침해범으로 보는 한 재산권에 대한 현실적인 침해가 있는 때에 배임죄의 기수가 된다. 그런데 재산권에 대한 침해라는 측면에서 보면 채무가 발생하여 채무를 이행하여야 할 법률상 의무를 부담한다는 것은 재산권에 대한 현실적인 침해가 아니라 재산권이 침해될 위험이 발생한 것으로 보는 것이 자연스럽다. 이는 어떠한 채무가 발생하였다고 하여 그 채무가 언제나 이행되는 것은 아니라는 점에 비추어 보면 더욱 그러하다. 즉 의무부담행위에 따른 채무가 발생하더라도 채무의 기한이나 조건, 채무자의 자력과 변제 의사, 채권자의 청구와 수령, 소멸시효 등 여러 사정에 따라 그 채무는 실제로 이행될 수도 있고 이행되지 않을 수도 있다. 그럼에도 채무가 발생하여 그 채무를 이행하여야 할 의무를 부담하게 되었다고 하여 곧바로 배임죄의 보호법익인 재산권이 현실적으로 침해되었다고 해석하는 것은, 법익 침해의 위험에 불과한 것을 현실적인 법익의 침해로 사실상 의제하는 것이어서 보호법익의 보호 정도에 따라 침해범과 위험범을 구별하고 있는 형법의 체계에 부합하지 않는다.

(다) 회사의 대표이사가 대표권을 남용하여 의무부담행위를 한 경우 그 행위가 유효하면 그에 따른 회사의 채무가 발생하고, 무효인 경우에도 그로 인해 회사가 민법상 불법행위책임을 부담할 수 있다. 그러나 의무부담행위에 따른 채무의 발생이나 민법상 불법행위책임의 부담은 그 자체로는 현실적인 손해가 아니라 손해 발생의 위험에 불과하므로, 배임죄는 회사가 그 의무부담행위에 따른 채무나 민법상 불법행위책임을 실제로 이행한 때에 기수가 된다. 따라서 회사의 대표이사가 대표권을 남용하여 회사 명의의 약속어음을 발행한 경우에도 그 발행행위의 법률상 효력 유무나 그 약속어음이 제3자에게 유통되었는지 또는 유통될 가능성이 있는지 등에 관계없이 회사가 그 어음채무나 그로 인해 부담하게 된 민법상 불법행위책임을 실제로 이행한 때에 배임죄는 기수가 성립한다.

[3] 갑 주식회사 대표이사인 피고인이, 자신이 별도로 대표이사를 맡고 있던 을 주식회사의 병 은행에 대한 대출금채무를 담보하기 위해 병 은행에 갑 회사 명의로 액면금 29억 9,000만 원의 약속어음을 발행하여 줌으로써 병 은행에 재산상 이익을 취득하게 하고 갑 회사에 손해를 가하였다고 하여 특정경제범죄 가중처벌 등에 관한 법률 위반(배임)으로 기소된 사안에서, 피고인이 대표권을 남용하여 약속어음을 발행하였고 당시 상대방인 병 은행이 그러한 사실을 알았거나 알 수 있었던 때에 해당하여 그 발행행위가 갑 회사에 대하여 효력이 없다면, 그로 인해 갑 회사가 실제로 약속어음금을 지급하였거나 민사상 손해배상책임 등을 부담하거나 약속어음이 실제로 제3자에게 유통되었다는 등의 특별한 사정이 없는 한 피고인의 약속어음 발행행위로 인해 갑 회사에 현실적인 손해나 재산상 실해 발생의 위험이 초래되었다고 볼 수 없는데도, 이에 대한 심리 없이 약속어음 발행행위가 배임죄의 기수에 이르렀음을 전제로 공소사실을 유죄로 판단한 원심판결에 배임죄의 재산상 손해 요건 및 기수시기 등에 관한 법리오해의 잘못이 있다고 한 사례.

【참조조문】

[1] 형법 제25조, 제355조 제2항, 제359조 [2] 헌법 제12조 제1항, 형법 제1조 제1항, 제25조, 제355조 제2항, 제356조, 제359조, 특정경제범죄 가중처벌 등에 관한 법률 제3조, 민법 제103조, 어음법 제17조, 제77조 [3] 형법 제355조 제2항, 제356조, 제359조, 구 특정경제범죄 가중처벌 등에 관한 법률(2012. 2. 10. 법률 제11304호로 개정되기 전의 것) 제3조 제1항 제2호

【참조판례】

[2] 대법원 1997. 8. 29. 선고 97다18059 판결(공1997하, 2870)
대법원 2004. 3. 26. 선고 2003다34045 판결(공2004상, 712)
대법원 2012. 12. 27. 선고 2012도10822 판결(공2013상, 285)(변경)
대법원 2013. 2. 14. 선고 2011도10302 판결(공2013상, 519)(변경)

【전 문】

【피 고 인】 피고인
【상 고 인】 피고인
【변 호 인】 변호사 서치원
【원심판결】 서울고법 2014. 1. 10. 선고 2013노3282 판결

【주 문】

원심판결을 파기하고, 사건을 서울고등법원에 환송한다.

【이 유】

상고이유를 판단한다.
1. 가. 형법 제355조 제2항은 타인의 사무를 처리하는 자가 그 임무에 위배하는 행위로써 재산상 이익을 취득하거나 제3자로 하여금 이를 취득하게 하여 본인에게 손해를 가

한 때에 배임죄가 성립한다고 규정하고 있고, 형법 제359조는 그 미수범은 처벌한다고 규정하고 있다. 이와 같이 형법은 타인의 사무를 처리하는 자가 그 임무에 위배하는 행위를 할 것과 그러한 행위로 인해 행위자나 제3자가 재산상 이익을 취득하여 본인에게 손해를 가할 것을 배임죄의 객관적 구성요건으로 정하고 있으므로, 타인의 사무를 처리하는 자가 배임의 범의로, 즉 임무에 위배하는 행위를 한다는 점과 이로 인하여 자기 또는 제3자가 이익을 취득하여 본인에게 손해를 가한다는 점에 대한 인식이나 의사를 가지고 임무에 위배한 행위를 개시한 때 배임죄의 실행에 착수한 것이고, 이러한 행위로 인하여 자기 또는 제3자가 이익을 취득하여 본인에게 손해를 가한 때 기수에 이르는 것이다.

종래 대법원은 배임죄에서 '본인에게 손해를 가한 때'라 함은 재산적 가치의 감소를 뜻하는 것으로서 이는 재산적 실해를 가한 경우뿐만 아니라 실해 발생의 위험을 초래한 경우도 포함하는 것이고, 손해액이 구체적으로 명백하게 확정되지 않았다고 하더라도 배임죄의 성립에는 영향이 없다고 일관되게 해석하여 왔다(대법원 1973. 11. 13. 선고 72도1366 판결, 대법원 1980. 9. 9. 선고 79도2637 판결, 대법원 1987. 7. 21. 선고 87도546 판결, 대법원 1990. 10. 16. 선고 90도1702 판결, 대법원 1997. 5. 30. 선고 95도531 판결 등 참조). 또한 재산상 손해의 유무는 본인의 전 재산 상태와의 관계에서 법률적 판단에 의하지 않고 경제적 관점에서 파악하여야 한다는 입장을 택하여, 법률적 판단에 의하여 배임행위가 무효라 하더라도 경제적 관점에서 파악하여 배임행위로 인하여 본인에게 현실적인 손해를 가하였거나 재산상 실해 발생의 위험을 초래한 경우에는 재산상의 손해를 가한 때에 해당된다고 보았다. 다만 재산상 실해 발생의 위험은 경제적 관점에서 재산상 손해가 발생한 것과 사실상 같다고 평가될 정도에 이르렀다고 볼 수 있을 만큼 구체적·현실적인 위험이 야기된 경우를 의미하고 단지 막연한 가능성이 있다는 정도로는 부족하므로, 배임행위가 법률상 무효이기 때문에 본인의 재산 상태가 사실상으로도 악화된 바가 없다면 현실적인 손해가 없음은 물론이고 실해가 발생할 위험도 없는 것이므로 본인에게 재산상의 손해를 가한 것이라고 볼 수 없다고 판단하였다(대법원 1987. 11. 10. 선고 87도993 판결, 대법원 1992. 5. 26. 선고 91도2963 판결, 대법원 1995. 11. 21. 선고 94도1375 판결, 대법원 2000. 11. 28. 선고 2000도142 판결, 대법원 2008. 6. 19. 선고 2006도4876 전원합의체 판결, 대법원 2014. 2. 3. 선고 2011도16763 판결, 대법원 2015. 9. 10. 선고 2015도6745 판결 등 참조).

이러한 대법원판례에도 불구하고, 배임죄로 기소된 형사사건의 재판실무에서 배임죄의 기수시기를 심리·판단하기란 쉽지 않은 일이다. 타인의 사무를 처리하는 자가 형식적으로는 본인을 위한 법률행위를 하는 외관을 갖추고 있지만 그러한 행위가 실질적으로는 배임죄에서의 임무위배행위에 해당하는 경우, 이러한 행위는 민사재판에서 반사회질서의 법률행위(민법 제103조 참조) 등에 해당한다는 사유로 무효로 판단될 가능성이 적지 않은데, 형사재판에서 배임죄의 성립 여부를 판단할 때에도 이러한 행위에 대한 민사법상의 평가가 경제적 관점에서 피해자의 재산 상태에 미치는 영향 등을 충분히 고려하여야 하기 때문이다. 결국 형사재판에서 배임죄의 객관적 구성요건요소인 손해 발생 또는 배임죄의 보호법익인 피해자의 재산상 이익의 침해 여부를 판단할 때에는 위 대법원판례를 기준으로 하되 구체적 사안별로 타인의 사무의 내용과 성질, 그 임무위배의 중대성 및 본인의 재산 상태에 미치는 영향 등을 종합하여 신중하게 판단하여야 한다.

나. (1) 주식회사의 대표이사가 대표권을 남용하는 등 그 임무에 위배하여 회사 명의로 의무를 부담하는 행위를 하더라도 일단 회사의 행위로서 유효하고, 다만 그 상대방이 대표이사의 진의를 알았거나 알 수 있었을 때에는 회사에 대하여 무효가 된다(대법원 1997. 8. 29. 선고 97다18059 판결, 대법원 2004. 3. 26. 선고 2003다34045 판결 등 참조). 따라서 상대방이 대표권남용 사실을 알았거나 알 수 있었던 경우 그 의무부담행위는 원칙적으로 회사에 대하여 효력이 없고, 경제적 관점에서 보아도 이러한 사실만으로는 회사에 현실적인 손해가 발생하였다거나 실해 발생의 위험이 초래되었다고 평가하기 어려우므로, 달리 그 의무부담행위로 인하여 실제로 채무의 이행이 이루어졌다거나 회사가 민법상 불법행위책임을 부담하게 되었다는 등의 사정이 없는 이상 배임죄의 기수에 이른 것은 아니다. 그러나 이 경우에도 대표이사로서는 배임의 범의로 임무위배행위를 함으로써 실행에 착수한 것이므로 배임죄의 미수범이 된다.

그리고 상대방이 대표권남용 사실을 알지 못하였다는 등의 사정이 있어 그 의무부담행위가 회사에 대하여 유효한 경우에는 회사의 채무가 발생하고 회사는 그 채무를 이행할 의무를 부담하므로, 이러한 채무의 발생은 그 자체로 현실적인 손해 또는 재산상 실해 발생의 위험이라고 할 것이어서 그 채무가 현실적으로 이행되기 전이라도 배임죄의 기수에 이르렀다고 보아야 한다.

(2) 주식회사의 대표이사가 대표권을 남용하는 등 그 임무에 위배하여 약속어음 발행을 한 행위가 배임죄에 해당하는지도 원칙적으로 위에서 살펴본 의무부담행위와 마찬가지로 보아야 한다. 다만 약속어음 발행의 경우 어음법상 발행인은 종전의 소지인에 대한 인적 관계로 인한 항변으로써 소지인에게 대항하지 못하므로(어음법 제17조, 제77조), 어음발행이 무효라 하더라도 그 어음이 실제로 제3자에게 유통되었다면 회사로서는 어음채무를 부담할 위험이 구체적·현실적으로 발생하였다고 보아야 하고, 따라서 그 어음채무가 실제로 이행되기 전이라도 배임죄의 기수범이 된다. 그러나 약속어음 발행이 무효일 뿐만 아니라 그 어음이 유통되지도 않았다면 회사는 어음발행의 상대방에게 어음채무를 부담하지 않기 때문에 특별한 사정이 없는 한 회사에 현실적으로 손해가 발생하였다거나 실해 발생의 위험이 발생하였다고도 볼 수 없으므로, 이때에는 배임죄의 기수범이 아니라 배임미수죄로 처벌하여야 한다.

이와 달리 대표이사의 회사 명의 약속어음 발행행위가 무효인 경우에도 그 약속어음이 제3자에게 유통되지 아니한다는 특별한 사정이 없는 한 재산상 실해 발생의 위험이 초래된 것으로 보아야 한다는 취지의 대법원 2012. 12. 27. 선고 2012도10822 판결, 대법원 2013. 2. 14. 선고 2011도10302 판결 등은 배임죄의 기수 시점에 관하여 이 판결과 배치되는 부분이 있으므로 그 범위에서 이를 변경하기로 한다.

2. 이 사건 공소사실의 요지는, 피해회사의 대표이사인 피고인이 자신이 별도로 대표이사

를 맡고 있던 다른 회사의 ○○상호저축은행에 대한 대출금채무를 담보하기 위해 ○○상호저축은행에 피해회사 명의로 액면금 29억 9,000만 원의 약속어음을 발행하여 줌으로써 ○○상호저축은행에 29억 9,000만 원 상당의 재산상 이익을 취득하게 하고, 피해회사에 같은 액수 상당의 손해를 가하였다는 것이다.

원심은, 피고인의 이 사건 약속어음 발행행위가 대표권남용에 해당하여 피해회사에 대하여 무효라 하더라도 발행 당시 이 사건 약속어음이 유통되지 아니할 것이라고 볼 만한 특별한 사정이 없었다는 등의 사정을 들어 이 사건 약속어음 발행 당시 피해회사에 대하여 재산상 실해 발생의 위험이 초래되었다고 보아 이 사건 공소사실을 유죄로 인정한 제1심을 그대로 유지하였다.

그러나 앞에서 본 법리에 비추어 보면, 원심 판시와 같이 피고인이 대표권을 남용하여 이 사건 약속어음을 발행하였고 당시 상대방인 ○○상호저축은행이 그러한 사실을 알았거나 알 수 있었던 때에 해당하여 그 발행행위가 피해회사에 대하여 효력이 없다면, 그로 인해 피해회사가 실제로 약속어음금을 지급하였거나 민사상 손해배상책임 등을 부담하거나 그 약속어음이 실제로 제3자에게 유통되었다는 등의 특별한 사정이 없는 한 피고인의 약속어음 발행행위로 인해 피해회사에 현실적인 손해나 재산상 실해 발생의 위험이 초래되었다고 볼 수 없다고 할 것이다. 그럼에도 원심은 이에 대한 심리 없이 그 판시와 같은 사정만을 들어 이 사건 약속어음 발행행위가 배임죄의 기수에 이르렀음을 전제로 이 사건 공소사실에 대하여 특정경제범죄 가중처벌 등에 관한 법률(이하 '특정경제범죄법'이라 한다) 위반(배임)죄를 적용하여 유죄로 판단하였으니, 이러한 원심판결에는 배임죄의 재산상 손해 요건 및 기수시기 등에 관한 법리를 오해하여 판결에 영향을 미친 잘못이 있다.

3. 그러므로 원심판결을 파기하고, 사건을 다시 심리·판단하도록 원심법원에 환송하기로 하여 주문과 같이 판결한다. 이 판결에는 대법관 박보영, 대법관 고영한, 대법관 김창석, 대법관 김신의 별개의견이 있는 외에는 관여 법관의 의견이 일치하였고, 다수의견에 대한 대법관 조희대, 대법관 김재형의 보충의견, 대법관 박상옥의 보충의견이 있으며, 별개의견에 대한 대법관 김창석, 대법관 김신의 보충의견이 있다.

4. 대법관 박보영, 대법관 고영한, 대법관 김창석, 대법관 김신의 별개의견은 다음과 같다.

가. 다수의견은 배임죄가 위험범임을 전제로, 대표이사의 회사 명의 약속어음 발행행위가 대표권남용 등으로 무효인 경우 그로 인해 회사가 민법상 불법행위책임을 부담하거나 그 약속어음이 실제로 제3자에게 유통되는 등의 특별한 사정이 없는 한 회사에 현실적인 손해나 재산상 실해 발생의 위험이 초래된 것으로 볼 수 없다고 하면서, 이러한 사정에 대한 심리 없이 이 사건 약속어음이 제3자에게 유통될 가능성이 부정되지 않는다는 이유만으로 배임죄의 기수가 성립한다고 본 원심은 파기되어야 한다고 판단하고 있다.

별개의견 또한 배임죄의 기수가 성립함을 전제로 이 사건 공소사실을 유죄로 판단한 원심판결이 파기되어야 한다는 점에서 다수의견과 결론을 같이한다. 그러나 배임죄는 위험범이 아니라 침해범으로 보아야 하고, 의무부담행위로 인해 채무가 발생하거나 민법상 불법행위책임을 부담하게 되더라도 이는 현실적인 손해가 아니라 손해 발생의 위험에 불과하다고 보아야 하므로, 원심판결은 다수의견과는 다른 이유로 파기되어야 한다. 이하에서 그 이유를 살펴본다.
나. 배임죄는 위험범이 아니라 침해범으로 보아야 한다.
(1) 대법원은 그동안 일관되게 배임죄를 "재산상 권리의 실행을 불가능하게 할 염려 있는 상태 또는 손해 발생의 위험이 있는 경우에 성립하는 위태범"이라고 하면서(대법원 1989. 4. 11. 선고 88도1247 판결, 대법원 2000. 4. 11. 선고 99도334 판결 등 참조), 배임죄에서 말하는 "재산상 손해를 가한 때에는 현실적인 손해를 가한 경우뿐만 아니라 재산상 실해 발생의 위험을 초래한 경우도 포함된다."라고 보아 왔다(대법원 2009. 7. 23. 선고 2007도541 판결, 대법원 2014. 2. 3. 선고 2011도16763 판결 등 참조).

그러나 이와 같이 배임죄를 위험범으로 파악하는 것은 형법규정의 문언에 부합하지 않는 해석이다. 즉 형법 제355조 제2항은 임무에 위배하는 행위로써 재산상의 이익을 취득하거나 제3자로 하여금 이를 취득하게 하여 본인에게 손해를 가한 때에 배임죄가 성립한다고 규정하고 있고, 여기서 '손해를 가한 때'란 그 문언상 '손해를 현실적으로 발생하게 한 때'를 의미한다. 그럼에도 종래의 판례는 배임죄의 '손해를 가한 때'에 현실적인 손해 외에 실해 발생의 위험을 초래한 경우도 포함된다고 해석함으로써 배임죄의 기수 성립 범위를 넓히고 있다. 실해 발생의 위험을 가한 때는 손해를 가한 때와 전혀 같지 않은데도 이 둘을 똑같이 취급하는 해석은 문언해석의 범위를 벗어난 것일 뿐만 아니라, 형벌규정의 의미를 피고인에게 불리한 방향으로 확장하여 해석하는 것으로서 죄형법정주의 원칙에 반한다.

(2) 또한 형법은 다른 재산범죄와 달리 배임죄의 경우에는 재산상 손해를 가할 것을 객관적 구성요건으로 명시하고 있는데, 이는 타인의 사무를 처리하는 자가 임무에 위배한 행위를 하더라도 본인에게 현실적 재산상 손해를 가하지 않으면 배임죄의 기수가 될 수 없다는 점을 강조하기 위한 입법적 조치로 이해된다. 따라서 재산상 손해가 구성요건으로 명시되어 있지 않은 사기죄나 횡령죄 등 다른 재산범죄의 재산상 이익이나 손해에 관한 해석론을 같이하여야 할 필요가 없다. 배임죄의 경우에는 그 구성요건의 특수성과 입법 취지 등을 고려하여 임무에 위배한 행위가 본인에게 현실적인 재산상 손해를 가한 경우에만 재산상 손해 요건이 충족된다고 해석하여야 한다.

(3) 다수의견이 배임죄의 손해에 해당한다고 보는 실해 발생의 위험은 현실적인 재산상 손해 발생의 앞선 단계에 불과하다는 점에서도 배임죄를 침해범으로 해석하는 것이 옳다. 대법원이 배임죄에서의 손해는 현실적인 손해뿐만 아니라 재산상 실해 발생의 위험을 초래한 경우도 포함한다고 판시해 왔으나, 구체적인 사안에서 현실적인 손해가 발생한 경우와 재산상 실해 발생의 위험이 발생한 경우를 엄격하게 구분하여 판단해 온 것은 아니다. 피고인이 위험을 수반하는 임무위배행위를 하였다고 하더라도 그로 인하여 본인에게 이익이 발생하는 경우, 또는 신임관계를 저버리는 행위를 하였다고 하더라도 그 행위의 결과가 본인에게 귀속될 여지조차 없는 경우라면 배임죄의 임무위배행위가 있었다고 보기 어렵고, 실해 발생의 위험이 있다고 볼 수도 없다. 즉 실해 발생의 위험은 피고인

이 본인에게 재산상 현실적인 손해를 가져올 만한 임무위배행위를 하였고 그로 인한 결과 발생의 가능성이 구체화되었음을 의미할 뿐이다. 실해 발생의 위험은 그 자체로서 독자적인 의미를 가지는 것이 아니라 형법이 배임죄의 구성요건으로 명시한 현실적인 손해 발생에 이르는 중간과정에 불과하다. 피고인이 임무에 위배하여 본인에게 손해를 가하는 일련의 과정 중 실해 발생의 위험 단계에서 이미 손해를 가한 것으로 파악하여야 할 법률상 근거는 찾아볼 수 없다.

(4) 종래 판례는 배임죄의 '임무에 위배하는 행위'를 사무의 내용, 성질 등 구체적 상황에 비추어 법률의 규정, 계약의 내용 혹은 신의칙상 당연히 할 것으로 기대되는 행위를 하지 않거나 당연히 하지 않아야 할 것으로 기대되는 행위를 함으로써 본인과의 신임관계를 저버리는 일체의 행위가 포함된다고 보아 왔다(대법원 2008. 5. 29. 선고 2005도4640 판결 등 참조). 이는 배임죄의 본질에 관한 이른바 배신설의 입장에 따른 것이다. 배신설에 대하여는 배임죄가 성립하는 신임관계의 범위가 무한정 확대될 위험이 있고, 이를 보완하기 위해 '타인의 사무를 처리하는 자'라는 구성요건을 제한적으로 해석한다면 신임관계를 저버리는 행위가 배임죄에서 제외되는 근거가 불분명하다는 문제가 남게 되며, 결국 어떠한 신임관계를 배신하는 것이 배임죄에 해당하는지 여부가 명확하지 않게 된다는 등의 비판이 있다. 이러한 비판은 차치하고라도 배임죄의 임무위배행위를 신임관계를 저버리는 일체의 행위라고 보면서 배임죄의 재산상 손해 요건까지 현실적인 손해뿐만 아니라 실해 발생의 위험이 포함되는 것으로 해석하면, 사실상 임무에 위배한 어떠한 행위를 하더라도 손해 발생의 위험이 있다는 이유로 그 즉시 배임죄의 기수가 성립할 수 있다는 결과를 초래하여 배임죄의 처벌 범위가 지나치게 확대될 우려가 있다. 그동안 배임죄에 대하여는 배임죄를 구성하는 임무위배행위와 단순한 민사적 채무불이행의 구분이 분명하지 않고, 사적자치의 영역에 형사법이 과도하게 개입하는 결과를 초래한다거나 민사사건의 형사사건화를 초래할 수 있다는 등의 비판이 지속적으로 제기되어 왔으며, 그러한 문제의식에 따라 배임죄의 구성요건은 가능한 한 엄격하고 제한적으로 해석하여야 한다는 것이 학계의 일반적인 견해라는 점까지 고려하면, 배임죄를 위험범으로 보는 종래의 판례는 근본적으로 재고할 필요가 있다.

(5) 물론 그동안 대법원은 배임죄를 위험범으로 보면서도 배임죄의 손해 요건에 해당하는 실해 발생의 위험을 구체적이고 현실적인 위험으로 한정하는 등(대법원 2015. 9. 10. 선고 2015도6745 판결 등 참조) 그 위험의 범위를 제한하고자 노력하여 왔다. 그러나 배임죄의 손해 요건에 해당하는 구체적·현실적 위험과 그에 미치지 않는 위험을 구분할 기준이 명확하지 않아 실무상으로는 임무에 위배한 행위가 본인의 재산을 감소시킬 위험이 있기만 하면 대부분 배임죄의 기수로 처벌되고 있는 실정임을 부인하기 어렵다. 이는 법률의 문언에 따라 손해와 손해 발생의 위험을 명확하게 구분하는 대신, 손해 발생의 위험을 그 정도에 따라 구분하여 배임죄의 지나친 확장을 차단하고자 한 대법원의 노력이 타당하지 않을 뿐 아니라 실제적으로도 별다른 효과를 거두지 못하고 있음을 의미한다. 그 결과 배임죄에 관한 형법규정은 국민들에 대한 행위규범으로서의 역할을 제대

(6) 우리 형법은 배임죄의 미수범을 처벌하는 규정을 두고 있다. 이는 그 보호법익인 재산권에 대한 현실적인 침해에 이르지 아니하고 재산권 침해의 위험만 발생한 경우 배임죄의 기수가 아니라 배임죄의 미수로 처벌하겠다는 입법적 결단이다. 이러한 우리 형법의 태도는 죄형법정주의에서 파생되는 명확성 원칙의 기본적인 요청에 부합한다. 배임죄에서의 손해에 재산상 실해 발생의 위험이 포함된다고 보는 견해는 미수범 처벌규정이 없는 독일과 같은 국가의 법제에서 재산상 손해가 현실적으로 발생하지는 않았지만 처벌할 필요성이 있는 일정한 행위를 배임죄로 처벌하기 위하여 고안해낸 개념을 미수범 처벌규정이 있는 우리 형법의 해석에 무리하게 끌어들인 것으로 보인다. 실무적 관점에서 보면, 우리 형법은 미수범을 원칙적으로 형의 임의적 감경사유로 정하고 있을 뿐이므로 배임죄의 기수와 미수의 처벌 정도에 결정적인 차이가 없다.

(7) 배임죄를 침해범으로 구성하게 되면 임무위배행위로 인해 현실적인 손해가 아니라 실해 발생의 위험만 초래된 경우에는 배임죄의 기수가 성립하지 않아 특정경제범죄법 제3조를 적용할 수 없는 문제가 있다고 지적하기도 한다. 배임죄를 위험범으로 보아야 한다는 입장에서는 이러한 사정을 배임죄를 침해범으로 볼 수 없는 근거의 하나로 삼고 있는 것으로 보인다. 그러나 특정경제범죄법 위반(배임)죄는 배임행위로 인하여 취득한 재산상 이익의 가액, 즉 이득액을 단순히 양적인 기준으로만 측정하여 법정형을 가중하고 있으므로, 현실적인 손해 외에 실해 발생의 위험까지 포함하여 이득액을 산정하게 되면 행위의 가벌성에 비해 과중한 법정형이 적용되어 죄형균형 원칙이나 책임주의 원칙이 훼손될 우려가 있고, 사안에 따라서는 구체적 타당성 없는 결론이 도출될 수도 있다. 특히 임무위배행위로 인한 실해 발생의 위험만으로 상대방이 그 손해에 상응하는 재산상 이익을 취득하였다고 간주하여 무겁게 처벌하는 것은 법리적으로나 정서상으로나 쉽게 수용하기 힘들다. 최근 대법원이 특정경제범죄법 위반(배임)죄의 이득액을 실질이고 구체적인 기준에 따라 산정하고자 노력하고 있는 것도 이와 같은 문제의식에 따른 것으로 볼 수 있다. 이러한 점에서 보면 현실적인 손해가 아니라 재산상 실해 발생의 위험만 초래된 경우에도 특정경제범죄법 위반(배임)죄를 적용하기 위해 형법상 배임죄를 위험범으로 구성해야 한다는 주장은 타당하지 않다. 그보다는 배임죄를 형법규정의 문언에 충실하게 침해범으로 구성한 다음 실해 발생의 위험만 초래된 경우에는 특정경제범죄법 위반(배임)죄가 적용되지 않는다고 보는 것이 옳다.

다. 의무부담행위에 따라 채무가 발생하거나 민법상 불법행위책임을 부담하게 되더라도 이는 손해 발생의 위험일 뿐 현실적인 손해에는 해당하지 않는다고 보아야 한다.

(1) 종래 판례는 배임죄의 재산상 손해 유무에 대한 판단은 본인의 전 재산 상태와의 관계에서 법률적 판단에 의하지 아니하고 경제적 관점에서 파악하여야 한다고 보아 왔다(대법원 2013. 4. 11. 선고 2012도15890 판결, 대법원 2014. 2. 3. 선고 2011도16763 판결 등 참조). 여기서 '경제적 관점'이 구체적으로 어떠한 의미인지에 관하여는 여러 견해가 있을 수 있겠지만 적어도 법률적 관점에서의 판

단 결과에 기속되지 않아야 한다는 점은 분명해 보인다.

한편 배임죄에서 '재산상 손해를 가한 때'는 배임죄의 구성요건적 결과를 의미하므로 배임죄의 보호법익과의 관계에서 파악할 필요가 있다. 배임죄의 보호법익은 재산권이고, 배임죄는 침해범으로 보아야 하므로, 배임죄에서 말하는 '재산상 손해를 가한 때'란 결국 경제적 관점에서 볼 때 본인의 재산권이 현실적으로 침해되었다고 평가할 수 있는 경우를 말한다고 볼 수 있다.

(2) 대표이사가 그 임무에 위배하여 의무부담행위를 하였는데 그 행위가 법률상 유효한 경우에는 그에 따른 채무가 발생하여 회사는 그 채무를 이행할 의무를 부담하게 된다. 그러나 이와 같은 경우에도 회사는 그 채무를 이행하여야 할 법률적 의무를 부담하는 상태에 놓일 뿐 회사의 재산에 현실적인 변동이 초래되지는 않는다. 그런데도 이것을 현실적 손해가 발생한 경우에 해당한다고 보는 것은 법률적으로 강제되는 채무의 이행의무 자체를 현실적 손해로 보는 것이다. 즉 손해를 법률적·회계적 관점에서 파악한 것이지 경제적 관점에서 파악한 것이 아니다.

(3) 앞에서 언급한 바와 같이 배임죄는 재산권을 보호법익으로 하는 범죄이므로 배임죄를 침해범으로 보는 한 재산권에 대한 현실적인 침해가 있는 때에 배임죄의 기수가 된다. 그런데 재산권에 대한 침해라는 측면에서 보면 채무가 발생하여 채무를 이행하여야 할 법률상 의무를 부담한다는 것은 재산권에 대한 현실적인 침해가 아니라 재산권이 침해될 위험이 발생한 것으로 보는 것이 자연스럽다. 이는 어떠한 채무가 발생하였다고 하여 그 채무가 언제나 이행되는 것은 아니라는 점에 비추어 보면 더욱 그러하다. 즉 의무부담행위에 따른 채무가 발생하더라도 채무의 기한이나 조건, 채무자의 자력과 변제 의사, 채권자의 청구와 수령, 소멸시효 등 여러 사정에 따라 그 채무는 실제로 이행될 수도 있고 이행되지 않을 수도 있다. 그럼에도 채무가 발생하여 그 채무를 이행하여야 할 의무를 부담하게 되었다고 하여 곧바로 배임죄의 보호법익인 재산권이 현실적으로 침해되었다고 해석하는 것은, 법익 침해의 위험에 불과한 것을 현실적인 법익의 침해로 사실상 의제하는 것이어서 보호법익의 보호 정도에 따라 침해범과 위험범을 구별하고 있는 형법의 체계에 부합하지 않는다. 또한 채무의 발생을 그 자체로 현실적인 손해로 본다면 의무부담행위로 인해 연대보증채무를 부담하게 된 경우에도 그 채무의 구체적인 내용과 무관하게 언제나 연대보증채무액 상당의 재산상 손해가 현실적으로 발생하였다고 볼 수밖에 없다. 나아가 그 연대보증채무액 상당을 특정경제범죄법 위반(배임)죄의 이득액으로 산정하여야 한다고 해석한다면, 과연 이러한 해석이 특정경제범죄법 위반(배임)죄의 이득액에 관한 현재의 판례의 입장에 부합하는지도 의문이다.

라. 위에서 살펴본 바와 같이 배임죄는 침해범으로 보아야 하고, 의무부담행위에 따른 채무의 발생이나 민법상 불법행위책임의 부담은 현실적인 손해가 아니라 손해 발생의 위험으로 보는 것이 타당하다. 이를 전제로 이 사건을 살펴본다.

(1) 회사의 대표이사가 대표권을 남용하여 의무부담행위를 한 경우 그 행위가 유효하면 그에 따른 회사의 채무가 발생하고, 무효인 경우에도 그로 인해 회사가 민

법상 불법행위책임을 부담할 수 있다. 그러나 의무부담행위에 따른 채무의 발생이나 민법상 불법행위책임의 부담은 그 자체로는 현실적인 손해가 아니라 손해 발생의 위험에 불과하므로, 배임죄는 회사가 그 의무부담행위에 따른 채무나 민법상 불법행위책임을 실제로 이행한 때에 기수가 된다. 따라서 회사의 대표이사가 대표권을 남용하여 회사 명의의 약속어음을 발행한 경우에도 그 발행행위의 법률상 효력 유무나 그 약속어음이 제3자에게 유통되었는지 또는 유통될 가능성이 있는지 등에 관계없이 회사가 그 어음채무나 그로 인해 부담하게 된 민법상 불법행위책임을 실제로 이행한 때에 배임죄는 기수가 성립한다고 보아야 한다.

(2) 기록에 의하면, 피고인은 대표권을 남용하여 이 사건 약속어음을 발행하였지만 피해회사가 그 어음채무나 민법상 불법행위책임을 실제로 이행하였다고 볼 만한 사정은 보이지 않으므로, 이 사건 약속어음 발행행위로 인해 피해회사에 현실적인 손해가 발생하였다고 단정하기 어렵다. 그럼에도 원심은 이 사건 약속어음이 제3자에게 유통될 가능성이 부정되지 않는다는 이유만으로 배임죄의 재산상 손해 요건이 충족된다고 보아 배임죄의 기수가 성립함을 전제로 이 사건 공소사실에 대하여 특정경제범죄법 위반(배임)죄를 적용하여 이 사건 공소사실을 유죄로 판단하였다. 이러한 원심판결에는 배임죄의 보호 정도와 재산상 손해 요건, 기수시기 등에 관한 법리를 오해하여 판결에 영향을 미친 잘못이 있다.

이와 같이 원심판결이 파기되어야 한다는 결론에 관하여는 다수의견과 의견을 같이하지만 그 이유는 다르므로, 별개의견으로 이를 밝혀둔다.

5. 다수의견에 대한 대법관 조희대, 대법관 김재형의 보충의견은 다음과 같다.

가. 별개의견은 배임죄가 침해범임을 전제로, 대표이사의 임무를 위반한 의무부담행위로 회사의 채무가 발생하거나 회사가 민법상 불법행위책임을 부담하더라도, 그 채무가 현실적으로 이행되기 전까지는 현실적인 손해가 아니라 손해 발생의 위험이 초래된 것에 불과하므로 배임죄의 기수에 이르지 않는다고 보고 있다.

다수의견의 입장에서 이에 관한 의견을 덧붙이고자 한다.

나. 종래 판례는 배임죄에서 말하는 손해에는 현실적인 손해가 발생한 경우뿐만 아니라 재산상 실해 발생의 위험을 초래한 경우도 포함된다고 하면서도, 실해 발생의 위험은 단순한 손해 발생의 위험만으로는 부족하고 경제적인 관점에서 보아 본인에게 손해가 발생한 것과 같은 정도로 구체적이고 현실적인 위험이 야기된 경우만 의미한다고 보았다(대법원 2012. 11. 29. 선고 2012도10139 판결, 대법원 2015. 9. 10. 선고 2015도6745 판결 등 참조). 다시 말해 종래의 판례도 임무에 위배한 행위로 본인의 재산권이 침해될 위험이 발생하였다고 하여 언제나 배임죄의 손해 요건이 충족된다고 본 것은 아니고, 그로 인해 본인의 재산이 현실적으로 침해된 것과 동일하게 평가할 수 있을 정도로 구체적이고 현실적인 위험, 즉 실해 발생의 위험이 초래된 경우에만 배임죄의 기수에 이를 수 있다고 본 것이다.

그런데 종래 판례에서 말하는 실해 발생의 위험이 위험범에서 말하는 위험을 의미한다고 단정할 수는 없다. 즉, 재산권에 대한 현실적인 침해와 동일하다고 볼 수 있을 정도로 구체적이고 현실적인 위험이 초래된 경우에는 그 자체로 보호법익에 대한 현실적인 침해가 있다고 평가할 수 있을 것이다. 그동안 판례가 배임죄의 재산상 손해 요건에 관하여 현실적인 손해와 실해 발생의 위험을 분명하게 구분하지 않은 것도 이러한 취지에서 이해할 수 있다. 따라서 임무에 위배된 행위로 본인의 채무가 발생하는 등으로 본인의 재산에 대하여 구체적·현실적 위험이 야기된 때에는 배임죄의 기수에 이른 것이고, 배임죄를 침해범으로 보는지 위험범으로 보는지에 따라 기수 시점을 달리 볼 논리적인 근거는 없다.

다. 형법은 제355조 제1항에서 타인의 재물을 보관하는 자가 그 재물을 횡령하거나 그 반환을 거부한 때에 횡령죄가 성립한다고 규정하고 있고, 같은 조 제2항에서 타인의 사무를 처리하는 자가 그 임무에 위배하는 행위로써 재산상의 이익을 취득하거나 제3자로 하여금 이를 취득하게 하여 본인에게 손해를 가한 때에 배임죄가 성립한다고 규정하고 있다. 형법상 횡령죄와 배임죄는 타인에 대한 신임관계를 저버리는 범죄라는 점에서는 그 성질이 같지만, 횡령죄는 재물을, 배임죄는 재산상 이익을 그 객체로 하는 점에서 차이가 있다. 이처럼 형법은 배임죄의 객체를 재산상 이익으로 한정하면서 행위자 또는 제3자의 재산상 이익 취득에 상응하여 발생하는 본인의 재산상 손해를 배임죄의 구성요건요소로 정하고 있으므로 그 재산상 손해의 의미는 재산상 이익과의 관계에서 파악하여야 한다.

재물이란 물리적으로 관리할 수 있는 유체물을 의미하므로 권리는 그것이 재산에 관한 것이라고 하더라도 재물에 해당하지 않는다. 그러나 재산상 이익은 모든 재산적 가치의 증가를 의미하는 것으로 반드시 유체물의 물리적 증감을 전제로 하지 않는다. 재산에 관한 권리는 배임죄에서 말하는 재산상 이익에 해당하므로 그러한 권리를 취득함으로써 상대방에게 초래되는 재산상 의무의 부담 또한 배임죄의 재산상 손해에 해당할 수 있다고 보는 것이 논리상 타당하다. 그리고 이러한 해석이 배임죄를 순수한 이득죄로 규정하고 있는 형법의 체계에 부합하는 해석이다. 그런데노 채무가 현실적으로 이행되기 전까지는 형법 제355조 제2항에서 말하는 재산상 손해가 아예 없다고 하는 것은 논리적으로나 형법의 체계에 비추어 보아 타당하지 않다.

라. 배임죄는 재산권을 보호법익으로 하는 범죄로서, 그 재산상 손해의 유무에 대한 판단은 본인의 전체 재산 상태와의 관계에서 법률적 관점이 아니라 경제적 관점에서 파악하여야 한다. 또한 배임죄의 구성요건인 '재산상 손해를 가하였다'는 것은 총체적으로 보아 본인의 재산 상태에 손해를 가하는 경우, 즉 본인의 전체적 재산가치의 감소를 가져오는 것을 말한다(대법원 2005. 4. 15. 선고 2004도7053 판결, 대법원 2011. 4. 28. 선고 2009도14268 판결 등 참조).

일반적으로 재산은 적극재산과 소극재산으로 구분하고 채무는 소극재산에 속한다. 채무의 발생은 곧 소극재산의 증가로서 경제적 관점에서 보면 전체로서의 재산가치가 감소하였다는 것을 의미한다. 배임죄의 재산상 손해 유무는 개별적인 재물의 변동이 아니라 전체로서의 재산가치 증감에 따라 판단해야 하므로 채무의 발생은 형법 제355조 제2항의 손해에 해당한다고 보는 것이 자연스러운 해석이다. 다만 판례는 배임죄의 처벌 범위를 합리적으로 제한하기 위해 배임죄에서 말하는 손해의 의미를 구체적·현실적 위험이 초래된 경우로 한정해 왔다. 따라서 대표이사의 임무에 위배한 의무부담행위로 회사의 채무가 발생한 경우에는 그 채무가 실제로 이행되기 전이라도 특별한 사정이 없는 한 구체적·현실적 위험이 있다고 볼 수 있어 재산상 손해가 발생하였다고 보아야 한다.

그리고 현실적으로 보더라도 채무의 발생과 그에 따른 소극재산의 증가는 재산상의 불이익 또는 재산가치의 감소로 평가되고 있다. 법인의 경우에는 부채가 자산을 초과하는 때에도 파산선고를 할 수 있으므로(채무자 회생 및 파산에 관한 법률 제306조 제1항), 채무의 발생은 채무의 현실적 이행과 관계없이 법인에 불이익을 초래할 수 있다. 이와 같이 채무초과를 파산원인으로 규정한 것은 경제적으로 활동하는 사람들의 인식을 반영한 것으로 볼 수 있다. 그 밖에도 소극재산의 증가는 단순히 회사의 재무제표의 부채 항목에 계상되는 데 그치는 것이 아니라 회사의 신용도나 재무건전성에 직접 영향을 주고, 경우에 따라 회사의 존립에 영향을 미치기도 한다. 채무의 발생과 그로 인한 소극재산의 증가는 사회·경제적으로 구체적이고 현실적인 불이익으로 작용하고 있는데, 형법상 배임죄의 해석에서만 그 자체로는 아예 재산상 손해가 아니라고 할 수는 없다.

마. 별개의견은 채무가 발생하더라도 그 채무가 언제나 이행되는 것은 아니므로 채무의 발생만으로는 재산권이 현실적으로 침해되었다고 보기 어렵다고 주장한다. 그러나 법률적으로 유효한 채무가 발생한 경우 그 채무의 부담이 재산상 손해에 해당하는지 아닌지는 그 채무가 법질서 내에서 정상적으로 이행되는 것을 전제로 그러한 채무의 이행이 법률적으로 강제되는 상태가 경제적 관점에서 손해에 해당하는지에 따라 판단하여야 한다. 따라서 채무자의 무자력이나 변제 의사 등에 따라 채무가 이행되지 않는 예외적인 경우를 상정한 다음 이를 근거로 채무의 발생이 재산상 손해에 해당하지 않는다고 판단하는 것은 적절하지 않다.

바. 배임행위로 얻은 재산상 이익의 가액에 따라 법정형을 가중하고 있는 특정경제범죄법의 경우 별개의견이 지적하고 있는 바와 같이 가중한 법정형 적용에 문제가 생길 수도 있다. 그러나 그러한 문제는 비단 배임죄뿐만 아니라 사기죄나 횡령죄로 인해 특정경제범죄법이 적용되는 경우에도 마찬가지로 발생하므로, 이는 특정경제범죄법 제3조의 '이득액'을 엄격하게 해석함으로써 해결할 문제이다. 그렇지 않고 일반적인 배임죄에서 별개의견과 같이 현실적인 재산의 이동이 수반되는 경우에만 배임죄의 재산상 손해 요건이 충족된다고 해석하게 되면, 배임죄의 기수로 처벌하는 데 현실적인 어려움이 있고 현재 배임죄의 기수로 인정되고 있는 많은 사안이 배임미수죄로 처벌될 수 있을 뿐이어서 재산범죄로서의 배임죄의 규범력이 크게 훼손될 우려가 있다는 점도 지적하지 않을 수 없다.

이상과 같이 다수의견에 대한 보충의견을 밝힌다.

6. 다수의견에 대한 대법관 박상옥의 보충의견은 다음과 같다.

가. 별개의견은 배임죄에 관한 형법 제355조 제2항이 다른 재산범죄와 달리 '손해를 가한 때'라고 규정하고 있고, 독일 형법과 달리 미수범 처벌규정을 따로 두고 있으므로, 그 문언에 따라 배임죄는 침해범으로 보고, 손해도 '현실적 손해'만을 의미하는 것으로 보아야 하며, 이와 달리 현실적 손해의 앞선 단계에 해당하는 '실해 발생의 위험'을 포함하게 되면 배임죄의 처벌범위를 너무 넓히게 되어 죄형법정주의와 책임주의에 반하고, 위 법조항이 국민들에 대한 행위규범의 역할을 제대로 감당하지 못하는 바람직하지 못한 결과를 가져온다고 주장한다.

나. 그러나 별개의견의 주장은 다음과 같은 이유로 수긍하기 어렵다.
    (1) 별개의견은 독일 형법의 해석론을 말하지만, 우리 형법과 같이 배임죄에 관해 미수범 처벌규정을 두고 있는 일본 형법의 해석에서, 일본의 최고재판소도 배임죄는 위험범이라는 입장을 취하고 있다. 이처럼 여러 나라들이 형법 규정의 구조적 차이에도 불구하고 현실적인 손해와 실해 발생의 위험에 대해 동등한 가치를 부여하는 이유는 경제적 관점에서 손해를 파악하는 이상 양자를 동등하게 인식하는 것이 매우 자연스럽기 때문이다.
    배임죄는 재산범죄로서 재산상 거래행위 등의 과정에서 발생하는 손해와 이익을 전제로 한다. 그런데 재산상 거래에는 돈을 미리 주면서 반대급부를 달라고 하는 것 자체가 계약의 청약이자 급부의 이행이 되는 경우가 있고, 반대로 돈을 나중에 주기로 하고 반대급부를 먼저 받는 경우도 있으며, 돈과 반대급부를 동시에 주고받는 경우도 있다. 거래관계가 실제 법률적으로는 무효임에도 이를 알지 못한 채 외형에 따라 급부를 이행하기도 하고, 거래관계가 유효임에도 적당한 빌미를 찾아 무효를 주장하면서 이행을 거절하기도 한다. 재산상 거래관계에서 이익과 손해는 이렇게 다종다양한 상황 속에서 파악되는 것이기 때문에, 돈을 오늘 주고받는 것은 손해와 이익이라고 하면서 내일 주고받은 것은 손해와 이익이 아니라고 하기가 쉽지 않다. 결국 어느 범위에서 현실적인 손해와 실해 발생의 위험을 동등하게 볼 것인가는 죄형법정주의를 근간으로 한 형법규범의 해석 문제이고, 이러한 관점에서 대법원은 재산상 실해 발생의 위험이라 함은 경제적 관점에서 보아 현실적인 손해가 발생한 경우와 같은 정도에 이르렀다고 평가할 수 있는 만큼 구체적·현실적 위험이 야기된 경우를 의미하는 것이지 단지 막연한 가능성이 있다는 정도로는 부족한 것이라고 하고 있다(대법원 2015. 9. 10. 선고 2015도6745 판결 참조).
    별개의견도 배임죄의 손해를 경제적 관점에서 파악하는 것을 부정하고 있지는 않는데, 결국 배임죄의 손해를 거래계의 경제적 관점에서 파악하는 이상 현실적인 손해와 실해 발생의 위험에 동등한 가치를 부여하는 것은 형법규범의 합목적적 해석에 따른 것이고, 이는 일반 거래계에서도 쉽게 수용되는 관념이다. 따라서 미수범 처벌규정의 유무로써 배임죄를 침해범 또는 위험범으로 달리 보는 것은 배임죄의 구성요건과 보호법익에도 합치되지 않는 해석이다.
    (2) 별개의견은, 배임죄를 침해범이 아닌 위험범이라고 보는 다수의견의 주요한 논거가 실해 발생의 위험만 초래된 경우에도 배임죄의 기수를 인정함으로써 그 이득액에 따라 특정경제범죄법 제3조를 적용하여 가중처벌을 할 수 있기 때문이라는 주장도 한다. 그러나 특정경제범죄법은 1983. 12. 31. 제정되었고, 우리 대법원이 배임죄를 위험범이라고 판시한 것은 그보다 훨씬 이전이기 때문에 별개의견의 위와 같은 주장은 그대로 받아들이기 어렵다.
    즉 대법원은 1973. 11. 13. 선고 72도1366 판결에서, "업무상 배임죄에서 '본인에게 손해를 가한 때'라 함은 재산적 가치의 감소를 뜻하는 것으로서 이는 재산적 실해를 가한 경우뿐만 아니라 실해 발생의 위험을 초래케 한 경우도 포함한다."라고 판시한 바 있고, 1975. 4. 22. 선고 75도123 판결에서는 배임죄는 침해범이 아니고 위험범임을 명시적으로 판시한 바도 있으며, 이러한 대법원의 판단은 특정경제범죄법의 제정과 상관없이 현재에도 그대로 이어지고 있다.

따라서 배임죄를 위험범으로 보는 것과 특정경제범죄법 제3조를 적용하는 것 사이에 법리적, 논리적 연관이 있는 것은 아니다.

(3) 만약 별개의견과 같이 현실적 손해만을 손해라고 하게 된다면, 이 사건과 같이 대표권을 남용한 배임행위의 경우 배임행위자인 회사의 대표이사로서는 기수 책임을 면하기 위해 자신에 대한 형사책임이 확정되기 전까지는 채무의 이행을 늦추거나 거절하려 할 것이다. 회사의 대표이사가 회사의 대주주라면 회사에 대한 지배력을 통해 이행지연 등의 방법으로 기수 책임을 면할 가능성이 높아지게 되는 등 대주주의 의사에 따라 기수 책임, 미수 책임이 다르게 성립될 수 있게 된다. 이처럼 배임행위와 직접적 인과관계가 있다고 보기 어려운 회사의 채무이행 여부나 채무이행의사의 유무, 채무이행의 시기 등에 따라 기수 책임 여부가 달라질 수 있다면, 별개의견에 의할 때 초래되는 위와 같은 결과가 책임주의에 부합하는 것인지 의문이고, 형평성에도 반하게 될 우려가 있다.

(4) 별개의견에 따르면, 배임행위자가 기수 책임을 면하기 위해 채무의 이행을 늦추려 할 때, 거래의 상대방이 직접 채권의 강제적 실현을 시도하는 경우, 언제 배임죄의 기수에 이르게 되는 것인지도 문제될 수 있다. 배임죄는 이익의 취득과 손해의 발생을 요건으로 하기 때문에, 예를 들어 금전소비대차 공정증서에 기해 회사 소유 부동산에 대해 강제경매절차가 진행되는 경우 매각대금이 완납되어 회사가 소유권을 상실할 때 기수로 되는 것인지, 상대방이 배당금을 수령할 때 기수로 되는 것인지, 상대방이 개인적 사정으로 배당금을 곧바로 수령하지 않고 1년 후에 수령한다면 그때에 기수가 되는 것인지 등 해석 여하에 따라 기수의 시점이 불명확하게 되는 것이다. 그러므로 오히려 별개의견에 따를 때 위와 같은 불명확성으로 인하여 배임죄의 형벌제재조항이 국민들에 대한 행위규범의 역할을 제대로 감당하지 못하게 될 수도 있다.

다. 다수의견이 실해 발생의 위험을 현실적인 손해와 동등하게 평가하는 것은 형사처벌의 범위를 넓히고자 함이 아니라 손해를 경제적 관점에서 파악하는 데 따른 규범적 해석으로 죄형법정주의나 책임주의에 부합하는 것이다. 오히려 별개의견과 같이 채무의 이행만을 손해로 보면 형사사법의 불안정성이나 형평성의 문제를 가져오게 되지 않을까 우려된다.

이상과 같이 다수의견에 대한 보충의견을 밝힌다.

7. 별개의견에 대한 대법관 김창석, 대법관 김신의 보충의견은 다음과 같다.

다수의견은 의무부담행위가 무효인 경우에는 실행의 착수는 인정하지만 그로 인하여 실제로 채무의 이행이 이루어졌다거나 민법상 불법행위책임을 부담하게 되었다는 등의 사정이 없는 이상 배임죄의 기수에 이른 것은 아니라고 본다. 반면에 의무부담행위가 유효인 경우에는 채무가 발생하고 그 채무를 이행할 의무를 부담하므로, 이러한 채무의 발생은 그 자체로 현실적인 손해 또는 재산상 실해 발생의 위험이라고 할 것이어서 그 채무가 현실적으로 이행되기 전이라도 배임죄의 기수에 이르렀다고 본다. 이러한 이분법적 해석론은 다음과 같은 근본적 문제를 갖는다.

가. 임무위배행위가 유효인 경우 그 실행의 착수와 동시에 배임죄의 기수가 된다고 보는 것은 배임죄의 구성요건을 행위 요건과 결과 요건으로 구분하고 배임미수죄를 처벌하는 규정을 두고 있는 형법 규정의 체계에 부합하지 않는다.

또한 범죄의 미수와 기수는 하나의 행위가 범죄로 실현되어 가는 일련의 과정이라는 점을 고려하면, 실행의 착수(미수)의 인정이나 기수의 인정은 같은 기준에 따라 판단하여야 하고 서로 다른 기준에 따라 판단하는 것은 옳지 않다.

다수의견은 실행의 착수가 있는지 여부는 의무부담행위의 유효, 무효라는 민사상의 관점에 관계없이 형법의 관점에서 판단한다. 반면에 기수에 이르렀는지 여부는 의무부담행위가 유효인 경우에는 민사상의 관점에 따라 법률상 채무가 발생한 이상 실제로 손해가 발생하였는지를 더 이상 고려하지 아니한 채 기수로 판단하고, 무효인 경우에는 실제로 손해가 발생하였다고 볼 수 있느냐는 형법의 관점에 따라 판단한다. 이는 손해의 실현가능성이 의무부담행위가 민사상 유효인 경우에는 크고, 무효인 경우에는 크지 않다는 관점을 근거로 하는 것으로 보인다.

그러나 이러한 모호한 기준을 근거로 기수 여부를 판단하는 것은 명확성의 원칙에 어긋나는 해석으로 타당하지 않다. 궁극적으로 의무부담행위가 유효임에도 그 의무가 이행되지 않는 경우가 많고 무효임에도 그 의무가 이행되는 경우도 적지 않다. 연대보증행위나 지급보증행위가 유효임에도 주채무자가 채무를 이행함으로써 손해가 실현되지 않을 수 있고, 제3자를 위하여 담보로 약속어음을 유효하게 발행하였으나 그 제3자가 원인채무를 이행함으로써 손해가 실현되지 않을 수 있는 것이다. 다수의견의 관점은 배임죄의 재산상 손해는 법률적 관점이 아니라 경제적 관점에서 파악하여야 한다고 판단하여 온 종래의 일관된 판례에 부합하는지도 의문이다. 이 점에 관한 분명한 정리가 없음도 지적하여 둔다.

나. 타인의 사무를 처리하는 자가 그 임무에 위배하여 의무부담행위를 한 경우 그 행위가 유효인지 무효인지의 구분이 명백한 것은 아니다. 실제로는 민사재판 등을 통해 법률적 평가가 확정되기 전까지는 그 행위의 법률적 효력을 쉽게 예측할 수 없는 경우가 더 많다.

다수의견에 의하면 의무부담행위의 효력에 관한 민사재판이 확정되어 있지 않는 한 배임죄의 성립 여부를 판단하는 형사법원은 해당 의무부담행위의 사법적 효력에 관하여 먼저 판단한 다음 배임죄의 성립 여부를 판단할 수밖에 없다. 이 경우 해당 의무부담행위의 사법적 효력을 좌우하는 민사적 요건사실, 즉 상대방의 인식 여부나 과실 유무 등에 관하여 형사재판을 받고 있는 피고인이 충분한 방어권을 행사할 수 있는지 의문이다. 그리고 의무부담행위의 법률적 효력에 대한 최종 평가는 결국 민사재판의 확정을 통해 이루어질 수밖에 없는데, 당사자의 처분권주의와 변론주의가 지배하는 민사재판과 실체적 진실발견을 우선시하는 형사재판은 그 절차는 물론 추구하는 이념 또한 같지 않으므로, 다수의견과 같이 배임죄의 재산상 손해 요건 충족 여부를 의무부담행위의 법률적 효력 유무에 따라 곧바로 판단하게 되면 민사재판과 형사재판의 차이에서 비롯되는 문제, 즉 무효인 의무부담행위가 민사재판에서 유효인 것으로 확정되는 경우와 같이 민사재판과 형사재판의 결과가 다른 경우 등 쉽게 해결하기 어려운 여러 문제가 파생될 수 있다.

결국 다수의견과 같이 임무에 위배한 의무부담행위의 법률적 효력 유무와 배임죄의 기수 여부를 직접 연동하여 판단하게 되면, 범죄의 성립이나 가벌성에 대한 예측가능성이 현저히 떨어지게 되어 형법의 보장적 기능이 심대하게 훼손된다.

다. 다수의견에 의하면 대표이사의 대표권남용에 의한 의무부담행위 당시 상대방이 대표권남용 사실을 알았거나 알 수 있었다면 그 행위는 무효이므로 원칙적으로 배임죄의 기수에 이를 수 없고, 상대방이 대표권남용 사실을 과실 없이 몰랐다면 그 행위는 유효이므로 곧바로 배임죄의 기수에 이른다고 보게 된다. 이와 같이 상대방의 인식이나 과실 유무에 따라 배임죄의 기수 여부가 달라지는데, 사기죄와 같이 행위의 상대방이 기망행위에 속아 처분행위를 하는 것이 구성요건으로 규정되어 있는 범죄가 아님에도 상대방의 주관적인 인식이 있었는지에 따라 기수에 이르렀는지가 좌우된다고 보는 것은 형법의 해석론으로 받아들이기 어려운 것이다.

또한 통상적으로 대표이사가 대표권을 남용하여 의무부담행위를 한 경우 상대방이 대표권남용 사실을 알았거나 알 수 있었다면 반사회질서의 법률행위에 해당할 여지가 있는 등 그 행위의 불법성이나 비난가능성이 클 가능성이 많다. 결국 다수의견에 의하면 의무부담행위의 불법성이나 비난가능성이 크면 클수록 그 행위가 무효로 될 가능성이 커지게 되어 오히려 배임죄의 기수로 처벌될 가능성은 낮아지는 결과가 된다. 이와 같은 결론은 정의 관념에 부합하지 않을 뿐만 아니라 형법이 추구하는 책임주의 원칙이나 죄형균형의 원칙에 정면으로 위배되는 것이다.

라. 배임죄에서 구성요건적으로 의미가 있는 것은 행위의 주체가 타인의 사무를 처리하는 자에 해당하는지, 그 행위가 임무에 위배한 행위에 해당하는지, 그 행위로 인해 행위자나 제3자가 재산상 이익을 취득하여 본인에게 재산상 손해를 가한 때에 해당하는지 여부이지 그 행위가 법률적으로 유효인지 무효인지가 아니다.

임무에 위배한 행위가 있다고 하더라도, 재산상 손해 발생의 가능성이 없으면 실행의 착수가 인정되지 않아 미수도 성립할 수 없고, 재산상 손해 발생의 가능성이 있어야 비로소 실행의 착수가 인정되어 미수가 성립하며, 나아가 재산상 손해 발생의 가능성이 현실화되어야 구성요건적 결과가 실현되어 기수에 이르는 것이다. 배임행위로서의 의무부담행위가 유효하다고 하더라도 형법적 관점에서는 재산상 손해가 발생할 가능성이 있다는 의미일 뿐이므로 기수 요건으로서의 재산권에 대한 침해는 채무의 발생이 아니라 채무의 이행에서 비롯된다고 보아야 한다.

그런데도 채무가 발생한 경우에는 채무가 이행될 위험이 있거나 그 자체로 재산가치가 감소한 경우에 해당하므로 이로써 배임죄의 재산상 손해 요건이 충족된 것으로 보아 배임죄의 기수로 처벌하자는 것은 결국 형벌규정을 그 문언이나 체계에 어긋나게 완화해서 해석하자는 것으로 죄형법정주의에 위배된다.

마. 다수의견은 대표이사가 대표권을 남용하여 약속어음을 발행하였는데 그 발행행위가 무효인 경우 회사가 어음채무를 실제로 이행하지 않더라도 그 약속어음이 제3자에게 유통되어 회사의 어음채무가 발생하면 배임죄의 기수에 이른다고 본다. 그런데 이 경우 약속어음의 제3자 유통은 수취인에 의한 별도의 어음행위를 통해 이루어지므로 약속어음의 제3자 유통 시점을 배임죄의 기수시기로 보게 되면 배임행위자가 아니라 그 상대방의 행위에 의해 기수 시점이 결정되게 되어 형벌규정의 해석으로

는 매우 어색한 결과가 된다.

그런데 별개의견과 같이 배임죄를 침해범으로 구성하면 약속어음 발행 사안에서도 회사가 어음채무 등을 실제로 이행한 시점에 기수가 된다고 보게 되므로 배임죄의 구성요건에 부합하는 명확한 기준에 따라 미수와 기수를 구분할 수 있다.

마찬가지로 연대보증이나 지급보증 등의 의무부담행위를 한 사안 또한 배임죄를 침해범으로 구성하면, 채무를 이행하게 될 가능성으로서의 위험과 채무의 현실적 이행으로 인한 손해를 구분하여 배임죄의 미수 또는 기수를 판단하게 된다. 다른 의무부담행위의 경우에도 마찬가지이다. 위험은 현실화될 수도 있고 잠재되어 있다가 소멸할 수도 있다. 잠재된 위험은 미수에 해당하고 현실화된 위험은 법익에 대한 침해로서 기수가 된다. 이에 따라 기수가 성립한 경우의 현실적 손해액만 특정경제범죄법 제3조의 이득액으로 보게 되므로 그 적용과 관련하여 제기되는 문제가 간명하게 해결된다.

바. 임무위배행위로 인한 위험이 현실화되어 손해가 발생한 경우에 배임죄의 기수가 성립한다는 점에 관하여는 다수의견과 별개의견 사이에 이견이 없다. 임무위배행위가 있다고 하더라도 잠재된 위험이 있다고 볼 수 없는 경우에는 미수도 성립할 수 없다는 점에 관하여도 이견이 없을 것으로 여겨진다. 의견의 차이가 존재하는 지점은 위험이 현실화되기 전의 잠재적 위험의 상태에 있는 경우이다.

다수의견은 임무위배행위가 유효인 경우에는 행위자에게 불리하게 기수로 평가하고 무효인 경우에는 행위자에게 유리하게 미수로 평가하겠다는 것이다. 별개의견은 임무위배행위의 유효 또는 무효에 따라 잠재적 위험의 상태를 달리 평가할 실질적이고도 근본적인 이유가 없기 때문에 어느 경우이든 행위자에게 유리하게 미수로 평가하겠다는 것이다. 그렇게 해석하는 것이 미수와 기수로 구분하여 규정한 배임죄의 구성요건은 물론 형법 해석의 원칙에 합치된다.

이상과 같이 별개의견에 대한 보충의견을 밝힌다.

대법원장 양승태(재판장)   대법관 김용덕 박보영 고영한 김창석 김신(주심)
                                    김소영 조희대 권순일 박상옥 이기택 재형

6. 문서손괴

[판례 1] 재물손괴

(대법원 1985. 2. 26. 선고 84도2802 판결)

【판시사항】

약속어음의 발행인이 소지인으로부터 그 어음을 교부받아 수취인란에 타인의 이름을 기재함으로써 배서의 연속을 상실케 한 경우, 문서손괴죄의 성부(적극)

【판결요지】

약속어음의 발행인이 소지인에게 어음의 액면과 지급기일을 개서하여 주겠다고 하여 위 어음을 교부받은 후 위 어음의 수취인란에 타인의 이름을 추가로 기입하여 위 어음배서의 연속성을 상실하게 함으로써 그 효용을 해한 경우에는 문서손괴죄에 해당한다.

【참조조문】

형법 제366조

【전 문】

【피 고 인】 피고인
【상 고 인】 피고인
【원심판결】 수원지방법원 1984.11.9. 선고 84노584 판결

【주 문】

상고를 기각한다.

【이 유】

피고인의 상고이유를 본다.
원심이 유지한 1심판결 채용의 증거에 의하면, 피고인은 이 사건 약속어음을 공소외 1에게 발급하고 위 공소외 1는 공소외 2에게 백지배서의 방식으로 양도하였는데 그 후 피고인은 소지인인 위 공소외 2에게 위 어음의 액면과 지급기일을 개서하여 주겠다고 하여 위 어음을 교부받은 후 함부로 위 어음의 수취인란에 "공소외 3, 공소외 4, 공소외 5"의 이름을 추가로 기입하여 위 어음배서의 연속성을 상실하게 함으로써 그 효용을 해하였다는 1심판시사실이 넉넉히 인정되고, 기록에 의하여 그 증거취사과정을 살펴보아도 채증법칙 위반의 위법이 없다.
결국 피고인의 위 행위를 문서손괴죄로 의율처단한 원심조치는 정당하고 이를 다투는 논지는 이유없으므로 상고를 기각하기로 하여 관여 법관의 일치된 의견으로 주문과 같이 판결한다.

대법관   이일규(재판장) 전상석 이회창

7. 공정증서원본불실기재 및 불실기재공정증서원본행사

[판례 1] 사기미수·공정증서원본불실기재·불실기재공정증서원본행사·사문서변조·변조사문서행사

(대법원 2012. 4. 26. 선고 2009도5786 판결)

【판시사항】

발행인과 수취인이 통모하여 진정한 어음채무 부담이나 어음채권 취득 의사 없이 단지 발

행인의 채권자에게서 채권 추심이나 강제집행을 받는 것을 회피하기 위하여 형식적으로만 약속어음의 발행을 가장한 후 공증인에게 마치 진정한 어음발행행위가 있는 것처럼 허위로 신고하여 어음공정증서원본을 작성·비치하게 한 경우, 공정증서원본불실기재 및 동행사죄가 성립하는지 여부(적극)

【판결요지】

형법 제228조 제1항의 공정증서원본불실기재죄는 공무원에 대하여 진실에 반하는 허위신고를 하여 공정증서원본 또는 이와 동일한 전자기록 등 특수매체기록에 실체관계에 부합하지 않는 불실의 사실을 기재 또는 기록하게 함으로써 성립한다. 그런데 발행인과 수취인이 통모하여 진정한 어음채무 부담이나 어음채권 취득에 관한 의사 없이 단지 발행인의 채권자에게서 채권 추심이나 강제집행을 받는 것을 회피하기 위하여 형식적으로만 약속어음의 발행을 가장한 경우 이러한 어음발행행위는 통정허위표시로서 무효이므로, 이와 같이 발행인과 수취인 사이에 통정허위표시로서 무효인 어음발행행위를 공증인에게는 마치 진정한 어음발행행위가 있는 것처럼 허위로 신고함으로써 공증인으로 하여금 어음발행행위에 대하여 집행력 있는 어음공정증서원본을 작성케 하고 이를 비치하게 하였다면, 이러한 행위는 공정증서원본불실기재 및 불실기재공정증서원본행사죄에 해당한다고 보아야 한다.

【참조조문】

형법 제228조 제1항, 제229조, 민법 제108조

【참조판례】

대법원 1996. 8. 23. 선고 96다18076 판결(공1996하, 2847)
대법원 2005. 4. 15. 선고 2004다70024 판결(공2005상, 743)
대법원 2007. 7. 12. 선고 2007도3005 판결
대법원 2008. 12. 24. 선고 2008도7836 판결

【전　문】

【피　고　인】 피고인 1 외 1인
【상　고　인】 피고인들 및 검사(피고인들에 대하여)
【원심판결】 서울남부지법 2009. 6. 5. 선고 2009노81 판결

【주　문】

원심판결을 파기하고, 사건을 서울남부지방법원 합의부에 환송한다.

【이　유】

상고이유를 판단한다.
1. 피고인들의 상고이유에 대하여
　가. 증거의 취사선택과 사실의 인정은 논리와 경험칙에 반하지 않는 한 사실심의 전권에 속하는 것인데, 기록에 비추어 살펴보아도 원심이 피고인들이 허위의 채권을 가장하여 법원을 기망하여 배당을 받으려 하였다는 등 그 판시와 같은 사정을 들어

피고인들에 대한 사기미수의 공소사실을 유죄로 인정한 데에 논리와 경험칙에 반하고 자유심증주의의 한계를 벗어난 위법이 없으므로, 그에 관한 주장은 적법한 상고이유가 되지 못한다.

나. 기록에 의하면, 피고인 2는 사문서변조 및 변조사문서행사의 공소사실을 유죄로 인정한 제1심판결에 대하여 항소를 제기하지 아니하였음을 알 수 있는바, 이러한 경우 이 부분 공소사실을 유죄로 인정한 원심판결에 법리오해의 위법이 있다는 취지의 주장은 적법한 상고이유가 되지 못한다.

2. 검사의 상고이유에 대하여

가. 형법 제228조 제1항의 공정증서원본불실기재죄는 공무원에 대하여 진실에 반하는 허위신고를 하여 공정증서원본 또는 이와 동일한 전자기록 등 특수매체기록에 실체관계에 부합하지 않는 불실의 사실을 기재 또는 기록하게 함으로써 성립한다. 그런데 발행인과 수취인이 통모하여 진정한 어음채무의 부담이나 어음채권의 취득에 관한 의사 없이 단지 발행인의 채권자로부터 채권의 추심이나 강제집행을 받는 것을 회피하기 위하여 형식적으로만 약속어음의 발행을 가장한 경우 이러한 어음발행행위는 통정허위표시로서 무효이므로 (대법원 1996. 8. 23. 선고 96다18076 판결, 대법원 2005. 4. 15. 선고 2004다70024 판결 등 참조), 이와 같이 발행인과 수취인 사이에 통정허위표시로서 무효인 어음발행행위를 공증인에게는 마치 진정한 어음발행행위가 있는 것처럼 허위로 신고함으로써 공증인으로 하여금 그 어음발행행위에 대하여 집행력 있는 어음공정증서원본을 작성케 하고 이를 비치하게 하였다면, 이러한 행위는 공정증서원본불실기재 및 불실기재공정증서원본행사죄에 해당한다고 봄이 상당하다(대법원 2007. 7. 12. 선고 2007도3005 판결 등 참조).

나. 원심은, 피고인 1이 피고인 2에 대하여 아무런 채무를 부담하고 있지 않은데도 그 정을 모르는 공증인으로 하여금 액면 3억 원의 약속어음을 허위로 공증하게 하고 이를 그 사무실에 비치하게 하였다는 취지의 공소사실에 대하여, 피고인들 사이에 약속어음의 원인채무관계가 존재하지 않는다는 이유만으로 약속어음이 허위라고 할 수는 없다고 전제한 다음, 피고인들이 그들의 의사에 따라 실제로 위 약속어음을 작성하고 공증인이 피고인들의 촉탁에 따라 위 약속어음이 진정하게 발행·교부되었음을 확인한 이상 위 약속어음 발행의 원인이 되는 채권이 존재하지 않았다고 하여 위 공정증서가 증명하는 사항이 불실기재되었다고 볼 수는 없다고 보아, 이 부분 공소사실을 무죄로 판단하였다.

그러나 원심의 판단은 다음과 같은 이유로 수긍하기 어렵다.

원심이 인정한 사실과 그 채택 증거들에 의하면, 피고인들 사이에 이 사건 약속어음 발행의 원인이 된 채권·채무가 존재하지 않았음은 물론이지만, 무엇보다 피고인들은 공증인에게 이 사건 어음공정증서의 작성을 촉탁함에 있어, 피고인들 사이에 진정으로 약속어음을 발행할 의사 없이 통모하여 마치 진정한 약속어음을 발행하는 것처럼 가장함으로써 이에 대한 어음공정증서의 작성을 촉탁하였고, 그에 따라 공증인으로 하여금 이 사건 어음공정증서를 작성하게 하여 그 원본을 비치하게 한 사실(그 후 피고인들은 피고인 1의 채권자인 공소외인이 채권배당절차에서 배당을 받지 못하도록 이 사건 어음공정증서를 집행권원으로 신청하여 채권압류 및 추심명령을 받음으로써 배당법원으로부터 배당을 받으려 하였다)을 알 수 있다.

앞서 본 법리에 의하면 피고인들의 어음발행행위는 통정허위표시로서 무효이므로, 이러한 무효인 어음발행행위에 대하여 공증인으로 하여금 어음공정증서원본을 작성하고 비치하게 한 것은 공정증서원본불실기재 및 불실기재공정증서원본행사죄에 해당한다고 할 것이다.

이와 달리 이 부분 공소사실을 무죄로 판단한 원심판결에는 어음공정증서원본불실기재 등 죄에 관한 법리를 오해한 위법이 있고, 이를 지적하는 상고이유는 이유 있다.

3. 파기의 범위

수개의 범죄사실에 대하여 항소심이 일부는 유죄, 일부는 무죄의 판결을 하고 그 판결에 대하여 피고인 및 검사 쌍방이 상고를 제기하였으나 유죄 부분에 대한 피고인의 상고는 이유 없고 무죄 부분에 대한 검사의 상고만 이유 있는 경우, 항소심이 유죄로 인정한 죄와 무죄로 인정한 죄가 형법 제37조 전단의 경합범 관계에 있다면 항소심판결의 유죄 부분도 무죄 부분과 함께 파기되어야 하므로(대법원 2000. 11. 28. 선고 2000도2123 판결, 대법원 2009. 2. 12. 선고 2007도2733 판결 등 참조), 이 사건에서 원심판결의 무죄 부분과 유죄 부분은 전부 파기될 수밖에 없다.

4. 결론

그러므로 원심판결을 파기하고, 사건을 다시 심리·판단하도록 하기 위하여 원심법원에 환송하기로 하여 관여 법관의 일치된 의견으로 주문과 같이 판결한다.

대법관 이상훈(재판장) 전수안(주심) 양창수 김용덕

8. 부정수표단속법위반

[판례 1] 부정수표단속법위반·사기

(대법원 1983. 5. 10. 선고 83도340 전원합의체 판결)

【판시사항】

가. 발행일 기재 흠결수표에 대한 부정수표단속법 제2조 제2항의 적용여부(소극)
나. 발행지 기재 흠결수표에 대한 부정수표단속법 제2조 제2항의 적용여부(적극)
다. 기업이 도산에 직면한 상황을 숨기고 생산자재용물품을 납품받은 경우와 편취의 미필적 고의

【판결요지】

가. 수표의 발행일란의 발행년월일중 월의 기재가 없는 수표는 발행일의 기재가 없는 수표로 볼 수 밖에 없고 이러한 수표는 수표법 소정의 지급제시기간내에 제시되었는지의 여부를 확정할 길이 없으므로 부정수표단속법 제2조 제2항 소정의 구성요건을 충족하지 못하는 것이다.

나. 국내수표의 경우에 발행지 기재의 요건이 흠결되었다고 하여도 (발행지를 백지로 발행하였다가 보충함이 없이 지급제시된 경우 포함) 발행지의 기재 유무는 수표의 유통증권으로서의 실제적 기능에 아무런 영향이 없고 실제 거래에 있어서도 발행지기재의 흠결을 이유로 지급거절이 됨이 없이 유통되고 있는 이상, 수표법상 유효한 수표는 아니나 부정수표단속법이 보호하고자하는 유통적 기능을 가진 수표라고 보아 발행지 기재가 없는 것만으로는 부정수표단속법 제2조 제2항의 적용 대상에서 제외될 수 없다. (다수의견)

발행지의 기재없는 수표는 발행일의 기재없는 수표와 마찬가지로 미완성수표로서 그러한 백지수표의 지급제시는 수표법상 적법한 제시라고 할 수 없으니 부정수표단속법상의 규제대상이 되지 아니한다.(반대의견)

다. 피고인이 경영하던 기업이 과다한 금융채무부담, 덤핑판매로 인한 재무구조악화 등으로 특별한 금융혜택을 받지 않는 한 도산이 불가피한 상황에 이르렀는데 피고인이 특별한 금융혜택을 받을 수 없음에도 위 상황을 숨기고 대금지급이 불가능하게 될 가능성을 충분히 인식하면서 피해자로부터 생산자재용 물품을 납품받았다면 편취의 미필적 범의가 인정된다.

【참조조문】

가. 부정수표단속법 제2조 제2항, 부정수표단속법시행령 제2조 제3항, 수표법 제28조 제2항, 제29조, 제1조 나. 부정수표단속법 제2조 제2항, 제1조, 수표법 제1조 다. 형법 제347조

【참조판례】

나. 대법원 1968.9.24 선고 68다1516 판결
1982.9.14 선고 82도1531 판결

【전 문】

【피 고 인】 피고인
【상 고 인】 피고인
【변 호 인】 변호사 김창국
【원심판결】 서울형사지방법원 1981.1.13 선고 82노5228 판결

【주 문】

원심판결을 파기하고, 사건을 서울형사지방법원 합의부에 환송한다.

【이 유】

1. 부정수표단속법위반의 점에 관한 변호인의 상고이유를 본다.
   (1) 원심판결 이유에 의하면, 원심은 피고인이 공소외 1 은행 화양동지점 및 공소외 2 은행 성동지점과 피고인 명의로 각 당좌계정을 개설하고 원심판결 첨부 목록기재와 같은 위 각 은행거래수표 15매 액면합계 150,200,000원을 발행하여 각 제시기일에 예금부족으로 지급되지 아니하게 한 사실을 인정하고 피고인의 위 행위를 부정수표단속법 제2조 제2항 소정의 부정수표발행에 해당하는 것으로 판단하였는바, 기록에

의하면 위 수표중 소론 (수표번호 1 생략) 및 (수표번호 2 생략) 액면 각 10,000,000원의 수표 2매는 각 발행일란을 "1982년 월 4일"로 기재하고 또 발행지란을 백지로 하여 발행된 것으로서 그후 위 각 백지부분이 보충됨이 없이 지급제시되어 각 예금부족을 이유로 지급거절이 된 사실을 인정할 수 있다.

그러므로 우선 위와 같이 발행일의 기재가 흠결된 수표를 부정수표단속법 제2조 제2항의 적용대상인 부정수표로 볼 수 있는지에 관하여 보건대, 부정수표단속법 제2조 제2항에 의하면 수표를 발행하거나 작성한 자가 수표를 발행한 후에 예금부족, 거래정지처분이나 수표계약의 해제 또는 해지로 인하여 제시기일에 지급되지 아니하게 한 때에는 부정수표발행에 해당하는 것으로 규정하고 있는바, 한편 같은법시행령 제2조 제3항에 의하면 위 법 제2조 제2항에서 "제시기일"이라 함은 수표법 제28조 제2항의 규정에 의하여 수표를 제시한 날 및 동법 제29조의 규정에 의한 지급제시 기간내에 금융기관에 지급을 받기 위하여 수표를 제시한 날을 말한다고 규정하고 있으므로, 위 법 제2조 제2항 소정의 부정수표는 수표법 소정의 지급제시 기간내에 제시된 것임을 요하는 것으로서 위와 같은 제시기간의 준수여부를 확정하기 위하여 발행일의 기재는 필수적인 것임을 알 수 있다.

그런데 소론 수표 2매는 발행일란의 발행 연월일 중 월의 기재가 없어 결국 발행일의 기재가 없는 수표로 볼 수 밖에 없고 이와 같이 발행일의 기재가 없이는 그 수표가 수표법 소정의 지급제시 기간내에 제시되었는지의 여부를 확정할 길이 없으니 위 수표 2매는 부정수표단속법 제2조 제2항 소정의 구성요건을 충족하지 못하는 것이라고 볼 수 밖에 없다.

그럼에도 불구하고 원심이 이 점을 간과하여 위 수표에 관한 부분까지 유죄로 단정하였음은 위 법조의 법리를 오해하였거나 증거의 판단을 그릇쳐 적법한 증거없이 사실을 인정한 위법을 저지른 것이라고 하겠으니 이점에 관한 논지는 이유있다고 할 것이다.

(2) 이상과 같이 소론 수표 2매는 발행일 기재가 흠결된 점에서 벌써 부정수표단속법 제2조 제2항 소정의 부정수표에 해당하지 않는 것이나 논지는 발행지 기재가 흠결된 점에서도 위 규정의 그 적용대상이 아니라고 주장하고 있으므로 이 점에 관한 당원의 견해를 밝혀 두고자 한다.

부정수표단속법의 입법목적은 국민의 경제생활의 안정과 유통증권인 수표의 기능을 보장하고자 함에 있으므로(제1조), 같은법 제2조 제2항의 적용대상인 수표도 실제거래에서 유통증권으로서의 기능을 발휘할 수 있는 수표를 의미하며 그와 같은 기능을 발휘할 수 없는 수표까지 규제대상으로 한 것은 아님이 분명한 것인바, 일반적으로 수표법 제1조 소정의 수표요건을 갖춘 수표가 위와 같은 유통증권으로서의 기능을 가진 수표에 해당함에는 이론의 여지가 없다.

그런데 수표법 제1조에 규정된 수표요건 중 발행지는 국내수표의 경우에 실제적 의의가 없는 요건으로서 그 기재의 유무는 수표의 유통증권으로서의 실제적 기능에 아무런 영향이 없고, 다만 국내수표가 아닌 경우 즉 발행지와 지급지가 국토를 달리하거나 세력을 달리하는 수표 기타 국제수표에 있어서 지급제시기간산정(수표법 제29조), 발행일환산(동법 제30조), 복본발행의 조건(동법 제48조) 및 계산 수표의 효력(동법 제65조)등을 정하는 기준이 되거나 섭외사법상 준거법의 결정에 있어서 발행지를 추정하는 자료가 될 뿐이다. 뿐만 아니라 기록에 의하면 실제거래에 있어서도 국내수표인 이 사건 수표 2매는 발행지기재의 요건이 흠결되었음에도 불구하고 이를 이유로 지급거절이 되지 아니하고 수표요건을 갖춘 유효한 수표와 다름없이 예금부족을 이유로 지급거절이 되었음을 알 수가 있다.

그렇다면, 국내수표의 경우에 발행지 기재의 요건이 흠결되었다고 하여도 (발행지를 백지로 발행하였다가 보충함이 없이 지급제시된 경우를 포함한다)발행지기재가 위와 같이 유통증권으로서의 기능에 아무런 영향이 없는 무의미한 것이어서 유통증권으로서의 기능발휘에 장애가 되지 아니하고 실제로도 발행지의 기재의 흠결을 이유로 지급거절이 됨이 없이 유통되고 있는 이상, 수표법상 유효한 수표는 아니나 부정수표단속법이 보호하고자 하는 유통적 기능을 가진 수표라고 보아 같은법 제2조 제2항의 적용대상에 포함된다고 보는 것이 그 법률의 목적에 비추어 타당하다고 할 것이다.

원래 부정수표단속법은 부정수표가 남발됨으로써 유통증권으로서의 수표기능과 그 피지급성에 대한 신뢰가 깨어지고 유통질서의 혼란이 야기되어 국민경제의 안정을 해치는 사회현실을 앞에 놓고 이러한 부정수표의 발행을 제재하여 수표의 유통기능을 확보함으로써 경제질서의 안정을 도모하고자 하는 현실적 필요에서 제정된 것이며 단지 수표법에 규정된 형식적 요건의 준수를 독려하기 위한 수표법의 벌칙적 규정으로서 마련된 것은 아니다. 위에서 본바와 같이 발행지기재가 흠결된 수표라도 유효한 수표와 다름없이 유통기능을 발휘할 수 있고 또 실제로 그와 같이 유통되고 있는 이상 이러한 수표의 부정발행으로 인한 폐단은 발행기기재의 요건을 갖춘 수표의 경우와 다를 바 없음에도 불구하고, 오직 발행지기재라는 실제상 무의미한 수표요건이 결여되었다는 형식적 이유만으로 부정수표단속법의 규제대상에서 제외한다면 이는 위와 같은 부정수표단속법 제정의 현실적 필요성과 그 제정목적을 외면한 것이라고 보지 않을 수 없는 것이다.

결국 국내수표의 경우에 발행지기재가 없는 것만으로는 부정수표단속법 제2조 제2항의 적용대상에서 제외될 수 없으니 이 점에 관한 논지는 이유없다.

이 부분에 관하여는 별지와 같은 대법원판사 이일규, 전상석 및 이정우의 반대의견과 대법원판사 이회창의 다수의견에 관한 보충의견이 있다.

2. 사기의 점에 관한 피고인 및 변호인의 상고이유를 본다.

원심판결에서 거시한 증거를 기록에 의하여 살펴보면, 피고인이 경영하던 기업은 원심판시와 같은 과다한 금융채무 부담으로 그 이자지급에 급급한 처지에서 동종업체와의 경쟁을 위하여 원가이하로 투매하는 덤핑판매를 강행한 결과 1981년경부터는 극도로 재무구조가 악화되어 특별한 금융혜택을 받지 않는 한 기업의 도산이 불가피한 상황에 이르렀는데 당시 피고인이 특별한 금융혜택을 받을 수 있는 가능성은 없었던 사실과 피고인은 위와 같은 상황을 숨기고 이 사건 피해자들로부터 원심판시와 같은 생산자재용 물품을 납품받은 사실이 적법하게 인정된다.

위와 같은 사실관계에 비추어 보면, 피고인은 그 대금지급이 불가능하게 될 가능성을 충분히 인식하면서도 피해자들로부터 이 사건 물품을 납품받은 것이라고 하겠으므로 원심이 피고인에게 편취의 미필적 범의가 인정된다고 판단하여 피고인을 사기죄로 의율하였음은 정당하고, 소론과 같이 심리를 다하지 아니하거나 편취의 범의 또는 기망과 재물교부간의 인과관계에 관하여 법리를 오해한 위법이 있다고 볼 수 없으니 논지는 이유없다.

3. 결국 원심판결 중 부정수표단속법위반 부분에는 위에서 본 바와 같이 판결에 영향을 미친 법률위반이 있어 이 부분은 그대로 유지될 수 없는바, 원심판결은 각 부정수표단속법위반죄와 사기죄를 경합범으로 처단하여 하나의 형을 선고하고 있으므로 원심판결 전부를 파기하여 서울형사지방법원 합의부에 환송하기로 한다.

이 판결에는 부정수표단속법위반 부분 중 발행지기재 흠결수표에 대한 부정수표단속법의 적용여부에 관하여 대법원판사 이일규, 전상석 및 이정우의 별지와 같은 반대의견이 있는 외에는 관여법관 전원의 의견이 일치되었으므로 주문과 같이 판결한다.

대법관　유태홍(재판장) 이일규 김중서 정태균 강우영 이성렬 전상석 이정우 윤일영
　　　　김덕주 신정철 이회창 오성환

1. 대법원판사 이일규, 전상석 및 이정우의 이견

발행일이나 발행지의 기재없는 미완성된 수표가 소위 백지수표라 하여 일반거래상 완성된 수표와 같이 유통되고 있음은 공지의 사실에 속한다고 할 것이나 법률적인 면에서는 이런 백지수표는 필요적 기재사항의 흠결로서 수표로서의 효력이 없는 것이고 따라서 백지의 보충이 없는 수표를 지급은행에 제시하였다 하더라도 그것은 적법한 제시라고 할 수 없다고 할 것이며 이런 경우에 발행일의 기재가 없는 것이나 발행지의 기재가 없는 백지 수표의 제시는 다같이 적법한 제시라고 보지 않고 있음이 당원의 판례로 하는 바이다 (발행일에 관한 당원 1982.9.14 선고 82도1531 판결, 발행지에 관한 당원 1968.9.24 선고 68다1516 판결 각 참조). 여기서 제시라 함은 수표 소지인이 지급인인 은행등 금융기관에 대하여 수표를 제출하고 그 수표금의 지급을 요구하는 행위를 말하는 것이니 이는 수표법상의 제시나 부정수표단속법상의 제시는 다같은 개념으로 그 양자 사이에 무슨 차이가 있다고 할 수 없다.

그런데 다수설은 수표의 필요적 기재사항 중 발행지에 관한 것은 국내수표에 관한 한 실질적 의미가 없다는 것과 발행지의 기재없는 수표가 지급 거절됨이 없이 유통되고 있는 점을 강조하여 이런 수표는 발행일의 기재없는 수표와는 달리 위 단속법의 규제대상으로 본다고 한다. 그 입론의 경위가 발행지의 기재없는 수표의 제시를 적법하다고 보는 것인지 아니면 위 단속법상의 수표제시와 수표법상의 그것을 달리 본다는 것인지 분명하지 아니하나 위 양 법상의 각 제시를 달리 본다는 것이라면 어찌하여 그렇게 구별하여야 한다는 설명이 필요할 것이며 적법한 제시로 본다면 위 당원판례에 저촉되어 판례변경의 조치가 없는 한 자기 모순이라고 아니할 수 없다.

그리고 다수설은 발행지기재의 실질적 의미가 없는 것과 그것이 일반거래상 완성된 수표와 같이 유통되고 있는 점에 위 단속법시행령 제2조 제3항을 들고 발행일의 기재없는 수표와 발행지의 기재없는 수표를 달리 보는 것 같으나 문언증권인 수표에 관하여 수표법이 발행지의 기재를 필수요건으로 삼고 있는 이상 이의 기재없는 백지수표는 미

완성 수표로서 그런 수표의 제시가 적법하다고 할 수 없음은 앞에서 본바와 같고 기록에 의하면 본건 수표는 발행일과 발행지의 기재가 모두 없는 것으로 그 제시를 받은 지급은행은 예금부족으로 지급거절을 하였음이 분명한바 이로 미루어 보면 발행일의 기재없는 수표도 부적법한 제시라고 보지 않고 지급은행에서 처리되고 있음은 발행지의 기재없는 경우와 같이 유통되고 있음을 알 수 있고 위 시행령의 규정만으로 발행일과 발행지를 구분 해석하여야 할 합리적인 근거로 삼을 수 없다고 해석된다.

이제 결론을 말하면, 발행일의 기재없는 수표나 발행지의 기재없는 것은 다같이 미완성 수표로서 그런 백지수표의 제시는 적법한 제시라고 할 수 없으니 지급은행이 부적법제시로 봤거나 예금부족 등으로 지급거절을 하였든 간에 법률상으로는 적법제시라 할 수 없으니 모두 위 단속법의 규제대상이 되지 아니한다고 봄이 타당하며 그렇게 본다 하여 수표의 유통기능을 보호함에 무슨 지장이 있다 할 수 없어 반대의견을 표하는 바이다.

2. 대법원판사 이회창의 다수의견에 관한 보충의견

소수의견은 다수의견이 발행지의 기재없는 수표의 제시를 적법한 제시라고 보는 것인지 아니면 부정수표단속법상의 제시와 수표법상의 그것을 달리 보는 것인지 분명하지 않고 또 달리 보는 이유의 설명이 없다고 한다.

그러나 수표법상 적법한 제시라 함은 수표요건을 갖춘 유효한 수표를 제시함을 말하는 것이므로 부정수표단속법 제2조 제2항에 규정된 수표의 제시가 적법한 제시를 말하는 것인가 아닌가의 문제는 결국 위 규정이 수표요건을 갖춘 유효한 수표만을 대상으로 한 것인가 아닌가의 문제에 귀착되는 것이다.

그러므로 다수의견이 부정수표단속법의 규제대상인 수표에는 수표법 제1조 소정의 수표요건을 갖춘 수표 뿐만 아니라 수표요건 중 발행지의 기재를 흠결한 수표도 여기에 포함된다고 설시하고 있는 것은, 바로 부정수표단속법 제2조 제2항에 규정된 수표의 제시가 수표법상 적법한 제시의 경우 뿐만 아니라 적법한 제시가 아닌 발행지 기재요건이 흠결된 수표제시의 경우까지 포함하는 것이라고 설시하고 있는 것과 다를 것이 없다.

그리고 다수의견은 위와 같이 발행지기재가 흠결된 수표도 위 단속법의 적용대상에 포함된다고 보는 입론의 근거로서 발행지기재가 수표의 유통증권으로서의 기능에 아무런 영향이 없는 무의미한 것으로 그 흠결이 실제 유통증권의 기능발휘에 장애가 안된다는 점과 부정수표단속법의 제정취지나 목적에 비추어 볼 때 위 법률은 위와 같은 발행지기재가 흠결된 수표도 규제대상으로 한 것이라는 점을 들고 있는바, 이것을 소수의견이 지적하는 제시의 측면에서 본다면 부정수표단속법 제2조 제2항에 규정된 수표의 제시가 수표법상 적법한 제시 뿐만 아니라 발행지기재가 흠결된 수표의 제시까지 포함한다고 보는 이유의 설명에 다름 아니라고 할 것이다.

다음에 소수의견은 발행일의 기재가 흠결된 경우와 발행지의 기재가 흠결된 경우를 구분 해석하는 근거에 대하여 의문을 제기하고 있으나, 발행일은 지급제시기간 기산의 근거가 되고 지급제시기간의 도과는 수표상 권리의 상실등 유통증권의 기능에 변동을 가져오는 것이므로 유통증권의 기능과 직접 관련이 있는 수표요건이라고 할 것이며, 이러한 점에서 수표의 유통증권으로서의 기능에 영향이 없는 무의미한 발행지기재와 동열에 놓고 논할 수는 없는 것이다.

이와 같이 발행일기재의 흠결은 발행지기재의 경우와는 달리 수표의 유통증권으로서의 기능에 영향을 미치는 요건의 흠결이므로 설사 그 요건흠결의 수표가 사실상 유통되는 사례가 있다고 하여도 이러한 사실만으로 부정수표단속법 제2조 제2항이 위와 같은 유통기능에 영향을 미치는 요건흠결의 수표까지도 유통증권의 기능을 가진 수표로 보아 그 규제대상으로 삼은 것이라고는 도저히 볼 수 없으며 부정수표단속법시행령 제2조 제3항이 위 법 제2조 제2항 소정의 부정수표도 수표법 소정의 제시기간내에 제시된 것임을 요하는 것으로 규정함으로써 발행일기재를 필수적 전제로 한 것도 위와 같은 취지에서 볼 때 당연한 규정이라고 해석된다.

수표법이 발행지기재를 요건으로 규정하고 그 요건흠결의 수표는 효력이 없음을 명시하고 있는 이상 국내수표의 경우에 발행지기재가 아무리 무의미한 것이라고 하여도 그 기재흠결의 수표를 수표법상 유효한 수표라고 볼 수 없음은 더 말할 것도 없다. 다만 우리의 견해는 형법법규인 부정수표단속법의 적용에 있어서만은 무의미한 발행지기재를 흠결한 수표도 그 규제대상인 수표에 포함되는 것으로 보자는 것이고 수표법상 수표의 효력을 달리 보자는 것은 아니므로, 위 단속법에 관한 이러한 해석이 소수의견이 지적하는 바와 같이 문언증권인 수표의 성질과 반하는 해석이라고는 생각되지 않는다.

[판례 2] 부정수표단속법위반

(대법원 1992. 9. 22. 선고 92도1207 판결)

【판시사항】

가. 부정수표단속법 제2조 제2항 위반죄의 성립요건
나. 수표를 견질용으로 발행하면서 다른 담보를 충분히 제공하고 원인채무를 변제하였는데 소지인이 반환의무에 위배하여 지급제시한 경우 발행인에게 위 법조항 위반의 책임을 물을 수 없다고 본 사례

【판결요지】

가. 부정수표단속법 제2조 제2항 위반의 죄는 예금부족 등으로 인하여 제시일에 지급되지 아니할 것이라는 결과발생을 예견하고 발행인이 수표를 발행할 때에 성립하고, 그 예견은 미필적이라 하더라도 영향이 없으며, 기타 지급제시를 하지 않는다는 특약이나 수표를 발행하게 된 경위 또는 지급하지 못하게 된 경위 등에 대내적 사유가 있다는 사정만으로 부정수표발행의 죄책을 면할 수 없으나, 발행인이 그와 같은 결과발생을 예견하지 아니하였거나 특별한 사정이 있어 수표가 지급제시되지 않으리라고 믿고 있었고 그와 같은 믿음이 정당한 것으로 수긍되는 것이라면, 부정수표발행의 죄책을 인정할 수 없다.
나. 피고인이 갑으로부터 돈을 빌리고 그 채무를 담보하기 위하여 소위 견질용으로 수표를 발행한 것이나 갑의 요구에 따라 여러 부동산에 근저당권설정등기 또는 가등기를 하는 방법으로 충분한 담보를 제공하였고, 갑은 피고인이 원리금을 다 갚을 때까지 위 수표를 담보로만 보관하고 있겠다고 각서까지 써 주어서 피고인이 제공한 다른 담보가 있는 한 갑이 수표를 지급제시하지 아니할 것으로 믿었고, 그 후 수표의 원인된 채

무가 모두 변제되어서 피고인은 이 수표가 지급제시되지 아니하고 반환될 것으로 믿고 있었고 그 믿음이 정당한데 그 소지인인 갑이 이를 피고인에게 반환하여야 할 의무에 위배하고 백지로 된 발행일을 무단기재하여 부당하게 지급제시한 것이라면, 피고인에게는 이 수표금이 지급되지 아니함에 따른 위 법 제2조 제2항 위반의 책임을 물을 수 없다.

【참조조문】

부정수표단속법 제2조 제2항

【참조판례】

가.나. 대법원 1982.4.13. 선고 80도537 판결(공1982,539)
나. 대법원 1981.9.22. 선고 81도1181 판결(공1981,14395)

【전 문】

【피 고 인】 A
【상 고 인】 피고인
【원심판결】 서울형사지방법원 1992.4.10. 선고 92노545 판결

【주 문】

원심판결을 파기하고, 사건을 서울형사지방법원 합의부에 환송한다.

【이 유】

상고이유를 본다.
1. 기록에 의하면, 원심은 피고인은 공소외 B로부터 돈을 차용하면서 그 담보로 이 사건 수표들을 발행하여 그에게 교부한 것이고, 위 B는 위 수표들을 채무완제시까지 담보로 보관만 하기로 약정하였던 것인데 그 후에 피고인이 차용금을 모두 변제했음에도 위 B가 위 수표들을 소지하고 있음을 기화로 부당하게 지급제시한 것이며, 피고인은 위 수표들을 발행할 때에 지급기일에 지급되지 않을 것을 예상하고 발행한 것이 아님에도 불구하고, 제1심은 피고인이 수표를 발행한 후 제시기일에 지급되지 아니하게 하는 범죄를 저질렀다고 잘못 인정하였다는 피고인의 항소이유에 대하여, 제1심이 적법하게 증거조사를 마쳐 채택한 증거들을 종합하여 보면, 피고인은 위 수표들이 지급제시될 경우 무거래나 예금부족으로 지급되지 않을 가능성이 있음을 인식하면서 위 수표들을 발행교부한 사실을 인정하기에 넉넉하고, 위 수표들을 발행함에 있어 피고인이 주장하는 바와 같은 사정이 존재하는 것만으로는 부정수표단속법위반의 죄책을 면할 수 없다는 이유로 배척하였다.
2. 부정수표단속법 제2조 제2항 위반의 죄는 예금부족 등으로 인하여 제시일에 지급되지 아니할 것이라는 결과발생을 예견하고 발행인이 수표를 발행할 때에 성립하고, 그 예견은 미필적이라 하더라도 영향이 없으며, 기타 지급제시를 하지 않는다는 특약이나 수표를 발행하게 된 경위 또는 지급하지 못하게 된 경위 등에 대내적 사유가 있다는 사정만으로 부정수표발행의 죄책을 면할 수 없다고 할 것이나(당원 1982.4.13. 선고 80도

537 판결 참조), 수표의 발행인이 그와 같은 결과발생을 예견하지 아니하였거나 특별한 사정이 있어 수표가 지급제시 되지 않으리라고 믿고 있었고 그와 같은 믿음이 정당한 것으로 수긍되는 것이라면, 부정수표발행의 죄책을 인정할 수 없다고 보는 것이 옳을 것이다.

3. 원심이 확정한 사실에 의하면, 이 사건 수표상의 발행일은 1989.5.19.이고 제시일은 같은 해 5.20.이나 그 실제발행일은 1985.8.27, 같은 해 10.25, 1986.5.26, 같은 해 6.30.이라는 것이고, 기록에 의하면 피고인은 위 B로부터 돈을 빌리고 그 채무를 담보하기 위하여 소위 견질용으로 이를 발행한 것이나, 위 B의 요구에 따라 여러 부동산에 근저당권설정등기 또는 가등기를 하는 방법으로 충분한 담보를 제공하였고, 위 B는 피고인이 원리금을 다 갚을 때까지 위 수표를 담보로만 보관하고 있겠다고 각서(수사기록 248-250면)까지 써 주었으며, 담보로 제공받은 부동산 등에 의하여 원리금이 모두 변제되었는데, 위 B는 위 수표들을 반환해 달라는 피고인의 요구에 불응하고 있다가 위 수표들의 발행일자를 1989.5.19.로 무단기재하여 제시하였다고 변소하고, 그에 관한 여러 증거(공판기록 48-182면, 243-269면)를 제출하였으며, 한편 위 B는 피고인을 상대로 이 사건 수표금의 지급을 청구하는 소송을 제기하였으나 패소하고 오히려 수표의 반환을 구하는 피고인의 반소청구가 인용되어 확정되었음을 알 수 있고, 또 피고인은 항소이유에서 위 B가 피고인을 상대로 하여 수표금청구소송을 제기한 것이 사기미수에 해당한다고 공소제기되어 재판계류중에 있다고 주장하고, 피고인은 이 사건 수표를 위의 실제 발행일에 발행하여 담보용으로 보관시켜 놓았던 것이지 예금부족으로 제시일에 지급되지 아니할 것이라는 결과발생을 예견한 것이 아니었다고 주장하고 있다.

4. 그러므로 원심으로서는 피고인이 이 사건 수표들을 발행하게 된 경위, 소지인인 위 B가 피고인에게 어떠한 약속을 한 것인지, 채무의 완제 여부, 위 B가 이 사건 수표들을 취득하여 소지하고 있다가 3~4년이 지나서야 지급제시한 이유, 피고인이 이 사건 수표들이 지급제시되리라고 예견한 것이었는지 또는 지급제시되지 않으리라고 믿은 것인지 여부, 그 믿음이 정당한 것으로 수긍될 수 있는 것인지 여부 등을 심리하여 그 사실관계를 확정하여 피고인에게 부정수표단속법위반의 죄책을 물을 수 있는 것인지 판단하여야 할 것이다.

만일 이 사건 수표들이 피고인이 주장하는 바와 같은 경위로 발행된 것이어서 피고인이 제공한 다른 담보가 있는 한 위 B가 이 사건 수표들을 지급제시하지 아니할 것으로 믿었고, 그 후 이 사건 수표들의 원인된 채무가 모두 변제된 것이어서 피고인은 이 수표들이 지급제시되지 아니하고 반환될 것으로 믿고 있었고 그 믿음이 정당한 것인데 그 소지인인 B가 이를 피고인에게 반환하여야 할 의무에 위배하고 백지로 된 수표발행일을 1989.5.19.로 무단기재하여 부당하게 지급제시한 것이 사실이라면, 피고인에게는 이 수표금이지급되지 아니함에 따른 부정수표단속법 제2조 제2항 위반의 책임을 물을 수 없다고 보는 것이 옳을 것이다.

5. 그렇다면 원심판결에는 부정수표단속법 제2조 제2항의 법리를 오해하여 심리를 미진하였거나 이유불비의 위법이 있다고 할 것이고, 논지는 이 범위 안에서 이유 있다.

그러므로 원심판결을 파기하고, 사건을 원심법원에 환송하기로 하여 관여 법관의 일치된 의견으로 주문과 같이 판결한다.

대법관   최종영(재판장) 이회창 배만운 김석수

[판례 3] 부정수표단속법위반

(대법원 1999. 6. 11. 선고 99도1201 판결)

【판시사항】

백지수표 소지인이 보충권을 남용하여 금액을 부당보충하는 행위가 유가증권위조죄를 구성하는 경우에도 백지수표 발행인이 보충권의 범위 내에서는 부정수표단속법위반죄의 죄책을 지는지 여부(적극)

【판결요지】

금액란이 백지인 수표의 소지인이 보충권을 남용하여 그 금액을 부당보충하는 행위가 백지 보충권의 범위를 초월하여 발행인의 서명날인이 있는 기존의 수표용지를 이용한 새로운 수표를 발행하는 것에 해당하여 유가증권위조죄를 구성하는 경우에도 백지수표의 발행인은 보충권의 범위 내에서는 부정수표단속법위반죄의 죄책을 진다고 할 것이다.

【참조조문】

부정수표단속법 제2조 제2항

【참조판례】

대법원 1972. 6. 13. 선고 72도897 판결(집20-2, 형27)
대법원 1995. 9. 29. 선고 94도2464 판결(공1995하, 3649)

【전 문】

【피 고 인】 피고인
【상 고 인】 검사
【원심판결】 수원지법 1999. 2. 26. 선고 98노3467 판결

【주 문】

원심판결 중 무죄 부분을 파기하고 그 부분 사건을 수원지방법원 본원 합의부에 환송한다.

【이 유】

상고이유를 판단한다.
1. 원심판결의 요지
    원심판결 이유에 의하면 원심은, 제1심 판시 별지 범죄일람표(1) 순번 3. 기재 수표는 원래 피고인이 공소외인에게 같은 범죄일람표(1) 순번 2. 기재 액면 금 35,290,000원으로 된 수표를 발행하면서 그 이자 상당액을 담보하기 위하여 금액란을 백지로 하여 교부한 수표인데 그 후 피고인이 부도가 나자 공소외인은 피고인의 재산에 대하여 진행

되는 경매절차에서 위 순번 2. 기재 수표금 채권액인 위 금 35,290,000원을 확보할 의도에서 그 금원의 10배 상당인 금 352,900,000원으로 위 순번 3. 기재 수표의 금액란을 보충한 사실을 인정한 다음, 일반적으로 수표의 금액란이 보충권 남용에 의하여 부당보충된 경우 발행인은 그 보충권의 범위 내에 한정하여 부정수표단속법위반죄의 죄책을 지고 그 범위를 초과하는 금액에 대하여는 그 책임을 부담하지 아니하지만(대법원 1995. 9. 29. 선고 94도2464 판결 참조), 이 사건과 같이 수표소지자가 채권에 대한 이자를 담보하기 위하여 교부받은 백지수표에 대하여 그 이자가 아닌 원본액의 10배에 달하는 금액을 기재하여 발행하였다면 이는 오히려 보충권의 위임취지에 반하는 것으로서 결국 그 금액의 전부에 대하여 보충권 없이 작성한 것으로 볼 수밖에 없으므로 발행인으로서는 위 수표의 금액 전부에 대하여 부정수표단속법위반죄의 죄책을 지지 아니한다고 판단하였다.

2. 판 단

원심은, 일반적으로 수표의 금액란이 보충권 남용에 의하여 부당보충된 경우 발행인은 그 보충권의 범위 내에서 부정수표단속법위반죄의 죄책을 지지만 그 부당보충의 정도가 심하여 당초의 백지수표와 부당보충된 후의 수표 사이에 동일성이 인정되지 않는 경우에는 백지수표 발행인이 그 보충권의 범위 내에서도 부정수표단속법위반죄의 죄책을 지지 아니한다는 전제에 선 것으로 보인다.

그러나 금액란이 백지인 수표의 소지인이 보충권을 남용하여 그 금액을 부당보충하는 행위가 백지 보충권의 범위를 초월하여 발행인의 서명날인이 있는 기존의 수표용지를 이용한 새로운 수표를 발행하는 것에 해당하여 유가증권위조죄를 구성하는 경우에도 백지수표의 발행인은 보충권의 범위 내에서는 부정수표단속법위반죄의 죄책을 진다고 할 것이나(대법원 1972. 6. 13. 선고 72도897 판결, 1995. 9. 29. 선고 94도2464 판결 등 참조).

그렇다면 이 사건의 경우 원금 35,290,000원에 대한 이자 상당액의 보충권이 부여되어 있는 위 순번 3. 기재 수표에 관하여 위 보충권의 범위 내에서는 피고인이 부정수표단속법위반죄의 책임을 부담한다고 할 것이고 원심 판시와 같은 경위나 내용으로 부당보충이 이루어졌다고 하여 결론이 달라질 것은 아니라고 할 것임에도 불구하고, 원심이 그 판시와 같은 이유로 피고인이 부당보충된 금액 전부에 대하여 부정수표단속법위반죄의 책임을 부담하지 않는다고 판단한 조치에는 부정수표단속법위반에 관한 법리를 오해하여 판결 결과에 영향을 미친 위법이 있다고 할 것이므로 이 점을 지적하는 상고이유 주장은 이유 있다.

3. 그러므로 원심판결 중 무죄 부분을 파기하고 그 부분 사건을 다시 심리·판단하게 하기 위하여 원심법원에 환송하기로 관여 법관들의 의견이 일치되어 주문과 같이 판결한다.

대법관   조무제(재판장) 정귀호 김형선(주심) 이용훈

제5장 어음·수표 관련 형사판례 507

[판례 4] 부정수표단속법위반,사문서위조,업무상배임,특정경제범죄가중처벌등에
관한법률위반(업무상배임)

(대법원 1995. 2. 3. 선고 94도3122 판결)

【판시사항】

가. 항소심이 검사의 항소를 받아들여 파기자판한 경우, 별도로 피고인의항소이유에 대한 판단을 명시하지 않으면 판단유탈로 볼 것인지 여부
나. 업무상 배임죄에 있어서 고의의 성립요건과 그 입증방법
다. 제1심판결 선고 후 부도수표가 회수되거나 처벌불원의 의사표시가 있는 경우에도 공소기각판결을 하여야 하는지 여부

【판결요지】

가. 항소심이 검사의 항소를 받아들여 제1심판결을 파기하고 자판한 때에는피고인이 주장한 항소이유의 당부에 대하여도 사실심으로서의 심리판단과정에서 판단한 것으로 볼 것이고, 별도로 그 항소이유의 당부에 대한 판단을 명시하지 아니하였다고 하여 판단을 유탈하였다고 볼 것이 아니다.
나. 업무상 배임죄의 고의는 업무상 타인의 사무를 처리하는 자가 본인에게 재산상의 손해를 가한다는 의사와 자기 또는 제3자의 재산상의 이득의 의사가 임무에 위배한다는 인식과 결합되어 성립하는 것이며, 이와 같은 업무상 배임죄의 주관적 요소로 되는 사실(고의, 동기 등의 내심적 사실)은 피고인이 그 범의를 부인하고 있는 경우에는 사물의 성질상 고의와 상당한 관련성이 있는 간접사실을 증명하는 방법에 의하여 입증할 수밖에 없다.
다. 부정수표단속법 제2조 제4항은 같은 조 제2항 및 제3항의 죄는 수표를 발행하거나 작성한 자가 그 수표를 회수하거나, 회수하지 못하였을 경우라도 수표소지인의 명시한 의사에 반하여는 각 공소를 제기할 수 없다고 규정하고 있어 그러한 경우에 해당되면 공소기각의 판결을 선고하여야 할 것이나, 위와 같은 부도수표 회수나 수표소지인의 처벌을 희망하지 아니하는 의사의 표시는 어디까지나 제1심판결 선고 이전까지 하여야 하는 것으로 해석되므로, 제1심판결이 선고된 이후 항소심에 이르러서야 회수된 부도수표와 소지인이 처벌을 바라지 아니한다는 취지의 진정서가 제출된 경우에 있어서는 같은 법 제2조 제4항은 그 적용이 없다.

【참조조문】

가. 형사소송법 제364조 나. 형법 제356조, 제13조 다. 부정수표단속법 제2조 제4항, 형사소송법 제232조 제1항, 형사소송법 제232조 제3항

【참조판례】

가. 대법원 1983.12.27. 선고 83도2827 판결(공1984,293)
1988.8.9. 선고 87도82 판결(공1988,1217)
1991.11.12. 선고 91도1929 판결(공1992,161)

대법원 1988.11.22. 선고 88도1523 판결(공1989,38)
대법원 1994.3.22. 선고 93도3473 판결(공1994상,1373)
1994.5.10. 선고 94도475 판결(공1994상,1747)
1994.10.11. 선고 94도1832 판결(공1994하,3031)

【전 문】

【피 고 인】 피고인 1 외 2인
【상 고 인】 피고인들
【변 호 인】 변호사 정태웅 외 3인
【원심판결】 서울고등법원 1994.10.20. 선고 94노1909 판결

【주 문】

상고를 모두 기각한다.
피고인 1에 대하여는 상고후의 구금일수 중 80일을 본형에 산입한다.

【이 유】

피고인들과 변호인들의 각 상고이유를 본다.
1. 항소심이 검사의 항소를 받아들여 제1심판결을 파기하고 자판한 때에는 피고인이 주장한 항소이유의 당부에 대하여도 사실심으로서의 심리판단과정에서 판단한 것으로 볼 것이고, 별도로 그 항소이유의 당부에 대한 판단을 명시하지 아니하였다고 하여 판단을 유탈하였다고 볼 것이 아니다(1991.11.12. 선고 91도1929 판결 등 참조).
원심이 피고인 1에 대한 검사의 항소를 받아들여 제1심판결을 파기하고 자판을 함에 있어, 같은 피고인이 항소이유로 들고 있는 이 사건 범행의 고의 유무와 심리미진으로 인한 사실오인의 주장 등에 관한 판단을 명시하지 않았다고 하여도 거기에 소론과 같이 항소이유에 대한 판단을 유탈한 위법이 있다고 할 수 없으므로 논지는 이유 없다.
2. 원심판결과 원심이 인용한 제1심판결이 채용한 증거들을 기록에 비추어 검토하여 보면 원심판시와 같은 피고인들의 각 특정경제범죄가중처벌등에관한법률위반(업무상배임) 및 업무상배임의 사실을 넉넉히 인정할 수 있고, 원심의 사실인정과 법률적용의 과정에 소론과 같이 채증법칙위반으로 인한 사실오인이나 심리미진, 업무상배임의 범의와 신분관계가 없는 공범관계에 관한 법리오해 및 이유불비나 이유모순의 위법이 있다고 할 수 없다.
업무상배임죄의 고의는 업무상 타인의 사무를 처리하는 자가 본인에게 재산상의 손해를 가한다는 의사와 자기 또는 제3자의 재산상의 이득의 의사가 임무에 위배한다는 인식과 결합되어 성립하는 것이며, 이와 같은 업무상배임죄의 주관적 요소로 되는 사실(고의, 동기 등의 내심적 사실)은 피고인들이 그 범의를 부인하고 있는 경우에는 사물의 성질상 고의와 상당한 관련성이 있는 간접사실을 증명하는 방법에 의하여 입증할 수밖에 없다 할 것인바(당원 1988.11.22. 선고 88도1523 판결 참조), 동화은행 출장소장으로 있던 피고인 2가 거액의 예금을 유치하여 준 피고인 1에게 은행 대출규정에 의한 절차에 따르지 아니하고 위조된 대출서류에 의하여 거액의 부정대출을 하여 준 이 사건에 있어서, 피고인 2는 피고인 1이 유치하는 예금은 그가 운영하는 업체의 비자금이

니 이를 담보로 그에게 대출을 해주더라도 사고가 없을 것이라는 같은 은행 지점장인 공소외인의 말을 믿고 대출을 한 것으로 업무상배임의 범의가 없었다고 변소하고 있으나, 원심이 적법하게 확정한 바와 같이 피고인 1이 유치한 예금은 그가 관리하는 비자금이 아니라는 사실을 쉽사리 간파할 수 있는 정황들이 드러나 있어 피고인 2로서는 그러한 사실을 알고 있었을 것이라고 보여지고, 또한 예금채권을 담보로 대출을 할 경우 질권설정을 위하여 예금통장의 점유를 취득하여야 한다는 은행의 업무규정을 위반하고 담당 직원들의 항의도 듣지 아니한 채 변칙적인 방법으로 거액의 부정대출을 하여 준 것이라면, 경험칙상 피고인 2는 임무에 위배한다는 인식과 본인인 위 은행에 재산상의 손해를 가하고 자기 또는 제3자를 위한 재산상의 이득의 의사를 가지고 있었다고 볼 수 있는 것이므로, 위 피고인에게 업무상배임의 범의가 있다고 판단하고 그의 변소를 받아들이지 아니한 원심의 조치는 옳고, 또한 원심의 범의에 관한 판단과정에 있어서도 그 설시와 같은 대출행위 당시의 전후사정들로 보아 같은 피고인의 범의를 추단할 수 있다는 취지로 판단하고 있음이 명백하여 이유의 설시에 아무런 잘못이 없다.

그리고, 신분관계로 인하여 성립될 범죄에 가공한 행위는 신분관계가 없는 자도 공동정범의 책임을 지게 되는 것인바, 위와 같이 피고인 2에 대하여 배임의 범의가 인정되고, 또한 피고인 1이 위 피고인 2, 공소외인, 원심 공동피고인 의 이 사건 범행에 가공한 행위의 내용 및 정도를 살펴보면, 원심이 피고인 1을 공동정범으로 의율한 조치는 옳고, 가사 피고인 1이 소론과 같이 공소외인 등의 주도적인 범행에 대하여 그들의 지시에 따라 가담하였고 실질적인 이득을 얻은 바 없다고 하여도 공동정범의 죄책을 부담하여야 함에는 아무런 소장이 없다.

소론은 모두 사실심의 전권에 속하는 적법한 사실확정을 다투거나 독자적 견지에서 원심의 법령적용을 공격하는 것에 불과하므로 이유 없다.

3. 부정수표단속법 제2조 제4항은 같은조 제2항 및 제3항의 죄는 수표를 발행하거나 작성한 자가 그 수표를 회수하거나, 회수하지 못하였을 경우라도 수표소지인의 명시한 의사에 반하여는 각 공소를 제기할 수 없다고 규정하고 있어 그러한 경우에 해당되면 공소기각의 판결을 선고하여야 할 것이나, 위와 같은 부도수표 회수나 수표소지인의 처벌을 희망하지 아니하는 의사의 표시는 어디까지나 제1심판결 선고 이전까지 하여야 하는 것으로 해석되므로 (당원 1994.10.11. 선고 94도1832 판결; 1994.5.10. 선고 94도475 판결 참조), 제1심판결이 선고된 이후 원심에 이르러서야 회수된 부도수표와 소지인이 처벌을 바라지 아니한다는 취지의 진정서가 제출된 이 사건의 경우에 있어서는 같은법 제2조 제4항은 그 적용이 없다 할 것인바, 소론은 이와 다른 견해에서 원심판결을 비난하는 것으로서 받아들일 수 없다.

4. 그러므로 상고를 모두 기각하고 피고인 1에 대하여는 상고후의 구금일수중 일부를 그 본형에 산입하기로 관여 법관의 의견이 일치되어 주문과 같이 판결한다.

대법관 안용득(재판장) 천경송 지창권 신성택(주심)

[판례 5] 부정수표단속법위반

(대법원 1996. 1. 26. 선고 95도1971 판결)

【판시사항】

[1] 부정수표단속법 제2조 제4항 규정의 취지
[2] 수표가 지급거절된 후 그 수표가 제권판결에 의하여 무효로 된 경우 부정수표단속법 제2조 제4항의 공소를 제기할 수 없는 경우에 해당하는지 여부

【판결요지】

[1] 부정수표단속법 제2조 제4항에서 부정수표가 회수된 경우 공소를 제기할 수 없도록 하는 취지는 부정수표가 회수된 경우에는 수표소지인이 부정수표 발행자 또는 작성자의 처벌을 희망하지 아니하는 것과 마찬가지로 보아 같은 조 제2항 및 제3항의 죄를 이른바 반의사불벌죄로 규정한 취지라고 해석함이 상당하다.
[2] 수표가 지급을 위한 제시가 되었으나 지급거절된 후 그 수표가 제권판결에 의하여 무효로 되어 수표소지인이 발행인 등에게 수표금의 지급을 구할 수 없게 되었다는 것만으로는 수표소지인이 부정수표 발행자 또는 작성자에 대한 처벌을 희망하지 아니하는 것으로 보기 어렵다고 할 것이고 따라서 수표가 부도된 후 그 수표에 대한 제권판결이 있었다는 사유는 같은 법 제2조 제4항에 공소를 제기할 수 없는 사유로 규정하고 있는 '수표가 회수된 경우'나 '수표소지인이 처벌을 희망하지 아니하는 의사를 명시한 경우'에 준하여 취급할 수 없다.

【참조조문】

[1] 부정수표단속법 제2조 제4항[2] 부정수표단속법 제2조 제4항

【참조판례】

[1] 대법원 1994. 5. 10. 선고 94도475 판결(공1994상, 1747)

【전 문】

【피 고 인】 피고인
【상 고 인】 검사
【원심판결】 서울지법 1995. 6. 9. 선고 95노2016 판결

【주 문】

원심판결을 모두 파기하고, 사건을 서울지방법원 합의부에 환송한다.

【이 유】

상고이유를 본다.
1. 원심은, 부정수표단속법 제2조 제4항에 의하면 같은 법 제2조 제2항 및 제3항의 죄는 수표를 발행하거나 작성한 자가 그 수표를 회수하거나 회수하지 못하였을 경우라도 수표소지인의 명시한 의사에 반하여는 각 공소를 제기할 수 없도록 규정되어 있는바, 이

와 같이 수표의 발행인이 수표를 부도낸 경우라 하더라도 그 수표를 회수하는 등으로 피해를 회복시켜 수표발행인의 수표금 지급책임이 소멸된 경우에는 처벌하지 아니하도록 한 위 규정의 취지에 비추어 볼 때, 수표의 부도 후 그 수표가 제권판결에 의하여 무효로 되어 그 소극적 효과로서 수표의 소지인이 발행인에게 수표금의 지급을 구할 수 없게 된 경우에도 위 규정은 적용되는 것으로 보아야 할 것인데, 원심판결 별지 3 기재 당좌수표 4장에 대하여는 이 사건 공소제기 전인 1994. 7. 25. 제권판결이 선고된 사실을 인정할 수 있다 하여 위 각 당좌수표에 발행에 의한 부정수표단속법위반의 점에 대한 공소를 기각하였다.
2. 그러나 부정수표단속법 제2조 제4항에서 부정수표가 회수된 경우 공소를 제기할 수 없도록 하는 취지는 부정수표가 회수된 경우에는 수표소지인이 부정수표 발행자 또는 작성자의 처벌을 희망하지 아니하는 것과 마찬가지로 보아 같은 조 제2항 및 제3항의 죄를 이른바 반의사불벌죄로 규정한 취지라고 해석함이 상당 하므로(당원 1994. 5. 10. 선고 94도475 판결 참조), 이와 같은 관점에서 보면, 이 사건의 경우와 같이 수표가 지급을 위한 제시가 되었으나 지급거절된 후 그 수표가 제권판결에 의하여 무효로 되어 수표소지인이 발행인 등에게 수표금의 지급을 구할 수 없게 되었다는 것만으로는 수표소지인이 부정수표 발행자 또는 작성자에 대한 처벌을 희망하지 아니하는 것으로 보기 어렵다고 할 것이고 따라서 수표가 부도된 후 그 수표에 대한 제권판결이 있었다는 사유는 같은 법 제2조 제4항에 공소를 제기할 수 없는 사유로 규정하고 있는 '수표가 회수된 경우'나 '수표소지인이 처벌을 희망하지 아니하는 의사를 명시한 경우'에 준하여 취급할 수 없다 고 할 것이다. 따라서 원심판결에는 부정수표단속법 제2조 제4항의 법리를 오해한 위법이 있다고 할 것이고 이를 지적하는 논지는 이유 있다.
3. 그런데 원심이 공소를 기각한 위 4매의 부정수표를 발행한 죄와 나머지 부정수표단속법위반죄는 형법 제37조 전단의 경합범 관계에 있어 하나의 형으로 처벌하여야 할 것이므로 원심판결 전부를 파기하여 원심법원에 환송하기로 하여 관여 법관의 일치된 의견으로 주문과 같이 판결한다.

대법관 지창권(재판장) 천경송(주심) 안용득 신성택

[판례 6] 부정수표단속법위반

(대법원 1999. 5. 14. 선고 99도900 판결)

【판시사항】

부정수표단속법 제2조 제4항 소정의 수표소지인의 범위 및 부정수표가 공범에 의하여 회수된 경우, 그 공범이 다른 공범자의 처벌을 원하는 경우에도 공소를 제기할 수 없는지 여부(적극)

【판결요지】

부정수표단속법 제2조 제4항은 수표를 발행하거나 작성한 자가 그 수표를 회수한 경우 수표소지인이 처벌을 희망하지 아니하는 의사표시를 한 것과 마찬가지로 보아 같은 조 제2항 및 제3항의 죄를 이른바 반의사불벌죄로 규정한 취지라고 해석함이 상당하고, 친고죄에 있어서 고소 및 고소취소 불가분의 원칙을 규정한 형사소송법 제233조의 규정이 반의사불벌죄에 준용되지 아니하나, 부정수표단속법 제2조 제4항의 입법 취지는 수표거래질서의 확보를 위한 본래의 법기능을 그대로 유지하면서 부정수표를 회수한 경우 등에는 공소를 제기할 수 없도록 함으로써 부도를 낸 기업인의 기업회생을 도모하려는 데에 있는 것인바, 부정수표의 회수는 수표소지인이 수표를 여전히 소지하면서 단순히 처벌을 희망하지 아니하는 의사만을 표시하는 경우와는 달리 그 회수사실 자체가 소극적 소추조건이 되고, 그 소지인의 의사가 구체적·개별적으로 외부에 표출되지도 아니하며, 부정수표가 회수되면 그 회수 당시의 소지인은 더 이상 수표상의 권리를 행사할 수 없게 되는 점, 부정수표단속법 제2조 제4항의 규정 내용에 비추어, 부정수표를 돌려주거나 처벌을 희망하지 아니하는 의사를 표시할 수 있는 수표소지인이라 함은 그 수표의 발행자나 작성자 및 그 공범 이외의 자를 말하는 것으로 봄이 상당하므로, 부정수표가 그 발행자나 작성자 및 그 공범에 의하여 이미 회수된 경우에는 그 수표에 관한 한 처벌을 희망하지 아니하는 의사를 표시할 수 있는 수표소지인은 더 이상 존재하지 아니하게 되는 점 및 부정수표단속법 제2조 제4항의 규정 형식상 '수표소지인의 명시한 의사'는 수표를 회수하지 못하였을 경우에 소추조건이 되도록 규정되어 있는 점 등에 비추어 보면, 부정수표가 공범에 의하여 회수된 경우에 그 소추조건으로서의 효력은 회수 당시 소지인의 의사와 관계없이 다른 공범자에게도 당연히 미치는 것으로 보아야 할 것이고, 부정수표를 실제로 회수한 공범이 다른 공범자의 처벌을 원한다고 하여 달리 볼 것이 아니다.

【참조조문】

부정수표단속법 제2조 제4항, 형사소송법 제233조

【참조판례】

대법원 1994. 4. 26. 선고 93도1689 판결(공1994상, 1566)
대법원 1994. 5. 10. 선고 94도475 판결(공1994상, 1747)
대법원 1996. 1. 26. 선고 95도1971 판결(공1996상, 839)

【전 문】

【피 고 인】 피고인
【상 고 인】 검사
【원심판결】 대구지법 1999. 2. 5. 선고 98노4011 판결

【주 문】

상고를 기각한다.

【이 유】

상고이유를 판단한다.
부정수표단속법 제2조 제4항은 수표를 발행하거나 작성한 자가 그 수표를 회수한 경우 수

표소지인이 처벌을 희망하지 아니하는 의사표시를 한 것과 마찬가지로 보아 같은 조 제2항 및 제3항의 죄를 이른바 반의사불벌죄로 규정한 취지라고 해석함이 상당하고(대법원 1996. 1. 26. 선고 95도1971 판결, 1994. 5. 10. 선고 94도475 판결 등 참조), 친고죄에 있어서 고소 및 고소취소 불가분의 원칙을 규정한 형사소송법 제233조의 규정이 반의사불벌죄에 준용되지 아니함(대법원 1994. 4. 26. 선고 93도1689 판결 참조) 은 상고이유의 주장과 같다.

그러나 부정수표단속법 제2조 제4항의 입법 취지는 수표거래질서의 확보를 위한 본래의 법기능을 그대로 유지하면서 부정수표를 회수한 경우 등에는 공소를 제기할 수 없도록 함으로써 부도를 낸 기업인의 기업회생을 도모하려는 데에 있는 것인바, 부정수표의 회수는 수표소지인이 수표를 여전히 소지하면서 단순히 처벌을 희망하지 아니하는 의사만을 표시하는 경우와는 달리 그 회수사실 자체가 소극적 소추조건이 되고, 그 소지인의 의사가 구체적·개별적으로 외부에 표출되지도 아니하며, 부정수표가 회수되면 그 회수 당시의 소지인은 더 이상 수표상의 권리를 행사할 수 없게 되는 점, 부정수표단속법 제2조 제4항의 규정 내용에 비추어, 부정수표를 돌려주거나 처벌을 희망하지 아니하는 의사를 표시할 수 있는 수표소지인이라 함은 그 수표의 발행자나 작성자 및 그 공범 이외의 자를 말하는 것으로 봄이 상당하므로, 부정수표가 그 발행자나 작성자 및 그 공범에 의하여 이미 회수된 경우에는 그 수표에 관한 한 처벌을 희망하지 아니하는 의사를 표시할 수 있는 수표소지인은 더 이상 존재하지 아니하게 되는 점 및 부정수표단속법 제2조 제4항의 규정 형식상 '수표소지인의 명시한 의사'는 수표를 회수하지 못하였을 경우에 소추조건이 되도록 규정되어 있는 점 등에 비추어 보면, 부정수표가 공범에 의하여 회수된 경우에 그 소추조건으로서의 효력은 회수 당시 소지인의 의사와 관계없이 다른 공범자에게도 당연히 미치는 것으로 보아야 할 것이고, 부정수표를 실제로 회수한 공범이 다른 공범자의 처벌을 원한다고 하여 달리 볼 것이 아니다.

이러한 취지에서 원심이 피고인에 대한 이 사건 부정수표단속법위반 공소사실 중 이 사건 공소제기 이전에 공범인 공소외인에 의하여 이미 회수된 그 판시의 수표 5장에 관한 공소사실에 대하여 형사소송법 제327조 제2호를 적용하여 공소기각의 판결을 선고한 조치는 옳고, 거기에 상고이유 주장과 같은 형사소송법 제233조 및 부정수표단속법 제2조 제4항에 관한 법리를 오해한 위법이 있다고 할 수 없다.

그러므로 상고를 기각하기로 관여 법관들의 의견이 일치되어 주문과 같이 판결한다.

대법관 조무제(재판장) 정귀호 김형선(주심) 이용훈

[판례 7] 부정수표단속법위반

(대법원 1994. 10. 21. 선고 94도789 판결)

【판시사항】

수표액면금액 상당의 돈을 변제공탁하여 수표소지인이 이를 수령하였다는 것이 부정수표단속법 제2조 제4항 소정의 공소를 제기할 수 없는 사유에 해당하는지 여부

【판결요지】

피고인이 발행하여 그 소지인이 제시기일 내에 지급을 위한 제시를 하였으나 무거래로 지급되지 아니한 당좌수표의 액면금액 상당의 돈을 수표소지인 앞으로 변제공탁하여 수표소지인이 이를 수령하였다는 것은, 부정수표단속법 제2조 제4항에서 공소제기를 할 수 없는 사유로 규정하고 있는 수표를 발행한 자가 수표를 회수한 경우, 수표소지인의 명시한 의사에 반하는 경우 중 어느 것에도 해당된다고 볼 수 없다.

【참조조문】

부정수표단속법 제2조 제4항

【전 문】

【피 고 인】 피고인
【상 고 인】 피고인
【원심판결】 서울형사지방법원 1994.2.1. 선고 93노5327 판결

【주 문】

상고를 기각한다.

【이 유】

피고인의 상고이유를 본다.
피고인이 발행하여 그 소지인이 제시기일 내에 지급을 위한 제시를 하였으나 무거래로 지급되지 아니한 당좌수표 2매(제1심판결 별지목록 2, 3번 기재 당좌수표)의 액면금액 상당의 돈을 수표소지인 앞으로 변제공탁하여 수표소지인이 이를 수령하였다는 것은 부정수표단속법(법률 제4587호) 제2조 제4항에서 공소제기를 할 수 없는 사유로 규정하고 있는 수표를 발행한 자가 수표를 회수한 경우, 수표소지인의 명시한 의사에 반하는 경우 중 어느 것에도 해당된다고 볼 수 없다.
논지는 받아들일 수 없다.
그러므로 상고를 기각하기로 하여 관여 법관의 일치된 의견으로 주문과 같이 판결한다.

대법관 지창권(재판장) 천경송(주심) 안용득 신성택

[판례 8] 공문서위조·위조공문서행사·부정수표단속법위반·사기 (수표 전문법칙 적용 여부 사건)

(대법원 2015. 4. 23. 선고 2015도2275 판결)

【판시사항】

수표를 발행한 후 예금부족 등으로 지급되지 아니하게 하였다는 부정수표단속법위반 공소사실을 증명하기 위하여 제출되는 수표에 대하여 형사소송법 제310조의2의 전문법칙이 적

용되는지 여부(소극) / 이때 수표 원본이 아닌 전자복사기를 사용하여 복사한 사본이 증거로 제출되고 피고인이 이를 증거로 하는 데 부동의한 경우, 위 수표 사본의 증거능력을 인정하기 위한 요건

【판결요지】

피고인이 수표를 발행하였으나 예금부족 또는 거래정지처분으로 지급되지 아니하게 하였다는 부정수표단속법위반의 공소사실을 증명하기 위하여 제출되는 수표는 그 서류의 존재 또는 상태 자체가 증거가 되는 것이어서 증거물인 서면에 해당하고 어떠한 사실을 직접 경험한 사람의 진술에 갈음하는 대체물이 아니므로, 증거능력은 증거물의 예에 의하여 판단하여야 하고, 이에 대하여는 형사소송법 제310조의2에서 정한 전문법칙이 적용될 여지가 없다. 이때 수표 원본이 아니라 전자복사기를 사용하여 복사한 사본이 증거로 제출되었고 피고인이 이를 증거로 하는 데 부동의한 경우 위 수표 사본을 증거로 사용하기 위해서는 수표 원본을 법정에 제출할 수 없거나 제출이 곤란한 사정이 있고 수표 원본이 존재하거나 존재하였으며 증거로 제출된 수표 사본이 이를 정확하게 전사한 것이라는 사실이 증명되어야 한다.

【참조조문】

부정수표 단속법 제2조 제2항, 형사소송법 제307조, 제310조의2, 제318조

【참조판례】

대법원 2008. 11. 13. 선고 2006도2556 판결(공2008하, 1704)

【전 문】

【피 고 인】 피고인
【상 고 인】 피고인 및 검사
【변 호 인】 법무법인 새빛 담당변호사 박형일 외 1인
【원심판결】 서울중앙지법 2015. 1. 23. 선고 2014노1754, 4370 판결

【주 문】

원심판결 중 유죄부분 및 부정수표단속법위반 무죄부분을 파기하고, 이 부분 사건을 서울중앙지방법원 합의부에 환송한다. 검사의 나머지 상고를 기각한다.

【이 유】

상고이유를 판단한다.

1. 피고인의 상고이유 주장에 대한 판단

원심판결 이유를 원심이 적법하게 채택한 증거에 비추어 살펴보면, 원심이 그 채택 증거에 의하여 판시 사실을 인정한 다음 피해자 공소외 1, 공소외 2에 대한 사기의 공소사실을 유죄로 인정한 것은 정당하고, 거기에 상고이유 주장과 같이 논리와 경험의 법칙을 위반하여 자유심증주의의 한계를 벗어나는 등의 위법이 없다.

2. 검사의 상고이유 주장에 대한 판단

가. 사기 무죄부분에 대하여

원심판결 및 원심이 유지한 제1심이 적법하게 채택한 증거들에 비추어 살펴보면, 원심이 그 판시와 같은 이유를 들어 피고인이 직접 실행행위에 관여하지 않은 피해자 공소외 3, 공소외 4, 공소외 5에 대한 각 사기 범행에 본질적인 기여를 하였다는 점이 합리적 의심의 여지없이 증명되었다고 보기 어렵다고 보아 피해자 공소외 3, 공소외 4, 공소외 5에 대한 각 사기의 점을 무죄로 인정한 제1심판결을 그대로 유지한 것은 정당하고, 거기에 상고이유 주장과 같이 논리와 경험의 법칙을 위반하여 자유심증주의의 한계를 벗어나거나 공동정범에 관한 법리를 오해하는 등의 위법이 없다.

나. 부정수표단속법위반 무죄부분에 대하여

1) 피고인이 수표를 발행하였으나 예금부족 또는 거래정지처분으로 지급되지 아니하게 하였다는 부정수표단속법위반의 공소사실을 증명하기 위하여 제출되는 수표는 그 서류의 존재 또는 상태 자체가 증거가 되는 것이어서 증거물인 서면에 해당하고 어떠한 사실을 직접 경험한 사람의 진술에 갈음하는 대체물이 아니므로, 그 증거능력은 증거물의 예에 의하여 판단하여야 하고, 이에 대하여는 형사소송법 제310조의2에서 정한 전문법칙이 적용될 여지가 없다. 이때 수표 원본이 아니라 전자복사기를 사용하여 복사한 사본이 증거로 제출되었고 피고인이 이를 증거로 하는 데 부동의한 경우 위 수표 사본을 증거로 사용하기 위해서는 수표 원본을 법정에 제출할 수 없거나 그 제출이 곤란한 사정이 있고 수표 원본이 존재하거나 존재하였으며 증거로 제출된 수표 사본이 이를 정확하게 전사한 것이라는 사실이 증명되어야 할 것이다(대법원 2008. 11. 13. 선고 2006도2556 판결 참조).

2) 원심은, 피고인이 공소외 6과 공모하여 제1심(서울중앙지방법원 2014. 5. 8. 선고 2013고단8324 판결, 이하 같다) 별지 범죄일람표 순번 2, 11, 19 기재 각 당좌수표(이하 '이 사건 각 당좌수표'라 한다)를 발행하였으나 예금부족 또는 거래정지처분으로 지급되지 아니하게 하였다는 공소사실에 대하여, 검사가 증거로 제출한 이 사건 각 당좌수표 사본은 증거물이 아닌 문서의 사본으로 제시한 것이고, 따라서 피고인이 증거로 함에 동의하지 아니한 이상 이를 증거로 사용하기 위해서는 특히 신용할 만한 정황에 의하여 이 사건 각 당좌수표가 작성되었는지 여부를 살펴야 할 것인데, 이 사건 각 당좌수표 사본의 액면금 부분 필적이 다른 당좌수표 사본들의 해당 부분 필적과 다르고 한자가 아닌 한글로 기재되어 있는 등의 사정을 고려하면 위 각 당좌수표 사본이 특히 신용할 만한 정황에 의하여 작성되었다고 단정하기 어려우므로 이를 증거로 사용할 수 없고, 각 해당 고발장 등 기재만으로는 이 부분 공소사실을 인정하기에 부족하다고 보아, 이에 대하여 무죄를 선고한 제1심을 유지하였다.

3) 그러나 원심의 이러한 판단은 앞서 본 법리에 비추어 다음과 같은 이유로 그대로 수긍하기 어렵다.

이 사건 각 당좌수표 사본은 증거물인 서면이어서 이에 대하여는 전문법칙이 적용되지 아니하므로, 원심으로서는 이 사건 각 당좌수표 원본을 법정에 제출할 수 없거나 그 제출이 곤란한 사정이 있고 그 원본이 존재하거나 존재하였으며 증거로 제출된 이 사건 각 당좌수표 사본이 이를 정확하게 전사한 것인지 여부를 심리하여 이 점이 증명되는 경우 그 증거능력을 인정하여야 할 것이고, 한편 이 사건 각 당좌수표 사본의 액면금 부분 필적이 다른 당좌수표들과 다르다는 등의 사정은 증명력의 문제일 뿐 증거능력의 문제는 아니라 할 것이다.

그럼에도 원심은 그 판시와 같은 이유만으로 이 사건 각 당좌수표 사본의 증거능력을 부인하고 이 부분 공소사실을 무죄로 판단하고 말았다. 이러한 원심판결에는 이 사건 각 당좌수표의 증거로서의 성격 및 이 사건 각 당좌수표 사본의 증거능력에 관한 법리를 오해하여 판결에 영향을 미친 위법이 있다. 이 점을 지적하는 검사의 상고이유 주장은 이유 있다.

3. 결론

그러므로 원심판결 중 부정수표단속법위반 무죄부분은 파기되어야 할 것인데, 이는 원심판결 중 유죄부분과 형법 제37조 전단 경합범 관계에 있다고 할 것이므로 원심판결 중 유죄부분과 부정수표단속법위반 무죄부분을 함께 파기하고 이 부분 사건을 다시 심리·판단하도록 원심법원에 환송하며, 검사의 나머지 상고는 기각하기로 하여, 관여 대법관의 일치된 의견으로 주문과 같이 판결한다.

대법관   이인복(재판장) 김용덕 고영한(주심) 김소영

[판례 9] 부정수표단속법위반·사기

(대법원 2014. 11. 13. 선고 2011도17120 판결)

【판시사항】

수표가 적법하게 정정된 발행일자로부터 기산하여 지급제시기간 내에 지급제시되었으나 예금부족 등을 이유로 지급거절된 경우, 수표 발행인이 부정수표 단속법 제2조 제2항의 책임을 지는지 여부(적극)

【판결요지】

부정수표 단속법은 국민의 경제생활의 안정과 유통증권인 수표의 기능을 보장하기 위하여 제정된 것이므로 수표가 유통증권으로서의 기능을 하는 이상 부정수표 단속법의 적용대상이 된다. 따라서 수표상에 기재된 액면금액과 발행일자 등을 지급제시기간 내에 적법하게 정정한 경우는 물론 그 기간이 경과한 후라 하더라도 발행인이 소지인의 양해 아래 적법하게 발행일자를 정정한 경우에는, 정정된 발행일자로부터 기산하여 지급제시기간 내에 지급제시가 되었다면 예금부족이나 무거래 등을 이유로 한 지급거절에 대하여 발행인은 부정수표 단속법 제2조 제2항의 책임을 져야 한다.

【참조조문】

부정수표 단속법 제2조 제2항

【전 문】

【피 고 인】 피고인
【상 고 인】 피고인
【변 호 인】 변호사 명완식
【원심판결】 서울동부지법 2011. 11. 29. 선고 2010노1756 판결

【주 문】

상고를 기각한다.

【이 유】

상고이유를 판단한다.
1. 사기의 점에 관하여
   피고인에게 사기의 범의가 없다는 취지의 주장은 피고인이 이를 항소이유로 삼거나 원심이 직권으로 심판대상으로 삼은 바가 없는 것을 상고이유에서 비로소 주장하는 것으로서 적법한 상고이유가 될 수 없다.
2. 부정수표단속법위반의 점에 관하여
   가. 부정수표 단속법은 국민의 경제생활의 안정과 유통증권인 수표의 기능을 보장하기 위하여 제정된 것이므로 수표가 유통증권으로서의 기능을 하는 이상 부정수표 단속법의 적용대상이 된다. 따라서 수표상에 기재된 액면금액과 발행일자 등을 그 지급제시기간 내에 적법하게 정정한 경우는 물론 그 기간이 경과한 후라 하더라도 발행인이 소지인의 양해 아래 적법하게 발행일자를 정정한 경우에는, 그 정정된 발행일자로부터 기산하여 지급제시기간 내에 지급제시가 되었다면 예금부족이나 무거래 등을 이유로 한 지급거절에 대하여 발행인은 부정수표 단속법 제2조 제2항의 책임을 져야 한다.
   나. 원심 및 원심이 유지한 제1심이 적법하게 채택한 증거들에 의하면, 피고인은 당초 원심판시 이 사건 각 수표를 적법하게 발행한 사실, 그 후 시기를 알 수는 없으나 피고인이 수표 소지인의 양해 아래 이 사건 각 수표의 액면금액과 발행일자를 정정한 사실, 이 사건 각 수표는 각 정정된 발행일자로부터 기산된 지급제시기간 내에 지급제시되었으나 무거래를 이유로 지급거절된 사실 등을 알 수 있다.
   그렇다면 이 사건 각 수표는 그 정정된 시기에 상관없이 정정된 문언에 따라 실제로 유통증권으로서의 기능을 발휘하고 있었다고 할 것이므로, 부정수표 단속법 제2조 제2항의 적용대상에 포함된다고 보아야 한다.
   따라서 원심이 이 부분 공소사실을 유죄로 인정한 것은 정당한 것으로 수긍이 가고, 거기에 부정수표단속법위반죄의 성립에 관한 법리를 오해하였거나 필요한 심리를 다하지 아니한 잘못이 없다.
3. 결론
   그러므로 상고를 기각하기로 하여, 관여 대법관의 일치된 의견으로 주문과 같이 판결한다.

대법관   김신(재판장) 민일영(주심) 박보영 권순일

[판례 10] 부정수표단속법위반·무고

(대법원 2003. 1. 24. 선고 2002도5939 판결)

【판시사항】

[1] 타인으로부터 명의를 차용하여 수표를 발행하는 경우, 명의차용인이 부정수표단속법 제4조가 정한 허위신고죄의 주체가 될 수 있는지 여부(소극)

[2] 무고죄에 있어서 고소사실의 허위성에 대한 인식 요부(적극) 및 고소내용이 사실에 기초하여 그 정황을 다소 과장한 경우, 무고죄의 성립 여부(소극)

【판결요지】

[1] 부정수표단속법 제4조가 '수표금액의 지급 또는 거래정지처분을 면할 목적'을 요건으로 하고, 수표금액의 지급책임을 부담하는 자 또는 거래정지처분을 당하는 자는 발행인에 국한되는 점에 비추어 볼 때 그와 같은 발행인이 아닌 자는 부정수표단속법 제4조가 정한 허위신고죄의 주체가 될 수 없고, 발행인이 아닌 자는 허위신고의 고의 없는 발행인을 이용하여 간접정범의 형태로 허위신고죄를 범할 수도 없다 할 것인바, 타인으로부터 명의를 차용하여 수표를 발행하는 경우에 있어서도 수표가 제시됨으로써 당좌예금계좌에서 수표금액이 지출되거나 거래정지처분을 당하게 되는 자는 결국 수표의 지급인인 은행과 당좌예금계약을 체결한 자인 수표의 발행명의인이 되고, 수표가 제시된다고 하더라도 수표금액이 지출되거나 거래정지처분을 당하게 되는 자에 해당된다고 볼 수 없는 명의차용인은 부정수표단속법 제4조가 정한 허위신고죄의 주체가 될 수 없다.

[2] 무고죄는 타인으로 하여금 형사처분 또는 징계처분을 받게 할 목적으로 공무소 또는 공무원에 대하여 허위의 사실을 신고하는 때에 성립하는 것인데, 여기에서 허위사실의 신고라 함은 신고사실이 객관적 사실에 반한다는 것을 확정적이거나 미필적으로 인식하고 신고하는 것을 말하는 것으로서, 설령 고소사실이 객관적 사실에 반하는 허위의 것이라 할지라도 그 허위성에 대한 인식이 없을 때에는 무고에 대한 고의가 없다 할 것이고, 고소내용이 터무니없는 허위사실이 아니고 사실에 기초하여 그 정황을 다소 과장한 데 지나지 아니한 경우에는 무고죄가 성립하지 아니한다.

【참조조문】

[1] 부정수표단속법 제4조, 형법 제34조[2] 형법 제156조

【참조판례】

[1] 대법원 1992. 11. 10. 선고 92도1342 판결(공1993상, 162) /[2] 대법원 1983. 11. 8. 선고 83도2354 판결(공1984, 60)
대법원 1988. 9. 27. 선고 88도99 판결(공1988, 1357)
대법원 1990. 11. 9. 선고 90도1706 판결(공1991, 128)
대법원 1994. 1. 11. 선고 93도2995 판결(공1994상, 748)
대법원 1995. 2. 24. 선고 94도3068 판결(공1995상, 1514)

대법원 1995. 12. 5. 선고 95도231 판결(공1996상, 313)
대법원 1995. 12. 22. 선고 95도414 판결(공1996상, 622)
대법원 1996. 5. 31. 선고 96도771 판결(공1996하, 2093)
대법원 1998. 9. 8. 선고 98도1949 판결(공1998하, 2476)
대법원 2000. 11. 24. 선고 99도822 판결(공2001상, 202)

【전 문】

【피 고 인】 피고인
【상 고 인】 피고인 및 검사
【원심판결】 수원지법 2002. 10. 4. 선고 2001노4020 판결

【주 문】

원심 판결의 유죄부분 중 판시 제4.의 무고죄에 관한 부분을 파기하고, 이 부분 사건을 수원지방법원 본원 합의부에 환송한다. 피고인의 나머지 상고 및 검사의 상고를 모두 기각한다.

【이 유】

1. 검사의 상고이유에 대한 판단

　　부정수표단속법 제4조가 '수표금액의 지급 또는 거래정지처분을 면할 목적'을 요건으로 하고, 수표금액의 지급책임을 부담하는 자 또는 거래정지처분을 당하는 자는 발행인에 국한되는 점에 비추어 볼 때 그와 같은 발행인이 아닌 자는 부정수표단속법 제4조가 정한 허위신고죄의 주체가 될 수 없고, 발행인이 아닌 자는 허위신고의 고의 없는 발행인을 이용하여 간접정범의 형태로 허위신고죄를 범할 수도 없다 할 것인바 (대법원 1992. 11. 10. 선고 92도1342 판결), 타인으로부터 명의를 차용하여 수표를 발행하는 경우에 있어서도 수표가 제시됨으로써 당좌예금계좌에서 수표금액이 지출되거나 거래정지처분을 당하게 되는 자는 결국 수표의 지급인인 은행과 당좌예금계약을 체결한 자인 수표의 발행명의인이 되고, 수표가 제시된다고 하더라도 수표금액이 지출되거나 거래정지처분을 당하게 되는 자에 해당된다고 볼 수 없는 명의차용인은 부정수표단속법 제4조가 정한 허위신고죄의 주체가 될 수 없다.

　　같은 취지에서 피고인이 허위신고의 고의 없는 공소외 1 주식회사의 대표이사인 공소외 2를 이용하여 허위의 신고를 하였다고 하더라도 부정수표단속법 제4조 위반죄가 성립되지 않는다고 한 원심의 판단은 정당하고, 거기에 상고이유에서 주장하는 법리오해의 위법은 없다.

2. 피고인의 상고이유에 대한 판단

　가. 상고이유 제1점에 대하여

　　　기록에 비추어 살펴보면, 피고인이 공소외 3 주식회사의 대표이사인 공소외 4와 공모하여 위 회사 명의의 수표 22장 액면 합계 435,690,501원 상당을 발행하여 예금부족 또는 지급정지처분 등으로 지급되지 아니하게 하였다는 공소사실을 유죄로 인정한 제1심을 유지한 원심의 판단은 정당하고 거기에 상고이유에서 주장하는 채증법칙 위배나 심리미진에 의한 사실오인 등의 위법은 없다.

나. 상고이유 제2점에 대하여

원심은, 공소외 5, 공소외 4가 피고인으로부터 돈을 빌린 사실이 없음에도 안양교도소 내에서 공소외 4, 공소외 5로 하여금 형사처분을 받게 할 목적으로 "돈을 빌리더라도 이를 변제할 의사나 능력이 없음에도 불구하고 피고소인 공소외 5는 1996. 5.경 및 같은 해 11.경 2차례에 걸쳐 고소인으로부터 합계 6,000만 원을 빌려가 이를 편취하고, 피고소인들은 공모하여 1997. 2. 피사취계 보증금 명목으로 4,000만 원을 빌려가 이를 편취하였으니 처벌하여 달라."는 허위사실을 기재한 고소장을 작성한 다음, 1999. 7. 2. 수원지방검찰청에 제출하여 공소외 4, 공소외 5를 무고하였다는 공소사실을 유죄로 인정한 제1심판결을 유지하였다.

그러나 무고죄는 타인으로 하여금 형사처분 또는 징계처분을 받게 할 목적으로 공무소 또는 공무원에 대하여 허위의 사실을 신고하는 때에 성립하는 것인데, 여기에서 허위사실의 신고라 함은 신고사실이 객관적 사실에 반한다는 것을 확정적이거나 미필적으로 인식하고 신고하는 것을 말하는 것으로서, 설령 고소사실이 객관적 사실에 반하는 허위의 것이라 할지라도 그 허위성에 대한 인식이 없을 때에는 무고에 대한 고의가 없다 할 것이고, 고소내용이 터무니없는 허위사실이 아니고 사실에 기초하여 그 정황을 다소 과장한 데 지나지 아니한 경우에는 무고죄가 성립하지 아니한다(대법원 1998. 9. 8. 선고 98도1949 판결 등 참조).

기록에 의하면, 피고인의 공소외 5와 공소외 4에 대한 이 사건 고소내용은 "피고인이 1996. 5.경 공소외 5의 부탁을 받고 공소외 6 주식회사 회장인 공소외 7을 통하여 3,000만 원을 빌려주었고, 1996. 11.경 공소외 5의 공장 이전과 관련하여 당좌수표를 받고 3,000만 원 정도를 할인하여 주었으며, 피사취보증금조로 약 4,000만 원을 공소외 4에게 할인하여 주었으나, 공소외 5와 공소외 4가 공소외 8 주식회사를 설립하여 공소외 3 주식회사의 자산인 기계설비와 주사바늘 재고 등을 이전하는 바람에 변제받지 못하였다."는 내용이다.

우선 1996. 5.경 공소외 5에 대하여 3,000만 원을 대여하였다는 점에 관하여 보면, 공소외 5는 공소외 7 개인으로부터 차용한 1,850만 원 정도를 차용하였다가 1개월 이내에 변제하였다는 취지로 진술하고 있으나, 공소외 7은 당시 피고인이 대표이사로 있던 공소외 6 주식회사의 회장의 지위에 있었는데 공소외 6 주식회사의 여유자금으로 공소외 5가 대표이사 공소외 3 주식회사에 2,000만 원을 빌려주었다는 취지로 주장하고 있어 금원을 대여한 법률상 주체가 불분명한 반면, 공소외 5가 위 금원을 변제하였다는 부분은 공소외 5가 새로이 설립한 공소외 8 주식회사 명의로 금융기관으로부터 대출을 받음에 있어서 피고인과 공소외 7이 차용금을 변제받을 목적으로 동행한 사정 등에 비추어 쉽게 믿기 어렵다. 다음으로 1996. 11.경 공장 이전과 관련하여 공소외 5에게 3,000만 원을 대여하였다는 점에 관하여 보면, 공소외 5는 공소외 9로부터 매수하는 공장의 매매대금의 일부로 공소외 3 주식회사 발행의 액면 금 1,000만 원의 당좌수표를 지급하였으나, 피고인이 지급하였는지, 자신이 지급하였는지 기억이 나지 않는다고 진술하나, 피고인이 공소외 10의 금융기관에 대한 연체대출금을 변제해줌으로써 공소외 5가 매수한 공장을 담보로 금융기관으로부터 3억 원 가량을 대출받을 수 있게 된 사실과 피고인으로부터 공장 이전에 따른 이사비를 받은 사실 등은 인정하고 있고, 공소외 9는 피고인으로부터 당좌수표를 지급받았다고 진술하고 있으며, 피고인이 공소외 10의 연체대출금을 변제한 사실(액수는 다소 불명확하다) 및 이사비 400만 원을 지급한 사실은 공소외 10의 진술 및 피고인이 제출한 무통장입금증 등에 의하여도 뒷받침이 된다. 또 피사취보증금 4,000만 원 정도의 대여건에 관하여 보면, 공소외 5가 발행한 약속어음에 대하여 피사취신고와 함께 피사취보증금 3,288만 원이 입금되었는데, 공소외 4는 피고인과 공소외 5의 지시에 의하여 피사취신고를 하였으나 피사취보증금에 대하여는 모른다고 진술하고 있으나, 공소외 5는 피고인이 피사취보증금 중 일부를 납입하여 주었다는 취지로 진술하고 있다.

위와 같은 사정을 종합하면, 피고인이 고소장에서 공소외 5, 공소외 4에게 대여하였다고 주장하는 금원의 액수가 부풀려져 있고, 법률적 의미에서 피고인과 공소외 5, 공소외 4 사이에 금전 대차관계가 성립할 수 있는지가 다소 불명확한 점이 있기는 하지만 피고인이 고소한 위 내용은 전혀 터무니없는 허위사실은 아니라 할 것이고, 단지 사실에 기초하여 그 정황을 다소 과장한 데에 지나지 아니한다 할 것이며, 또 피고인에게 허위성에 대한 인식이 있다고 보기도 어렵다 할 것이다.

그럼에도 위 공소사실을 유죄로 인정한 원심의 판결에는 무고죄에 관한 법리를 오해하였거나 채증법칙을 위반하여 사실을 오인하여 판결에 영향을 미친 위법이 있다 할 것이니, 이 점에 관한 상고이유는 이유 있다.

다. 상고이유 제3점에 대하여

기록에 비추어 살펴보면, 처벌불원서를 제출한 공소외 11, 공소외 12, 공소외 13 등이 수표의 최후소지인으로 볼 자료가 없다고 한 원심의 판단은 정당하고 거기에 상고이유에서 주장하는 채증법칙 위배에 의한 사실오인 등의 위법은 없다.

3. 결 론

그러므로 원심판결의 유죄부분 중 판시 제4.의 무고죄에 관한 부분을 파기하여 다시 심리·판단하게 하기 위하여 이 부분 사건을 원심법원에 환송하기로 하고, 피고인의 나머지 상고 및 검사의 상고는 모두 이유 없어 이를 기각하기로 관여 법관의 일치된 의견으로 주문과 같이 판결한다.

대법관 송진훈(재판장) 변재승 윤재식(주심) 이규홍

제6장 관련 서식

[서식 1] 수표금청구 등의 소 (당좌수표 및 약속어음)

소 장

원   고   ○○○ (주민등록번호)
            ○○시 ○○구 ○○로 ○○(우편번호)
            전화·휴대폰번호:
            팩스번호, 전자우편(e-mail)주소:

피   고   ◇◇◇ (주민등록번호)
            ○○시 ○○구 ○○로 ○○(우편번호)
            전화·휴대폰번호:
            팩스번호, 전자우편(e-mail)주소:

수표금청구 등의 소

청 구 취 지

1. 피고는 원고에게 금 90,000,000원 및 그 중 금 30,000,000원에 대하여는 20○○. 6. 7.부터, 금 60,000,000원에 대하여는 20○○. 6. 30.부터 각 이 사건 소장부본 송달일까지는 연 6%의, 그 다음날부터 다 갚는 날까지는 연 12%의 각 비율에 의한 돈을 지급하라.
2. 소송비용은 피고가 부담한다.
3. 제1항은 가집행 할 수 있다.
라는 판결을 구합니다.

청 구 원 인

1. 피고는 20○○. 6. 10. 원고에게 지급할 건축자재대금 90,000,000원의 지급수단으로 아래 기재 (1)당좌수표와 (2)약속어음 각 1매를 발행하였습니다.
   (1) 당좌수표
       금액 : 금 30,000,000원   수표번호 : 다123456   발행일 20○○. 6. 10.
       발행지 : 서울시   지급지 : 농협은행 혜화동지점

(2) 약속어음
　　금액 : 금 60,000,000원　발행일 : 20○○. 6. 10.　지급기일 : 20○○. 6. 20.
　　발행지 및 지급지 : ○○시　　지급장소 : ○○은행 ○○○지점
　　수취인 : 원고 ○○○

2. 원고는 위 당좌수표와 약속어음의 정당한 소지인으로서 위 당좌수표를 발행일로부터 10일 이내인 20○○. 6. 5. 지급지에 지급제시 하였으나 예금부족으로 지급거절 되었으며, 위 약속어음도 지급일인 20○○. 6. 20. 지급장소에 지급제시 하였으나 역시 예금부족으로 지급거절 되었습니다.

3. 따라서 원고는 피고에 대하여 위 당좌수표의 액면 금 30,000,000원과 위 약속어음의 액면 금 10,000,000원의 합계 금 90,000,000원 및 그 중 금 30,000,000원에 대하여는 20○○. 6. 7.부터, 금 60,000,000원에 대하여는 20○○. 6. 30.부터 각 이 사건 소장부본 송달일까지는 수표법 및 어음법에서 정한 연 6%의, 그 다음날부터 다 갚는 날까지는 소송촉진등에관한특례법에서 정한 연 12%의 각 비율에 의한 지연손해금을 지급 받고자 이 사건 청구에 이른 것입니다.

입 증 방 법

1. 갑 제1호증　　　　　　　　당좌수표
1. 갑 제2호증　　　　　　　　약속어음
1. 갑 제3호증　　　　　　　　간이영수증

첨 부 서 류

1. 위 입증방법　　　　　　　　각 1통
1. 소장부본　　　　　　　　　1통
1. 송달료납부서　　　　　　　1통

　　　　　　　　20○○. ○. ○.

　　　　　　　위 원고　○○○　(서명 또는 날인)

○○지방법원　귀중

[서식 2] 부동산가압류신청서(약속어음)

부동산가압류신청

채 권 자 ○○○
　　　　　○○시 ○○구 ○○길 ○○(우편번호 ○○○-○○○)
　　　　　전화·휴대폰번호:
　　　　　팩스번호, 전자우편(e-mail)주소:
채 무 자 ◇◇◇
　　　　　○○시 ○○구 ○○길 ○○(우편번호 ○○○-○○○)
　　　　　전화·휴대폰번호:
　　　　　팩스번호, 전자우편(e-mail)주소:

청구채권의 표시

금 90,000,000원정
채권자가 채무자에 대하여 가지는 약속어음금청구채권

가압류할 부동산의 표시

별지 제1목록 기재와 같습니다.

신 청 취 지

　채권자가 채무자에 대하여 가지는 위 채권의 집행을 보전하기 위하여 채무자 소유의 별지 제1목록 기재 부동산을 가압류한다.
라는 재판을 구합니다.

신 청 원 인

1. 채무자는 신청외 청강주식회사 발행의 액면금액 금 90,000,000원정, 지급기일 20○○. ○. ○. 지급지 및 장소 : 서울시, 농협은행 혜화동지점으로 된 약속어음을 배서·양도하였습니다.
2. 이 사건 약속어음은 신청외 청강주식회사가 신청외 김갑동에게 발행·교부하여 다시 신청외 이철수에게, 다시 신청외 김덕봉에게, 다시 채무자에게 배서·양도함으로써 전전 유통되었고 채권자는 채무자로부터 이 사건

약속어음을 배서·양도받아 적법한 최종 소지인이 되었습니다.
3. 채권자는 이 사건 약속어음의 지급기일에 지급장소에 가서 지급제시 하였으나, 이 사건 약속어음은 지급기일 도래 전에 이미 부도처리된 것으로 확인되었습니다.
4. 채권자는 이 사건 약속어음을 배서·양도한 책임이 있는 채무자로부터 금 90,000,000원의 약속어음금을 구하는 본안소송을 준비하고 있으나, 채무자는 별지 1목록 기재 부동산 외에 별다른 재산이 없으며 이마저도 다른 사람에게 처분할 가능성이 있어 지금 곧 가압류하지 않으면 승소 후에도 강제집행의 목적을 달성할 수 없게 될 우려가 있어 이 사건 신청에 이르게 된 것입니다.
5. 담보제공은 공탁보증보험증권(서울보증보험주식회사 증권번호 제70호)을 제출하는 방법으로 할 수 있도록 허가하여 주시기 바랍니다.

첨 부 서 류

1. 약속어음　　　　　　　　　　　　　　1통
1. 부동산등기사항증명서　　　　　　　　2통
1. 가압류신청진술서　　　　　　　　　　1통
1. 송달료납부서　　　　　　　　　　　　1통

20○○. ○. ○.

위 채권자 ○○○ (서명 또는 날인)

○○지방법원　귀중

[별 지 1]

부동산의 표시

1. 서울시 종로구 혜화동 11-27
   대 157.4㎡

1. 위 지상
   벽돌조 평슬래브지붕 2층주택
   1층 74.82㎡
   2층 74.82㎡
   지층 97.89㎡. 끝.

[별지]

가압류신청 진술서

채권자는 가압류 신청과 관련하여 다음 사실을 진술합니다. 다음의 진술과 관련하여 고의로 누락하거나 허위로 진술한 내용이 발견된 경우에는, 그로 인하여 보정명령 없이 신청이 기각되거나 가압류이의절차에서 불이익을 받을 것임을 잘 알고 있습니다.

20 . . .

채권자(소송대리인) _____ (날인 또는 서명)

※ 채무자가 여럿인 경우에는 각 채무자별로 따로 작성하여야 합니다.

◇ 다 음 ◇

1. 피보전권리(청구채권)와 관련하여
   가. 채무자가 신청서에 기재한 청구채권을 인정하고 있습니까?
      ☐ 예
      ☐ 아니오 → 채무자 주장의 요지 :
      ☐ 기타 :
   나. 채무자의 의사를 언제, 어떠한 방법으로 확인하였습니까? (소명자료 첨부)

   다. 채권자가 신청서에 기재한 청구금액은 본안소송에서 승소할 수 있는 금액으로 적정하게 산출된 것입니까? (과도한 가압류로 인해 채무자가 손해를 입으면 배상하여야 함)
      ☐ 예   ☐ 아니오

2. 보전의 필요성과 관련하여
   가. 채권자가 채무자의 재산에 대하여 가압류하지 않으면 향후 강제집행이 불가능하거나 매우 곤란해질 사유의 내용은 무엇입니까?

   나. 채권자는 신청서에 기재한 청구채권과 관련하여 공정증서 또는 제소

전화해조서가 있습니까?

다. 채권자는 신청서에 기재한 청구채권과 관련하여 취득한 담보가 있습니까? 있다면 이 사건 가압류를 신청한 이유는 무엇입니까?

라. [채무자가 (연대)보증인인 경우] 채권자는 주채무자에 대하여 어떠한 보전조치를 취하였습니까?

마. [다수의 부동산에 대한 가압류신청인 경우] 각 부동산의 가액은 얼마입니까? (소명자료 첨부)

바. [유체동산 또는 채권 가압류신청인 경우] 채무자에게는 가압류할 부동산이 있습니까?
　　□ 예　□ 아니오 → 채무자의 주소지 소재 부동산등기부등본 첨부

사. ["예"로 대답한 경우] 가압류할 부동산이 있다면, 부동산이 아닌 유체동산 또는 채권 가압류신청을 하는 이유는 무엇입니까?
　　□ 이미 부동산상의 선순위 담보 등이 부동산가액을 초과함 → 부동산등기부등본 및 가액소명자료 첨부
　　□ 기타 사유 → 내용 :

아. [유체동산가압류 신청인 경우]
　① 가압류할 유체동산의 품목, 가액은?
　② 채무자의 다른 재산에 대하여 어떠한 보전조치를 취하였습니까? 그 결과는?

3. 본안소송과 관련하여
가. 채권자는 신청서에 기재한 청구채권과 관련하여 채무자를 상대로 본안소송을 제기한 사실이 있습니까?
　　□ 예　　□ 아니오

나. ["예"로 대답한 경우]
　① 본안소송을 제기한 법원·사건번호·사건명은?

　② 현재 진행상황 또는 소송결과는?

다. ["아니오"로 대답한 경우] 채권자는 본안소송을 제기할 예정입니까?
　　□ 예 → 본안소송 제기 예정일 :
　　□ 아니오 → 사유 :

4. 중복가압류와 관련하여
   가. 채권자는 신청서에 기재한 청구채권(금액 불문)을 원인으로, 이 신청 외에 채무자를 상대로 하여 가압류를 신청한 사실이 있습니까? (과거 및 현재 포함)
      □ 예   □ 아니오
   나. ["예"로 대답한 경우]
     ① 가압류를 신청한 법원·사건번호·사건명은?

     ② 현재 진행상황 또는 결과(취하/각하/인용/기각 등)는? (소명자료 첨부)

   다. [다른 가압류가 인용된 경우] 추가로 이 사건 가압류를 신청하는 이유는 무엇입니까? (소명자료 첨부)

[서식 3] 유체동산가압류신청서(약속어음금 청구채권을 원인으로)

유체동산가압류신청

채 권 자 ○○○
 ○○시 ○○구 ○○길 ○○(우편번호 ○○○-○○○)
 전화·휴대폰번호:
 팩스번호, 전자우편(e-mail)주소:
채 무 자 ◇◇◇
 ○○시 ○○구 ○○길 ○○(우편번호 ○○○-○○○)
 전화·휴대폰번호:
 팩스번호, 전자우편(e-mail)주소:

청구금액의 표시

금 ○○○○원정(20○○. ○. ○.자 약속어음금)

신 청 취 지

 채권자는 채무자에 대한 위 청구채권의 집행을 보전하기 위하여 위 채무자 소유의 유체동산을 가압류한다.
라는 재판을 구합니다.

신 청 이 유

1. 채무자는 20○○. ○. ○. 채권자에게 액면 금 100,000,000원, 지급기일 20○○. ○. ○. 발행지 및 지급지는 모두 서울시, 지급장소는 농협은행 혜화동지점으로 된 약속어음 2매를 발행·교부하고, 채권자가 정당한 소지인으로서 만기에 지급제시 하였으나 순차로 모두 지급거절 하였습니다.
2. 채권자는 위 어음금을 지급 받기 위하여 여러 차례 채무자를 방문하였으나 계속 연기할 뿐 아니라 채무자의 재산상태와 신용악화로 채무자가 재산처분을 진행하고 있는바, 채권자가 신속히 채무자의 유체동산이라도 가압류하지 않으면 후일 본안소송의 승소판결을 얻어도 집행이 불가능하게 될 것이 명백하므로 부득이 이 사건 신청에 이른 것입니다.
3. 담보제공에 관하여는 민사집행법 제19조 제3항, 민사소송법 제122조에 의

하여 보증보험주식회사와 지급보증위탁계약을 맺은 문서를 제출하는 방법으로 담보제공을 할 수 있도록 허가하여 주시기 바랍니다.

첨 부 서 류

1. 소갑 제1호증(약속어음)　　　　　　　　○통
1. 가압류신청진술서　　　　　　　　　　　1통
1. 송달료납부서　　　　　　　　　　　　　1통

20○○. ○. ○.

위 채권자 ○○○ (서명 또는 날인)

○○지방법원　귀중

[별 지]

가압류신청 진술서

채권자는 가압류 신청과 관련하여 다음 사실을 진술합니다. 다음의 진술과 관련하여 고의로 누락하거나 허위로 진술한 내용이 발견된 경우에는, 그로 인하여 보정명령 없이 신청이 기각되거나 가압류이의절차에서 불이익을 받을 것임을 잘 알고 있습니다.

20 . . .

채권자(소송대리인) _____ (날인 또는 서명)

※ 채무자가 여럿인 경우에는 각 채무자별로 따로 작성하여야 합니다.

◇ 다 음 ◇

1. 피보전권리(청구채권)와 관련하여
    가. 채무자가 신청서에 기재한 청구채권을 인정하고 있습니까?
        ☐ 예
        ☐ 아니오 → 채무자 주장의 요지 :
        ☐ 기타 :
    나. 채무자의 의사를 언제, 어떠한 방법으로 확인하였습니까? (소명자료 첨부)

    다. 채권자가 신청서에 기재한 청구금액은 본안소송에서 승소할 수 있는 금액으로 적정하게 산출된 것입니까? (과도한 가압류로 인해 채무자가 손해를 입으면 배상하여야 함)
        ☐ 예   ☐ 아니오

2. 보전의 필요성과 관련하여
    가. 채권자가 채무자의 재산에 대하여 가압류하지 않으면 향후 강제집행이 불가능하거나 매우 곤란해질 사유의 내용은 무엇입니까?
    나. 채권자는 신청서에 기재한 청구채권과 관련하여 공정증서 또는 제소

전화해조서가 있습니까?

다. 채권자는 신청서에 기재한 청구채권과 관련하여 취득한 담보가 있습니까? 있다면 이 사건 가압류를 신청한 이유는 무엇입니까?

라. [채무자가 (연대)보증인인 경우] 채권자는 주채무자에 대하여 어떠한 보전조치를 취하였습니까?

마. [다수의 부동산에 대한 가압류신청인 경우] 각 부동산의 가액은 얼마입니까? (소명자료 첨부)

바. [유체동산 또는 채권 가압류신청인 경우] 채무자에게는 가압류할 부동산이 있습니까?
□ 예   □ 아니오 → 채무자의 주소지 소재 부동산등기부등본 첨부

사. ["예"로 대답한 경우] 가압류할 부동산이 있다면, 부동산이 아닌 유체동산 또는 채권 가압류신청을 하는 이유는 무엇입니까?
□ 이미 부동산상의 선순위 담보 등이 부동산가액을 초과함 → 부동산등기부등본 및 가액소명자료 첨부
□ 기타 사유 → 내용 :

아. [유체동산가압류 신청인 경우]
① 가압류할 유체동산의 품목, 가액은?

② 채무자의 다른 재산에 대하여 어떠한 보전조치를 취하였습니까? 그 결과는?

3. 본안소송과 관련하여
가. 채권자는 신청서에 기재한 청구채권과 관련하여 채무자를 상대로 본안소송을 제기한 사실이 있습니까?
□ 예   □ 아니오
나. ["예"로 대답한 경우]
① 본안소송을 제기한 법원·사건번호·사건명은?

② 현재 진행상황 또는 소송결과는?

다. ["아니오"로 대답한 경우] 채권자는 본안소송을 제기할 예정입니까?

☐ 예 → 본안소송 제기 예정일 :
☐ 아니오 → 사유 :

4. 중복가압류와 관련하여
   가. 채권자는 신청서에 기재한 청구채권(금액 불문)을 원인으로, 이 신청 외에 채무자를 상대로 하여 가압류를 신청한 사실이 있습니까? (과거 및 현재 포함)
      ☐ 예   ☐ 아니오
   나. ["예"로 대답한 경우]
      ① 가압류를 신청한 법원·사건번호·사건명은?

      ② 현재 진행상황 또는 결과(취하/각하/인용/기각 등)는? (소명자료 첨부)

   다. [다른 가압류가 인용된 경우] 추가로 이 사건 가압류를 신청하는 이유는 무엇입니까? (소명자료 첨부)

[서식 4] 부동산가압류신청서(약속어음금청구채권)

부동산가압류신청

채 권 자 ○○○
　　　　　○○시 ○○구 ○○길 ○○(우편번호 ○○○-○○○)
　　　　　전화·휴대폰번호:
　　　　　팩스번호, 전자우편(e-mail)주소:
채 무 자 ◇◇◇
　　　　　○○시 ○○구 ○○길 ○○(우편번호 ○○○-○○○)
　　　　　전화·휴대폰번호:
　　　　　팩스번호, 전자우편(e-mail)주소:

청구채권의 표시

금 ○○○원(약속어음금채권)

가압류하여야 할 부동산의 표시

별지 제1목록 기재와 같습니다.

신 청 취 지

　채권자가 채무자에 대하여 가지는 위 청구채권의 집행을 보전하기 위하여 채무자 소유의 별지 제1목록 기재 부동산은 이를 가압류한다.
라는 재판을 구합니다.

신 청 이 유

1. 채권자는 20○○. ○. ○. 법률상 부부관계인 채무자와 신청외 ◆◆◆로부터 사기를 당하여 형사합의로 그동안 채권자의 채권 금 90,000,000원을 채무자들로부터 변제 받기로 하였으나 금 30,000,000원만 변제 받고 나머지 금액을 변제 받지 못하다가 20○○. ○. ○. 채무자와 신청외 ◆◆◆로부터 액면 금 60,000,000원, 지급기일 20○○. ○. ○. 지급지 및 지급장소를 ○○시로 한 약속어음공정증서를 작성·교부받았습니다.
2. 그런데 채무자는 채권자가 위 약속어음금을 청구하자 위 약속어음공정증

서상의 채권에 대하여 청구이의의 소를 제기하고서 강제집행정지의 잠정처분을 받았습니다. 그러나 채무자가 채무자의 유일한 재산인 별지 1목록 기재 부동산을 처분한다면 채권자는 위 소송에서 승소한다고 하여도 강제집행의 목적을 달성할 수 없게 될 우려가 있어 이 사건 신청에 이르게 된 것입니다.
3. 담보제공은 공탁보증보험증권(서울보증보험주식회사 증권번호 제70호)을 제출하는 방법으로 할 수 있도록 허가하여 주시기 바랍니다.

소 명 방 법

1. 소갑 제1호증   약속어음공정증서
1. 소갑 제2호증   합의서
1. 소갑 제3호증   소장부본(청구이의의 소)
1. 소갑 제4호증   변론기일소환장

첨 부 서 류

1. 위 소명방법   각 1통
1. 부동산등기사항증명서   2통
1. 가압류신청진술서   1통
1. 송달료납부서   1통

20○○. ○. ○.

위 채권자 ○○○ (서명 또는 날인)

○○지방법원 귀중

[별지 1]

부동산의 표시

1. 서울시 종로구 혜화동 120
2. 서울시 종로구 혜화동 11-80 끝.

[별지 2]

가압류신청 진술서

채권자는 가압류 신청과 관련하여 다음 사실을 진술합니다. 다음의 진술과 관련하여 고의로 누락하거나 허위로 진술한 내용이 발견된 경우에는, 그로 인하여 보정명령 없이 신청이 기각되거나 가압류이의절차에서 불이익을 받을 것임을 잘 알고 있습니다.

20 . . .

채권자(소송대리인) _____ (날인 또는 서명)

※ 채무자가 여럿인 경우에는 각 채무자별로 따로 작성하여야 합니다.

◇ 다 음 ◇

1. 피보전권리(청구채권)와 관련하여
   가. 채무자가 신청서에 기재한 청구채권을 인정하고 있습니까?
      □ 예
      □ 아니오 → 채무자 주장의 요지 :
      □ 기타 :
   나. 채무자의 의사를 언제, 어떠한 방법으로 확인하였습니까? (소명자료 첨부)

   다. 채권자가 신청서에 기재한 청구금액은 본안소송에서 승소할 수 있는 금액으로 적정하게 산출된 것입니까? (과도한 가압류로 인해 채무자가 손해를 입으면 배상하여야 함)
      □ 예   □ 아니오

2. 보전의 필요성과 관련하여
   가. 채권자가 채무자의 재산에 대하여 가압류하지 않으면 향후 강제집행이 불가능하거나 매우 곤란해질 사유의 내용은 무엇입니까?

   나. 채권자는 신청서에 기재한 청구채권과 관련하여 공정증서 또는 제소

전화해조서가 있습니까?

다. 채권자는 신청서에 기재한 청구채권과 관련하여 취득한 담보가 있습니까? 있다면 이 사건 가압류를 신청한 이유는 무엇입니까?

라. [채무자가 (연대)보증인인 경우] 채권자는 주채무자에 대하여 어떠한 보전조치를 취하였습니까?

마. [다수의 부동산에 대한 가압류신청인 경우] 각 부동산의 가액은 얼마입니까? (소명자료 첨부)

바. [유체동산 또는 채권 가압류신청인 경우] 채무자에게는 가압류할 부동산이 있습니까?
　　□ 예　□ 아니오 → 채무자의 주소지 소재 부동산등기부등본 첨부

사. ["예"로 대답한 경우] 가압류할 부동산이 있다면, 부동산이 아닌 유체동산 또는 채권 가압류신청을 하는 이유는 무엇입니까?
　　□ 이미 부동산상의 선순위 담보 등이 부동산가액을 초과함 → 부동산등기부등본 및 가액소명자료 첨부
　　□ 기타 사유 → 내용 :

아. [유체동산가압류 신청인 경우]
　　① 가압류할 유체동산의 품목, 가액은?

　　② 채무자의 다른 재산에 대하여 어떠한 보전조치를 취하였습니까? 그 결과는?

3. 본안소송과 관련하여
　가. 채권자는 신청서에 기재한 청구채권과 관련하여 채무자를 상대로 본안소송을 제기한 사실이 있습니까?
　　□ 예　　□ 아니오
　나. ["예"로 대답한 경우]
　　① 본안소송을 제기한 법원·사건번호·사건명은?

　　② 현재 진행상황 또는 소송결과는?

　다. ["아니오"로 대답한 경우] 채권자는 본안소송을 제기할 예정입니까?

☐ 예 → 본안소송 제기 예정일 :
☐ 아니오 → 사유 :

4. 중복가압류와 관련하여
   가. 채권자는 신청서에 기재한 청구채권(금액 불문)을 원인으로, 이 신청 외에 채무자를 상대로 하여 가압류를 신청한 사실이 있습니까? (과거 및 현재 포함)
      ☐ 예   ☐ 아니오
   나. ["예"로 대답한 경우]
      ① 가압류를 신청한 법원·사건번호·사건명은?

      ② 현재 진행상황 또는 결과(취하/각하/인용/기각 등)는? (소명자료 첨부)

   다. [다른 가압류가 인용된 경우] 추가로 이 사건 가압류를 신청하는 이유는 무엇입니까? (소명자료 첨부)

[서식 5] 수표금청구 등의 소(가계수표 및 약속어음)

소 장

원 고 ○○○ (주민등록번호)
　　　　○○시 ○○구 ○○로 ○○(우편번호)
　　　　전화·휴대폰번호:
　　　　팩스번호, 전자우편(e-mail)주소:

피 고 ◇◇◇ (주민등록번호)
　　　　○○시 ○○구 ○○로 ○○(우편번호)
　　　　전화·휴대폰번호:
　　　　팩스번호, 전자우편(e-mail)주소:

수표금청구 등의 소

청 구 취 지

1. 피고는 원고에게 금 90,000,000원 및 이에 대한 20○○. ○○. ○○.부터 이 사건 소장부본 송달일까지는 연 6%의, 그 다음날부터 다 갚는 날까지는 연 12%의 각 비율에 의한 돈을 지급하라.
2. 소송비용은 피고가 부담한다.
3. 제1항은 가집행 할 수 있다.
라는 판결을 구합니다.

청 구 원 인

1. 피고는 20○○. ○. ○. 원고에게 지급할 건축자재대금 90,000,000원의 지급수단으로 아래 기재 (1)가계수표와 (2)약속어음 각 1매를 발행하였습니다.
   (1) 가계수표
   　　금액 : 금 30,000,000원 수표번호 : 가1234567　발행일 20○○. ○. ○.
   　　발행지 : ○○시　지급지 : ○○은행 ○○지점
   (2) 약속어음
   　　금액 : 금 60,000,000원 발행일 : 20○○. ○. ○. 지급기일 : 20○○. ○○. ○.
   　　발행지 및 지급지 : ○○시　지급장소 : ○○은행 ○○지점
   　　수취인 : 원고 ○○○

2. 원고는 위 가계수표와 약속어음의 정당한 소지인으로서 위 약속어음을 20○○. ○○. ○. 지급장소에 지급제시 하였으나 예금부족으로 지급거절 되었으며, 위 가계수표도 같은 날 지급지에 제시하였으나 역시 예금부족으로 지급거절 되었습니다.
3. 따라서 원고는 피고에 대하여 위 가계수표의 액면 금 30,000,000원과 위 약속어음의 액면 금 60,000,000원의 합계 금 90,000,000원 및 이에 대하여 위 가계수표와 약속어음을 지급제시한 다음날인 20○○. ○○. ○○.부터 이 사건 소장부본 송달일까지는 수표법 및 어음법에서 정한 연 6%의, 그 다음날부터 다 갚는 날까지는 소송촉진등에관한특례법에서 정한 연 12%의 각 비율에 의한 지연손해금을 지급 받고자 이 사건 청구에 이른 것입니다.

입 증 방 법

1. 갑 제1호증   가계수표
1. 갑 제2호증   약속어음
1. 갑 제3호증   간이영수증

첨 부 서 류

1. 위 입증방법   각 1통
1. 소장부본   1통
1. 송달료납부서   1통

20○○. ○. ○.

위 원고   ○○○ (서명 또는 날인)

○○지방법원 귀중

[서식 6] 전부금청구의 소(집행권원 : 약속어음 공증, 임차보증금반환채권)

소 장

원 고 ○○○ (주민등록번호)
　　　　○○시 ○○구 ○○길 ○○(우편번호)
　　　　전화·휴대폰번호:
　　　　팩스번호, 전자우편(e-mail)주소:
피 고 ◇◇◇ (주민등록번호)
　　　　○○시 ○○구 ○○길 ○○(우편번호)
　　　　전화·휴대폰번호:
　　　　팩스번호, 전자우편(e-mail)주소:

전부금청구의 소

청 구 취 지

1. 피고는 원고에게 20,000,000원 및 이에 대한 20○○. ○○. ○○.부터 이 사건 소장부본 송달일까지는 연 5%의, 그 다음날부터 다 갚는 날까지는 연 12%의 각 비율에 의한 돈을 지급하라.
2. 소송비용은 피고의 부담으로 한다.
3. 위 제1항은 가집행 할 수 있다.
라는 판결을 구합니다.

청 구 원 인

1. 원고는 20○○. ○. ○. 소외 ◆◆◆로부터 공증인가 ○○합동법률사무소 20○○증서 제○○호로, 발행일자 20○○. ○. ○. 발행인 : ◆◆◆, 수취인 : ○○○, 지급기일 : 20○○. ○. ○○. 지급지 지급처소·발행지 : 각 ○○시, 액면 : 금 20,000,000원으로 한 약속어음공정증서 1매를 작성·교부 받았으며 지급기일에 지급제시 하였으나 소외 ◆◆◆가 지금까지 이를 변제하지 않고 있습니다.
2. 소외 ◆◆◆는 피고에게 ○○시 ○○구 ○○길 ○○의 지상건물 일부에 대하여 임차보증금 40,000,000원의 반환채권을 가지고 있습니다.
3. 원고는 위 집행력 있는 공정증서로써, 소외 ◆◆◆가 피고로부터 받을 위

임차보증금반환채권에 대하여, 청구금액을 금 20,000,000원, 소외 ◆◆◆를 채무자로, 피고를 제3채무자로 하여 ○○지방법원 20○○타채○○○호로 채권압류 및 전부명령을 신청하였고 그 채권압류 및 전부명령 결정정본은 20○○. ○. ○○. 피고에게 송달되어 20○○. ○○. ○. 확정됨으로써 위 금 20,000,000원은 원고에게 전부되었습니다.

4. 그런데 위 건물의 임대차기간이 끝났으므로 원고가 피고에게 위 전부금의 지급을 요청하자 피고는 소외 ◆◆◆가 위 임차건물을 피고에게 명도하지 않았으므로 위 전부금을 지급할 수 없다고 항변하여 원고는 소외 ◆◆◆를 설득하여 소외 ◆◆◆는 위 임차건물을 20○○. ○○. ○○. 피고에게 명도 하였습니다. 그러나 피고는 원고에게 위 전부금을 지금까지도 지급하지 않고 있습니다.

5. 따라서 원고는 피고로부터 위 전부금 20,000,000원 및 이에 대한 소외 ◆◆◆가 위 임차건물을 피고에게 명도한 20○○. ○○. ○○.부터 이 사건 소장부본 송달일까지는 민법에서 정한 연 5%의, 그 다음날부터 다 갚는 날까지는 소송촉진등에관한특례법에서 정한 연 12%의 각 비율에 의한 지연손해금을 지급 받고자 이 사건 청구에 이른 것입니다.

입 증 방 법

1. 갑 제1호증   채권압류 및 전부명령
1. 갑 제2호증   위 결정 송달증명 및 확정증명

첨 부 서 류

1. 위 입증방법   각 1통
1. 소장부본   1통
1. 송달료납부서   1통

20○○. ○. ○.

위 원고 ○○○ (서명 또는 날인)

○○지방법원 귀중

[서식 7] 금전소비대차 계약서(어음으로 변제하는 경우)

금전소비대차계약서

○○○을 갑, △△△을 을로 하여, 당사자간에 다음과 같이 금전소비대차 계약을 체결한다.

제1조 (대금) 갑은 금일 금 삼천만원을 빌려주고 을은 이를 받아 차용하였다.

제2조 (변제기한) 변제기한은 20○○년 ○월 ○일로 한다.

제3조 (변제수단) 을은 변제지급을 위해 액면 금삼천만원, 만기 20○○년 ○월 ○일의 약속어음을 1매 발행하여 갑에게 교부하고 갑은 이를 수령하였다.

본 어음에 관해서는 다음 각 조에서 정하는 이자 지급시 마다 다음 회의 이자지급일을 만기로 하는 어음으로 다시 쓰기로 한다.

제4조 (이자) 이자는 연15%로 하고 을은 매월 25일까지 당해 월분을 갑의 주소지나 갑이 지정하는 장소에 지참 또는 송부하여 지급한다.

제5조 (연체손해금) 기한 후 또는 기한의 이익을 잃었을 때는 이후 완제에 이르기까지 일 10%에 의한 연체손해금을 지급하지 않으면 안 된다.

제6조 (기한의 이익상실) 다음의 경우에는 갑으로부터의 통지최고가 없더라도 당연히 기한의 이익을 잃고 을은 즉각 그 때에 있어서의 나머지 채무 전액을 일시에 지급하지 않으면 안 된다.
1. 1회라도 이자를 기한에 지급하지 않을 때
2. 다른 채무로 인해 보전처분 또는 강제집행을 받았을 때
3. 다른 채무로 인해 경매, 파산, 화의신청이 있었을 때
4. 갑에 통지하지 않고 을이 주소를 이전했을 때

이 계약의 성립을 증명하기 위해 본 증서 2통을 작성하고 서명·날인 후 각1통을 소지한다.

20○○년 ○월 ○일

채권자	주 소					
	성 명	인	주민등록번호	-	전화번호	
채무자	주 소					
	성 명	인	주민등록번호	-	전화번호	

[서식 8] 증서진부확인의 소(약속어음의 진정여부를 확인하는 소)

소 장

원　고　　○○○ (주민등록번호)
　　　　　　○○시 ○○구 ○○길 ○○(우편번호 ○○○-○○○)
　　　　　　전화·휴대폰번호:
　　　　　　팩스번호, 전자우편(e-mail)주소:

피　고　　◇◇◇ (주민등록번호)
　　　　　　○○시 ○○구 ○○길 ○○(우편번호 ○○○-○○○)
　　　　　　전화·휴대폰번호:
　　　　　　팩스번호, 전자우편(e-mail)주소:

증서진부확인의 소

청 구 취 지

1. 별지목록 기재의 약속어음은 진정하게 성립된 문서가 아님을 확인한다.
2. 소송비용은 피고의 부담으로 한다.
라는 판결을 구합니다.

청 구 원 인

1. 원고는 20○○. ○. ○○. 약속어음을 발행한 사실이 전혀 없음에도 불구하고, 피고로부터 위조된 별지목록 기재 약속어음의 액면 금 30,000,000원을 지급하라는 독촉을 받았습니다.
2. 그런데 피고가 소지하고 있는 별지목록 기재 약속어음 1매는 소외 ◆◆◆가 20○○. ○. ○.경 원고의 도장을 임의로 새긴 뒤 원고로 행세하면서 별지목록 기재 약속어음을 위조하여 피고에게 교부하는 방법으로 행사한 것입니다.
3. 따라서 원고는 그 법적 지위의 위험을 제거할 필요가 있으므로, 청구취지 기재와 같은 판결을 받고자 이 사건 청구에 이른 것입니다.

입 증 방 법

1. 갑 제1호증의 1, 2   각 진술서
1. 갑 제2호증   녹취서
1. 갑 제3호증   약속어음사본

첨 부 서 류

1. 위 입증서류   각 1통
1. 소장부본   1통
1. 송달료납부서   1통

20○○. ○. ○.

위 원고 ○○○ (서명 또는 날인)

○○지방법원 귀중

[별지]

약속어음목록

액면금액 : 금 30,000,000원
만　　기 : 20○○. ○. ○○.
지급지　 : 서울특별시
지급장소 : ○○은행 ○○지점
발행일　 : 20○○. ○. ○.
발행지　 : 서울특별시
발행인　 : ○○○(원고)
수취인　 : ◇◇◇(피고)

[서식 9] 약속어음금청구의 소(발행인 및 배서인2)

소 장

원 고   ○○○ (주민등록번호)
         ○○시 ○○구 ○○로 ○○(우편번호)
         전화·휴대폰번호:
         팩스번호, 전자우편(e-mail)주소:

피 고   1. 김◇◇ (주민등록번호)
            ○○시 ○○구 ○○로 ○○(우편번호)
            전화·휴대폰번호:
            팩스번호, 전자우편(e-mail)주소:
         2. 이◇◇ (주민등록번호)
            ○○시 ○○구 ○○로 ○○(우편번호)
            전화·휴대폰번호:
            팩스번호, 전자우편(e-mail)주소:
         3. 박◇◇ (주민등록번호)
            ○○시 ○○구 ○○로 ○○(우편번호)
            전화·휴대폰번호:
            팩스번호, 전자우편(e-mail)주소:

약속어음금청구의 소

청 구 취 지

1. 피고들은 합동하여 원고에게 금 ○○○원 및 이에 대하여 20○○. ○○. ○○.부터 이 소장부본 송달일까지는 연 6%의, 그 다음날부터 다 갚는 날까지는 연 12%의 각 비율에 의한 돈을 지급하라.
2. 소송비용은 피고가 부담한다.
3. 제1항은 가집행 할 수 있다
라는 판결을 구합니다.

청 구 원 인

1. 피고 김◇◇는 20○○. ○. ○. 액면 금 ○○○만원, 지급기일 20○○. ○

○. ○, 지급지 및 발행지는 모두 서울특별시, 지급장소 ○○은행 ○○지점, 수취인 피고 이◇◇로 된 약속어음 1매를 발행·교부하고, 피고 이◇◇는 위 발행일과 같은 날 위 약속어음을 피고 박◇◇에게 지급거절증서의 작성의무를 면제한 채로 배서·양도하였으며, 피고 박◇◇는 원고에게 20○○. ○. ○. 지급거절증서의 작성의무를 면제한 채로 배서·양도하여 원고가 배서가 연속된 위 약속어음의 최종소지인이 되었습니다.
2. 원고는 위 약속어음의 금액을 지급 받기 위하여 적법한 지급제시기간 안에 지급장소에 제시하였으나 지급 거절되었습니다.
3. 그렇다면 피고들은 합동하여 원고에게 금 ○○○만원 및 이에 대하여 위 약속어음 지급기일 다음날인 20○○. ○○. ○○.부터 이 사건 소장부본 송달일까지는 어음법에서 정한 연 6%의, 그 다음날부터 다 갚는 날까지는 소송촉진등에관한특례법에서 정한 연 12%의 각 비율에 의한 지연손해금을 지급하여야 할 것이므로 원고는 이 사건 청구에 이르렀습니다.

입 증 방 법

1. 갑 제1호증의 1, 2   약속어음앞면, 뒷면
1. 갑 제2호증   부전

첨 부 서 류

1. 위 입증방법   각 1통
1. 소장부본   3통
1. 송달료납부서   1통

20○○. ○. ○.

위 원고   ○○○ (서명 또는 날인)

○○지방법원 귀중

[서식 10] 약속어음금청구의 소(발행인 및 배서인3)

소 장

원 고 ○○○ (주민등록번호)
　　　　○○시 ○○구 ○○길 ○○(우편번호)
　　　　전화・휴대폰번호:
　　　　팩스번호, 전자우편(e-mail)주소:

피 고 1. 김◇◇ (주민등록번호)
　　　　　○○시 ○○구 ○○길 ○○(우편번호)
　　　　　전화・휴대폰번호:
　　　　　팩스번호, 전자우편(e-mail)주소:
　　　　2. 이◇◇ (주민등록번호)
　　　　　○○시 ○○구 ○○길 ○○(우편번호)
　　　　　전화・휴대폰번호:
　　　　　팩스번호, 전자우편(e-mail)주소:
　　　　3. 박◇◇ (주민등록번호)
　　　　　○○시 ○○구 ○○길 ○○(우편번호)
　　　　　전화・휴대폰번호:
　　　　　팩스번호, 전자우편(e-mail)주소:
　　　　4. 최◇◇ (주민등록번호)
　　　　　○○시 ○○구 ○○길 ○○(우편번호)
　　　　　전화・휴대폰번호:
　　　　　팩스번호, 전자우편(e-mail)주소:

약속어음금청구의 소

청 구 취 지

1. 피고들은 합동하여 원고에게 금 ○○○만원 및 이에 대하여 20○○. ○○. ○○.부터 이 사건 소장부본 송달일까지는 연 6%의, 그 다음날부터 다 갚는 날까지는 연 12%의 각 비율에 의한 돈을 지급하라.
2. 소송비용은 피고들이 부담한다.
3. 제1항은 가집행 할 수 있다

라는 판결을 구합니다.

청 구 원 인

1. 피고 김◇◇는 20○○. ○. ○. 액면 금 ○○○만원 지급기일 20○○. ○○. ○, 지급지 및 발행지는 모두 서울특별시, 지급장소 ○○은행 ○○지점, 수취인 피고 이◇◇로 된 약속어음 1매를 발행·교부하고, 피고 이◇◇는 위 발행일과 같은 날 피고 박◇◇에게, 피고 박◇◇는 피고 최◇◇에게 위 약속어음을 차례로 지급거절증서의 작성의무를 면제한 채로 배서·양도하였으며, 피고 최◇◇는 원고에게 위 약속어음을 20○○. ○. ○.자로 지급거절증서의 작성의무를 면제한 채로 배서·양도하여 원고가 배서가 연속된 위 약속어음의 최종소지인이 되었습니다.
2. 원고는 위 약속어음의 금액을 지급 받기 위하여 적법한 지급제시기간 안에 지급장소에 제시하였으나 지급 거절되었습니다.
3. 그렇다면 피고들은 합동하여 원고에게 금 ○○○만원 및 이에 대하여 위 약속어음 지급기일 다음날인 20○○. ○○. ○○.부터 이 사건 소장부본 송달일까지는 어음법에서 정한 연 6%의, 그 다음날부터 다 갚는 날까지는 소송촉진등에관한특례법에서 정한 연 12%의 각 비율에 의한 지연손해금을 지급하여야 할 것이므로 원고는 이 사건 청구에 이르렀습니다.

입 증 방 법

1. 갑 제1호증의 1, 2   약속어음앞면, 뒷면
1. 갑 제2호증   부전

첨 부 서 류

1. 위 입증방법   각 1통
1. 소장부본   4통
1. 송달료납부서   1통

20○○. ○. ○.

위 원고   ○○○ (서명 또는 날인)

○○지방법원 귀중

[서식 11] 약속어음금청구의 소(배서인)

소　장

원　　고　　○○○ (주민등록번호)
　　　　　　○○시 ○○구 ○○길 ○○(우편번호)
　　　　　　전화·휴대폰번호:
　　　　　　팩스번호, 전자우편(e-mail)주소:
피　　고　　◇◇◇ (주민등록번호)
　　　　　　○○시 ○○구 ○○길 ○○(우편번호)
　　　　　　전화·휴대폰번호:
　　　　　　팩스번호, 전자우편(e-mail)주소:

약속어음금청구의 소

청 구 취 지

1. 피고는 원고에게 금 10,000,000원 및 이에 대한 20○○. ○○. ○○.부터 이 사건 소장부본 송달일까지 연 6%의, 그 다음날부터 다 갚는 날까지는 연 12%의 각 비율에 의한 돈을 지급하라.
2. 소송비용은 피고가 부담한다.
3. 제1항은 가집행 할 수 있다.
라는 판결을 구합니다.

청 구 원 인

1. 소외 ◆◆◆는 20○○. ○. ○. ○○군에서 만기 20○○. ○○. ○. 지급지 ○○군 ○○읍 ○○○으로 된 액면 금 10,000,000원의 약속어음 1매를 자신이 기명 날인을 하고 수취인을 피고로 하여 발행하였습니다. 그 뒤 피고는 20○○. ○. ○. 원고에게 위 어음을 배서·양도하였고 원고는 이를 소지하고 있습니다.
2. 원고는 20○○. ○○. ○. 발행인에게 위 어음을 지급제시 하였으나 지급거절되었습니다. 한편, 피고는 위 어음을 배서할 때 지급거절증서 작성을 면제하였습니다.
3. 따라서 원고는 피고에 대하여 위 약속어음 배서를 원인으로 하여 약속어

음금 10,000,000원 및 그에 대한 위 약속어음 지급기일 다음날인 20○○. ○○. ○○.부터 이 사건 소장부본 송달일까지는 어음법에서 정한 연 6%의, 그 다음날부터 다 갚는 날까지는 소송촉진등에관한특례법에서 정한 연 12%의 각 비율에 의한 지연손해금을 지급 받기 위하여 이 사건 소를 제기합니다.

입 증 방 법

1. 갑 제1호증의 1, 2   약속어음 표면 및 이면

첨 부 서 류

1. 위 입증방법   각 1통
1. 소장부본   1통
1. 송달료납부서   1통

20○○. ○. ○.

위 원고 ○○○ (서명 또는 날인)

○○지방법원 ○○지원 귀중

[서식 12] 약속어음금청구의 소(발행인의 소지인에 대한 인적항변여부)

소 장

원 고 ○○○ (주민등록번호)
　　　　○○시 ○○구 ○○길 ○○(우편번호)
　　　　전화·휴대폰번호:
　　　　팩스번호, 전자우편(e-mail)주소:
피 고 ◇◇◇ (주민등록번호)
　　　　○○시 ○○구 ○○길 ○○(우편번호)
　　　　전화·휴대폰번호:
　　　　팩스번호, 전자우편(e-mail)주소:

약속어음금청구의 소

청 구 취 지

1. 피고는 원고에게 금 20,000,000원 및 이에 대하여 20○○. ○○. ○○.부터 이 사건 소장부본 송달일까지 연 6%의, 그 다음날부터 다 갚는 날까지는 연 12%의 각 비율에 의한 돈을 지급하라.
2. 소송비용은 피고가 부담한다.
3. 제1항은 가집행 할 수 있다.
라는 판결을 구합니다.

청 구 원 인

1. 원고는 위 주소지에서 의류판매상을 하는 사람인데, 20○○. ○. ○. 소외 ◆◆◆에게 의류 금 20,000,000원 상당을 판매하고 그 대금으로 피고가 발행한 액면 금 20,000,000원, 발행일 20○○. ○. ○, 지급기일 20○○. ○○. ○, 발행지 및 지급지 ○○시, 지급장소 ○○은행 ○○지점, 수취인 소외 ◆◆◆인 약속어음을 배서·양도받았습니다.
2. 그 뒤 원고는 위 약속어음의 지급기일에 위 약속어음을 지급장소에 지급 제시 하였으나 위 약속어음은 피사취부도 되어 위 약속어음의 대금을 지급 받지 못하였습니다.
3. 그런데 피고의 피사취 사유는 피고가 소외 ◆◆◆에게 물품대금의 선급금

으로 위 약속어음을 교부하였으나, 소외 ◆◆◆가 물품을 지급하지 않았다는 것입니다.
4. 그러나 원고로서는 피고에 대한 소외 ◆◆◆의 계약불이행사실을 전혀 알지 못하였을 뿐만 아니라, 어음채무자는 소지인이 그 채무자를 해할 것을 알고 어음을 취득한 경우가 아닌 한, 소지인이 중대한 과실로 그러한 사실을 몰랐다고 하더라도 종전 소지인에 대한 인적항변으로써 소지인에게 대항할 수 없다고 할 것이므로(대법원 1996. 3. 22. 선고 95다56033 판결), 피고는 위 약속어음의 발행인으로서 최종소지인인 원고에게 어음금을 지급할 의무가 있다 할 것입니다.
5. 따라서 피고는 약속어음금 20,000,000원 및 이에 대하여 위 약속어음 지급기일 다음날인 20○○. ○○. ○○.부터 이 사건 소장부본 송달일까지는 어음법에서 정한 연 6%의, 그 다음날부터 다 갚는 날까지는 소송촉진등에관한특례법에서 정한 연 12%의 각 비율에 의한 지연손해금을 지급하여야 할 것이므로 원고는 이 사건 청구에 이르렀습니다.

입 증 방 법

1. 갑 제1호증의 1, 2   약속어음앞면, 뒷면
1. 갑 제2호증   부전

첨 부 서 류

1. 위 입증방법   각 1통
1. 소장부본   1통
1. 송달료납부서   1통

20○○. ○. ○.

위 원고 ○○○ (서명 또는 날인)

○○지방법원 귀중

[서식 13] 약속어음금청구의 소(백지어음)

소　장

원　고　○○○ (주민등록번호)
　　　　○○시 ○○구 ○○길 ○○(우편번호)
　　　　전화·휴대폰번호:
　　　　팩스번호, 전자우편(e-mail)주소:

피　고　◇◇◇ (주민등록번호)
　　　　○○시 ○○구 ○○길 ○○(우편번호)
　　　　전화·휴대폰번호:
　　　　팩스번호, 전자우편(e-mail)주소:

약속어음금청구의 소

청 구 취 지

1. 피고는 원고에게 금 10,000,000원 및 이에 대하여 20○○. ○○. ○○.부터 이 사건 소장부본 송달일까지는 연 6%의, 다음날부터 다 갚는 날까지는 연 12%의 각 비율에 의한 돈을 지급하라.
2. 소송비용은 피고가 부담한다.
3. 제1항은 가집행 할 수 있다.
라는 판결을 구합니다.

청 구 원 인

1. 피고는 원고에 대한 물품대금 10,000,000원의 채무를 갚을 날짜가 지나서도 갚지 못하고 20○○. 6. 14. 원고에게 수취인, 발행일, 발행지, 지급지, 지급기일이 백지로 된 액면 금 30,000,000원의 약속어음 1장을 발행·교부하였습니다.
2. 원고는 위 약속어음의 수취인을 원고, 발행일을 20○○. 7. 15, 지급지, 지급장소를 각 서울특별시, 지급기일을 20○○. 8. 15.로 보충기재 한 뒤 위 지급기일에 피고에게 지급제시 하였으나 피고는 돈이 없다고 지급을 거절하였습니다.
3. 원고는 그 뒤 다시 피고에게 위 약속어음을 지급제시 하였으나, 피고는

원고가 위 약속어음을 지급기일에 지급제시 할 때 발행지를 보충기재하지 않고 지급제시 하였으므로 위 약속어음은 효력이 없다고 하면서 지급을 거절하여 발행지를 서울특별시로 보충기재 하여 지급제시 하였으나 또 다시 지급거절 하였습니다.

4. 그러나 백지어음의 보충은 보충권이 시효로 소멸하기까지는 지급기일 후에도 이를 행사할 수 있고, 주된 채무자인 발행인에 대하여 어음금청구소송을 제기한 경우에는 변론종결시까지만 보충권을 행사하면 될 뿐만 아니라(대법원 1995. 6. 9. 선고 94다41812 판결 참조), 국내어음이란 국내에서 발행되고 지급되는 어음을 말하는 것이므로 국내어음인지 여부는 어음면상의 발행지와 지급지가 국내인지 여부에 따라 결정될 것이지만, 어음면상에 발행지의 기재가 없다고 하더라도 그 어음면에 기재된 지급지와 지급장소, 발행인과 수취인, 지급할 어음금액을 표시하는 화폐, 어음문구를 표기한 문자, 어음교환소의 명칭 등에 의하여 그 어음이 국내에서 어음상의 효과를 발생시키기 위하여 발행된 것으로 여겨지는 경우에는 발행지를 백지로 발행한 것인지 여부에 불구하고 국내어음으로 추단할 수 있고, 어음에 있어서 발행지의 기재는 발행지와 지급지가 국토를 달리하거나 세력(歲曆)을 달리하는 어음 기타 국제어음에 있어서는 어음행위의 중요한 해석기준이 되는 것이지만 국내에서 발행되고 지급되는 이른바 국내어음에 있어서는 별다른 의미를 가지지 못하고, 또한 일반의 어음거래에 있어서 발행지가 기재되지 아니한 국내어음도 어음요건을 갖춘 완전한 어음과 마찬가지로 당사자간에 발행·양도 등의 유통이 널리 이루어지고 있으며, 어음교환소와 은행 등을 통한 결제과정에서도 발행지의 기재가 없다는 이유로 지급거절 됨이 없이 발행지가 기재된 어음과 마찬가지로 취급되고 있음은 관행에 이른 정도인 점에 비추어 볼 때, 발행지의 기재가 없는 어음의 유통에 관여한 당사자들은 완전한 어음에 의한 것과 같은 유효한 어음행위를 하려고 하였던 것으로 봄이 상당하므로, 어음면의 기재 자체로 보아 국내어음으로 인정되는 경우에 있어서는 그 어음면상 발행지의 기재가 없는 경우라고 할지라도 이를 무효의 어음으로 볼 수는 없다고 할 것이므로(대법원 1998. 4. 23. 선고 95다36466 판결 참조), 피고의 위와 같은 주장은 이유 없다고 할 것입니다.

5. 그렇다면 피고들은 합동하여 원고에게 약속어음금 30,000,000원 및 이에 대한 위 약속어음의 지급기일 다음날인 20○○. ○○. ○○.부터 이 사건 소장부본 송달일까지는 어음법에서 정한 연 6%의, 그 다음날부터 다 갚는 날까지는 소송촉진등에관한특례법에서 정한 연 12%의 각 비율에 의한 지연손해금을 지급하여야 할 것이므로 원고는 이 사건 청구에 이르렀습니다.

입 증 방 법

1. 갑 제1호증의 1, 2   약속어음앞면, 뒷면
1. 갑 제2호증   부전

첨 부 서 류

1. 위 입증방법   각 1통
1. 소장부본   1통
1. 송달료납부서   1통

20○○. ○. ○.

위 원고   ○○○ (서명 또는 날인)

○○지방법원 귀중

[서식 14] 대여금 청구의 소(피고 대여금채무 보증목적으로 제3자가 발행한 약속어음 부도)

소 장

원 고   ○○○ (주민등록번호)
        ○○시 ○○구 ○○로 ○○(우편번호)
        전화·휴대폰번호:
        팩스번호, 전자우편(e-mail)주소:

피 고   ◇◇◇ (주민등록번호)
        ○○시 ○○구 ○○로 ○○(우편번호)
        전화·휴대폰번호:
        팩스번호, 전자우편(e-mail)주소:

대여금 청구의 소

청 구 취 지

1. 피고는 원고에게 금 ○○○원 및 이에 대한 이 사건 소장부본 송달일 다음날부터 다 갚는 날까지 연 12%의 비율에 의한 돈을 지급하라.
2. 소송비용은 피고의 부담으로 한다.
3. 위 제1항은 가집행 할 수 있다.
라는 판결을 구합니다.

청 구 원 인

1. 원고는 피고와 15여년 전부터 같은 업종의 사업을 하면서 알게 되어 친하게 지내며 서로 가족끼리도 왕래하는 과정에서 피고가 자신의 사업자금이 부족하다고 돈을 빌려 줄 것을 요청해와 20○○. ○. ○에 금 ○○○을 변제기 20○○. ○. ○로 정하여 빌려 준 사실이 있습니다.
2. 그런데 피고는 원고에게 위 채무에 대한 담보조로 소외 ◎◎공업사를 운영하던 피고의 친구인 소외 ◆◆◆가 발행한 다음과 같은 내용의 약속어음 1매를 원고에게 배서하여 교부하였습니다.
   1. 액   면 : 금 ○○○원
   2. 지급기일 : 20○○. ○. ○.
   3. 지 급 지 : ○○시

   4. 지급장소 : ○○은행 ○○지점
   5. 발 행 일 : 20○○. ○. ○.
   6. 발 행 지 : ○○시
   7. 발 행 인 : ◆◆◆
3. 그런데 피고는 위 돈을 빌려간 뒤 20○○. ○.경부터는 영업을 중단하였고 원고의 여러 차례에 걸친 변제독촉에도 불구하고 20○○. ○.경에는 행방을 감춘 뒤 지금까지 위 돈을 변제하지 않고 있습니다. 또한, 원고가 위 약속어음을 소지하고 있던 중 지급기일인 20○○. ○. ○.에 지급장소인 ○○은행 ○○지점에 지급 제시하였으나 예금부족을 이유로 지급거절을 당하였습니다.
4. 따라서 원고는 피고로부터 위 대여금 ○○○원 및 이에 대한 이 사건 소장부본 송달일 다음날부터 다 갚을 때까지 소송촉진등에관한특례법에서 정한 연 12%의 비율에 의한 지연손해금을 지급 받기 위하여 이 사건 소제기에 이르렀습니다.

입 증 방 법

1. 갑 제1호증의 1, 2   약속어음앞면 및 뒷면
1. 갑 제2호증   사업자등록증

첨 부 서 류

1. 위 입증방법   각 2통
1. 소장부본   1통
1. 송달료납부서   1통

                 20○○. ○. ○.

            위 원고   ○○○   (서명 또는 날인)

○○지방법원 귀중

[서식 15] 준소비대차 계약서(약속어음금채무를 지급목적으로 하는 경우)

준소비대차계약서

채권자 ○○○을 갑으로 하고, 채무자 △△△을 을로 하고, 연대보증인 □□□을 병으로 하여 갑, 을, 병간에 다음의 준소비대차계약을 체결한다.

제1조 (목적) 갑이 을에 대하여 가지는 아래의 약속어음금에 대하여 금일 갑, 을, 병 당사자는 아래 어음금액을 준소비대차의 목적으로 할 것에 합의하고, 을은 제2조 이하의 조건으로 이것을 변제하기로 약속한다.

- 아 래 -

1. 금　　액 : 금○○○원정
2. 발 행 지 : ○○시
3. 지 급 지 : ○○시
4. 지급장소 : 주식회사 ○○은행 ○○지점
5. 발 행 일 : 20○○년 ○월 ○일
6. 만　　기 : 20○○년 ○월 ○일
7. 발 행 인 : △△△
8. 수 취 인 : ○○○

제2조 (변제일) 차용금 변제일은 2022년 11월 30일로 한다.

제3조 (이자) 이자는 연 8%의 비율로, 매월 말일까지 지급하고, 을이 원리금 변제를 지체했을 때는 을은 금 원의 비율로 연체손해금을 가산하여 지급하지 않으면 안 된다.

제4조 (변제장소) 채무의 변제는 갑의 주소지 또는 지정장소에 지참 또는 송부한다.

제5조 (기한의 이익상실) 을은 다음의 경우 갑으로부터의 어떤 통지 또는 최고 등을 요하지 않고 당연히 기한의 이익을 잃고, 남아있는 채무 전부를 즉시 지급하지 않으면 안 된다.
1. 을이 이자 지급을 2회 이상 지체했을 때
2. 을 또는 병이 제3자로부터 가압류, 가처분, 강제집행을 받고 또는 파산, 화의신청을 받았을 때
3. 을 또는 병이 주소변경하고 그 내용을 갑에게 알리지 않을 때

제6조 (보증책임) 병은 본 채무를 보증하고 을과 연대하여 을과 병 사이의 보증위탁계약의 효력 여하에 관계없이 채무이행의 책임을 진다.

이 계약의 성립을 증명하기 위해 본 증서 3통을 작성하고 갑, 을, 병은 각기 서명·날인한 후 각 1통씩 보관한다.

20○○년 ○월 ○일

채권자	주 소					
	성 명		인	주민등록번호	−	전화번호
채무자	주 소					
	성 명		인	주민등록번호	−	전화번호
연대보증인	주 소					
	성 명		인	주민등록번호	−	전화번호

[서식 16] 공시최고신청서(약속어음)

공 시 최 고 신 청 서

신 청 인 ○○○
　　　　　○○시 ○○구 ○○길 ○○(우편번호 ○○○-○○○)
　　　　　전화·휴대폰번호:
　　　　　팩스번호, 전자우편(e-mail)주소:

증서의 중요한 취지 : 별지목록 기재와 같음

신 청 취 지

　별지목록 기재의 약속어음에 관하여 공시최고를 한 뒤 공시최고에서 정한 기일까지 권리신고 등이 없으면 위 약속어음의 무효를 선고한다는 재판을 구합니다.

신 청 원 인

1. 신청인은 별지목록 기재 약속어음의 최후 소지인이었는데, 20○○. ○. ○. ○○시 ○○구 ○○길 ○○ 소재 신청인의 집에서 위 약속어음을 분실하여 현재까지 회수를 하지 못하고 있습니다.
2. 따라서 위 약속어음의 무효를 선고하는 제권판결을 받고자 이 사건 신청에 이른 것입니다.

소 명 방 법

1. 소갑 제1호증　　　　　　　　미지급증명서(●●은행)
1. 소갑 제2호증　　　　　　　　분실신고접수증명서(◎◎경찰서)

첨 부 서 류

1. 소갑 제1호증(미지급증명서)　　　1통
1. 소갑 제2호증(분실신고접수증명서)　1통
1. 송달료납부서　　　　　　　　　　1통

20○○. ○○. ○○.

위 신청인 ○○○ (서명 또는 날인)

○○지방법원 귀중

[별 지]

증서의 중요취지

1. 종류 및 수량 : 약속어음 1매
2. 액 면 : 금 30,000,000원
3. 지급기일 : 20○○. ○○. ○○.
4. 지급지 : 서울특별시
5. 지급장소 : ○○은행 ○○지점
6. 수취인 : ○○○
7. 발행지 : 서울특별시
8. 발행인 : ○○무역주식회사
9. 발행일 : 20○○. ○. ○.
10. 최종소지인 : ○○○. 끝.

|版 權|
|所 有|

2023년 최신판
어음·수표 실무편람

2023年 1月 10日 初版 發行

編 著 : 법률연구회
發行處 : 법률정보센터

주소　서울 성북구 아리랑로 4가길 14
전화　(02) 953-2112
등록　1993.7.26. NO.1-1554
www.lawbookcenter.com

* 本書의 無斷 複製를 禁합니다.
ISBN 978-89-6376-513-6　　　定價 : 30,000원